LETTRES

DE

JEAN-LOUIS GUEZ DE BALZAC.

EXTRAIT DES DOCUMENTS INÉDITS

PUBLIÉS PAR LES SOINS DU MINISTÈRE DE L'INSTRUCTION PUBLIQUE.

LETTRES

DE

JEAN-LOUIS GUEZ DE BALZAC,

PUBLIÉES

PAR M. PHILIPPE TAMIZEY DE LARROQUE.

PARIS.

IMPRIMERIE NATIONALE.

M DCCC LXXIII.

AVERTISSEMENT.

M. B. Hauréau, aujourd'hui membre de l'Académie des inscriptions et belles-lettres et Directeur de l'Imprimerie nationale, annonçait, dans la séance du 3 mars 1851 du Comité des monuments écrits de l'histoire de France [1], que le Ministère de l'instruction publique avait résolu de publier une seconde série de *Mélanges* [2], et que, parmi les pièces dont se composerait le premier volume du nouveau recueil, figureraient en assez grand nombre des lettres inédites de Balzac à Chapelain. Chargé par une trop bienveillante décision de préparer l'édition depuis si longtemps promise, je n'ai rien négligé pour remplir de mon mieux une tâche qui présentait certaines difficultés.

La moins grave assurément n'était pas l'imperfection de l'unique manuscrit que l'on possède des cent soixante et dix lettres [3] adressées par Balzac, depuis le

---

[1] Rapport fait au nom de la commission des *Mélanges historiques*, alors composée de MM. Hauréau et Ravenel, dans le *Bulletin du Comité*, t. III, 1852, p. 105-109.

[2] La première série des *Mélanges historiques ou Documents historiques extraits de la Bibliothèque royale, des archives et des bibliothèques des départements*, forme quatre volumes, publiés, avec le concours de divers érudits, par M. Champollion-Figeac. 1841-1848.

[3] M. Hauréau (*Bulletin*, p. 106) croyait que ces lettres étaient au nombre de cent quatre-vingts environ. L'auteur anonyme de l'article consacré à Balzac dans le tome IV de la *Nouvelle Biographie générale* (1855) en compte deux cents à peu près. Cet article renferme bien d'autres erreurs. On y lit, par exemple, que Balzac est né en 1594, alors que M. Eusèbe Castaigne, bibliothécaire de la ville d'Angoulême, a prouvé d'une manière incontestable, dès 1846, que le *grand épistolier de France* fut baptisé le 1ᵉʳ juin 1597, et qu'il naquit, par conséquent, dans les derniers jours du mois de mai de cette année (*Recherches sur la maison où naquit Jean-Louis Guez de Balzac, sur la date de sa naissance, sur celle de sa mort*, etc.). On y lit encore que Balzac mourut à Paris, le 18 février 1654 (colonne 324), le 18 février 1655 (colonne 326), alors que M. Castaigne a non moins certainement établi que son illustre concitoyen rendit le dernier soupir à Angoulême le 8 février 1654. Les petites découvertes de M. Castaigne ont été mises à profit par

AVERTISSEMENT.

31 août 1643 jusqu'au 2 décembre 1647, à celui qui fut toujours le meilleur de ses amis, à celui dont il parlait ainsi déjà, le 20 décembre 1631 [1] : « Ceux « qui ne le voyent que par le dehors le prennent pour un homme fort poli, et « qui a de très belles et de très agréables qualitez; mais moy, à qui il a des- « couvert ce qu'il n'estalle pas à tout le monde, je sçay qu'il est capable de « très grandes choses... J'adjousteray, sur le subjet de sa probité, que je vous « ay parlé d'un ancien Romain, et que je ne voy point d'exemple de vertu « dans la première décade de Tite-Live qui soit trop hault et trop difficile pour « luy [2].... » Ce manuscrit, conservé à la Bibliothèque nationale sous le numéro 12,770 du Fonds français (autrefois n° 3,756 du Supplément français), est un volume *in-quarto*, non entièrement paginé, formé de copies d'une époque indéterminée, mais déjà ancienne, qui proviennent d'une main des plus maladroites. Parfois les fautes de lecture y sont tellement choquantes, que l'on serait tenté d'attribuer à un laquais cette transcription inintelligente, grossière, de la pure et délicate prose de Balzac [3]. Si, pour plusieurs de ces fautes, les rectifications étaient indiquées par le simple bon sens, plusieurs autres fautes n'ont pu être corrigées qu'à la suite d'un patient et minutieux rapprochement entre les cent soixante et dix lettres inédites d'une part, et, d'autre part, les huit cent vingt lettres qui remplissent le premier volume des *OEuvres complètes* [4], et les lettres assez rares çà et là publiées depuis l'année 1665 [5].

M. Paulin Paris dans son édition des *Historiettes* de Tallemant des Réaux (t. IV, p. 88, 1855), par M. Ch. L. Livet dans son édition de l'*Histoire de l'Académie française* de Pellisson et d'Olivet (t. II, p. 62, 63, 1858), par M. Sainte-Beuve (*Port-Royal*, 3ᵉ édit. Append. t. II, p. 524, 1867), etc.

[1] Lettre au poëte François de Mainard (p. 222 du tome I des *OEuvres complètes*, in-folio 1665, Paris, chez Thomas Jolly).

[2] Dans une foule d'autres lettres, Balzac rend hommage aux vertus de Chapelain, et Boileau a eu raison de dire :

Balzac en fait l'éloge en cent endroits divers.

[3] M. Hauréau a été bien indulgent, quand il s'est contenté de dire (*Bulletin*, p. 106) que le copiste était « assez malha- « bile. »

[4] Les vingt-sept livres contiennent, en réalité, huit cent trente-deux lettres; mais on a mêlé à celles de Balzac une lettre du cardinal de Richelieu (p. 1), une lettre du maréchal de Schomberg (p. 101), une lettre du comte de Servient (p. 1016), une lettre du ministre protestant Drelincourt (p. 1022), une lettre de M. de Lagger, secrétaire des commandements de la reine de Suède (p. 1023), etc. Je ne mentionne pas une lettre de l'archevêque Pierre de Marca, qui a été rejetée à la fin du volume (p. 1058).

[5] Trois ont paru dans la *Continuation des Mémoires de littérature et d'histoire de M. de*

AVERTISSEMENT.

Grâce à cette précaution, j'ai fini par retrouver dans les imprimés presque tous les mots corrompus de la copie, et je crois avoir réussi à reconstituer, à peu près partout, un texte irréprochable.

Une autre difficulté, c'était celle de l'explication de quelques passages qui, à plus de deux cents ans de distance, sont pleins pour nous d'obscurité. Tantôt un nom propre est sous-entendu, tantôt une épigramme est à demi voilée. Que de fois, dans les phrases du correspondant de Chapelain, se glissent de fines allusions qui semblent d'abord devoir dérouter à jamais notre curiosité! J'ai essayé de deviner toutes les énigmes des lettres que l'on va lire, me faisant, en quelque sorte, à force de persévérantes lectures, le contemporain de Balzac, et, si je ne me flatte pas d'avoir suffisamment éclairci tous les mystérieux passages d'une correspondance qui touche à tant de sujets, j'espère, du moins, m'être le plus souvent rapproché de la vérité.

Il était moins malaisé d'indiquer l'origine des nombreuses citations latines dont Balzac aimait à émailler les lettres que, presque toutes les semaines, pendant une grande partie de sa vie, depuis l'année 1631[1], reçut de lui un humaniste aussi distingué que Chapelain. Du reste, je me plais à le recon-

Salengre, par Desmolets et Goujet (t. X, p. 432-438). J'ignorais cette circonstance quand je publiai ces trois lettres, avec neuf autres également conservées au département des manuscrits de la Bibliothèque de la rue de Richelieu (*Actes de l'Académie des sciences, belles-lettres et arts de Bordeaux*, 3ᵉ série, 1862, p. 491-506). Depuis la publication de ces *Douze lettres de Jean-Louis Guez de Balzac*, tirées des collections Baluze (vol. 208) et Dupuy (vol. 803), j'en ai retrouvé (Fonds français, vol. 6,644) deux autres, originales, adressées au cardinal de La Valette, et elles ont paru dans le *Bulletin du Bouquiniste* du 15 mars 1867. Une lettre de Balzac à Du Moulin (avec la date du 20 septembre 1647) a été donnée, en 1858, par M. Amédée Roux, aux pages 56 à 61 de son opuscule intitulé : *Lettres du comte d'Avaux à Voiture, suivies de pièces inédites, extraites des pa-* piers *de Conrart*, et redonnée, en 1861 (avec la date du 30 septembre 1637, qui est la bonne), par M. Charles Read, d'après l'original conservé aux Archives de l'État à la Haye, à la page 355 du *Bulletin de la Société de l'histoire du protestantisme français*. Enfin, M. Jal (au mot *Académie française* de son *Dictionnaire critique de biographie et d'histoire*, 1867) a reproduit une lettre de Balzac à Conrart, du 3 novembre 1653, trouvée dans les minutes d'un notaire de Paris. Notons que, dans le recueil de 1665 (p. 984), on voit une autre lettre à Conrart, écrite le même jour, et qu'il est très-probable qu'une des deux est mal datée.

[1] La première des lettres de Balzac à Chapelain, dans l'édition de 1665, aurait été écrite, si la date est exactement indiquée, ce qui n'est pas sûr, le 10 septembre 1631 (p. 221). Une autre lettre, imprimée

naître, dans cette recherche de la paternité des vers cités par Balzac, comme pour les corrections et les éclaircissements, j'ai mis à profit les notes d'un érudit justement loué de tous, M. J. Ravenel, qui avait commencé, il y a plus de vingt ans, à préparer la présente édition [1].

Les nouvelles lettres de Balzac offrent, ce me semble, un vif intérêt. Avec beaucoup de détails autobiographiques, on y trouvera de curieux renseignements sur une foule d'écrivains français ou étrangers de la première moitié du xviie siècle. Balzac y juge avec autorité non-seulement les poëtes et prosateurs ses contemporains, mais aussi parfois les poëtes et prosateurs du siècle précédent, et sa renommée d'excellent critique gagnera quelque chose à la publication de ces lettres, écrites dans la maturité de sa vie et de son talent. A de si précieux chapitres d'histoire littéraire s'ajoutent, pour l'histoire politique, des informations qui ne sont point à dédaigner, et qui, tantôt légères, anecdotiques, tantôt plus sérieuses, plus importantes, complètent les unes et les autres, d'une heureuse façon, les mémoires relatifs soit au règne de Louis XIII, soit aux premières années de celui de Louis XIV, et surtout les piquants récits de Tallemant des Réaux.

---

plusieurs pages avant celle-là (p. 168), serait du 18 novembre 1632. Une troisième (p. 356) appartiendrait au 12 juillet 1633. Plusieurs autres (p. 448-458) seraient des années 1632, 1633, 1634. Les six livres (XVII à XXIII) compris entre les pages 719 et 867 renferment cent quatre-vingt-sept lettres à Chapelain (on voit qu'il y en a environ deux cents dans le volume) qui vont du 1er juin 1636 (et non 1626, ce qui est une faute d'impression) au 28 décembre 1641. Il nous manque toutes les lettres de 1642 et des huit premiers mois de 1643, ainsi que toutes les lettres écrites depuis la fin de 1647 jusqu'au commencement de 1654. Rappelons que les cent quatre-vingt-sept lettres des livres XVII, XVIII, etc., avaient été publiées à part, en 1656, sous le titre de *Lettres familières à M. Chapelain* (Paris, Aug. Courbé, in-8°), et réimprimées à Leyde (Elzevier, 1659, in-12), à Amsterdam (Elzevier, 1661, in-12).

[1] Nul plus que moi ne regrette que M. Ravenel n'ait pas achevé ce qu'il avait si bien commencé. J'ai regardé comme un devoir de marcher le plus possible sur les traces d'un tel devancier. Deux habiles critiques, M. Léonce Couture, rédacteur en chef de la *Revue de Gascogne*, et M. Gustave Servois, mon commissaire, ont beaucoup contribué, par leurs indications comme par leurs conseils, à rendre mon travail moins imparfait. Que ces obligeants amis reçoivent ici mes meilleurs remercîments, ainsi que toutes les personnes qui ont daigné, sur quelques points spéciaux, m'honorer de leurs bienveillantes observations, et notamment MM. Barthélemy Saint-Hilaire, Paulin Paris, Adolphe Regnier!

AVERTISSEMENT.

Au sommet de la première page du manuscrit de la Bibliothèque nationale, on lit ce titre, qui n'est pas de la main du copiste : *Lettres de Balzac à Chapelain, la pluspart non imprimées*. L'abbé d'Olivet (page 116 du tome I et page 62 du tome II de l'édition de 1858) rapporte trois courts fragments de trois de ces lettres, sans dire s'il a eu en main les originaux ou simplement la copie qui seule paraît exister aujourd'hui. Quelques autres fragments, non moins courts, ont été publiés à la fin d'un recueil de pièces formé par le P. Quesnel (*Très humble remontrance à messire Humbert de Precipiano, archevêque de Malines*, 1695), et, de nouveau, à la page 660 du tome XXVIII de la collection des *OEuvres complètes de messire Antoine Arnauld* (édition de Lausanne, 1775-1783, en 48 tomes in-4°). Une lettre écrite en latin, et non datée, a paru, sans le *post-scriptum*, dans le tome II du recueil de 1665[1]. Il n'a été publié, à ma connaissance, aucune autre des lettres ici réunies[2].

On n'attend pas de moi que, dans ces quelques mots d'avertissement, j'insiste ni sur le caractère ni sur le génie de Balzac, si bien connus d'ailleurs après tant de travaux dont l'homme et l'écrivain ont été l'objet[3]. Je me contenterai de constater que sa correspondance inédite doit, soit au point de vue moral, soit au point de vue littéraire, le faire apprécier plus favorablement que l'ensemble de ses lettres imprimées. Balzac, dans cette correspondance de quatre ans et trois mois, se montre constamment ami dévoué, et l'on prend

---

[1] Cette lettre, que j'ai cru devoir reproduire, porte le numéro 144. J'ai eu soin de ne pas la compter au nombre des cent soixante et dix lettres inédites annoncées à la première page de cet *Avertissement*.

[2] Non-seulement ces lettres sont inédites, du moins considérées *in extenso*, mais encore il est permis de dire qu'elles n'ont été consultées de presque aucun de ceux qui ont eu à s'occuper du XVII° siècle, et qu'elles ont même échappé à deux des plus zélés et des plus illustres chercheurs de ce temps-ci, M. Sainte-Beuve et M. Paulin Paris.

[3] Il me suffira de rappeler les noms de MM. Malitourne, Moreau, Bazin, Désiré Nisard, Geruzez, Demogeot, Jacquinet, Godefroy, surtout celui de M. Sainte-Beuve. A côté de leurs appréciations, presque toutes assez étendues, il faut signaler les éloges donnés à Balzac, en passant, par deux juges d'un goût exquis, M. Joseph Joubert et M. J. J. Ampère, et les rapprocher des jugements du cardinal de Richelieu, de Malherbe, de Descartes, de Sarazin, de Ménage, de Costar, de Bossuet, de Boileau, de Perrault, de Bouhours, de La Bruyère, de Bayle, de Joly, de Daguesseau, de Voltaire, de Marmontel, de Palissot, de Coupé, de La Harpe, etc. Enfin, je renverrai à l'ample et judicieuse préface publiée par l'abbé Jacques Cassagne en tête de l'édition de 1665, et à l'estimable notice de l'abbé d'Olivet dans l'*Histoire de l'Académie française*.

une meilleure idée de son cœur en voyant de quelle tendresse sincère, profonde, ce cœur était rempli pour celui qui, du reste, le chérit et le conseilla toujours comme un frère [1].

Si certains reproches que l'on a cru pouvoir adresser à l'insensibilité de Balzac paraissent, à la lecture de ses affectueuses lettres à Chapelain, fort exagérés, les personnes qui ont regretté de ne pas trouver, en général, dans sa correspondance, plus de simplicité, plus d'abandon, seront agréablement surprises d'avoir affaire ici à un homme s'exprimant la plupart du temps sans pompe et sans apprêt, et (pour employer une expression bien inattendue à propos de lui) *tout naturellement*. Sans doute Balzac n'a pas renoncé au plaisir d'aiguiser une pointe et de faire miroiter une métaphore. On n'abjure pas entièrement, après des années d'idolâtrie, le culte des faux dieux! Mais, s'il commet encore quelques-uns de ces brillants péchés (*splendida peccata*) d'après lesquels on l'a parfois trop sévèrement jugé, l'excès n'y est plus. L'écrivain a cessé de courir après les périodes sonores, après les images à effet. C'est un prodigue devenu presque économe. En un mot, si ses anciennes lettres, principalement celles qui furent écrites dans l'épanouissement de la jeunesse, ont à peu près toutes le ton emphatique, oratoire, ses nouvelles lettres, au contraire, rappellent le plus souvent le ton libre, dégagé, d'une cordiale et spirituelle causerie.

Puissent tous les lecteurs me donner raison! Puissent-ils tous considérer comme «une bonne fortune littéraire,» selon la parole de M. Hauréau [2], la

---

[1] Balzac et Chapelain étaient presque du même âge, ce dernier étant né le 4 décembre 1595. Il semblerait, à lire les lettres de Balzac, que son ami, au lieu d'être son aîné de dix-huit mois, l'était de plusieurs années. On peut consulter, sur Chapelain, Tallemant des Réaux, Ménage, Baillet, Huet, Pellisson et d'Olivet, Titon du Tillet, Goujet, M. Guizot (*Corneille et son temps*), M. Saint-Marc Girardin (*Revue des Deux Mondes* du 15 septembre 1838), M. Livet (*Précieux et Précieuses*), M. J. Duchesne (*Histoire des poëmes épiques français du XVIIe siècle*, thèse pour le doctorat ès lettres présentée à la Faculté de Paris, 1870), etc.

[2] *Bulletin du Comité historique*, p. 106. — M. Hauréau ajoutait, un peu plus loin (p. 107) : «Un instant nous avions espéré «qu'il nous serait possible de joindre aux «lettres de Balzac les réponses de Chape-«lain. Un volumineux recueil de la corres-«pondance de ce dernier avait été mis à «notre disposition ; malheureusement ce «recueil est incomplet de deux tomes, de «ceux-là précisément qui se rapportent aux «années 1643-1647. Quelques lettres de «Balzac, dans lesquelles il répond aux sages «et aux nobles conseils de Chapelain, nous «font regarder comme une chose très-re-«grettable la perte des volumes qui n'ont

AVERTISSEMENT.

publication de ces pages! Alors même qu'elles ne nous aideraient pas à mieux connaître beaucoup de personnages marquants du xvii° siècle, elles mériteraient encore d'attirer l'attention des esprits cultivés, car celui qui les retraça gardera l'immortelle gloire d'avoir été un des créateurs de la prose française.

« pu nous être fournis. Nous n'aurions pas « parlé de nos regrets, s'il était certain que « ces volumes fussent anéantis. En les signa- « lant aux recherches des correspondants « du Comité, on parviendra peut-être à les « retrouver : nous le désirons vivement. » Je répète ici, sans trop d'espoir, l'appel adressé par M. Hauréau à tous les amis de la vieille littérature, et, que l'on parvienne ou non à compléter le recueil qui, des libérales mains de M. Sainte-Beuve, a passé dans la Bibliothèque nationale, j'exprime le vœu qu'une édition en soit bientôt donnée.

LETTRES

DE

JEAN-LOUIS GUEZ DE BALZAC.

I.

Du 31 aoust 1643.

Monsieur, Le courrier arrive à Paris le samedy : mais le bon Rocolet[1], qui attend tousjours mes lettres, et ne les envoye jamais querir, ne les reçoit[2] quelquesfois que le dimanche bien tard. Il se picque donc de gloire en ce qu'il faict, et me[3] veut ayder à faire un beau livre. Je le croy sur vostre parolle, Monsieur, et que luy et son neveu

---

[1] Pierre Rocolet, chargé de la publication des OEuvres diverses du sieur de Balzac qui parurent en 1644 (in-4°), était, depuis 1618, «imprimeur et libraire ordi«naire de la maison de ville au Palais.» Il est question de lui dans le premier volume des OEuvres complètes de Balzac (vingtième lettre du livre XXI, datée du 10 juin 1640, p. 825). Il avait déjà publié, en 1636, le second recueil épistolaire de Balzac sous ce titre : Lettres de M. de Balzac, seconde partie (2 vol. in-8°), et, en cette même année, le Discours sur une tragédie (de Daniel Heinsius) intitulée : Herodes infanticide (1 vol. in-8°). P. Rocolet a été l'éditeur de quelques ouvrages des académiciens Silhon, Cureau de La Chambre, etc., de la traduction de l'Imitation par Corneille (1659), etc. Il mourut le 19 janvier 1662. Voir sur lui une petite notice à la page 228 de l'Histoire de l'imprimerie et de la librairie, par Jean de La Caille (1689, in-4°). La Fontaine l'a mentionné dans son épître à Fouquet sur l'entrée solennelle de la reine à Paris (26 août 1661).

[2] Le copiste a écrit : recet.

[3] Le copiste, sans redouter le contresens, a mis : ne.

iront du pair avec les Estiennes[1], sinon[2] par leur doctrine, *quæ nulla est*, au moins par leurs soings et par leur déférence à vos advis, qui sont excellens en toutes choses.

Je vous envoye les Épigrammes retouchées, et en l'estat où il fault qu'elles demeurent, puisqu'elles sont plus historiques de cette dernière façon et sentent bien davantage l'antiquité, principallement l'*Ara*[3], dont la fin me plaist plus que tout le reste.

Je pensois escrire aujourd'huy à M^r de[4] Bonair[5], mais je suis si mal depuis quelques heures, qu'à peine puis-je rachever ce billet et vous dire que je n'ay rien à ajouster à une de mes précédentes despesches.

C'est, Monsieur, vostre très humble et très passionné serviteur.

BALZAC.

II.

Du 7 septembre 1643.

Monsieur, Mon indisposition n'a pas duré, et la fièvre, qui m'avoit donné l'allarme, s'estant contentée de me menacer, je me trouve en estat de traiter avec vous à l'accoustumée. Je vous diray donc, pour commencer, que la raison par laquelle vous refusez mes [compli-

---

[1] Le copiste a ainsi défiguré le nom des célèbres imprimeurs : *Estreinnes*.

[2] Je substitue *sinon* à *seroit*, parce qu'il est évident pour moi que le copiste a substitué *seroit* à *sinon*.

[3] *Stilicone et Eucherio cæsis, ara libertati*. Voir cette épigramme, une des mieux réussies de Balzac, dans le tome II des *OEuvres complètes*, seconde partie (*Ludovici Guezii Balzacii Carmina et epistolæ*, p. 39).

[4] Au lieu de la particule *de*, le copiste a mis la majuscule P.

[5] L'édition de 1665 renferme (p. 406) une lettre de remercîment écrite, le 20 novembre 1635, à un M. de Bonair, qui avait cité Balzac dans un de ses livres. Cet auteur, maintenant si inconnu, est-il le même personnage que celui dont parle ici «l'er-«mite de la Charente?» Est-ce le même que le Bonair auquel, dans une lettre du 14 février 1639 (p. 476), Balzac se plaint du retard qu'on lui fait éprouver pour le payement de sa pension, s'écriant : «Je «suis le plus mauvais gueux de France, et «ne sçay ni mendier, ni me resjouir d'une «grâce mendiée,» et auquel (p. 477) est adressée enfin une autre lettre du 4 janvier 1641, relative encore à la pension toujours irrégulièrement payée? Le nom de Bonair se retrouve dans la partie de la cor-

ments]¹ est également obligeante et ingénieuse, mais je ne laisse pas de demeurer tousjours dans les mesmes termes, et avec quelle présomption, Monsieur, oserois-je vous appeller une partie (quoyque la principalle) de moi² mesme? Les aultres parties seroient trop disproportionnées à celle-là, et ce seroit faire un tout qui feroit un monstre. Il est bien plus raysonnable que, sans me séparer de vous, ny vous de moy, je vous considère soubz un aultre nom, et dans un estat plus noble, voire dans une nature plus relevée que la nostre : Chapelain ne peut estre Balzac : l'un est trop sage, l'aultre bien trop peu : mais Chapelain pourroit bien estre le bon démon de Balzac, ou, pour parler plus chrestiennement, l'ange gardien de Balzac. En ce cas là, les prières, les hymnes, les vœux, les offrandes, les autels, et toutes les aultres reconnoissances humaines luy appartiennent : et en ce cas là je doibs et je rendray en despit de vous des remerciements continuels à vostre continuelle protection. *Verum enim vero.*

> Hactenus hæc, tibi, dulcis olor; nostrique Maronis
> Dum memor ipse mei, dum spiritus hos reget artus³,
> Semper honos nomenque tuum, laudesque manebunt⁴,
> Balzacum dixisse puta.

Vous vous mocquez bien de moy de me destiner pour l'Aristarque de vostre Iliade⁵. Je n'ay garde, Monsieur, d'estre de la force de celuy

---

respondance de Chapelain qui a été publiée par M. Livet à la fin du premier volume de son édition de l'*Histoire de l'Académie française* (p. 378, 380, à l'année 1639).

¹ Le mot manque dans la copie.

² Le copiste a mis : *vous mesme*, ce qui est démenti par le sens.

³ Virg. *Æneid.* IV, 336.

⁴ *Id. ibid.* I, 613.

⁵ Cette Iliade, hélas! c'était *La Pucelle*, poëme auquel Chapelain, qui certes n'avait pas la *tête épique*, travaillait déjà depuis plusieurs années, *malgré Minerve*, et dont les douze premiers chants ne devaient pa-

raître que deux ans après la mort de Balzac (Paris, 1656, in-fol.). Balzac n'a pas seulement comparé son ami à Homère, il l'a aussi appelé (lettre à Conrart du 24 décembre 1651, p. 923 du tome Ier des *OEuvres complètes*) «nostre Virgile françois.» Godeau, l'évêque de Vence, a, lui aussi, placé Chapelain sur la même ligne qu'Homère et que Virgile (*Bibliothèque françoise* de l'abbé Goujet, t. XVII, p. 377). On a un ironique parallèle de l'*Iliade* avec *La Pucelle* par Just Van Effen, à la suite du *Chef-d'œuvre d'un inconnu* du docteur Mathanasius, sous le titre de : *Dissertation sur*

Qui sancti lacerum collegit corpus Homeri,
Quique notas spuriis versibus apposuit[1].

Je ne suis pas grammairien dominant, comme Castelvetro[2]; je suis grammairien valet : comme vous diriez un régent de la cinquiesme, et ne puis vous offrir que mes yeux, [ma] main et [mon habituation][3] à l'imprimerie.

Aujourd'huy, septiesme de ce mois, le messager part chargé du reste de nostre coppie, c'est à dire de dix discours qui, avec ceux que vous avez, feront, à mon advis, un juste volume. Je vous en envoye le cathalogue y enclos; et, si quelqu'un trouvoit quelque chose à redire aux tiltres, il en faudra accuser le neveu du sieur Rocolet et dire que le père n'est pas le parrain. Reste maintenant le Discours à la Reine[4] qui doibt tenir lieu de préface, et estre imprimé de plus gros charactère que les aultres. Je n'y ai pas encore songé, mais Dieu m'inspirera, et vostre amy fera peut estre quelques périodes oratoires qui ne

---

Homère et sur Chapelain (p. 265-300 de l'édition de Lausanne, 1758). Signalons encore une appréciation de *La Pucelle* dans un volume manuscrit (non paginé) de la Bibliothèque nationale, inscrit au Fonds français sous le numéro 12793.

[1] Quique sacri lacerum collegit corpus Homeri,
Quique notas spuriis versibus apposuit.
Auson. *Epist.* xviii, 28, 29.

[2] Louis Castelvetro, subtil commentateur de la *Poétique* d'Aristote, mort en 1571. Voir sa vie par Muratori en tête des *Opere varie critiche* (1727, in-4°). En France, le président de Thou, Teissier, Bayle, Niceron, Ginguené, se sont occupés de lui. Teissier et Bayle ont rappelé que Balzac avait écrit à Chapelain en 1640 : «Je n'ai «guère vu de grammairien de la force de «ce Modénois.»

[3] On lit dans la copie : mes yeux, *une* main et *une habitation* à l'imprimerie. Ces derniers mots sont inintelligibles. Il est clair pour moi que Balzac a voulu mettre sa grande expérience en matière typographique à la disposition de son ami. C'est ce qu'il appelle son *habituation à l'imprimerie.*

[4] *Discours à la reyne regente, présenté à Sa Majesté le* vii *novembre* 1643, *composé par le sieur de Balzac.* Ce discours parut pour la première fois dans les *OEuvres diverses* (1644); puis, pour la seconde fois, la même année, quand on réimprima ce volume (Paris, in-8°, chez Bouillerot). Il y eut une autre édition du même volume en 1658 (Paris, chez Barbier, petit in-12). Les Elzeviers ont publié les *OEuvres diverses* (Leyde, 1651, 1658; Amsterdam, 1664, petit in-12). Dans l'édition de 1665, le *Discours à la reyne regente* se trouve parmi les *Dissertations politiques* (t. II, p. 466-481).

vous desplairont pas, et le tout sans se jetter dans les lieux communs des panégyristes.

Outre la coppie, vous trouverez dans le pacquet que vous porte le messager les lettres de Madame Desloges[1] pour[2] Monsieur Conrart[3], mon privilége que je vous prie de garder, et la harangue manuscrite de Mr Della Casa[4], qu'il faudra desplier et manier bien délicatement,

---

[1] Marie de Bruneau, qui épousa, en 1599, Charles de Rechignevoisin, seigneur des Loges, et qui mourut dans le Limousin en juin 1641. Le *Moréri* de 1759 la proclame «une des plus illustres femmes du «XVIIe siècle.» Balzac en a bien souvent et bien élogieusement parlé dans ses *Lettres* et dans ses autres ouvrages (*Entretiens, Socrate chrétien, Carmina et epistolæ,* etc.). Bayle a fait remarquer «combien elle était «estimée, non-seulement des plus grands «esprits, tels que Malherbe et Balzac, mais «aussi des plus grands princes» (roi de Suède, duc d'Orléans, duc de Weimar). On peut citer encore sur Mme des Loges Tallemant des Réaux, le P. Hilarion de Coste, Wicquefort, le commentaire de M. P. Paris (t. III des *Historiettes,* p. 365-379), commentaire où sont reproduites plusieurs lettres inédites de Mme des Loges à Pierre d'Hozier (Bibliothèque nationale) et une notice anonyme sur cette dame trouvée par M. de Monmerqué dans les manuscrits de Conrart (Bibliothèque de l'Arsenal). Il reste encore, dit M. P. Paris (p. 365), un assez grand nombre de lettres de Mme des Loges dans les recueils de Conrart. M. Am. Roux en a publié une (à M. de Beringhen) aux pages 117-121 de ses *Lettres du comte d'Avaux à Voiture.*

[2] Au lieu de *pour,* on lit très-distinctement *par* dans la copie.

[3] Conrart fut un des meilleurs amis de Balzac, qui lui adressa un grand nombre de lettres publiées d'abord en 1659 (Paris, Courbé, in-8°), réimprimées ensuite à diverses reprises, notamment par les Elzeviers (Leyde, 1659; Amsterdam, 1664, petit in-12), et insérées enfin dans l'in-folio de 1665 (liv. XXIII, XXIV, XXV et XXVI, p. 867-989). On sait que Conrart, malgré le mauvais état de sa santé, prépara l'édition des *Œuvres complètes* de Balzac. Voir, sur le premier secrétaire de l'Académie, d'abondants détails dans les *Mémoires concernant les vies et les ouvrages de plusieurs modernes célèbres,* par Charles Ancillon (Amsterdam, 1709, in-12, p. 1 à 133), et dans l'ouvrage de M. Victor Cousin : *la Société française au* XVIIe *siècle d'après le Grand Cyrus* (1858, t. II, ch. XI, XII, XIII, XV, XVI, et *passim,* à l'Appendice).

[4] Jean della Casa, habile poëte et habile orateur, né près de Florence en 1503, archevêque de Bénévent en 1544, mort à Rome en 1556. Balzac avait ainsi parlé de Jean della Casa à Chapelain (lettre du 23 novembre 1637, p. 757) : «Je suis bien «aise de l'estime que vous faites de Monsi-«gnor Della Casa. C'est une de mes an-«ciennes inclinations, et feu Mr de Ruccel-«lai, son petit-neveu, m'en avoit donné le «premier la connoissance. Depuis, j'ay leu «avec soin tout ce qu'il a escrit en langue «vulgaire, et me glorifie d'en avoir fait au

pour ce qu'elle est deschirée en quelques endroicts, sans que neantmoins il y ait un seul mot de perdu[1]. Il n'y a que trente cinq lettres de Madame Desloges, quoyque j'en aye reçu beaucoup davantage; mais ma nièce[2], qui en avoit une bonne partie dans sa cassette, n'en a pas esté si bonne mesnagère qu'elle devoit, *et cum quædam supersint, plures desiderantur.*

Je ne vous diray rien là dessus pour nostre très cher Mr Conrart, et je serois bien trompé et bien mal traicté, si je n'estois bien avant dans ses bonnes graces.

Souvenez-vous au moins, Monsieur, que vous m'avez promis la révision de Mr Ménage pour le grec de nostre livre[3]. Je croy très aisément qu'il s'y trouvera un grand nombre de faultes à corriger; mais sans cela qu'auroit il à faire et *Quis tam lynceus*[4], et ce qui s'ensuit. La lettre grecque de Fabrice est, comme vous sçavez, de Plutarque et dans la vie de Pyrrhus, où vous la pourrez mieux considérer[5].

«hazard le mesme jugement que vous en «donnez par une science confirmée, etc.» Voir encore une autre lettre à Chapelain du 8 octobre 1640 (p. 832) et un chapitre des *Dissertations critiques* (t. II, p. 610-618).

[1] Il sera bien souvent question, dans les lettres suivantes, de la harangue de Jean della Casa. Je suppose que cette harangue, que Balzac vouloit tant publier, est celle qui parut, en 1667 (in-8°, Paris), par les soins de Ménage, sous ce titre : *Orazione per muovere i Veneziani a collegarsi con il Papa*, etc., et qui a été réimprimée ensuite dans les diverses éditions des *OEuvres complètes*, notamment dans celle de Venise (1728-1729, 3 vol. in-4°).

[2] Mlle Marie de Campagnole, fille d'Anne Guez et de François Patras de Campagnole. Cette nièce de Balzac se maria, en février 1640, avec Bernard de Forgues, maréchal de camp, propriétaire du château de Neuillac (aujourd'hui dans la commune d'Asnières, à quelques kilomètres d'Angoulême), château d'où sont datées tant de lettres du recueil de 1665 et quelques lettres du présent recueil. Une des plus jolies lettres de Balzac est celle qu'il adressa, le 15 décembre 1637, à Mlle de Campagnole, qui lui avait envoyé des roses en plein hiver (p. 442).

[3] Gilles Ménage, qui fut lui aussi un des grands amis de Balzac, et qui édita ses poésies latines (1650, in-4°), était beaucoup plus jeune que lui. Né en 1613, il n'avait que trente ans quand Balzac réclamait son concours comme helléniste.

[4] *Quis est tam Lyncœus, qui tantis tenebris nihil offendat? Nusquam incurrat?* (M. T. Ciceronis Epistolæ, lib. IX, Epistola II M. Terentio Varroni.)

[5] Chap. XXV. Voir, sur Fabricius et Pyr-

Si le petit amy[1] avoit tousché le reste de mon argent et qu'il vous l'eust mis entre les mains, j'ay trouvé un homme qui me le donneroit à Angoulesme et le prendroit à Paris. Je vous conjure, Monsieur, de presser le plus que vous pourrez cette affaire. Je dors[2] en achevant cette ligne, et suis, Monsieur, vostre, etc.

J'ay peur que Rocolet et ses ouvriers ne s'avancent guères.

III.

Du 14 septembre 1643.

Monsieur, Le mesme jour que je vous escrivis par[3] le dernier ordinaire, je vous envoyay par le messager le reste de mes discours accompagnés de la harangue de M. de la Casa, des lettres de Madame Des Loges pour Mr Conrart et du privilége du Roy pour l'impression de mes ouvrages.

Ce seroit, certes, une belle chose si M. le Chancelier[4] prenoit l'in-

---

rhus, le *Romain* dédié à Mme la marquise de Rambouillet (*OEuvres complètes*, t. II, p. 419); *De la conversation des Romains* (à la même, *ibid.* p. 428); surtout la *Réponse à M. de Pressac* (*ibid.* p. 460).

[1] Ce *petit ami*, dont la mention reviendra souvent, s'appelait de Bonair, comme on le verra plus loin. Est-ce le même que le Bonair de tout à l'heure? Est-ce le fils de celui-là? Quoi qu'il en soit, le *petit ami* était chargé des commissions de Balzac et rendait des comptes à Chapelain, le grand surveillant des affaires de «l'ermite de la «Charente.»

[2] Le copiste a lu et a écrit : *je doibs*, ce qui ne présente aucun sens. Balzac a souvent, en pareil cas, employé la formule finale *je dors*, et je la relève, par exemple, au bas d'une lettre à Ménage du 4 sep-

tembre 1646 (p. 573) : «Je vous donne le «bonsoir et dors en achevant cette ligne.»

[3] Le copiste a mis *pour*.

[4] Pierre Seguier, chancelier de France depuis la fin de l'année 1635. Quand Seguier avait été nommé garde des sceaux, deux ans auparavant, Balzac s'en était grandement réjoui dans une lettre écrite à Girard, le secrétaire et l'historien du duc d'Épernon (mars 1633, p. 181). Là, Balzac vantait la modestie, la probité et les autres vertus de Seguier, et assurait que son élévation serait l'occasion d'une fête publique et universelle. Voir aussi (p. 413) les félicitations envoyées directement à Seguier par Balzac, dans une lettre à tort datée du 1er avril 1636. D'élogieux vers latins ont été adressés encore par le même *Illustrissimo Seguerio* (p. 6, 10, 11, 58 de la

terest de Tibere[1] et de Stilicon, et si *post mortem domini, ut ille*[2] *ait, conservos serviremus.* J'espère mieux du gouvernement présent, et de l'équité de la Régence, et il me semble que c'est bien assez de pardonner au nom du grand homme[3] (que j'estime très-petit *in his quæ vere magna sunt*) sans qu'il faille révérer (pour l'amour de luy) la mémoire de touts les Busiris, de touts les Phalaris et de touts les Denis ses prédécesseurs. Souffrez-moy encore cette tirade de juste ressentiment, et assurez-vous que je n'ay pas moins subject de me plaindre de l'injustice du mort, que ceux qu'il a tenus des siècles entiers dans la Bastille. Vous mesme, Monsieur, n'avez point tant de sujet de vous en louer que vous pourriez bien vous imaginer, et je sçay de science qu'il a parlé aultrement qu'il ne devoit du mérite de vostre *Pucelle*[4], et qu'encore que vous fussiez un de ses pensionnaires[5], il estoit un de vos envieux; *sed hæc hactenus, hactenus, hactenus.*

Je souhaiteray donc l'amitié de vostre amy[6], mais de ce *desiderio de-*

seconde partie du tome II des *OEuvres complètes*).

[1] Voir trois petites pièces en vers latins sur Tibère, à la page 38 de la seconde partie du même tome II.

[2] Le copiste n'a fait qu'un seul et même mot des mots *ut ille.*

[3] Le cardinal de Richelieu, pour lequel Balzac se montre aussi sévère en ce passage, qu'il s'était montré complaisant dans les lettres écrites en 1620, en 1622, en 1624 (p. 2 à 12 du tome I des *OEuvres complètes*).

[4] Ce dédain de Richelieu pour *la Pucelle* n'avait, ce nous semble, été connu jusqu'à ce jour d'aucun biographe ni d'aucun critique.

[5] L'abbé d'Olivet raconte (*Histoire de l'Académie française*, éd. de M. Livet, t. II, p. 130) que ce fut après un discours sur l'indispensable observation des unités de temps, de lieu et d'action, prononcé devant Richelieu, que Chapelain obtint du cardinal une pension de mille écus. La somme a paru un peu forte à M. Guizot (notice sur Chapelain dans *Corneille et son temps*, 1866, p. 322). Ce fut en décembre 1636, comme Chapelain lui-même nous l'apprend dans une lettre à Bois-Robert citée par M. Livet (t. II, p. 130), que le cardinal le pensionna.

[6] Henri d'Orléans, deuxième du nom, duc de Longueville, mort le 11 mai 1663. Il s'intéressait vivement à *la Pucelle*, en sa qualité de descendant de Dunois. D'Olivet affirme que le duc de Longueville assura à Chapelain 1,000 écus de pension pour l'engager à continuer son travail; le *Menagiana* parle seulement de 2,000 livres, et c'est aussi le chiffre indiqué par Tallemant des Réaux, qui donne beaucoup de détails à ce sujet (t. III, p. 267, 268). Le duc de Longueville doubla la pension quand le poëme, qui lui est dédié, eut vu le jour.

sideravi[1] et de ce *sitivit anima mea*[2] dont il est parlé dans l'Écriture. Sa grande mère, comme vous sçavez, estoit une excellente personne, célébrée par tous nos anciens, Latins et François, *nec ipsa Saphone indoctior, sed nec omotior*, s'il on fault croire les histoires mesdisantes[3].

Je fus bien, dès le commencement, de l'advis de Mʳ de Voiture[4] pour la dédicace de mes lettres, et je vous en escrivis, s'il vous en souvient : mais le petit[5], qui avoit desja entretenu la financière de son dessein, crut que son honneur estoit engagé dans cette affaire, et je luy promis tout ce qu'il voulut. A tout cela il y a remède, car j'escris une lettre d'importance au plénipotentiaire[6] qui vaudra un volume de préfaces et d'epistres liminaires, au jugement mesme de Mʳ Voiture, *nisi me sententia fallit*[7]. Il faudra attendre la fin des trois mois pour le payement de la seconde partie, et cependant je vous prie de me conserver ce Très Cher Amy qui ne laisse pas de m'escrire des

---

[1] *Desiderio desideravi hoc pascha manducare vobiscum.* (Luc, xxii, 15.)

[2] *Sitivit anima mea ad Deum.* (Psalm. xli, 3.)

[3] Il s'agit ici de Henriette de Clèves, duchesse de Nevers, si fâcheusement compromise par sa liaison avec le comte de Coconnas, et mère de Catherine de Gonzague, qu'Henri d'Orléans, premier du nom, épousa en février 1588. Voir, avec les *Mémoires de l'Estat de France* et le *Divorce satyrique*, le *Journal* de L'Estoile, les *Mémoires* de Castelnau (éd. Le Laboureur), les *Mémoires* du duc de Nevers, etc.

[4] Voiture et Balzac se connurent de bonne heure. Dans une lettre du 7 octobre 1625 (p. 120 du tome 1 des *OEuvres complètes*), Balzac écrivait déjà à son rival : «Vostre compagnie, qui me fut d'abord «très-agréable, m'est devenue entièrement «nécessaire.» Voir d'autres lettres à Voiture (du 15 juillet 1630, du 4 novembre 1634, etc. p. 370, 371, etc.). Les diverses lettres, françaises ou latines, écrites par Balzac à Voiture, ont été réunies par M. Am. Roux à la suite des *Lettres du comte d'Avaux à Voiture* (p. 33-55). Sur Voiture, je citerai, outre les deux derniers éditeurs de ses *OEuvres*, M. Ubicini (1855) et M. Am. Roux (1858), dont les notices se complètent l'une l'autre, M. Victor Cousin (*la Jeunesse de Madame de Longueville*, ch. ii, *Madame de Sablé*, ch. iᵉʳ, *la Société française*, ch. viii).

[5] Le *petit ami* de la lettre précédente, Bonair.

[6] Le duc de Longueville, chargé, avec d'Avaux et Servien, de représenter la France dans les conférences de Münster, ouvertes en juillet 1643, et d'où devait sortir (24 octobre 1648) le traité de Westphalie. Le duc de Longueville, chef de la députation, ne se rendit à Münster qu'en 1645.

[7] *Nec te sententia fallit.* (Virg. Æneid. x, 608.)

lettres très ridicules, et où souvent il n'y a pas de construction, comme parlent les filz des grammairiens.

Ne m'escrivites-vous pas dernièrement que le philosophe du fauxbourg St Michel[1] vous faisoit le froid? Si je ne me trompe, c'est un visionnaire, et qui d'ailleurs cache beaucoup de bonne opinion de luymesme soubz une apparence toute contraire.

Mon bon homme de père[2] s'avisa de vous escrire, il y a huict jours[3]. C'est un orateur qui a les années de Nestor[4] quoyqu'il n'ait[5] peut-estre pas son miel.

Je suis, Monsieur, vostre, etc.

Dans mon 16e Discours, il y a une douzaine de lignes pour Mr Bour-

---

[1] Ce personnage est La Mothe-le-Vayer, que Chapelain, dans une lettre à Balzac du 15 janvier 1639 (Livet, t. II, p. 373), appelait le *suburbicaire*. On voit, par cette lettre de Chapelain et par quelques autres, que l'auteur du *Petit discours chrétien de l'immortalité de l'âme* lui inspirait très-peu de sympathie. Balzac écrivait à ce philosophe, le 6 septembre 1631 (p. 269) : «Quelque soin que vous apportiez à cacher «une belle vie, il en est venu des rayons «jusques à moi.» Voir une lettre très-favorable sur un ouvrage de La Mothe-le-Vayer, adressée à Chapelain le 15 juillet 1641 (p. 855). Dans le *post-scriptum* d'une autre lettre adressée, le 2 janvier 1648, à Conrart, Balzac dit de La Mothe-le-Vayer : «J'admire la fécondité de son esprit et la va-«riété de sa doctrine.» On a sur La Mothe-le-Vayer une thèse de M. L. Étienne (Rennes, 1849, in-8°).

[2] *Bon homme* vouloit dire alors homme âgé. C'est une expression familière à Balzac. Il s'en est servi, à l'occasion de la mort du vieux Guez, dans cette phrase, qui lui a valu tant de reproches (Demogeot, *Histoire de la littérature française*, 1855, p. 362; Sainte-Beuve, *Port-Royal*, 1867, t. II, p. 63, etc.) : «Depuis la dernière lettre «que je vous ay escrite, j'ai perdu mon «bon homme de père...» (Lettre à Conrart du 10 octobre 1650, p. 890.)

[3] La lettre du *bon homme* a été ainsi analysée par Tallemant des Réaux (p. 88 du tome IV) : «Quelques années devant que de «mourir, il escrivit à M. Chapelain pour «faire, disoit-il, amitié avec luy, au moins «par lettres, et qu'après avoir ouy dire tant «de bien de luy à son fils, il vouloit avoir «cette satisfaction là en mourant.»

[4] Tallemant dit (*ibid.*) : «Ce M. Guez a «vescu plus de cent ans.» Guillaume Guez mourut à quatre-vingt-dix-sept ans, comme l'a déclaré M. Castaigne (*Recherches* déjà citées), et comme on pouvait facilement le calculer d'après une lettre écrite par Guez à son fils le 20 novembre 1642, et communiquée par ce dernier à Ménage le 12 mai 1644 (p. 695 du tome I des *OEuvres complètes*), lettre où il annonçait qu'il était entré «dans la 89e année de son âge.»

[5] Le copiste a mis *n'avoit*.

bon[1]. En les luy faisant remarquer, je m'asseure que vous les rendrez bien meilleures qu'elles ne sont[2].

IV.

Du 20 septembre 1643.

Monsieur, Nous attendons Monsieur D'Argence, qui sans doute se sera amusé par les chemins, *si tamen* une dévotion à Nostre Dame de Saumur, ou quelque autre remore[3] de mesme nature se doibt appeller amusement. Bon Dieu, Monsieur, quelles nouvelles et quels change-

---

[1] Nicolas Bourbon, petit-neveu d'un autre poëte latin nommé aussi Nicolas Bourbon et auteur des *Nugæ*. Bourbon *le jeune* a un excellent article dans le *Moréri* de 1759, où il est appelé «un des plus «grands poëtes latins que la France ait ja-«mais produits.» Il fut tantôt l'ami, tantôt l'adversaire de Balzac. Ce dernier lui écrivit de Rome, le 25 mars 1621 (p. 138), une lettre avec cette suscription : «A Mon-«sieur Bourbon, professeur du Roy aux «lettres grecques,» lettre où il s'étonne de lui voir faire si loin de Rome «de si beaux «vers, et si proches de la majesté de ceux «de Virgile.» Balzac (octobre 1637) disait à Chapelain (p. 755) : «Je veux rendre, à «l'advenir, le bien pour le mal, et commen-«cer par M. Bourbon, que je recherche le «premier, sans me tenir sur le poinct «d'honneur, ni me souvenir des choses pas-«sées.» Pourtant un peu de rancune survivait encore dans l'âme de Balzac, s'il faut en juger par un billet adressé à Chapelain, le 6 novembre de la même année (p. 756), au sujet de la «plaisante eslection» de Bourbon à l'Académie française. Balzac se moque là très-vivement du style du nouvel académicien : «Je vous ay autrefois monstré «de ses lettres françoises, qui sont escrites «du style des bardes et des druides.» On peut voir (Livet, t. I, p. 166) la réponse de Chapelain, en date du 17 octobre, ce qui montre combien est fausse la date assignée par les éditeurs de 1665 à la lettre de Balzac (21 octobre). Dans les *Passages deffendus* (t. II, p. 368), Balzac salue avec reconnaissance Bourbon comme son maître pour la latinité, et il prodigue les éloges à cet «incomparable guide.» Enfin, on trouvera (*ibid.* seconde partie, p. 33) des vers latins en l'honneur du poëte, mort le 6 août 1644 : *Nicolaï Borbonii in Academia Parisiensi Græcarum literarum professoris regii, sacerdotis inculpatissimæ vitæ, oratoris disertissimi, poetæ maximi spiritus, memoriæ.*

[2] Ces lignes commencent ainsi (t. II, p. 368) : «Pour le latin, la sçavante con-«versation de Monsieur Bourbon m'en avoit «piqué d'une estrange sorte. Ce fut luy qui «me refit et me forma l'esprit.»

[3] Retard, du mot *remora*. M. Littré n'a cité, pour l'emploi de ce mot, aucun écrivain antérieur à Regnard et à Saint-Simon.

ments! Que deviendra la silve¹ du Père de l'Oratoire² adressée au cardinal désigné³? Et que sera-ce de tant d'aultres choses qui ne s'accordent nullement avec l'article de la *Gazette*⁴ où il est parlé du satyrique moyne Sainct-Germain⁵? Seriez-vous assez charitable pour m'expliquer toutes ces énigmes, et pour me faire une relation d'un demy feuillet, qui m'instruise de l'estat présent de nostre Cour? Sans cela je pourray m'équivoquer d'une estrange sorte, et vous en serez quitte pour autant de peine que vous en pristes à m'informer de l'avénement, progrès et perfection de Mʳ le Cardinal Mazarin⁶, qui fut

---

¹ Au lieu de *la silve*, le copiste a lu *le salut*.

² Ce *Père de l'Oratoire* n'était autre que Nicolas Bourbon, dont Pellisson dit (*Histoire de l'Académie*, t. I, p. 185) : «Il se «retira dans les Pères de l'Oratoire, mais il «ne voulut être obligé à pas une des fonc-«tions ni même souffrir qu'on l'appelât «Père,» ce que confirme cette lettre de Chapelain à Balzac, du 13 février 1639 (*apud* Livet, t. I, p. 376) : «Le Père qui «ne le veut point être...» L'abbé d'Olivet, annotant le livre de son devancier (*ibid.* p. 185), cite des vers latins en tête d'un livre de M. de Bérulle sur les *Grandeurs de Jésus* (1623), signés : *Nic. Bourbon, Congregationis Oratorii Presbyter*.

³ Augustin Potier de Blancménil, qui fut évêque de Beauvais du 17 septembre 1617 au 19 juin 1650. En même temps que la reine régente avait nommé le cardinal Mazarin chef de son conseil, elle y avait fait entrer (18 mai 1643), avec le titre de ministre d'État, l'évêque de Beauvais. Ce premier aumônier de la reine avait été présenté pour le cardinalat, lorsqu'il fut brusquement disgracié (septembre 1643) et fut obligé de se retirer en toute hâte dans son diocèse.

⁴ Voici cet article (numéro du 12 septembre 1643, p. 796) : «Le septiesme, le «sieur de Saint-Germain de Morgues, ci-«devant premier aumosnier de la reine «mère du Roy défunt, estant retourné de «Flandres en cette ville, salua Leurs Ma-«jestés, et fut fort bien reçeu.» Le volume 631 de la collection Dupuy, à la Bibliothèque nationale, renferme les lettres d'abolition accordées, en 1643, à l'abbé de Morgues.

⁵ Matthieu de Morgues, sieur de Saint-Germain, fut un bien *satyrique moine*, en effet, car il passa sa vie entière à écrire des satires. Il en fit contre le cardinal de Richelieu, contre le P. Joseph, contre l'Académie française, contre Balzac, contre Scipion Du Pleix, contre tout le monde. Balzac, comme Bayle l'a observé dans son curieux article sur le fécond pamphlétaire, l'a fort maltraité à son tour (lettre du 15 juillet 1635, et non 1625, ainsi qu'on l'a imprimé dans l'in-folio de 1665), l'appelant «déserteur «de plus d'une douzaine de partis, parasite «des Espagnols, secrétaire des mauvais «François qui sont à leur cour, etc.»

⁶ Ce fut quatre jours après la mort de Louis XIII, c'est-à-dire le 18 mai 1643, que Mazarin fut nommé, par Anne d'Autriche, chef de son conseil.

certes une information excellente au jugement d'un excellent homme qui la vit icy le jour que je reçeus vostre lettre.

Je vous envoye une coppie de la lettre que j'ay escrite à Mʳ D'A-vaux¹. Je voudrois bien que ce fust l'original, parce qu'elle est mieux, ce me semble, et que [j'ay eu]² le temps [de] la revoir et corriger, c'est-à-dire le temps de deux ou trois jours. Vous ordonnerez au petit de rendre cette-cy, si de bonne fortune la première n'avoit point encore esté rendue; mais d'ailleurs, Monsieur, si vous me trouvez excessif en mes affections et en mes reconnoissances, vous vous souviendrez tousjours *nihil esse honestius culpa benignitatis*.

Sollicitez donc la diatribe³ puisque le diatribeur⁴ s'en souvient encore, et qu'il ne luy fault que quinze jours pour s'acquitter de sa debte⁵. *Mire frigent opera nostra*, et Rocolet rapporte la longueur de l'impression à la beauté du travail. Au dernier discours, sur la fin, où il y a : « Elle produira tousjours des héros de Robe longue, des Ca-« tons, des Scipions et des Cicérons, » je vous prie qu'on mette : « Elle produira tousjours des lumières à la France, des Catons, des « Scipions et des Cicérons françois⁶. »

---

¹ On a conservé des lettres écrites par Balzac, le 11 mai 1627 et le 20 décembre de la même année (p. 138, 373 de l'in-folio de 1665), au comte d'Avaux, alors «maistre «des requestes de l'hostel du Roy et ambas-«sadeur à Venise,» mais non celle dont Balzac parle si complaisamment à Chapelain.

² Les mots *j'ay eu* ont été oubliés par le copiste.

³ Du temps de Balzac, *diatribe* vouloit seulement dire : dissertation critique.

⁴ *Diatribeur* doit être un mot créé par Balzac, en plaisantant. Les lettres suivantes nous apprennent que le *diatribeur* était Claude de Saumaise.

⁵ Saumaise travailloit avec une extrême facilité. Balzac en a souvent fait la remarque, notamment dans cette lettre à Conrart, du 4 avril 1650 (p. 878) : «Mʳ Courbé pense, peut-estre, que j'aille «aussi viste que Mʳ de Saumaise, qui va «plus viste que les copistes et les impri-«meurs. Une petite lettre me couste plus «qu'un gros livre à ce dévoreur de livres.» Voir une autre lettre à Conrart du 13 novembre 1651 (p. 918) dans laquelle Balzac s'écrie : «O bienheureux escrivains, Mʳ de «Saumaise en latin, et Mʳ de Scudéry en «françois! J'admire vostre facilité et j'admire « vostre abondance. Vous pouvez escrire «plus de calepins que moi d'almanachs...» Boileau s'est souvenu de l'exclamation de Balzac quand il a dit (satire II) :

Bienheureux Scudéri, dont la fertile plume
Peut tous les mois sans peine enfanter un volume!

⁶ Voici la rédaction définitivement adop-

Il n'y a pas moyen de passer outre; j'ay une plume qui me faict suer sang et eau.

C'est, Monsieur, vostre, etc.

Mille très-humbles et, comme disent les Moines, très-affectueux remerciements pour la faveur que vous m'avez faite et la peine que vostre homme a prise. Au reste, Monsieur, je vous doibs les huict livres qui manquoient et que vous avez fournies, car je suis très-asseuré que vous ne les avez point à moy.

V.

Du 27 septembre 1643.

Monsieur, J'ai reçeu les Centuries, qui ne vallent que ce que vostre estime les fait valloir, et ne sont vostre thrésor que dans les termes de l'Évangile, à cause que vous y avez mis vostre cœur[1]. Petrus Monmor[2] vous allégueroit là-dessus les thrésors de vent desquels parle Job[3]; et le thrésor de charbons, duquel les Grecs ont faict un proverbe[4]. Mais moy qui ne suis pas si sçavant[5], je me contenteray de

---

tée dans les dernières lignes du Discours dix-huitiesme (*Response faicte sur le champ*, à Monsieur de Pressac, conseiller du Roy, etc.): « Vostre Thoulouze est de ces villes privilégiées et choisies du ciel. Elle produira tousjours des lumières à la France; des Catons, des Sulpices et des Cicérons françois. »

[1] *Bonus homo de bono thesauro cordis sui profert bonum* (Luc, VI, 45).

[2] Pierre de Montmaur, parasite et pédant sur lequel il faut citer, avec l'article du *Dictionnaire* de Bayle, le recueil de Sallengre: *Histoire de Pierre de Montmaur* (la Haye, 1715, 2 vol. in-8).

[3] Balzac a été mal servi par sa mémoire. Il n'est nullement question, dans le livre de Job, de *trésors de vent*, mais seulement de trésors de neige et de grêle: *Numquid ingressus es thesauros nivis, aut thesauros grandinis aspexisti?* (XXXVIII, 22.) Balzac aura confondu Job soit avec l'auteur du psaume CXXXIV (*Qui producit ventos de thesauris suis*, verset 8), soit avec Jérémie (*Et produxit ventum de thesauris suis*, LI, 16).

[4] « Mais, comme on dit, mon trésor s'en est allé en charbons. » (LUCIEN, *Zeuxis ou Antiochus*, chap. II. Voir *Adagiorum Des. Erasmi Roterodami Chiliades*, etc., Paris, 1579, in-fol., col. 276).

[5] Balzac fait ici allusion à ce qui se passa un jour chez le chancelier Seguier, où l'audacieux Montmaur, expliquant, en présence de plusieurs érudits, un passage des *Épîtres* de saint Paul, invoqua l'autorité d'Hesychius, de Manilius et de Strabon. Nicolas

vous dire avec le baron de Fœneste, mon voisin, qu'il n'y a point de mal d'appeler les choses par noms honnorables [1], et que les plus beaux ne coustent pas davantage que les plus vilains. Mais en conscience, y en a-t-il d'assez noble et d'assez illustre dans tout le Vocabulaire de Mr de Vaugelas [2] pour le billet que m'a apporté M^r d'Argence, ce billet, que j'estime des volumes : *cujus tot puncta, tot lumina*, et ce qui s'ensuit? Ne doutez pas, Monsieur, de ma ponctualité et de mes soings, puisque vous me les ordonnez, et assurez-vous que je vous rendray très-fidèle conte, non-seulement de toutes les lettres des Centuries, mais aussy de toutes les enveloppes des lettres, de toute la toille et de toute la ficelle s'il est besoing, que je vous renvoyeray par une voye encore plus asseurée que celle par laquelle je les ay receues.

Ce que vous me mandez de M^r le Chancelier me desgoute et me descourage extrêmement. Seroit-il possible qu'il voulust qu'on exerçast l'inquisition contre moy? Je parle de cette inquisition cruelle, ignorante, ennemie de la vertu et des Muses; car pour la juste aucto-

---

Bourbon, ayant voulu vérifier l'exactitude de ces citations, reconnut que Montmaur s'était moqué de la docte assemblée, et, livres en main, il confondit le charlatan. C'est Bourbon lui-même qui a raconté l'historiette, cinq ou six jours après, dans une piquante lettre écrite en latin, le 3 novembre 1637, au comte d'Avaux, et imprimée à la page 471 du livre de Charles Ogier : *Iter Danicum, Suecicum, Polonicum* (Paris, 1656, in-8°).

[1] «Fœneste : Encores ne coustera il rien «de nommer les choses pour noms hono-«ravles.» (Chap. I des *Aventures du baron de Fœneste*, page 8 de l'édition donnée par M. Prosper Mérimée dans la *Bibliothèque Elzévirienne*, 1855.)

[2] Claude Favre, sieur de Vaugelas, n'avait encore rien publié à cette époque, quoiqu'il eût déjà de beaucoup dépassé la cinquantaine (étant né le 6 janvier 1585.) Ses *Remarques sur la langue françoise*, tant attaquées par La Mothe-le-Vayer et par Scipion Du Pleix, parurent seulement en 1647, et sa traduction de Quinte-Curce ne vit le jour que trois ans après sa mort, en 1653. Balzac, par le *Vocabulaire* de Vaugelas, entend le *Dictionnaire de l'Académie*, auquel le philologue savoyard travailla pendant une quinzaine d'années. Balzac écrivait à Faret, le 12 décembre 1625 (p. 112) : «Je n'attends qu'un peu de santé pour estre «en estat de partir d'ici, et aller jouir avec «vous de nos délices communes : je parle «de la conversation de Mr de Vaugelas, qui «me feroit trouver la Cour au village et Pa-«ris dans les Landes de Bordeaux.» Voir diverses lettres de Balzac à Vaugelas (années 1625 et suiv., p. 121, 129 à 133, 376, 414).

rité des légitimes censeurs, je ne croy pas avoir subject de l'appréhender. Mr l'Official, qui est homme de Sorbonne, et de plus homme de jugement[1], a examiné mon ouvrage avec toute la sévérité théologique : les plus pieux et les plus sçavants Jésuites de ces provinces me l'ont renvoyé avec éloges, avec couronnes de laurier et chapeaux de fleurs, ont dit tout haut (je pense vous l'avoir déjà escript) que la Modestie elle-même ne sçauroit se défendre plus modestement. Depuis ce temps là j'ay osté le nom de Phyllarque de touts les endroits où il estoit[2], sans parler de plusieurs aultres adoucissements, ausquels Mr l'Abbé de Saint-Cyran (s'il eust esté en ma place) ne se fust jamais résolu, quand il en eust esté prié par le Pape[3]. Et après cela, Monsieur, on trouvera encore à dire en mon procédé. Mon

---

[1] C'était le frère de Guillaume Girard, secrétaire et historien du duc d'Épernon. De nombreuses lettres de Balzac sont adressées aux deux frères. Presque toujours Balzac les distingue en donnant à Guillaume le titre de secrétaire du duc d'Épernon (p. 87, 181, 255, 558, 559, etc.), et à Claude le titre d'official d'Angoulême (p. 377, 390, 438, 439, 589, 700, etc.). Claude, qui, d'official de l'Église d'Angoulême, devint, en 1652, archidiacre de la même Église, mourut le 2 septembre 1663, au moment où il allait publier les œuvres complètes de Balzac et où il en écrivait la vie, dont personne, dit l'abbé Cassagnes (*Préface* déjà citée), ne savait «tant de particularitez que luy.» Ce fut Claude Girard qui publia les *Lettres familières à M. Chapelain* (1656), les *Entretiens* (1657) et les *Lettres à M. Conrart* (1659). Ce fut lui aussi qui s'occupa des funérailles de celui dont il avait toujours été le «confident amy.» On a souvent confondu les deux frères Girard, comme on peut s'en assurer en consultant le *Dictionnaire* de Moréri, celui de Chaudon, la *Biographie universelle*, la *Nouvelle Biographie générale*, le *Manuel du Libraire* (au mot *Balzac*), etc.

[2] On sait que Jean Goulu, général des feuillants, publia contre Balzac deux volumes intitulés : *Lettres de Phyllarque à Ariste* (le premier en 1627, le second en 1628). D'Olivet (*Histoire de l'Académie*, t. II, p. 68) explique ainsi le choix du pseudonyme du P. Goulu : «Phyllarque, «comme qui diroit *Prince des feuilles*, par «allusion à sa qualité de général des feuil-«lants.» (Voir aussi Tallemant des Réaux, t. IV, p. 90.) Quant à M. de Balzac, ajoute d'Olivet, il ne fit rien paraître là-dessus, car son apologie, faite par lui-même, sous le titre de *Relation à Ménandre*, ne parut que dans ses *Œuvres diverses*, imprimées pour la première fois en 1645 (*sic*, pour 1644). L'histoire de la querelle de Balzac avec les feuillants a été très-complétement racontée par M. E. de Certain, dans la *Bibliothèque de l'École des chartes* de 1861-62, à propos du monastère de Saint-Mesmin (p. 373-385).

[3] Duvergier de Hauranne mourut quelques jours après que Balzac eut fait ainsi

grand et souverain protecteur, que j'ay appellé Solon dans mes épigrammes[1], m'abandonnera à la violence des Barbares, c'est-à-dire à la chicane des pédans? souffrira que la canaille persécute incessamment le plus passionné de ses serviteurs, et qui d'ailleurs ne fait point de déshonneur à son siècle? sera d'avis que les libelles diffamatoires et les épitaphes insolens[2] m'outragent jusques devant le grand autel, sans qu'il me soit permis de faire sçavoir au monde par un mot, par une plainte, par un soupir, que je n'approuve pas ces outrages? J'espère de la justice de Solon, et de l'amitié (*verbo sit venia*) qu'il m'a fait l'honneur de me promettre. Mais si, par malheur, j'espérois à faux, et que Mʳ le Président de Marca[3], Mʳ de Priesac[4],

---

allusion à son orgueilleuse opiniâtreté (11 octobre 1643). Amis et ennemis ont, du reste, toujours été d'accord pour reconnaître que le fameux janséniste avait une inflexibilité de caractère toute béarnaise. Balzac avait beaucoup connu l'abbé de Saint-Cyran. Déjà, le 12 janvier 1626, il lui écrivait (p. 109) : « Je n'ay jamais entré dans vostre « chambre si je n'ay homme de bien que j'en suis « sorti. »

[1] Le chancelier Seguier. J'ai déjà indiqué, dans une note de la lettre III, les petites pièces en vers latins que Balzac lui adressa.

[2] M. Littré remarque (*Dictionnaire de la Langue française*) qu'au XVIIᵉ siècle *épitaphe* était indifféremment des deux genres, et il cite, pour un exemple de ce mot employé au masculin, une phrase de Corneille (*Suite du Menteur*). Le *Dictionnaire de Trévoux* rappelle que Ronsard a toujours fait épitaphe du masculin.

[3] Pierre de Marca avait été nommé président du parlement de Pau, en 1621. Au moment où Balzac réclamait son intervention auprès du chancelier, dont ce magistrat était très-considéré, Marca avait obtenu, depuis plusieurs mois déjà, le titre d'évêque de Conserans, mais la cour de Rome, ayant trouvé dans le *De concordia sacerdotii et imperii* (1641) de trop libres sentiments, ne lui accorda que beaucoup plus tard (1647) ses bulles d'institution. Balzac lui avait écrit (p. 536), le 6 avril 1641, au sujet du *De concordia* : « Vostre science « est large, vostre liberté est discrette, vostre « zèle n'est pas aveugle. » Il lui dédia (p. 286 du tome II) son *Apologie contre le docteur de Louvain*, dans les *Dissertations chrétiennes et morales*. Le 1ᵉʳ octobre 1652 (p. 1057 du tome I) il lui écrivait : « Je vous ay loué « dans un livre qui ne flatte point (le *Socrate* « *chrétien*)... Vostre vertu m'a été saincte, « avant que vostre personne eust esté sa-« crée... »

[4] Comme Marca, Daniel de Priézac était, à cette époque, conseiller d'État. C'était le chancelier Seguier qui, sur le bruit de sa réputation de jurisconsulte, l'avait attiré à Paris, en 1635. Priézac avait (dès 1621) professé en l'université de Bordeaux. Il fut membre de l'Académie française. Balzac lui adressa plusieurs lettres, notamment une bien spirituelle du 12 septembre 1641

Mr Esprit[1], *et cætera*, ne me servoient[2] de rien auprès de Solon, je vous supplie, Monsieur, de ne me le point dissimuler, et à l'heure mesme que vous le sçaurez d'arrester l'impression de mon livre, de la suppression duquel je me consolerois très facilement, *nisi[3] me paterna pietas moveret*, et si je ne considérois l'intérest qu'y prend le bonhomme à qui vous avez escrit et que vous avez béatifié par vostre lettre[4].

Puisque Mr de Saumaise est entré dans la carrière, il sera bientost au bout, et, puisqu'il combat, je ne doute point de son entière et pleine victoire[5]; mais, à mon advis, vous entendez bien que ce n'est pas

(p. 484), en faveur d'une dame qui avait un procès à Paris. Balzac a fort loué un livre de Priézac dans une lettre à G. Girard du 3 janvier 1640 (p. 704).

[1] Jacques Esprit, un des favoris du chancelier qui, dit Pellisson (*Histoire de l'Académie*, t. 1, p. 289), «lui donna sa table et «cinq cents écus de pension, lui procura de «plus une pension de deux mille livres sur «une abbaye et le brevet de conseiller «d'État.» Esprit était, depuis 1639, membre de l'Académie. Balzac lui écrivait rarement, car je ne trouve qu'une seule lettre de lui à ce confrère, dans le recueil de 1665 (p. 578; la lettre est du 15 octobre 1643). Une lettre du 22 mai 1640 (à Chapelain, p. 819) roule sur les frères Esprit, dont un avait été l'hôte de Balzac au château de ce nom.

[2] Le copiste a écrit *serviroient*.

[3] Le copiste a substitué *moi* à *nisi*.

[4] Guillaume Guez, qui désirait depuis longtemps voir paraître l'apologie de son fils, comme on le voit par la lettre du *Bonhomme*, que Balzac envoya, le 12 mai 1644, à Ménage, et dont il a été question dans une note précédente. Le père, dont Balzac tint sans doute la main, sinon la plume, y disait : «Si l'envie d'estre loué des hommes «ne vous tente point, pour le moins celle «de me plaire doit faire quelque impression «sur votre esprit.»

[5] Claude de Saumaise était alors à Dijon, où l'avait appelé, en 1640, la mort de son père, et d'où il ne repartit qu'en 1645 pour Leyde, ville où il occupait, depuis 1631, la chaire illustrée par Joseph Scaliger. Balzac admirait beaucoup Saumaise. S'il plaisante un peu, comme on l'a vu déjà, sur l'inépuisable fécondité du professeur de Leyde, cela ne l'empêche pas d'écrire à Conrart, le 25 juillet 1651 (p. 881): «J'ay reçu des «nouvelles du grand Mr de Saumaise.» Ce sentiment de la grandeur de Saumaise éclate en beaucoup d'autres passages des lettres de Balzac, et surtout dans les lettres qu'il lui adresse (15 juin 1643, 10 octobre 1643, 7 mai 1648, p. 540, 665, 1,003). Je citerai, entre tous les autres, ce passage de la première de ces lettres : «... Après avoir veu une si grande multi-«tude d'excellens ouvrages, et tant de «belles et de bonnes choses, je dis qu'il n'est «rien de si vaste ni de moins borné que «vostre doctrine. Je n'en excepte pas l'es-«tendue de l'Océan, ni la profondeur de ses «abysmes. Je soustiens que vostre esprit est

assez de faire du mal à l'adversaire, il fault, outre cela, obliger l'amy et l'obliger de la bonne sorte. Je suis l'homme du monde (vous le voyez par la lettre que j'escris à Mᴿ d'Avaux) qui me picque le plus de gratitude et qui mets les graces à plus hault prix. Nostre très cher Mʳ Ménage, ou, en la langue de Mamurra[1], *Dulce decus meum* [2], ne l'ignore pas, et je le conjure de vouloir assurer mon bienfacteur de mon éternelle recognoissance, *namque erit ille mihi semper Deus* [3].

Je vous renvoye la lettre à Mʳ d'Avaux retouschée encore une fois, et vous prie de faire part de cette cy à Mʳ Voiture. J'ay jetté les yeux sur quelques endroits des Centuries, et je juge à peu près qu'il s'en pourra faire un juste volume, sans violer la religion de nostre secret. Ce seroit principallement *in gratiam carissimi nobis olearii, cui plus sapiunt quandoque obviæ istæ et inemptæ dapes, quam longe petitæ et transmarinæ deliciæ.*

Je vous remercie de tout mon cœur de cette diabolique, ou, pour mieux dire, divine chose, qui vous est venue de Rome. Jamais pape ne fit de si beaux vers, ny poète iambique de si innocens iambes[4]. Mais

---

« d'une autre espèce que les nostres, et que « vous sçavez plus qu'on ne peut sçavoir hu-« mainement... » Il paraît que la modestie de Saumaise n'accepta pas de telles louanges, car Balzac s'excuse presque de l'avoir fâché (lettre du 25 avril 1644, p. 666).

[1] Ménage écrivit de sa plume la plus malicieuse la vie de Montmaur, sous le titre de : *Vita Gargilii Mamurræ, parasito-pædagogi, scriptore Marco Licinio* (Paris, 1643, in-4°). L'épître dédicatoire à Balzac est datée d'Angers, le 20 octobre 1636. Cette vie fut réimprimée avec le poëme satirique intitulé : *Mamurræ Metamorphosis*, dans *Ægidii Menagii miscellanea* (Paris, Courbé, 1652, in-4°; 1656, in-8°). On la trouvera aussi dans le recueil déjà cité de Sallengre. Une traduction française en a été donnée par Jean Rou (*Mémoires inédits et opuscules,*

t. II, 1857, p. 138-164). Balzac écrivait à Ménage, le 4 novembre 1643 (p. 524) : « Au reste, Monsieur, je ne me lasse point « de lire la vie de Mamurra; je l'ay trouvée « et plus belle et plus nouvelle la dixiesme « fois que la première. Qu'elle eust fait rire « de bon cœur le cardinal Du Perron! Qu'elle « plaira au cardinal Bentivoglio! Que le « Père Strada en estimera le sel et les sausses, « luy qui rit quelquefois à la romaine et qui « se mesle de la belle raillerie aussi bien que « vous... » Voir encore, t. II, p. 689, l'épître dédicatoire du *Barbon*.

[2] *O et præsidium, et dulce decus meum.* (Horat. *Od.* lib. I, carmen 1, v. 2.)

[3] Virg. *Bucol.* ecl. I, v. 7.

[4] Urbain VIII (Maffeo Barberini), élu le 6 août 1623, mort le 29 juillet 1644. Ce pape ne se contenta pas de protéger,

comment se peut accorder cet exercice avec celuy de la guerre, laquelle il ayme si fort, à ce qu'on m'a dit, que peut s'en fault qu'il ne porte un collet de buffle sur un pourpoint vert et qu'il ne veuille qu'on luy donne de Sa Bravoure au lieu de Sa Saincteté[1]?

Mon père vous vouloit répliquer, mais je vous ai espargné cette seconde civilité, et luy ay conseillé de se laisser vaincre à vostre éloquence.

Je suis sans réserve, Monsieur, vostre, etc.

Celuy dont vous avez receu le poëme est mon parent et cousin issu de germain de feu Mʳ de Villetry, conseiller de la grande chambre. Il a la naissance heureuse et se peut dire honneste homme, *quantum patitur municipalis fragilitas*. Obligez-moi de dire à Mʳ Drouet[2], quand vous le verrez, que je vous en ay escript des merveilles, car autrement je passerois pour mauvais parent ou pour amy peu officieux. Je voudrois de bon cœur que Mʳ le Chancelier eust leu mes discours ou Mʳ de Marca, pour luy en faire son rapport. Je m'asseure qu'il n'y trouveroit rien qui le choquast ny qui doive offenser son parent[3], autrefois général de l'Ordre et à présent évesque d'Avranches. Que si ce parent

---

pendant toute la durée de son glorieux pontificat, les écrivains et les artistes; il cultiva les lettres avec beaucoup de zèle et beaucoup de succès, et de grands éloges ont été donnés aussi bien à ses poésies italiennes (*Rime*, Rome, 1640, in-12) qu'à ses poésies latines (*Poemata*, Bologne, 1629, in-8°; Rome, 1631, in-4°; Paris, imprimerie du Louvre, 1642, in-fol.; Oxford, 1726, in-4°, *cum vita auctoris*). On peut voir sur les vers d'Urbain VIII les *Jugemens des savans*, de Baillet (édition in-4°, 1722, t. V).

[1] L'*historiette* répétée par Balzac trouve son explication dans la petite guerre de l'année précédente. Urbain VIII avait déjà occupé Castro et faisait marcher des troupes contre Parme et Plaisance, quand la médiation de la France ramena la paix en Italie.

[2] On a une lettre de Balzac (12 octobre 1636) à M. Drouet, docteur en médecine (p. 405).

[3] Charles Vialart, plus connu sous le nom de Charles de Saint-Paul, supérieur général des feuillants. «Comme il étoit parent de M. le chancelier Seguier,» dit plaisamment le *Moréri* de 1759, il fut nommé à l'évêché d'Avranches, en 1640. Vialart occupa le siége d'Avranches du 6 juillet 1642 au 15 septembre 1644. Il est l'auteur de *Geographia sacra* (Paris, 1641, in-fol.), des *Mémoires du ministère du cardinal de Richelieu* (Paris, 1649), etc.

estoit aussy délicat que l'ancien prince des feuilles [1] et que l'ombre d'une injure le fit cabrer, je m'offre à lui escrire une lettre, après la publication du livre, qui sera imprimée avec les aultres, et dans laquelle je lui donneray toute la satisfaction que sa vanité sçauroit désirer. *Quis neget hoc nimium, sed sit satis.*

Si je fais un discours à la Reine, je parleray des princes du sang (le mieux qu'il me sera possible) et n'oublieray pas le victorieux beau-frère [2] de vostre héros. Vous ne sçauriez croire au reste, Monsieur, combien j'ay eu d'indignation ces jours passés contre la petite fille du cuisinier La Varenne [3]. *Dii, tantùm punite nefas!*

---

[1] C'est-à-dire le P. Goulu, qui était mort à Paris le 5 janvier 1629, peu de temps après la publication du second volume des *Lettres de Phyllarque.*

[2] Le copiste a écrit : *beau-père.* C'est bien du beau-frère du duc de Longueville, du jeune et brillant vainqueur de Rocroy, qu'il s'agit dans le *Discours à la Reyne régente,* discours, ne l'oublions pas, qui est une des plus éloquentes protestations lancées en quelque temps que ce soit contre le fléau de la guerre. Voici le passage qui justifie ma correction (p. 478) : «Quand ce ne se-«roit que pour conserver à la France une «vie qui lui est infiniment chère, et qui se «hasarde tous les jours; un héros de la race «de nos dieux, vostre général de vint et un «an; sans doute, Madame, sans doute vous «desirés la fin de la guerre. Vous devez «craindre l'infidélité de Mars et le destin «de Gustave, pour un prince qui va au pé-«ril comme il y alloit...»

[3] Cette petite-fille du cuisinier La Varenne, comme parle Balzac, à l'imitation de l'injurieux auteur de la *Confession de Sancy,* était Marie de Bretagne, fille aînée du comte de Vertu et de Catherine Fouquet. Catherine avait eu pour père le célèbre Guillaume Fouquet, marquis de La Varenne, maître d'hôtel, et, comme le dit M. Victor Cousin, en se servant d'un adroit euphémisme, «serviteur très-complaisant de Henri IV.» Marie, digne de sa mère par sa beauté et encore plus par sa galanterie, avait épousé, en 1628, Hercule de Rohan, duc de Montbazon. Balzac fait allusion aux lettres d'amour méchamment attribuées par Mme de Montbazon à Mme de Longueville, calomnie qui causa tant d'orages dans la haute société parisienne (août 1643), et qui amena, quelques mois plus tard (12 décembre), entre le duc de Guise et le comte de Coligny, un duel qui devait être si funeste à ce dernier. Sur toute cette affaire, voir M. V. Cousin, qui, dans le chapitre III de la *Jeunesse de Mme de Longueville,* a parfaitement tiré parti des récits de Mlle de Montpensier, de Mme de Motteville, de La Châtre, de La Rochefoucauld, de d'Ormesson, ainsi que de quelques documents inédits de la Bibliothèque nationale et des archives des affaires étrangères.

VI.

Du 5 octobre 1643.

Monsieur, Vostre lettre du 26 du passé, que j'ay reçue ouverte, est cachetée au dedans, c'est-à-dire est toute pleine des marques de vostre Pallas, et n'a rien qui ne sente la déesse du bon sens et de la sagesse. En conscience, j'ay esté ravy de la façon dont vous avez pris la nouvelle que je vous avois mandée du cardinal qui n'est plus[1], et je ne sçaurois assez admirer cette modestie plus que socratique avec laquelle vous parlez ensuite de vostre mérite et de celuy de vostre *Pucelle*. Si vous craignez tant pour l'avenir, en quelle peine devrois-je estre maintenant, et pourquoy m'avez-vous laissé entreprendre un si périlleux voyage et auquel vous apprehendez si fort de vous exposer? Je parle de l'indignité, du peu de prix de mes discours; car pour leurs hérésies et pour les crimes d'Estat, je n'en suis pas autrement inquiet. Je pense, Monsieur, qu'ils ne méritent point de couronnes, mais je pense aussy qu'ils ne sont pas dignes de la corde; et, s'ils n'ont de la vertu, ils ont pour le moins de l'innocence. Quand ils seront achevez d'imprimer, je seray très-aise, s'il est besoing, qu'on les mette entre les mains de Mʳ le président de Marca, à qui j'escriray un petit mot; et, si son rapport à Mʳ le Chancelier ne m'est entièrement favorable, je condamne desjà mes Muses, tant latines que françoises, à un silence perpétuel. Pour les épigrammes, je ne sçay pas ce que vous appellez despaïser, si elles ne sont despaïsées, et si les précautions que vous exigez ne devroient pas estre plus grandes pour la mémoire des Louis et des Henris, si nous avions résolu d'en mesdire finement. Mais vous ne relaschez jamais en ma faveur de vostre première sévérité. Vous n'estes indulgent qu'aux tyrans, et parcequ'Armand vous est cher[2], vous voudriez, je croy, qu'on aimast Tibere et Stilicon pour l'amour de luy.

---

[1] C'est-à-dire du cardinal de Richelieu se moquant de la *Pucelle*.

[2] Le cardinal de Richelieu. Chapelain s'honore en défendant avec tant de fermeté la mémoire du grand ministre contre les implacables rancunes de Balzac.

Puisqu'il n'y a point moyen de rhabiller leurs épigrammes à vostre fantaisie, affin de vous oster le gout que leur amertume vous a laissé, j'ayme mieux vous en envoyer d'aultres sur d'aultres matières moins désagréables. Celle que je fis cet hiver, de l'impertinent autheur de Poitou, est reformée de la façon que vous la verrez et pourra avoir pour titre : *Respondet Capellano, a quo blandissimis verbis objurgatus fuerat, quod cujusdam autoris malum poema pro bono venditasset*[1]. La seconde, que vous n'avez point encore veue, est sur un bouquet de roses que Diane portoit dernièrement à la teste[2], et qui me sembla jetter des esclairs de la nuée noire de ses cheveux.

Au reste, Monsieur, vous ne deviez point attendre de mes nouvelles pour résoudre du lieu de l'impression de la diatribe. Il fault que ce soit à Paris, et vous estes merveilleux de me demander, comme en doutant, si Rocolet voudra l'imprimer. Il sera trop heureux et trop honnoré d'entreprendre une si noble besoigne ; et, pour cet effect, je vais luy escrire, affin qu'il face tout ce que vous lui ordonnerez : l'importance est que la dissertation soit à vostre gré comme je veux croire qu'elle sera à mon advantage. Je me suis expliqué au long là-dessus par le dernier ordinaire.

Ayez toujours un peu pitié du chagrin et des infirmités de vostre amy, qui vous ayme, révère et admire plus que toutes les personnes du monde.

Monsieur, l'article du papier est un excellent article et bien obligeant pour vostre très-humble serviteur[3]. Il n'est que voisin du lieu où se fait cette charte[4] renommée, aussy blanche que les lys et que les ligustres[5], sur laquelle néantmoins *tot Aquinii, tot Volusii cacare*

---

[1] T. II, p. 20. Le titre définitif est celui-ci : *De non optimo poeta, quem per summam humanitatem laudaverat. Respondet Capelano*.

[2] Voyez cette pièce (*Diana rosis coronata*) au tome II, p. 26, des OEuvres de Balzac, à la seconde pagination, parmi dix ou douze gracieuses petites pièces réunies (de la page 25 à la page 27) sous ce titre: *Diana Santonis, sive Galatei insania*.

[3] Balzac fournissait, chaque année, à Chapelain comme à plusieurs autres amis, quelques rames de papier d'Angoulême.

[4] Le copiste a écrit *charité*.

[5] C'est le nom latinisé du troène, un des plus jolis arbrisseaux de la famille des jas-

audent[1], pour user des vilaines parolles de celuy qui fit une épigramme contre Cæsar[2].

On me vient de monstrer une gazette manuscrite dont certains endroits m'ont depleu, et, entre autres certains : « Mr le Prince ayant « fait instance pour le gouvernement de Languedoc, moyennant la ré-« compense de la charge de grand maistre, il en a esté nettement refusé « et, sur[3] ce refus, ayant fait reproche des services rendus cette cam-« pagne, cela a fort brouillé l'intelligence entre la Reine et Madame la « Princesse. Mr le duc d'Anguien ayant prétendu le gouvernement de « Bourgoigne et de Bresse par l'eschange cy-dessus, et ce refus l'en ayant « exclus, il est accusé d'avoir composé avec les petits maistres quelques « rimes[4] scandaleuses contre les puissances supérieures, de quoy on ap-« préhende des suites fascheuses. » Cela est-il vray ou non[5], Monsieur? et, de grace, deux ou trois tirades de vostre politique sur l'estat présent de nostre cour.

Je ne demande point d'aultres priviléges que celuy que je vous ay envoyé. Il est pour vingt ans, à commencer du jour de la publication ou de l'achèvement de chaque volume. Je ne pense pas que ce soit par vostre ordre qu'on a mis dans les vers du second discours : *nos encens* pour *nostre encens*[6]. Dans ce que j'ay veu, il y a quelques aultres légères faultes.

---

minées. On se souvient du vers de Virgile :

Alba ligustra cadunt, vaccinia nigra leguntur.
Buc. Eclog. II, 18.

[1] Annales Volusi, cacata charta...
Catulli Carmen XXXVI in Annales Volusii, 1.

[2] Carmen XXIX in Cæsarem :
Quis hoc potest videre, quis potest pati, etc.

[3] *Sur* a été omis par le copiste.

[4] Le copiste a écrit : *venues.*

[5] Le bruit était faux. Le duc d'Enghien obtint, pour récompense de ses services, le gouvernement de Champagne et la ville de Stenai, cédée depuis peu à la France par le duc de Lorraine, et rien n'indique qu'il ait été mécontent, en cette occasion, de la reine régente. Rappelons que, moins de deux ans auparavant, le 20 novembre 1641, don avait été fait par le roi d'une pension annuelle de 100,000 livres au duc d'Enghien (Archives nationales, cartons des Rois, K 114-116).

[6] La faute dont Balzac se plaignait ne se retrouve pas dans les diverses éditions de son second discours. Partout nous lisons :
Et portons nostre encens où l'on cherche vos temples.

VII.

Du 12 octobre 1643.

Monsieur, Vous m'avez fait voir en petit toute nostre cour, et j'ay leu avec grand plaisir l'histoire des Importans[1], que vous ramassez en peu de parolles, mais qui signifient beaucoup. Je connois, il y a long-temps, la pluspart de ces Messieurs, et ne me suis point estonné du mauvais succès de leur politique. Mon estonnement n'alloit qu'à M. de Beauvais[2] et à Mme de Choisy[3], laquelle n'est pas pourtant tombée, comme le bruit en avoit couru partout; mais dans la relation des importans, pourquoy avez-vous oublié les petits maistres[4] et l'article de Sainct-Germain que je demandois sur toutes choses? Je ne puis comprendre que celuy qui a chassé de son hostel[5] le frère d'un mareschal de France[6], pour n'avoir pas assez respecté la mémoire du

---

[1] M. Bazin (*Histoire de France sous Louis XIII*, etc. t. III, p. 329) prétend que le public avait bien jugé la cabale du duc de Beaufort et de ses compagnons, en appelant ces personnages «les importants.» M. V. Cousin (*La Société française au XVIIe siècle*, t. II, p. 228) dit dans un charmant chapitre sur Mme Cornuel, d'après le témoignage formel de Tallemant des Réaux : «C'est elle, en 1643, qui, en voyant Beau-«fort et ses amis Fiesque, Montrésor, Bé-«thune, La Rochefoucauld, prendre de «grands airs et juger superbement tout ce «qui n'était pas de leur parti, les appela «*Messieurs les importans*, mot nouveau qui «est resté et a pris place dans l'histoire.»

[2] J'ai déjà rappelé, dans une note de la lettre V, que c'était Augustin Potier de Blancménil.

[3] Le copiste a écrit : *Venisy*. Jeanne Olympe Hurault de L'Hospital, arrière-petite-fille du chancelier, mariée en 1628 à Jean de Choisy, maître des requêtes et chancelier du duc d'Orléans, fut une des femmes les plus distinguées du XVIIe siècle. Sa correspondance avec la reine de Pologne (Marie de Gonzague), avec la reine de Suède (Christine), avec les sœurs de Louis XIII (Madame Royale de Savoie, Christine de France), lui donna beaucoup de célébrité. On peut voir sur elle les *Historiettes* de Tallemant des Réaux, les *Lettres* de Mainard, les *Mémoires* de Mlle de Montpensier, ceux de Mme de Motteville, ceux du cardinal de Retz, et surtout ceux de l'abbé de Choisy.

[4] «On avait appelé,» dit Voltaire (*Siècle de Louis XIV*, chap. IV), «la cabale du duc de «Beaufort, au commencement de la régence, «celle des *Importants*, on appelait celle de «Condé le *parti des petits-maîtres*, parce «qu'ils voulaient être les maîtres de l'État.»

[5] Le cardinal Mazarin.

[6] Le frère de Jean de Saint-Bonnet, seigneur de Toiras, nommé maréchal de

deffunt, souffre dans le Louvre l'ennemy juré dudit deffunt, et qui le traite non seulement de tiran (*hæc quidem laus est*), mais aussy de fou et de ridicule : *hæc mihi sunt obscura satis*.

Je voudrois bien que la dissertation Salmasienne fust entre vos mains et qu'elle parust en mesme temps que mon livre.

J'ay escrit trois fois au petit depuis un mois, et n'en ai point eu de response.

J'ay ajousté un distique à vostre epigramme, qui luy estoit nécessaire pour la remplir et pour en faire un poème de quatorze vers. Le compliment, à mon advis, ne sera pas mauvais, et la latinité n'en est pas impure.

Un notaire, avec touts ses instrumens de chicane, me tient présentement à la gorge et m'empesche de passer outre. Le reste à une aultre fois; et je demeure cependant, Monsieur, vostre, etc.

VIII.

Du 19 octobre 1643.

Monsieur, La postérité n'aura garde de me reprocher la confidence que j'ay eue avecque vous. Au contraire, c'est le plus bel endroit par où elle me regardera; et, si ma gloire ne m'estoit moins chère que la vostre, j'aurois grand peur qu'on ne dist un jour que le second Atticus valoit beaucoup plus que le premier, mais qu'il s'en falloit bien que le nouveau Ciceron ne fust du mérite de l'ancien.

A Dieu ne plaise que j'aie rien entendu de mauvais par l'innocence des Iambes de Nostre Saint Père. C'estoit seulement pour les distinguer de ces Iambes *truces* ou *minaces*, dont la rage armoit Archilocus[1], pour user

France le 13 décembre 1630, et tué d'un coup de mousquet devant Fontanette, le 14 juin 1636, était Simon, seigneur de La Forêt, gouverneur de la ville et du château de Foix, mort après 1680 plus que nonagénaire. (Voir le *Moréri* de 1759, au mot *Saint-Bonnet*.)

[1] Archilochum proprio rabies armavit iambo.
HORATII *Ars poetica*, 80.

des termes du *lepidissimus homuncio*[1] qui refusa la charge de Secrétaire d'Estat[2]. La dévotion de Mʳ des Noyers[3] seroit-elle aussy desgoustée et aussy désintéressée que la liberté de cet honeste pourceau ou aultrement *parcus Deorum cultor et infrequens*[4], comme il se nomme luy mesme? Je ne respons point de la vertu de demain et prenez seulement en la personne de ce jésuite travesti[5] un grand et puissant oppugnateur du livre *De la fréquente communion*[6]. Mʳ l'Archevesque de Thoulouse[7] a passé par ce pays et m'a fort entretenu de ce livre et de plusieurs aultres. Il m'a dit d'estranges choses du deffunct[8] et un

[1] C'est ainsi que l'empereur Auguste appelait son cher Horace, dit Suétone (*Horatii poetæ vita*).

[2] Balzac s'est trompé. Ce fut seulement un emploi de secrétaire particulier, de *secrétaire des commandements*, qui fut offert par Auguste à Horace. Le texte de Suétone est formel : *Augustus ei epistolarum officium obtulit*, et la lettre d'Auguste à Mécène, citée par le même Suétone, est, s'il se peut, plus formelle encore : *Ante, ipse scribendis epistolis amicorum sufficiebam : nunc occupatissimus, et infirmus, Horatium nostrum a te cupio abducere... Nos in scribendis epistolis juvabit.*

[3] François Sublet de Noyers (suivant sa signature), et non *des* Noyers, comme on l'appelle ordinairement, secrétaire d'État au département de la guerre, fut disgracié (avril 1643), et mourut peu de temps après (20 octobre 1645). M. Bazin (*Histoire de France sous Louis XIII*, t. III, p. 193) caractérise ainsi ce ministre : «Ambitieux, «remuant et dévot.» M. Michelet (*Richelieu et la Fronde*, aux notes, à la fin du volume), le maltraite encore davantage. C'est pour lui «un sot fieffé, dangereux, haineux, ve-«nimeux, etc.» M. Michelet l'accuse d'avoir détruit, dans sa stupide pudeur, la sublime Léda de Michel-Ange que l'on admirait au palais de Fontainebleau. Il ajoute, en son pittoresque langage, qu'il «creva d'ambition «rentrée.»

[4] Horat. *Od.* liv. I, Carmen xxxiv, v. 1.

[5] Le copiste, confondant une épithète avec un nom propre imaginaire, a écrit : Ce jésuite *Trametti*.

[6] Le livre *De la fréquente communion*, le premier de ceux qu'Antoine Arnauld donna au public sous son nom, parut en août 1643 (Paris; Ant. Vitré, in-4°). Sur les livres écrits par les jésuites contre celui du disciple de l'abbé de Saint-Cyran, voir les pages 21 à 23 de la *Vie d'Antoine Arnauld* (Lausanne, in-4°, 1783), le *Port-Royal* de M. Sainte-Beuve, dernière édition (t. II, p. 179-185), etc.

[7] Charles de Montchal, qui, avant d'obtenir du protecteur de Balzac, le cardinal de La Vallette, la cession de l'archevêché de Toulouse, qu'il garda du 9 janvier 1628 au 22 août 1651, avait été abbé de Saint-Amand-de-Boisse, au diocèse d'Angoulême. Balzac lui écrivit plusieurs lettres, de 1635 à 1643 (p. 205, 575, 598).

[8] Montchal détestait le cardinal de Richelieu, comme on le voit par ses *Mémoires* (Rotterdam, 1718, 2 vol. in-12). On cite.

jour de conversation avec luy m'a instruict de beaucoup de particularités que j'ignorois ou que je ne sçavois pas bien. Il estoit présent lorsque Laforest, frère de Mᵣ de Thoiras, fust maltraité par Mᵣ le Cardinal Mazarin. Mais la chose se passa tout aultrement qu'on ne vous l'a ditte, et ce fut la propre injure du Cardinal qui excita son ressentiment, et non pas l'interest de son amy mort. M. le Mareschal de Vitry et M. l'évesque de Lizieux[1] virent tout ce desmêlé aussy bien que Mᵣ l'Archevesque, et je conclus de là, s'il vous plaist, Monsieur, que les nouvelles se corrompent quelques fois à quatre pas de leur source.

Il n'y a rien de si vray que le mesme Cardinal a reçu trop favorablement Sainct Germain et que le mesme Sainct Germain a desjà disné plus de trois fois avec Mᵣ de Chavigny[2]. Comment s'accorde tout cela, Monsieur, avec la générosité de Mᵣ le Chancelier, lequel, à vostre dire, *delusit umbram et colit exequias*, voire mesme pourroit révérer les mânes de Tibère et de Stilicon, si j'estois si impie que de les vouloir violer, je ne sçay combien de siècles après leur mort?

Il ne me souvient point d'avoir demandé des louanges à Mᵣ de Saumaise, mais ouy bien de la civilité et de la faveur, et je croy qu'il est trop honneste et habile pour ne m'avoir pas sçeu obliger en me voulant obliger.

Mon parent le poète m'a envoyé coppie de la lettre que luy a escrite Mᵣ le Cardinal Mazarin : vous la trouverez cy enclose, avec un extrait d'une aultre lettre escrite par le petit médecin, qui est un encomiaste[3]

en outre, de lui plusieurs mots piquants contre le grand ministre.

[1] Cet évêque était Philippe Cospéan, qui siégea du 25 juillet 1636 au 8 mai 1646, et qui avait été auparavant évêque d'Aire (en 1607), puis de Nantes (1613). Cospéan fut un des grands amis de Balzac, qui lui a adressé de très-nombreuses lettres (p. 12, 13, 15, 16, 19, 123, 260, 265, 266, 267, 347, 396), et aussi des vers latins (seconde partie du tome II, p. 83 et 93). On a de M. Ch. Livet une intéressante monographie intitulée : *Philippe Cospéan, sa vie et ses œuvres*, 1854.

[2] Léon Le Bouthillier, comte de Chavigni et de Busançois, ministre et secrétaire d'État, mort le 11 octobre 1652. Balzac lui a écrit quelques lettres (p. 142, 152, etc.), et lui a consacré des vers latins (t. II, seconde partie, p. 8) : *De illustrissimo Leone, comite Chavinio*, et : *Ad eundem illustrissimum comitem*.

[3] ἘγκωμιασΤής, louangeur. Le *Dictionnaire* de M. Littré, comme le *Dictionnaire de*

très-impertinent et très-menteur, si je ne me trompe. Ce petit faquin gastera l'esprit de ce pauvre provincial, qui d'ailleurs certes est honneste homme, et qui croit à la bonne foy ce que l'aultre luy mande de Paris.

Je vous recommande le pacquet pour nostre cher président [1] et j'ay peur que Flotte [2] ayt esté quelquefois yvre le jour que le courrier est parti, car nous ne trouvons pas nostre compte.

Je suis *medullitus*, Monsieur, vostre, etc.

Trévoux, n'a cité de l'emploi de ce mot qu'un seul exemple, emprunté au discours de l'archevêque de Lyon en faveur de Jacques Clément (dans la *Satire Ménippée*).

[1] François de Mainard, qui était président au présidial d'Aurillac, né à Toulouse en 1582, mort, non dans cette ville et non le 23 décembre 1646, comme l'avance la *Nouvelle Biographie générale*, mais à Saint-Céré (département du Lot, arrondissement de Figeac), le 28 décembre, ainsi que le prouvent les registres de la paroisse de Saint-Céré. Voir, sur cet ami de Balzac, outre Tallemant, Pellisson, Titon du Tillet, Adrien Baillet, M. de Labouisse-Rochefort, M. Geruzez, M. Sainte-Beuve (t. VIII des *Causeries du Lundi*), un excellent travail de M. Prosper Blanchemain (*Notice sur le président François de Maynard*, dans le *Bulletin du Bouquiniste*, du 15 mai 1867). L'habile éditeur de Ronsard, de Mainard, de N. Vauquelin des Yveteaux, s'est servi de la biographie inédite que Guillaume Colletet retraça de l'académicien, son confrère (*Vies des poëtes françois*, naguère à la Bibliothèque du Louvre), et de divers documents qui lui ont été communiqués par un descendant de ce même académicien, M. Th. de Lavaur. Balzac a mille fois parlé de Mainard dans ses lettres et dans ses autres ouvrages.

[2] Le copiste a écrit : *Lotte*. On chercherait en vain le nom de Flotte dans nos dictionnaires biographiques anciens ou modernes. C'était un homme de plaisir, en même temps homme de goût, auquel Mainard, qui l'appelle toujours « son cher « maître, » a adressé un grand nombre de lettres recueillies en 1653 (Paris, chez Toussaint Quinet, 1 vol. in-4° de 873 pages). De Flotte, éditeur de ce recueil, fut très-lié avec Scarron et avec Saint-Amant, qui l'ont souvent célébré dans leurs vers. Voir une lettre que Balzac lui écrivit le 28 décembre 1641 (p. 683).

IX.

Du 26 octobre 1643.

Non tantum, Capelane, viris concurrere virgo
Audet[1], at indigetes vocat in certamina Divos[2],
Theseaque, Æneamque, et sævum ambobus Achillem[3].
Inferiorque loco nunquam cessisse priori,
Diceris mihi, Romano nec mollius ære
Nec Graia sonuisse tuba.....

Si vous continuez à me contredire, j'iray bien plus loin. Mais c'est assez pour aujourd'hui, et peut estre que cette dernière fougue achevera de forcer le retranchement dans lequel se deffend vostre modestie. Pour les louanges que vous donnez à ma prose, elles me sont extrêmement agréables, à cause qu'elles partent d'une extrême affection, et que vostre estime naist de vostre amour, *in quo uno abjectissime alias et pœne doloribus confecti serio triumphamus.* Ce que dit nostre très-cher[4] des tiltres historiques des Épigrammes est très-bien et très-judicieusement dit; mais, après avoir considéré celle de l'enfer[5], je ne pense pas qu'elle ait besoin d'aultre tiltre que de *Respondet Capelano.* Et, présupposé que c'est une response à un aultre poème, l'esprit du lecteur seroit bien diverti, s'il n'entendoit d'abord de quoy il s'agit; et il seroit peu délicat, s'il ne trouvoit beaucoup meilleur, *est ex abrupto,* qu'avec préparation plus longue et plus estendue[6] de deux ou de quatre vers. Toutes les responses des lettres sont obscures de cette sorte d'obscurité, présupposant des choses dittes qu'elles ne répètent pas et il y a encore moins de clairtés dans plusieurs sonnets du Cardinal Bembe[7],

---

[1] Souvenir du vers de Virgile :

....Audetque viris concurrère virgo.
Æneid. I, 497.

[2] Souvenir de cet autre vers de Virgile :

Demens, et cantu vocat in certamina divos.
Ibid. VI, 172.

[3] C'est décidément ici un centon virgilien, car ce vers est encore emprunté (infidèlement il est vrai), à l'*Énéide* (I, 462) :

Atridas, Priamumque, et sævum ambobus Achillem.

[4] Ménage.

[5] T. II, seconde partie, p. 20, déjà citée.

[6] Le copiste a écrit : *esteudiée.*

[7] Pierre Bembo, un des plus élégants écrivains italiens du XVIe siècle, dont les œuvres complètes ont été publiées à Venise (1729, en 4 vol. in-fol.) et réimprimées à Milan (de 1808 à 1810, en 12 vol. in-8°). Voir le *Manuel du Libraire* pour les éditions particulières de ses poésies (1530, 1535,

de Mr de la Casa et d'Annibal Caro[1], qui respondent à d'aultres sonnets de leurs amys. Mais pour revenir aux tiltres commentateurs, que dites-vous, Monsieur, de celuy-cy de nostre amy Cerisantes[2] : *In ventum qui vehementissimus flabat, cum in arcem Aranchionensem ascenderent. Genius loci alloquitur subeuntem,* et de plusieurs aultres tiltres de cette nature, *quos passim videre est apud optimos quosque ævi nostri poetas?*

Je vous renvoye l'Épigramme[3] à la fin de mon Élégie[4] que j'ay reformée pour le feu Roy et qui a esté changée en plusieurs endroits. Il la faudra datter de l'année de la prise de Pignerol[5], lorsque toutes choses en Italie sembloient favoriser l'entreprise du voyage de Naples, si le Roy eust eu ce dessein et qu'apparamment la Nimphe Parthenope luy tendoit les bras.

Je croy avoir dit des choses assez jolies de cette Nimphe, et les lettres qu'elle a escriptes à la Nimphe d'Anjou, sa parente, dans

---

1548, cette dernière édition revue par Annibal Caro), etc. Jean della Casa, dont nous avons déjà trouvé le nom dans une précédente lettre, a écrit l'histoire de la vie de Bembo. En France, de Thou, les deux Scaliger, Baillet, Teissier, etc., l'ont plus ou moins favorablement jugé.

[1] Annibal Caro, dont les sonnets ont été rapprochés de ceux de Pétrarque et de Bembo, et dont la traduction de l'*Énéide* a été mise au-dessus de toutes les traductions en vers qui aient jamais été faites de ce poëme. Les œuvres d'Annibal Caro ont été insérées dans la collection des classiques italiens (Milan, 1806, 8 vol. in-8°). Balzac a souvent fait l'éloge d'Annibal Caro (p. 722, 782, 788 du tome I de 1665).

[2] Marc Duncan de Cerisantes, tué au siége de Naples en 1648, « gentilhomme de « beaucoup d'esprit et de cœur, » dit Bayle, qui lui a consacré un très-bon article, qu'il faut rapprocher du récit de Tallemant des Réaux (V, p. 424-445), de celui de l'abbé Arnauld (*Mémoires*, t. XXXV de la collection Petitot, p. 258-259), et enfin de celui du *Menagiana* (édition de 1715, t. II, p. 292-296). Voir une ode latine de Balzac en l'honneur de Cerisantes (p. 99 de la seconde partie du tome II des *OEuvres complètes*). Le *Menagiana* reproduit cette odelette avec une autre odelette en latin adressée à Voiture. Sur Cerisantes poëte on peut encore consulter le *Parnasse françois* de Titon du Tillet (1732, p. 230).

[3] *Ad Regem Christianissimum Ludovicum semper victorem post pugnam in Alpibus, epigramma* (tome II, seconde partie, p. 3).

[4] *Ad eundem Elegia* (*ibid.* p. 4).

[5] La ville de Pignerol, assiégée le 23 mars 1630, se rendit le 31 mars de la même année, jour de Pâques.

lesquelles elle se plaint de sa mauvaise fortune, me semblent assez poétiques. Je ne suis pas encore mal satisfait de

> Pictum Ludovix dum circuit orbem,
> ....Et duce sub Fabro[1],

et je voudrois bien que vous trouvassiez bon que je fisse venir dans l'esprit du Roy l'envie de délivrer l'Italie, dès ses plus tendres années, et lorsqu'il estudioit sous Mʳ le Febvre, qui luy devoit, à mon advis, apprendre la carte. Mais tout cela soit dit néanmoins sans aucun dessein de préoccuper vostre jugement, et je suspandray le mien jusqu'à ce que vous ayez prononcé pour ou contre.

Rocolet m'envoya, il y a huict jours la Métamorphose de la Marmitte[2] et me parle de quelque autre pièce latine que vous lui avez donnée pour moy; mais il ne me l'envoye point. Je vous prie que je sçache qui est l'auteur de cette Marmitte, et que veut dire nostre très-cher de ne m'avoir pas encore régalé de la Vie de Mamurra, qui apparemment doibt être imprimée.

J'ay reçeu ce qu'il vous a envoyé de la Diatribe et en demeure extrêmement satisfait. Le commencement me semble très-beau et escrit avec très-grand jugement, mais cette guerre de *campo cedere* et de *arma abjicere* ne me pique-t-elle point, et qu'avait-il besoin de dire une chose de son amy qui l'eust rendu infame dans la République de Sparte? Je suis pourtant trop obligé à ce grand et illustre personnage

---

[1] Nicolas Le Febvre, né à Paris en 1544, un des plus savants hommes de son temps. Henri IV l'avait donné pour précepteur à Henri de Bourbon, prince de Condé, qui avait été amené, en décembre 1595, à l'âge de sept ans, au château de Saint-Germain. Dans l'été de 1611, il devint le précepteur de Louis XIII. (Voir, à ce sujet, le *Journal de l'Estoile* et surtout le *Journal de Jean Héroard*).

[2] *Monmori parasito-sycophanto-sophistæ*, etc. Sallengre explique ainsi le titre de cette satire : «Comme qui diroit en françois la mar«mitodéification de Montmaur.» Il ajoute (p. xxx du t. I de l'*Histoire de Montmaur*) : «Cette pièce, qui est fort rare, a été im«primée à Paris, in-8°. L'année n'y est pas «marquée. L'auteur n'en est pas connu.» On trouvera le texte latin de cette pièce dans le t. I du recueil de Sallengre (p. 227-259), et la traduction française dans le t. II (p. 67-76).

de s'estre voulu mesler de mes affaires et je luy en tesmoigneray ma reconnoissance en temps et lieu.

Est-il vray que la Reine a commandé à Mʳ de Gomberville d'escrire l'histoire de nostre temps[1] ?

Par le dernier ordinaire j'escrivis à Mʳ Conrart et vous addressay un pacquet pour le président. J'ay receu depuis une de ses lettres, par laquelle il me promet de me venir voir après la feste. Si mon pacquet ne le trouvoit pas à Sainct-Céré, je vous prie que, par le moyen du seigneur Flotte, il revienne à Paris, affin que vous nous le puissiez renvoyer.

Je suis sans aucune retenue, Monsieur, vostre, etc.

X.

Du 2 novembre 1643.

Monsieur, Auray-je tousjours sujet de me plaindre de la vecordie[2] du dur et de l'indisciplinable Rocolet? Laissera-t-il tousjours vieillir mes lettres ou au bureau de la poste, ou sur la table de sa chambre, ou dans les pochetes de ses garsons? Ne doutez point, Monsieur, que je ne vous aye escrit, et faites faire, s'il vous plaist, perquisition de mes lettres, dans lesquelles il y avoit quelque chose qui ne devoit estre veue que de vous. Un mal extraordinaire pourroit bien estre cause de l'interruption de ce commerce; mais ayant un Totila[3] pour vous en

---

[1] Marin Le Roy de Gomberville, l'auteur de *Polexandre* (1632, 4 vol. in-4°), l'éditeur des *OEuvres poétiques de Mainard* (1646, in-4°) et des *Mémoires du duc de Nevers* (1665, 2 vol. in-fol.). Je ne vois nulle part que Gomberville ait été chargé par Anne d'Autriche d'écrire l'histoire de son temps. Pellisson (*Histoire de l'Académie française*, t. I, p. 265) nous apprend qu'il avait commencé d'écrire l'histoire des cinq derniers rois de France, de la maison de Valois, mais que le peu qu'il en fit n'a point été conservé, quoique le P. Lelong l'ait mentionné sous le n° 8201 de sa *Bibliothèque historique de la France*. On en trouve seulement le plan dans l'excellente préface des *Mémoires du duc de Nevers*.

[2] Mot qui manque dans tous les dictionnaires et qui a peut-être été forgé par Balzac lui-même avec le latin *vecordia*, sottise.

[3] Voir, sur ce secrétaire de Balzac, une lettre à Chapelain du 10 septembre 1637 (p. 758 du tome I et p. 620 du tome II, *Dissertations critiques*, ıx). Il est question de

donner advis, vous devez croire qu'au milieu mesme du mal extraordinaire j'auray soin de vous envoyer de mes nouvelles.

Vous m'avez obligé de me faire part de cette belle préparation à la mort que j'ay veue dans le sonnet de vostre Epicure[1]. C'est un faune que j'ay surpris aultres fois dans ses bocages[2] avec un [housseau[3]] de paille, un pourpoint de satin blanc[4] et une grande chaisne au col de patenôtres[5] musquées. En ce temps là il aymoit l'une et l'aultre Vénus[6] et se servoit d'un Marotus aussy bien que d'une Délie. Je pense qu'il ne s'est point converti et qu'il a encore toutes ses pensées de vingt-

Totila dans plusieurs écrits des contemporains de Balzac, notamment dans les *Lettres de Costar*, t. I, p. 629.

[1] Cet Épicure est évidemment Nicolas Vauquelin, sieur des Yveteaux, né en 1567 au château de la Fresnaye, près Falaise, mort le 9 mars 1649. C'est un des petits poëtes du xvıı^e siècle dont on s'est, de nos jours, le plus occupé, et, pour le prouver, il nous suffira de citer les notices de MM. Viollet-le-Duc, J. Pichon, Blanchemain, Rathery, J. Travers. On avait déjà bien des renseignements sur ce singulier personnage (*Historiettes* de Tallemant des Réaux; *Origines de Caen*, de Huet; *Mélanges de Vigneul-Marville*; *Parnasse françois*, de Titon du Tillet. *Bibliothèque françoise*, de l'abbé Gouget, etc.).

[2] Balzac veut sans doute parler de ce grand jardin «que possédait Vauquelin au-«près de sa maison située dans la rue des «Marais, au faubourg Saint-Germain, vers «les Petits Augustins.» Voir, sur ce jardin, le commentaire de M. Paulin Paris (t. IV de son *Tallemant des Réaux*, p. 355).

[3] Le copiste a écrit *housteau*, mot qui n'existe pas. Faut-il lire housseau, qui serait un diminutif inconnu jusqu'ici du mot *housse*, nom ancien d'une couverture que les paysannes mettaient sur la tête et sur les épaules, pour se défendre de la pluie et du froid? Le *housseau* de Balzac aurait été «le chapeau de paille doublé de satin cou-«leur de rose» décrit par Vigneul-Marville. Peut-être tout simplement Balzac avait-il écrit chapeau! Huet assure, du reste, que le costume de son compatriote n'était pas aussi fantaisiste que l'on a bien voulu le dire, et sa coiffure notamment, d'après le grave auteur, consistait, «pendant les chaleurs de «l'été,» en «un chapeau de paille couvert de «satin noir pour la légèreté.» N'oublions pas de signaler encore une autre version, celle de Tallemant des Réaux, qui prétend (p. 343) que Vauquelin parut devant Mme de Rambouillet avec «un chapeau de peaux de «senteur.»

[4] Tallemant dit (p. 343) que, la première fois que Mme de Rambouillet vit Vauquelin, «il avoit des chausses à bandes, comme «celles des suisses du Roy, rattachées avec «des brides; des manches de satin de la «Chine, un pourpoint, etc.»

[5] Chapelets. Le copiste appelle *patenottes* le bizarre ornement enroulé autour du cou de Vauquelin. Tallemant parle tout simplement (p. 343) d'«une chaisne de paille à «son cou.»

[6] Voir Tallemant, p. 342.

cinq ans[1]; c'estoit le souhait de messer[2] Tibulle, qui disoit à la figure de sa maistresse :

> Te teneam moriens deficiente manu[3].

Depuis quelque temps le messager d'Angoulesme part tous les huit jours de Paris; mais la grosse teste[4] ne sçait rien et ne se veut enquérir de rien. *Per Dio santo!* je n'en dis pas davantage; mais c'est un faquin qu'à la fin j'abandonneray, et qui ne tient plus à vostre amy que par vostre protection.

J'ay leu une partie du livre que vous me promettez. En certains endroits il m'a donné du plaisir; en d'aultres il m'a fait peur, mais partout il m'a causé de l'admiration. *Et hæc serio et ex animo tibi dicta sunt.* Vostre héros est donc *bellandi fandique potens*, et fait honneur à nostre mestier. *Peribit inter nos hoc arcanum;* mais je ne laisseray pas de *gaudere in sinu*, et de me glorifier d'estre vaincu par un prince, en un art qui m'a donné quelque gloire[5].

> Si, præstans Capelane, velim tibi credulus esse.

Je n'avois garde de vous rien mander de la lettre qui est à la suitte de la dissertation, ayant fait sçavoir, il y a desjà longtemps, à Rocolet,

---

[1] Quelques-uns ont cru que celui que l'abbé de Chaulieu surnomma «la gloire de «nostre aage et l'Épicure de son temps» ne se convertit jamais, Saint-Évremond et Vigneul-Marville, par exemple. Mais Huet a dit : «Il répara le scandale du sonnet li-«cencieux qu'on a cité, lorsque, approchant «de la fin de sa vie, touché d'une sincère «pénitence, il en fit un autre plein de sen-«timens véritablement chrétiens et partant «d'un cœur humilié et contrit.» Le premier sonnet est beaucoup plus connu que le second : on le retrouve jusque dans l'article (non exempt d'erreurs) que M. Éd. de Manne a donné sur Vauquelin au tome XLV de la *Nouvelle Biographie générale*.

[2] Le copiste, oubliant que Balzac s'amuse souvent à employer l'expression *messer*, a écrit *mesler*.

[3] Lib. I, Elegia prima, v. 60.

[4] La *grosse teste* est l'infortuné Rocolet. Jamais imprimeur n'a été autant maudit par un auteur.

[5] Quel pouvait être cet ouvrage alors manuscrit et resté probablement toujours manuscrit composé par le héros de Chapelain? Le secret confié à Balzac n'a été que trop bien gardé.

que je ne désirois pas qu'au tiltre mesme de la dissertation[1] on mist le nom de Huygens[2] ny celuy de Heinsius[3]. Quand il aura violé en cela mes ordres, l'inconvénient ne sera pas grand, et nous remettrons à une aultre fois à effacer les noms odieux.

Vous trouverez dans ce pacquet deux coppies de mon ancien remerciement à M. Guyet[4], l'une pour vous, l'aultre pour nostre très-cher.

---

[1] *Dissertation sur une tragédie intitulée :* HERODES INFANTICIDA. C'est, dans les *OEuvres diverses*, le septième discours, et, dans le tome II des *OEuvres complètes*, la troisième des *Dissertations critiques* (p. 530).

[2] Le copiste a écrit *Huggeus*. La dissertation est adressée «A Monsieur Huygens de «Zuylichem, conseiller et secrétaire de Mon-«seigneur le prince d'Orange.» Constantin Huygens, né en 1596, mort en 1687, fut à la fois célèbre comme littérateur et comme homme d'État. Il fut lié non-seulement avec Balzac, mais encore avec Descartes et avec Corneille. On a de lui une curieuse autobiographie : *De vita propria sermones*. Voir, avec un excellent article de Bayle (au mot *Zuylichen*), une bien flatteuse lettre que lui écrivit Balzac, le 10 mars 1632 (p. 157). Pour d'autres lettres, voir pages 172, 407, 487, etc. Nous signalerons encore une lettre du 2 juillet 1641, sur Huygens, à Mr de Couvrelles (p. 501). On y voit que Huygens avait pris pour devise le mot *constanter*.

[3] Heinsius (Daniel), dont M. Ernest Grégoire a très-bien résumé la vie et indiqué les travaux dans la *Nouvelle Biographie générale*. Nous n'avons pas besoin de dire que son nom revient bien souvent dans les lettres de Balzac, par exemple page 219, où nous lisons, sous la date du 5 décembre 1634 : «Je ne suis pas le seul qui vous regarde «avec vénération assis dans le throsne de «Scaliger et donnant des loix à toute l'Eu-«rope civilisée... La lumière de vostre doc-«trine esclaire plus d'un peuple et plus d'un «pays.» Heinsius trouva les éloges de Balzac insuffisants. Celui-ci, dans une lettre à Chapelain du 22 août 1637, se plaint (p. 750) de l'injuste mécontentement du docte Hollandais, lui reproche son «humeur «sauvage,» mais ajoute pourtant : «Je le «tiens pour un des grands hommes des der-«niers siècles, poëte, orateur, philosophe, «critique, etc.» N'oublions pas de citer une lettre latine de Heinsius à Balzac (p. 444 du tome I des *OEuvres complètes*).

[4] Sur François Guyet, né à Angers en 1575, précepteur du futur cardinal de La Vallette, prieur de Saint-Andrade (près de Bordeaux), mort à Paris le 12 avril 1655, voir Tallemant des Réaux, Huet, Moréri, Bayle, Charles Nodier (*Mélanges tirés d'une petite bibliothèque*, p. 380). Voir aussi le *Menagiana*, où les vers latins de Guyet sont fort vantés (édition de 1715, t. I, p. 316; t. II, p. 237). La vie de Guyet a été écrite en latin (1657, in-12) par Portner, qui l'appelle *vir acutissimi ingenii*. Balzac l'a souvent loué dans ses lettres, soit en lui écrivant directement (*A Monsieur l'abbé Guyet*, p. 669), soit en écrivant à ses amis (p. 346, 366). Il l'a aussi choisi pour sujet d'un petit poëme latin (tome II, seconde partie, page 14) : *De hypercritico Galeso, ad Ægidium Menagium, ludus poeticus*.

Il y a des endroits remplis et des vers ajoustés qui, à mon advis, ne vous desplairont pas. Si je n'estois extrêmement pressé par le courier, vous auriez encore une Silve que je viens d'achever pour Mr d'Avaux[1]. Je la vous promets pour l'aultre ordinaire et demeure, Monsieur, de toute mon âme, vostre, etc.

Je prendray grand plaisir à faire impurement un volume de lettres *ad Pomponium Atticum,* quand ce ne seroit que pour faire voir deux ou trois endroits où il est parlé de vostre ou de nostre héros, pour parler plus purement :

Namque erit ille mihi semper Deus[2].

Je vous suplie de me mander de quelle grosseur sera la dissertation de M. Saumaise[3]. Je vous ay escrit au long par les deux derniers couriers. Aymez-moi bien tousjours, mon très-cher et très-aymable Monsieur. Le redoutable Guyet s'est autrefois meslé de censurer Pétrarque et *Hetruscos* et *Romulidas.* C'est pourquoy j'en dis mon petit mot dans le poème, et, s'il vous plaist, on mettra *Galesus* en la place de *Guietus,* etc.

---

[1] Dans la seconde partie du tome II des *OEuvres complètes,* on trouve (p. 6) une pièce de vers *Ad illustrissimum comitem Claudium Memmium, summum sacri ærarii præfectum, Regis Christianissimi extraordinarium in Germaniam legatum.* Cette pièce, dans les *OEuvres diverses,* suit le *Discours présenté à la Reyne régente.*

[2] Virg. *Bucol.* Ecloga I, v. 7.

[3] On voit combien Balzac se préoccupe du secours que Saumaise devait lui apporter par sa dissertation apologétique. Citons ici le *Menagiana* (t. I, p. 312) : «Je priai «M. Saumaise de prendre sa défense contre «ceux qui écrivoient contre lui. Il fut si con-«tent de ce que je lui avois procuré un dé-«fenseur d'une si haute réputation, qu'il «me dit un jour en me remerciant : *Non* «*homini, sed scientiæ deest quod nescivit* «*Salmasius.* On ne peut rien dire de plus «spirituel et en même temps de plus flat-«teur.»

XI.

Du 9 novembre 1643.

O beate tu, d'avoir passé quatre jours avec l'illustre Julie[1]; et celuy qui s'escria aultrefois, voyant la princesse de Sulmone, *Ave, Regina cœlorum*[2], diroit bien aujourd'huy à celle-cy : *pluris est unus dies in atriis tuis*[3]. Si vous ne vous souvenez du reste, demandez-le au paraphraste du Roy David, *qui omnes ejus versiculos in numerato habet*, et qui est encore plus souvent sur les bords du Jourdain que sur ceux de la Durance[4]. Mais pourquoy n'a-t-il point donné d'approbation au livre de nostre amy[5], non plus que MM^{rs} de Beauvais et de Lizieux[6] ? Les Jésuittes en tirent grand avantage et me sont venus dire jusques icy que ces trois sages prélats n'ont point voulu approuver une doctrine creuse et mélancholique. Il est bien vray que

---

[1] Julie-Lucie d'Angennes, marquise de Rambouillet et de Pisani, puis (13 juillet 1645) duchesse de Montausier. Née en 1607, elle avait 38 ans quand elle épousa le futur gouverneur du dauphin. Voir Tallemant des Réaux, Voiture, Fléchier, et, de nos jours, Rœderer, Walckenaër, V. Cousin, Amédée Roux, Ch. Livet, etc. Déjà, le 1er décembre 1636, Balzac écrivait à Chapelain (p. 736) : «La princesse Julie est «admirable, et vous la chantez admirable-«ment. Mais j'ay grand peur qu'elle sera «cause que vous ferez une infidélité à la «Pucelle d'Orléans, et que la vivante vous «fera oublier la morte.»

[2] Tiré de l'antienne à la sainte Vierge, que l'on chante depuis complies du jour de la Purification jusqu'au jeudi saint exclusivement.

[3] Tiré du psaume LXXXIII, v. 10.

[4] Godeau (Antoine), évêque de Grasse et de Vence. Sa *Paraphrase des Psaumes de David, en vers françois*, parut à Paris, chez la veuve Camusat, en 1648, in-4°. Il en avait déjà paru plusieurs pièces détachées (Paris, Jean Camusat, 1635, 1636, 1637, 1638, in-4°). L'ouvrage eut plusieurs éditions. Godeau, sur lequel on peut consulter Tallemant des Réaux, le *Menagiana*, Moréri, Pellisson, Niceron, Cousin, M. l'abbé Tisserand (*A. Godeau, évêque de Grasse et de Vence*, 1re partie, in-8°, 1870), avait depuis longtemps les meilleures relations avec Balzac. Dès le 26 novembre 1631, Balzac adressait beaucoup d'affectueux compliments à ce cousin de Conrart (p. 263). Voir les autres lettres des pages 179 (10 mai 1632), 532 (12 avril 1639), etc.

[5] Antoine Arnauld.

[6] Augustin Potier de Blancménil et Philippe Cospéan, dont il a été déjà parlé dans de précédentes lettres et de précédentes notes.

j'ay remarqué en nostre apostre[1] une extrême aversion pour le prophète nouvellement décédé[2] et que plusieurs fois il m'en a parlé comme d'un animal purement imaginatif et suject à la maladie de Bellerophon[3]? Or est-il, Monsieur, que tout le monde croit qu'il est le Dieu qui a inspiré la Sibille ou le Socrate que Platon a débité, pour parler tousjours[4] M[r] d'Espesses[5], *sed de perfectissimo opere alias*, et de toute cette excellente famille, si fertile en capitaines, poëtes, orateurs, théologiens, *et cætera*[6].

Je vous rends mille graces, Monsieur, de la continuation de vos soins, soit pour la correction de mon livre, soit pour la vraye[7] et agréable peinture que vous me faistes de nostre cour. M[r] l'Archevesque de Toulouze[8] pourroit bien estre historien suspect, s'il escrivoit la vie du cardinal mort, mais il est véritable de ce qui se passa chez celuy qui vit, et personne ne peut mieux sçavoir que luy une aventure qui arriva en sa présence.

---

[1] Balzac a souvent donné ce titre à Philippe Cospéan. Mais il semble qu'ici l'expression *nostre apostre* se rapporte à l'évêque de Grasse.

[2] Ce prophète était l'abbé de Saint-Cyran, qui venait de mourir quelques jours auparavant (11 octobre).

[3] Le copiste a écrit *Bellerophane*, nom inconnu de toute l'antiquité. Balzac fait ici évidemment allusion à ces vers d'Homère (*Iliade*, chant VI) qui nous montrent Bellérophon devenu «odieux à tous les immor-«tels, errant seul dans les champs d'Alée, «dévorant son âme et fuyant les sentiers «fréquentés par les humains.» La maladie de Bellérophon était donc une sorte de mélancolie farouche.

[4] C'est-à-dire à la façon de M. d'Espesses.

[5] D'Espesses, appelé par le copiste d'Epesses, était Charles Faye, seigneur d'Espesses ou d'Espeisses, fils de l'illustre président et ambassadeur Jacques Faye, seigneur du même lieu. Voir, dans la seconde partie du tome II des *OEuvres complètes* (p. 12), deux lettres de Balzac à M. d'Espesses, conseiller du Roy en son Conseil d'Estat et privé, l'une du 26, l'autre du 27 novembre 1636. D'Espeisses fit en l'honneur de l'Académie française des vers qui furent présentés à cette compagnie, le 19 juin 1634, par Cerisy et Desmarets. Voir principalement sur ce personnage les *Historiettes* de Tallemant des Réaux et les *Lettres* de Guy Patin. Ce dernier annonce sa mort le 5 mai 1638, et, à cette occasion, le proclame «fort savant.»

[6] Sur la famille Arnauld, depuis son origine jusqu'en plein XVIIe siècle, on trouvera les plus exacts et les plus intéressants détails dans *Port-Royal* (t. I, p. 53 et suiv.).

[7] Le copiste a mis *vaine*.

[8] Charles de Montchal. Voir la lettre VIII et les notes qui l'accompagnent.

Vous trouverez dans ce pacquet la Silve que je vous promis par le dernier ordinaire, et j'ose me promettre que vous ne la trouverez pas mauvaise. Elle demande la paix et l'extermination de la Maltôte, cette chère fille de feu Bullion [1], et pire que la fatale Céléno, qui fait tant de ravages dans le troisième (livre) de l'*Énéide* [2].

Je viens de dicter un billet pour nostre incomparable Mr Voiture, que vous me ferez la faveur de luy donner avec la Silve [3].

J'ay receu les despesches du petit il y a longtemps, mais je ne luy fis point de response, parce qu'il me mandoit qu'il partoit pour la campagne; les trois mois expirent dans quinze jours. Je vous prie, Monsieur, qu'il ne perde pas un moment de temps, et, si vous jugez à propos de luy faire quelque nouvelle gratification pour l'avancement de l'affaire, ne me consultez point là dessus, car vous pouvez tout sans me consulter.

J'attends ce soir le paquet que Rocolet a donné au messager d'Angoulesme et j'ay grande impatience de voir les livres que vous m'envoyez. Je suis, Monsieur, vostre, etc.

Je vous conjure, Monsieur, de faire sçavoir au vray si le dernier pacquet qui a esté porté au logis de Flotte, a esté envoyé à Mr Mainard. Il m'estoit important et je serois fasché qu'il se fust perdu.

---

[1] Claude de Bullion, sieur de Bonelles, surintendant des finances en 1632, mort le 22 décembre 1640. Balzac ne l'a pas calomnié. Le cardinal de Richelieu, dans un mémoire du 10 janvier 1639, publié par M. Avenel (*Lettres*, t. VI, p. 271-272), exprimait le vœu que Bullion, qui était en quelque sorte son *enfant gâté*, fût un jour aussi opulent au ciel qu'il l'était en terre. Si l'on voulait d'autres témoignages contre Bullion, on n'aurait qu'à consulter les *His-toriettes* de Tallemant des Réaux (*passim*).

[2] ......Strophades Graio stant nomine dictæ,
Insulæ Ionio in magno: quas dira Celæno,
Harpyiæque colunt aliæ, etc.

(V. 211 et seq.).

[3] La Silve consacrée à glorifier Claude de Mesmes, comte d'Avaux, devait d'autant plus intéresser Voiture, que ce grand seigneur, après avoir été son condisciple, fut son protecteur et son ami.

XII.

Du 15 novembre 1643

Monsieur, J'ay receu dans un mesme pacquet le livre *De la fréquente communion*, un exemplaire de la *Vie de Mamurra* et une tragicomédie de Mr Colletet[1], accompagnée d'une de ses lettres en date du 3 ou 4 du mois passé, ce que je vous particularise de la sorte affin de me justifier auprès de ce cher amy, qui m'accuseroit peut-estre de la faute de mon libraire, et auroit sujet de trouver estrange que j'eusse gardé si longtemps le beau présent qu'il m'a fait avec autant de secret que si je le luy eusse desrobé. Quand j'auray achevé une si agréable lecture, je lui en tesmoigneray mon sentiment et mon ressentiment[2] tout ensemble, affin de parler Lipse en françois, et cependant, Monsieur, si vous le voyez à l'Académie ou ailleurs, vous me ferez bien la faveur de l'asseurer de la continuation de mon service et de la parfaite estime que je fais de ce que j'ay desjà veu.

Mais, au reste, que dites-vous de la fatale vecordie de Rocolet, à laquelle il a ajousté nouvellement je ne sçay quoy encore de plus mauvais, puisque plusieurs exemplaires distribués ont esté réduits à un seul et qu'ainsy il a fait ses largesses à mes despens de la chose du monde que je trouve la plus belle en son genre? En effet, Monsieur, Licinius imprimé me paroist encore plus honneste homme et plus agréablement sçavant que Licinius manuscrit, et toutes les satyres

---

[1] C'était *Cyminde*, tragi-comédie que Pellisson, dans sa liste par ordre chronologique des œuvres imprimées de Guillaume Colletet, place entre un *Recueil de poésies* qui parut en 1642, et la traduction du latin de Scévole de Sainte-Marthe des *Éloges des hommes illustres*, qui parut en 1644.

[2] On sait que *ressentiment* voulait dire alors, dans un sens très-favorable, sentiment renforcé, redoublé. Chapelain (Lettre à Mainard, écrite en août 1634, *apud Livet*, t. I, p. 363) disait, quelques années auparavant : «Nous lûmes à l'Académie les «termes honorables avec lesquels vous par-«liez d'elle, et fûmes ouïs avec ressentiment «de tous.» Racine est le dernier de nos grands écrivains qui ait employé le mot *ressentiment* pour exprimer le souvenir reconnaissant des bienfaits.

des docteurs bataves n'approchent point du mérite de cette ingénieuse composition. Quand on la réimprimera, il faudra mettre avec elle la Métamorphose du perroquet[1] et prier cependant l'admirable autheur de ces belles choses d'exercer son urbanité[2] sur quelque aultre matière qu'il choisira, ou que vous choisirez tous deux ensemble.

Je croyois Mr de Saumaise en Hollande il y a longtemps, me fondant sur les termes exprès de vos lettres, qui ne me parloient que de huit à dix jours pour le plus qu'il devoit séjourner à Paris; et, par conséquent, je remettois mon compliment après la publication de la diatribe, affin qu'il fust plus juste et plus régulier. Néanmoins, puisque vous jugez à propos que je le datte du mois d'octobre, et que vous me permettez de le faire court, vous le trouverez dans ce pacquet et le donnerez à nostre excellent ami pour le commenter à sa façon.

Par le dernier ordinaire je vous envoyai un Protreptique[3] à Mr d'Avaux. Depuis, l'ayant retouché, comme vous verrez par plusieurs notables changemens, je vous prie, Monsieur, que les deux premières copies soient jettées au feu et qu'une de celles que je vous envoye aille en Allemagne avec le passeport de M. Voiture, *si hoc qualecunque est, possit à Diva Pigritia impetrari.*

Vous m'avez fait très-grand plaisir d'estimer mon Élégie et de

---

[1] C'est-à-dire la *Métamorphose du pédant parasite en perroquet, Gargilii Macronis parasito-sophistæ Metamorphosis.* Ce petit poëme latin parut à la fin de 1643 (in-4°), pour reparaître en 1652 et en 1715.

[2] M. V. Cousin (note de la page 123 de la *Jeunesse de Madame de Longueville*) prétend que le mot *urbanité* est de Balzac. Le *Dictionnaire de Trévoux*, dans une petite dissertation sur ce mot, assure, au contraire, que Balzac, loin de l'avoir créé, le tolérait à peine : «Balzac disait que nous nous y «accoutumerions lorsque l'usage aurait mûri «parmi nous un mot de si mauvais goût, «et corrigé l'amertume qui s'y trouve. Mé-«nage, qui le protégeait, avouait qu'il en «faut user sobrement...»

[3] Je ne trouve ce mot dans aucun dictionnaire. Balzac aurait-il été le premier à franciser le mot *Protrepticus?* Voir la définition du poëme qui, chez les anciens, portait ce nom, dans la *Poétique* de Jules-César Scaliger (liv. III, chap. 105). Il y avait un *Protrepticus* dans Ennius (voir Patin, *Études sur la poésie latine*, t. II, p. 78). Le *Protreptique* d'Avaux est la pièce déjà indiquée dans une note de la lettre 10.

l'estimer sérieusement et en termes efficaces, ainsy que vous avez fait, et ainsy que font ceux qui sont persuadés de ce qu'ils disent. Après cela, je disputeray le rang au Romain Callimachus, c'est le nom que Properce lui-mesme se donne [1]; et, si ce malheureux proverbe de *Una hirundo non facit ver* [2] ne rabbatoit ma vanité, elle me porteroit au dessus d'Ovide, que j'estime le roy de l'Élégie, n'en déplaise au tyran Guyet qui aultrefois luy a voulu tant de mal [3].

Si vous ne faites une terrible réprimande à Rocolet, je feray quelque chose de pis, et il me sera plus qu'ethnique et publicain, tant j'ay sujet de me plaindre de ses continuelles bévues et de son insupportable négligence. Où en serois-je maintenant, Monsieur, si j'avois fait estat asseuré de présenter mon livre à la Reine immédiatement après la St Martin ?

Si le père Hercule est de retour à Paris, mandez le-moy affin que je luy escrive, c'est à dire que je face une mauvaise response à une très-bonne lettre que j'ay receue de luy [4]. C'est le vray Hercule Musa-

---

[1] Ut nostris tumefacta superbiat Umbria libris,
Umbria Romani patria Callimachi.
(Lib. IV, Carmen I : *Roma*, v. 63, 64.)

[2] Ce gracieux proverbe était venu de la Grèce en Italie : il est déjà cité par Aristote. Ronsard a dit :
Le printemps ne se fait d'une seule arondelle.

[3] Les trois poëtes favoris de Guyet étaient Térence, Horace et Virgile (lettre de Balzac du 28 octobre 1644, p. 669). Ménage possédait les corrections de Guyet sur Ovide. (Voir ce qu'en dit le *Menagiana*, t. III, p. 141.)

[4] Hercule Audiffret, supérieur général de la congrégation de la Doctrine chrétienne, né à Carpentras en 1603, mort à Paris en 1659. Il fut oncle et maître de Fléchier, l'évêque de Nîmes. Voir sur le P. Hercule, qui passait pour un des meilleurs orateurs de son temps, les *Mémoires de Trévoux* de novembre 1711, l'*Histoire de Fléchier*, par l'abbé Delacroix (1865, p. 5 et 9), etc. Balzac était en correspondance avec le R. P. Hercule. Le 15 décembre 1643, il lui écrivait (p. 515) : « Pour moy, je révère « à tel poinct vostre vertu, que, s'il m'estoit « permis, je jurerois volontiers par Hercule, « et dirois *me Hercule,* aussi bien que le car-« dinal Bembe et que le cardinal Sadolet. » Le 14 juillet 1646, il lui écrivait bien sagement (p. 566) : « Sortons du langage « figuré, de peur de tomber dans le galima-« tias, qui luy est si proche. » Dans une lettre à Conrart du 2 septembre 1650, Balzac disait (p. 885) : « Mille baise-mains de « ma part à nostre tout bon et tout sage « Père Hercule. Dites-luy, s'il vous plaist, « Monsieur, que j'ay grande confiance en ses « prières, et que je le conjure de se souvenir « de moy à l'autel. »

gète[1], et vous sçavez ce qu'en dit Eumenius en sa harangue *pro instauratione scholarum*[2].

Nostre volume de lettres, ainsy lardé de latin, aura plus de conformité avec celuy de Cicéron, qui n'est guères moins lardé de grec, et la bigarrure n'en sera pas désagréable à ceux qui auront connoissance des deux langues.

Je viens de lire dans une lettre ces mots : « Le Cardinal Mazarin « est devenu pasle et resveur estrangement et ne parle presque plus. » J'attends là dessus un mot d'advis et vous supplie de me mander s'il ne songe point à la retraite[3] et si je ne perdrois point une vingtaine de lignes que je désirerois dire de luy.

Je suis sans réserve, Monsieur, vostre, etc.

Il n'y a pas moyen d'obtenir une demy heure du courrier qui va partir, et mon copiste, qui s'est amusé ailleurs, en auroit besoing pour escrire la lettre que je pensois vous envoyer. Ce sera pour le premier ordinaire, celuy, Monsieur, qui part dans trois jours d'icy et qui arrive le mercredy à Paris. Je vous envoyeray par la mesme voye d'aultres copies de mon dernier poëme, car ces deux ne me semblent pas assez bien escrites. Que je sçache, je vous suplie, si mon dernier pacquet à M. Mainard luy a esté envoyé.

---

[1] Il est inutile de rappeler ici la légende qui attribuait à Hercule, le grand civilisateur, l'introduction des lettres, et qui lui avait valu l'honneur de partager avec Apollon le titre de conducteur des Muses.

[2] *Panegyrici veteres opera et studio Beati Rhenani* (Bâle, 1520, in-4°, p. 290). Voir, sur le rhéteur gaulois et sur sa harangue en faveur du rétablissement du collége d'Autun, prononcée en 296 ou 298, l'*Histoire littéraire de la France* par les religieux bénédictins de la congrégation de Saint-Maur (t. I, seconde partie, p. 44-49), l'*Histoire littéraire de la France avant Charlemagne*, par M. J. J. Ampère (2ᵉ édition, t. I, p. 203-204), etc.

[3] Chapelain, s'il était bien informé, dut répondre à Balzac que Mazarin, encore plus amoureux du pouvoir que d'Anne d'Autriche, ne songeait nullement à la retraite. Les événements du mois de septembre précédent (emprisonnement du duc de Beaufort à Vincennes, éloignement du duc de Vendôme, du duc de Mercœur, de l'évêque de Beauvais, de l'incorrigible duchesse de Chevreuse, etc.) avaient, à l'intérieur, non moins consolidé la position du cardinal-ministre que ne l'avaient fait, à l'extérieur, les brillantes victoires du duc d'Enghien.

XIII.

Du 10 novembre 1643.

Monsieur, je vous escrivis au long il y a trois jours et vous envoye aujourd'huy le compliment qui ne put pas estre copié à temps. J'ay quelque opinion que vous ne le trouverez pas mauvais. Il est, ce me semble, de ma plus belle manière; et, s'il y a de la galanterie *in regione Pedana*[1], peut estre que le *summum rerum judicium*... mais j'en ay trop dit, et c'est de vous, Monsieur, de qui je dois apprendre ce qui en est.

Que le livre de Mr Arnauld est un sçavant, sage et éloquent livre! Il me paroist si solide, et si fort de tous costés, que je ne pense pas que tout ce qu'il y a de machines dans l'arsenac[2] de la Société en puisse esgratigner une ligne. Je dis davantage, il donneroit de la jalousie au Cardinal du Perron ressuscité[3], si la gloire de l'Église ne lui estoit plus chère que la sienne propre. J'en parle de cette sorte à nos bons amys les Révérends Pères; et, quoy que j'aye plus besoin qu'homme du monde de douceur et d'indulgence, en cette occasion, je suis pour celuy qui me menasse de la foudre, contre ceux qui ne me promettent que de la rosée[4]. Obligez-moi, Monsieur, de luy rendre

---

[1] *In regione Pedana.* C'est là que Marcus Licinius fait naître son Mamurra (p. 49 du tome I du Recueil de Sallengre).

[2] M. Littré a cité, dans le *Dictionnaire de la langue française,* quelques lignes de Ménage très-favorables à la forme *arsenac*. Ménage invoque précisément l'autorité de Balzac, qui a toujours écrit *arsenac* comme l'avaient fait Rabelais et Clément Marot. Au contraire, Amyot, Mainard, Vaugelas, ont préféré la leçon *arsenal,* qui fut définitivement adoptée après que Pascal s'en fut servi dans les *Provinciales.*

[3] Balzac avait la plus haute estime pour le talent du cardinal Du Perron. Dix fois, dans ses œuvres, il a rendu à ce prélat un hommage des plus flatteurs. C'est ainsi qu'à la page 135 du tome I il l'appelle «ce «grand cardinal, qui a triomphé de tous «les esprits du monde...» C'est ainsi encore que, dans les *Dissertations critiques* t. II, p. 529), il célèbre son entraînante éloquence et cite, un des premiers, ce mot si souvent répété du pape Paul V : «Dieu «veuille inspirer l'homme que je voy, car il «est asseuré de nous persuader ce qu'il luy «plaira.» Balzac, comme il le rappelle avec fierté (p. 388 du tome I), avait, dans sa jeunesse, connu le cardinal Du Perron.

[4] Il me semble que les terribles ana-

mille très-humbles remerciemens de ma part de l'honneur qu'il m'a fait de me juger digne d'un de ses présents.

Je vous escris d'une main gelée et avec une très-mauvaise plume, *per quam non licet ulterius progredi*.

Je suis, Monsieur, etc.

Je seray bien aise que Mr Bourbon voye la Silve que j'envoye à Mr d'Avaux, son ancien disciple. Il seroit bon aussy que Mr le président Le Bailleul[1] en heust[2] une coppie, et qu'elle luy fut présentée par une main agréable. Je vous conjure, Monsieur, de vouloir chercher cette main.

XIV.

Du 23 novembre 1643.

Monsieur, Vous estes certes bien agréable dans vostre premier article, quoy que vous luy ayez dit des injures, après l'avoir fait : et ce libraire massif, son Parménion[3], les lettres couvées et grassouillettes,

> Quæque satis per se pinguem redolere Minervam
> Nostra solent, nullo quamvis fœdante profano.

m'ont plu extraordinairement. J'ay conclu pourtant de cet article que

[1] Nicolas Bailleul ou Le Bailleul, successivement conseiller au Parlement, maître des requêtes, ambassadeur en Savoie, président au grand Conseil, lieutenant civil de Paris, prévôt des marchands, président à mortier au Parlement, chancelier de la reine, enfin (1643) surintendant des finances. Il mourut en 1652. Voir, sur ce personnage, les *Historiettes* de Tallemant des Réaux, les *Mémoires* du cardinal de Retz, ceux de Mme de Motteville, ceux de Montglat, les *Lettres* d'Arnauld d'Andilly, etc.

thèmes du jansénisme et que les complaisances infinies de certains casuistes de la compagnie de Jésus ne pouvaient guère être plus heureusement caractérisés. M. Sainte-Beuve, citant ce passage (depuis : *Que le livre de M. Arnauld est un savant, sage et éloquent livre!*), d'après l'ouvrage du P. Quesnel, que j'ai mentionné dans une note de l'*Avertissement*, dit trop malicieusement (*Port-Royal*, t. II, p. 68) : «Ô Antithèse, ô Trope, *que me veux-tu?*»

[2] Le copiste a écrit *veust*.

[3] Le copiste a écrit *Parmenon*.

vous recevez mes pacquets quand on vous les porte, mais que vous ne les envoyez jamais quérir : et moy, Monsieur, je vous apprens que j'irois au devant des vostres jusqu'à Poitiers et courrois après eux jusqu'à Bourdeaux, si je ne les pouvois avoir aultrement. Vous et moy avons rayson, et n'en parlons plus.

Je viens à vostre second article, dans lequel m'est apparu encore très-agréablement le spectre voisin de la Charité :

> Seu Faunus, dubii sciens futuri
> Barbatus, Capripesque, Cornigerque,
> Seu malit pater Incubus vocari;
> Ille senex [1], olidos vincens pruritibus hircos,
> Lampsacio [2] haud multum castior ille Deo.

Que je sçache, s'il vous plaist, si la nymphe de ce faune est jeune ou vieille [3], et si, après le sousris dont vous me parlez, la Reine n'envoya point chez luy, pour l'exorciser, une légion de Missionnaires, voire mesme leur grand patriarche, Mr Vincent, conseiller de conscience de Sa Majesté [4]. Ce bon homme est un des restes de la Cour paillarde, et un des nourissons de Mr Des Portes, de la religion duquel il est dit dans le Catholicon : « Aussy athée que le poète de l'Amirauté [5]. »

Vous m'avez régalé d'un présent inestimable; je parle du poème de Mr Ferramus [6], que j'ay desjà leu une douzaine de fois et tousjours avec

---

[1] Nicolas Vauquelin de La Fresnaie, alors âgé de soixante-quinze ans.

[2] Le copiste a écrit : *Lamphario*.

[3] Cette nymphe était-elle la Du Puis, joueuse de harpe, que Vauquelin aima jusqu'à son dernier jour? (Voir Tallemant, déjà cité.)

[4] Saint Vincent de Paul, qui institua, en 1625, la communauté des prêtres de la Mission, et qui, après avoir assisté Louis XIII dans ses derniers moments, avait été nommé par la reine régente membre du conseil de conscience pour la direction des affaires ecclésiastiques. Voir l'excellent livre de M. l'abbé Maynard (*Saint Vincent de Paul, sa vie, son temps, ses œuvres, son influence*, 4 vol. in-8°, 1860).

[5] « Athéiste et ingrat comme le poëte de « l'Admirauté. » (SATYRE MÉNIPPÉE, p. 9, édition de Ch. Labitte.) Sur les sentiments peu religieux de Desportes, voir encore la notice de M. Alf. Michiels déjà citée, p. LX, LXI. On a une bien louangeuse élégie de N. Vauquelin sur les œuvres de M. Desportes (p. 5-9 de l'édition de M. Michiels).

[6] Charles Feramus, dont le nom manque à tous nos dictionnaires biographiques, était un avocat au Parlement de Paris qui

un nouveau plaisir. *Pro duobus versiculis, multa cum laude et dignitate nominis mei additis illi heroum pari, quibus verbis gratias agent, non reperio : ita me plus illi debere sentio quam quod declarare sermone ullo possim : tu qui omnem dicendi artem mirabiliter tenes, promitto, si me amas, de tua illa uberrima suavissimaque facundia, aliquod genus verborum, ad hanc rem idoneum, eique pro me gratias quam potes maximas et quam amplissimas agito. Quod si etiam alterum ejus poema brevi ad nos miseris, tibi omnia secundum illum debebo.*

Sans avoir veu la Harangue de nostre Prince, gouverneur de Normandie[1], j'en fais bien plus d'estat que de celle du Mareschal gouverneur de Languedoc[2], quoy que je ne pense point qu'il faille accuser ce dernier de toutes les belles similitudes qu'il a récitées; la récitation estant, à mon advis, la seule part qu'il ait eue en sa harangue.

Je vous ay escrit par les deux ordinaires de la semaine passée, et vous ay envoyé par le dernier mon compliment pour Mʳ Saumaise. Ce compliment, et les louanges que je luy donne dans mon discours de

---

mourut vers 1653 ou 1654. (*Mémoires* de l'abbé de Marolles, t. I, p. 362.) Il naquit à Boulogne-sur-Mer. Outre la pièce : *Macrini parasito-grammatici* Ἡμέρα (ou la Journée de Montmaur), on a de lui une élégie latine sur la mort de Pierre Dupuy (Paris, 1652, in-4°), une épigramme latine sur les *Origines françaises* de Ménage, etc. Ménage, dans ces mêmes *Origines*, a cité (aux mots *Ahan* et *Flegard*) les commentaires inédits de Feramus sur la coutume du Boulonnois. Voir encore de Ménage la 18ᵉ et la 34ᵉ de ses épigrammes dans l'édition de Wetstein. Parmi les lettres latines de Roland Desmarets, frère de Saint-Sorlin, il y en a une à Feramus, où il loue beaucoup le talent de cet avocat pour la poésie, *in quo genere excellis,* dit-il. Sallengre, à qui j'emprunte la plupart de ces renseignements (*Histoire de Pierre de Montmaur*, t. I, p. vi), rappelle encore ce mot de Bayle, que Feramus fut un de ceux qui écrivirent le plus malignement contre l'infortuné pédant. J'ajouterai que La Mothe-le-Vayer, dans sa XCVIIᵉ Lettre, met Feramus au nombre des amis auxquels il a eu la douleur de survivre.

[1] Le duc de Longueville.

[2] Charles de Schomberg, duc de Halluin, pair et maréchal de France. Le discours qu'il prononça le 21 octobre 1643, à l'ouverture des états du Languedoc, se trouve dans la *Gazette de France* de ladite année, p. 1005-1009. Il est souvent question du maréchal de Schomberg dans les lettres de Balzac (p. 100, 102, 815, etc.). Mais il s'agit là du père de Charles de Schomberg, Henri, qui mourut à Bordeaux le 17 novembre 1632.

l'Urbanité et dans mon second poème à Mʳ Mainard, mériteroient bien un peu de reconnoissance dans sa Diatribe, qui pouroit estre mise à la fin et bien à propos. Non pas, Monsieur, que je ne sois sou jusqu'à la gorge de cette viande gnatonienne[1] et que je me soucie de ses louanges, mais quelques uns s'en soucient pour moy, et trouvent estrange que mon ennemy m'eust traité de *vir disertissimus*, et que mon défenseur n'ose pas se hasarder jusques là. De dire là dessus que c'est beaucoup de me deffendre, entre nous, Monsieur, je ne le croy pas, et me persuade que mon opinion se soustient toute seule et d'elle mesme, sans l'assistance de mon amy, lequel mesme a pris de l'extrait d'une de mes lettres que vous luy envoyastes le vray moyen de renverser toutes les objections de Heinsius. Si cette période que quelques uns demandent est ajoustée à la Diatribe, ces quelques uns seront contens; et quand cela ne seroit pas, je ne laisseray pas de demeurer extrêmement satisfait.

Les trois mois sont expirés, *velle aurem Bonarido*[2], et je voudrois bien qu'il eust déjà mis entre vos mains ce que luy doit l'infidèle publicain. Puisque le massif[3] m'a escroqué mes *vies de Mamurra*, j'ay recours à la libéralité de nostre très-cher.

Je suis, Monsieur, vostre, etc.

XV.

Du 30 novembre 1643.

Monsieur, Ce que vous m'escrivez de la très-parfaite personne[4] m'oste l'espérance de faire jamais son Éloge; je ne puis plus que le

---

[1] Allusion à un personnage qui fut le type du parasite dans l'antiquité, à ce Gnathon le Sicilien dont l'excessive gloutonnerie a été signalée par Plutarque en son traité : *S'il est vrai qu'il faille mener une vie cachée.*

[2] Balzac, impatient du retard des trésoriers non moins que du retard des imprimeurs, conseille à Chapelain, en riant, de pincer l'oreille de Bonair, son *chargé d'affaires.* Sur l'adage *aurem vellere,* voir l'édition déjà citée du livre d'Érasme, col. 222.

[3] Rocolet, ainsi surnommé par Chapelain, comme on l'a vu au commencement de cette même lettre.

[4] Le duc de Longueville.

copier ou le paraphraser, ou le commenter, et en ce cas là Dieu veuille qu'Eustathius soit digne d'Homère [1]. Vous estes au lieu où se trouvent les très-parfaites personnes, et que je serois heureux d'estre cet Aubret(?) [2] aussy bien que vous très-humble et très-dévot auditeur de ce jeune Chrisostoma [3], *de quo in hac etiam solitudine mira nobis narrantur : designatum Parisiensium præsulem facile intelliges.* Mais mon exil ne doibt point finir : je n'entendray jamais que braire des asnes, *et in æternum ad bestias damnati sumus* [4].

J'ay fait tout ce que vous m'avez ordonné par vos dernières depesches, et vous envoye aujourd'huy pour Mʳ Ferramus ma Sylve changée pour la cinquantiesme fois. J'ay achevé mon discours à la Reine et suis aussy las que si j'avois ramé quinze jours. Mais il me reste encore un aultre discours à faire, et vous aurez l'un et l'aultre au premier jour.

Le petit m'a escrit, et je vous prie de luy faire tenir ma response. Je voudrois bien que l'argent fut en seureté, et vous sçavez que *multa cadunt inter calicem* [5] et ce qui s'ensuit. J'ay failly à rendre l'âme la nuit

---

[1] Encore ce sacrilége rapprochement entre l'auteur de l'*Iliade* et l'auteur de la *Pucelle!* Personne n'ignore que l'archevêque de Thessalonique, Eustathe, nous a laissé un *Commentaire sur l'Iliade et l'Odyssée,* qui est d'une inappréciable valeur.

[2] Je ne trouve nulle part la moindre trace de l'existence de cet *Aubret,* et je me demande si le copiste n'a pas mis *Aubret* pour *Abbé.* Alors tout s'expliquerait à merveille. L'abbé serait Gilles Ménage, qui avait déjà pris la soutane sans entrer dans les ordres, et qui était communément appelé l'abbé Ménage.

[3] Le futur cardinal de Retz, qui allait être sacré quelques jours après (31 janvier 1644) archevêque de Corinthe *in partibus.* Balzac lui écrivait, le 1ᵉʳ décembre 1644 (p. 509) : «Vous traitez des «choses divines avec toute la force et toute «la dignité dont est capable l'éloquence hu-«maine.» Dans le *Socrate chrétien* (t. II, p. 271), on trouve un grand éloge de l'éloquence de «l'abbé de Raiz» à côté d'un grand éloge de l'éloquence de saint Jean Chrysostome. Chapelain avait recommandé Ménage à Paul de Gondi, qui ne tarda pas à l'attacher à sa maison et à le combler de faveurs. (Voir *Mémoires pour servir à la vie de M. Ménage,* en tête du *Menagiana.*)

[4] Allusion au terrible mot que prononçait la Rome de Néron contre les martyrs : *Les chrétiens aux bêtes!* Combien de fois la spirituelle plaisanterie de Balzac a été renouvelée!

[5] *Multa cadunt inter calicem supremaque labra.* C'est notre proverbe : *Il y a loin de la coupe aux lèvres.*

passée, tant ma toux a esté pressante et impétueuse. Encore à cette heure elle me tourmente et m'empesche d'aller jusqu'au bout de mon papier. Je vous demande la continuation de mon bonheur, c'est à dire de vos bonnes graces, et suis, plus que personne du monde, Monsieur, vostre, etc.

XVI.

Du 14 décembre 1643.

Monsieur, Je ne vous escrivis point par le dernier ordinaire, et aujourd'huy je fais un effort en vous escrivant. La fascheuse chose que le rheume et l'estrange chose tout ensemble dans un corps aride comme le mien! Je brusle et me noye en mesme temps; et comment est-ce qu'il peut sortir des torrens de pituite de cet homme de brésil ou de pierre ponce[1]? Mais un second mal s'est venu joindre au premier, et la cholique m'a deschiré les entrailles quatre jours durant. Voulez-vous que je vous die une chose que peut estre vous ne sçavez pas, et que j'explique la fable au plus grand poëte de nostre temps? Prométhée et Tityus avoient la cholique sans doute, et la cholique est ce vautour ou cet aigle

> Immortale jecur tundens, fœcundaque pœnis
> Viscera [2]...

Vous me faites tort, Monsieur, si vous vous imaginez que je sois affamé d'éloges et de magnifiques superlatifs. Le *disertissime* Balzac se passera fort aisément de la célébration du *doctissime* Saumaise. Je ne fais le fin avec personne, et moins avec vous qu'avec tout aultre. Un amy qui vit sur ma table le commencement et la fin de la Diatribe me

---

[1] Nous lisons dans le *Dictionnaire de Trévoux* : «On dit proverbialement, d'une «chose très-sèche et qui brûle aisément, «qu'elle est sèche comme du bresil, qu'elle «prend feu comme bresil.» Quoi de plus sec, en effet, que le bois rouge propre à la teinture que l'on appelle *brésil;* quoi de plus sec, si ce n'est la pierre ponce?

[2] Virgil. *Æneid.* VI, 598-599.

dist ce que je vous escrivis à l'heure mesme, à quoy depuis je n'ay pas songé. Ou je ne m'entens point en odes, ou celle qui vous est adressée est très-belle. Vous m'avez extremement obligé de m'en faire part; *et tandem aliquando* il fault que les poètes changent de matière; celle de Montmaur est un peu trop rebatue et je commence à m'en ennuyer.

Ce poète de fer (*Ferramum intelligo*) est digne du siècle d'or d'Auguste et fait mieux des vers que la plupart de ceux qui ont la grande réputation de les faire bien. Je suis fasché de ce qu'il a mis Dousa[1] au nombre des grands personnages du siècle passé, ayant à choisir parmi les Turnèbes, les Cujas, les Lipses et les Muret. Dousa estoit bon homme, brave homme et gentilhomme de bonne maison, mais au reste très-misérable poète et grammairien à la douzaine. Mais que veut dire le docteur Palatin de son orateur Mareschal de France? Pense-t-il luy faire beaucoup d'honneur de croire qu'il soit autheur de la harangue imprimée dans la *Gazette*? Je connois, il y a longtemps et assez particulièrement, ledit orateur; mais, sur ma parolle, croyez que sa sœur[2] est beaucoup plus habile et plus judicieuse que luy[3]. La bataille de Leucate[4] et quelques aultres [avantures précé-

---

[1] Jean Douza, seigneur de Norwik, qui fut gouverneur de la ville de Leyde (1574) et premier orateur de l'université de cette ville (1575), mort de la peste le 12 octobre 1604. Quelques auteurs, trop indulgents, l'ont surnommé le *Varron de Hollande*. Ses vers latins ont été imprimés, en 1586 (Leyde, in-4°), avec ceux de son fils, dont le talent et la mort furent également prématurés.

[2] Jeanne de Schomberg, mariée d'abord avec François de Cossé, comte de Brissac, remariée avec Roger du Plessis-Liancourt, duc de la Rocheguyon, marquis de Liancourt et de Guercheville, morte le 14 juin 1624. L'abbé Boileau (de l'Agenais) fit imprimer, en 1698, un excellent petit livre composé par Mme de Liancourt, sous ce titre: *Règlement donné par une dame de haute qualité à Mme... sa belle-fille*. Voir, sur Mme de Liancourt, une note de M. P. Paris (p. 5 du t. III des *Historiettes*), une note de M. Marty-Laveaux (p. 134 du tome I des *Œuvres complètes de Corneille*, dans la collection des *Grands écrivains de la France*), etc.

[3] Tallemant des Réaux affirme cependant (p. 52 du tome III) que Charles de Schomberg avait bien de l'esprit et qu'il écrivait bien. En revanche, M. Cousin (*Madame de Hautefort*, 3° édit. p. 105, 106) ne dit rien de l'esprit du mari de son héroïne.

[4] La victoire gagnée par Charles de Schomberg sur les Espagnols, près de Leucate en Roussillon, le 28 septembre 1637,

dentes]¹ l'ont ressuscité, car je l'ay veu mort civilement, et feu Mʳ de Blainville², qui n'estoit pas sot, comme vous sçavez, m'ayant un jour trouvé avec luy, faillit à me battre, et me fit une grosse réprimande sur le subjet de ma bonne renommée, comme si ce commerce m'eust déshonnoré³.

J'ay receu jusqu'à la trente-huitiesme feuille de mon livre; mais je n'ay pu encore les lire, et ne leur ay donné que quelques légères œillades. Je suis tombé sur l'endroit de l'esponge et du rasoir au discours du charactère de la Comédie, et ne l'ay pas trouvé changé selon la correction que je vous avois envoyée. Ce sera pour les cartons qu'il faudra refaire quand tout sera imprimé, et, ce pendant, Monsieur, je vous demande la continuation de vos soins et de vos bontés, *ut te et me prodeat digna editio*. J'oubliois à vous dire que j'ay esté bien surpris de ne point trouver le nom de Monsieur Ménage au lieu où je pensois

lui valut le bâton de maréchal de France. (Voir, sur la victoire et le vainqueur, Dom Vaissète, *Histoire générale de Languedoc*, t. V, p. 610-616).

¹ Parmi ces aventures précédentes, on peut placer, entre les années 1622 et 1632, le siége de Sommière, où Schomberg fut blessé, l'attaque du Pas de Suze, la prise de Privas, le combat de Rouvroi, où Schomberg fut encore blessé. Balzac n'aurait été que juste en parlant des *aventures* qui suivirent la victoire de Leucate, le combat de Canet et de Sijan en 1639, la levée du siége d'Ilhes, en 1640, la prise des villes de Perpignan et de Salces, en 1642, etc. Bossuet a magnifiquement loué le maréchal de Schomberg dans l'épître dédicatoire de son premier ouvrage: *La Réfutation du catéchisme du sieur Paul Ferry* (Metz, 1655, in-4°). On peut rapprocher de ces belles pages reproduites par M. Cousin (*Mᵐᵉ de Hautefort*, Appendice, Note huitième: *Relations de Bossuet avec le duc et la duchesse de Schomberg*,

à *Metz et à Paris*), les vers dans lesquels Loret, payant sa dette de reconnaissance, célébra le sauveur de Leucate et le preneur de Tortose (*Gazette* du 10 juin 1656).

² Jean de Varigniez, seigneur de Blainville, conseiller d'État, ambassadeur en Angleterre (1625), mort à Issy, près de Paris, le 26 février 1628. M. Bazin (*Histoire de France sous Louis XIII*, t. II, p. 95) rappelle qu'en 1628 Louis XIII donna à Saint-Simon «la charge de premier gentilhomme «de la chambre, vacante par la mort d'un «habile négociateur, le sieur de Blainville.» Sur Blainville en Angleterre, voir les *Mémoires du cardinal de Richelieu* (collection Petitot, t. XXII, p. 500, 501; t. XXIII, p. 165); Michel Le Vassor, *Histoire de Louis XIII*, t. II, *passim*, etc.; deux notes de M. Avenel (*Lettres du cardinal de Richelieu*, t. I, p. 684, 685, et t. II, p. 125), etc.

³ Voir, pour l'explication de ce passage, Tallemant, t. VI, p. 173.

qu'il deust estre, comme nous en estions demeurez d'accord, vous et moy. Je ne sçay que croire de cette omission qui m'a fasché, *et suspicor carissimum illum nostrum ab illaudato viro laudari noluisse.*

Je me console de ce que Mr de Montausier n'est que prisonnier[1]; le malheur nous l'a conservé, et je ne doute point qu'il n'ait fait tout ce qu'il faut faire pour mourir aussy bien que Monsieur son général[2].

Vous aurez bientost une copie de mon discours à la Reyne; mais je vous avertis de bonne heure que là dedans je ne fais point le faquin, c'est à dire le panegyriste déclamateur, comme sont tous les faiseurs d'oraisons funèbres qui n'ont rien dit dont le monde soit persuadé. Je parle en homme de bien et en bon françois, et tempère pourtant ma liberté de toute la discrétion que l'art et le jugement me peuvent fournir. M^r l'Evesque d'Angoulesme[3], qui voulut voir hier mon discours, jure par sa mistre et par sa crosse qu'il n'a jamais rien veu de pareil; mais vous estes le primat de cet evesque et il faut attendre vostre décision là-dessus.

Le feu Roy Henry III donna dix mille escus en dix mille pièces, pour un discours que j'ay veu et que je n'estime pas dix quarts d'escu[4]. Vous estes bien asseuré que la Reine ne me fera pas un si grand pré-

---

[1] Maréchal de camp dans l'armée du comte de Guébriant, Montausier fut surpris à Tutlingen par les Impériaux et fait prisonnier avec Rantzau, les autres officiers généraux et une grande partie des troupes (25 novembre 1643). Montausier fut emmené à Schweinfurt, où il fut gardé pendant près d'une année. On ne l'en laissa partir qu'après le payement d'une rançon considérable. Voir une lettre de Voiture «à M. le marquis «de Montausier, prisonnier en Allemagne,» à la page 311 de l'édition de M. Am. Roux.

[2] Le maréchal de Guébriant, dont Montausier était le lieutenant, mourut la veille du désastre de Tutlingen, le 24 novembre, à Rothweil, d'une blessure reçue le 16, au siége de cette ville.

[3] Jacques Du Perron, qui siégea de 1637 à 1646 et qui était un neveu du cardinal Du Perron. Voir une lettre que lui écrivit Balzac le 20 septembre 1636 (p. 427).

[4] J'ai vainement cherché quel était ce discours. Le Gendre, dans son *Traité historique et critique de l'Opinion* (3e édit. 1741, t. I, p. 98 et 99), a oublié de citer ce trait de générosité dans la liste qu'il donne des bienfaits de nos rois, et notamment de Henri III, à l'égard de divers écrivains.

sent, et néanmoins avec beaucoup d'apparence j'aurois droit d'espérer beaucoup, si le pauvre Mr de Lizieux estoit auprès d'elle[1].

Mandez-moy, s'il vous plaist, quelque chose de ce cher amy; et, si vous luy escrivez, qu'il y ait un article pour moy dans vostre lettre. J'achève celle-cy avec un remède dans le ventre, qui commence à me bien travailler. Jugez par là, Monsieur, si je prens plaisir de m'entretenir avec vous, *qui mihi unus es omnia*.

Je vous recommande, Monsieur, les passages grecs.

XVII.

Du 21 décembre 1643.

Monsieur, J'estois mal lorsque je vous escrivis par le dernier ordinaire, et ne suis guères mieux aujourd'huy. Ce sont des fruits de la mauvaise saison, et de ce cruel et funeste hiver, contre lequel je déclame depuis que je suis au monde : bienheureux sont les peuples qui sont aymés du soleil[2]! J'attends un rayon de ce bel astre pour achever de fondre mon rheume et pour travailler au second Discours, *de quo me tam amanter interrogas*. C'est un second discours à la Reyne, et qui a quelque rapport avec le premier, mais qui n'en despend pas de telle sorte que je sois obligé de les faire imprimer tous deux à la fois. Vous aurez bientost le premier, et j'espère qu'il partira d'icy dans huict jours. Il n'aura point d'aultre tiltre que le Discours à la Reyne, quoyque celuy de la Paix ou pour la Paix ne lui conviendroit pas mal[3]. Je ne sçay ce que veut dire le petit de l'aultre discours qu'il croit avoir parmy ses papiers, et je vous prie qu'il ne s'en mette point en peine, pourveu que le papier de Mr Le Turc[4] soit converti en argent comptant.

---

[1] Philippe Cospéan, renvoyé de la cour en même temps que l'évêque de Beauvais.

[2] Le cardinal de la Valette prétendait que Balzac était un adorateur du soleil, et disait, lui empruntant ses paroles, que la lumière entrait dans son âme avec la joie. (T. II des *OEuvres complètes*, p. 404.)

[3] Le titre définitivement adopté par Balzac fut celui-ci : *Discours à la Reyne Régente sur la Paix*.

[4] C'est-à-dire le surintendant des finances.

Je ne sçaurois vous alléguer d'auteur certain des nouvelles qui nous sont venues de cette grande et souveraine éloquence qui remue tous les esprits de Paris avec une force plus qu'humaine [1]. C'est la Renommée, Monsieur, de qui j'ay appris ces belles nouvelles, dès le commencement de l'Avent, et laquelle se peut appeler en cette occasion :

> Fama, *bonum* quo non aliud velocius ullum [2].

D'autres nouvelles moins agréables arrivèrent icy, il y a trois jours, et on parle d'un duel où Mʳ de Guise a eu avantage [3]. Les grandes guerres ont eu quelque fois de plus petits commencements. Quoy qu'il en arrive, je me déclare pour le sang de Saint Louis, et vous en verrez des marques dans mon discours qui ne vous desplairont pas.

Mille remerciemens, s'il vous plaist, à Mʳ Corneille, pour son exquis et riche présent [4]. Je ne suis pas encore en estat de le lire avec l'attention qu'il mérite, et j'ay la teste si empeschée, qu'à peine ay-je peu vous barbouiller ces mauvaises lignes. Je vous porte tousjours dans le cœur, et suis plus qu'homme du monde, Monsieur, vostre, etc.

XVIII.

Du 27 décembre 1643.

Monsieur, Je chante palinodie [5] et me desdis de tout le mal que j'ay dit et de toutes les imprécations que j'ay fait contre le rheume et

---

[1] L'éloquence du futur cardinal de Retz. Voir, sur Paul de Gondi prédicateur, M. P. Jacquinet (*Des prédicateurs du xvii*ᵉ *siècle avant Bossuet*, in-8°, 1863, p. 305-318).

[2] Virgil. *Æneid*. IV, 174. Bonum a été substitué à *malum*.

[3] Le duel dans lequel le comte de Coligny fut mortellement blessé, et dont il a été parlé dans une note de la lettre VI.

[4] La tragédie de *Polyeucte*, qui, représentée pour la première fois à la fin de l'année 1640, ne fut imprimée qu'à la fin de l'année 1643. L'édition originale de cette pièce a pour titre : *Polyeucte martyr, tragédie;* à Paris, chez Antoine de Sommaville et Augustin Courbé, 1643 (format in-4°). L'achevé d'imprimer (Rouen, Laurens Maurry) est daté du 20 octobre 1643.

[5] Le copiste a naïvement écrit *Palidonie*, comme s'il s'agissait d'un nom propre, du nom d'une femme aimée et célébrée par Balzac.

contre la fluxion. Ce sont d'excellentes choses puisqu'elles m'ont procuré de si excellens tesmoignages de vostre amitié et de vostre estime. Et qui ne voudroit estre enrumé à ce prix là, voire ne désenrumer jamais :

> Tu facis ut totis cupiam tussire diebus,
> Et gelidi Jovis æternos mihi ferre tumultus
> Dulce sit. O quali gaudent mea nubila sole!

J'ay receu dans un mesme paquet les lettres de Mr Lhuilier[1], et celle du seigneur Gronovius[2]; mais vous me menacez encore d'une aultre lettre; et, si je ne me trompe, l'antagoniste de C...[3] me demande de nouvelles louanges. Ma condition sera-t-elle donc tousjours aussy

---

[1] François Luillier, d'abord maître des comptes, puis conseiller au parlement de Metz, père de Chapelle. Voir son *Historiette* dans le Tallemant des Réaux de M. P. Paris (t. IV, p. 191-197). Voir dans ce même volume, à l'*Appendice* (p. 489-516), plusieurs lettres de Luillier à son ami Bouilliaud, publiées pour la première fois d'après les mss. de la Bibliothèque nationale. Luillier fut aussi l'ami de Des Barreaux, de Gassendi (qui fut le précepteur de son fils naturel), de Peiresc, de La Mothe-le-Vayer et surtout de Théophile, qui lui a adressé cinq lettres en latin (*Œuvres complètes*, publiées par M. Alleaume dans la *Bibliothèque elzevirienne*, t. II, p. 415-424). Balzac lui écrivait quelquefois (23 novembre 1636, p. 401; 15 août 1641, p. 495) : c'est là qu'est le remarquable éloge de Peiresc [«Toutes les vertus des temps héroïques s'estoient retirées en cette belle ame, etc.»]; (30 novembre 1644, p. 569; 3 avril 1644, p. 638, etc.). Dans une lettre à Chapelain, du 25 août 1641, Balzac vantait beaucoup (p. 857) les vers latins de Luillier. Dans une lettre à Rigault, du 27 novembre 1644 (p. 668), Balzac s'écrie : «L'admirable «Monsieur L'Huillier.»

[2] Gronovius (Jean-Frédéric), né à Hambourg en 1611, mort à Leyde en 1671, un des plus savants philologues de l'Allemagne. Voir sur lui un bon article (de M. Ernest Grégoire) dans le tome XXII de la *Nouvelle Biographie générale*. Balzac lui adressa une lettre bien affectueuse, le 1er octobre 1640 (p. 667). Le 14 août précédent, il le remerciait (p. 688) des vers latins dans lesquels le grand humaniste avait célébré le bonheur qu'il avait eu de passer (en 1639) une demi-journée dans l'Angoumois, sous son toit hospitalier. Le 7 mars 1644, Balzac disait à Gronovius (p. 689) : «Qu'est deve-«nue la candeur et la sincérité germanique? «elle s'est réfugiée dans vostre cœur.» Et il ajoutait, en jouant sur les mots, et pour marquer combien son voisinage lui serait précieux : «Vous avez fait un livre De Ses-«terciis... je ne compterois que par *talens*.»

[3] Mot laissé en blanc par le copiste. Il faut lire Chapelain. L'antagoniste était Costar. Voir plus loin la lettre du 1er janvier 1645, n° LXXV.

malheureuse que celle du *Poeta regius* du siècle passé[1]? Ne me fera-t-on jamais de présent sans en exiger de moi?

> Semper et insidias potero tua dona vocare,
> Quisquis opus mihi mittis, et cætera.

Un intendant de justice, nommé Mr Vantorte, qui me vint voir ces jours passés, m'avoit appris la mort de Mr Daligre[2], dont il se dit allié. Il me parla de beaucoup de livres dans la conférence que nous eusmes ensemble; mais particulièrement d'une certaine vie de Fra Paolo, qu'il a leue escrite à la main, et de laquelle il me conta plusieurs choses remarquables[3]. Je vous prie de me mander si ce manuscrit est à présent imprimé, affin que j'en passe mon envie et que je connoisse Paul par Fulgence.

On a chargé le messager d'Angoulesme d'un ballot qui s'adresse à mon neveu, et dans lequel il y a une copie, pour vous, de mon Discours à la Reyne. Je désire que Rocolet en imprime une cinquantaine d'exemplaires in-folio, sur la copie que je lui feray envoyer dans huict

---

[1] Le poëte limousin Jean Dorat, auquel Charles IX donna, en 1567, le titre de *poëte royal*, complimenta tour à tour tous les auteurs ses contemporains grands et petits. Balzac avait déjà écrit à Chapelain, le 8 novembre 1639 (p. 803) : «Quelle pitié d'estre «obligé de louer tous les livres imprimez «nouvellement, c'est-à-dire d'estre de pire «condition en prose que n'estoit *Auratus* «*poeta regius*, qui faisoit de bonne volonté «ce que je fais en forçat et en condamné!» Voir sur Dorat, auquel Guillaume Colletet avait consacré une ample notice, *Elogium Joannis Aurati, poetæ latini, auctore Papirio Massono* (Paris, 1588, in-4°); le *Scaligerana*, le *Menagiana*, Scévole de Sainte-Marthe, Isaac Bullard, Adrien Baillet, Niceron, Goujet, Moréri, Teissier, Bayle, Joly, Coupé, divers articles du *Bulletin du Bibliophile*, surtout un article de M. le marquis de Gaillon (1857), Jal (article *Dorat*, dans le *Dictionnaire critique de biographie et d'histoire*), etc.

[2] Étienne d'Aligre, chevalier de Malte, tué dans un combat naval contre les Turcs, le 28 septembre 1644. C'était le cinquième des dix-neuf enfants du garde des sceaux Étienne d'Aligre.

[3] C'est l'ouvrage auquel renvoie le *Moréri* (article *Sarpi*) : «Voyez sa vie par Fra «Fulgentio, son compagnon.» L'ouvrage parut sous ce titre : *Vita del Padre Paolo, dell' ordine de' servi* (en Leida, 1646, petit in-12). La *Vie du P. Paul* a été traduite par un anonyme que l'on a pris à tort pour Fr. de Graverol (Leyde, Elzevier, 1661, et Amsterdam, 1663, in-12).

jours; et, si quelque mot dudit discours vous donne quelque scrupule, je ne désire point vous faire de prière incivile en suitte de vostre scrupule, et vous pouvez dire, si vous voulez, que je me suis caché de vous en ceste occasion, et que vous n'avez point receû de copie, mon neveu[1] ne sçachant point si c'est le discours ou une aultre chose qu'on vous envoye. J'ay un second discours dans l'esprit, où je puis dire quelque chose de bien exquis de M^r le cardinal Mazarin, pourveu qu'il me tesmoigne le désirer, et que Son Eminence face quelque cas de ma seigneurie, aultrement, *mea me virtute involvam, et omittam mirari beatæ fumum et opes strepitumque Romæ*[2]. J'ay assez d'argent pour mespriser les couronnes et les chapeaux rouges; mais asseurez-vous, Monsieur, que j'auray tousjours du respect et de la révérence pour vous. Je ne m'expliqueray pas là dessus : vous lisez dans mon cœur ce que je veux dire; et qu'est-ce que je n'aurois point dit du Tyran mort, si vostre considération ne me retenoit? Je suis plus que touts les Marquis et touts les Evesques, vos chers amys, Monsieur, vostre, etc.

XIX.

Du 4 janvier 1644.

Monsieur, Passe pour vostre modestie; mais il n'y a point moyen de souffrir vostre médiocrité, et autant de fois que vous employerez cet injuste mot, autant de fois je m'y opposerai :

> Summa tenes dudum Pindi juga; nec mihi tecum
> Divisi imperii jura Godellus[3] habet.

---

[1] Le fils de la sœur de Balzac, auquel, le 10 août 1644, il adressait une lettre (p. 562) avec cette suscription : *A Monsieur de Campaignole, lieutenant au régiment des gardes du Roy.* Le neveu de Balzac fut chargé de distribuer à Paris bon nombre d'exemplaires du *Discours à la Reyne*, comme on le voit par cette lettre du 15 novembre 1644 à M. de Souchotte (p. 656) : «Je pense bien «que Mr de Campaignole, qui a esté maistre «absolu de tout ce petit negoce, peut n'avoir «pas songé à quelques-uns de mes amis.»

[2] Omitte mirari beatæ
Fumum, et opes, strepitumque Romæ.
Horat. Carmin. lib. III, od. xxix, v. 11, 12.

[3] Godeau, l'évêque de Vence, déjà plusieurs fois mentionné.

Et après cela demandez-moy ma censure de vostre dernier sonnet, affin que je vous dise en une aultre sorte de vers :

> ......Meamne, quæso,
> Censuram exigis, et bonus poeta
> Subis judicium mali poetæ?
> Præsertim tibi cum sit ille præsto
> Antistes pius, optimusque vates,
> Hospes nunc dominæ Godellus urbis,
> Cujus, si sit opus, potes fideli
> Stare consilio, sed ipse nullis
> Eges consiliis, satis tibi unus.

Vous n'estes pas seulement grand poète dans vostre sonnet ; vous l'estes dans vostre lettre ; et la punition de Promethée[1] est une si belle chose, et expliquée si ingénieusement, qu'elle mériteroit bien d'estre rimée.

Si le messager d'Angoulesme n'a fait naufrage par les chemins, mon Discours à la Reyne arrive aujourd'huy à Paris. Dieu veuille que l'endroit délicat ne vous fasche point et que vous ne vous preniez point à moy de ce quoy nous respondent les Espagnols quand nous leur parlons des mauvais conseilz de leur Comte Duc[2]. J'aymerois mieux brusler tous mes ouvrages de mes propres mains que d'ôster une seule sillabe de cet endroit, et je ne seray pas fasché de faire avouer à la race du tyran[3] qu'il ne devoit pas m'avoir mal traicté. Pour vous,

---

[1] Le copiste a écrit *Promessée*. Il ne se souvenait donc pas de la bonne leçon donnée par lui-même dans la première page de la lettre XVI ?

[2] Voici le passage du *Discours à la Reyne* (t. II, p. 474) contre Richelieu : « Mais « parce que si nous soustenions si affirmative- « ment qu'un Espagnol qui est hors de la « Cour a commencé la querelle (Olivarez), « on nous repartiroit avec presque autant « d'affirmation qu'un François qui n'est « plus au monde ne l'a pas voulu finir ; et « qu'ayant dessein de perpetuer nos maux, « pour rendre eternelle son autorité, il a « tousjours meslé son ambition dans la jus- « tice de la cause de la France, je ne suis « pas d'avis que nous examinions cette ques- « tion avec trop de curiosité... »

[3] Le copiste a écrit *Titan*. Toutes les fois que Balzac parle du tyran, c'est de Richelieu qu'il s'agit.

Monsieur, que je considère plus que les ducs, que les admiraux et les mareschaux de France, j'espère qu'après avoir bien regardé l'endroit, vous m'avouerez que ma douleur a esté sage (*agnosce tua verba*) et que dans mon ressentiment mesme j'ay caché mon ressentiment. Ce n'est pas Armand qui doit estre vostre héros, c'est le comte de Dunois, ou son petit filz, auquel je me viens d'aviser dédier mon *Cygne françois*[1] par le changement et l'addition de quelque vers, comme vous verrez par la copie que je vous envoye. Mon dessein est de faire imprimer le volumette incontinent après Pasques, et parceque vous estiez à Colommiers[2] lorsque le *Cygne* fust fait et que je ne suis pas bien asseuré que le héros se nomme Henry[3], mandez-le-moy, s'il vous plaist, et s'il sera mal d'ajouster au tiltre : *in Colomerio suo otiantem*.

M^r le marquis de Montauzier me fait tort s'il croit que j'aye besoing de la relation pour l'estimer plus que tous ceulx qui l'ont pris en un lieu où il ne pouvoit se desfendre et pour m'escrier avec [le poète] élégiaque :

Infelix virtus Fortunæ forma superba[4].

J'ay pour luy une estime et un respect extraordinaire. Mais vous voyez, Monsieur, et par sa prison et par la mort de son général, si j'ay eu raison de dire des injures à Mars et d'appréhender cette solitude d'hommes excellens dont nous menace la continuation de la guerre[5].

---

[1] *Olor gallicus*, *OEuvres complètes*, t. II, 2ᵉ partie, p. 10. *Ad excellentissimum et generosissimum principem, Henricum Aurelianensem, ducem Longavillæ.*

[2] On lit dans une lettre de Balzac à M. de la Nauve, du 10 septembre 1640, p. 634 : «A Coulomniers, où M^r le duc de Longue-«ville avoit mené Mr Chapelain pour y pas-«ser quelques jours avec luy.» La véritable orthographe est Coulommiers (Seine-et-Marne). Voir une description du château de Coulommiers par l'abbé de Marolles (*Mémoires*, édit. de 1755, t. I, p. 126, 127).

[3] Henry était bien le prénom du duc de Longueville.

[4] Je n'ai retrouvé ce vers nulle part, et de doctes humanistes, qui ont daigné le chercher pour moi, n'ont pas été plus heureux.

[5] Cette fin de phrase, depuis le mot *soli-*

Je ne me fieray plus à la parole de Rocolet, et, si je fais imprimer un aultre livre, ce ne sera pas luy qui sera le directeur de l'impression. *Quasi vero* il n'y ait d'imprimeurs ni de compositeurs à Paris que ceux qui ont esté mis en prison. Je voudrois bien voir la diatribe imprimée, et apparemment elle l'est puisqu'elle ne contient que huit ou neuf feuilles.

Si vous voulez que je face response à Jan Federic Gronovius, vous me renvoyerez sa lettre que je vous envoyai par le dernier ordinaire. Je vous envoyai aussy une lettre pour le R. P. Hercule, et je m'asseure que vous la luy ferez tenir seurement. Je n'ay point encore receu celle de Mr de Scuderi[1], et Rocolet seroit bien fasché de ne garder pas un mois mes pacquets devant que de se résoudre à les faire porter chez le messager. Cette dureté de teste est insupportable et vous avez beau le protéger, je pense qu'à la fin il faudra lui donner le ban et le chasser honteusement de la République littéraire. Souvenez-vous au moins, Monsieur, que je ne veux point qu'il demande de nouveau privilége, et que je lui feray cession du mien par un escrit que je vous envoyerai au premier jour.

Dousa en toutes façons n'est pas grand'chose, *jurisque peritus Apollo*[2] luy a fait grand' grace de le placer parmy ses illustres. Priez-le, je vous prie, de ma part, de le vouloir tirer de là et de mettre en son

---

tude, est une citation textuelle du *Discours à la Reyne* (p. 478).

[1] Georges de Scudéry, l'éditeur de Théophile (1632), le critique du *Cid* (1637), l'auteur de tant de mauvaises tragi-comédies, etc. Voir sur lui Tallemant des Réaux, Pellisson, V. Cousin (*la Société française*), Livet (*Précieux et Précieuses*), etc. Balzac lui écrivit le 27 août 1637 (p. 541), le 16 avril 1643 (p. 587), etc. Non content de prodiguer directement les éloges à Scudéry, il les lui prodigua indirectement en s'adressant à Chapelain et à Conrart, trouvant des *choses incomparables* dans *l'Amour tyrannique* (p. 808, Lettre du 8 janvier 1640), et avouant qu'il dit aussi souvent le *grand Scudéry* que le *grand Cyrus* (p. 891, Lettre du 24 octobre 1650). Scudéry, qui fut l'hôte de notre *épistolier,* paya son écot par une longue et flatteuse description du château de Balzac (*Poésies,* in-4°, 1649).

[2] Feramus, tout à la fois poëte et jurisconsulte, comme on a pu le voir dans une précédente note.

lieu ou nostre Muret[1] de Limousin ou vostre Vettori de Florence[2], il s'appelle autrement Victorius.

Le petit m'a escrit un billet, dans lequel j'ay veu qu'on ne m'a point encore payé et que l'affaire est remise au quinsiesme de ce mois. Que j'ay peu de sujet de me louer de l'Estat et des valets de l'Estat! Ne se trouvera-t-il point quelque voix libre qui parle pour l'honneur de nostre siècle, et qui avertisse la Reyne qu'elle est obligée de payer les debtes du feu Roy? Trois ou quatre mille livres de pension sur la premiere evesché[3] ou grosse abaye vacante seroient justement ce qu'il me faudroit pour le soulagement de ma vieillesse. Et Paris tout entier ne devroit-il pas demander si peu de chose *ut possim paulo commodius otiari?* Mais vous me desesperez tousjours de voir une meilleure saison : je suis asseuré pourtant qu'il ne tiendroit pas à l'apostre[4] que je ne la visse, quoy que vous puissiez en dire ou penser de luy. Il parleroit encore plus hault à la Reyne que ne sont les parolles qui sont icy des-

---

[1] Marc-Antoine Muret, né en 1526, à Muret (Haute-Vienne). Ses poésies latines parurent, sous le titre de *Juvenilia*, à Paris, en 1552 (in-8°). Voir les abondantes indications données sur cet éminent humaniste par M. M. Audoin (tome XXXVI de la *Nouvelle Biographie générale*). Y ajouter les *Lettres* de Paul Manuce, le *Scaligerana*, les *Entretiens*, de Balzac; le *De claris interpr.* de Huet; l'*Académie des Sciences*, de J. Bullard; les *Éloges des hommes savans*, de Teissier, et surtout la notice (que je publierai bientôt) de Guillaume Colletet.

[2] Pietro Vettori, né, en 1499, à Florence, où il mourut en 1585, après y avoir occupé avec éclat, pendant près d'un demi-siècle, la chaire d'éloquence grecque et latine. Éditeur, commentateur, orateur, poëte, Vettori fut, à tous ces titres, un de ceux qui servirent le plus utilement la cause des lettres en Italie, et dont le nom restera le plus glorieusement attaché à l'histoire de la Renaissance. « Pour Victorius, disait Balzac « le 29 mai 1638 (p. 722), c'est un homme « à qui je veux beaucoup de bien, quoiqu'il « n'en ait guères dit d'Ovide, et qu'il ne soit « pas mesme entièrement satisfait de la lati- « nité de Virgile. » Dans une autre lettre du 29 juin 1638 (p. 773), Balzac s'étend avec complaisance sur le mérite de Victorius. Il revient sur le même sujet (p. 774, Lettre du 6 juillet de la même année). Voir encore dans le tome II les *Dissertations* (p. 368).

[3] Autrefois le mot *évêché* était féminin, et le *Dictionnaire de Trévoux* a pu citer ces vers de Ronsard :

> Voudroit avoir le dos et le chef empesché
> Dessous la pesanteur d'une bonne evesché.

Regnier a mis aussi *évêché* au féminin (*Sat.* II et *Sat.* III).

[4] L'évêque de Lisieux, Cospéan, comme je l'ai déjà rappelé.

sus, soit pour se faire honneur, soit pour me faire du bien. Ne m'oubliez pas quand vous escrirez à Mr de Montauzier. Je suis, Monsieur, vostre, etc.

XX.

Du 10 janvier 1644.

Monsieur, Vous m'avez consolé de mon rheume, et le temps m'en a guéri. C'est un médecin à qui personne ne sçait gré de ses remèdes. Mais vous estes un consolateur qu'il ne faut pas traiter de la sorte. Je vous remercie donc, Monsieur, de vostre agréable consolation et des jolies choses que vous m'avez escrites sur le sujet de la toux universelle. En ce païs elle a fait encore plus de bruit qu'au lieu où vous estes, et Jupiter mesme en a eu sa part, car il tonna, il n'y a pas quatre jours. *Hic dicunt tussire Jovem,* et pourquoy non, puisqu'autrefois *hibernas nive conspuit Alpes*[1] ?

Vous me comblez tousjours de grace et de faveurs, et je voy bien que vous ne fustes disner chez Mr le Coadjuteur[2] que pour me régaler d'un plat excellent, et pour nourir mon ambition de la véritable viande des Dieux, ainsy nostre Aristote appelle la gloire[3]. Je vous suplie de croire, Monsieur, que ces bons offices me sont extrêmement sensibles, et que, ne pouvant vous rendre la pareille en un lieu où il n'y

---

[1] Furius hibernas cana nive conspuet Alpes.
Horat. *Satir.* lib. II, sat. v, v. 41.

[2] Chapelain était un des familiers du futur cardinal de Retz. Lui, qui aimait à dîner toujours chez les autres, il dînait souvent, avec son ami Ménage, chez Paul de Gondi.

[3] On ne trouve rien de pareil dans les livres qui nous restent d'Aristote. Après y avoir vainement cherché la citation de Balzac, j'ai, pour plus de sûreté, interrogé le savant traducteur des *OEuvres complètes* du philosophe, et M. Barthélemy Saint-Hilaire m'a fait l'honneur de me répondre que Balzac, en cette occasion, n'avait été qu'un infidèle écho.

On lit dans une lettre de Guy Patin, du 1er mars 1650 (édition de 1715, l. 1, p. 107) cette phrase: «Comme pourroit être «ce que Néron appelle, dans Suétonne, la «viande des Dieux, sçavoir des champignons «de l'empereur Claude.» Voici le texte de Suétone (*Nero Claudius*, XXXIII): «Neque «dissimulanter, ut qui boletos, in quo cibi «genere venenum is acceperat, quasi deo-«rum cibum, posthac proverbio græco col-«laudare sit solitus.»

a point de grands seigneurs, je tasche tant que je puis de faire sçavoir ma reconnoissance à la postérité, qui jugera de nous et des grands seigneurs. Celuy dont vous me parlez est célèbre par la conférence qu'il ouot avoo lo feu duc de Weimar[1], quand il luy demanda rayson de la bataille de Nortlinghen[2]. Mais ne sçait-on point à Paris que les relations des gouverneurs de provinces ou de places sont ordinairement apocriphes, et que les plus braves et les plus habiles mandent souvent des nouvelles ridicules, pour avoir ordre de mettre sur pié une compagnie de gens d'armes, ou pour augmenter de cent hommes leurs garnisons? Les assemblées qui se sont faites et qui se font ne sont mauvaises, je vous en respons, qu'en ce qu'elles s'appellent assemblées et que ce nom est odieux à la Monarchie; car, pour l'intention et le pouvoir des assemblées, *de his sit Regina secura*, comme je le suis dans ma solitude, où je ne pense point avoir à craindre de danger plus proche que celuy de la guerre de Cataloigne. N'ayez point peur non plus de voir de manifestes de Poitou, et beaucoup moins de voir de mon stile dans les manifestes; leur ayant coupé la gorge par cinq ou six lignes du Discours à la Reyne, où je dis *qu'il fault que la pauvreté soit humble et obéissante, et non pas fière ny séditieuse, et cœtera*[3]. Vous devez avoir receu ledit Discours, qui vault bien a mon advis une des mauvaises harangues funèbres qui ont esté faites à L. le J. [Louis le Juste[4]].

---

[1] Bernard, duc de Saxe-Weimar, sur lequel on peut voir tous les historiens de Louis XIII. Il est bien regrettable qu'on n'ait pas traduit en notre langue l'excellent ouvrage de Rœse sur le célèbre capitaine (2 vol. in-8°, Weimar, 1828), ouvrage rédigé d'après les papiers de Bernard et divers autres documents inédits.

[2] Le copiste a écrit *Hortinghen*. La bataille de Nortlinghen fut livrée le 6 septembre 1634.

[3] Voici le passage tout entier: «Je l'ay «avoué, Madame, dès l'entrée de ce Dis-«cours, et je ne crie autre chose à ceux que «je voy. Je crie de toute ma force qu'il «faut que la pauvreté soit humble et obéis-«sante, et non pas fière ny séditieuse; qu'elle «invoque et non pas qu'elle menace; qu'elle «agisse auprès de Vostre Majesté par la mo-«destie de sa douleur, et non pas par les «murmures de son chagrin. Il ne suffit pas «que le peuple ayt la fidélité dans le cœur, «il la doit porter sur le visage : il doit évi-«ter la mine mesme et la ressemblance de la «révolte.»

[4] Voir dans la *Bibliothèque historique de la France*, et mieux encore dans le *Catalogue des imprimés de la Bibliothèque nationale*, la

Ce que vous me mandez du cardinal Ma[zarin] m'a dégoutté de ce que j'ay dit de luy et m'a osté l'envie d'en dire davantage en un aultre lieu, ainsy que l'avois résolu. Il ne fault pas que les sçavans se prostituent à touts les heureux. Il fault conserver l'honneur *des Muses hautaines* et braves; et, si la Cour nous fait tort, faisons luy justice, c'est-à-dire parlons et véritablement et noblement (*modo tuto*) dans les discours que j'ay tout prests pour cela. Vous en sçaurez davantage une aultre fois, et je vous demande cependant s'il ne seroit point à propos qu'à la teste[1] de la dissertation Salmasienne il y eust une epistre ou une préface de deux douzaines de lignes adressée ou à Mr le Chancelier ou à Mr le Coadjuteur, ou à quelqu'autre sur qui nostre amy jettera les yeux.

Je n'ay point receu le *Minitius Felix* de M. Rigaut[2], que les lettres de Mr l'Huilier me promettent. Je vous prie, que je sçache quand ces Messieurs doivent estre de retour à Paris. Je suis, Monsieur, vostre, etc.

---

longue liste des harangues funèbres de Louis XIII.

[1] Le copiste a mis *à la feste*.

[2] Le *Minutius Felix*, de Nicolas Rigault, alors conseiller au parlement de Metz, comme son ami Luillier, parut en 1643 (in-4°). Le *Manuel du Libraire* n'indique pas cette édition. Balzac faisait le plus grand cas de Rigault. C'est à lui qu'il adressa, le 25 mars 1633, à propos du Tertullien que le savant magistrat allait publier (1634, in-fol.), cette fameuse lettre où le docteur africain est si bien apprécié : «C'est un autheur avec «lequel vostre préface m'auroit reconcilié, «si j'avois eu de l'aversion pour luy, et si la «dureté de sa diction et les vices de son «siècle m'avoient desgousté de sa lecture. «Mais il y a long temps que je l'estime, et «que tout espineux et triste qu'il est, il ne «me parust point désagréable. J'ay trouvé «dans ses escrits ceste lumière noire, dont «il est parlé dans un ancien poëte, et je regarde avec autant de plaisir son obscurité «que celle de l'ébène bien nette et bien travaillée. Advouons aux délicats que véritablement son style est de fer, mais qu'ils nous «advouent aussi que de ce fer il a forgé d'excellentes armes...» Balzac lui écrivait encore, le 22 novembre 1644 (p. 668) : «...Quand je m'imagine que c'est le cher et «dernier confident du grand président de «Thou, qui est aussi mon cher et parfait «ami, vous ne sçauriez croire quel advantage je tire de la seule imagination d'une «si illustre société.»

XXI.

Du 18 janvier 1644.

Monsieur, J'ay receu, avec vostre lettre du 10 de ce mois, la requeste de Mr Guyet à M^r le Chancelier, de laquelle je ne vous diray aultre chose, sinon qu'elle me plaist bien davantage que le remerciement de Catulle à Cicéron[1], et cela sans avoir dessein d'offenser la sainte et vénérable Antiquité.

J'espère que ce placet, si latin et si poli, produira ce qu'il mérite, et ce que nous désirons, et une affaire sollicitée par Calliope en personne sçaurait-elle mal réussir auprès de nostre Apollon?

J'ay vu, par les dernières feuilles que Rocolet m'a envoyées, qu'il est mal servi dans son imprimerie, et qu'on y laisse les fautes que vous avez pris la peine de corriger. J'en ay trouvé de telles (comme vous diriez de mots obmis) que si on n'avoit tiré que dix feuilles du volume, j'arresterois tout à fait l'impression, et me servirois des Elzeviers, qui m'offrent leur travail et leurs soins, ainsy que vous avez pu voir dans la lettre du professeur allemand[2].

Je viens à l'article amer, c'est un mot que je vous dois, avec tant d'aultres choses. Nous avons tous deux rayson; et vous faites bien de persévérer, mais je ne fais pas mal de me repentir. Premièrement, je croy que la cause du deffunt n'est soustenable que par un excès de charité pareille à la vostre, et que, s'il n'a esté tyran, Busiris et Phalaris ne l'ont point esté. Je croy de plus qu'il m'a voulu mal et qu'il m'en a fait; et, par conséquent, je croy que ma guerre est juste et que

---

[1] Carmen XLIX.

AD M. T. CICERONEM.

Disertissime Romuli nepotum
Quot sunt, quotque fuere, Marce Tulli,
Quotque post aliis erunt in annis,
Gratias tibi maximas Catullus
Agit, pessimus omnium poeta, etc.

[2] Frédéric Gronovius. On sait quelle charmante lettre de remercîment écrivit, quelques années plus tard, Balzac aux Elzeviers, lettre qui parut pour la première fois dans l'édition de 1652 des *Lettres choisies* (Leyde), et qui, par un fâcheux oubli, n'a pas été réimprimée dans les éditions de Paris.

j'ay droit de détester sa mémoire comme François, comme chrestien, et comme Balzac[1] :

> Implevit modo qui tantis terroribus orbem,
> Pressit et indigno regia colla pede
> Annibal ille sacer, Brenni furor ille togati
> Concidit, et vivit libera Roma metu.
> Cantet Io longum, sed Io pia Roma triumphe,
> Non alias Christi sævior hostis erat.
> Ipse etiam Eois late regnator in oris,
> Mammetes, hostis mitior ante fuit.

Mais remettons à une aultre fois l'intérest de la Religion et de l'Estat : le mien, Monsieur, ne doit-il estre compté pour rien? Et il sembleroit que j'approuverois l'injustice qui m'a esté faite, si je ne me retractois de fausses louanges que j'ay données; il sembleroit à la pluspart que ce seroit mon indignité et non pas la cruauté du deffunt qui m'auroit laissé au lieu où je suis, au dessous[2] des Grillets[3], des Raconis[4] et cætera, le moindre desquels il faut que j'appelle Monseigneur, moy qui estois bien premier en datte qu'eux dans les premières pensées de Son Eminence. Ce n'est pas pourtant ce qui me blesse le cœur, et, tout gueux

---

[1] *OEuvres complètes*, t. II, 2ᵉ partie, p. 39.

[2] Le copiste a écrit *au dessus*, ce qui forme un contre-sens.

[3] Nicolas de Grillet fut évêque de Bazas de 1631 à 1633, et évêque d'Uzès de 1633 à 1660. Son nom n'est ni dans Moréri, ni dans Chaudon, ni dans nos recueils biographiques contemporains. On a de lui une *Oraison funèbre prononcée dans l'église des Augustins de Paris, le 1ᵉʳ juin 1643, pour le très chrestien roi de France Louys le Juste* (Paris, 1643, in-4°).

[4] Le copiste l'appelle *Draconis*. Charles-François d'Abra de Raconis fut évêque de Lavaur de 1637 à 1646. Il composa plusieurs médiocres ouvrages. Le moins ignoré (je ne puis dire le plus connu) est le *Traité contre le livre de la fréquente communion* (Paris, 1644 et 1645, 3 vol. in-4°). On sait que Raconis a été une des victimes de Boileau. Voir, sur ce personnage, Tallemant des Réaux (*passim*), dom Liron (*Bibliothèque chartraine*), Richard Simon (*Lettres choisies*), l'abbé d'Artigny (*Nouveaux Mémoires d'histoire de critique, etc.*, t. VII, chap. x), M. Sainte-Beuve (*Port-Royal*, t. II, p. 184). Je dois faire observer que M. l'abbé Maynard a mis sur Abra de Raconis une note apologétique au bas de la page 341 du tome II de son *Saint Vincent de Paul* déjà cité.

que je suis, j'ay mis mon ame au dessus des mitres et des couronnes. Il y a un sujet qui m'est plus proche, duquel je me suis expliqué à vous. Mais au reste, Monsieur, si mon procédé me succède mal et s'il recule mes affaires au lieu de les avancer, *ut mihi videris ominari*, je suis desjà tout consolé du mauvais succès.

Je ne prétens point tant que mon discours soit un beau discours, que je desire qu'il passe pour une bonne action, et ne cherche point tant le nom de grand, éloquent et d'orateur figuré, que celuy d'homme de bien et de bon François. Je voudrois seulement n'avoir point parlé de deux personnes qui peut-estre ne vallent pas mes parolles. Mais à Dieu ne plaise que vostre très-humble serviteur ait mis *le bon Dieu au rang des fantosmes!* Ne voyez-vous pas en termes exprès que ce sont les spéculatifs et les profanes qui courent après ces nouveaux fantosmes comme[1] *fortune, destin, maligne influence du Ciel*[2], et que c'est moy qui les laisse courir après ces fantosmes pour monter à la véritable source des choses, et conclure par où j'ai commencé, *que la guerre est une punition de Dieu*, qui chastie son peuple *et cætera*. Les uns disent que c'est le comte d'Olivarès qui est la cause de la guerre, les aultres que c'est le cardinal de Richelieu; il y en a qui en accusent les astres ou la comète. Moy qui ne suis ny mesdisant, ny spéculatif, mais qui suis chrestien, je trouve dans les maux que nous faisons la cause de ceux que la justice divine nous fait souffrir. Si j'avois dit le Roy assisté de M. le prince de Condé et de M. le duc d'Orléans, j'offenserois sans doute le dernier, et il sembleroit que je luy voulusse faire perdre son rang; mais je puis dire, il n'y a point de prince estranger qui puisse aller de pair avec M. le Prince, beaucoup moins avec M. le duc d'Orléans, beaucoup moins avec le Roy, sans offencer M. le duc d'Orléans ny le Roy, M. le Prince n'estant qu'un degré pour aller à eux. *Hic simile aliquid videbis, sapientissime Capellane, si iterum orationem meam videas.* Il n'estoit pas question de louer *ex professo* celuy qui avoit besoing de

---

[1] Le copiste a mis *venge*, ce qui est incompréhensible.

[2] Les paroles de Balzac, dans cette partie de son discours, sont si claires, que l'on ne s'explique pas la chicane de Chapelain.

deffense et de justification pour la mémoire des choses passées, et néanmoins le nom de *grand Prince* le loue assez, et les aultres termes dont je me sers en parlant de luy. Mais après je deffie le plus bel esprit de messieurs vos panégyristes de ne rien dire de plus raisonnable ny de plus fort de cette personne-là, sans se rendre ridicule et elle aussy.

Pour l'endroit des commissaires et pour celuy du Parlement, j'ayme encore mieux qu'on le trouve mauvais au Palais royal, que si on le trouvoit à dire à Paris, et j'ayme mieux ruiner mes petites espérances que de renoncer entièrement à ma liberté et faire le Sirmond[1] ou le Chastelet[2]. Si Son Eminence Mazarine ne me sçait gré de la période qui est pour luy, il sera fort aisé de l'effacer, et il faudra donner ou à Mecenas ou à quelque autre Romain les louanges que je luy avois préparées pour l'aultre discours. Je suis très obligé à vostre amitié des advis que vous m'avez fait la faveur de me donner, et parfaitement, Monsieur, vostre, etc.

Je seray bien aise de la clausule[3] de la Diatribe; mais je le suis

---

[1] Sirmond (Jean), neveu du P. Sirmond, le confesseur de Louis XIII, fut un des premiers membres de l'Académie française. Pellisson (t. I, p. 222) dit que, « par la faveur du « cardinal de Richelieu, qui l'estimoit un des « meilleurs écrivains qui fussent alors, il fut « fait historiographe du Roy, avec douze cents « écus d'appointements, » et qu'il « fit pour « ce cardinal divers écrits sur les affaires du « temps, presque tous sous des noms sup-« posés. » C'était à lui surtout que songeait Balzac, dans la lettre XX, quand il parlait avec tant de mépris des Oraisons funèbres de Louis XIII. Sirmond, en effet, publia en 1643 (Paris, in-4°) un mauvais discours intitulé: *Consolation à la Reine Régente, sur la mort du Roi.*

[2] Paul Hay, sieur du Chastelet, d'abord avocat général au parlement de Rennes, puis conseiller d'État ordinaire, un des premiers membres de l'Académie française, mort en 1636. Il ramassa, dit Pellisson (t. I, p. 169), plusieurs pièces de divers auteurs pour la défense du roi et de ses ministres, les fit imprimer avec ce titre: *Recueil de pièces servant à l'histoire,* et mit au devant cette longue préface qui est comme une apologie du cardinal de Richelieu. M. B. Hauréau (tome X de la *Nouvelle biographie générale*, col. 71) prétend que Richelieu appelait familièrement Chastelet son *lévrier*, donnant ainsi raison d'avance à la sévérité du jugement porté par Balzac sur la bassesse du personnage.

[3] De *clausula,* conclusion. Le mot manque dans le *Dictionnaire de l'Académie* et

beaucoup plus de cette clausule de vostre lettre : *Je commence à trouver qu'il y a longtemps que vous me restenez mes lettres.* Qu'il y a de bonté et de tendresse cachée sous ces mots, et qu'il faut que vous m'aymiez pour estimer si fort des choses de si peu de prix! Je vous envoye les derniers vers que j'ay faits; mais vous ne vous estes pas souvenu de me renvoyer vostre sonnet. Je desirerois que la Diatribe fut dédiée ou à M. le Chancelier ou à M. d'Avaux, ou à M. le Bailleul, et nostre cher pourroit méditer deux douzaines de lignes qui luy pourroient servir à luy et à moy.

Je n'exige rien de vous d'extraordinaire ny d'incivil, mais je ne sçaurois m'empescher de vous dire que vous me devez plus aymer que vous ne devez adorer le mort. En mesdisant de vous et de vos ouvrages, il vous a fait payer par vanité quelque chétive pension, prise de l'argent qu'il desroboit au public, et moy qui pour le plus n'ay que mille escus de rente[1], je vous les donne dès aujourd'huy, si vous me voulez faire l'honneur de les accepter. Prenez-moy au mot, et vous verrez quel homme je suis.

Dans le discours à la Reine où il y a *Princes* et *Ministres, capitaines* et *soldats, tous ont desrobé,* il fault mettre, s'il vous plaist, *Empereurs* et *Roys, Conseil* et *Ministres, tous ont desrobé.*

XXII.

Du 21 janvier 1644.

Monsieur, Je vous assassinay, il y a trois jours, de la multitude de mes escritures. *Hæc satis illud erat.* Voicy encore une recharge, et parce qu'il m'importe de sçavoir en quelle disposition sera pour moy le Cardinal Mazarin après la lecture du Discours, je vous suplie d'essayer de le descouvrir et de m'en mander la vérité. S'il est galand homme, et

dans celui de Trévoux. M. Littré n'en a cité qu'un exemple tiré de Calvin.

[1] Il faut rapprocher ce renseignement des détails que, neuf ans plus tard, Balzac donnait sur sa modeste fortune dans un curieux document dont la découverte est due à M. Babinet de Rencogne, et que l'on trouvera à l'*Appendice*.

qu'il me veuille obliger, j'ay de quoy n'estre pas ingrat, et je lui adresserois dans peu de jours mon *Cleophon sive* [1] *De la Cour*, c'est à dire tout ce que vous avez veu des ministres et des favoris qui peut faire un volumette exquis, et estre divisé en neuf chapitres raisonnables, affin qu'il y en ait autant que de Muses [2]. Ce seroit dans cet avant propos que je parlerois de Casal [3] et de tout le reste comme il fault, mais je ne veux point faire d'avances sans estre asseuré du succès de ma dévotion, et, si vous trouvez quelque sarbatane [4] propre pour luy faire porter de ma part le désir que j'ay de le servir, peut-estre qu'avec toute sa haulte faveur il ne rejetteroit pas la bonne volonté d'un artisant, lequel, aussy bien que Michel-Ange, peut mettre en enfer un cardinal ennemy [5], *et immortales inimicitias exercere*. Si vous me rendez cet office, je ne pense pas que ce doive estre par le moyen de M. Silhon [6]; car, bien que je l'aye tousjours connu vertueux et mon amy, néanmoins la pauvreté se regarde en toutes choses, et, vous excepté, je n'ay point encore veu de docteur qui ne fust intéressé et qui,

---

[1] Au lieu de *sive*, le copiste a écrit *sieur*, comme si *la Cour* était une seigneurie de Cléophon. L'ouvrage dont Balzac parle ici est *Aristippe, ou De la Cour*, qui ne parut qu'après sa mort (Leyde, Elzevier, 1658; Amsterdam, Elzevier, 1664, pet. in-12). Dans les *OEuvres complètes*, l'*Aristippe* occupe les pages 129 à 190.

[2] L'*Aristippe* parut *divisé en sept discours*.

[3] Tout le monde sait que, le 26 octobre 1630, au moment où, devant Casal, l'armée française et l'armée espagnole en venaient aux mains, Mazarin, alors âgé de vingt-huit ans, s'élança entre les combattants, apportant la nouvelle d'une trêve qu'il avait eu l'habileté de faire accepter aux deux généraux, et appelant par cette hardiesse heureuse la célébrité sur son nom. Voir, sur l'incident de Casal, M. V. Cousin : *La jeunesse de Mazarin*.

[4] On disait autrefois *sarbatane* (de l'espagnol *cerbatana*) aussi bien que *sarbacane*, mais cette dernière forme a toujours été plus usitée.

[5] Allusion au tableau de Michel-Ange, *le Jugement dernier*. Ce n'est point un cardinal que le sublime peintre a représenté dans la fresque de la chapelle Sixtine, c'est un simple maître des cérémonies de la cour pontificale, messer Biaggio. Voir le livre de M. Armengaud : *Rome* (in-fol., 1856, p. 126).

[6] Jean de Silhon, né à Sos, dans l'Agenais, à la fin du XVIe siècle, mort à Paris en 1667. Il fut secrétaire du cardinal Mazarin, conseiller d'État, membre de l'Académie française. Il a été loué par Guy Patin et par Bayle, et aussi par Chapelain et par Pellisson. Balzac lui a écrit plusieurs lettres amicales (p. 352, 458, 684, 686, etc.).

en matière de livres, servist fidèlement les aultres docteurs. Tout ce que dessus est remis à vostre bon jugement, et quand le Cardinal ne sçaura rien de ma part et ne fera rien pour moy, je n'en seray pas extrêmement affligé; vostre seule amitié m'est nécessaire, je me puis passer des aultres choses facilement. Et au reste, en l'occasion présente, je seray très aise que l'on sçache que j'ay eu la discrétion de ne vous rien communiquer qui vous put desplaire; mais aussy, pour mon intérest et pour mon honneur, vous ne devez pas estre fasché que l'on sçache qu'il n'y a que le seul endroit dont est question qui ne vous pouvoit pas estre agréable.

Mandez moy quel est ce gouvernement de Nostre Dame de la Garde[1] et si le poète en tire de grands appointemens. Il faudra lui respondre au premier jour et au seigneur Colletet[2] par le premier ordinaire.

Depuis le sonnet médisant, le cher Ménage et le furieux Ogier[3] se sont-ils veus et racommodés? Si le dernier [ne] se pend un jour de

---

[1] Georges de Scudéry avait reçu de Richelieu, en 1643, le gouvernement de Notre-Dame-de-la-Garde,

> Gouvernement commode et beau,
> A qui suffit, pour toute garde,
> Un suisse avec sa hallebarde
> Peint sur la porte du château.

(*Voyage de Chapelle et de Bachaumont*, p. 89 de l'édition de M. Tenant de Latour, dans la *Bibliothèque elzévirienne*). Les vers de Chapelle et de Bachaumont sont d'autant plus plaisants, que Scudéry avait fait une plus pompeuse description de sa forteresse.

[2] Pour Guillaume Colletet, qu'il me soit permis de renvoyer à l'*Introduction* aux *Vies des poëtes gascons*, publiées d'après le double manuscrit que possédait la bibliothèque du Louvre des *Vies des poëtes français* (Paris, Aubry, 1866).

[3] Ogier (François), qui fut prédicateur du roi et qui est souvent appelé dans les écrits de ses contemporains le prieur Ogier, eut de terribles querelles avec le P. Garasse (*Jugement et censure de la* Doctrine curieuse, 1623, in-8°), avec le frère André (*Apologie de M. de Balzac*, 1627, in-8°). Balzac se montre ici bien cruel à l'égard de celui qui avait autrefois si chaleureusement défendu sa cause contre le jeune feuillant. M. P. Paris a publié, d'après les manuscrits de Conrart, une curieuse lettre inédite de Fr. Ogier à Balzac (page 111 du tome IV des *Historiettes*). Tallemant des Réaux (page 218 du tome V) parle ainsi du *Sonnet médisant*: «Ogier, le prédicateur, fit en ce temps là un «Sonnet qui disoit qu'il estoit surpris de «voir que Ménage persécutoit un pedant «bien moins pedant que luy...» Tallemant ajoute: «Ogier est hargneux et grossier, et «peut estre aussy pedant pour le moins «qu'un autre: pour l'éloquence, il se prend «pour le premier homme du monde. On les «accommoda.»

ses propres mains, ce ne sera pas sa faute; ce sera une assistance particulière de son Ange gardien, qui, à mon advis, doit bien veiller pour pouvoir empescher ce mauvais coup.

Je vous envoye deux copies de mon *Christus nascens*[1], ou en la langue des devosts, de mon petit Jésus. L'une pour M^r d'Andilly et l'autre pour Mr Vincent[2], en cas qu'il y ait commerce entre luy et M^r d'Andilly. Je suis de toute mon ame, Monsieur, vostre, etc.

Je ne sçay si Mr de Grasse aura receu une de mes lettres qui a esté adressée à mon neveu.

XXIII.

Du 25 janvier 1644.

Monsieur, Il estoit résolu hier que je vous escrirois aujourd'huy une demie main de papier. Mais il ne me reste qu'un petit quart d'heure jusqu'au départ du courier, et la journée que je vous avois destinée m'a esté ravie par des importuns. Je vous envoye la cession que j'ay faite à Rocolet de mon privilége, pour le volume qu'il achève d'imprimer et pour le Discours à la Reine, auquel Rocolet, Monsieur, (bien loin de luy faire part des mistères de nostre amitié) j'escrivis, il y a plus d'un mois, qu'il ne vous parlast point de mon discours, si vous ne luy en parliez le premier, n'osant pas luy en dire davantage, de peur de luy en dire trop, et parce que je sçay la portée de son gros esprit. Reposez-vous donc sur ma discrétion et ne doutez point du respect que je vous porte. Je feray plus que vous ne désirez de moy, et, si je suis obligé de publier un manifeste pour deffendre mon honneur et celuy de ma constance (à quoy je suis desjà préparé), je protesteray en termes exprès, *nec sine honorificentissima nominis vestri mentione*, que ce particulier est la seule chose dans laquelle je ne suis pas de vostre opinion.

[1] Le *Christus nascens* est à la page 31 de la seconde partie du tome II des *OEuvres complètes*. — [2] Saint Vincent de Paul.

Quod felix faustumque sit, et per plures autumnos in Colomerio suo otietur cum Joanne Capelano invictissimus princeps. Je m'en devois estre advisé de moy-mesme pour faciliter l'intelligence du lecteur Germain. Et je suis fasché que vous ayez cet avantage sur moy. Mais, à propos de Germain, ce Gronovius Federic[1] n'est pas si docteur à la douziesme que vous vous imaginez, et outre qu'il est fort vertueux et bon amy, il a une grande et exquise littérature, et n'a pas plus de trente deux ou trois ans[2].

Ne verrons-nous jamais la fin de la Diatribe ny des Discours? Je vous suplie, Monsieur, de grossir le ton de vostre voix la première fois que vous parlerez au massif, et de luy dire que, si on ne corrige très-exactement les cartons que j'envoyeray quand j'auray reçeu le reste des feuilles, il ne faut plus parler de commerce ensemble. Je n'ay point receu des nouvelles du petit; mais, s'il a de quoy contraindre le débiteur, *cur non Deum et hominum implorat fidem*, et pourquoy ne se sert il pas des remèdes du bon Mr de Racan, que j'ay veu, en pareille occasion, deffendre luy-mesme, avec deux sergents, la tapisserie d'un comptable, sur lequel il estoit assigné[3]? Je pense bien qu'on fait plus de cas d'un soldat que de douze docteurs de Sorbonne; mais je ne pense pas pourtant qu'on ait encore donné aux soldats des pensions sur les bénéfices; et, quelque ingrate et brutale que soit la Cour, il y a certaines graces qu'elle ne sçauroit s'empêcher de faire aux docteurs. Le mal est pour moy que je suis des docteurs malheureux et disgratiés. Mais, si j'avois de la santé, je me mocquerois bien du malheur et de la disgrace.

Je vous demande la vie du Servite et nostre Diatribe imprimée le plus tost que faire se pourra.

---

[1] Le copiste a métamorphosé le prénom *Frédéric* ou *Fédéric* en ce mot latin : *fœderis*.

[2] Balzac était bien informé tant au sujet de l'âge qu'au sujet du mérite de Gronovius : le savant philologue, né le 3 septembre 1611, n'avait alors que 32 ans et quelques mois.

[3] Voilà une bonne anecdote à joindre à toutes celles qui nous ont été conservées par Tallemant des Réaux, soit dans son historiette sur le digne ami de Malherbe, soit (*passim*) dans diverses autres historiettes.

Mʳ l'Evesque de Grasse doit avoir receu ma lettre, et je vous prie de me tenir en ses bonnes graces. Je ne sçay ce que je vous escris, tant je suis pressé, mais je sçay bien que je suis plus qu'homme du monde, Monsieur, vostre, etc.

Je vous ay escrit par les deux ordinaires de la semaine passée.

XXIV.

Du 28 janvier 1644.

Monsieur, Je vous escrivis *de more*, il y a trois jours, mais si à la haste que je n'eus pas le temps de vous coppier une épigramme, par laquelle je vous dédie un certain recueil de *Pièces rustiques*, qui sera à la fin de mon volumette. Toutes les pièces sont choisies, et de la composition d'excellens poètes, mais dont le plus ancien ne passe pas le pontificat de Léon dixiesme. Avec vostre permission, nous donnerons pour tiltre au Recueil : *Rus et lusus rustici liber adoptivus*, recueilli de plusieurs autheurs anonymes. Voicy l'épigramme, *sive dedicatio operis :*

AD JOANNEM CAPELLANUM.

Hi-ne tibi colles, hæc sylva, hic gemmeus amnis[1],
 Et domus et dominus vilia semper erunt?
Sunt hic Di, Capelane, tamen; sunt plurima cœli
 Munera, sunt mentis gaudia vera bonæ.
At si nulla mei tangit te gloria ruris,
 O decus, o urbis sceptra tenentis amor,
Non ideo offendent fastidia tanta sodalem,
 Desinet aut oculis velle placere tuis;
Accipe selectos alieni ruris honores,
 Quæque tulit docto vomere cultus ager.
Qui coluere, piis sunt nomina grata Camœnis,
 Nec veteri soboles inficienda Remo;
Nomina sed lateant; tibi sat se Roma probabit,
 Barbaraque Ausonius poma negabit odor.

Cette épigramme, Monsieur, ne vaut-elle pas bien une Épistre dé-

---

[1] *OEuvres complètes*, t. II, 2ᵉ partie, p. 42.

dicatoire, et, puisque vous estes si constant à mespriser mon village et les fruis de mon village, ne trouvez-vous pas belle mon invention de vous envoyer un aultre village, et des fruis d'autruy jusques à Paris? Les fruis seront exquis et romains, n'en doutez pas, et il y aura tel plat que vous n'estimerez guères moins que *Beatus ille qui procul negotiis, ut prisca gens mortalium*[1]. Fracastor[2], Naugerius[3], Flaminius[4], Buchanan[5], Suliola[6] (?) et autres semblables, sont mes jardiniers; mais souvenez-vous que je vous dis leurs noms à l'oreille, et qu'il faut que le lecteur les devine, et que, par l'odeur des pommes, il juge de leur terroir. Au reste, Monsieur, trouvez-vous bon que je me resjouisse

---

[1] Beatus ille, qui procul negotiis,
Ut prisca gens mortalium.
Quinti Horatii Flacci Epodon liber, od. II, v. 1 et 2.

[2] Fracastor (Jérôme), le poëte-médecin, auteur de *Syphilis* (Vérone, 1530, in-4°), ce poëme que tant de critiques ont regardé comme le plus admirable de tous les modernes poëmes latins, et que Jules-César Scaliger, si sévère pourtant, appelle *divin* dans le livre VI de sa *Poétique*. Voir, sur Fracastor, les nombreux témoignages recueillis par Teissier (tome I des *Éloges des hommes savants, tirés de l'Histoire de M. de Thou*, p. 169-178).

[3] Le copiste a écrit : *Hangerius*. Naugerius est le nom latinisé d'André Navagero, né à Venise en 1483, mort à Blois en 1529. Ronsard, dans une lettre écrite à Antoine de Baïf à propos de la *Pædotrophie* de Scévole de Sainte-Marthe, lettre publiée plusieurs fois et tout récemment encore par M. Achille de Rochambeau (en tête de son volume *La famille de Ronsart*, 1868), s'exprime ainsi : «Je le veux préférer (le livre de Sainte-«Marthe) à tous ceulx de mon siècle, voire «quand Bembe et *Naugere* et le divin Fra-«castor en devroit estre courroussez...» Consulter sur Naugerius le *Manuel du Libraire* et la *Nouvelle Biographie générale* : les deux articles (le dernier de M. Léo Joubert) sont faits avec beaucoup de soin.

[4] Marc-Antoine Flaminio, mort à Rome en 1550. Ses poésies ont été recueillies avec celles de son père en 1743 : *Carmina, edente Fr. Mancurtio* (Padoue, in-8°). L'année suivante, Capponi publia à Bologne : *M. Ant. Flaminii epistolæ familiares, nunc primum editæ et argumentis, notis, auctoris vita, aliisque accessionibus illustratæ* (in-4°). Le nom de Flaminius figure dans le *Scaligerana*, dans de Thou, dans Teissier, dans Moréri, dans Bayle, dans le *Menagiana*, etc.

[5] Sur Buchanan (Georges) les citations seraient facilement innombrables. On en indique déjà beaucoup dans les *Éloges des Savans* et dans les articles des *Dictionnaires* de Moréri et de Bayle.

[6] Je n'ai pu réussir à reconstituer le nom, qui doit être fort estropié, de ce poëte latin. J'avais pensé d'abord à un auteur italien du XVI° siècle, Hubert Folieta ou Foglieta; mais cet historien de la ville de Gênes, ce biographe des hommes célèbres de la Ligurie, fut-il jamais autre chose qu'un prosateur? Nulle part je ne vois la moindre mention de ses poésies.

avec vous de ce que j'auray de quoy faire un gros volume *ad Atticum* des lettres que vous m'avez envoyées, et en vérité je croy que ce sera le plus agréable de tous mes volumes. Je vous tiendray jusqu'à un billet, et n'en soyez point en peine; mais il faut attendre pour cela une commodité aussy seure qu'a esté celle de M[r] d'Argence.

Pour vostre beau sonnet réformé, vous auriez mon petit Jésus, changé en quelques endrois, si mon copiste ne s'estoit allé promener à la ville. Quand il sera de retour, il en fera quelques copies que je vous envoyeray par le premier ordinaire. Vous me ferez bien la faveur de faire rendre mes lettres à M[r] le Gouverneur de Nostre Dame[1] et au poète du fauxbourg St Marceau[2].

Je suis Monsieur, vostre, etc.

XXV.

Du 1er février 1644.

Monsieur, Vos yeux sont très-bons pour voir les choses présentes, et vos raysonnemens sont encore meilleurs que vos yeux pour juger de l'avenir. Je sçay d'ailleurs que mon seul intérest vous intéresse dans les advis que vous me faites la faveur de me donner, et qu'il n'y eust jamais d'amitié plus noble ny plus magnanime que la vostre. Aussy, Monsieur, reçois-je tout ce qui m'est annoncé par vous, comme proposition d'éternelle vérité, et vous me feriez grand tort si vous doutiez de ma foy, de ma déférence, de mon zèle et de toutes les autres qualités qui accompagnent la vraye dévotion. Ma pensée n'est point exagérée par ces dernières parolles; et je vous jure sérieusement, et par un serment qui n'est point poétique, que *mihi unus es pro omnibus*, et que cette pure et généreuse amitié *qua me dignaris amantem* est le

---

[1] Scudéry.

[2] Guillaume Colletet. Voir dans les *Vies des poëtes gascons*, déjà citées, une note, à la suite de l'*Introduction*, sur la maison de Colletet (p. 22-24). On sait que cette maison, située dans l'ancienne rue des Morfondus (aujourd'hui rue Neuve-Saint-Étienne), avait été habitée par Ronsard.

souverain bien que je pense avoir trouvé en cette vie. Voylà l'essentiel de ma lettre et ce que mon cœur avoit à vous dire.

Je viens au moins important, et vous prie de croire que la publication de mon discours n'est point une chose que je désire avec ardeur. Il me suffit d'avoir parlé en homme de bien, et suis résolu de me taire à l'advenir, puisque les vérités le plus sagement et le plus discrètement proposées ne laissent pas d'estre odieuses et de faire mal aux yeux et aux oreilles des supérieurs.

Rocolet ne me mande rien de M^r le Chancelier: c'est qu'il veut faire le fin et me donner le change d'une autre façon; mais c'est un faquin en toutes façons, et je suis bien aise pourtant de pouvoir luy mander qu'il suprime le Discours, sans qu'il connoisse que j'aye eu aucun advis de Paris, pour la réformation dudit Discours.

Au reste, Monsieur, vous me béatifiez de m'offrir une occasion de vous servir en Saintonge. Nous y trouverons des [amys] et, s'il en est besoin, je y envoyerai un homme exprès, docte et intelligent en telles matières, qui vous empeschera d'estre trompé. J'attens cependant vos procurations, et prétens de vous faire voir qu'encore que je ne sois pas homme d'affaires, je sçay tourmenter d'une étrange sorte ceux qui le sont. En un mot, mon cher Monsieur, l'excès de mon affection supléera au défaut de ma connoissance. J'achève ce mot dans une extrême précipitation.

Je suis, Monsieur, vostre, etc.

Il faut pourtant que vous sçachiez que je me sens très-obligé aux nouvelles faveurs que j'ay receues de Mr Ménage. L'addition est trop belle et trop avantageuse pour moy. Je vous ay escrit par les quatre derniers ordinaires. Je vous prie que mon *Christus nascens* ne soit veu que comme je vous l'envoye.

XXVI.

Du 7 février 1644.

Sit hoc inter res judicatas. En tout l'empire de la vertu il n'est point de bonté ny de sagesse pareille à la vostre; et en tout celuy de la volupté point de douceur ny de délices comparables à celle de vostre communication. Il y a mesme je ne scay quoy qui chatouille dans les blessures qu'on reçoit de vous, et vous me blasmez avec tant d'amour, que vos blasmes me sont des faveurs, et que je croy vous devoir remercier de l'obligeante manière que vous apportez à me contredire. Je le fais, Monsieur, de tout mon cœur et avec tant de respect pour vous, que je ne veux plus vous répliquer, quoy que je le pusse faire très-aisément. Il est juste que le dernier mot vous demeure et que vostre authorité impose silence à ma raison. Ce sera au public, s'il en est besoin, à qui je rendray compte de mon procédé.

> Instabilis nec nos animi justa arguet unquam
> Posteritas, nec quinque annos laudasse Neronis,
> Aut laudes celebrasse tuas, Armande, pigebit,
> Cum nondum damnatus eras.

C'est à dire, en langue vulgaire, devant qu'il eust fait mourir de faim la bonne Reyne Marie[1] et que le Roy Louis le Juste l'eust accusé en mourant d'estre cause de sa mort[2]. Si au reste vous avez trouvé dans

---

[1] C'est là une exagération de rhéteur. Balzac a changé un dénûment relatif en une misère absolue, extrême. La vérité est que Marie de Médicis mourut, âgée de près de soixante-dix ans, d'une fièvre compliquée des plus graves accidents (3 juillet 1642). Il ne faut pas oublier que le cardinal de Richelieu lui avait fait accorder, le 20 mars de l'année précédente, un secours de cent mille livres (Bazin, *Histoire de France sous Louis XIII*, t. III, p. 90). Balzac, qui avait fait un grand éloge de Marie de Médicis dans une lettre à Richelieu, du 15 mai 1620 (p. 4 du tome I des *OEuvres complètes*), en reparla très-favorablement, à plus de vingt ans de distance, dans celle des *Dissertations politiques* qui porte le singulier titre de : *Les baisers de Pénélope* (t. II, p. 501). Repoussant d'avance les attaques de M. Michelet, il dit en cet endroit : «Cette bonne reyne, que nous sçavons n'avoir pas esté moins chaste que les poëtes nous figurent leur Pénélope....»

[2] Le P. Griffet (*Histoire du règne de*

mes lettres quelque terme qui vous a desplu, je vous suplie de n'en point accuser mon intention, et de pardonner à un pauvre homme qui a mal dormi la nuit et qui vous escrit à la haste le matin, le plus souvent sans revoir ses escritures.

Je suis très satisfait de Mr Ménage et de tout ce que j'ai veu dans son billet, quoyque peu content de la peine qu'on vous donne de courir après le privilége. Vous devez avoir receu le mien, que vous garderez, s'il vous plaist, jusqu'à ce qu'il le faille mettre entre les mains du sieur Rocolet.

J'attens la dissertation Salmasienne et la vie du Père Paul, et vostre jugement en quatre lignes de la guerre de nostre Monsieur Arnaut avec le Père Petau [1], *an scilicet propitium Martem nostro illi futurum existimas?*

Vous estes, *ut semper*, très-ingénieus et très-galand sur le sujet de Paris et de Corinte, qui n'est aujourd'huy qu'un meschant village et qui ne vaut pas une paroisse de trois cens livres de rente [2].

Le petit m'a escrit par le dernier ordinaire, et sa lettre est du 30 du mois passé; il me mande qu'on lui faisoit espérer de luy donner le lendemain le reste de mon argent. Quoy qu'il en soit, je désire luy tesmoi-

---

Louis XIII, t. III, p. 601, 602, etc.) ne dit rien de cette accusation *in extremis*. Michel Le Vassor garde, à ce sujet, le même silence (*Histoire de Louis XIII*, t. VI, p. 691-703). Enfin, M. Bazin ne parle pas plus que ses devanciers de l'incident raconté par Balzac (*Histoire de France sous Louis XIII*, t. III, p. 209-219).

[1] «Le savant et respectable Père Petau,» comme l'appelle M. Sainte-Beuve (*Port-Royal*, t. II, p. 182), «ce profond auteur «de la *Doctrine des temps* et des *Dogmes* «théologiques» (ibid., p. 183), écrivit, contre la *Fréquente communion* d'Arnauld, un gros livre intitulé : *De la pénitence publique* (1644). Voir sur le P. Petau l'ample article du tome XXXVII des *Mémoires* de Niceron, article dû à la savante plume du P. Oudin. On trouvera dans ces cent quarante pages les détails les plus complets sur la vie littéraire de l'adversaire d'Arnauld et de Saumaise.

[2] Le nom de Corinthe est amené ici à l'occasion de Paul de Gondi, sacré à Notre-Dame, le 31 janvier 1644, archevêque *in partibus* de Corinthe, ainsi que nous avons déjà eu l'occasion de le rappeler. De nos jours, comme du temps de Balzac, Corinthe n'est plus guère qu'une misérable bourgade. Voir Chateaubriand, *Itinéraire de Paris à Jérusalem* (première partie).

gner ma reconnoissance sans attendre davantage, et je vous suplie, Monsieur, de luy faire prendre dix ou douze pistoles, pour sa foire St Germain, sans que je prétende par là m'estre acquité de l'obligation que je luy ay. S'il ne vous va voir, vous me ferez bien la faveur de luy donner cet advis par un billet de deux lignes et de luy mander que je luy ay escrit par la voye de Rocolet.

Je vous fis sçavoir, il y a huict jours, combien je me sentois honoré d'estre vostre agent en ces quartiers. Envoyez-moy les pièces nécessaires pour cet effet; mais parceque difficilement il se trouvera des fermiers qui se veuillent charger de faire porter le prix de leur ferme à Paris, il ne faudra point apposer cette condition en la procuration qui sera envoyée pour affermer. Il suffit qu'ils s'obligent de payer à Angoulesme et c'est moy qui me charge de vous faire tenir vostre argent.

J'ay encore changé mon *Christus nascens*, et je vous avoue que je suis un importun et peut-estre un impertinent changeur.

J'escriray à nostre très cher Mr Lhuilier par le premier ordinaire et n'ay pas une minute de temps pour escrire davantage.

Je suis, Monsieur, vostre, etc.

XXVII.

Du 15 février 1644.

Je vous jure, avec la formule *si sciens fallo*, que je n'ay jamais rien veu de si sage que la lettre de Mr d'Andilly à Monsieur le premier président de Toulouze[1]. Les choses m'en plaisent infiniment, mais d'ailleurs les

---

[1] On trouvera cette pièce, qui est en effet très-remarquable, dans les *Lettres de M. Arnauld d'Andilly* (p. 458-466 de l'édition de 1665, Lyon, in-12). C'est la lettre CCLXXIV à M. de Montrave, *premier président au Parlement de Tolose, sur le sujet de l'Histoire de M. le Président de Gramond*. Arnauld d'Andilly a parlé de sa querelle avec le président de Gramond (p. 132-133 de ses *Mémoires*, édition de 1734, Hambourg). Voir encore, sur cette affaire, l'*Avis mis en tête desdits Mémoires* par l'abbé Goujet (p. iv, v, vi). M. Sainte-Beuve a dit de la lettre à M. de Montrave (*Port-Royal*, t. II, p. 258) : « Il

paroles sont si justes et si bien placées, si pures et si nuées à leur sujet, que je ne craindray point d'asseurer que celuy qui les employe de la sorte possède l'atticisme de la cour; et *saporem illum vere urbanum, quem nos provinciales* (si vous ne m'en voulez pas excepter) *adeo non novimus ut ne suspicemur quidem, et cætera.* Mais, Monsieur, que veut dire ce Gascon, d'accuser un Romain de lascheté; je dis un Romain de la saine République, et devant que Pompée et César eussent tout gasté? N'est-ce pas l'historien dont vous m'envoyastes l'histoire et une lettre latine, il y a quelque temps? *Per Dio Santo* voilà un beau juge de l'honneur et de la réputation des hommes [1]!

Les Jésuittes m'ont fait voir un livre qu'ils disent estre de la façon de M[r] le Prince [2], et certaines lettres de Mr de Marca [3], qui s'est travesti en Mr Eusebe. Je suis fasché que nos amys se brouillent ainsy avec

«y a, dans cette réponse, quelques accents «élevés qui sentent l'honnête homme et «l'éloquente famille.»

[1] Balzac ne pouvait apprécier avec bienveillance un auteur qui, en continuant l'*Histoire* du président de Thou, d'abord de 1610 à 1617 (Paris, 1641, in-fol.), ensuite jusqu'en 1629 (Toulouse, 1643, in-fol.), avait flatté Richelieu autant qu'il avait attaqué la plupart des adversaires du cardinal. Guy Patin est encore plus sévère que Balzac, lui qui ne craint pas de dire (t. I, lettre 91): «Son livre est peu de «chose... il est rempli de faussetés et de «flatteries indignes d'un homme d'honneur.» Bayle, plus équitable, a déclaré que l'histoire de Gabriel de Barthellemi de Gramond est estimée, rappelant de plus que «les «étrangers l'ont jugée digne de leurs «presses, tant en Hollande qu'en Allemagne.» Il loue aussi la bonne latinité du livre. Colomiez, dans sa *Bibliothèque choisie*, a été non moins favorable que Bayle à l'historien toulousain.

[2] C'était vrai. Le livre du prince théologien parut, en 1644, sous le voile de l'anonyme, avec ce titre: *Remarques chrétiennes et catholiques sur le livre de la* Fréquente communion. Voir, sur cet ouvrage, M. Sainte-Beuve et la piquante citation qu'il tire des *Mémoires* du P. Rapin (*Port-Royal*, t. II, p. 185).

[3] Ces lettres n'étaient point de Marca. Voici ce qu'en dit M. Sainte-Beuve (*ibid.*, p. 183): «*Les lettres d'Eusèbe à Polémarque*, «attribuées au Père Lombard, et qui avaient «précédé de peu le volume du P. Petau, «lettres écrites par un soi-disant évêque «à un soi-disant haut personnage, homme «de guerre et capitaine, affectaient des airs «cavaliers et sentaient le collège à pleine «gorge.» Dans les *Supercheries littéraires dévoilées*, de Quérard (édition de MM. G. Brunet et Jannet, t. I, 2ᵉ partie, col. 1266), c'est aussi le P. Nicolas Lombard, jésuite, qui est signalé comme l'auteur de la *Lettre d'Eusèbe à Polémarque sur le livre de M. Arnauld* (Paris, Hénault, 1644, in-4°). La même année, le P. Pinthereau, jésuite, prit encore le pseudonyme d'Eusèbe pour répondre

nos amys. Mais, sans entreprendre de décider la doctrine contestée, et après avoir dit *quæ supra me nihil ad me*, je ne voy point d'esprit, à le considérer dans la pureté de son naturel, qui soit de la force de celuy à qui tant de gens déclarent la guerre. Celle dont me menasse le brave de vostre lettre[1] est certes digne de luy, et je vous avoue qu'il pouvoit estre vaillant contre moy, mais vous m'avouerez aussy que pour cela il ne se raquiteroit pas de ses pertes, et que, son intérest luy devant estre plus proche que celuy de son allié, il devroit battre toute la France qui met en proverbe sa poltronnerie, et le chante depuis Amyens jusques à Bayonne. S'il continue à me menasser, il faut que je luy dédie la vie de son allié, et que je luy face une Épistre qui soit digne de l'histoire. Y aura-t-il toujours de la tyrannie, et la vérité ne trouvera-t-elle jamais de protection? Mais encore le tyran mort valoit quelque chose : cettuicy n'est guères plus grand guerrier que le Drancès de Virgile[2]; et si on souffroit son joug avec patience, *non tantum a libertate sed etiam a servitute degeneraret genus humanum*.

Je ne sçay pourquoy je vous ay parlé de Mr Vincent[3] : cet article

---

à ce qu'il appelait le *libelle diffamatoire* intitulé : *Théologie morale des jésuites* (par Antoine Arnauld).

[1] Le cardinal Mazarin, comme on le voit clairement par une des phrases qui suivent, où est établi un parallèle entre le *tyran mort*, qui *valait* au moins *quelque chose* (Richelieu), et le tyran vivant, qui, pour Balzac, semble en ce moment ne rien valoir du tout. Je dis en ce moment, car, en d'autres occasions, Mazarin fut tout autrement jugé par le correspondant de Chapelain. Voir surtout une lettre du 3 avril 1644 (p. 686 du tome I des *OEuvres complètes*), où le successeur de Richelieu est déclaré «si nécessaire au bien général du monde.» Voir encore une lettre à Mazarin du 7 novembre 1641 (p. 994), où Balzac s'écrie, tout en protestant qu'il ne veut rien amplifier et qu'il repousse les *exclamations oratoires* : «C'est prendre son rang, par advance, entre les demi-dieux de l'histoire, et estre véritablement de l'ancienne Rome.....»

[2] Drancès, ainsi caractérisé (*Æneid.* lib. XI, v. 340, 341) :

Largus opum, et lingua melior, sed frigida bello
Dextera...

Drancès, auquel Turnus dit un peu plus loin :

... Quid cessas? An tibi Mavors
Ventosa in lingua, pedibusque fugacibus istis
Semper erit...

[3] Vincent de Paul qui, très-influent sur l'esprit de la reine régente, aurait, plus facilement que tout autre, pu faire obtenir à Balzac un de ces gros bénéfices qu'il désira toujours si vivement, tout en ayant l'air de les dédaigner.

vous aura pu donner mauvaise opinion de moy et de ma philosophie. Mais, si vous avez le don de pénétration, vous pouvez lire dans mon cœur que je refuserois l'archevesché de Tolède, si on me le vouloit donner, à la charge seulement de dire le Bréviaire. Je ne demande que du loysir, mais avec un peu plus de *et cætera*.

Je suis en peine, Monsieur, de quelques lettres et de quelques vers dont vous ne m'escrivez rien. Peut-estre que j'en sçauray des nouvelles samedy, et cependant on vous fait une seconde copie de l'Épigramme ; mais vous ne la sçauriez bien entendre, si par malheur les lettres se sont perdues.

Je suis, Monsieur, vostre, etc.

Je vous suplie, Monsieur, de vous vouloir bien souvenir de tout ce que je vous ay escrit par ma précédente sur le sujet de Mr de Bonair. Je luy ay fait sçavoir et lui fais sçavoir de mes nouvelles par la voye de Rocolet.

XXVIII.

Du 22 février 1644.

J'estois en peine de ma dédicace, mais, puisque vous l'avez receue et qu'outre cela elle vous a plu,

> Æqualis astris gradior et cunctos super
> Altum superbo vertice attingens polum.

L'Épigramme est vostre, et par conséquent vous en pouvez faire ce qu'il vous plaira. Je vous en envoyai une copie par le dernier ordinaire, où il y a un hémistique changé, et à mon advis changé en mieux. Voicy encore deux copies reformées du *Christus nascens*, l'une pour M^r d'Andilly et l'aultre pour M^r l'évesque de Grasse, auquel j'ay escrit, n'en doutez pas, par la voie de Campagnole ; mais c'est un cavalier qui n'est pas si ponctuel que vous, ny si diligent à s'aquiter de mes commissions.

Je pense que je ne vous ay encore rien dit du billet de nostre très cher Mr de Voiture. Il est certes extremement obligeant, *et agnosco veteris vestigia flammæ*[1]. Mais je vous prie de me faire souvenir des parolles de mes lettres. Ay-je voulu faire un si sale marché que celuy qu'il me reproche? et sçavoir d'un homme s'il a agréable qu'on parle de luy, est-ce luy dire en langage suisse, point d'argent, point de louanges? Je ne veux pas m'enfoncer dans cette matière, je vous diray seulement que l'empereur Auguste estoit bien aussy grand seigneur et d'aussy bonne maison que M. le cardinal Mazarin. Cet empereur néanmoins escrivist autre fois en ces termes à un de nos chers amys : *Irasci me tibi scito, quod non in plerisque ejusmodi scriptis mecum potissimum loquaris. An vereris ne apud posteros infame tibi sit, quod videaris familiaris nobis esse*[2] ? Ce sera donc à Auguste, Monsieur, à qui j'adresseray mon *Cleophon* ou à quelque autre honneste homme de ce siècle là, puisque les gens de cettuy-cy se tiennent si roides sur le point d'honneur[3].

Mr de Scudéry m'ayant offert une couronne de sa façon, une si grande bonté m'a touché sensiblement, mais ma modestie n'a pas creu que je méritasse d'estre couroné, et j'aymeroys beaucoup mieux une petite éclogue qui parlast de ma solitude qu'un panégyrique[4] régulier qui me louast avec excès[5].

Rocolet ne vous a rien dit qui vaille, et mon privilége est généralement pour toutes mes œuvres sans qu'il y ait lieu de pointiller sur les termes. Qu'il se serve néanmoins du sien, si bon luy semble; je ne

---

[1] *Æneid.* lib. IV, v. 23.
[2] Suétone, *Horatii poetæ vita*.
[3] L'*Aristippe* fut dédié à la reine Christine.
[4] Le copiste a mis *panegyris*, mais dans d'autres lettres il a écrit *panegyric* et *panégyrique*. Je crois donc pouvoir adopter cette dernière forme. Au reste, *panégyrique* n'était pas encore très-employé à cette époque, et Vaugelas, ne le trouvant ni dans Nicot ni dans Monet, déclara que c'était un mot nouveau. D'Aubigné, pourtant, comme l'a fait remarquer M. Littré, avait dit (*Histoire universelle*, t. II, p. 487) : «nos faiseurs de panegerics.»
[5] Le *Dictionnaire de Trévoux* cite, sous le nom de Mlle de Scudéry, cette observation trop applicable au discours de son frère en l'honneur de Balzac : «Rien n'est plus ennuyeux qu'un panégyrique mal fait.»

veux point user de mon droit et suis content de luy donner plus que je ne luy ai promis. J'ay pourtant sujet de me plaindre de ce privilége obtenu sans m'en advertir, vous ayant fait [sçavoir], il y a plus d'un an, que je luy voulois faire cession du mien.

J'ay receu le mémoire que vous m'avez fait la faveur de m'envoyer et l'ay mis entre les mains d'un homme qui a de bonnes habitudes au païs du Prieuré, et qui m'a promis de nous y servir très fidellement. Vous pouvez croire que cette affaire m'est bien plus chère que les miennes propres, et que *quicquid volo valde volo*, c'est-à-dire que Saint-Hilaire d'Hiers[1] m'est aujourd'huy l'archevesché de Tolède.

Je vous envoye une lettre pour nostre incomparable M^r l'Huilier; elle avoit esté oubliée par le dernier ordinaire, et vous m'obligerez de la luy faire rendre seurement. Je vous demande la mesme faveur pour une autre despesche qui est importante, et je vous suplie qu'un de vos gens la porte au Collége de Navarre sur l'heure du disné, affin qu'il la donne en mains propres à celuy à qui elle est adressée. Un équivoque me fascheroit, et il sera aisé de l'éviter, parce qu'il n'y a point de plus célèbre pédant en tout le collége, ainsy qu'il me mande de luy-mesme[2]. Je vous baise très-humblement les mains et suis sans réserve, Monsieur, vostre, etc.

J'ay escrit au petit par les deux derniers ordinaires, et luy ay envoyé une lettre pour Mme de Brienne[3], jadis de la Ville-aux-Clercs. Je

---

[1] Un de ces petits bénéfices dont Tallemant des Réaux disait (t. III, p. 273) que Chapelain en avait plusieurs, ajoutant : «Il court après un petit bénéfice de cent francs.»

[2] *Ce célèbre pédant*, aujourd'hui si inconnu, était, comme nous l'apprend la lettre suivante, un certain Maury, qu'il faut peut-être identifier avec le poëte Jean Maury, mort en 1697. On a une lettre de Balzac (p. 549) à M. Maury, docteur en théologie (30 août 1640). Est-ce au même que Balzac avait écrit, le 23 octobre 1636, pour le remercier de ses vers latins (p. 418. A M. de Maury)?

[3] Le copiste a écrit *Brière*. Louise de Béon, fille de Bernard, seigneur du Massès, gouverneur de Saintonge, d'Angoulême et du pays d'Aunis, avait épousé, en 1623, Henri-Auguste de Loménie, comte de Brienne, seigneur de la Ville-aux-Clercs, secrétaire d'État, l'auteur des *Mémoires* publiés pour la première fois en 1719 (3 vol. in-12).

croy qu'il vous aura apporté le reste de mon argent sur lequel vous lui donnerez, s'il vous plaist, ce que je vous ay prié de luy donner. Je veux croire qu'à présent vostre fluxion est au nombre des choses passées.

XXIX.

Du 29 febvrier 1644.

A ce que j'apprens, l'épistre *ad Menagium* a donné l'allarme aux Hollandois et a troublé l'alme université de Leiden et Messieurs ses curateurs. Que ne fera-t-elle point quand elle sera publiée? et si le docteur Heinsius[1] est assez téméraire pour y respondre, *Dii boni*, quel bon plat sera ce hachis de sa tragédie que nous promet Mr de Saumaise! J'attens cette célèbre Epistre, accompagnée de toutes les autres pièces que vous me faites la faveur de me promettre. Mais, Monsieur, mon compliment à mondit sieur de Saumaise s'est-il perdu? et n'a-t-il point sceu que j'ay de la gratitude, ou, pour parler avec Crassot[2], que je suis animal reconnoissant? Il me fascheroit qu'il creut le contraire. Du reste, je ne m'en mets point en peine et vous sçavez bien que je ne voudrois jamais qu'on respondit à mes lettres, de peur d'estre obligé aux répliques.

Amsterdam). Mme de Brienne mourut le 2 septembre 1667. Femme d'un secrétaire d'État, belle-fille d'un secrétaire d'État, elle fut aussi mère d'un secrétaire d'État (Henri-Louis de Loménie). Balzac lui écrivait, le 14 décembre 1644 (p. 582) : «Il n'est point «de lieu si reculé où la réputation de vostre «vertu ne soit arrivée. La voix publique «m'en vient entretenir jusques au désert, et «toute la France est en cela l'écho de Paris.» Voir une autre lettre à la comtesse de Brienne, du 5 mai 1645 (p. 672).

[1] Le copiste a écrit *Heius*. Heinsius ne répondit pas à la dissertation de Saumaise :

Cl. Salmasii ad Ægid. Menagium epistola super Herode infanticida, Heinsii tragœdia, et censura Balzaci (Paris, Ve Mat. Dupuis, 1644, pet. in-8°). Rappelons ici que la tragédie de Daniel Heinsius avait paru en 1632, que le discours critique de Balzac avait été publié en 1636, et qu'enfin la réponse de l'auteur avait vu le jour aussi en 1636.

[2] Jean Crassot, né à Langres, professeur de philosophie dans l'Université de Paris (au collége de Sainte-Barbe) depuis 1587 jusqu'en 1616, année de sa mort. On publia, en 1617, sa *Logique* (in-8°); en 1618, sa

Ce Mʳ Sarrau, dont vous me parlez[1], ne seroit-il point beau-frère d'un des meilleurs et plus chers amys que j'ay en ce monde, nommé Mʳ de Morin, conseiller en la Chambre de l'Édit de Guyenne[2]? Il me semble que je l'ay ouy quelque fois nommer à ce cher amy; et, si ma mémoire ne s'équivoque, il est de Bourgoigne, le filz d'un secrétaire du Mareschal de Biron[3]. Il ne faudra pas seulement luy donner un

Physique (in-8°), et en 1619 son *Corps de philosophie* (2 vol. in-4°). Le *Naudæana* de 1701 (p. 113) dit: «M. Crassot est fort «prisé en Italie.... Ce n'est pas sans raison «qu'il y est loué hautement. Crassot a esté «un grand personnage, etc.» L'abbé de Marolles (*Mémoires*, éd. de 1755, t. I, p. 60) a donné de singuliers détails sur ce professeur.

[1] Claude Sarrau, un des plus vertueux magistrats et un des érudits les plus distingués du XVIIᵉ siècle, *inter bonos optimus, inter doctos doctissimus*, comme s'exprime son ami Jacques le Paulmier de Grentemesnil, dans *Cl. Sarravii Epitaphium*, en tête du recueil des *Lettres* de ce dernier (Utrecht, 1697). J'ai réuni divers renseignements sur Sarrau et sur sa famille autour d'une *Lettre inédite de Claude Sarrau*, tirée de la collection Dupuy et publiée dans la *Revue d'Aquitaine* (1866, p. 390-399). Là j'ai cité un fragment d'une lettre très-élogieuse adressée par Balzac à Sarrau, le 20 octobre 1644, et imprimée à la page 641 du tome II de l'édition de 1665.

[2] Le copiste a écrit *Marins*. Marie de Sarrau, sœur de Claude, sœur en même temps de cette marquise de Villars qui paya de sa tête sa participation à la conspiration du chevalier de Rohan (1674), avait été mariée, le 18 octobre 1625, à François de Morin, seigneur de Tourtoulon, conseiller au parlement de Bordeaux et à la chambre de l'édit de Guienne, lequel était fils de Jean de Morin, conseiller en la même cour, et de Catherine de Reyla. Balzac lui écrivit le 20 février 1636 (p. 414: A Monsieur de Morins, conseiller du Roy en la chambre de l'édit, à Agen). Une autre fois, Balzac le remercie (lettre sans date, p. 661) d'*une charge de muscat* dont il dit: «C'est une «charge d'enthousiasme et d'inspiration que «vous m'avez fait la faveur de m'envoyer.» Enfin, Balzac parle de lui dans la lettre à Sarrau citée (note précédente): «Quand «M. de Morin ne vous seroit rien, et que «vous ne seriez pas le grand confident du «grand Mʳ de Saumaise, vous avez des par- «ties essentiellement vostres, etc.»

[3] La mémoire de Balzac *s'équivoquait*: Sarrau n'était pas de Bourgogne, mais d'Aquitaine, *in Aquitania natus*, dit Le Paulmier. Claude Sarrau naquit très-probablement dans la maison paternelle située à Boynet, dans la commune actuelle de Laussou, près de Monflanquin (Lot-et-Garonne). Ce ne fut pas le père, mais bien le grand-père de Claude Sarrau qui fut le secrétaire du maréchal de Biron. Tous les deux portèrent le prénom de Jean et prirent le titre de seigneurs de Boynet (en Agenais). Le grand-père de Claude, consul de Monflanquin, en 1610, fut anobli en 1614 pour *services notoires rendus au roi et à l'État*. (Papiers de famille conservés au château d'Arasse, près d'Agen.)

exemplaire, mais il luy en faudra donner plusieurs, pour en envoyer quelques uns *ad partes Infidelium*, je veux dire en la contrée des Bataves, à Mr Saumaise, à Mr Gronovius et à Mr Huygens, si vous le voulez; car je vous déclare, Monsieur, que le livre est à vous et non pas à moy; et je vous prieray d'en prendre une cinquantaine d'exemplaires, pour les faire distribuer comme vous le jugerez à propos.

Rocolet me parle d'un avant-propos et me menace là dessus d'une de vos ordonnances par vostre première lettre, à laquelle ordonnance je désobéis dès à présent, et vous suplie que ce soit le libraire qui parle, pourveu qu'il ne die rien d'impertinent. Il ne faut point attendre mon intention, car en conscience mon intention seroit de supprimer le volume, et je seray bien aise qu'il passe dans le monde pour un *fœtus expositus* de vostre mélancolique amy. Si on met un avant-propos, je ne pense pas qu'il doive s'estendre au delà d'une douzaine de lignes ou de deux douzaines pour le plus, et *de istius modi præfatiunculæ scopo, in illa ubi habitas rerum luce melius multo me et videbis et judicabis.*

Je vous envoiay, il y a huit jours, une lettre pour Mr l'Huillier, laquelle avoit esté oubliée. Je voudrois bien qu'elle le trouvast encore à Paris. Et, sans mentir, c'est un estrange homme de vouloir estre sénateur à Toulouse. Je ne m'estonnerois pas tant s'il y vouloit estre simple citoyen, ou s'il se venoit faire hermite à Balzac, car occupations pour occupations, celles de Paris doivent estre préférées à toutes les aultres.

Je n'ay point de nouvelles de Mr Mainard, et suis en peine de sa santé. Vous nous aurez bien fait la faveur de recommander les deux paquets qui vous ont esté adressés pour luy. Je vous ay aussy prié de faire rendre en mains propres à Mr Maury une lettre que je luy ay escrite, et ledit sieur Maury, comme je vous ay desjà mandé, est précepteur du filz de Mr de Villemontée[1], et loge au Collége de Navarre.

---

[1] François de Villemontée, seigneur de Villenauxe et de Montaiguillon, maître des requêtes en 1626, intendant du Poitou, de la Saintonge et de l'Aunis, de 1634 à 1641, conseiller d'État en 1657, puis évêque de Saint-Malo; mort en octobre

Vous m'offensez de délibérer si vous me devez prendre au mot pour l'offre que je vous ay faite de vous faire tenir l'argent de vostre ferme à Paris. Je vous offre bien davantage, car je veux estre vostre fermier, si vous n'en trouvez point qui veuille traiter raysonnablement avec vous.

Je suis de toute mon ame, Monsieur, vostre, etc.

XXX.

Du 7 mars 1644.

Monsieur, Que vous m'avez fait de plaisir de me destromper, et que je suis ayse de savoir que l'Evesque joueur de balon [1] soit le véritable autheur des *Lettres d'Eusèbe!* Je n'en avois leu que fort peu; mais ce fort peu m'avoit très peu satisfait et ne me sembloit pas digne de vostre amy de Béarn [2]. Je m'en estois mesme plaint, avec ma franchise de village, à son allié M. de Forgues [3], et luy avois dit : *Nollem factum*, et peut-estre quelque chose de pis. Mais un grand malheur pour moy de l'autre costé, c'est que ce bon prélat, dont le premier nom guérit de la fievre quarte (*vocatur si quidem Abracadabra*) me menaça dernièrement par un de mes amys, qu'il trouva je ne sçay où, de m'envoyer

---

1670. Voir l'historiette qui lui a été consacrée par Tallemant des Réaux (t. IV, p. 346-348). M. P. Paris a cité (p. 348) deux lettres écrites par Balzac, en juillet 1641 et en avril 1642, à Villemontée. Beaucoup de lettres de cet intendant sont réunies dans les volumes du fonds français qui renferment la correspondance du chancelier Séguier.

[1] Tallemant des Réaux, dans l'historiette intitulée *L'esprit de Montmartre et Raconis* (t. V, p. 95), dit, au sujet de l'évêque de Lavaur : «Une de ses plus belles qualitez «estoit de bien jouer au ballon.» Chapelain était bien mal informé; il avait sans doute confondu l'*Examen et Jugement du livre* de la Fréquente communion avec les *Lettres d'Eusèbe.*

[2] Pierre de Marca naquit, le 24 janvier 1594, à Gan, petite ville située à deux lieues de Pau.

[3] Bernard de Forgues, à qui Balzac écrivait, le 7 mars 1634, en l'appelant *mon cher cousin*, et qui alors commandait une compagnie en Hollande (p. 279), avait, comme je l'ai déjà dit, épousé Mlle de Campaignole.

plusieurs volumes de sa façon, entre lesquels vraysemblablement doivent estre les *Lettres d'Eusèbe*.

> Me miserum! tot enim pestes et dira venena
> Hostibus eveniant talia dona meis [1].

Ce sont vos présents, Monsieur, qui véritablement m'enrichissent et après lesquels je soupire, et pour lesquels je pesteray, si le messager est si cruel que de les laisser à Paris ou par les chemins. Le plus désiré de tous viendra le dernier, et, à mon advis, nous ne verrons pas si tost le livre de M. Arnault. Quoyque son esprit soit d'une rapidité incroyable et qu'au mérite des grandes choses qu'il sçait faire il sçache encore ajouster la grace de les faire promptement; néanmoins je ne luy conseillerois pas de se haster pour ceste prochaine campagne; et le Père Petau, qui est le Saumaise catholique, mérite bien que l'on se prépare et qu'on ne laisse rien au logis, quand il faut marcher contre luy. Je vis hier le tiltre de trois gros volumes dudit Père *Dogmatum theologicorum* [2], et tombay par hazard sur un chapitre dans lequel il traite cruellement Monsieur mon juge, l'auteur de l'épistre *ad Menagium* [3]. Mandez moi, je vous prie, quel est le sentiment des doctes, et ce que croit l'Académie Puteane [4] de ces trois volumes. Le nostre

---

[1] Ce pentamètre, souvent cité, est une réduction de l'hexamètre d'Ovide (*Epistola* XVI, *Paris Helenæ*, v. 218):

> Hostibus eveniant convivia talia nostris.

On retrouve l'*hostibus eveniant talia dona meis* dans une lettre de Balzac à Chapelain du 15 avril 1637 (p. 744).

[2] Le premier volume de cet ouvrage resté inachevé parut à Paris (in-fol.) en 1644. Le cinquième volume parut en 1650. On a réimprimé cette encyclopédie théologique à Amsterdam en 1700 (3 vol. in-fol.), à Venise en 1745 (3 vol. in-fol.), à Venise encore en 1757 (7 vol. petit in-fol.), enfin à Rome en 1857 et années suivantes (gr. in-4°).

[3] Saumaise, avec lequel Petau avait eu déjà une violente querelle au sujet de quelques notes de l'édition donneé par le jeune érudit bourguignon (1622) du *De pallio* de Tertullien. (Voir les *Miscellaneæ exercitationes adversus Claudium Salmasium*.) On regrette d'avoir à le dire, Saumaise et Petau restèrent ennemis irréconciliables toute leur vie.

[4] Balzac a souvent parlé et toujours avec les plus grands éloges, de la docte assemblée qui se tenait, sous la présidence de Pierre et de Jacques Dupuy, d'abord à la biblio-

adoptif n'est point pour grossir le naturel, car ce seront des volumes séparés, bien qu'ilz se puissent relier ensemble. Et au reste, Monsieur, je ne suis pas le premier honneste homme faiseur de Recueils. Il y en a devant moy et des Empereurs [1] et des Patriarches de Constantinople [2] qui ont fait la mesme chose. Henry Estienne a fait un Recueil des Harangues des Historiens [3], des fragmens des anciens Poètes [4], *et cætera*. Et la nouveauté mesme ne manquera point à nostre Recueil, non plus qu'à cette belle saison que nous attendons après Pasques, et que nous, nos pères et nos grands pères, avons veu si souvent sans nous en fascher. Je voulois en dire davantage, mais on me tire d'icy. C'est, Monsieur, vostre, etc.

---

thèque du président de Thou, ensuite à la bibliothèque du Roi. Dans une lettre à Luillier, un des initiés, il disait, le 23 novembre 1636, de la *célèbre Galerie* (page 401 du tome I des *OEuvres complètes*), qu'elle n'était pas «seulement pleine des plus nobles dé-«pouilles de l'Antiquité,» mais qu'elle «était «habitée par toutes les grâces du siècle pré-«sent et par toutes les vertus sociables et «civiles.» Peu de temps avant sa mort, Balzac, écrivant à Jacques Dupuy, le 17 avril 1652, glorifie encore (*Actes de l'Académie de Bordeaux*, 1862, p. 501) le *célèbre cabinet*, et ajoute spirituellement que son Socrate «ne veut pas d'autre Prytanée que «celui-là.» Voir, au tome Ier du *La Bruyère*, publié par M. Gustave Servois dans la collection des *Grands écrivains de la France*, à l'appendice (p. 546-548), une note sur ce cabinet, avec renvoi, pour de plus amples détails, à la vie de *Pierre du Puy*, par Rigault, à la préface du catalogue de la bibliothèque de Thou, par Quesnel, à la cor-respondance d'Ismaël Bouilliau, conservée à la Bibliothèque nationale.

[1] Balzac fait sans doute allusion à l'empereur Constantin VII, surnommé Porphyrogénète, mort en 959, qui ne rédigea pas, mais qui fit rédiger une espèce d'encyclopédie où l'on recueillit, sous divers titres, tout ce qu'offraient de plus remarquable les compositions historiques des anciens, et dont on n'a plus que quatre sections : *des Ambassades, des Vertus et des Vices, des Sentences, des Embûches.*

[2] Photius, dont la *Bibliothèque* si précieuse n'a encore trouvé en France aucun traducteur, et dont il n'a pas même été publié d'édition parmi nous depuis l'incorrecte édition de Rouen (1653, in-fol.).

[3] *Conciones, sive orationes, ex græcis latinisque historicis excerptæ. Excudebat H. Stephanus* (1570, pet. in-fol.).

[4] *Fragmenta poetarum veterum latinorum. Anno 1564. Excudebat H. Stephanus*, in-8°.

XXXI.

Du 14 mars 1644.

Monsieur, J'ay leu l'imprimé et le manuscrit que vous m'avez fait la faveur de m'envoyer, et vous ne doutez pas, je m'asseure, que je n'aye leu l'un et l'autre *con gratissimo gusto*. La vie du [Servite] est Asiatique, mais elle ne laisse pas d'estre belle : les digressions m'en plaisent, et le superflu ne m'ennuye point. Je vous prie seulement que je sçache si elle est escrite de bonne foy, et si le Maestro Fulgentio n'a point esté le Philostrate de son Apollonius. *Fama est* que M^r le Prince se vante de l'avoir tué par la seule force de ses parolles, *juxta illud Isaiæ prophetæ* : Il occira le Meschant par l'esprit de ses lèvres[1]. Je douterois bien autant de cecy que de l'endroit le plus difficile à croire qui soit dans toute sa vie, et cette éloquence homicide est un don du ciel si rare, que la terre n'en a point ouy parler depuis que les Apostres n'y sont plus.

Richer[2] est nommé deux fois entre les correspondants que le Père avoit deça les Mons; Richer *autem* estoit un homme très médiocre et qui se mesloit d'escrire en latin, mais non pas sans faire des solécismes et donner mains soufflets à Priscian[3], *ut illi olim in Curia Parisiensi et ante ora fratrum objectum est à Georgio Crittonio*[4]. Mais qui est cet aultre

---

[1] Chap. II, verset 4. On a traduit moins littéralement ce verset en ces mots : «L'im-«pie s'évanouira devant le souffle de sa «bouche.»

[2] Edmond Richer, docteur en théologie de la Faculté de Paris, d'abord professeur au collége du cardinal Lemoine, puis principal (1594) de cet établissement, auteur, entre autres ouvrages, d'un petit livre qui fit grand bruit (1611) : *De ecclesiastica et politica potestate*. Voir, sur Richer, dans le *Moréri* de 1759, un article rédigé d'après les mémoires manuscrits de l'abbé Goujet, qui résume très-bien tout ce que nous ont appris du biographe de Gerson Adrien Baillet, Ellies Dupin et Nicerón. Voir, de plus, de curieux détails dans les *Mémoires* du cardinal de Richelieu (collection Michaud et Poujoulat, t. XXII, p. 136).

[3] Priscianus, l'auteur de *Commentariorum grammaticorum lib. XVII*.

[4] Le copiste a écrit *Cristonio*. Georges Critton, après avoir été professeur de droit à Toulouse, fut professeur de grec à Paris, au Collége royal. Il mourut le 13 avril 1611. On cite surtout ses notes sur l'*Anthologie*

ultramontain nommé Pomello[1]? Pour l'Echassier, je l'ay veu aultre fois (estant petit garson) chez les libraires de la rue St Jacques, et il me souvient qu'il régnoit en ce païs là, et que je prenois grand plaisir de l'escouter[2].

Reste à vous demander des nouvelles du véritable Israélite Mr Perrot[3], et vous me ferez sçavoir : *an sit gentilis optimi et doctissimi nostri d'Ablancour*[4], *quem ego facio plurimi, et par est, et majorem in modum di-*

(1584, in-4°) et son *Éloge funèbre* de Ronsard (1586, in-4°). Voir sur Critton Moréri, Niceron, Bayle (avec additions de Leclerc et de Joly), et principalement Goujet (*Mémoire historique et littéraire sur le Collège royal de France*, t. I, p. 503-536).

[1] Je suis obligé de répéter la question de Balzac : «Mais qui est cet aultre amy ultra«montain nommé Pomello?»

[2] Jacques Leschassier, fils de Philippe Leschassier, secrétaire du roi, né à Paris en 1550, mort en 1625, d'abord avocat au Parlement, puis substitut du procureur général, eut une grande réputation comme jurisconsulte. Ses nombreux opuscules sont énumérés dans le *Dictionnaire de Moréri*. On en a fait un recueil (Paris, 1649, 1 vol. in-4°; nouvelle édition, Paris, 1652). Voir l'Avertissement qui est en tête de ce recueil et aussi le *Journal* de Pierre de L'Estoile, ainsi que les *Vies des plus célèbres jurisconsultes* de Taisand (1737).

[3] Perrot (François), seigneur de Mézières, adversaire, comme Jacques Leschassier, de la cour de Rome. Il composa en langue italienne un écrit satirique intitulé : *Aviso piacevole dato alla bella Italia, da un nobile giovane francese, etc.* (1586, in-4°), écrit que réfuta Bellarmin. Perrot, qui passa une partie de sa vie en Italie, y fut très-lié avec Fra Paolo. Il a reçu les éloges de Louis de Mazures en ses poëmes latins, d'Hubert Languet en ses lettres à Philippe Sidney, de Liques, en sa vie de Ph. de Mornay, seigneur du Plessis (Perrot traduisit en italien le traité de *la Vérité de la religion chrétienne*, de ce théologien protestant, Saumur, 1612), de Colomiez en sa *Bibliothèque choisie*, etc. Les Italiens, dit le *Moréri* de 1759, en faisaient une estime particulière, le traitant ordinairement de *vrai Israélite*, à cause de sa candeur et de sa débonnaireté.

[4] François Perrot appartenait à la même famille que Nicolas Perrot, seigneur d'Ablancourt, né à Châlons-sur-Marne, en 1606, reçu dans l'Académie française en 1637, mort en 1664. Voir, sur d'Ablancourt, Tallemant des Réaux, le *Menagiana*, Niceron, Bayle et les remarques de Leclerc et de Joly, l'abbé d'Olivet, *la France protestante*, mais surtout la notice biographique rédigée par Olivier Patru, l'intime ami du traducteur de Quinte-Curce (*OEuvres*, t. II, édition de 1692, p. 334 et suiv.). Nous nous souvenons d'avoir vu le testament (que nous croyons inédit) de Perrot d'Ablancourt dans le volume 217 de la collection Baluze, dite *des Armoires*, à la Bibliothèque nationale. Balzac adressa d'assez nombreuses lettres à d'Ablancourt (le 7 mars 1635, p. 532, le 4 juin 1643, p. 544, lettre qui contient un éloge démesuré de la traduction de Tacite; le 5 juin 1645, p. 612), etc. Il disait de lui, dans une lettre à Chapelain du 6 juillet

ligo. Je vous conjure, Monsieur, de l'en asseurer efficacement et de luy dire qu'au premier jour il verra des marques publiques de cette passion et de cette estime.

J'ay receu la lettre de Mʳ de Saumaise, très longue et très obligeante, et à laquelle je respondray lorsque je luy envoyeray un de mes livres. Mais je n'ose vous parler de l'impression. Le nombre des fautes que j'y ay trouvées est incroyable, et je suis extrêmement fasché que ces faquins d'imprimeurs vous ayent donné tant de peine, pour faire pis qu'ilz n'eussent fait, s'ilz n'eussent point eu un si grand et si illustre directeur que vous. Sans parler de la ponctuation mal observée, et qui en beaucoup d'endrois gaste le sens, il y a plusieurs mots oubliés et quelques fois une demie ligne, principallement dans les trente dernières feuilles.

Vous aurez veu par ma dernière despesche et par un extrait de lettre que je vous ay envoyé, en quels termes on parle à Saintes du revenu de vostre prieuré. Nous employerons tout nostre crédit et toute nostre industrie pour vous faire avoir contentement. Je ne vous escrivis jamais si à la haste.

C'est, Monsieur, vostre, etc.

Je voudrois bien que le carton qui a esté osté de l'épistre *ad Menagium* ne se vît point. Faites en sorte que ledit Menagius prenne ce soin pour l'amour de vous; car souvent les libraires sont des paresseux ou pour le moins les relieurs, si on ne donne du canif dans tous les exemplaires. Une autre fois nous parlerons de la doctissime dissertation.

1639 (p. 793) : «C'est un homme capable «de tout ce qu'il voudra entreprendre, à quy «j'ay donné mon cœur et mon estime, et «qui ne sera pas oublié en nos entretiens.» Voir encore une lettre au même, du 30 août de la même année (p. 295), sur le Tacite alors attendu; une autre à Conrart, du 25 avril 1648 (p. 870); une autre au même, du 7 octobre 1649 (p. 875); une autre enfin (toujours au même), du 10 décembre 1650 (p. 893).

XXXII.

Du 21 mars 1644.

Monsieur, J'ay eu le cœur blessé de la nouvelle que vous m'avez escrite avec douleur, et mettant l'amitié à part à laquelle je suis très sensible, je vous avoue que je souffre encore quand on fait brèche à la liberté publique, et que l'authorité veut opprimer la rayson. Quelque bonne que soit la cause de nostre amy, cet envoy ou cette citation à Rome ne doit guères plaire à un homme de l'Église Gallicane, qui a ses affaires et ses livres à Paris[1]. En cecy néanmoins on fait plus de plaisir à Rome que Rome ne luy fera de mal. Je la connois un peu et les maximes qui la gouvernent. Elle rapporte tout à sa grandeur et sait tirer avantage des moindres choses. Elle sera ravie de la déférence filiale de la Reine, et songera bien plus à l'humiliation des Evesques ultramontains qu'à la censure de Mr Arnaut. Le pis que vous appréhendez pour luy n'a point de lieu en une affaire de cette nature, puisqu'elle [ne] choque ny l'infaillibilité, ny l'omnipotence de celuy qui s'appelle *nostro Signore*, à l'exclusion de Jésus Christ. Ce sont là les redoutables Mistères du Vatican ; pour les autres, on ne fait que s'en jouer, et le véritable pis (?) qui arrivera à nostre excellent docteur est qu'il peut perdre beaucoup de temps dans les longueurs du procès, et que le [public] patira de cette perte. Je ne doute point qu'outre cela on ne luy ferme la bouche et qu'on ne luy lie les mains pour l'empescher de combattre son antagoniste le père Petau, qui devoit estre envoyé à Rome aussy bien que luy, puisqu'il est sa principalle partie, et que la question n'est pas décidée ; et en ce cas là, Monsieur, le pro-

---

[1] On lit dans le tome II de *Port-Royal* (p. 185) : « Au plus fort de la controverse qu'excitait le livre d'Arnauld (mars 1644), ils (les jésuites) parvinrent à circonvenir assez la Reine régente et le cardinal Mazarin, pour que l'ordre fût donné à l'auteur d'aller à Rome défendre son ouvrage devant le tribunal de l'Inquisition. » Pour de nombreux détails sur cet incident, voir la *Vie de messire Antoine Arnauld* (1783, p. 24-28).

cédé de la Reine eut esté loué de tout le monde; et *Regina Juno pari à nobis elogio celebraretur ac Rex Jupiter, de quo dictum est:*

.....Rex Juppiter omnibus idem [1].

Au reste, n'ayez point peur que je vous brouille avec mes amys les Révérends Pères. Je suis le plus retenu et le plus discret de tous les hommes, quand il s'agit de vous alléguer. Ce n'est que pour moy que je suis téméraire, violent et estourdy, et quoy qu'on croye en toute nostre province que lesdits Pères soient mes gouverneurs, je n'ay pas laissé de les gourmander comme des marauds, sur le sujet de leur querelle avec mon amy, et leur en ay dit de vive voix beaucoup plus que je ne vous en ai escrit dans mes lettres. Ainsy je me moque au village de vostre moralle de la Cour. J'ayme mon aigreur et mes amertumes, et ne voudrois pas les changer pour tout le miel et pour tout le sucre de vos Vaugelas et de vos Voitures. Voilà suffisamment respondu à la fin de vostre lettre, c'est-à-dire à l'article qui me pressoit davantage. Remontons au commencement et disons quelque chose de l'invincible Saumaise. Je suis absolument de vostre advis : ou le docteur Heinsius a l'esprit ladre, ou il sentira les coups de fouet qu'on luy a donnés et ne se tiendra point au traité de paix. Mais je m'estonne que ledit traité n'ait esté avantageux puisque Mʳ le Ministre Rivet en a esté le médiateur [2]. Ce faquin fait profession publique de me vouloir mal (sans aucune sorte de fondement) et ne s'est pas contenté de me dire des injures dans quelques mauvais livres qu'il a faits, mais sa haine a passé jusques à un frère qu'il a en Saintonge, Ministre de Taillebourg [3], qui m'a voulu injurier aussy bien que luy, *ut mihi*

---

[1] Virgil. *Æneid*. X, 112.

[2] André Rivet, célèbre théologien protestant, mort le 7 janvier 1651. La *France protestante* a donné la liste complète de ses très-nombreux ouvrages. M. Michel Nicolas, dans la *Nouvelle Biographie générale*, a cité les principaux.

[3] Guillaume Rivet de Champvernon, cadet d'André, mort la même année que lui. On mentionne trois ouvrages de polémique de ce pasteur de Taillebourg, et on lui en attribue généralement quatre autres encore. Voir sur lui l'article de M. M. Haag et celui de M. Michel Nicolas.

maledicere jam illis sit gentilitium. L'un et l'autre sont deux chétifs ennemys et avec lesquels je n'ay garde de me commettre, quand je sçaurois faire des Diatribes encore plus viste que ne les fait Mr de Saumaise.

Je ne sçay que vous dire de mon livre, car ne le dédiant à personne, et l'advertissement du libraire faisant sçavoir que ce sont pièces recueillies par luy, pensez-vous qu'il faille qu'on face des présens en mon nom ? *De hoc amplius deliberandum*, et nous aurons assez de temps pour cela, le livre ne pouvant point estre publié devant les festes de la Pentecoste. Il y auroit pour le moins douze feuilles entières à refaire, mais je me contente de la moitié, avec protestation de ne me plus fier à la diligence de Rocolet, ny au soin de son parent. Quand un mesme mot est répété dans une période, il pense gaigner beaucoup de sauter tout d'un coup jusqu'au dernier, une ligne ou une ligne et demie entre les deux. Outre quatre ou cinq fautes notables de cette sorte, pour la correction desquelles je fais refaire les cartons, il y en a plusieurs autres que je laisse, pour ce que par hazard il s'y trouve quelque sens, et que je ne veux point (sans nécessité) donner des corvées[1] à un homme qui (avec beaucoup d'innocence) me donne tant de chagrin.

J'iray demain à Angoulesme pour conférer avec l'amy qui doit estre employé dans vostre affaire et qui a de si bonnes habitudes à Saintes, à Brouage et à Marenes qu'on n'en sçauroit en avoir de meilleures. Il est très intelligent, très fidèle et très bon amy. Il est Jésuitte de plus ; mais ne vous en allarmez pas, s'il vous plaist, car il n'est pas de ceux que j'ay gourmandés.

Je vous recommande le petit Bonair et vous prie de luy faire prendre mon petit présent, affin de l'encourager pour l'avenir. J'attens le Minutius[2], la Diatribe *De Hellenistica*[3], et ne sçay pas pourquoy vous

---

[1] Le copiste a écrit *courvée*, ce qui est une faute de lecture, car Balzac s'est servi dans ses lettres imprimées de la forme *corvée*, ainsi que M. Littré l'a rappelé (à ce mot) dans son *Dictionnaire*.

[2] Le copiste a écrit *Minutin*. Il s'agit là du *Minucius Felix*, de Rigault, qui avait paru l'année précédente (in-4°).

[3] C'est la dissertation de Saumaise : *De hellenistica commentarius, pertractans origi-*

oubliez celle de *Sestertiis*, de Jean Federic[1], pour lequel je vous envoyay une lettre il y a quelque temps.

Je cours la poste en vous escrivant et ne vous garentis point la pureté de mes escritures. Solécisme, barbarisme, impropriété, je vous demande grace et abolition de tout cela. Aymez-moy, puisqu'avec mille défauts et mille imperfections je suis plus qu'homme du monde, Monsieur, vostre, etc.

Vous me ferez bien la faveur de faire en sorte, par le moyen de Mr Ménage, que le carton changé de l'Épistre Salmasienne soit changé en tous les exemplaires qui se débiteront. Pour les vostres, il faut prendre garde qu'en corrigeant les vieilles fautes on n'en face de nouvelles, *quod non raro evenit*.

XXXIII.

Du 25 mars 1644.

Monsieur, La guerre de nostre amy fait autant de bruit que celle des deux couronnes, et les Novellans spéculatifs n'en parlent et n'en raisonnent pas moins. Outre ce que j'en ay appris de vostre lettre, j'ay veu d'estranges relations sur ce sujet, et seroit-il possible que le Recteur de l'Université, dans la harangue qu'il a prononcée devant la Reyne, eust reproché aux Révérends Pères les parricides des Roys; eust appelé leur Société la mère et la nourrice des monstres[2]? *Bona verba, sapientissime Domine, magister noster.* Disputez *ad extremum potentiæ*

---

nes et dialectos linguæ græcæ (Leyde, 1643, in-12). La même année, Saumaise publia encore (*ibid.* et dans le même format) : *Funus linguæ hellenisticæ.*

[1] *De sestertiis, sive subsecivorum pecuniæ veteris græcæ et romanæ libri IV* (Deventer, 1643, in-8°; Amsterdam, 1656, in-8°; Leyde, 1671, in-4°, édition augmentée par le fils de l'auteur, Jacques Gronovius). Le traité *De sestertiis*, attaqué par Saumaise, fut défendu par Jean-Frédéric dans deux dissertations spéciales (Leyde, 1661 et 1664).

[2] Ce fut le 12 mars que le recteur de l'Université harangua la reine de façon à l'offenser, tant il attaqua violemment les jésuites. Voir la *Vie* déjà citée *d'Antoine Arnauld*, p. 25.

(comme on parle au païs latin) pour les libertés et privilèges de l'Église Gallicane; soustenez qu'il n'est pas de la dignité de l'Estat qu'un François aille plaider à Rome; dittes, si vous le voulez, *Non cedet crista Gallica Italico supercilio* : j'en demeure d'accord avec vous ; mais en grace ne désenterrez point les questions mortes, ne remuez pas les matières odieuses; ne touschez point aux vieilles pierres de scandale du temps de la Sainte Ligue. Et, dans cette fièvre frénétique des esprits, la Sorbonne n'a pas esté plus sage que les Jésuittes. J'ay leu de ses thèses, criminelles de leze Majesté, et frère Clément a esté cannonisé par Messieurs vos maistres, aussy bien que par mes Révérends Pères. Le monde s'est guéry depuis ce temps là, et nouvellement n'a-t-on pas veu plus d'un Loyolite, ennemy par escrit de l'Empereur et du Roy d'Espagne, partisan du grand Arnaud et passionné pour la gloire du Roy de Suède? *Sed de his hactenus*, voire *hactenissimus* avec la permission de Priscien, affin que cette *crambe*[1] soit *tandem aliquando* desservie et que vous ne preniez pas la peine de m'en dire un seul mot par vostre response.

Je n'ay point assez de foy pour croire les six mille livres de pension. On peut les faire espérer, on peut les promettre, on peut les payer la première année. Mais sans doute le publicain ne persévérera pas dans cette belle chaleur pour les Muses, et le docteur sera mal conseillé s'il s'embarque sur la parole d'un trompeur juré, et s'il quitte la place de Scaliger pour celle de Casaubon[2]. N'avez-vous pas veu les plaintes et les lamentations sur sa pension que cestui-cy fait dans ses Épistres[3],

---

[1] Allusion au vers 152 de la satire VII de Juvénal :

    Occidit miseros crambe repetita magistros.

[2] Le docteur dont il s'agit est Saumaise, qui occupait alors à Leyde, je l'ai dit, la chaire de Joseph Scaliger, et auquel comme on le voit ici, l'on avait offert à Paris la chaire d'Isaac Casaubon.

[3] *Is. Casauboni Epistolæ* (Rotterdam, 1709, in-fol.). Cette édition, à laquelle a présidé Janson d'Almeloveen, est la troisième : elle contient 300 lettres de plus que la seconde, et, en tout, n'en renferme pas moins de 1,100. On se souvient sans doute des réclamations adressées par Casaubon à Sully, des refus non adoucis du terrible surintendant des finances (*iniquissimus quæstorum præfectus*, comme l'appelle Casaubon, Ep. CCXXV) et de la gracieuse intervention de Henri IV en faveur du grand érudit.

et la prose et les vers de ..... [1] et de Passerat [2], qui mandient le payement de leurs gages, qui pestent sans cesse contre la cruauté de leur siècle, qui protestent qu'il vaut bien mieux estre maquereau ou bouffon à la Cour de France que professeur du Roy *in inclita Academia Parisiensi?* Au reste, l'interest de ces Messieurs me fait souvenir du mien et m'oblige de vous demender pourquoy, à la fin de Mars, on n'a point encore fait l'estat des pensions de l'année passée, ou, s'il est fait, pourquoy le petit ne m'en parle rien. Je me sers de luy en mes affaires de Cour, et pourrois me servir d'un autre qui a bien plus de crédit et plus d'intelligence que luy, et qui s'est offert plusieurs fois à moy sans avoir d'autre pensée que de me servir, et sans aucun particulier interest. Le Père Recteur attend son frère dans deux ou trois jours. En ce cas là je seray porteur de la lettre que vous luy escrivez; et ne doutez pas, je vous prie, que je ne leur recommande vostre affaire un peu plus fortement que si ma vie et mon honneur dépendoient de vostre affaire. L'avertissement au lecteur est très-bon, et je vous en remercie de tout mon cœur. Reste à refaire les cartons et à corriger avec la plume les endrois dont j'ay envoyé la liste au sieur Rocolet, *de quo apud te sæpius questus sum et queri porro non desinam.*

Ni duri capitis moles et cornea fibra
Præceptis, Capelane, tuis atque arte dometur.

[1] Je ne sais par quel nom remplacer le nom illisible qu'a tracé le copiste, tous les poëtes et tous les prosateurs du xvie siècle et de la première moitié du xviie ayant eu à se plaindre de l'irrégularité du service de leurs pensions. Peut-être faut-il lire Dorat.

[2] Jean Passerat, professeur au Collége de France, spirituel et aimable poëte, mort le 14 septembre 1602. Voir sur lui l'abbé Goujet, M. Sainte-Beuve, M. Charles Labitte (en tête de son édition de la *Satyre Ménippée*), M. Louis Lacour (*J. Passerat, chapitres inédits, précédés d'une notice sur sa vie*, Paris, 1856, in-8°), M. Charles Du Guerrois (*Jean Passerat, poëte et savant*, Paris, 1856, in-8°). Balzac, dans une lettre déjà citée à M. de Morin (p. 661), rappelle que Passerat garnissait sa bibliothèque de bouteilles, et qu'il les y rangeait en bataille. De nombreux témoignages confirment le témoignage de Balzac : je n'en invoquerai qu'un, celui du *Journal* de l'Estoile, où nous lisons (p. 338 de l'édition de M. Champollion) : «Ayant perdu la vue avant que «de mourir de trop estudier, et aussi (disent «aucuns) de trop boire : vice naturel à ceux «qui excellent en l'art de poésie, comme «faisoit ce bon homme...»

Vous ne m'avez point fait sçavoir si Mr Rigaut est à Paris, ny si Mr Sarrau[1] est beau-frère de Mr de Morin.

Ergone[2] *aulicæ artes de summa virtute triumphabunt?* Et l'envie sera-t-elle assez forte pour désarmer cette souveraine vertu, pour rendre inutile le héros de la race de nos Dieux, le héros de mon discours à la Reine ?

Que pensez-vous du procès que Monseigneur son frère[3] a intenté contre nostre princesse au teint de safran ? Mais comment le plus noble et le plus généreux de tous les esprits[4] peut-il avoir un attachement si particulier à la plus avare de toutes les créatures, *ne quid amplius dicam*[5] ? Je suis, Monsieur, vostre, etc.

XXXIV.

Du 4 avril 1644.

Monsieur, Je ne suis pas hors d'inquiétude, mais je serois bien plus en peine que je ne suis, si vostre lettre qui m'a appris vostre mal ne m'en promettoit la guérison. Elle me parle en termes si affirmatifs de cette prochaine guérison, et vous avez une telle connoissance de vous

---

[1] Le copiste n'a pas manqué d'écrire *Sarran*.

[2] Le copiste a écrit *Egone*.

[3] Ne faut-il pas lire *son père*, c'est-à-dire le prince de Condé, lequel, à cette époque, comme nous l'apprennent les *Mémoires de Mme de Motteville* (édition Riaux, t. I, p. 181) «avoit de grands différends à dé-«mêler» avec la duchesse d'Aiguillon, «la «princesse au teint de safran?» Voir encore sur ce procès, le *Journal* d'Olivier Lefèvre d'Ormesson (t. I, p. 183, 302), et dans les *Lettres* de Guy Patin (t. I, p. 324) une lettre du 8 mars 1644, où l'on voit que la duchesse d'Aiguillon «tâchant d'avoir com-«position, a offert deux cent mil livres au-«dict prince, qui ne veut pas boire à si «petit gué.»

[4] Chapelain.

[5] La haine de Balzac contre Richelieu s'étendait jusque sur la nièce du cardinal (Marie-Magdelaine de Vignerot, dame de Combalet, puis duchesse d'Aiguillon). Cette pauvre femme a été cruellement calomniée tant par Balzac que par Tallemant des Réaux, et, par exemple, bien loin d'être la plus *avare de toutes les créatures*, elle employa presque toute sa fortune à soulager les pauvres et à fonder des établissements charitables, comme Fléchier l'a rappelé dans son oraison funèbre, et comme on l'a redit dans la *Biographie universelle*.

mesme, que je veux croire que vous aurez pris vos mesures justes, et n'aurez pas gardé le lit plus de quatre jours. Mais, puisque le Caresme vous traite si mal, que ne vous en plaignez vous à la souveraine maistresse du Caresme et vostre bonne mère? Pourquoy n'usez-vous de la bonté de l'Église, qui ne demende rien d'injuste ny d'impossible; qui se contente de l'obéissance et de la submission de ses enfans; qui ayme bien mieux des hymnes et des cantiques d'un grand poète comme vous, que des jeusnes et des abstinences d'un corps délicat et foible comme le vostre?

J'ay receu avec vostre lettre celle que le Gombaud de Paris[1] escrit au Gombaud de Xaintes, auquel le Gombaud d'Angoulesme la fera tenir seurement. Mais ce que vous désirez d'ailleurs estoit fait avant que j'eusse receu vos ordres, et vous verrez, par le duplicata du billet dont j'ay accompagné vostre depesche, que ma paresse et ma longueur deviennent actives, quand il y va de vostre service. L'homme à qui nous escrivons tous est en réputation d'homme de bien, et sa probité ne manque pas de l'intelligence nécessaire pour manier pareilles affaires avec succès. C'est pourquoy, à mon advis, nous devons nous en rapporter à luy et croire qu'il sçaura faire toutes les choses possibles. La Xaintonge vous servira fidellement. La question est de sçavoir si vous n'avez point esté trompé par la Normandie.

Je vous ay remercié de l'Avertissement au lecteur, que je trouve très bon; je désirerois seulement que vous prissiez la peine d'y adjouster une couple de lignes au commencement qui fissent entendre plus clairement ce qu'a pu sur moy la révérence de l'authorité paternelle et les prières d'un homme de quatre vint dix ans[2], qui a exigé de

---

[1] Jean Ogier de Gombauld, né à Saint-Just-de-Lussac, près de Brouage, d'une famille de Saintonge, un des premiers membres de l'Académie française. Voir sur lui Tallemant des Réaux, Conrart, Pellisson et d'Olivet, Moréri, Bayle, etc. Le Gombauld de Saintes et le Gombauld d'Angoulême étaient des parents de l'auteur d'*Endymion* et des *Danaïdes*. Voir une lettre de Balzac à Mr Gombauld, chantre de l'église de Saintes, du 7 août 1645 (p. 526).

[2] Guillaume Guez. Voir les notes de la lettre IV.

moy la publication de ce Discours par une lettre qui mérite aussy un jour d'estre publiée. Mais je vous suplie, Monsieur, de ne m'envoyer point cette addition, laquelle (s'il vous plaict) je ne veux voir qu'imprimée.

Le petit est paresseux aussy bien que moy et a gardé je ne sçay combien de temps une lettre que j'écrivois à Madame de Brienne. Il devroit contraindre le Tyran qui me fait tant languir après mon argent et à qui je crie de cent lieues loing : *Dii te perdant, publicane!*

On m'a dit que M^r le Duc commanderoit la seconde armée, et que le Maréchal Gassion[1] seroit son lieutenant. *Dii tantum servate caput*, pour opposer à l'autre *Dii* de malédiction qui m'est eschappée peu chrestiennement.

Je suis de toute mon ame, Monsieur, vostre, etc.

Je vous ay escrit beaucoup de choses par le courier que vous me dites ne vous avoir rien apporté. Cela me met en nouvelle mauvaise humeur contre Rocolet, et je ne luy pardonneray jamais l'esgarement de mon paquet, s'il n'a eu le soin de le trouver.

XXXV.

Du 11 avril 1644.

Monsieur, Tout ce que je vous puis dire dans l'estat où je me trouve, c'est que j'ay receu ce que vous m'avez envoyé, que je feray ce que vous désirez de moy et quelque chose de plus. Je n'eus jamais tant de

---

[1] Le duc d'Orléans commanda, en 1644, l'armée qui fit la campagne de Flandre et qui s'empara de la ville de Gravelines (29 juillet). Le maréchal de Gassion, qui commandait un corps séparé, était venu (en mai) rejoindre le duc d'Orléans à Bapaume : il fut blessé devant le fort Philippe dans la nuit du 10 au 11 juillet. Voir, sur Gassion, l'histoire de sa vie par l'abbé de Pure, la notice sur sa vie et sur sa mort par Th. Renaudot, l'*Histoire militaire de Louis XIV* par Quincy, la *Chronologie militaire* de Pinard, les divers Mémoires du temps, surtout ceux de Mme de Motteville et de Monglat, la notice de la *France protestante*, et une belle page de M. Michelet (*Richelieu et la Fronde*, p. 298).

mal qu'hier et faillis à mourir de la cholique; mais aujourd'huy cette extrême violence a cessé, et il ne me reste que de la foiblesse, qui ne m'empeschera pas de vous obéir, et très-ponctuellement. En faisant donner à M⁰ Flotte le paquet cy enclos, addressé à M⁰ Maynard (qui n'est pas de moy, mais de ma nièce), vous luy ferez dire, s'il vous plaist, qu'il aura une de mes lettres par le premier ordinaire. C'est, Monsieur, vostre, etc.

XXXVI.

Du 17 avril 1644.

Monsieur, Mon vautour me laisse aujourd'huy en paix et cesse de becqueter mes entrailles. Je suis en estat de vous escrire; et sans plus grande préface je vous diray qu'hier j'envoyai par homme exprès toutes vos pièces à M⁰ le Chantre[1]. Elles sont accompagnées d'une lettre de M⁰ l'Évesque d'Angoulesme[2] à M⁰ l'Évesque de Xaintes[3], et d'une autre lettre de M⁰ de la Thibaudière[4] au mesme prélat, avec lequel il a estroite amitié. M⁰ l'Official escrit de plus à son secrétaire pour la diminution de l'argent de Mesles (?), et en un mot je vous prie de croire que rien n'a esté oublié de ce que vous desirez ou que vous pouvez desirer de moy en cette occasion. Mais, Monsieur, je me plains un peu de la manière curieuse et oratoire avec laquelle vous m'en parlez, comme si vos affaires n'estoient pas miennes, et bien plus miennes que les miennes propres, pour lesquelles je n'aurois garde de me remuer avec tant d'empressement et de véhémence que je fais en cette-cy. Le bénéfice sera affermé, la peau et les os, comme on dit en ce pays, et si vous n'y trouvez entièrement vostre compte, ce ne sera pas la faute de vostre agent[5], ce sera la mauvaise foy de vostre

---

[1] On sait que ce mot, dans les lettres de Balzac, désigne toujours Claude Girard.

[2] Jacques II du Perron, déjà nommé.

[3] Jacques Raoul, qui siégea de 1631 à 1646.

[4] Un des meilleurs amis de Balzac. Voir dans le tome I des OEuvres complètes une lettre du 20 mars 1639 (p. 482); une autre lettre du 16 octobre 1643 (p. 553), et diverses autres lettres encore (p. 554, etc.).

[5] Le copiste a mis *argent*.

résignataire. Mais est-il vray que ledit résignataire fait d'estranges contes de deffunt son maistre, le grand Armand, principallement quand il se met sur le chapitre de ses folies domestiques et de cette vie intérieure et secrète dont il a esté témoin? Un gentilhomme de condition m'en a asseuré et qu'il avoit esté son auditeur une heure durant chés Mr le duc de Saint-Simon [1], où cette histoire anecdote fut dépliée.

Je ne puis comprendre le choix que Mr le Duc a fait [2], si ce n'est qu'il veuille estre, aussy bien que ce Romain, *unus tota acies* [3], et qu'il ait dessein d'avoir un second qui ne luy donne point de jalousie, et qui ne partage point la gloire avec luy. J'ay peur que cette seconde armée [4] ne sera pas la mieux pourveue de toutes les choses nécessaires, et que quelques-uns ne seroient pas faschés que la grande réputation du général *et cætera* :

> Avertant omen Superi; nec livor iniquus,
> Nec tantum malefida ignavia gaudeat Aulæ.

Je ne sçavois point la disgrace de Mr Esprit; mais, puisqu'il est innocent et que son innocence est mal reconnue, je plains son maistre

---

[1] Claude de Rouvroi, duc de Saint-Simon, né en 1607, mort en 1693, le favori de Louis XIII et le père de l'auteur des *Mémoires*. On devait d'autant plus maltraiter le cardinal de Richelieu chez le duc de Saint-Simon, que l'on était d'autant plus sûr d'être agréable ainsi au maître de la maison qui, en 1637, avait été éloigné de la cour par le tout-puissant ministre.

[2] Balzac, en se lamentant sur le mauvais choix fait par le duc d'Orléans, avait-il en vue le maréchal de la Meilleraye, qui commandait un des trois corps de l'armée de Flandre, un autre corps étant sous les ordres du Prince, et le troisième étant sous les ordres du comte de Rantzau? Balzac, dans ce cas, aurait été grandement injuste envers le cousin germain du cardinal de Richelieu, car Charles de la Porte, marquis, puis duc de la Meilleraye, fut un des meilleurs officiers généraux de son temps, et Louis XIII, qui était bon juge en ce qui regardait les choses militaires, lui donna, en le créant maréchal de France (1639), un éloge bien considérable. Du reste, la campagne de 1644 en Picardie et en Flandre montra que le duc d'Orléans avait bien choisi ses lieutenants.

[3] Horatius Coclès sans doute. Je n'ai trouvé l'*unus tota acies* dans aucun des récits du légendaire combat de Coclès qui nous ont été laissés par Tite-Live, par Valère-Maxime et par Florus.

[4] Le copiste a écrit *année*. Un peu plus haut, il avait affreusement estropié le mot *anecdote*. Je ne relève pas toutes ses bévues : ce serait interminable.

beaucoup plus que luy, et déplore la condition des Grands qui, en pareille rencontre, ne veullent pas s'esclaircir de la vérité[1]. Ils ne veullent pas estre détrompés, pour ne pas sembler avoir failly, et font durer leurs choleres, affin de faire croire qu'elles sont justes. Assurez, je vous prie, ce cher amy de la tendresse de mon cœur et de la passion que j'ay pour luy. Il a beaucoup de vertu, je le sçay bien. Il est habile, bon et généreux. *Expertus loquor,* et j'ay tant d'indignation du mauvais traitement qu'il reçoit (cette fougue d'amitié me vient de saisir), que, si Aristide ne luy fait justice, j'ay envie d'effacer Aristide de mon discours à la Reine.

Mandez-moy vostre advis de l'extrait que je vous envoye d'une lettre de Mr Mainard. Si le secrétaire *auteur*[2] n'est pas mon amy, il le devroit estre. J'ai tousjours tasché de l'y obliger par toutes sortes de bons offices, et, sans en faire de particulière énumération, il me doit encore cinquante escus d'argent presté que je luy donne de très-bon cœur. Je ne ferois pas cette bassesse que de le vous dire, si ce n'estoit pour vous advertir d'une plus grande bassesse et pour vous faire sçavoir ce qu'il importe que vous n'ignoriez pas *ut intus tibi ille notus sit, qui in fronte Lælium pollicetur.* Dieu veuille que l'extrait ait menty, et que la jalousie de l'éloquence ne m'eust point fait perdre un de mes amys, le moindre desquels m'est en bien plus grande considération que le Dieu Mercure ny que la déesse Pitho[3].

---

[1] Jacques Esprit perdit, en 1644, les bonnes grâces du chancelier Séguier, dont il était le commensal et le favori. On lui reprocha de n'avoir pas connu ou d'avoir fait semblant de ne pas connaître les intrigues de la fille de son protecteur (Mme de Coislin) avec Guy de Laval, qu'elle épousa en bravant l'autorité paternelle. Le discret Pellisson se contenta de dire (t. I, p. 289) : «En 1644 on lui rendit quelques mauvais offices auprès de M. le Chancelier, et il se réfugia pour une seconde fois au séminaire de Saint-Magloire...» Tallemant des Réaux, qui paraît avoir été très-lié avec Esprit, a donné beaucoup de détails sur cette affaire dans une historiette spéciale (*M. de Laval, Esprit,* t. V, p. 257-290).

[2] Sans doute le secrétaire *auteur,* comme on le voit à la fin de la présente lettre. Il s'agit en cet endroit de Silhon, secrétaire du cardinal Mazarin et auteur du *Ministre d'État,* de *L'Immortalité de l'âme,* etc.

[3] Le copiste a écrit *Dito.* Ai-je besoin de dire que Pitho était la déesse de l'éloquence, de la persuasion?

Tandem, tandem, délivrez-moy de la persécution du seigneur Flotte et dites luy franchement que je n'ay receu, ny ne veux recevoir les livres de son docteur financier. Tout ce que je puis pour contenter sa vanité, c'est d'adjouster deux ou trois lignes qui le désignent, à la lettre que je luy escrivis l'année passée, sur le sujet du premier présent, et de faire imprimer la lettre dans le volume que j'ay tout prest. Pour cette-cy, je vous prie de la cacheter après l'avoir leue et de la luy bailler en mains propres. C'est-à-dire, Monsieur, que vous prendrez la peine de l'envoyer quérir, et que vous luy ferez de grandes plaintes de ma mauvaise humeur et de la peine que vous avez à gouverner un si bizarre animal que moy. Je vous prie de luy donner la lettre en mains propres, parce que peut-estre il l'ouvriroit en présence de son Trésorier, et seroit aussy estourdy que l'abbé comique [1] qui fit autre fois une pareille béveue chez la Gargouille de Rouen [2]; vous connoissez bien par ce nom l'apologiste de l'Évangile.

J'ay receu vos livres par le messager, et de plus celuy d'Orasius Tubero [3], de la pédanterie duquel je commence à me lasser. Ne laissez pas de me rendre office auprès de luy, et de le remercier de ma part *exquisitissimis verbis*. Vous me faites grand tort, Monsieur, si vous ne croyez que je suis plus qu'homme du monde, Monsieur, vostre, etc.

Tiré d'une lettre de M. Mainard à M. l'Official :

« Mais oserois-je vous demander quelle est l'amitié qui est entre
« nostre Divin et Sillon ? un gentilhomme d'importance, qui vient
« fraischement de la Cour et qui m'a visité, m'a dit que ce secrétaire

---

[1] François Metel de Boisrobert, plus connu comme bouffon du cardinal de Richelieu que comme académicien. Voir sur lui Tallemant des Réaux, Guy Patin, Pellisson, Huet, Baillet, Titon du Tillet, Niceron, Goujet, M. Labitte, M. Hippeau, M. Livet, etc.

[2] On sait que Boisrobert avait été chanoine de la cathédrale de Rouen. Voir Tallemant des Réaux (t. II, p. 384), le *Moréri* de 1759 citant l'abbé Saas (*Notice des mss. de la cathédrale de Rouen*, 1746. in-12), etc.

[3] Pseudonyme de la Mothe-le-Vayer, qui avait publié, à une date qui n'est pas bien connue, mais après 1631, les *Dialogues faits à l'imitation des anciens*, par Orasius Tubero (Francfort, in-4°). Il en a été donné plusieurs éditions.

« autheur n'appuyoit pas comme il devroit, chez son maistre, le mé-
« rite des ouvrages de la Charante. Si cela est vray, comme presque je
« n'en ose douter, pensés ce que je pense, et quel est le murmure que
« j'en fay dans moy-mesme. »

J'oubliois de vous dire que j'ay eu icy cinq ou six jours le bon
Mr de la Thibaudière et qu'il a tousjours grande vénération pour la
vertu de Socrate[1]. Il me fut impossible de luy faire donner du Monseigneur à M^r l'Évesque de Xaintes, mais ce n'est pas la première fois
qu'il luy a escrit, et ledit Évesque ne se tient pas si roide sur le point
d'honneur que le lui conseille Petrus Aurelius[2].

Je vous prie de vous souvenir de mon compliment pour M^r d'Ablancourt, je veux dire de mes propres termes, si Mr Costard ne gouste point
sa traduction, et y trouve grand nombre de fautes[3]. *Sed hæc inter nos.*

XXXVII.

Du 25 avril 1644.

Monsieur, je vous escrivis au long il y a huit jours. Mon homme est
arrivé depuis et m'a apporté la despesche que vous trouverez dans ce paquet. Je vous l'eusse envoyée par le courrier qui partit il y a trois jours,
mais ma diligence n'eust rien opéré, et vous ne l'eussiez pas receue
pour cela, ny plustost que celle cy; la fatale paresse de la maison Roco-
lette et le peu d'intelligence qu'elle a à la poste ayant tousjours causé
semblables retardemens toutes les fois que j'ay voulu estre diligent.

---

[1] Chapelain.

[2] Pseudonyme de Jean du Vergier de Hauranne, abbé de Saint-Cyran. Le recueil des opuscules publiés à diverses époques, par l'abbé de Saint-Cyran sous ce nom d'emprunt, parut en 1646 avec ce titre : *Petri Aurelii opera, jussu et impensis Cleri Gallicani denuo in lucem edita* (Paris, 3 tomes in-folio).

[3] Le premier volume de la traduction des *Annales de Tacite* par d'Ablancourt fut publié (Paris, in-8°) en 1640. L'ouvrage entier parut en 1644. Un autre traducteur de Tacite, Amelot de la Houssaye, a été de l'avis de Costar. Frémont d'Ablancourt, un des neveux de Nicolas Perrot, attaqua vivement celui qui avait osé critiquer le travail de son oncle : *M. Perrot d'Ablancourt vengé, ou Amelot de la Houssaye convaincu de ne parler françois, et d'expliquer mal le latin* (Amsterdam, 1684).

Mʳ de Xaintes vous a donné son visa sur vostre provision, bien qu'elle fut en forme gratieuse, pour vous garantir des lettres qu'il eust fallu prendre de la Chancellerie de Bourdeaux; car cela se pratique ainsy au ressort de ce parlement, lorsqu'il n'y a point de visa. Du reste reposez-vous en entièrement sur l'adresse et capacité de Mʳ le Chantre, qui a passion de vous servir, et qui fera toutes les choses possibles. Nous l'avons prié de nous envoyer icy par un homme exprès vos provisions et autres pièces qui doivent estre controllées à Bourdeaux, et après les avoir receues, nous les ferons tenir seurement à Mʳ Girard, qui prendra ce soin avec plaisir. Courage au reste, Monsieur, car il a tombé de l'eau depuis que Mʳ le Chantre vous a escrit, et j'espère bien de l'augmentation de vostre ferme, pourveu que vous vouliez employer le crédit des Muses auprès de leur père [1] :

> Versibus et paucis, sed quos miretur Amyntas,
> Concilias pluvium si, Capelane, Jovem.

Vous en serez quitte pour une Épigramme, si courte qu'il vous plaira; voire pour le dessein d'une Épigramme, et pour un simple *Ex voto* que nous mettrons un jour en bon lieu.

Je suis donc au nombre des choisis, et Mʳ d'Andilly m'ouvre la porte du sanctuaire. Asseurez-le, s'il vous plaist, que je n'abuseray point de cette grace, et que je la sens desjà avec toute sorte de gratitude. Mais j'avois oublié à vous demander quel personnage joue en tout cecy le petit *Abbate* de Mʳ de Liancourt [2] et quels sont aussy les sentiments du bon ministre de la parolle, nostre cher amy Daillé [3]. Je ne doute

---

[1] Allusion à la croyance qui voyait dans le père des muses, dans Jupiter, le maître des nuées, et qui le confondait avec l'atmosphère même. Balzac, conseillant à Chapelain de réclamer en faveur de ses prés altérés l'intervention des muses auprès d'un *Jupiter pluvieux*, se souvenait du distique attribué à Virgile :

> Nocte pluit tota, redeunt spectacula mane.
> Divisum imperium cum Jove Cæsar habet.

[2] Le copiste a écrit *Lincourt*. Roger du Plessis, duc de Liancourt, mort le 1ᵉʳ août 1674, fut un des meilleurs amis de Messieurs de Port-Royal.

[3] Jean Daillé, un des plus célèbres théologiens protestants du xviiᵉ siècle, né à Châtellerault en 1594, mort à Paris en 1670. On peut consulter sur lui Niceron, Bayle, Dreux du Radier, MM. Haag, etc. Balzac l'estimait beaucoup. Voir l'éloge qu'il fait de ce *rare*

point que, tout rebelle qu'il est de l'Église, il n'admire l'éloquence, la doctrine et la piété de Mʳ Arnauld, et qu'il s'escrie quelquefois, en lisant ses admirables escrits :

> Exoritur Perrone ipso, quo Roma superba est,
> Nescio quid majus[1].

Vous estes le plus galand chastieur qui fut jamais, et vostre fidélité envers le Caresme et son ingratitude envers vous, sont deux endroits capables de faire rire nostre bonne mère[2], si elle estoit capable de joye parmi les contentions et les querelles de ses enfants. Dans les deux lignes que vous me promettez d'ajouster, n'oubliez pas les quatre vingt onze ans de mon père. Je mande à Rocolet que vous luy donnerez un advertissement fait par un de nos amys, pour mettre au devant du livre. Je vous supplie qu'il ne paroisse point que toutes les corrections ne soient achevées et dans tous les exemplaires. *Vale, dulce decus meum, et me amare perge*, mais j'entens que ce soit de tout vostre cœur.

Monsieur, les longueurs du petit commencent à me fascher; et que d'abord ne s'est-il servi de contrainte contre cette canaille de publicains? J'ay besoin de mon argent, et je vous supplie, Monsieur, de donner ce que vous en aurez à un homme qui me le fournira icy sur une lettre qu'il vous portera de ma part : mais cependant obligez-moy de presser mon homme, soit pour le reste de l'argent, soit pour la nouvelle assignation au cas que l'estat s'en fait. Je seray bien trompé si Madame de Brienne ne me fait faveur; il n'y a point de mal néanmoins d'en dire un petit mot à Mʳ d'Andilly, affin qu'il la face souvenir de ce qu'elle doit.

---

personnage et de *l'éloquence de ses sermons*, dans une lettre à Mᵐᵉ Desloges du 16 janvier 1637 (p. 436). Voir encore une lettre à Daillé du 24 décembre 1639 (p. 603), une lettre à Feret du 8 août 1644 (p. 622), une lettre à Conrart du 2 septembre 1650 (p. 885), etc. C'est dans la lettre à Feret que Balzac s'écrie : «Je l'envie tous les jours «à vostre parti, et je luy dis quelquesfois : «*Cum talis sis utinam noster esses!* »

[1] Ingénieuse parodie de ces vers de Properce (lib. II, eleg. xxxiv, v. 65, 66):

> Cedite, Romani scriptores; cedite, Graii.
> Nescio quid majus nascitur Iliade.

[2] L'Église.

J'attens esclaircissement sur l'advis qui m'est venu de Mʳ Mainard. Et n'oubliez pas de parler comme il faut au seigneur Flotte de ce fantasque animal que vous avez tant de mal à gouverner.

J'ay pitié du pauvre Montmaur, *et mentem mortalia tangunt*[1]. Si j'estois Mʳ Ménage, je solliciterois pour luy, et ferois une action de bonté en cette occasion. Je dors en achevant cette ligne.

XXXVIII.

Du 2 may 1644.

Monsieur, jamais homme ne s'est servi de la fable si heureusement que vous. Vous estes tousjours riche en comparaisons nobles, illustres, véritablement poétiques, et cette dernière de Castor et de Pollux ne doit rien à celle de Prométhée de l'hiver passé, *cum infelicissimi illius mortalis furtum et pœnam ingeniosissime simul et amantissime in nostram laudem interpretatus es*. Mais, à vous dire le vray, Monsieur, c'est de cet amour que je suis bien plus touché que de cet esprit, et j'ay baisé une douzaine de fois de suite cette très-galante et très-obligeante lettre *quæ sic spirat amores, quæ me sic mihi surripit*.

Je viens à ce qui me presse et vous advertis que je suis à la moitié du livre de Mʳ Arnauld[2]. J'ai leu tout ce qui est de luy, et, en conscience, je n'ay jamais rien leu de plus éloquent ny de plus docte[3]. Je l'ay leu avec une continuelle émotion, avec un transport qui ne m'a point encore quitté, et j'accuse nostre langue de disette, je me plains de ce qu'elle ne me fournit point des termes assez puissans pour vous exprimer l'estat où m'a mis cette incomparable composition. O le grand personnage que ce cher amy! O que je suis glorieux de son amitié! O que l'Église recevra de services de cette plume! Ce sera le baston de

---

[1] Virgil. *Æneid.* I, 466.

[2] *La tradition de l'Église sur la pénitence*, etc., parut vers la fin du mois de mars 1644 (Paris, Ant. Vitré, in-4°).

[3] M. Sainte-Beuve a cité cet éloge du livre d'Arnauld (*Port-Royal*, t. II, p. 68), d'après le Père Quesnel. Un extrait de ce même éloge a été donné à la page 29 de la *Vie de Messire Antoine Arnauld* (1783).

sa vieillesse; ce sera peut-estre son dernier appuy, et, s'il y a encore quelque hérésie à venir, qu'elle se haste de naistre, et que tous les monstres se déclarent, affin que cette fatale plume les extermine. Tout cela ne me satisfait point. J'en passe bien davantage que je n'en escris. Je suis plein, je suis possédé de vostre livre; il me tourmente l'esprit, comme si c'estoit une inspiration divine qui m'agitast, et non pas le livre d'un homme mortel que j'eusse leu. *Magnum nec pectore possum excussisse Deum*[1]. Mais, Monsieur, je soustiens affirmativement qu'il luy faut changer de nom et qu'il ne se doit point appeler *Préface*. Je soustiens de plus qu'il faut le diviser en quatre ou cinq discours pour le moins, et je ne dis pas que, de la sorte, les belles choses en paroistront mieux et qu'elles seront considérées plus distinctement (cela ne persuaderoit point un autheur qui ne songe à rien moins qu'à sa propre gloire), mais je dis que les bonnes choses feront plus d'effet, qu'elles agiront plus efficacement, qu'elles entreront plus avant dans l'âme, et que tel pécheur desgousté, qui ne voudroit pas seullement toucher à ces excellens remèdes en masse, et qui en appréhenderoit la grosseur, les avalera facilement quand on l'aura partagée et qu'on aura mis la masse en pilules. Ostons tout sujet aux Eusèbes et aux Polemarques de faire les grammairiens à bon marché; car sans doute, ne pouvant offenser le corps de l'ouvrage, ils esgratigneroient le tiltre; ils déclameroient sur la disproportion des parties, ils appliqueroient mal cet ancien mot de Diogéne auquel néantmoins force impertinens s'arresteroient sans passer outre; *Et cynicum illum ab inferis excitarent, qui cum non vastæ civitatis amplum ac latissimum videret aditum, ad incolas conversus:* « *Custodite, inquit, urbem, ne per portam elabatur*[2]. » La peine de l'imprimeur doit estre comptée pour rien, on ne doit point faire considération sur son dommage, *quod cum fænore pensabitur*; le temps aussy ne

---

[1] Virgil. *Æneid.* VI, 78, 79. Le véritable texte est celui-ci :

..... Magnum si pectore possit
Excussisse Deum.....

[2] Diogène de Laerte (l. VI, ch. ii) rapporte ainsi l'anecdote : « Passant à Mynde, il remarqua que les portes étaient très-grandes et la ville très-petite. Habitants de Mynde, s'écria-t-il, fermez vos portes, de peur que votre ville ne s'en aille. »

presse pas, puisque la publication est différée pour les raysons importantes dont vous me parlez. *His positis,* je vous conjure, Monsieur, de faire en sorte que nos illustres amys croyent mon conseil, et vous ne doutez point, je m'asseure, que par là *obviam ibitur delicati lectoris fastidio;* et que :

> Intervalla viæ fessis præbere videtur
> Qui notat inscriptus millia crebra lapis[1] ;

et qu'en un mot la moitié d'un livre ne se peut point appeler Préface, et que ce tiltre fait tort à un nombre infini d'admirables choses qu'elle contient. Je fais faire une copie de mon discours à la Reine, qui sera plus belle que si elle estoit imprimée, et l'envoyeray par le messager à M^r l'abbé de Saint-Nicolas[2], pour la faire tenir de ma part à M^r le Cardinal Bentivoglio[3] :

> Quem virum aut heroa orbis pars optima est
> Jure colit, Phœbumque voco haud indoctus Amyntas[4].

Je vous suis trop obligé des soins que vous prenez après nostre impression et vous en remercie très-humblement. Elle doit estre bientost publique, et en ce temps-là vous me ferez bien la faveur d'en donner des exemplaires à qui vous le jugerez à propos, et de les donner, s'il vous plaist, Monsieur, comme si j'estois cependant aux Indes, et que vous jugeassiez de mon intention sans avoir de mes nouvelles.

---

[1] Rutilius Numatianus, *Itiner.* lib. II, v. 7 et 8. L'édition Panckoucke donne *præstare* au lieu de *præbere.*

[2] Henri Arnauld, frère d'Antoine Arnauld, évêque d'Angers en 1649, mort en 1699 avec la réputation d'un des plus vertueux et des plus éclairés prélats de France. Voir sur lui, outre tous les livres sur *Port-Royal,* et notamment le livre de M. Sainte-Beuve, l'article de M. Avenel sur *Richelieu, Louis XIII et Cinq-Mars,* dans la *Revue des questions historiques* du 1er janvier 1868. Le savant éditeur de la correspondance de Richelieu s'est beaucoup servi, pour raconter la conspiration de Cinq-Mars, des lettres inédites de l'abbé de Saint-Nicolas conservées à la Bibliothèque nationale.

[3] Henri Arnauld était l'intime ami du cardinal Bentivoglio. Il vécut pendant cinq ans à Rome dans l'intimité de l'illustre cardinal. Voir, sur Henri Arnauld, comme sur Bentivoglio, diverses lettres de Balzac (p. 208, 224, 639, etc.).

[4] Quem virum aut Heroa lyra, vel acri
Tibia, sumis celebrare, Clio ?
HORAT. lib. I, *Carmen* XII, v. 1, 2.

Dans cette distribution il ne faudroit pas oublier Mʳ le Mareschal de Bassompierre [1], Mʳ de Liancour, Mʳ le Comte de Fiesque [2], Mᵐᵉ la Marquise de Sablé [3] et Mᵐᵉ la Comtesse de More [4], nos bonnes amyes. Je manderay à Rocolet de vous fournir pour cet effet cinquante exemplaires, et trente à Mʳ de Campagnole, lesquels il distribuera par vostre advis et après avoir eu l'honneur de vous voir chez vous.

Je receus, il y a huit jours, six cartons refaits, que je trouve bien et veux croire qu'on aura travaillé au reste avec le mesme soin. Mais pardonnez, je vous prie, à ma bizarre et superstitieuse ponctualité, qui fait que tant de choses m'offensent les yeux et que je change tant d'endroits de la ponctuation du correcteur. Il faut contenter ce malade et donner quelque chose à cette mauvaise humeur, *quam pro tua humanitate boni consules*. Il est grand dommage que je ne sois imprimeur de mon mestier; je disputerois de la gloire avec les Elzeviers et effacerois celle des Plantins; pour le moins ne ferois-je pas comme les balourds [5], qui d'une ligne ne font qu'un mot, *ut videre est in ea quam ad te mittimus, pagina*.

Je pense qu'il faudra mettre à l'entrée du livre le Privilége du Roy avec l'avertissement au lecteur; et à la fin une table et un advis de

---

[1] François, baron de Bassompierre, marquis d'Harouel, qui allait mourir à l'âge de 67 ans, le 12 octobre 1646. Le maréchal de Bassompierre était trop aimé de Mainard, pour n'être pas un peu aimé de Balzac.

[2] Sur Charles Léon, comte de Fiesque, je citerai les *Mémoires du cardinal de Retz*, ceux de *Mademoiselle de Montpensier*, ceux de *Madame de Motteville* et quelques passages de M. V. Cousin (*La Société française au XVIIᵉ siècle*, t. I, p. 213-225).

[3] Madeleine de Souvré. M. V. Cousin a tout dit sur elle (*Madame de Sablé*, 1ʳᵉ édition, 1858; 3ᵉ édition, revue et augmentée, 1865). Balzac (Lettre à Chapelain du 8 octobre 1640, p. 832) avait appelé Madame de Sablé «une femme extraordinaire.»

[4] Anne d'Attichy. Voir, sur la comtesse de Maure, M. Victor Cousin, *Madame de Sablé* (derniers chapitres et appendice), et *la Société française au XVIIᵉ siècle* (t. I, p. 198-204). M. V. Cousin rappelle (p. 441 de son livre sur Madame de Sablé), que la comtesse de Maure était fort liée avec Balzac. Dans une lettre à Conrart du 25 septembre 1648 (p. 873), Balzac dit à son ami, qui était en même temps l'ami de la comtesse de Maure : «Ayant été admirée «sous le nom de Mademoiselle d'Attichi, «et rendant encore plus illustre le second «nom qu'elle porte, qui ne voit qu'elle «doit sa grande réputation à sa constante «vertu?»

[5] Le copiste a écrit : *Balars*.

trois lignes, qu'un de nos amys prestera encore au sieur Rocolet. J'attends des nouvelles de Xaintes, et suis de toute mon ame, Monsieur, vostre, etc.

Si le petit vous voit, je vous suplie de le vouloir asseurer que je suis extremement satisfait de luy et que je pense luy devoir beaucoup de reste. Je n'ay pas un moment de loysir pour respondre à une lettre qu'il m'a escrite, je luy escriray par le premier courrier, et cependant il me feroit grand plaisir de solliciter fortement la bonne comtesse de Brienne.

Je vous envoieray une lettre pour donner douze cens livres à un homme qui me les fournira icy, et qui la vous portera de ma part.

Je suis tout à vous, mon très cher et très honoré Monsieur, quoyque je vous en asseure très grossièrement et sans aucune figure de Rhétorique.

XXXIX.

Du 9 may 1644.

Monsieur, Je pensois hier me resjouir aujourd'huy avec vous, mais je suis bien loin de ma pensée. Vostre dernière lettre me fournit la plus belle matière du monde, mais je n'ose la toucher. Cette harpie de douleur gaste et empoisonne tout :

> ....Furiarum maxima pulchrum
> Inficit ambrosiosque sodalem haurire liquores,
> Et tecum gaudere vetat.

Ayez pitié de moy, mon très cher Monsieur; vostre amy de Naples n'avoit point tant besoin de miséricorde, lorsqu'il vous la demanda si piteusement. Je ne vous spécifie point ma douleur, je vous dis seulement que je souffre et que je souffre en plusieurs façons, plus d'un mal ayant succédé à celuy de la cholique.

Je vous supplie d'acquitter une lettre de douze cents livres que j'ay donnée à un marchant d'Angoulesme nommé Gautier, qui me les doit faire toucher icy. Il m'a obligé de parler de pistolles de poids, et je l'ay fait sur la lettre du petit cy enclose que vous ne trouverez pas extremement éloquente. M^r le Chantre escrit à son frère et luy mande qu'il attend l'acte de la publication de possession qu'il a prise à vostre nom, et qu'il vous envoiera toutes les pièces aussy tost qu'il aura receu ledit acte. Pleust à Dieu que le Prieuré dont il s'agit fust le Prieuré de St Martin de Paris, et pleust à Dieu estre obligé de me traisner à Rome pour vostre service, et pour remercier le Pape de vous avoir fait Cardinal !

J'escrivis il y a trois ou quatre jours au petit, et un mot à nostre excellent M^r d'Ablancourt. Je vous recommande mes escritures, et suis sans réserve, Monsieur, vostre, etc.

Je croy qu'il n'y aura point de mal que mon neveu présente un de mes livres à la Reyne, à Son Eminence, *et cœtera*. Je lui escris de vous voir sur ce sujet, et vous me ferez bien la faveur de luy départir vos sages conseils. Rocolet a ordre de moy de vous donner cinquante exemplaires, et trente à mon dit neveu, avec lequel je vous prie de faire une liste des personnes à qui il en faudra présenter. Vous pourriez employer le petit pour en distribuer quelques uns, *nempe* à ceux dont on a besoin, Surintendant, Controlleur et quelque autre.

Pardonnez-moy, mon cher Monsieur, la peine que je vous baille. En conscience, je voudrois que le livre fust encore où il estoit il [y a dix] ans, et une bonne nuit vaut mieux que tout le grec de Salmasius. Je suis mal, et quoyque mon mal ne soit pas mortel, mon chagrin est incurable. Il vaut mieux que le livre ne paroisse qu'à la St Jean et qu'il sorte de chez l'imprimeur en meilleur estat et moins incorrect. Au nom de Dieu, que je sçache ponctuellement la folie de Tubero sur le sujet de nos incomparables amys ! C'est un fou que j'ay descouvert il y a longtemps.

XL.

Du 15 mai 1644.

Monsieur, Je me plains du bien que vous m'avez fait. Vous avez grand tort de vous estre forcé pour l'amour de moy et d'avoir songé à me donner de la satisfaction dans un estat où vous en aviez si peu. C'estoit le moyen d'obscurcir ces lucides intervalles et de changer ces reprises en continuité et d'ajouster la migraine à la cholique. J'use bien autrement avec vous du privilége de la misère; et, quand je souffre, ou je ne vous parle point du tout, ou je ne vous parle que de mes souffrances. Dieu vous pardonne vostre bonté et n'exige point à la rigueur la peine que méritent vos excès! C'est en effet un excès et une débauche d'avoir dicté trois pages entières, et, *ut semper*, très judicieuses et très sages, en un temps où apparemment vostre bouche ne devoit former que des hélas : *Informesque sonos et singultantia verba*[1]. Il ne fut jamais de malade plus intempérant et plus desreglé que vous, ou, pour mieux dire, d'amy plus ardent et plus ponctuel; car vous estes celuy-là par excellence *ut toties, toties a me dictum est*. Je ne seray pas peut-estre si malheureux que d'avoir encore des mauvaises nouvelles par le premier ordinaire :

> Et spero meliora, et te, Natura, pudebit
> Tantum opus abjecisse, tuæ nec parcere laudi :
> Teque, Dolor, gens sacrilegum Parnassia dicet
> Si pergas lacerare immiti vulture sanctum
> Heroïs pectus, plenas et Apolline venas.

A propos de vers et de latin, que n'avez-vous achevé les vostres? si ce *vates insulsus* ou si ce...... avoit été mis en vigueur, il donneroit de la jalousie au poète de Bilbilis[2]; et croyez-moy, s'il vous plaist,

---

[1] Discordesque modos, et singultantia verba.
STAT. *Silvar.* lib. v, *Carmen* V, v. 26.

[2] Martial, né à Bilbilis, en Espagne, aujourd'hui Baubola. Senecé (*les travaux d'Apollon*) a dit de Mainard :

> Qui malgré la fierté de l'Espagne jalouse,
> Contraignit Bilbilis de céder à Toulouse.

Monsieur, ce petit son[1] de vostre chifflet[2] ne fait point de deshonneur au bruit esclatant de vostre trompette.

L'homme que vous avez employé auprès de Mme de Brienne, ne seroit-ce pas M^r le Coadjuteur de Montauban[3]? Mais, si ladite dame n'a plus de crédit, pourquoy avez-vous pris la peine d'employer auprès d'elle qui que ce soit? Nous sommes icy au bout du monde et assez mal instruits de ce qui s'y passe. D'ailleurs la cour est un animal encore plus *varium et mutabile*[4] que le Protée, le Vertumne et les aultres dieux bizarres des fables; cela fait qu'on y vise presque toujours à faux, et que, dans les provinces, nous faisons d'estranges équivoques en matière de faveurs et de favoris. Tesmoin le Mémoire que j'envoyay, il y a huit jours, à Mr Bonair, de la composition de M^r l'Official, sur le sujet de mes petites affaires. Je vous prie, Monsieur, de mander audit sieur qu'il me renvoye ledit Mémoire, parce qu'il me fascheroit extrêmement qu'il tombast en d'autres mains, et, si l'embarras de la maison Gordienne[5] ne luy permet plus de songer à moy, l'amy Ménage me pourra bien rendre un petit office auprès de M^r le Bailleul, pour ma pension de l'année passée, et ce petit office se pourra faire de bonne grace en lui présentant mon livre, *quem quidem tibi, præstantissime Capellane, majorem in modum commendamus, creditum jam pridem fidei tuæ fœtum.*

Je vous ay desjà escrit pour la distribution des exemplaires, et quoy que le livre ne soit pas dédié à la Reyne par une epistre liminaire, il me semble qu'il n'y aura point de mal que mon neveu lui en présente un, et le discours qu'elle a desjà veu vaut bien, à mon advis, une Dédicace.

Outre les douze cens livres que je vous ay prié de bailler sur une lettre que je vous ay escrite, je mande à Rocolet de prendre de vous

---

[1] Le copiste avait mis : *sort*.

[2] *Chifflet* est dans nos anciens dictionnaires, pour *sifflet*.

[3] Pierre de Berthier, nommé coadjuteur de Mgr Anne de Murviel, le 9 janvier 1634, et son successeur le 8 septembre 1652.

[4] .... Varium et mutabile semper Femina.
   Virgil. *Æneid*. IV, 569.

[5] La maison de Brienne.

sept vingt quatre livres, pour quelque payement qu'il doit faire d'estoffes que j'ay receues. Je commence à pester[1] contre les longueurs de M. le Chantre, et, si je n'ay de bonnes nouvelles dans deux ou trois jours, je luy despescheray un homme exprès. Si je n'eusse espéré beaucoup de luy sur la parolle de son frère le Jesuitte, j'avois un autre amy à Xaintes qui nous eust peut-estre servi avec plus de diligence.

Je suis malade en vous escrivant, mais pourveu que vous vous portiez bien,

Me meliore mei parte valere puto.

Je seray toute ma vie plus qu'homme qui vive, Monsieur, etc.

Par le premier ordinaire, je vous envoyeray une lettre pour Mr de Saumaise, dattée du commencement du mois passé. Nostre incomparable Mr Ménage me fera la faveur, s'il vous plaist, de la lui faire tenir avec un de mes livres et mon Discours à la Reyne, de la dernière revision, que Rocolet a charge de lui porter. Vous ordonnerez audit Rocolet d'en envoyer quelques exemplaires hors de France, et particulièrement en Hollande. Du reste, Monsieur, n'attendez ny mon consentement ny mon advis, car vous estes quelque chose de plus que mon plénipotentiaire.

Il est certain que Mme de Brienne m'a escrit, mais je n'ay point receu sa lettre, et Mme du Massès[2], sa mère, la mit entre les mains d'un homme qui la perdit au lieu de me la porter.

J'admire tousjours l'antagoniste du Père Petau, et mon ravissement dure encore : il n'en fut donc jamais ny un si juste ny un si long.

XLI.

Du 23 may 1644.

Monsieur, Je pense avoir receu de bonnes nouvelles, puisque vous ne m'en mandez point de mauvaises, et je veux croire que vostre dou-

---

[1] Le copiste a écrit *presser*. — [2] Voir une lettre de Balzac à Mme de Massès, du 17 août 1644 (p. 585).

leur a cessé, ne voyant point dans vos lettres qu'elle continue. *Æternum sit de hac atroci materia silentium! Abeat nunquam rediturus crudelis ales, et dies tibi luceant*[1] *quos meruisti, dilectissime et suavissime Capellane!*

Je [devinai[2]] d'abord la cause de la longue Préface[3], et je le dis à mon Ange gardien, qui fut seul le confident de ce secret. Mais, puisque le Privilége ne met point le livre en pleine liberté, je voudrois encore de bon cœur que la Préface eust changé de nom, et qu'elle fust divisée en plusieurs Discours.

Je liray les traductions quand on m'aura rendu le livre que j'ai presté, et vous en escriray mon sentiment avec la mesme liberté qui a accompagné mon premier transport, car je vous prie de croire que mon admiration ne procède point de mon amour, et que je vous eusse dit d'un admirable ennemy, *ut est istud dæmonium hominis,* tout ce que je vous ay dit d'une personne qui m'est extremement chère.

Je vous rends mille très-humbles graces de la continuation de vos soins dans la dernière affaire de l'impression, et trouve très-raysonnable la conduite dont vous avez pris la peine de me rendre compte.

Rocolet me mande que le *Graveolens*[4] n'a rien fait qui vaille, et j'ay grand peur que Rocolet luy-mesme ne fera pas mieux. J'ay perdu toutes mes prières, *et, quod notandum,* reitérées une douzaine de fois, qui le conjuroient de choisir quelque main adroite et délicate, *ad hoc opus stilo et calamo conficiendum.* Il a eu deux mois entiers pour cela, et n'a songé qu'à refaire les cartons, qui est une besoigne séparée de l'autre, et qui ne la devoit point empescher, différentes personnes [devant] estre employées à deux différentes actions. Mais la dureté de la grosse teste est toujours à l'espreuve de mes prières, et il ne me sert de rien de luy escrire cent fois une mesme chose. Vous estes bon, certes, de le louer après cela de générosité, et les grands mots ne vous coustent guères. Je n'avois point désiré *qu'il n'y eust point de mots cou-*

---

[1] Le copiste a écrit *Luctant.*
[2] Le copiste a mis *deniray,* ce qui n'offre aucun sens.
[3] Du livre d'Arnauld.
[4] C'est au calligraphe chargé de copier le *Discours à la Reyne* que s'adresse cette épithète appliquée par Horace à Mævius et par Virgile à l'Averne.

pés d'une ligne à l'aultre, car qu'est-ce qu'en souffre la beauté de l'impression? Je désirois seulement qu'il y eust le moins d'abbréviations que faire se pouroit, et je vois bien que la grosse teste ne m'a pas compris. Au reste, Monsieur, je vous dis une fois pour toutes que je suis au bout du monde; qu'on a imprimé à Paris quelques discours qui portent mon nom, mais que je ne dédie à personne; par conséquent que mon livre n'est point mon livre, et que vous en ferez ce qu'il vous plaira. Voulez-vous qu'on n'en présente à personne? A la bonne heure, et je le veux mieux que vous, personne ne s'en offensera, et on ne donne point ce qu'on a desjà abandonné. Mais, si néantmoins vous estes d'advis qu'il soit donné, je vous supplie que ce ne soit point en mon nom, quand ce ne seroit que pour éviter les remerciemens de quelques personnes qui ne manqueroient jamais de m'escrire sur ce sujet des lettres dorées et que je donnerois au diable avec mon livre.

Pardonnez à ma mauvaise humeur. Elle n'a pas empesché de vous faire ce matin une Épigramme amoureuse que voicy :

AD JOANEM CAPELLANUM [1].

Ibit in annales nostri quoque fœdus amoris
Meque [2] tibi socium posthuma fama dabit.
O quantum mihi munus! Et ipsa superbiet umbra
Grandior et fiet nomine nota tuo.
Cuncta mei jamjam pereant monumenta laboris
Hoc mihi dum servent sæcla futura decus

ou bien :

Hoc mihi dum servet gloria vera decus [3].

Je viens d'envoyer vostre lettre pour Xaintes au père Recteur d'Angoulesme, et l'ay accompagnée d'un mot pour M. le Chantre, qui est

---

[1] Seconde partie du tome II des *OEuvres complètes*, p. 10.

[2] Il y a dans le texte imprimé :
Et tibi me socium, etc.

[3] Les derniers vers ont reçu cette forme définitive (édition de 1665) :

O quantum dabit illa mihi, si dicar ab omni
Gente tuus, nec nos separet ulla dies.
Sub Terris gaudebo, et clara superbiet umbra,
Grandior et fiet nomine nota tuo.
Cuncta mei jamjam pereant monumenta laboris,
Hoc mihi dum servent sæcla futura decus.

plus homme de bien, sans doute, que l'abbé avec qui vous avez traitté, *et illius quidem non incauta probitas multorum hic sermonibus celebratur.*

Je vous prie de donner au sieur Rocolet le reste des quatorze cens livres, pour quelques hardes que je luy ay mandé de m'acheter : auquel sieur vous direz, s'il vous plaist, Monsieur, que, si tous les exemplaires ne sont généreusement corrigés, je compteray pour rien tout ce qui aura esté fait. Faites-vous apporter la correction de la page 345, où il faut mettre un grand P pour un petit avec un point au-devant; et celle de la page 396, où il faut mettre aussy un grand Q pour un petit; et, si ces deux corrections ne vous semblent pas bien nettes et bien délicates, obligez-moy de dire de ma part à la grosse teste qu'il en sera quitte pour deux cartons. Je suis sans réserve, Monsieur, vostre, etc.

Le biberon[1] aura sans doute receu ma despesche. Je vous recommande mon paquet pour Mr de Saumaise et ne vous dis rien de l'épigramme, mais je n'en pense pas moins.

XLII.

Du 30 may 1644.

Monsieur, J'ai receu de Xaintes les pièces qu'il faut envoyer controller à Bordeaux, et que j'ay desjà mises entre les mains d'un homme qui m'a promis de prendre ce soin. Cet homme ne sera point nostre cher Mr Girard, qu'on attend aujourd'hui ou demain à Angoulesme; mais les pièces ne laisseront pas d'aller et de revenir très-seurement, et je les ay recommandées *conceptissimis verbis*[2] à celuy qui leur doit faire passer la mer. Si la chose estoit pressée, j'eusse envoyé exprès pour cela; mais huit jours de plus ne gasteront rien, et la voye de la poste, de ce costé-là, n'estant pas bien seure, j'ay cru devoir attendre une meilleure commodité.

---

[1] C'est-à-dire le grand buveur, M. de Flotte.

[2] *Jurat Eumolpus verbis conceptissimis.* (Petron. *Satyr.* cxiii.)

Je vous remercie de tout mon cœur de la faveur que vous m'avez faite de donner à M. Feret[1] les douze cens livres que M. Gautier me doit rendre icy. Pour la perte de l'escu ou des quatre francs, elle n'est pas grande et peut-[être] que le trébuchet du sieur Rocolet s'accordera mieux avec celuy du petit amy.

Si j'ay bonne mémoire, je vous ay escrit au long par le dernier ordinaire et vous trouverez bon que je renvoye Vostre Seigneurie Illustrissime à cette longue lettre que je pense luy avoir escrite. J'y adjouteray seulement que la distribution des exemplaires ne se faisant pas en mon nom, ceux qui en recevront ne laisseront de m'en sçavoir gré, et ceux qui auront esté oubliés (*si modo rerum ejusmodi sit aliquod desiderium*) s'en prendront à mon libraire plustost qu'à moy. Ainsy il faudra que ce soit luy qui en donne une bonne partie aux personnes que vous luy choisirez dans la liste, affin que vos gens n'ayent pas toute la peine de cette importune distribution. Vous voyez par là, Monsieur, que je me suis enfin résolu de faire une liste, et qu'il faut tousjours que vous soyez absolument obéi. Vous la recevrez par le courrier qui partira dans trois jours, car il n'y a pas moyen de vous l'envoyer par cettuicy qui s'en va partir.

Vous dites merveilles de vostre sac; vous mesprisez le pauvre corps humain d'une estrange sorte, et il y a certes grand plaisir de vous voir philosopher de la cholique, quand la cholique est passée. Pour la tirade des escritures, elle est très-belle et très-obligeante. Mais il vous doit suffire que vostre bonté me pénètre jusqu'au cœur, et que je sens vos tendresses avec des chatouillemens inénarrables. Du reste, reposez-vous sur ma foy et ayez, s'il vous plaist, un peu de patience : le despost vous sera rendu aussy relligieusement que si c'estoit, *et cætera*. Mon copiste y travaille, mais il n'y peut travailler que par in-

---

[1] Balzac avait d'excellentes relations avec M. Feret, «secrétaire de feu Monseigneur «le duc de Weymar.» Voir la lettre qu'il lui adressa le 8 août 1644 (p. 622). Voir aussi une lettre à Chapelain du 1ᵉʳ mars 1650 (p. 812), où il l'appelle «homme de «beaucoup d'esprit,» et une lettre à Conrart, du 23 octobre 1651 (p. 918), où il parle à la fois très-flatteusement des deux amis Feret et Drelincourt.

tervalles. Il vous fait présent de l'épigramme de la semaine passée que j'ay retouchée et mise en l'estat où, à mon advis, elle demeurera. Il y paroist quelque sorte de simplicité, mais cette simplicité est romaine, et je n'ay rien fait en épigrammes qui me plaise davantage.

Je suis de toute mon âme, Monsieur, vostre, etc.

XLIII.

Du 6 juin 1644.

Monsieur, Vous aurez sçeu, par ma dernière despesche, que j'ay receu vos provisions; vous sçaurez par cette cy que je les ay envoyées à Bordeaux par un homme qui est à moy, n'ayant pas eu la patience d'attendre plus longtemps une autre commodité. Vous me manderez ce qu'il vous plaist que j'en face, quand elles seront de retour, c'est-à-dire si vous les voulez par la voye du messager ou par celle de la poste. Je tesmoigneray cependant au père Recteur le gré que vous sçavez à M^r son frère, dont je ne receus les lettres que le 27 du mois passé, quoy qu'elles fussent dattées du 15 May. Tous ces retardemens ne sont pas de grande conséquence, et j'espère d'avoir dans quatre ou cinq jours les pièces controllées.

Que vous sçaurois-je dire, Monsieur, pour nostre cher et incomparable Mr Ménage? Il est généreux et obligeant jusqu'à me couvrir de confusion et à me faire paroistre ingrat, si je ne proteste bien tost que je ne le suis pas, et si je ne rends un acte public de ma [re]connoissance. Je lui destine un discours qui s'appelera *Fragmens d'une histoire qui s'est perdue*, dans lequel, sur le sujet de son Mamurra, je prétens de luy conter des nouvelles de mon Barbon et de lui offrir *disjecti membra pedantis*[1], qui peut-estre mériteroient la peine d'estre recueillis. Mais je voudrois bien deux ou trois exemplaires de ce Mamurra, et, si le livre se vend, dites, s'il vous plaist, à Rocolet, qu'il me les envoye.

Vous avez la harangue manuscrite de la Casa, *et hanc quidem ut in mei*

---

[1] ....Disjecti membra poetæ.
HORAT. lib. I, *Sat.* IV, v.

gratiam recensere velis, te etiam atque etiam rogo, affin que, sur une copie bien correcte que vous prendriez la peine de me faire faire, nous puissions un jour la publier. J'ay ouy dire que les Espagnols firent emprisonner l'autheur de cette harangue. Je vous prie de vous en enquérir à quelque répertoire d'Italie, comme vous diriez à Paul Fiesque[1] ou cet ambassadeur de Florence, si galand homme, dont vous m'avez escrit quelquefois.

Est-il possible que Madame de Brienne se mesle d'escrire de belles lettres? Cette nouvelle m'a un peu surpris, et jusques icy sa bonté m'estoit plus connue que son éloquence. Je seray bien aise de voir la copie, puisque l'original n'est pas venu jusques à moy, et que mon mauvais destin s'est servi de la négligence d'un maraut, pour me priver d'une si douce consolation.

Je suis en peine du petit amy, qui m'est entièrement nécessaire dans mes petites affaires, cet autre, dont je vous ay parlé, ne se trouvant pas maintenant au lieu où vous estes. Le paquet que vous luy envoyastes de ma part, il y a quelque temps, se seroit-il perdu? Je ne veux pas le croire, et vous conjure de mettre en queste quelqu'un de vos gens, pour avoir des nouvelles et de l'homme et du paquet. Au reste, Monsieur, que vouliez-vous dire des longueurs fatales du sieur Rocolet? Dieu me garde de tomber une autre fois entre ses mains! Il vaut bien mieux aller exprès à Leyden, faire soy-mesme imprimer ses livres, et estre soy-mesme son correcteur.

Mr Girard est icy et vous honore toujours parfaitement. Il a commencé l'histoire de feu M[r] [d'Espernon] son maistre, qui ne sera pas une pièce à mespriser; il m'en a monstré quelque chose qui m'a plu extremement, et je suis trompé si vous ne l'approuvez aussi bien que moy, et si vous n'y trouvez des endroits instructifs et divertissans. Je

---

[1] Je trouve cet éloge de Paul Fiesque dans une lettre de Balzac à Chapelain, du 4 juin 1641 (p. 852): «Quelqu'un m'a dit «que le seigneur Paul Fiesque est à la Cour, «et qu'il se mesle de l'affaire de la paix. Si «cela est, j'en espère bien, car c'est un dé-«mon dans les négociations, et non pas un «homme, et je ne croy point qu'en tout le «monde il y ait un esprit plus souple, plus «adroit ni plus intelligent que le sien.»

me précipite en vous escrivant ces mauvaises lignes. C'est, Monsieur, vostre, etc.

XLIV.

Du 13 juin 1644.

Monsieur, Je fus hier saigné, et aujourdhuy je vous escris avec une médecine dans le corps. Ce sera pour accuser la réception de vostre lettre du 5 de ce mois, et pour vous donner advis que mon homme est arrivé de Bordeaux, qui m'a apporté vos pièces controllées. J'attends de vos nouvelles pour en faire ce que vous m'ordonnerez, et vous advertis de plus que M. de la Thibaudière doit avoir receu la lettre que vous luy avez escrite : après en avoir considéré les graces et la galanterie, je la mis entre les mains de son procureur, qui me promit de la luy faire tenir seurement, et qui n'y aura pas manqué.

J'ai leu le billet de M. Ménage et releu la belle ode qu'il m'a fait adresser, très-belle certes, et très-digne de son excellent esprit, *ni peccasset in electione materiæ*. Je vous ay desjà fait sçavoir que je luy rendrois du françois pour du latin, et du cuivre pour de l'or en toutes façons. Au reste, Monsieur, je n'estime pas moins que vous la lettre de Madame de Brienne, et, au premier jour de santé et de loisir, il faudra la payer d'une autre lettre. Mais l'excellent advis qu'on me donne avec la copie de la lettre !

M^r l'abbé de St-Nicolas juge donc à propos que j'employe une personne qui soit puissante auprès de M^r le C[ardinal] M[azarin] pour estre payé de ma pension. Si la chaleur avec laquelle la femme[1] a parlé de mes affaires à son mari ne produit que ces beaux advis, c'est une chaleur plus froide et plus stérile que de la glace, et j'ay ouy dire depuis que je suis au monde que c'est se moquer des gens, de leur donner des conseils quand ils demandent de l'ayde. Tout le monde sçait que la *signora consorte* a tout pouvoir sur son mary le secrétaire

---

[1] Mme de Brienne implorant, en faveur de Balzac non payé, le secrétaire d'État, son mari.

d'Estat. Et pourquoy ce secrétaire d'Estat ne sera-t-il pas cette personne puissante ou ne me la fera-t-il pas trouver? voire mesme pourquoy le seul M^r l'abbé de St-Nic[olas], sans l'assistance du secrétaire ny de sa femme, ne fera-t-il pas quelque chose de plus pour moy que de m'envoyer des conseils de cent lieues loin? Ne nous enfonçons point dans cette matière; je suis si peu capable d'une pareille langueur, que je n'en sçaurois parler que comme d'un prodige dans la morale que je me suis figurée. Dieu me garde d'une si sobre réserve en matière d'offices et d'amitié! *Et de his hactenus*, après vous avoir dit que celuy qui m'empeschera d'estre payé de la petite pension que le feu Roy me donnoit, se fera beaucoup plus de tort que je n'en recevray de dommage; et, si on maltraite Cicéron (vous nommez quelquefois ainsy vostre amy), *uno proscriptus sæculo, proscribet Antonium omnibus*. Je suis, Monsieur, vostre, etc.

Mon père a fait dresser un mémoire (dans lequel je vous puis protester qu'il n'y a pas un seul mot de ma façon) pour estre présenté à M^r le Chancelier, en forme de placet ou de requeste; *et hoc*, par le libraire matériel qui, en qualité de valet de chambre, ou pour le moins de domestique de mondit Seigneur, pourra faire cela aussy bien qu'un conseiller d'Estat ou qu'un abbé favory [1]. Si le mémoire fait son effet, à la bonne heure, sinon, je suis desjà consolé. Je vous en envoye une copie et vous prie de la mettre entre les mains du petit, avec quelque advis de vostre cru, et une très-exacte recommandation de servir son amy avec secret; et en effet, si le Chancelier promet au libraire, le petit achèvera le reste et ne sera pas inutile solliciteur auprès de luy.

---

[1] La Caille (*Histoire de l'imprimerie*, p. 229) a rappelé que Rocolet «fut honoré «de la bienveillance particulière de M. le «Chancelier Seguier.» Rocolet sut se montrer reconnaissant envers ce protecteur pendant les troubles de la Fronde, où, comme on sait, la vie du chancelier fut en danger. Rocolet était alors capitaine de son quartier, et le roi, pour récompenser sa fidélité et son dévouement, lui envoya, le 5 octobre 1651, par M. de Saintot, maître des cérémonies, une médaille et une chaîne d'or.

Voulez-vous que je vous parle franchement? L'ode de nostre très-cher[1] n'est pas une très-bonne chose, mais gardez-vous bien de le luy dire de ma part. Je vous supplie, Monsieur, que je puisse avoir par vostre moyen le discours de la Servitude volontaire[2], et tout ce qui se trouve de l'Eschassier, advocat au Parlement[3].

Je suis bien aise que l'épigramme vous ait plu; mais, au lieu de *læta*, n'aymeriez-vous point mieux *et clara superbiet umbra?* Il me semble que le mot de *clara* avec *umbra* fait quelque beauté. Quoy que vous puissiez dire à la justification du libraire espais, il est sans excuse. Il a receu les corrections devant Pasques, et n'y a fait travailler que la veille de la Pentecoste. Encore ay-je peur qu'il gastera tout et qu'il se servira de la plume où il faudra du canif, voire qu'il fera de nouvelles fautes en corrigeant les anciennes.

J'ay envoyé vostre mot au Père Gombault[4], et vous devez avoir receu la liste que vous m'avez demandée.

Il y a quinze jours que je vous ay envoyé la liste que vous m'aviez demandée, et devant que les exemplaires soient en estat d'estre présentés, vous aurez tout loisir de choisir ceux à qui vous prendrez la peine d'en donner, ou d'en faire donner par un de vos gens. Je vous prie de marquer les autres à qui Rocolet en présentera, et M. de

---

[1] Ménage.

[2] Très-probablement une copie manuscrite, car on ne connaît pas d'édition de ce discours à l'époque où Balzac écrivait cette lettre. M. le D' J. F. Payen dit, dans l'excellent article sur Étienne de la Boëtie qu'il a donné à la *Nouvelle Biographie générale* (t. IV, col. 368) : «Après sa publication dans les *Mémoires de l'Estat de France*, «le *Contr'un* tomba complétement dans l'ou-«bli jusqu'au moment où Coste l'inséra dans «ses éditions des *Essais*.» Ainsi, entre la date de la publication du recueil de S. Goulart (1576-1578) et celle de la quatrième édition des *Essais*, par Coste (1739, Londres, 6 vol. in-12), il n'aurait paru aucun exemplaire du *Contr'un*. Le D' Payen ajoute: «On peut lire dans Tallemant des Réaux la «difficulté qu'éprouva le cardinal de Riche-«lieu lorsqu'il voulut se procurer cet ou-«vrage et le prix auquel un malin libraire «le lui fit payer.» M. S. de Sacy a eu le tort de dire (*Variétes littéraires, morales et historiques*, t. II, p. 544) : «Montaigne a pu-«blié sans hésiter *le Contr'un*.»

[3] Rappelons que le *Dictionnaire de Moréri* donne la liste complète des ouvrages publiés par Jacques Leschassier, de 1598 à 1621, ouvrages réunis ensuite tous ensemble en 1649 et en 1652.

[4] Le copiste a écrit ainsi le nom de ce jésuite : *Gaubault*.

Campagnole aussy, selon que vous en demeurerez d'accord avec luy, qui pour cet effet aura l'honneur de vous voir, et de recevoir vos bons advis. Vous ne sçauriez croire combien cette distribution me chagrine. Je voudrois estre aux Antipodes pour quatre mois, pourveu qu'en ce païs-là je ne fusse pas privé de la consolation de vos lettres, et qu'au défaut de l'ordinaire des Antipodes, vous trouvassiez un démon de bonne volonté qui m'en apportast toutes les semaines. Au reste, Monsieur, je ne désire point sçavoir la fortune de mon livre, ny les divers jugemens qu'en feront les beaux esprits. Quand tout le monde me chiffleroit[1], il me suffit pour ma parfaite satisfaction que vous m'ayez desjà applaudi. Je suis d'ailleurs trop vieux et trop dur pour estre capable d'estre corrigé si j'avois failli, *et de his hactenus.*

Vous avez veu le mémoire que Rocolet doit présenter à Mᵣ le Chancelier. Je ne hazarde rien en le faisant présenter, et peut-estre qu'Aristide me rendra justice ou la demandera pour moy.

Obligez-moy de sçavoir de Mʳ Ménage si Mʳ de Saumaise n'a pas fait un commentaire sur Florus, et en quel lieu il est imprimé[2]. Je voudrois aussy sçavoir si Gevartius[3], outre ses *Electes*, n'a pas fait encore un livre de *Diverses Leçons*, parce que, dans ses observations sur Stace, il promet de prouver clairement (je ne sçay où) que le poète Manille[4] n'a point vescu sous Auguste, et que c'est un pur équivoque

---

[1] Nous avons déjà trouvé l'expression *chifflet.* N'y avait-il pas dans le tardif emploi de ces expressions un peu de *provincialisme?*

[2] Le *Florus* de Saumaise parut en 1638 (*Lugd. Batav. apud Elzevirios*, 1 vol. in-12). Les notes du grand critique bourguignon ont été reproduites dans plusieurs éditions, et notamment dans celle d'Amsterdam (1702, 2 tomes en un volume in-8°), dans celle de Leyde (1744, in-8°), dans celle de Leipsick (1832, 2 vol. in-8°).

[3] Le copiste a écrit: *Genartius.* Jean Gaspard Gevaerts, né à Anvers en 1593, mourut dans cette ville en 1669. Ses *Electorum libri tres, in quibus plurima veterum scriptorum loca obscura et controversa explicantur, illustrantur et emendantur*, parurent à Paris, en 1619, in-4°. Les *Observations sur Stace* sont dans l'édition des *Silves* qu'il donna en 1616 (Leyde, in-8°). Quant aux diverses leçons dont Balzac s'enquiert, ni les *Mémoires de Niceron* (t. XXXVIII), ni le *Dictionnaire de Moréri*, ne les mentionnent, et on est autorisé à croire que ce livre n'a jamais existé.

[4] On croit généralement, avec Joseph Scaliger, Vossius, Saumaise, Huet, etc., que Manilius vivait vers le commencement de

de nom, *Cum sit verus ille Manilius celebratus a Claudiano, et cœtera.* J'ay cherché cette preuve promise dans ses *Electes,* mais je n'en ay pas trouvé un seul mot.

XLV.

Du 20 juin 1644.

Monsieur, Vous m'avez blessé en me chatouillant. L'article de vostre lettre qui me tesmoigne le désir que vous avez de me revoir, me représentant le malheur que j'ay de ne vous voir pas, a rempli mon cœur de jalousie, et m'a fait souspirer plus d'une fois ces vers amoureux :

> Altri, ohime! del mio sol si fa sereno!
> Del mio sol, ond'io vivo, oltri si gode, etc.[1]

A l'heure où je vous parle, je veux grand mal à cet *Altri,* quiconque puisse-t-il estre; fut-ce le cher M^r d'Ablancourt, le bien-aimé Mr Conrart, le petit homme grand personnage[2], le brave et magnanime *Montosides*[3]. Il y aura donc tousjours quatre ou cinq provinces entre vous et moy? Je ne jouiray donc jamais que de la peinture de vostre conversation? Je ne recevray que des gouttes et des miettes par la voye ordinaire, et cette bienheureuse abondance, cette plénitude dont vous me parlez, sera toute pour l'hostel de Rambouil[let] et pour Messieurs de Paris? Le nom de Rambouil[let] m'arreste tout court. Je n'oserois persévérer dans ma haine, et il faut que, pardonnant à la ville

l'ère chrétienne; mais on ne sait rien de positif sur la biographie de ce poëte, qui n'est mentionné par aucun auteur ancien. M. Léo Joubert (*Nouvelle biographie générale*) rappelle que Gévart et Spanheim ont pensé que les *Astronomiques* appartiennent à l'époque d'Auguste, et il objecte que le Mallius Theodorus dont Claudien a célébré le consulat et loué les connaissances astronomiques avait, d'après le texte formel du même Claudien, composé, non un poëme, mais un élégant traité en prose.

[1] «Un autre, hélas! s'éclaire à mon so-«leil, un autre jouit du soleil qui fait ma «vie!»

[2] Balzac écrivait, le 4 janvier 1651 (p. 897), à Conrart, au sujet de Godeau : «Ce petit homme, et tout ensemble grand «personnage.»

[3] Montausier.

en la considération de l'hostel, je me contente de vous murmurer ces autres vers :

> Non equidem invideo [1], doleo tamen : et mihi longi
> Exilii mora displiceat, mihi dicere fas sit,
> O Fortunatos nimium, tua si bona norint
> Parisios ! [2]

J'attendray encore huit jours le voyage d'un amy pour vous envoyer plus seurement vos pièces controollées : et, au défaut d'un amy, je les feray donner au messager avec toutes les précautions nécessaires. Mais ne vous mettez point en peine de la despense qui a esté faite. Ny Xaintes ny Bourdeaux ne vous cousteront rien, et vous devriez avoir honte de m'escrire si curieusement d'une chose de néant, et de laquelle nous ne nous souvenons plus ny Mr Gombault ny moy.

Puisque Mr l'abbé de St-Nicolas délibère sur l'envoy de mes vers à Rome, il croit qu'il y a lieu de délibérer. Il en fera ce qu'il luy plaira et *quidquid illi videbitur, optimum mihi videbitur*. En voicy de nouveaux pour justifier les premiers, et vous les considérerez, s'il vous plaist, Monsieur, comme choses escrites du temps de Tibère ou de Néron, auxquelles nous n'avons point de part, ou, si vous me permettez de parler Tacite, *procul amore et odio quorum causas longe habemus* [3].

Vous estes, sans mentir, bien raisonnable sur le sujet de cette belle et grave simplicité des anciennes épigrammes, et il y auroit plaisir de voir là-dessus une diatribe de vostre façon.

Avez-vous ouy parler d'un poëte lyrique italien et favory du duc de Modène, nommé Fulvio Testi [4] ? Si vous avez veu ses odes, je vous

---

[1] Virg. *Eclog.* I, v. 11.

[2] O fortunatos nimium, sua si bona norint,
Agricolas!...
    Virg. *Georgic.* lib. II, v. 458, 459.

[3] Allusion au *sine ira et studio* du chapitre i du livre I des *Histoires*.

[4] Le comte Fulvio Testi naquit en 1593 à Ferrare et y mourut le 28 août 1646. Ses *Rimes* parurent à Venise en 1613. Il les revit et les corrigea dans une seconde édition (1617). Il fut le favori du duc de Modène, François Ier, qui le nomma secrétaire d'État et ambassadeur. Ses œuvres choisies ont paru à Modène en 1817 (2 vol. in-8°). Voir Tiraboschi : *Vita del conte F. Testi* (Modène, 1780, in-8°).

prie que j'en sçache vostre opinion. Je ne vous sçaurois escrire la mienne de l'Apologie que je n'ay point veue et que je n'ay pas grande curiosité de voir, puisque c'est la cour sainte qui l'a faite. J'attens les livres promis et suis de toute mon âme, Monsieur, etc.

XLVI.

Du 27 juin 1644.

Monsieur, Après vous avoir dit en courant que j'ay receu vos deux despesches pour Xaintes et que je les ai recommandées au Père Recteur avec les plus ardentes conjurations qui peuvent sortir de la bouche d'un supliant, je viens et m'arreste à la grande nouvelle de nostre village. Le cher président Maynard y est arrivé, et avec luy toutes les Muses, toutes les Graces, toutes les Vénus et tous les Amours. Ne pensez pas que ces derniers mots viennent du transport de mon esprit ou de l'excès de ma passion; c'est la sienne que je vous exprime imparfaitement, et je ne suis que le triste historien du Héros le plus guay et le plus galand qui fut jamais. Si vous ne m'en croyez sur ma parolle, voicy de quoy vous persuader, et je vous veux faire part d'un ouvrage qui m'a ravi. La belle chose, Monsieur, que la passion, conduite et employée par le jugement : c'est-à-dire, en vostre langage, la belle chose que le feu du ciel entre les mains de Prométhée ou de quelque autre excellent ingénieur! Cettuicy le sçait mettre en œuvre d'une admirable manière, et je pense qu'il n'est pas plus net ny moins fameux dans sa propre sphère que dans les vers que je vous envoye. Il a trouvé la pierre philosophale de la science des mœurs; et ce secret (estimé inconnu jusqu'à présent) d'aymer et d'estre sage tout ensemble [1] sans doute lui a esté révélé. Le bonhomme Numa traitait ainsi avec la nymphe Égérie; et, si un prophète vouloit faire l'amour à une Sibille, il faudrait qu'il vinst prendre icy des leçons, et qu'il estudiast ce que Ménandre dit à Cloris. *Menander autem iste*

[1] On connaît le dicton : *Amare et sapere vix Deo conceditur.* C'est la dix-septième des sentences de Publius Syrus.

meus Socratem meum solito cultu et observantia prosequitur, meisque verbis multam illi salutem dicit, et cætera. Mais, bon Dieu! que Socrate perd de parolles à complimenter Amynte! La Rhétorique ne devroit point avoir lieu en pareilles occasions, et il me semble que vous vous moques de moy de me dire que vous m'estes obligé de ce que je ne veux pas estre un maraut.

Au reste, vous vous mettez trop en peine de la despense qui a esté faite en Xaintonge et à Bordeaux. Cette régularité si exacte m'a presque offensé; et pourquoy, Monsieur, ne prendrez-vous pas un bouquet ou une paire de gans de vostre amy, encore qu'il soit plus pauvre que vous? Ne parlons plus de parties et de comptes de quatre deniers. Quand vostre magnanimité devroit enrager, il faut qu'elle reçoive de moy ce petit présent : il faut que l'orgueil du roy des stoïques soit un peu mortifié.

Je le vous dis tout de bon. J'aymerois mieux que la harangue della Casa fut *in bordello* [1], voire que son Galatée et que tous ses autres livres fussent confisqués, que si vous aviez pris la peine dont vous me parlez dans vostre lettre. *Absit, absit, præstantissime Capellane,* et gardez-vous bien de jamais succomber à la tentation qui vous est venue! La chose n'est point pressée, et nous attendrons à loysir la main de quelque copiste italien que Mʳ l'abbé de Saint-Nicolas ou quelque autre *italianisi* vous pourra fournir. Je suis, Monsieur, vostre, etc.

Les pièces de vostre prieuré partent aujourd'huy par le messager d'Angoulesme et arriveront à Paris un jour après cette lettre. J'ay escrit de ma main le dessus du paquet où elles sont, et vous l'ay adressé au logis de Mʳ Rocolet, imprimeur du Roy, *et cætera.* Je mande audit sieur de le retirer à l'heure mesme qu'il sera arrivé et de le vous faire porter aussy tost. Il a esté recommandé au messager, *conceptissimis verbis.* Je pense qu'il faudra donner un de mes livres au comte

---

[1] Le copiste avait écrit : *inbordela.* Le mot *bordello* n'a rien d'obscène en italien, et les prédicateurs s'en servent encore aujourd'hui sans la moindre difficulté.

de Cremail[1], puisque j'apprens qu'il est encore à Paris, et ne faudra point se haster d'en donner à *Conjuges*[2], baron de Noailles[3] et Abbé de Cerizi[4]. Si je ne suis pas bien traité des princes, je ne veux point que mes livres traisnent dans les palais. Vous verrez, par le mémoire que vient de faire Mr l'official, la passion qu'a mon père de voir le quatrain de Mr Maynard soubs ma taille douce[5]. Je vous suplie, Monsieur, qu'il ait au plustost ce contentement : et dites moy, en conscience, si vous vistes jamais un plus beau quatrain. *Hoc unum desiderabis et dices :* « *Digniori te debebatur.* »

Dieu vous veuille consoler, mon cher Monsieur, et se contenter pour cette fois de la mort d'une princesse[6].

---

[1] Adrien de Monluc, baron de Montesquiou, comte de Carmain ou de Cramail, prince de Chabanais, fils de Fabien de Monluc et d'Anne de Montesquiou, et petit-fils du maréchal Blaise de Monluc. Il fut gouverneur et lieutenant général au pays de Foix. Il aima et cultiva les lettres, et plusieurs écrivains du xviie siècle, Mainard notamment, l'ont honoré de leurs éloges. Il mourut le 22 janvier 1646.

[2] Probablement M. et Mme de Brienne, dont il a été question dans une précédente lettre.

[3] François, seigneur de Noailles, comte d'Ayen, baron de Chambres, de Noaillac et de Malemort. Il mourut à Paris le 15 décembre 1645, après avoir été chevalier des ordres du roi, conseiller d'État, capitaine de cinquante hommes d'armes, gouverneur d'Auvergne et de Rouergue, ambassadeur à Rome.

[4] Germain Habert, abbé commendataire de Saint-Vigor de Cerisy (ordre de Saint-Benoît, au diocèse de Bayeux), né à Paris en 1615, mort en 1654. Il fut un des premiers membres de l'Académie française, ainsi que son frère aîné, Philippe Habert.

L'abbé de Cerisy est plus célèbre par son poëme (*La Métamorphose des yeux de Philis en astres*, 1639, in-8°) que par sa *Vie du cardinal de Bérulle* (1646, in-4°). Loret, dans sa *Gazette*, l'a singulièrement flatté en disant :

> Il excelloit, sur toute choze,
> Aux beaux vers, à la belle proze.

Voir sur lui Tallemant des Réaux, le *Menagiana* (où il est appelé *un des plus beaux esprits de notre temps*), Pellisson et d'Olivet, et une lettre de Balzac à M. Habert, abbé de Cerisy, du 29 avril 1636 (p. 433).

[5] Tout le monde connaît ce quatrain si souvent réimprimé, et que je cite d'après le texte donné par Maynard lui-même (*OEuvres*, Paris, 1646, in-4°, p. 206).

Pour mettre sous l'image de M. de Balzac.
C'est ce divin parleur dont le fameux mérite
A treuvé chez les roys plus d'honneur que d'appuy.
Bien que depuis vingt ans tout le monde l'imite,
Il n'est point de mortel qui parle comme luy.

[6] Anne de Montafier, veuve de Charles de Bourbon, comte de Soissons, venait de mourir à Paris, le 17 juin. Elle était la belle-mère du duc de Longueville, dont la seconde femme (Anne-Geneviève de Bourbon-Condé)

XLVII.

Du 4 juillet 1644.

Monsieur, Les pièces de vostre Prieuré ont esté empaquetées et re-commandées avec tous les soins imaginables; et le messager d'Angoulesme, qui s'en est chargé, arrive aujourd'huy à Paris, jour marqué dans ma lettre au sieur Rocolet, affin qu'il retire le tout au plustost et qu'il vous le fasse porter chez vous.

L'ode de nostre très-cher a esté retouchée très-heureusement, et je suis certes trop heureux d'estre chanté et célébré par une lyre si harmonieuse que la sienne. Que j'ay d'impatience de voir ce Diogène Laërce et ces corrections admirables dont vous me parlez[1]! Mais il me semble que Marc-Antonin le philosophe estoit le premier en datte, et il me souvient bien de la promesse qui m'en avoit esté faite[2]. *Non tecum tamen summo jure agam, præstantissime Menagi*, et dites-luy de ma part, Monsieur, qu'il peut commencer par où il luy plaira, *quicquid tractaverit, hoc rosa fiet.*

Le nom de Mʳ l'avocat général Talon[3] est en grosse lettre dans la

n'avait pu rendre en personne les derniers devoirs à la comtesse de Soissons «pour es-«tre elle-mesme, dit la *Gazette*, tombée ma-«lade avant ce temps-là hors de cette ville.»

[1] Les corrections dont parlent avec tant d'éloges Balzac et Chapelain ne parurent qu'en 1663 : *Ægidii Menagii in Diogenem Laertium observationes et emendationes* (Paris, in-8°). Elles furent réimprimées l'année suivante à Londres dans l'édition des *Vies des philosophes*, donnée par J. Pearson. On a eu raison d'annoncer l'édition sous ce titre : *cum uberrimis Ægidii Menagii observationibus*, car les notes de Ménage n'occupent pas moins de 238 pages dans ce volume in-folio. Les observations de Ménage, ainsi que celles de Casaubon, ont été reproduites en deux volumes in-8° (1830-1833) à la suite de l'édition des *Vies des philosophes* qui a paru à Leipsick, chez Köhler, en 2 vol. in-8° (1828-31).

[2] Les *In Marcum Aurelium Antoninum notæ* n'ont jamais paru. Voir, à la suite des *Mémoires pour servir à la vie de M. Ménage*, en tête du *Menagiana* de 1715, la liste des *Ouvrages manuscrits et promis.*

[3] Omer Talon, mort le 29 décembre 1652, avocat général au parlement depuis la fin de l'année 1631. Voir sur lui les *Historiettes* de Tallemant des Réaux, les *Mémoires* de Madame de Motteville, du Cardinal de Retz, d'Olivier d'Ormesson, et surtout ses propres mémoires.

liste que je vous ay envoyée, et seroit-il possible que vostre régularité n'aist pas pris la peine de lire ma liste?

Mr de Voiture m'oblige toujours à peu de frais et me fait grand honneur de me prendre pour un maistre faiseur de panégyriques. Il voudrait donc que ma rhétorique secondast celle du Cordelier, et que je fisse hors de temps ce que j'ay promis de faire bien à propos. Je croy que ses intentions sont aussy bonnes que les conseils de M. l'abbé de Saint-Nicolas estoient sincères; mais je ne veux vous parler ny des intentions ny des conseils, de peur de les appeler par leur nom, et de trouver du ridicule dans leur bonté et dans leur sincérité.

Je suis bien aise de la bonne fortune de Mr de Cerisante et liray ses beaux vers avec grand plaisir. Mais quelle vision de m'escrire et de m'envoyer un mémoire pour me fournir de quoy luy respondre! Ce sont des corvées dont je me passerois facilement; et je ne cherche point nouvelle réputation; pleust à Dieu de bien m'estre desfait de l'ancienne et estre aussi obscur que je suis connu!

L'histoire que vous m'escrivez est estrange, et, sans doute, les Picots[1] et les Des Barreaux[2] en triompheront. J'ay peur mesme que cet accident face tort à nostre party et au livre *De la fréquente Communion*, car je viens d'apprendre que ce Monsieur le désespéré estoit un des principaux missionnaires et qu'il régentoit à l'hostel de Liancour, *quod quidem fieri non poterat nisi favente et approbante d'Andillio*.

Mr de la Thibaudière (qui vient présentement d'arriver) a receu la lettre que vous luy avez escrite, et je pense qu'il y fait response. Il dit

---

[1] Picot était un des compagnons de plaisir de Des Barreaux. Voir, sur ce personnage, le *Tallemant* de M. P. Paris (tome IV, pp. 49, 52, 57). Un Picot était, à la même époque, maître de la musique du roi, mais rien ne prouve que ce fût le même que l'ami de Des Barreaux.

[2] Jacques Vallée, seigneur Des Barreaux, né, non à Paris, comme l'assurent la plupart des biographes, mais à Châteauneuf-sur-Loire (département du Loiret), non en 1602, comme l'assurent ces mêmes biographes, mais en novembre 1599 (Registres de la paroisse de Saint-Martial de Châteauneuf). On a une lettre de Balzac à Des Barreaux, du 16 octobre 1641 (p. 650). On y voit que Des Barreaux était allé dans la maison de Balzac et y avait laissé tout le monde ravi de lui.

que tout le monde vous admire à Xaintes et particulièrement Mʳ l'évesque, qui ne blasme en vous que le trop et l'excès des remerciemens.

Je n'ay point reçu la *Consolation* de Mʳ Sirmond[1] ny la lettre des prélats au pape.

Souvenez-vous, je vous prie, des quatre vers de Mʳ Mainard, pour mettre au-dessous de la taille-douce. Ce n'est qu'un ouvrage de deux ou trois jours, et on l'attend impatiemment au lieu où je suis, je veux dire les copies en latin que j'ay demandées à Rocolet.

C'est, Monsieur, vostre, etc.

Monsieur, Je viens de recevoir le riche présent de Mʳ de Scudéry[2], auprès duquel je vous demende vos bons offices en attendant que je puisse luy témoigner moy-mesme ma gratitude. Outre les deux volumes d'excellente prose, il m'a envoyé des vers admirables que j'ay desjà leus avec autant de plaisir que de confusion. Car, en effet, quoyque ma pudeur n'y reconnoisse presque rien qui m'appartienne, je ne laisse pas d'y voir le beau parmy l'incroyable, et de considérer avec chatouillement d'esprit ce phantosme lumineux *et cœtera*. Si je ne responds à sa lettre si tost que je le désirerois, vous sçavez bien que je suis malade et que vous avez de quoy me justifier devant toutes personnes raysonnables.

Comme je vous ay envoyé une liste, vous m'en envoyerez, s'il vous plaist, une autre des exemplaires qui auront été distribués, et n'oublierez pas en cette distribution le brave Résident de Suède[3], duquel je ne puis comprendre l'employ, si celuy de Mʳ Grotius subsiste.

---

[1] *Consolation à la Reine régente*, déjà citée (note de la lettre XXI). Ce Sirmond était un consolateur de profession, car, déjà en 1617, il avait publié (Paris, in-8°) une *Consolation à M. le Maréchal d'Ancre sur la mort de Mademoiselle sa fille.* Voir une lettre de Balzac à Sirmond, du 4 mars 1631, dans laquelle (p. 211) il le complimente sur un de ses poëmes.

[2] Georges de Scudéry publia, en 1644, *Axiane*, tragi-comédie en prose (Paris, in-4°); mais je cherche vainement quel peut être l'autre volume de prose dont parle Balzac, à moins qu'il ne s'agisse de la préface apologétique assez étendue qui est en tête de sa tragi-comédie d'*Arminius, ou les Frères ennemis* (Paris in-4°, 1644).

[3] Marc Duncan de Cerisantes, qui fut

150 LETTRES

J'ay fait un grand effort pour aller jusques au bout de la Consolation du Père B...[1] Je ne veux pas dire par là qu'il escrive mal; mais c'est que je ne puis plus souffrir le stile déclamatoire et que mes oreilles patissent lorsque ma rayson est offensée. Je vous suplie néanmoins, Monsieur, de faire asseurer le consolateur de mon très-humble service. L'éloge que j'ay fait d'un de ses livres se verra bientost dans le volume de lettres que je prépare.

Je vous envoye une seconde copie de la Cloris[2] du cher Président. Elle a esté retouchée et augmentée d'un couplet. Sçachez, au reste, Monsieur, que ses amours sont chastes et légitimes et que Cloris ne porte pas tout son argent sur la teste : elle en a dans ses coffres pour accommoder les affaires de nostre amy.

XLVIII.

Du 10 juillet 1644.

Monsieur, Je ne veux point me servir du privilége des malades, et mon indisposition ne me peut point empescher de m'entretenir aujourd'huy avec vous, pour le moins à la mode de ce personnage des anciennes fables, *qui philosophabatur, sed paucis.*

Je croy tout ce que vous me dites de la cour, et, quelque mémoire que j'y envoye, je n'en espère quoy que ce soit. Celuy qui fut est encore : il a gasté le présent et l'avenir, et je sçay quelle est la contagion des mauvais exemples. Je ne suis pas d'advis néanmoins de chanter palinodie; et, pourveu que j'en sois quitte pour la perte d'une pension, dont il faut mendier tous les ans le payement, *præclare mecum et libera-*

envoyé en 1644 par le chancelier de Suède à la cour de France, cour auprès de laquelle Grotius était déjà accrédité comme ambassadeur.

[1] Je n'ai pu trouver le nom du religieux auteur de cette ennuyeuse consolation. Ce n'est évidemment pas le P. Binet, de la Compagnie de Jésus, dont le livre (*Consolation des âmes affligées*) avait paru en 1625. Il s'agit ici de quelque harangue consolatrice dans le genre de celle de l'académicien Sirmond déjà citée.

[2] Voir une lettre de Balzac, du 20 août 1643 (p. 645) à la *Cloris de M. Maynard.* Les éloges y sont prodigués tant au poëte qu'à la femme qui l'inspire.

liter agi existimabo. Sans avoir dessein de me faire moine, je médite une retraitte beaucoup plus obscure que celle que j'ay choisie icy, et suis résolu de quitter un désert trop fréquenté pour un autre moins connu et plus esloigné des grands chemins. *Ut de aliis innumeris taceam*, Il ne vient point d'homme du roy en ces provinces, soit de robe longue, soit de robe courte, qui ne me vienne relancer jusque dans mes bois; *et le temps et la Seigneurie*, dont je ne voudrais jamais ouyr parler, sont, malgré moi, les sujets perpétuels de nos fascheuses conversations.

> Tandem, tandem, hæc omnia abrumpere liceat
> Et rure vero barbaroque lætari [1].

Cette transmigration ne se fera point sans que vous en soyez premièrement adverti et que vous sçachiez le lieu où vostre bonté me pourra trouver. Vous verrez par là, Monsieur, que je ne suis point fanfaron de philosophie, et qu'en retranchant un peu de ma despense, je me puis aisément passer des Majestés, des Altesses et des Éminences. Je ne suis que fasché de m'estre laissé duper à la bonne opinion que j'avois de quelques-uns, qui sont cause de trois ou quatre bassesses insérées dans mon discours à la Reine, contre mes premiers sentimens et par le sage conseil des mondains. J'en demende pardon à Dieu et vous conjure, Monsieur, de faire en sorte, par l'entremise de Mr Ménage, que mondit discours ne soit point imprimé en Hollande, affin que j'aye la liberté d'en oster et d'y ajouster ce qu'il me plaira, quand je le feray imprimer moy-mesme. Mr de Saumaise, à qui l'excellent amy en escrira pour l'amour de moy, a assez de crédit en ce pays-là pour empescher cette impression, qui me fascheroit extraordinairement.

Que voulez-vous dire de la bestise de Rocolet? Il sçait que le messager d'Angoulesme n'arrive à Paris que le lundy au soir; et il m'escrit du dimanche qu'il n'a point receu *le paquet que je lui adressois pour vous*, et qu'il ne se trouve point chez le messager, *qui quidem* n'estoit pas encore arrivé. Ce faquin ne cessera-t-il jamais de me fascher et de me

---

[1] Sed rure vero barbaroque lætatur.
(MARTIAL. *Epigr.* lib. III, ep. LVIII, *De villa Faustini ad Bassum*, v. 5.)

donner des allarmes? J'aymerois mieux qu'il fust mort et toute la boutique bruslée que s'il avoit dit la vérité. Quoy qu'il ne sçache ce qu'il m'escrit, je n'auray point l'esprit en repos que je n'aye eu de vos nouvelles là-dessus. Je suis, mais de tout mon cœur, Monsieur, vostre, etc.

Pourquoy me demendez-vous des ordres? Vous, Monsieur, de qui je dépens absolument et qui pouvez faire de moy et de mes livres tout ce qu'il vous plaist. Je croy qu'il n'en faut donner ny à *Conjuges* ny au baron de Noailles, et je croy, de plus, que vous estes trompé au jugement que vous faites de Silhon. Ne jugez point, Monsieur, par vostre vertu de celle des autres. Le mauvais estat où je suis ne me permet pas de vous en dire davantage.

XLIX.

Du 17 juillet 1644.

Monsieur, Vous aurez receu ma dernière lettre par une autre voye que celle du sieur Rocolet. S'il eust esté aussi diligent en la conduite de l'impression du livre qu'à l'ajustement des vers françois au-dessous de la taille-douce, nous n'aurions pas eu tant de sujet de crier contre ses fatales longueurs et de mettre en proverbe : *Que la mort nous vienne de la boutique du sieur Rocolet.* Le nom de Mainard est absolument nécessaire, ainsi que vous avez pris la peine de le mettre de vostre main dans l'épreuve que vous m'avez fait la faveur de m'envoyer, que je treuve très-bien à cela près, et pourveu qu'on n'oublie pas l'apostrophe sur la première syllabe de *l'imite*. Il n'y a que cette nouvelle sorte de D qui ne plaist point à mes yeux. Mais tous les yeux ne sont pas si délicats que les miens, et de là ne dépendent pas les destinées de la France : *ut de fato Græciæ olim dictum est.*

Je viens de recevoir présentement ce que vous m'avez envoyé par le messager, et nous verrons à loysir la guerre pédagogique et les vers consolatoires. Le jésuite Le Moyne m'a envoyé par la mesme voye un manifeste pour son party [1], mais je ne sçay si j'auray le courage de le lire, et il me semble que ces querelles devroient finir, aussy bien que la Monmoréide.

Je suis toujours bien empesché de ma misérable personne, et je croy que je mourrois de chagrin, si la présence de Mr Mainard ne me soustenoit. C'est, Monsieur, vostre, etc.

Le messager d'Angoulesme qui part demain vous porte quatre rames de papier, du plus beau qui se face en ce pays. Mr Costar, qui n'est pas si scrupuleux que vous, souffre que je le régale tous les ans de ces petits présens qui sont icy à ma bienséance [2]. Mais il faut vous traiter à vostre mode, et je vous manderay au premier jour ce que je désire que vous me donniez pour mon papier, qui arrivera à Paris un jour après cette lettre. Il est adressé *à Monsieur Chapelain, au logis de M. Rocolet, et cæt.*, et doit arriver à Paris un jour après cette lettre.

L.

Du 25 juillet 1644.

Monsieur, J'ay leu la prose et les vers que vous m'avez fait la faveur de m'envoyer, et celle-là me semble meilleure que ceux-cy. Le poète est toujours asiatique et s'espand toujours plus qu'il ne faut. Qu'il auroit besoin de cette hache virgilienne pour couper le superflu et pour

---

[1] Pierre Lemoyne, né à Chaumont en 1602, mort à Paris en 1671. Il publia en 1644 (Paris, in-8°) le *Manifeste apologétique pour la doctrine des Jésuites* ici mentionné. En 1652, il fit paraître sa *Dévotion aisée*, en 1658, son poëme épique sur *Saint Louis*, en 1660, sa *Galerie des femmes fortes*. On se souvient des plaisanteries de Pascal et de Boileau. Nicole et Le Maître de Sacy ont aussi critiqué en lui le théologien. Quant au poëte, il a été apprécié tour à tour par le P. Rapin, par Titon du Tillet, par Baillet, par l'abbé Goujet, par Châteaubriand (*Génie du Christianisme*), par Viollet-le-Duc (*Bibliothèque poétique*), etc. Rappelons que le P. Senault, de l'Oratoire, trouvait la prose du P. Lemoyne si emphatique, qu'il disait de lui : «C'est Balzac en habit de théâtre.»

[2] Une des lettres de Costar à Balzac (p. 625 de la première partie des *Lettres de Monsieur Costar*), débute ainsi : «Quand j'emploirois tout ce beau papier dont vous m'avez régalé à vous écrire de très-humbles remerciemens, je ne me satisferois pas.»

réduire cinquante à dix! La matière d'Orbilius Musca ne finira-t-elle jamais, et sera-ce l'éternel exercice des docteurs latins? Parlera-t-on sans fin de mangeurs, de parasites et de Gnatons? Quoyque la dernière pièce soit latine, sçavante, et, si vous voulez, ingénieuse, elle ne laisse pas de m'ennuyer. La variété plaist à l'esprit aussy bien qu'aux yeux, et vous sçavez que, pour ne les point lasser, il leur faut quelquefois changer les objets. Il n'y a rien à dire après ce qu'a dit nostre incomparable ami, et c'est un dessein téméraire de vouloir ajouster quelque chose à son excellente Monmoréide? Le Diogène qu'il nous promet viendra-t-il bientost, et quand me verray-je si près d'un homme qui m'a fait du mal? Je veux dire M. Botru [1], si l'abbé comique est véritable, que j'ay souvent surpris en mensonge [2]. Si vous jugez à propos de luy donner de ma part un de mes livres, vous le pourrez faire, et *toute autre chose que l'occasion vous peut conseiller, sans attendre là-dessus ma volonté.*

J'estime et honnore parfaitement les deux personnes dont me parle vostre lettre; mais permettez-moy de vous dire encore une fois que c'est se moquer d'un homme que de luy donner des conseils quant il demende de l'ayde, et que les conseils sont ridicules quand ils ne se peuvent exécuter. *Sed satis est ineptiarum, tandiu aliquando desinamus.*

J'attendois aujourd'huy quelques exemplaires, et M. Mainard les attendoit beaucoup plus que moy; mais Rocolet n'a garde de perdre ses bonnes coustumes, et il n'a pas manqué de les faire porter chez le messager deux heures après qu'il a esté party de Paris. J'ay peur que

---

[1] Guillaume Bautru, comte de Serrant, né à Angers en 1588, mort à Paris en 1665. Il fut membre de l'Académie française, conseiller d'État, introducteur des ambassadeurs, et ensuite ambassadeur lui-même. Chapelain (*Mélanges*) a dit de lui que «les relations de ses ambassades ne peu-«vent être mieux écrites.» Chapelain ajoute: «Il a l'âme noble et bienfaisante, surtout aux «savants qu'il apprend être incommodés, «dont il y a plus d'un exemple.» Pour d'autres témoignages, voir Tallemant des Réaux, le *Menagiana*, les *Mémoires* de Michel de Marolles, ceux de Daniel Huet, etc.

[2] A cette malice contre l'abbé de Boisrobert, on peut opposer les innombrables compliments qui lui ont été adressés par Balzac dans ses lettres, notamment pages 28, 77, 140, 162, 234, 342, 395, 467, 586, 716, 717, etc.

le quatrain du président irrite de nouveau l'envie, et, si j'eusse pu (sans l'offenser) ne le pas faire mettre soubs la taille douce, je vous asseure que je me fusse passé bien aisément de cette nouvelle gloire et que ce seroit encore un secret entre luy et moy. La chose n'est plus en son entier, et j'apprens que l'ancien intendant des plaisirs nocturnes, et moderne seigneur de Logeri[1], s'est desjà inscrit en faux contre le second vers, et soutient que je n'ay jamais esté de la cour; mais le président respond qu'il parle en ce vers de ma vertu et non pas de ma personne, et qu'un hermite peut estre estimé dans le grand monde encore qu'il ne parte du désert, *sic adversante frustra Porcherio, Deos Deasque testatur integerrimus præses se historice locutum.* Vous estes tousjours le cher objet de mon souvenir et de ma passion, *et quem deferet impotenti amori. Alio modo,* je suis de toute mon ame, Monsieur, vostre, etc.

Mʳ Mainard part d'icy, après y avoir attendu inutilement l'effet des promesses de Rocolet. Je luy avois promis trois exemplaires, l'un pour luy, l'aultre pour le premier président de Tholoze[2] et le troisième

---

[1] C'est Honorat Laugier, sieur de Porchères, mort, d'après la *Muse historique* de Loret, le dimanche 26 octobre 1653, à l'âge de 92 ans. Il ne faut pas le confondre avec un autre académicien, Provençal comme lui, mais mort en 1640, qui s'appelait François d'Arbaud de Porchères. Tallemant des Réaux (t. IV, p. 323) nous apprend que Laugier (Honorat), qui avait chez la princesse de Conti «l'employ de faire les ballets et autres choses semblables,» prit la qualité d'*Intendant des plaisirs nocturnes.* La *Nouvelle Biographie générale* a prétendu bien à tort (au mot *Arbaud*), que ce fut le disciple et ami de Malherbe qui, «sous la «régence de Marie de Médicis, occupa à la «cour la singulière charge de surintendant «des plaisirs nocturnes.» Le témoignage de Balzac montre une fois de plus combien Tallemant est généralement bien informé. Du reste, Saint-Évremond, auteur de la *Comédie des Académistes,* avait lui aussi fait dire à François d'Arbaud (ce qui rend plus excusables les méprises de nos critiques contemporains) :

Et vous n'ignorez pas que j'eus, dans la régence,
Des nocturnes plaisirs la suprême intendance.

[2] C'était alors Jean de Bertier, baron de Montrabe et de Launaguet, nommé premier président du parlement de Toulouse le 28 février 1632, mort en 1652. Balzac lui écrivit, le 7 janvier 1643 (p. 636) : il lui parlait dans cette lettre de leur commun ami le poëte président Mainard, et aussi il y louait beaucoup les vers latins composés sur *les images de Tholose* par le père du premier

pour le comte de Clermont[1]. Je vous prie, Monsieur, que ces trois exemplaires soient donnés au père Flotte, le jour mesme de la réception de ma lettre, ou pour le plus tard le lendemain, affin que l'amy les puisse avoir au plus tost. Vous ne me mandez rien de Gevartius ny de Manile, et le cher semble faire le sourd quand je luy demende un exemplaire de la vie de Mamurra; je n'ay plus le mien, et il faut bien que j'en aye un autre, pour travailler à l'histoire du Barbon.

LI.

Du 28 juillet 1644.

Monsieur, Je vous fais ce mot pour vous recommander un paquet que vostre cher m'a laissé en partant d'icy. Je vous escrivis il y a trois jours et attends aujourd'huy de vos nouvelles. S'il vous vient quelque chose en la pensée, n'attendez point mon consentement et faites tout ce que vous jugerez à propos. Je pense qu'un exemplaire suffira pour la maison de Mme de Brienne, et la femme doit estre comptée pour le mary : aussi bien l'appelle-t-il son maistre. J'oubliois à vous dire que les *foux de dévotion,* que vous ajoustez aux foux d'ambition et aux foux d'amour, me plaisent extremement dans vostre dernière lettre.

Je suis, Monsieur, vostre, etc.

président, auteur qu'il compare à Virgile. Bayle, dans une note de l'article *Vérone* de son *Dictionnaire critique,* a dit de Jean de Bertier : « C'étoit un grand homme. » Voir, au sujet de sa nomination, l'éloge de ce magistrat dans la *Gazette* du 5 mars 1632, p. 98.

[1] Voir une lettre de Balzac au comte de Clermont de Lodève (p. 614) où, le 2 septembre 1639, il lui dit : « On vous trouvera « dans le chasteau que les Fées bastirent à vos « pères sur les bords de la Dordoigne. » Il y a (p. 615) une autre lettre au même grand seigneur (du 25 juin 1640). Sur Alexandre de Castelnau, d'abord marquis de Sessac, puis comte de Clermont-Lodève, voir les *Historiettes* de Tallemant des Réaux, les *Œuvres* de Théophile de Viau (*Lettres,* passim), au tome II de l'édition de la bibliothèque elzévirienne, 1855, les *Additions* de Le Laboureur aux *Mémoires* de Castelnau, etc.

LII.

Du 1ᵉʳ aoust 1644.

Monsieur, Je suis donc philosophe tout de bon, et les maux du corps ne me mettent point l'esprit en désordre. Cajollez toujours ainsy ma philosophie, affin qu'elle se pique d'honneur, affin qu'elle soit ferme et constante, affin qu'elle conserve le bien que vous dites d'elle. *Sic commendatione tua crescam, et qualem me velis facies.*

J'ay lu les lettres que Mʳ de Saumaise a escrites à Mʳ Ménage, et je vous conjure, Monsieur, d'asseurer ce cher Ménage que je m'estime heureux d'estre aymé de luy, que je le porte tousjours dans le cœur, que je ne parle jamais de sa vertu qu'avec transport. Mʳ Mainard luy veut demender ses bonnes graces par une lettre qu'il luy doit escrire, s'il ne va bientost à la cour luy faire cete prière de vive voix. Cependant il m'a chargé, en partant d'icy, de luy envoyer son *Alcipe* de la dernière révision; et vous le trouverez cy enclos avec de nouvelles beautés, et une magnificence horatienne qui ne doit rien, à mon advis, à celle du comte Fulvio. La Cloris attend encore quelque ajustement pour estre digne d'Alcipe, et pour se pouvoir dire achevée. Les lettres Salmasiennes ne parlent ny près ny loin de l'affaire de Heinsius, et je ne sçay si la réconciliation a tenu, ou s'il s'est fait une nouvelle rupture. Je serois bien aise qu'on fist à Leyden une impression des diverses œuvres et qu'on y travaillast à l'heure mesme qu'ils auront veu celles de Paris affin qu'elle fust achevée à la St-Martin ou un peu après. Il faudroit qu'elle fust du charactère et de la taille de leur Cicéron, ou du livre *De lingua hellenistica*, que je trouve très-bien imprimé [1]. *Mon Discours à la Reyne seroit mis à la fin des aultres Discours;* et, pour cet effet, je l'envoyeray dans un mois à Mʳ Ménage, reveu, corrigé et en l'estat où je désire qu'il demeure. Vous le prierez donc, s'il vous plaist, de ma part, d'en escrire au plus tost à Mʳ de Saumaise et de luy recom-

---

[1] La dissertation de Saumaise déjà citée.

mander la diligence. Ce secret périra cependant entre nous trois, affin que la lumière de l'impression Elzévirienne apparoisse en France avant qu'on en ait ouy parler.

Je viens de trouver parmy mes papiers une copie de la dernière lettre que j'ay escrite à mon dit Sr de Saumaise, et je vous l'envoye m'ymaginant que vous ne serez pas fasché de la voir, et de la faire voir à nostre très cher, qui certes me fait un peu trop languir en l'attente de son Mamurra, sans lequel je ne puis travailler comme il faut à mon Barbon.

Je ne sçavois pas que Mr de Berville[1] fut à Paris; et sçachez, Monsieur, je ne croy pas seulement qu'il vaut deux fois plus que son amy, mais je croy encore qu'il vaut deux fois plus que l'amy de son amy, quoy que cet amy passe aujourd'huy pour l'oracle de l'Estat, et que *habeat omnia jura in scrinio pectoris*, et que M^r d'Emery[2] ait esté contraint de luy demender son amitié.

Le messager est venu pour la seconde fois et ne m'a rien apporté. *O lentas plumbei Rocoleti maxillas!* Il faut s'arrester là pour l'honneur de ma philosophie, qui se mettroit bientost en cholère, quelque bien que vous ayez dit d'elle.

Je suis, Monsieur, vostre, etc.

Je vous escrivis il y a trois jours, et vous envoyay un paquet de Mr Mainard pour le père Flotte. Par vostre dernière lettre vous me parlez de Mr Gomberville; mais ne vous a-t-il point parlé d'une lettre que je luy escrivis, il y a quelque temps, à la prière d'un gentilhomme

---

[1] Il est ainsi parlé de ce personnage dans une lettre de Balzac à l'abbé de la Victoire (M. de Coupeauville) du 26 décembre 1631 (p. 252): «Nostre M. de Berville ne désapprouve point, je m'asseure, cette sorte de sagesse.» Voir des vers latins: *Carolo Bervilio* (p. 68 de la seconde partie du tome II des *OEuvres complètes*).

[2] Michel Particelli, sieur d'Émery, que Mazarin avait appelé, en 1643, au poste de contrôleur général des finances, et qui mourut en 1650, après avoir amplement mérité ces malédictions, qui, suivant sa remarque, étaient fatalement la part des surintendants. Le cardinal de Retz (*Mémoires*, t. II, p. 129) l'a présenté comme «l'esprit le plus corrompu de son siècle.»

de mes amys qui me demendoit sa connoissance ? Je ne sçay si elle lui a esté rendue.

LIII.

Du 7 aoust 1644.

Monsieur, Il n'y a point de mauvaise cause entre vos mains; vous sçavez plaider admirablement, et c'est trop peu à vostre bien dire d'appaiser un mortel quand il se fasche : il désarmeroit Jupiter, quand il se met en fureur, quand il lève le bras pour lancer la foudre. Le gros homme[1] n'est donc pas seulement innocent, mais je suis coupable, si je ne le croy aussi juste qu'Aristide, et si je n'avoue avec vous qu'il n'y a pas un coin de la vastité[2] de ses entrailles qui ne soit rempli de vertu et rembourré d'excellentes intentions. Vous plaist-il que nous le mettions au nombre des hommes illustres ? que nous lui donnions rang parmi les héros ? Après l'éloge que vous en avez fait, il n'est rien de si haut à quoy il ne doive prétendre, et nous le placerons, si vous voulez, vis-à-vis de saint Jean Portelatin. Il a présenté le mémoire, et me mande que Solon luy a dit, en se plaignant de moy amoureusement, *que je ne me souvenois plus de luy, et que je ne luy avois pas escrit depuis tant de temps*. Ce reproche gracieux m'a obligé de luy escrire, et, affin que vous n'ignoriez rien de mon petit particulier, je vous envoye copie de ma lettre. Qu'il m'oblige ou qu'il ne m'oblige pas, la chose m'est presque indifférente, et un remerciement d'une douzaine de lignes m'incommoderoit peut-estre plus que quatre mille livres que je demende ne me pourroient accommoder. Que je hay la cour et que j'estime peu ses faveurs ! Que je suis las du monde et de moy mesme !

---

[1] Rocolet.

[2] Le mot Vastité, qui n'est ni dans le *Dictionnaire de l'Académie*, ni dans le *Dictionnaire de Trévoux*, avait été déjà employé par Montaigne dans cette remarquable phrase (*Essais*, liv. II, chap. xii) : « Il n'est cœur « si mol que le son des trompettes n'es-« chauffe, ny si dur que la douceur de la « musique n'esveille et ne chatouille ; ny âme « si revesche qui ne se sente touchée de « quelque révérence à considérer ceste *vastité* « sombre de nos esglises. »

Mais n'en parlons plus et laissons Balzac et le monde comme ils sont. Je vous ay desjà fait sçavoir quel est mon sentiment de la guerre parasitique et de l'histoire d'Orbilius. L'esprit et la latinité de ces messieurs me plaisent extremement; mais, au nom de Dieu, qu'ils changent *tandem aliquando* de matière, *neve senescam in hoc ignobili stadio et crambes repetitæ proverbia*[1] *in se irritent*. Je n'ay pu encore me résoudre à lire le manifeste du Révérend[2] :

Simia quam similis, turpissima bestia, nobis[3] !

Vous ne sçauriés croire combien cette canaille me fait dépit. Mais, si les laquais barbouillent les murailles de figures sales et mal faites, faut-il pour cela accuser Raphaël d'Urbin ?

Il faut bien que le petit Bonair ait eu de mes livres, et que vous mentiez pour l'amour de moy, luy protestant qu'il est dans la liste. Il ne me le pardonneroit jamais, si vous ne me prestiez cette fourbe officieuse. Mais que fera-t-on à la damoiselle de Gournay[4], qui se plaint aussi et se scandalise ? Je vous jure qu'on m'avoit asseuré qu'elle estoit morte, outre que la dernière fois qu'elle m'escrivist elle me mandoit que c'estoit pour la dernière fois, et qu'elle ne pensoit pas avoir le loysir d'attendre ma response en ce monde[5]. Je la tenois femme de parolle,

---

[1] J'ai déjà eu l'occasion de citer le vèrs, devenu proverbe, de Juvénal.

[2] Le père Lemoyne. Le 18 août 1639, Balzac écrivit bien différemment à Chapelain (p. 794) : «Je ne vis jamais une plus «heureuse naissance (débuts littéraires du «fécond écrivain), et vous dis de plus, mais «je veux que cela passe pour oracle, que, si «M. Chapelain est le conseil du P. Le Moine, «le P. Le Moine réussira un des grands per-«sonnages des derniers temps.»

[3] C'est un vers attribué par Cicéron (*De natura Deorum*, lib. I, cap. xxxv) au vieil Ennius. Ce vers, que l'on a traduit ainsi :

Tout difforme qu'il est le singe nous ressemble,

sert d'épigraphe au poëme d'Alex. Thomassen (*Pithecologia*, Amsterdam, 1774).

[4] Marie de Jars de Gournay, sur laquelle M. Léon Feugère (1853) et M. Ch. L. Livet (*Moniteur universel* d'avril 1857) ont réuni à peu près tous les renseignements qu'il était possible de trouver.

[5] La *fille d'alliance* de Michel de Montaigne n'avait guère moins de quatre-vingts ans quand Balzac plaisantait si cruellement sur le tort qu'elle avait eu de ne pas mourir encore. La pauvre fille ne tarda pas, du reste, à quitter ce monde (13 juillet 1645). Il est curieux de rapprocher de cette lettre si dure l'aimable lettre du 30 août 1624

et me l'imaginois desjà habitante des champs Élysées; car, comme vous sçavés, elle ne connoist point le sein d'Abraham, et n'eust jamais grande passion pour le Paradis.

Ce que je désire pour mes frais et pour mon papier, c'est un Virgile italien d'Annibal Caro[1] que vous me trouverez entre cy et Pasques; et vous m'envoyerez présentement une paire de gans de frangipane[2], avec quatre petites fioles d'essences romaines, que je vous prie de demender de ma part à Mme la marquise de Rambouillet; mais je vous déclare que, si elles ne viennent de l'hostel, je n'en veux point, et que je les vous renvoyeray par le mesme messager qui me les apportera. J'ay le discernement des esprits, autrement le don de connoistre les essences. Mille très-humbles baisemains à nostre très-cher Mr Ménage.

Je suis, Monsieur, vostre, etc.

J'attens la liste que vous m'avez promise, et nouvelles du pacquet

(p. 117) où il lui disait: «Ce n'est pas un «péché à une femme d'entendre le langage «que parlaient autrefois les Vestales. Si mon «approbation est de quelque poids, vous la «pouvez adjouster en vostre faveur à celle «de Lipse et de Montaigne, etc.» et surtout le huitain si gracieux de la page 15 des *Carmina et Epistolæ*, intitulé: *De Maria Gornacensi, ad Marcum Antonium Molsam*, et qui se termine ainsi:

Filia digna patre est, digna Sibylla Deo.

Le correspondant de Balzac n'avait pas beaucoup plus de sympathie pour Mlle de Gournay que lui-même. Dans les *Mélanges de littérature tirés des lettres manuscrites de Chapelain* (Paris, 1726), on lit (p. 11, lettre à Godeau du 28 novembre 1632): «Nous manquâmes heureusement la demoi-«selle de Montagne en la visite que M. Con-«rart et moi lui fimes il y a huit jours. Je «prie Dieu que nous le fassions toujours de «même chez elle, et que, sans nous porter «aux insolences de Saint-Amant, nous en «soyons aussi bien délivrés que luy.» On lit encore (p. 12, lettre au même, année 1635): «La philosophie ne s'accommode pas avec «la marchandise, et je n'aime pas que la «fille du grand Montagne publie qu'elle ne «fait réimprimer ses *Essays* que pour ho-«norer sa mémoire, et que néanmoins elle «y cherche de l'intérêt...»

[1] La traduction de l'*Énéide* par Annibal Caro parut pour la première fois à Venise en 1581 (in-4°). Il serait trop long de citer les nombreuses éditions qui suivirent celle-là, et parmi lesquelles il suffira de mentionner celle de Mantoue (1586) et celle de Venise (1592).

[2] Gants faits avec une peau parfumée. Ce

que je vous ay addressé pour Mr Mainard. J'envoyeray demain un de mes livres à M^r le Chantre, et vous sçavés bien pour l'amour de qui.

LIV.

Du 15 aoust 1644.

Monsieur, Il n'est rien de plus vray que ce que vous m'escrivez du secrétaire d'Irène, autrement du poëte Rufus[1], et quand il ne m'admi-

parfum, dit le *Dictionnaire de Trévoux*, a pris son nom d'un seigneur romain de la maison fort ancienne des Frangipani, qui en a été l'inventeur. Voir, sur ce seigneur (Pompeo Frangipani), Le Laboureur (*Additions aux Mémoires de Castelnau*, t. II, p. 65). Le *Dictionnaire de la langue française* par M. Littré cite, sur les *gants de frangipane* ou *à la frangipane*, une lettre du Poussin et une lettre de Voiture.

[1] Une gracieuse communication de M. P. Paris me permet de faire connaître le personnage caché sous le nom de *Rufus* : c'est Jean Baptiste Croisilles, abbé de la Couture, natif de Béziers, mort en 1651 «dans une «extrême pauvreté,» dit Goujet (*Bibliothèque françoise*, t. XVI, p. 147), d'après les *Mémoires de Michel de Marolles* (édit. in-12 de 1755, p. 359). Balzac le surnomme *Rufus* parce qu' «il estoit rousseau,» ainsi que l'assure Tallemant des Réaux, qui lui a consacré une de ses plus jolies historiettes intitulée : *Croisilles et ses sœurs* (t. III, p. 33). M. P. Paris a cité (*Commentaire*, p. 40) deux épigrammes contemporaines, d'où il résulte que Croisilles ne possédait d'autre «or que celui de sa barbe et de ses «cheveux.» Pour la couleur et pour la gueuserie, on le voit, le signalement est des plus exacts. Quant à l'expression *secrétaire d'Irène*, ce doit être, si le copiste a bien lu ce dernier mot, une allusion à quelque *épître* écrite par Croisilles sous le nom d'une Irène imaginaire. M. P. Paris (*Commentaire*, p. 38) a rappelé que Balzac, en ses *Entretiens* (1657, p. 84), voulant justifier la préférence qu'il donne aux roses sur les autres fleurs, s'exprimait ainsi : «Je pour«rois en prendre chez les sophistes et tra«duire une douzaine de lettres de Philos«trate, toutes pleines de bouquets de roses. «Ce sophiste, qui fut le Croisilles de son «siècle, j'entends le Croisilles, *secrétaire de* «*Zéphir à Flore*, se joue de vos roses en «mille façons.» Une lettre de François Ogier à Michel de Marolles (en tête de la traduction des *Épîtres héroïdes d'Ovide* par l'infatigable abbé de Villeloin, 1661) nous fournit d'autres éclaircissements : «C'était alors la «fureur de certains écrivains de se faire «secrétaires, comme Ovide, des héroïnes «amoureuses de l'antiquité : Croisilles fut le «premier qui entra dans cette carrière, où «il réussit assez bien, et reçut beaucoup «d'applaudissements de la Cour. Tous les «rieurs pourtant n'étaient pas de son côté, «si ce n'est qu'on veuille dire que c'étoient «ses envieux qui l'appeloient par mocquerie «le *secrétaire de l'Aurore.*» Nous voyons dans les *Mémoires* de l'abbé de Marolles (édition déjà citée, t. I, p. 82) que Malherbe s'amusait à surnommer Croisilles le *secré-*

reroit pas, comme vous dites qu'il fait, je ne laisserois pas de l'estimer extremement, et de louer l'élégance de ses muses, en accusant aussy bien que vous leur mendicité. Je croy tout ce qui vous semble du dessein de nostre très cher sur Diogène Laerce, et ne pense pas qu'il y ait homme au monde plus capable de bien discuter toutes ces différentes philosophies que le Trismegiste Gassendi[1]. Il faut estre artisan pour connoistre et pour juger des secrets de l'art, *nec sapientem intelligit nisi sapiens, et cætera.*

Les vers lyriques que le brave Cérisante vous envoya de Suède, l'année passée, me plaisent bien davantage que les hexamètres qu'il vous en a apportés, dans lesquels je trouve quelque obscurité pour ne rien dire de pis. Je l'ay bien nommé au sieur Rocolet, avec l'incomparable Mr de Berville. Et, quoy qu'il ne fust point besoin de ce nouvel ordre, je luy ay escrit en termes exprès, qu'il fit absolument ce que vous luy ordonneriez pour la distribution des exemplaires, puis-

---

taire *des dieux*. Une lettre du poëte normand à Balzac, de janvier 1625, roule sur une querelle qui éclata, cette même année, entre Balzac et Croisilles (p. 89-97 du tome IV des *OEuvres complètes de Malherbe*, publiées par M. L. Lalanne). A la page 91, M. Lalanne a mentionné une *Lettre du sieur de Croisilles contre Mr de Balzac, écrite à M^r le conte (sic) de Cramail* (Paris, 1625, in-f°). Marolles, Goujet et d'autres encore ont adopté, pour le nom de l'auteur des *Héroïdes*, de *Tyrcis et Uranie*, etc., la forme : *De Crosilles*.

[1] Pierre Gassendi, né en Provence à Champtercier en 1592, mort à Paris le 24 octobre 1655. Balzac avait raison de croire que Gassendi était le plus compétent des hommes en ces questions, car, dès 1630, comme l'a remarqué son plus récent biographe (M. B. Aubé, dans la *Nouvelle Biographie générale*), il s'occupait, à propos

d'Épicure, «à traduire en latin le Xe livre «de Diogène Laërce. Il fouillait les bibliothèques, rapprochait les textes, comparait «les différentes leçons, demandait à ses amis «des explications sur les passages obscurs... «Il étudiait aussi les autres philosophes.» Balzac, écrivant à Conrart, le 26 janvier 1641, disait à Gassendi, auteur de la *Vie de Peiresc (De Vita Nicolai Claudii Peireskii*, Paris, 1641, in-4°) : «Je connois qu'il sçait «l'art d'escrire, et que sa latinité est du bon «temps, et partant il fera grand honneur à «la mémoire de son ami.» Balzac avait dû être flatté de trouver dans la vie de Peiresc (à la fin du VIe livre) la mention de sa lettre à M^r L'Huillier, qui est une sorte d'oraison funèbre du savant conseiller au parlement d'Aix, mention accompagnée de cet éloge : *Cui nemo non gallice modo, sed latine etiam scribentium, elegantiæ palmam non facile cedat.*

qu'il en faut donner par dessus le nombre qui est spécifié dans la liste.

Je sçay que Porcherago[1] radote il y a longtemps, et qu'il a tous jours quelque Reine ou quelque Impératrice pour objet de son amour. Mais, à vous dire le vray, je ne me soucie guères de ses resveries, et guères davantage des morsures de l'Envie dont je vous avois tesmoigné quelque appréhension. Le quatrain français n'est pas plus magnifique que le latin, je ne suis auteur de l'un ny de l'autre; et pourquoy mon amy Bourbon et mon confident Mainard n'oseront-ils parler aussy hautement de moy que Gabriel Naudæus a parlé de Colletet dans une lettre imprimée, qu'on me vient de faire voir, où il le nomme *vatum qui nunc in Gallia castigatissime scribunt longe præstantissimum*[2] ? Il est permis à un chacun de trouver belles ses amours et d'appeler sa femme sa Junon, tesmoing ce coquin que vous avez veu autrefois dans les comédies de Plaute.

J'ay receu la *Lettre aux Evesques* et le *Traité de la servitude volontaire*, mais je n'ay point encore receu les exemplaires de la vie de Mamurra, dont vous ferez, s'il vous plaist, reproche au sieur Rocolet, et tout ensemble mes remerciemens à Mʳ Ménage. Je vous renvoye la lettre que Mʳ de Saumaise luy a escrite, et vous suplie de sçavoir de luy quel homme c'est qu'un *Gaspar Barthius Allemand*[3], qui a fait un livre de

---

[1] Honorat Laugier de Porchères.

[2] Je n'ai pas retrouvé le passage cité par Balzac dans le Recueil des lettres latines de Gabriel Naudé, qui parut à Genève (1667, in-12).

[3] Barthius (Gaspard), que Bayle appelle «l'un des plus savants hommes et l'une des «plus fertiles plumes de son siècle,» naquit à Custrin, au pays de Brandebourg, le 22 juin 1587, et mourut le 17 septembre 1658. Ses ouvrages les plus connus sont ses *Adversaria* et ses Commentaires sur Stace et sur Claudien. C'est probablement des *Adversaria* que veut parler Balzac, car cet ouvrage de critique, dont le titre réel est celui-ci : *Adversariorum commentariorum libri LX, antiquitatis tam gentilis quam christianæ monumentis illustrati,* a le redoutable format du *Calepin* (Francfort, 1624, in-fol.). Le second volume n'a jamais paru. L'auteur laissa en manuscrit les livres LXI à CLXXX, qui auraient rempli au moins deux volumes aussi énormes que le premier. (Voir sur Barthius, Moréri, Bayle, Niceron, trois dissertations spéciales de Kromayer, de Lage, de Weinhold, toutes les trois en latin, indiquées par la *Nouvelle Biographie générale,* etc.)

critique plus gros que le *Calepin*, et qui promet encore un second volume.

.... Superatne et vescitur aura
Ætherea[1]?

Ne verray-je point les *Minutius* de M⁽ʳ⁾ Rigault, et ne sçauray-je point des nouvelles de son collègue nostre très cher[2], c'est-à-dire ne m'en ferez-vous point sçavoir sans luy donner la peine de m'en escrire et à moy de luy respondre ?

Je viens présentement de recevoir une lettre très-obligeante et très cordiale de M⁽ʳ⁾ l'Évesque de Grasses et m'en vais de ce pas luy en tesmoigner mon ressentiment. Je dors[3] pourtant en achevant de barbouiller ce papier. C'est, Monsieur, vostre, etc.

J'attens la liste que je vous ay demendée, affin de sçavoir tous les exemplaires qui ont esté donnés ; mais je vous apprens, Monsieur, que Rocolet m'a fait très-grand desplaisir d'en donner en mon nom à des personnes que je ne connois point. Que ces personnes-là soient rayées de la liste que je vous demende.

LV.

Du 22 aoust 1644.

Il y a quatre jours que je souffre, et je vous écris après une nuit aussy mauvaise que celles de M⁽ʳ⁾ Ménage estoient autrefois heureuses. Qu'il y a de peine à se soutenir sur des ruines ! Que mon corps me pèse et m'importune ! Qu'il me couste cher d'estre homme et de vivre,

Si sit vivere non valere vita!

Mais faut-il tousjours vous rompre la teste avec mes plaintes ? Faut-il que je sois éternellement *non minus querulum quam miserum negotium ?*

---

[1] .... Superatne, et vescitur aura ?
Quem tibi jam Troja...
(VIRGIL. *Æneid.* III, 339.)

[2] Luillier.

[3] Le copiste s'obstine à mettre *je dois*, partout où Balzac écrit : *je dors*.

Vous estes si bon, Monsieur, que vous voulez compatir à ma misère, et je pense d'ailleurs me soulager un petit quand je vous escris l'histoire de ce qui m'accable; mais pourtant n'en parlons plus.

J'escriray donc à ce Mr de Lionne[1], puisque vous me l'ordonnés ainsy, et n'oublieray pas ce cher et ancien amy, *de quo mihi nec bella nec vera (quod gaudeo) nunciabantur.* Je vous remercie cependant de tout mon cœur de vos soins et de vos bontés accoustumées, dans lesquelles il entre toujours quelque tromperie innocente et bien inventée et quelque dol obligeant et ingénieux. Vous estes l'incomparable amy; mais, quoyque je sois inférieur de vertu, je tascheray de vous égaler en bons désirs et en bonne volonté, affin que je n'ay pas dit à faux :

Ibit in Annales *nostri* quoque fœdus *amoris* [2].

Eusse esté à vostre advis un grand crime ou un grand malheur de monstrer à Mr de Berville l'article dont vous me parlez? et sa Politique ou sa Morale en eust-elle esté extrêmement offensée, après luy avoir représenté que je suis un fort bien intentionné et que le chagrin me dicte tousjours plus de la moitié de mes lettres? Il doit à présent avoir eu un de mes livres; au moins l'ay-je ainsy ordonné, et en ay desjà escrit trois ou quatre fois. Mais vous ne me mandez rien de Mr de Bailleul, de M^r d'Emery, de M^r ou de Madame de Liancour, et je ne sçay s'ilz ont ou estimé ou mesprisé mon présent. Je sçay bien qu'il falloit le leur faire présenter par quelque personne qui sceut présenter de bonne grace, et qu'un valet du sieur Rocolet n'est pas assez honneste homme pour cela. Au reste, Monsieur, si vous voyez le petit, asseurez-le fortement de mon inviolable affection, et empeschez-le de trouver mauvais l'employ de Mr Rivière dans l'affaire dont j'ay appris

---

[1] Hugues de Lionne, marquis de Berny, alors conseiller d'État (depuis 1643), qui allait être bientôt (1646) secrétaire de la Régente, et qui, plus tard, devait être un si habile ambassadeur et un si grand ministre. Personne n'a mieux rendu justice à Lionne que M. Mignet dans sa belle *Introduction aux négociations relatives à la succession d'Espagne.* (*Documents inédits sur l'Histoire de France.*)

[2] Voir ci-dessus, lettre XLI, du 23 mai 1644.

l'ouverture par vostre lettre, puisque c'est luy qui a présenté mon livre à Son Éminence et ma lettre à Mʳ le Chancelier, et que d'ailleurs on m'avoit escrit que ledit petit estoit si occupé dans ses affaires particulières, que difficilement pourroit-il vaquer à celles d'autruy. Je ne respons point à sa dernière lettre, non plus qu'à celle de Mademoiselle de Gournay, que je vous envoye, et je suis assez malade pour ne vous escrire point à vous-mesme, si je ne sentois quelque sorte de soulagement quand je vous escris.

Je désire sçavoir au vray combien d'exemplaires ont esté donnés en mon nom, et en attends une liste très exacte. Je vous suplie que cela soit fait ponctuellement, et dans vostre régularité ordinaire. Je suis sans réserve, Monsieur, vostre, etc.

J'ay trouvé d'estranges dislocations dans les exemplaires que Rocolet m'a envoyés. Et que sera-ce s'il y a des feuilles ainsy transposées dans ceux qu'on envoye en Italie et ailleurs?

LVI.

Du 29 aoust 1644.

Monsieur, J'ay ouy dire autrefois à un bon Père que, dans une certaine légende, il y a une sainte-stupidité. Cet animal, sur lequel Silène couroit la bague, a esté célébré par plus d'un autheur. Le grand Heinsius en a fait son héros dans un panégyrique deux fois plus long que celui de Pline[1], et, si la machoire pesante[2] dont vous me parlez opéroit le miracle que vous voudriez, pourquoy ne seroit-elle pas aussy apothéosée, ou canonisée? Choisissez lequel des deux vous

---

[1] Ce fut sous le voile de l'anonyme que Daniel Heinsius publia, en 1623, à Leyde (in-4°), son spirituel opuscule: *Laus Asini, in qua præter ejus animalis laudes ac naturæ propria, cum politica non pauca, tum nonnulla alia diversæ eruditionis adsperguntur*. Une nouvelle édition, augmentée d'une troisième partie, parut à Leyde en 1629, encore sans nom d'auteur. L. Coupé a traduit en français l'opuscule de Heinsius (Paris, 1796, in-18).

[2] Toujours l'infortuné Rocolet!

sera le plus agréable. Mais attendons le miracle avec patience et trouvez bon, cependant, Monsieur, que, sur vostre parolle, je ne trouve pas mauvais mon dernier latin. La copie que vous en avez eue est meilleure que l'original qui a esté envoyé à Solon[1], et vous sçavez bien, affin de parler proverbe, que *secundæ meæ curæ primis sapientiores*. *Quæ cum ita sint*, je pense qu'il n'y aura point de mal de faire donner de ma part à Mr de Priesac ou à Mr de la Chambre[2] une autre copie cy enclose sur laquelle Solon pourroit peut-estre jetter les yeux à quelque heure de conversation ou de pourmenade. Ce ne sont point projets vagues et chimériques que ceux que je lui propose, et il ne tiendra qu'à luy qu'il n'ayt le plaisir de voir traiter ces belles matières par un homme qui ne gaste pas ce qu'il manie[3], pour le moins qui a un peu plus d'adresse à manier de telles matières que le philosophe Pyrrhonnien[4]. Mais que veut dire ce docteur extravagant de conseiller Mr Ménage pour vous régaler d'une extravagance? Si mon habillement n'est pas à la mode, c'est la faute de Mr Melan[5] et non pas la mienne,

---

[1] Le chancelier Seguier. Mainard lui aussi a surnommé Seguier «le Solon de nos jours» dans un sonnet (p. 33 de l'édition de 1646 de ses *OEuvres*) adressé à «Prieusac, que «la France a toujours honoré des tiltres «glorieux de sçavant et de sage.»

[2] Marin Cureau de la Chambre, né au Mans vers 1594, mort à Paris le 29 décembre 1669, et non 1675, comme l'annonce M. B. Hauréau (t. XXVIII de la *Nouvelle Biographie générale*, col. 501). Il fut membre à la fois de l'Académie française et de l'Académie des sciences. L'abbé de la Chambre, curé de Saint-Barthélemy à Paris et membre lui aussi de l'Académie française, parle ainsi de son père dans une notice reproduite par Pellisson (*Histoire de l'Académie française*, t. I, p. 263, 264) : «Il étoit «à tous les hommes de lettres un ami qui «ne leur manquoit jamais au besoin. La «réputation que son esprit lui avoit acquise «le fit connoître au chancelier Seguier, et «ce magistrat voulut avoir La Chambre au«près de lui, non-seulement comme un ex«cellent médecin, mais encore comme un «homme consommé dans la philosophie et «dans les lettres.» L'auteur des *Characteres des passions* fut aussi très-bien vu du cardinal Mazarin. On peut consulter sur lui Moréri, Niceron, Condorcet (*Éloges des académiciens de l'Académie royale des sciences*), M. Hauréau (*Histoire littéraire du Maine*), etc. Balzac, le 15 septembre 1645, lui écrivit une lettre qui portait cette adresse (p. 440) : *A Monsieur de la Chambre, conseiller et médecin du Roy, et ordinaire de Monseigneur le Chancelier*. Le 15 juin 1641, il envoyait à Chapelain (p. 853) toute sorte d'éloges du «beau livre de M. de la Chambre.»

[3] Le copiste a mis *mande*.

[4] La Mothe-le-Vayer.

[5] Claude Melan ou Mellan, un de nos

et vous vous souvenez bien de ce que je vous en escrivis, quand vous m'envoyastes l'espreuve de la taille douce : vous n'avez pas oublié le vers de nostre Juvénal, qui parle ainsy de ma part à nostre Melan :

<blockquote>Si, Melane, voles, fiam de rhetore consul [1].</blockquote>

Croyez moy, Monsieur, ce n'est pas la fantaisie du peintre qui le fasche davantage, c'est le *divin parleur* du poëte françois et l'*unicœ suadœ* du poëte latin. Il pense sans doute qu'on lui oste les qualités qu'on me donne, et je sçay, il y a longtemps, qu'il est du nombre de ces docteurs hipocrites, *qui gloriam specie recusantium ambitiosissime cupiunt.* Quand il vous plaira, je verray dans un article de moins de six lignes le sujet que vous avez eu de vous desfaire de la fille d'alliance [2]. J'entends les choses à demy mot, *nec est, Capellane, necesse historiam scripsisse omnem.*

J'ay envoyé mon livre à M^r le Chantre [3] ; et affin qu'il vit de quelle sorte il estoit considéré de moy, je ne l'ay point envoyé aux autres amys que j'ay à Saintes. Je ne suis pas fasché de luy avoir tesmoigné par là la part que je prens en vos interests, et le gré que je luy sçay de vous y avoir servi. S'il a trop d'un volume, il en accomodera son frère le Réverend et ainsy nous trouverons tousjours nostre compte, et ferons une action de ménage dans une action de libéralité. S'il y a des mescontens au lieu où vous estes pour la distribution qui a esté faite, il faut dire affirmativement que la liste a esté faite par mon neveu et rejetter sur luy toutes les fautes et toutes les plaintes qui

---

plus habiles graveurs, né à Abbeville en 1598, mort à Paris en 1688. Voir, sur lui, la courte notice de Perrault (*Hommes illustres*), la notice beaucoup plus étendue de Mariette (*Archives de l'art français*) et le Catalogue de son œuvre par M. Anatole de Montaiglon (*ibidem*), ces deux derniers morceaux ayant été imprimés à part (Abbeville, 1856, in-8°). Sur les divers portraits de Balzac on trouvera de bons renseignements dans le *Dictionnaire critique* de M. Jal, au mot *Balzac*.

[1] Si fortuna volet, fies de rhetore consul,
Si volet hæc eadem, fies de consule rhetor.
JUVEN., *Sat.* VII, v. 197, 198.

[2] Mademoiselle de Gournay.

[3] Le chantre de la cathédrale de Saintes, Gombauld, frère du jésuite du même nom, dont il a été déjà parlé, et que Balzac appelle, un peu plus loin, *le Révérend.*

commencent certes à m'ennuyer et à me faire haïr mon livre. Je voudrois bien que Mʳ de Saintes en eust un exemplaire et je vous prie de le faire ajouter au mémoire que je demende au sieur Rocolet. J'en ay icy un parfaitement bien relié que je destine à la Sérénissime Reine de Suède, et je le vous envoieray par le messager avec deux rames de papier pour Mʳ Ménage. La nouvelle de l'hostel de Rambouillet me béatifie et je n'ay garde de tant estimer ce qui me doit venir de l'Espargne, si Mʳ le Cardinal veut estre obéi. J'escris par vostre (entremise) aux deux hommes qui sont près de luy, et, ne sçachant pas bien leurs qualités, ce sera vous, s'il vous plaist, qui ferez mettre le dessus de mes lettres. J'ai envoyé à Mʳ de Rivière la procuration qu'il m'a demendée, et désirerois entièrement que l'affaire ne tirast point en longueur. Je vous suplie d'envoyer de ma part à Mademoiselle de Scudéry[1] une de mes tailles douces de satin. Je suis tousjours mal, mon cher Monsieur, quoy que j'aye attendu à me plaindre en prenant congé de vous.

C'est, Monsieur, vostre, etc.

LVII.

Du 5 septembre 1644.

Monsieur, Avant que de venir à vostre lettre, je respons à vostre billet, et vous dis en premier lieu que j'en ay admiré la narrative. Que vous seriez habile historien, judicieux, exact, ponctuel dans les moindres circonstances des choses! Je conclus de vostre récit, Mon-

---

[1] Madeleine de Scudéry, née en 1607, au Havre, morte le 2 juin 1701, à Paris. Voir, sur la sœur de Georges de Scudéry, Conrart, Tallemant des Réaux, Somaize, Huet, Titon du Tillet, le *Journal des Savants* du 11 juillet 1701 (article de l'abbé Bosquillon), Niceron, surtout M. Victor Cousin (*La Société française au xviiᵉ siècle*). Voir un grand éloge de Mˡˡᵉ de Scudéry dans une lettre de Balzac à Conrart, du 25 avril 1652 (p. 938). Au moment où je corrige ces épreuves, va paraître un volume que recommande d'avance le nom de M. J. B. Rathery : *Mademoiselle de Scudéry, sa vie, sa correspondance, avec un choix de ses poésies* (Techener, in-8°).

sieur, que la demoiselle[1] est folle de présomption, et trouve que vous avez très bien fait de mortifier sa vanité, en luy refusant un honneur qu'elle exigeoit de vous incivilement. Elle m'eust fait très grand plaisir de se laisser mourir comme elle me l'avoit promis. Cette bonne action eust espargné un exemplaire à Rocolet, et à moy cinq ou six lignes qu'il faut que je luy escrive, puisqu'elle n'est pas assez mal avec vous pour m'obliger de rompre avec elle. Je n'ay gueres meilleure opinion de la sagesse du philosophe Tubero[2], autrement du perpétuel allégateur, autrement du successeur des cornes Critoniènes[3]. Si vostre trèscher en estoit duppé, je vous conjure de le détromper bientost et de l'asseurer de ma part que cet impertinent rapsodieur n'a pas moins de malice que d'impertinence. J'ay affaire à quatre ou cinq fols de mesme espèce, qui m'ont bien donné de la peine, et *male sit molestissimis illis simiis sub persona philosophorum latentibus.*

Tout ce que vous m'escrivez du poëte Rufus est plaisant et véritable. S'il croyait vostre conseil et qu'après cela il ne lut pas exactement le chapitre que Quintilien a fait *de emendatione*, nous verrions bien de la bourre dans le volume dont vous estes le conseiller; et vous, le Père Teron[4] et moy trouverions bien en ce païs là des terres vagues, désertes et incultes.

Est-il possible que St Paul[5] ait de la dureté pour Sénèque[6], et que Mr Chapelain ne soit plus le gouverneur ou le favori de M^r l'Evesque de Lizieux? Est-il point fasché de ce que vous avez permuté la chanoinie, dont il vous avoit fait présent, croyant que vous la deviez garder pour l'amour de luy, sinon comme une récompense ou un

---

[1] Mademoiselle de Gournay.
[2] La Motte-le-Vayer.
[3] Allusion aux dilemmes (*argumentum cornutum*) du professeur Critton.
[4] Le Père Vital Théron, de la Compagnie de Jésus, né à Limoux en 1572, mort à Toulouse en 1657, était un des correspondants de Balzac. Voir une lettre du 20 mars 1643 (p. 602). Balzac, écrivant à Chapelain, le 6 février 1641, lui vante beaucoup le talent politique de ce religieux (p. 843) et lui rappelle que Motin, par l'ordre du feu roy, traduisit du latin ses deux poëmes sur les *Couronnes* et sur les *Dauphins*. (Voir les *Lettres* de Mainard, Moréri, Bayle, les frères de Backer, etc.)
[5] Philippe Cospean, évêque de Lisieux.
[6] Chapelain.

bienfait considérable, au moins comme un bouquet, ou comme un ruban donné par une maistresse? Quoy qu'il en soit, il ne falloit point luy escrire en luy envoyant mon livre, et ce compliment me fait plus de tort auprès de luy que vous ne pensez, puisque vostre diligence me reproche ma paresse, et sans doute vos lettres le feront souvenir qu'il ne reçoit point des miennes.

Je vous ay escrit par les deux derniers ordinaires, et ma précédente de jeudy vous fait mention d'un volume de *Lettres selectes* [1], *ita enim non a me, sed a bibliopola vocabitur*. Vous en trouverez un essay dans ce paquet, et vous verrez comme d'une lettre qui estoit trop longue j'en ay fait deux de raisonnable grandeur. Je vous prie de les donner à Mr Ménage, pour Mr Corneille, à qui elles sont escrites.

Au reste, Monsieur, je prétens bien d'avoir part aux bonnes graces de Mr de Cerisante, et vous sçavez bien que j'estime extraordinairement sa vertu. Bon Dieu, qu'il y a de courage et de force dans ses beaux vers; et que la lyre qu'il touche avec tant d'adresse a d'avantage sur tous les tambours et toutes les trompettes des poëtes Bataves! Je reçoy à beaucoup d'honneur le dessein qu'il a de m'en adresser quelques accors; et je ne doute point qu'ils ne soient capables de traisner après eux les plus insensibles troncs, les plus dures roches, en un mot les plus immobiles pierres de mon désert. Mais, Monsieur, vous me devez conter pour quelque chose de plus sec et de plus insensible que tout cela. A force d'avoir parlé, je suis devenu muet; et quelle source de louanges pour les Roys et pour les Reynes ne seroit point tarie après tant d'hymnes et tant de panégyriques?

Je vous envoyeray par le messager qui partira d'icy à huit jours

---

[1] *Joan. Ludov. Guezii Balzacii epistolæ selectæ* (à la suite des *Carminum libri tres*). Editore Ægidio Menagio, Paris, Aug. Courbé, 1650, in-4°. Ces lettres furent réimprimées à Paris, en 1651, in-12. Voir, sur cette très-rare seconde édition, qui n'a été connue ni de d'Olivet, ni de Niceron, Dan. Georg. Morhof, *Polyhistor*, 1714, in-4°, t. I, p. 239, et David Clément, *Bibliothèque curieuse*, 1759, in-4°, t. II, p. 390. On trouvera les *Epistolæ selectæ* dans la seconde partie du tome II des *OEuvres complètes*, (p. 1-99), et dans l'édition donnée, à Leipsick, en 1722, in-8°, du traité du Père Vavasseur: *De Ludicra dictione liber* (p. 715-778).

un exemplaire admirablement bien relié pour la Sérénissime Reyne de Suède, avec un distique ou deux pour le plus, à la dite Reyne, affin que mon présent ait une adresse qui le conduise, et qu'il n'aille pas à Copenaghen, au lieu d'aller à Stokolm.

Rôcolet me mande qu'il a receu la boëte une heure trop tard, et le messager estoit parti quand il l'a envoyée à son logis. Voylà certes un long exercice pour ma patience, et vous pouvez croire que je fais bien maintenant des vœux et au dieu Mercure et à la déesse Bonne Fortune, et au dieu Bon Événement, et à quiconque des autres immortels préside aux chemins et aux voyages.

Je vous rends graces très humbles de la longue observation historique que vous m'avez fait faveur de m'envoyer. Mais qui est ce Tristan St-Amand et de quel mérite est son livre[1]? Obligez-moy de me le faire sçavoir.

Je désirerois bien que ce fut vous qui donnassiez de ma part un de mes livres à Mr de Saintes et un autre à M^r d'Angoulesme, quand il sera de retour à Paris. Vous estes maistre absolu soit de mon cabinet, soit de la boutique de mon libraire. Je n'en puis plus. *E con questo vi baccio con maggior riverenza le mani.* C'est, Monsieur, vostre, etc.

Je pense que je pourray me hazarder d'escrire à Son Éminence comme j'ay desjà escrit à Messieurs ses secrétaires. Mais ce sera en latin *ut majestate linguæ vindicem, et cœtera.*

---

[1] Jean Tristan, écuyer, sieur de Saint-Amand, mort à Paris après 1656. Cet antiquaire venait alors de publier la seconde édition de ses *Commentaires historiques, contenant l'histoire générale des empereurs, impératrices, Césars et tyrans de l'empire romain* (Paris, 3 vol. in fol., 1644). La première édition de cet ouvrage avait paru en un seul volume in-fol. (1635).

LVIII.

Monsieur, Vous voulez bien que j'ajouste à ma despesche de lundy un mot essentiel que j'y avois oublié, et que, par vostre moyen, je face sérieusement à Mʳ de Lionne la prière qu'il m'a faite par civilité. Je le conjure donc de ne point prendre la peine de me respondre, et luy demende cette faveur pour une seconde grace. Les Dieux respondent aux hommes en les exauçant, et pour moy, quand je reçoy l'effectif, je ne cherche point les apparences.

J'ay receu les trois vies de Mamurra, dont il y en aura une pour Mʳ Mainard qui l'attend avec d'estranges impatiences. Mon *Barbon* sera prest en peu de temps [1] et j'espère que la dédicace n'en sera pas désagréable à nostre excellent amy [2], *Cujus sanctus amor tantum mihi crescat in horas*, et ce qu'il s'en suit.

Je mettrois aussy en estat le *Cleophon*, sive *de la Cour*, affin qu'au plus tost il aille solliciter Son Éminence de vouloir transférer ma pension de l'Espargne sur un Evesché. Si cela ne se fait dans l'année prochaine, je suis résolu de me rayer moy mesme de dessus l'Estat et de ne demender plus rien à personne; mais c'est une résolution constante et déterminée, et je ne seray pas fasché d'estre mal traité, affin d'avoir plus de rayson de chercher ce véritable désert, dans lequel il faut que j'aille cacher la dernière partie de ma vie. Je suis accablé, Monsieur, de civilités et de complimens, et, si le jeu dure, je feray un livre de lettres pour respondre à ceux qui me remercient du mien. Vous ne sçauriés croire combien ce fardeau me pèse, et combien je me repens de n'avoir point évité le malheur que j'avois préveu. Il fal-

---

[1] Le *Barbon*, déjà presque prêt en 1644, ne parut qu'en 1648 (Paris, Aug. Courbé, in-8°).

[2] Ménage aurait été bien difficile, s'il n'avait pas été content d'une dédicace qui débutait ainsi : « L'histoire de Mamurra est « digne de Rome triomphante et du siècle des « premiers Césars... » (p. 689 du tome II des *OEuvres complètes*). Le *Barbon* occupe, dans cette édition, les pages 691 à 717.

loit ne donner que deux exemplaires ; l'un à vous, l'autre à nostre très cher, à qui j'escris en vous escrivant. Mais nous ne faisons jamais ce que nous avons résolu de faire, *et nos fata trahunt*[1]. Je suis de toute mon âme, Monsieur, vostre, etc.

Je m'en vais faire mettre au net un volume de Missives, que l'imprimeur appellera Lettres choisies. Deux autres volumes *ad Atticum* paroistront immédiatement après. Je vous renvoyeray les originaux le plus tost que je pourray avec la Vie de Fra Paolo.

Ce jeudi au soir, 1644.

LIX.

Du 12 septembre 1644.

Monsieur, La philosophie, pour le moins celle que je connois, est une charlatante[2] du Pont neuf. Toutes les recettes qu'elle dit avoir contre la douleur ne sont que de beaux noms qui couvrent de l'inanité et du vuide, et quoy qu'en puisse dire nostre amy quand il dit : *Sunt verba et voces, et cætera,* je lui respons aussi hautement qu'il a parlé :

> Nec voces nec verba valent lenire dolorem,
> Non corpus succis Chrisippi atque arte Cleantis.

Je vous laisse donc la philosophie et ne demende au bon Dieu que l'indolence que j'estime un peu plus que la sagesse de Cléantes et que la fortune du cardinal Mazarin. Ce cardinal tout puissant entend que je sois payé et commande à son secrétaire de me le faire sçavoir de

---

[1] Souvenir du vers de Virgile :
... Quo fata trahunt retrahuntque sequamur.
(*Æneid.* lib. V, v. 709).
Ou du vers de Lucain :
Sed quo fata trahunt, Virtus secura sequetur.
(*Phars.* lib. II, v. 288).

[2] N'y a-t-il pas là une faute du copiste? L'origine du mot *charlatan* (*ciarlatano*) empêche d'admettre la terminaison *tante*. Nulle part on ne trouve d'autre forme que la forme *charlatane*.

sa part; et néanmoins un des valets de l'Estat s'y veut opposer, et le Héros qui peut tout ne pourra pas vaincre

> Semibovemque virum, semivirumque bovem [1].

Ce seroit certes une estrange chose, et je ne veux pas si mal penser de la conduite de la République. Quoy qu'il en arrive, Monsieur, et quand la République me feroit tout d'or, il n'y a point moyen de pardonner à ce Barbare les parolles qu'il a dites à M⁽ʳ⁾ Silhon :

> Flebit, et insignis tota ridebitur urbe,
> Semivirumque bovem fortis mactabit Apollo [2],
> Nec semper ridere volet.

J'en seroy quitte, à mon advis, pour ne point toucher d'argent de l'Espargne, car je ne pense pas qu'on pende les hommes si facilement qu'on faisoit au temps passé, et ce ne sera pas estre criminel de lèze-Majesté à l'avenir que de ne pas brusler d'encens aux bestes et aux monstres de l'Estat :

> Nunc et adoratas Thebis Niloque profano
> Fas nobis damnare feras.

Un homme, qui essentiellement ne vaut guère plus que Minet et ne vaut pas tant que Totyla, jouera mille pistoles d'un coup de dé,

---

[1] Centimanumque Gygen, Semibovemque virum. Ovide, *Trist.* lib. IV, eleg. vii, v. 18.

Voir, à propos de ce vers, une anecdote racontée d'après Sénèque le rhéteur, dans la *Notice sur Ovide* qui est en tête des *Œuvres* de ce poëte (*Collection* D. Nisard, p. xvi). La citation de Balzac est une épigramme (avec jeu de mots) contre le président Tubeuf, qui rendit de grands services dans les finances, d'abord sous Richelieu, puis sous Mazarin, et dont le magnifique hôtel est occupé en partie par la Bibliothèque nationale. Il est souvent question de Tubeuf dans les *Historiettes* de Tallemant des Réaux, notamment à la page 150 du tome IV : «On dit que M. d'Orléans, le jour de la «Passion, estant au sermon entre la Rivière «et Tubeuf, il (Camus, l'évêque de Belley) «dit, comme s'il eût parlé à Jésus-Christ : «*Je vous voy là, Monseigneur, entre des bri-*«*gands.*» A la page 155 du même volume, M. P. Paris a cité contre ce financier une satire intitulée : *Le Catalogue des partisans* (1649).

[2] Allusion aux Cyclopes (Gygès, son frère Briarée, etc.) tués par Apollon parce qu'ils avaient fourni à Jupiter les foudres dont il frappa Esculape.

en perdra vint mille en demy heure, fera un festin à ses compagnons de débauche, qui me nouriroit largement toute ma vie :

Scilicet ut satur et civili sanguine plenus.

Il regrette au pauvre Balzac un morceau de pain que le Roy lui donne et fait le réformateur sur le sujet de deux milles livres, luy qui engloutit les millions entiers avec ses confrères, et de qui le Roy n'a que les restes. Je t'invoque là dessus, Dive Satyre, et te promets une hécatombe de vers en présence de mon bon ange et de mon parfait amy, qui en advertira, s'il lui plaist, Monsieur de Silhon, et ne sera pas si scrupuleux pour cet article que pour celuy du gentilhomme Normand.

Celuy[1] que vous m'avez envoyé datté de Ponponne est certes incomparable, et je l'ay leu plus d'une fois avec beaucoup de chatouillement. Ce n'est pas d'aujourd'huy que le feu de nostre amy[2] me plaist et qu'il m'esclaire agréablement ; mais que je suis malheureux d'en estre si esloigné ; que je m'eschaufferois auprès de ses flammes toutes célestes ! Que ses enthousiasmes chrétiens animeroient une ame morte comme la mienne ! *Felices quibus ista licent.* Je brusle d'impatience de voir les nouveaux livres de Monsieur son frère, pour lequel je donne tous les jours des batailles, c'est-à-dire je les gaigne et bas en ruine toute la nation monastique, tous les peuples Petaviens, Raconiens[3], Eusebiens[4] et semblables qui ne se trouvent point dans la carte raysonnable.

Pour Monsieur l'abbé de Saint-Nicolas, je ne vous en veux pas dire un seul mot, parce que vous voulez que je discoure sur cette matière et que je me respande en amplifications oratoires, et que je face telles ou semblables exclamations : O l'amy des siècles héroïques ! O le père des faveurs et des courtoisies ! O l'apprivoiseur des Lyons et des Lyonnes et ce qui s'ensuit ! Il voit dans mon cœur la passion que je luy conserve, et sçait bien que pour l'office qu'il m'a rendu auprès de Mon-

[1] L'article.
[2] Arnauld d'Andilly.
[3] Le copiste a écrit : *Draconiens.*
[4] Le copiste a écrit : *Esséniens.*

sieur le Secrétaire [1], je déclarerois la guerre au maistre mesme du secrétaire [2], si la famille Arnaldine (cette éloquente et vertueuse famille) estoit mal avec le Ministre. Au reste, Monsieur, *mon Rivière* n'est point le mien ; c'est celuy de Monsieur Mainard qui m'a forcé de l'employer en certaines choses, quoy que son visage me soit inconnu, et que je doute fort de son mérite aussy bien que vous.

Le Monsieur Esprit exige-t-il des présens comme des dettes, et pense-t-il que j'ay jamais considéré sa faveur ny estimé beaucoup sa personne? Je n'ay pas laissé de mander à mon libraire de luy faire présent de mon livre. Mais je voudrois souvent que le livre et le libraire fussent au diable ; j'ay failli à dire l'autheur, qui est sans mentir trop persécuté de civilités et de complimens. Vous entrez mesme quelquefois dans la conjuration contre mon repos, ô le plus cher et le plus parfait de mes amys, et le tout puissant ayant fait commander au secrétaire Cavalerice (?) d'expédier mon ordonnance, vous voulez que j'en aye encore obligation à un autre, et, si je vous voulois croire, j'employerois tout mon papier en remerciemens. A la vérité, voylà un peu trop de formalités pour un sage effectif comme vous estes, et pour moy, qui remercie tant de gens, je voudrois obliger tout le monde et que personne ne me remerciast.

Je n'ay point encore receu la boëtte de la divine Marquise [3], et vous envoye un *remerciment* par avance ; mais c'est celuy-là que j'ay fait volontiers et de bon cœur. Vous le vérifierez pour la gayeté de mon stile, et je pense pouvoir espérer sans vanité que les parfums que me donnent les deux parfaites personnes [4] auront un jour plus de réputation dans ma lettre que cet *unguentum quod Catulli puellæ*

Donarunt Veneres Cupidinesque [5],

n'en a dans les vers du mesme Catulle.

Si vous ne connoissez pas bien Monsieur de Xaintes, je vous adver-

---

[1] Silhon.
[2] Le cardinal Mazarin.
[3] La marquise de Rambouillet.
[4] Marquise de Rambouillet et sa fille Julie.
[5] Nam unguentum dabo, quod meæ puellæ Donarunt Veneres Cupidinesque. Cat. *Carmen* XIII, v. 11, 12.

tis (sur le rapport d'un grand personnage qui le connoist bien) que c'est le plus habile homme de sa robe. Je m'asseure qu'il a à présent le livre que je vous ay prié de lui donner. Pour Mʳ d'Angoulesme, celuy que je luy avois destiné a esté mis entre les mains d'un homme qu'il a en ce pays. Je suis, Monsieur, vostre, etc.

Le messager d'Angoulesme, qui part ce matin, vous porte un paquet, adressé au logis du sieur Rocolet. Vous trouverez dedans deux rames de grand papier fin, que je vous prie de donner de ma part à Mʳ Ménage, avec le livre qu'il m'avoit fait la faveur de me prester. Il y a dans le meme paquet un livre pour la Reyne de Suède, adressé à Mʳ de Cerizante; et vous m'obligerez bien, Monsieur, de le luy faire rendre, empaqueté et cacheté comme il est. J'ay fait mettre au bas de la première feuille : *Pour la Sérénissime Reine de Suède, fille du Grand Gustave*; et j'ay fait marquer avec un ruban d'Angleterre couleur de rose l'endroit où il est parlé de l'éloquence de ce grand Prince et des foudres de sa bouche; tout cela affin de donner de la lumière aux deux épigrammes qui sont aussy dans la première feuille du livre et dont vous trouverez une copie cy enclose, etc.

C'est tout ce que je feray pour la Reyne de Suède, si elle ne me fait l'honneur de m'envoyer sa figure dans une médaille, quand elle aura receu mon livre [1]; car véritablement cette marque d'estime de sa part et la représentation de son image que j'aurois devant les yeux m'exciteroit peut-estre à dire quelque chose de sa vertu, qui, sans cela, ne me viendra jamais dans l'esprit. Je vous suplie d'en toucher un mot à Mʳ de Cerizante; et, s'il me veut honorer de ses escritures, j'ayme bien mieux l'ode latine dont il vous a parlé, et qui me seroit extrêmement agréable, qu'une lettre françoise, qui m'incommoderoit extrêmement.

Je receus hier un poëme de Mʳ de Sᵗ-Blancat[2], qui me célèbre d'une

---

[1] L'ingrate reine de Suède n'envoya pas de médaille à Balzac. Elle ne lui envoya jamais rien, sinon des compliments, et ce fut Ménage qui reçut d'elle une chaîne d'or de la valeur de quinze cents livres, en retour de l'épître dédicatoire mise par lui en tête des *Carmina et epistolæ* de son ami (1650). Voir, à ce sujet, le *Menagiana* (t. II, p. 5).

[2] Ni la *Biographie universelle*, ni la *Nou-*

estrange sorte, car ses louanges vont jusqu'à l'apothéose et à la canonisation. C'est sans doute pour me consoler du mespris que fait de moy le Bœuf sauvage[1], *aliter* ou la Déesse, ou la furie, ou l'oyseau Harpie, *juxta illud* :

Sive Deæ, seu sint diræ obscœnæve volucres[2].

Voici un eschantillon du poète gascon, dont je vous fais part, et vous verrez qu'il m'estime beaucoup plus que le financier ne me mesprise, à la honte mesme du financier, voire du Ministre :

Armatusque super noctuque diuque Satelles
Imminet et populis pariter dominoque minatur.
Si quæ nocturnæ melior datur hora quieti
Et vacat a vivis animus, per somnia Manes
Incursant, et opes raptas animasque reposcunt.
 Huic lætus, semperque suus, surgitque caditque
Sospito vigilique dies. Velut astra polumque
Suspicit æterno supra caput ire rotatu,
Securus, certusque sui; sic Regia jura
Sub pedibus, nostrumque orbem, terrasque moveri
Et celsa ratione videt; nec flatibus ullis
Excutitur cursu felix, cui vincere Reges,
Cui datur immota Superos æquare quiete.
Census opesque animi superant; augustior alta
Majestas de mente venit; fœtusque volucres
Ingenii, qua premit equos de carcere Titan,
Quaque premit positas adverso cardine metas,
Balzacium cecinere Deum : non lætior Echo,
Non nunquam paribus respondit plausibus orbis.

Si le bougre[3] entendoit le latin, que diroit-il de ces grandes et

velle *Biographie générale*, ni le *Manuel du Libraire*, ne font la moindre mention de Jean de Saint-Blancat. Le *Dictionnaire de Moréri* rappelle que l'on doit à ce Toulousain des *Sylves*, qui parurent dans sa ville natale (in-4°, 1635). Voir, sur cet auteur, *les Jugements des Savants* de Baillet (t. V). Balzac se moque beaucoup d'un poëme de Saint-Blancat sur la naissance du Dauphin, dans une lettre à Chapelain, du 20 décembre 1638 (p. 769). Dans une autre lettre à Chapelain, du 29 novembre 1641 (p. 863), il reconnaît pourtant que Saint-Blancat «a «du feu et de l'esprit.» A la page 51 de la seconde partie du tome II des *OEuvres complètes* de Balzac, on trouve (*Epistolæ Selectæ*) une pièce adressée *Joanni Samblancato*.

[1] Le président Tubeuf.
[2] Virg. *Æneid*. lib. III, v. 262.
[3] Ce vilain mot s'applique à Tubeuf.

magnifiques parolles? Croiroit-il que le Dieu de St-Blancat ne mérite pas bien deux milles livres de pension? Mais sa mauvaise humeur ne vient-elle point de ce qu'on ne luy a point donné de mes livres et qu'on en a donné à M^r d'Emery, son supérieur? ou plustost de ce que Campaignol l'a fait cocu dans une certaine amour qu'il avoit? *Certe non liquet.*

J'escrivis il y a huit jours à M. de Bonair, par la voye du sieur Rocolet, et vous envoye la lettre qu'il a désirée de moy: vous la luy ferez rendre s'il vous plaist. J'ay receu celle du cher président, qui vous doit aller voir à la Saint-Martin. Adieu, le cher amy de mon cœur, je vous demende la conservation de ce que vous m'avez acquis auprès de Monseigneur le duc de Longueville, *qui certe unus dignus est qui a Capelano celebretur*, etc.

AD SERENISSIMAM CHRISTINAM REGINAM SUECIÆ.

Fabricium hic et Scipiadem, Christina, videbis,
  Maxima, sed magno corda minora patre:
Gustavus tibi namque pater. Non Julia tantum,
  Non habuit natum Juppiter ipse parem.

AD EANDEM.

Hic te etiam invenies, Christina, hic Palladis artes
  Quas colis, hic summi fulmen utrumque patris:
Gustavus nempe ut dextra sic ore tonabat.
  O quanto exemplo charta superba mea est.

N'est-ce pas dire assez finement que Gustave est quelque chose de plus que le César des histoires et l'Hercule des fables [1]?

---

[1] Les deux quatrains ont été imprimés parmi les *Ludovici Guezii Balzacii carmina et epistolæ*, p. 8. Le premier est précédé de ces mots: *Ad Serenissimam Christinam reginam Sueciæ, cum illi auctor opuscula sua mitteret;* le second, de ces autres mots: *Ad eandem, doctissimam et disertissimam principem.* C'est l'ensemble des vers latins et des lettres réunis à la fin du second volume des *Œuvres complètes* qui a été dédié par Ménage à la reine de Suède. L'épître dédicatoire, aussi flatteuse pour Christine que pour Balzac, n'a pas moins de quatre grandes pages.

LX.

Du 19 septembre 1644.

Monsieur, Vous avez grande rayson de mal espérer des choses du monde; mais en cela je ne seray pas plus trompé que vous; et, bien loin d'attendre de miracle de la machoire asinine, je n'attens pas seulement justice du législateur Solon. La dureté est dans tous les cœurs, la corruption s'en va estre universelle; la Cour est plus menteuse, plus infidelle, plus sorcière qu'elle n'a jamais esté. Mais, Monsieur, sur le point que je veux rompre entièrement avec elle, et que je vais luy donner ma malédiction, par malheur, vous me mandez quelque petite chose qui me radoucit; un sousris, une œillade me rengagent :

> Age, rumpe nexus, et jugum collo excute,
> Vindexque et assertor tui,
> Aude esse felix; et procul cuncta amovens,
> Quæ mentem humo adfixam tenent,
> Per liquida puri spatia decurre ætheris,
> Æterna tantum cogitans :
> Et ista sortis lubricæ ludibria
> Miranda vulgo desere.

Quand je parle de la masse corrompue et de la contagion de la Cour, j'en sépare toujours nostre bon et sage Monsieur Silhon, qui est Israélite parmi les Ægyptiens, parmy les adorateurs de bœufs et de vaches. Pour moy, je ne seray jamais idolatre de cette façon; et, quand je ne devrais rien avoir de l'Espargne :

> O bos, o quamvis pecus aurea corniger Apis,
> Non ego ero Pharius qui tua templa colam.

Il y a longtemps que vous estes accoustumé à mon jargon, et vous me pardonnerez bien cette *mescolenze* [1] de prose et de vers, vous qui avez souffert je ne sçay combien d'années les lieux communs du Doc-

---

[1] Mélange.

teur bourru [1]. Son histoire m'a plu et m'a desplu tout ensemble. Il est certes grand seigneur pour appeller nos amys [2] coquins. Mais sa malice me choque beaucoup plus que sa vanité. Et pourquoy le reçoit-on encore chez Messieurs du Puy? Pourquoy [ne] luy a-t-on donné le ban pour toute sa vie? Pourquoy ne le traite-t-on d'Orbilius ou de Mamurra aussy bien que l'autre?

Le gros paquet qui partist d'Angoulesme, il y a aujourd'huy huit jours, doit arriver ce soir à Paris, et vous y trouverez tout ce que je vous ay marqué par ma précédente, pourveu que la machoire face son devoir, et qu'on ne laisse pas vieillir ledit paquet au logis du messager.

Je vous envoye un original nouveau de la lettre que j'ay escrite à Madame la Marquise de Rambouillet, pour lequel elle vous rendra le premier, que vous me renvoyerez, s'il vous plaist, par le premier ordinaire. J'ay receu son riche présent; et je vous laisse à penser avec quelle joye et quelle satisfaction d'esprit. J'attens de vous en ceste occasion tous les bons offices que vous sçavez rendre à qui en a besoin, et je m'asseure que vous ferez un commentaire sur ma lettre qui vaudra une douzaine de lettres.

J'ay leu les deux derniers livres que M^r d'Andilly m'a fait la faveur de m'envoyer, qui m'ont confirmé en ma première opinion. Si M^r le Cardinal du Perron revenoit au monde, il admireroit Mr Arnault; et, sans porter les choses trop loin, je pense le pouvoir comparer aux plus anciens et plus éloquens Pères de nostre Église : je ne distingue point icy la Latine de la Grecque, car, s'il a l'ame et la vertu de Saint-Augustin, il a le corps et la beauté de Saint-Chrisostome. Une autre fois je m'expliquerai mieux sur ce sujet, et ne vous diray cependant que ce petit mot : *que quand je regarde ses adversaires auprès de luy, ils ne me semblent que des nains ou des enfans.*

J'ay peur, au reste, qu'on trompera Mr Saumaise; et, quand il n'y auroit que le seul M^r le Prince qui le traverse dans le Conseil, pensez-

---

[1] La Mothe-le-Vayer. — [2] Les frères Arnauld.

vous qu'il ne soit pas bien aise d'obliger Rome et le Pape en cette rencontre ?

Si la Reyne de Suède m'envoye sa figure dans une médaille, il me semble qu'il seroit de la bienséance que la médaille fut attachée à une chaisne d'or, mais le plus grand présent que je puisse recevoir d'elle est de n'avoir aucunes nouvelles de sa part. J'ayme bien mieux une ode qu'une lettre de son Cerizante. Je suis en peine d'une lettre du jeudy, de laquelle vous ne me faites point de mention. C'est, Monsieur, vostre, etc.

LXI.

Du 26 septembre 1644.

Monsieur, Il vaut bien mieux que Mr de Lionne me face payer sans m'escrire, que s'il m'escrivoit sans que je fusse payé. J'ay plus besoin d'argent que de compliment, *hæc enim mihi domi nascuntur*, et nous en avons fourni des volumes à la France, qui parle Balzac depuis Calais jusqu'à Bayonne, ainsi que dit nostre président. Et en effet, Monsieur, plusieurs me rendent les mesmes espèces que j'ay données, et je reçoy mes propres parolles soit de vive voix, soit par escrit. Vostre conseil est très bon, et j'en devine plus d'une cause ; mais vous et moy nous avons affaire à l'animal du monde le plus fantasque, qui est mon esprit. Je ne sçay pas seulement si j'escriray en latin, n'escrivant plus à quiconque n'est pas Monsieur Chapelain que par nécessité ou par humeur ; l'humeur ne m'a point encore pris et je ne trouve point de nécessité, puisque je n'ay point receu la grace première, que je tiens néanmoins asseurée sur la parolle de Mr Silhon, car Son Éminence luy auroit-elle commandé en vain qu'il m'escrivist de sa part, etc. ? Obligez-moy de le presser là-dessus par une recommendation de bouche, ou par un billet de quatre lignes, ou par un amy allant à Fontainebleau, affin qu'il me face avoir contentement au plustost, et que, s'il y a des longueurs et des remises à dévorer, je les rachète par une vintaine de pistolles, ou par une plus grande somme, *omne in mora periculum judicans*.

Peut-estre que la préface de *Cleophon* [1] satisfera pleinement Son Éminence, et cependant, si je luy escris en latin, ne sera-ce pas lui escrire en la langue de l'Eglize et de l'Empire, et ne luy ferez-vous pas représenter accortement et avec quelque mot dicté par vostre prudence, que mes dernières lettres escrites à Armand, son prédécesseur, ont esté latines? Mais chose estrange de mon latin. Je n'eusse pas entrepris hier au soir deux épigrammes pour deux cent mille escus, et ce matin je les ay faites ou receues du Ciel en m'habillant, avec une félicité plus qu'ovidienne. Vous les trouverez dans ce paquet, et je suis bien trompé si vous les trouvez mauvaises. Ce n'est pas que peut-estre je n'y change encore quelque mot; mais ce n'est pas aussy qu'elles ayent besoin de mon changement, *et morbus hic est plerumque non judicium*. Si j'osois, ne vous envoyerois-je pas encore la lettre à Madame de Rambouillet rélimée pour la troisiesme fois, et ne suis-je pas le plus grand replastreur et le plus insigne fripier dont jamais vous ayez ouy parler?

Que je sçache, s'il vous plaist, en quel estat sont les affaires de Mr de Saumaise et s'il doit venir bientost à Paris. Je ne pense pas, pour moy, qu'un cardinal qui règne à la Cour y attire par de grandes récompenses un homme qui prétend d'avoir prouvé que St Pierre n'a pas esté Pape, et que toute la grandeur romaine *e una gran machina fabricata sopra un niente*.

Je vous ay desjà prié de rejetter toutes mes fautes sur mon neveu, qui a les espaules bonnes pour les porter et qui se consolera aysément de sa disgrace auprès des Colletets, des Estoiles [2] et autres semblables, s'ilz se plaignent d'avoir esté oubliés dans la distribution des doctes présens ; *Ita enim loqui amas, præstantissime Capellane.*

Je ne voy point dans les listes qui m'ont esté envoyées le nom de

---

[1] L'*Aristippe* devait d'abord être dédié au cardinal Mazarin.

[2] Claude de l'Estoile, sieur du Saussay, fils de Pierre de l'Estoile, le chroniqueur, fut membre de l'Académie française. C'est l'auteur de *La belle esclave*, tragi-comédie (1643), et de diverses pièces de poésie. (Voir Tallemant des Réaux, le *Menagiana*, Pellisson, etc.)

Mʳ Botru. C'estoit pourtant mon intention, comme vous sçavés, qu'on luy rendist cet hommage de ma part, et Mʳ Ménage le luy tesmoignera bien, l'occasion s'en présentant, affin que je n'aye point pour ennemy le père des équivoques et des pasquinades, des bons et des mauvais mots. Il ne seroit plus temps de luy faire ce petit présent, et ce sera me justifier que d'accuser mon libraire.

Est-ce un grand personnage que Mʳ Naudé[1]? Et qu'est-ce que son livre des Bibliothèques[2]? A vostre loisir vous me ferez copier (je vous en supplie) la Harangue de la Casa, parce que je désire la mettre avec une préface à la fin des Lettres choisies. Mais je voudrois que la copie fut *ex vera recensione Capellani*, et qu'il prist la peine de la diviser en plusieurs sections, ou (pour parler Rocolet) en des *alinea*, comme sont tous mes discours, qui est une chose qui aide extremement celuy qui lit et desmesle bien la confusion des espèces.

Je suis persécuté plus que jamais de civilités et de complimens, et je voudrois bien qu'il me fust permis de faire ce que vous me conseillez. Mais quelle apparence et quel moyen de payer en taciturnité si grande abondance de belles parolles et tant de lettres dorées?

> Ne jubeas numerare, diserte sodalis, ab istis
> Disce alias.

En voicy donc deux entre autres, que je vous envoye, dans l'une desquelles il est fait mention de vostre Seigneurie illustrissime, et dites-moy en conscience si je me puis empescher de semblables lettres et si le dessein de cette retraite plus retirée et de ce désert plus caché

---

[1] Le copiste a écrit *Handé*. Balzac feint ici malicieusement de ne pas connaître celui qui fut le plus zélé bibliophile, le plus savant bibliographe du xviiᵉ siècle. Nous avons déjà vu qu'il avait été blessé des éloges donnés par le dévoué bibliothécaire du cardinal Mazarin à Guillaume Colletet (lettre LIV). Rappelons que, dans le *Mascurat* (Paris, 1649, in-4°), Gabriel Naudé s'est moqué plusieurs fois du style guindé et des images outrées de Balzac.

[2] L'*Avis pour dresser une bibliothèque*, qui avait paru d'abord en 1627 (in-8°, Paris), reparut en 1644 dans la même ville et dans le même format. Jean-André Schmidt l'a réimprimé (en latin) dans son recueil: *De bibliothecis* (Helmstadt, 1703, in-4°).

n'est pas fondé en raison, quand ce ne seroit que pour me sauver des faveurs incommodes du grand monde?

On fait icy bruit d'une entrevue de Mʳ le Cardinal Mazarin et de Mʳ de Chasteauneuf[1], sur quoy je vous demende un article politique de six lignes pour le plus.

Je me contente du présent que je vous ay envoyé pour la Reyne de Suède, et je m'arresteray là, si elle ne m'oblige de passer outre par quelque marque de son estime, à quoy Monseigneur de Cerisantes doit travailler pour ma satisfaction, pour la gloire de sa maistresse.

Monsieur Costar a esté icy et nous avons beu plus d'une fois à vostre santé. Cet homme, je le vous jure, a de grandes et belles connaissances; et, s'il visoit à la gloire, et qu'il eust l'ambition de quelqu'un de nos amys, il laisseroit les plus estimés derrière luy[2]. Je suis de toute mon ame, Monsieur, vostre, etc.

LXII.

Du 3 octobre 1644.

Monsieur, Un temps fut que mes emportemens vous plaisoient, et que mes fougues vous sembloient belles. C'est ce qui me donnoit courage de jouer quelquefois la folie d'Amynte en vostre présence, et de vous donner dans une lettre le divertissement de la comédie. Mais, puisque vous avez changé de goust, il faut que je change de procédé.

---

[1] Charles de l'Aubespine, marquis de Châteauneuf, ancien garde des sceaux, était alors en disgrâce. Il ne devait être rappelé à la cour que trois ans plus tard (juin 1647).

[2] C'est un témoignage important à joindre à tous les témoignages réunis par M. Victor Fournel dans l'article *Costar* de la *Nouvelle biographie générale* et empruntés à Tallemant des Réaux, à Ménage, à Moréri, à Bayle, à Colomiès, etc. Costar dit dans la Préface de ses *Lettres* (1658, in-4°, Courbé): «Il se trouvera dans ce Recueil «plusieurs lettres écrites à M. de Balzac, «qui témoignent assez l'admiration où j'ay «toujours esté de son esprit, de son érudi-«tion, de son éloquence et de sa vertu...» Et encore: «Il a élevé jusqu'aux plus hauts «sommets la noblesse de nostre langue et «la réputation de nos esprits chez les estran-«gers.»

Je seray aussy composé, aussy doucereux, aussy fade qu'un courtisan de Henry troisiesme, ou de sa sœur la Reyne Marguerite. Je seray tout sucre, tout miel, voire tout citrouille, si vous le voulez, sans oser demender à Dive Satyre un seul grain de son sel ny de son poivre pour m'assaisonner. L'importance est, Monsieur, que vous avez peur que j'aye appellé d'autres spectateurs que vous à la représentation d'une pièce que vous croyez dangereuse pour moy; et cette peur est fondée sur la prière que je vous ay faite d'en faire part à Mr Silhon. Je m'asseure que sans cela vous m'eussiez abandonné vostre chere et bien aymée philosophie; et vous ne l'avez deffendue si agréablement et si fortement contre mes impatiences dans la douleur, que pour venir à mon ressentiment contre l'injustice du Minotaure[1]. Sçachez premièrement, Monsieur, que vous estes l'unique tesmoin, non-seulement de ce qui se passe dans mon cœur, mais aussy de ce que je tire de mon cœur pour le mettre sur le papier et vous le communiquer par la voye de l'escriture. Sçachez, de plus, pour la justification de mes violences, que mes violences ne troublent point ma raison et que la cholère ne commande pas chez moy, mais qu'elle obéit. Je n'en suis plus tourmenté, mais j'en tourmente les autres; je m'y laisse aller de dessein et n'en suis point traisné par force. Ce n'est pas mon bourreau, c'est mon soldat. Je l'exerce, pour ce que j'y prens plaisir, pour ce que j'y trouve de la douceur, pour ce que je vérifie par ma propre expérience la comparaison d'Homère, qu'Aristote rapporte dans ses Éthiques. Et affin de chercher la vérité dans d'autres images, ce que vous appelez violence et emportement, ce m'est un jeu, un divertissement, une escrime; quelquefois un remède qui me purge, qui me soulage, qui me desbouche les obstructions, qui me dilate les endroits que le chagrin avoit estrécis. Cette cholère est toute innocente pour moy, et n'est jamais sans quelque joye et sans quelque agréable chatouillement, bien loin d'aller jusqu'à la douleur et à la lésion de son sujet. Toutes fois, Monsieur, si vous voulez user de toute

---

[1] Le président Tubeuf. L'allusion se retrouve partout, comme on le voit et comme on le verra encore.

vostre puissance, je n'ay garde de m'opiniastrer dans une posture qui vous desplaist. Je renonce solennellement à toute sorte de violence et d'indignation, *quamvis ab antiquitate laudetur indignatio Valeriana*. Je quitte pour jamais une passion qui m'a fait tant de bien jusques icy, et vous promets de devenir mouton, de devenir Mr de Vaugelas pour l'amour de vous, et non pas pour la peur que vous me faites du Minotaure.

Je vous suis extremement obligé des soins de vostre amy de Fontainebleau, et luy ay obligation à luy-mesme de son souvenir. Feu Mr du Maurier[1] estoit un très habile homme, le meilleur secrétaire de son temps, et j'ay veu des lettres de luy pleines d'esprit et de jugement[2]. Je ne sçay si on peut dire la mesme chose de celles de Mr du Maurier d'aujourd'huy[3], ny (si) sa conversation est moins escholière ou moins pedante qu'elle n'estoit *cum una Parisiensem* ou *Palatinam insulam incolebamus*. Pour son frère, duquel il vous parle dans sa lettre, seroit-ce celuy dont on m'a parlé d'une si estrange sorte, et qui estoit bourgeois de Sodome longtemps devant que d'estre capitaine dans Loudun? C'est-à-dire que, sans aller à la guerre, il sçait faire tourner le dos aux hommes, et qu'il a appris il y a longtemps l'art *de dompter et de subjuguer*. Je sçay cet horrible secret d'un jeune gentilhomme de mes amys, *quo non formosior alter*, et sur la pudicité duquel le dit frère a eu de très dangereux desseins, lorsqu'ilz estoient ensemble ou à l'Académie ou au collége; mais peut estre que c'est le frère chaste qui est

---

[1] Benjamin Aubery, sieur du Maurier, ambassadeur en Hollande et en Angleterre. (Voir, sur cet ami de l'amiral de Coligny, ainsi que sur sa famille, les *Mémoires concernant les vies de plusieurs modernes*, par Ancillon; la *France protestante*, et surtout la thèse de M. Ouvré: *Aubery du Maurier, ministre de France à la Haye*; in-8°, 1853.)

[2] J'indiquerai de curieuses lettres écrites de la Haye par du Maurier à Peiresc, pendant les années 1618 et 1619 (Bibliothèque nationale, Fonds français, vol. 9544, p. 231-240).

[3] Louis Aubery, sieur du Maurier, mort en 1687, auteur, en 1645, de l'*Histoire de l'exécution de Cabrières et de Merindol*, et, en 1682, des *Mémoires pour servir à l'histoire de la Hollande*. Ces deux ouvrages ont été fort estimés. Louis Aubery avait eu l'intention d'écrire l'histoire des dernières années de Louis XIII, mais ce livre ne fut jamais achevé.

vostre amy et non pas le frère pédéraste; Dieu le veuille ainsy pour l'honneur de vostre amitié.

Vous ay-je rien dit par mes précédentes de nostre Monsieur de Montausier? L'honneur qu'il me fait de se souvenir de moy m'oblige sensiblement, mais l'estat présent de sa condition m'afflige encore plus sensiblement. Faut-il qu'un vray gentilhomme comme il est, un gentilhomme qui vaut un prince, et *patriæ lux prima meæ*, faut-il qu'un homme de si haut cœur, et qui a si bien et si dignement servi, soit oublié par le prince qui a receu de si considérables services? Et que *in regio Palatio nulla ipsius ratio habeatur*? Car on nous asseure icy que sa rançon coustera à sa mère près de vingt mille escus, tous frais faits. Si je n'appréhendois là-dessus la sévérité de vostre philosophie, ne seroit-ce pas le sujet d'un second emportement, beaucoup plus impétueux et plus rapide que le premier?

Je n'oserois vous rien dire de cette foule de lettres eucharistiques [1]. Je suis heureux, Monsieur, je le vous avoue, mais je le suis un peu trop, et j'ay un peu trop de peine à souffrir constamment ma bonne fortune. *Rogo ipse me ut felicitatem meam fortiter feram.* Que Mr de Lionne me fera de plaisir de ne prendre point de peine inutile, et que son collègue, aussy nostre cher amy, sera honneste homme, s'il fait mon affaire sans m'en escrire un seul mot! En cas que cela soit, je veux dire que l'assignation soit bonne, je vous conjure qu'on en compose à l'heure mesme par le moyen de mondit sieur de Silhon, qui est à la source des affaires, et qui pourra bien me faire donner par quelqu'un de l'argent contant, en perdant cent escus sur deux mille livres. Quand la chose seroit asseurée, *Ille ego sum qui tuta etiam, timeoque morarum damna senex.*

A ce que je voy les Valois [2] ne sont pas si bons poètes que les Bour-

---

[1] Par allusion à l'étymologie, Χάρις, grâce.

[2] Il est ici question du grand érudit Adrien de Valois, né en 1607, mort en 1692, l'auteur du *Notitia Galliarum*, et le frère de Henri de Valois. A ce moment, il venait de publier (Paris, 1643, in-4°) des vers latins satiriques avec notes et éclaircissements, contre Pierre de Montmaur, sous ce titre : *P. Montmauri opera in II tomos,*

bons[1]; mais c'est peut estre la jalousie de la maison qui les empesche de les bien louer. Cettui cy feroit toute autre chose que des vers, s'il s'en estoit conseillé (du) bonhomme Horace, et sa médiocrité est si basse, qu'elle mérite en italien le nom de *viltà*.

Vostre sonnet est un des meilleurs que j'aye veu de vous; commencé, poursuivi et achevé comme il faut. Les muses eschevelées, le débris du Temple qui embarasse les allées du bois de lauriers, *Et quod non in hoc poematio mihi non summopere placet?*

Je vous envoye mes deux épigrammes augmentées, dans lesquelles je croy que vous trouverez du latin et de la poésie. Si on imprime quelque chose, je vous suplie qu'elles ne soient point de l'impression qui leur osteroit la fleur de la nouveauté que je réserve à mon volumette, *quod brevi dabimus cum bona venia illustrissimæ dominationis vestræ.*

Bourbon a esté mon maistre en la langue grecque, et vous vous souvenez bien de son élégie, en suite de mon épigramme qui commence par:

Et pater inter se Damon et alumnus Amyntas.

La plume me tombe des mains, et je suis malade en achevant cette lettre. C'est, Monsieur, vostre, etc.

Je vous recommande un second papier pour Mr Mainard.

Je sçay quelle est la civilité de Madame la Marquise; mais je vous suplie, Monsieur, que je ne sois point cause qu'elle prenne de la peine. Je suis desjà trop satisfait de la bonne réception de ma lettre.

Surtout souvenez-vous que je ne suis point de ceux qui *specie recusantium ambitiosissime cupiunt.*

---

illustrata a Quinto Januario Frontone. Cet opuscule a été inséré dans l'*Histoire de Montmaur*, par Sallengre.

[1] Je n'ai pas besoin d'expliquer le jeu de mots de Balzac opposant les *Bourbons* aux *Valois* et accusant, en riant, son cher correspondant de sacrifier (à cause de la maison de Longueville) les derniers aux premiers. Beaucoup d'autres critiques ont jugé non moins sévèrement que Balzac et que Chapelain les vers d'Adrien de Valois, notamment ceux de ces vers qui ont été recueillis par son fils (Charles) dans le *Valesiana* (1694).

LXIII.

Du 10 octobre 1644.

Monsieur, Je suis bien plus espouvanté que vous de cette longue tirade de négoce, dont vous estes venu à bout. Et en vérité quand je considère les peines que ce négoce a données à Mr Silhon, et celles que vous avez voulu prendre, je voudrois de bon cœur que le négoce fut à recommencer pour ne le commencer jamais. Ce peu d'argent couste certes trop à vous, à Mr Silhon et à moy, et j'ayme bien mieux une autre fois n'estre pas payé que d'estre payé à ce prix-là, je veux dire aux despens de vostre repos et par une infinité de corvées, de desgousts et de rompemens de teste que je vous cause. J'en suis honteux, Monsieur, que vous ne sçauriez vous imaginer la confusion dans laquelle je vous escris cette lettre, et, sans avoir dessein de faire le fin, je vous prie de croire que la nouvelle de l'ordonnance circonstanciée de tant et tant de difficultés m'afflige au lieu de me resjouir. Je demeure d'accord avec vous de *angustiis rei pecuniariæ impeditissimis his temporibus*, de la bonne fortune que c'est à un provincial d'estre considéré à son absence, et de trouver place dans une mémoire remplie des affaires de toute l'Europe. Je vous avoue encore que ces petites douceurs que je reçoy de temps en temps me font quelque bien, et soustiennent une partie de la despense dans laquelle m'engage (*absit verbo invidia*) la célébrité du lieu où je suis. Mais, ayant résolu de changer de lieu, et par conséquent n'estant plus obligé à cette despense, ne sentant d'ailleurs en mon ame aucune tentation d'avarice, je me passeray très aysément d'une pension qu'il faut obtenir tous les ans comme une chose nouvelle, qui m'est accordée comme une aumosne, pour laquelle j'ay besoin de mille solliciteurs, et ce qui me fasche davantage, qui importune, qui fatigue, qui tourmente la personne du monde pour laquelle j'ay le plus de respect et de révérence. Ces sortes de faveurs et de gratifications me pèsent plus que la pauvreté, et mon hommage estant une fois rendu à Son Éminence par la présentation d'un petit ouvrage, j'ay dessein de la suplier, par une requeste ou par une lettre publique, de vouloir me faire la grace de m'oster de dessus l'estat, ou de me faire asseurer ma pension sur une évesché ; ma pension *autem de quatre mille livres*, comme elle me fut promise au commencement, sans qu'il soit permis, à l'avenir, à Mr Tubeuf d'en rogner tous les ans une partie.

Je vous envoye la nouvelle procuration pour Mr Bonair, auquel, *ut mos erat meus*, je me fusse adressé d'abord, si vous ne m'eussiés fait sçavoir quelque temps auparavant que les affaires qui luy estoient survenues en son particulier l'occupoient de telle sorte, que difficilement luy permettoient-elles de pouvoir songer à celles d'autruy. Lorsque je receus la lettre où estoit l'article de ce nœud gordien, c'est-à-dire de l'intricatissime [1] embarras du petit dans la mayson gordienne, Mr Mainard estoit icy, qui me proposa son Mr Rivière, logé à ce qu'il me disoit avec vostre Mr Maigne, et m'obligea d'accepter les offres que ledit Mr Rivière luy faisoit de me servir dans la sollicitation de mes intérests. Par là, Monsieur, il me semble que je n'ay point péché contre le petit amy, que je croyois accablé de son propre faix, selon les termes de vos lettres, et que je faisois conscience de surcharger. Si, après cela et après les autres choses qui se sont passées entre luy et moy, dont je conte l'argent qu'il en a receu pour la moins considérable, vous avez beaucoup travaillé à me le conserver, je ne vous dis rien sur ce sujet, sinon que je vous suis très obligé et à luy très peu. Pour mon autre malheur duquel je m'estois confessé à vous, il me vient encore du mesme endroit et de la mauvaise relation qui avoit esté faite au bon Président, laquelle il me confirma de vive voix, après m'en avoir escrit. Mais je ne sçaurois vous dissimuler, Monsieur, que la prière que vous me faites là-dessus *pour vostre interest* m'a piqué le cœur et que j'en suis tout de bon malade. Ah! Monsieur, que j'ay peu besoin de remontrance à cette occasion, et que mon esprit est esloigné des

---

[1] On ne trouve ce mot nulle autre part. Les contemporains de Balzac (Mézeray, par exemple) disaient, en pareil cas, *inextricable*, mot déjà employé par Montaigne.

soupçons et de la trop grande crédulité que vous me reprochez tacitement. Je n'ay jamais perdu d'amys par ma faute, je n'en ay jamais hazardé par ma deffiance; j'ay souffert non-seulement leurs mauvaises humeurs et leurs bizarreries, mais encore leurs vices et leurs injustices. Ils m'ont offensé impunément. Je suis revenu après avoir esté chassé. J'ay esté lasche pour estre bon, que diray-je davantage? Il n'est rien de si tendre que mon cœur, ny de si dur que ma patience, et, si je suis tel pour les moindres de mes amys, voire pour mes mauvais amys, que dois-je estre pour vous, mon très cher et honnoré patron, mon vray et unique consolateur, pour lequel je n'ay pas seulement de l'amour et du respect, mais de la dévotion, du culte? La parolle me manque en ce lieu, où je me diray sans plus de parolles, Monsieur, vostre, etc.

J'ay receu la lettre que Madame la Marquise m'a fait l'honneur de m'escrire, et en conscience je ne leus jamais rien de plus sage, de mieux sensé, ny de plus modeste, en un mot de plus digne d'une honneste femme, voire d'une princesse romaine. Je le vous dis très sérieusement, Monsieur, j'estime plus un billet de cette manière que toutes les longues amplifications de nostre pauvre défunte [1], qui avoit appris de M. de Vaugelas à faire des exclamations et des périodes de demie lieue de pays, que cet excellent grammairien appelle des périodes nombreuses.

Si la Reyne ny Monsieur son agent [2] n'entendent point la bienséance dont je vous avois escrit, j'en seray très ayse, pourveu que nous en demeurions là et qu'il ne me vienne point de compliment du Septentrion.

Je trouve vostre dernier sonnet parfaitement beau, et vous envoye mes vers pour les Manes du Père Damon [3] en l'estat où je désire qu'ils demeurent. Vous me ferez plaisir de donner cette copie à nostre très

---

[1] Madame des Loges.
[2] Cerisantes, agent de la reine Christine.
[3] Le poëte Nic. Bourbon. (Voir p. 33 de la seconde partie du tome II des *OEuvres complètes*.)

cher Mr Ménage, *quem semper medullitus diligo.* Obligez moy aussy, s'il vous plaist, Monsieur, de faire tenir seurement à Mr le Prieur Talon [1] la lettre cy enclose, qui est escrite dès le temps que je vous envoyay la sienne.

Voicy le troisiesme paquet pour Mr Mainard, que je vous suplie de rendre en mains propres au bon Père Flotte.

J'ay eu quatre ou cinq accès de fièvre tierce, mais ce ne sont que mes petits maux.

Aymez-moy tousjours, je vous en conjure.

LXIV.

Du 24 octobre 1644.

Je ne vous escrivis point par le dernier ordinaire, parce que *vis major* m'en empescha, et que, dès la première ligne de ma lettre, une violente esmotion me saisit qui me fit tomber la plume des mains. Grâces à Dieu, l'émotion est passée et je suis en estat de vous remercier de la continuation de vos courtoisies et de vos faveurs. Mais je ne sçay si je seray capable de profiter de vos bons préceptes, car quel moyen de domter ce monstre d'*humeur,* qui est un animal dans l'animal, comme disent les médecins de la matrice des femmes? Il n'y a point moyen, Monsieur, de faire un courtisan parfait de l'humoriste achevé dont parle vostre première lettre. Le comte Baltazar [2] y manqueroit

---

[1] Jacques Talon, prieur de Saint-Paul-au-Bois (diocèse de Soissons), cousin germain de l'avocat général Omer Talon, et secrétaire du cardinal de La Vallette; il a rédigé les mémoires du belliqueux prélat, qui parurent un an après la mort de l'auteur: *Mémoires de Louis de Nogaret, cardinal de La Vallette,* Paris, 1672, 2 vol. in-12. (Voir une lettre de Balzac, p. 381: «A Mr Talon, secrétaire de Monseigneur le «cardinal de La Vallette,» et d'autres lettres au même, p. 470, 534, etc.)

[2] Castiglione (Balthazar), mort en 1529, l'élégant auteur du *Cortegiano* (ou l'Art de devenir un courtisan accompli), Venise, 1528, in-f°. Les Italiens appellent cet ouvrage *Il libro d'oro.* (Voir, sur le comte Balthazar, un excellent article fourni par Grosley au *Dictionnaire de Moréri* de 1759.) Les autres critiques français qui se sont occupés de cet homme de lettres, qui fut aussi un homme d'État distingué, sont Niceron, Ginguené, Valéry, M. Philarète Chasles. En Italie, il faut citer surtout, après l'éloge de

et y perdroit tout son latin, je voulois dire tout son italien. Mais vous me remonstrez qu'il ne faut donc rien attendre de la Cour et que ses maximes ne s'accommodent pas avec les fantaisies des solitaires. J'en demeure d'accord avec vous, et voicy, sur cet article, ma solennelle déclaration. Mr Silhon la sçait il y a longtemps, et je pensois aussy vous l'avoir faite il y a longtemps. Si je désire quelque chose de la Cour, c'est sans bassesse et sans lacheté que je la désire. J'ay du pain et des habillemens tout ce qu'il m'en faut, autrement *victum et vestitum*. Reste à avoir des œufs de Portugal et des rubens d'Engleterre, de quoy je me passeray très aysément quand il me plaira. Un homme qui despense un peu plus que son revenu n'est pas fasché qu'il luy vienne de dehors un peu de secours; mais, en se retranchant, il n'a que faire de ce secours, et par là il se peut donner à soy mesme une bien meilleure et bien plus seure pension que celle que luy donne le Roy très chrestien.

Je vous envoye cinq responses que j'ay faites dans les intervalles de mon mal. Mes ouvrages aux Indes[1] ne m'eussent pas cousté davantage; et si vous sçaviés qu'à l'heure que je vous parle j'ay cinquante paquets sur ma table venus de Perigord, de Rouergue, de bas Poitou, *et cet.*, et presque autant de solliciteurs qui me tiennent à la gorge pour me faire responre aux lettres douces qu'ils m'ont apportées; si vous sçaviés qu'on m'a envoyé des Sermons, des Harangues et des Tragédies pour examiner, et que ceux qui me demendent deux mots de correction attendent de moy des louanges plus longues que le panégyrique de Pline; si vous sçaviés beaucoup d'autres choses qui me travaillent, sans doute, Monsieur, quelque dur que vous soyez à mes plaintes depuis quelque temps, vous seriez touché de tant de malheurs et diriez avec un demy souspir que c'est ajouster trop d'affliction à un affligé. Ne reprendrez-vous jamais pour moy vostre visage doux et

---

Castiglione par Bembo, sa biographie par Serassi (Padoue, 1768). Le *Cortegiano* a été traduit en français par Jacques Colin d'Auxerre en 1537, par Gabriel Chapuis en 1580, et a été imité par Faret sous le titre de l'*Honnête homme* en 1633.

[1] Faut-il lire : *Deux voyages* aux Indes?...

compatissant; cet esprit consolateur qui se couloit autres fois si agréablement dans mon ame; l'huile et le baume de vostre pitié, dont j'ay bien plus de besoin que de la sonde et du rasoir de vostre philosophie? Je sçay que, si vous voulez, vous m'accablerez en cet endroit du pois et de la force de vos raysons, et que j'auray toujours tort avec vous. Mais le cœur me dit que *non amplius mecum ages summo illo et lycurgæo jure*, et que vous voudrez traiter un malade délicat avec une méthode qui ne soit pas rude. *Dii me perdant, amicissime Capellane*, si je n'ayme mieux estre consolé qu'estre payé, et si un article de douceur que je trouve dans une de vos lettres ne me fait plus de bien que trois ordonnances du Roy, sollicitées chaudement par Mr Silhon. Vous dites que rien ne vous peut desplaire en moy que ce qui me peut nuire; et je vous respons, mon très cher Monsieur, que rien ne me peut nuire que ce qui vous peut desplaire, appréhendant beaucoup plus la diminution de ma faveur auprès de vous, que la perte de ma fortune ou toutes les autres disgraces imaginables. Aymez moy donc tousjours, je vous en conjure, si vous désirez que je vive, ou que je ne vive pas malheureux. Les parolles me manquent pour vous asseurer icy avec quelle passion je suis, Monsieur, vostre, etc.

Je verray très volontiers du latin de Mr du Maurier, et sur vostre parolle (sans autre plus exacte et plus particulière information de vie et mœurs) je le tiens desjà aussy chaste qu'Hippolite, ou que ce poète italien duquel il est dit : *Ne se pollueret, maluit ille mori*. Mais, Monsieur, que vous me dites de belles et grandes choses de M^r son frère, et que les magnifiques termes dont vous vous servez pour me les dire me font envie de devenir mathématicien! En sçauroit-il plus que M. Des Cartes [1], qui croit en plus sçavoir que les grands démons, car pour les petits lutins, il leur fait leçon deux fois par jour?

---

[1] René Descartes, né un an avant Balzac (31 mars 1596), mort quatre ans avant lui (11 février 1650). On connaît l'amicale lettre écrite par Balzac à l'éminent philosophe, le 25 avril 1631 (p. 235), où se trouvent ces mots : « Je ne vis plus que de « l'espérance que j'ay de vous aller voir à Ams-« terdam et d'embrasser cette chère teste,

La mort de la belle dame me touche par la contagion de vostre douleur; mais dans celle de l'éloquent Cardinal [1] je n'emprunte mon deüil de personne, et *verissimis lachrimis illum luximus*. De fraische mémoire, je luy avois de grandes obligations; et sans doute, s'il eust esté Pape, il nous eust envoyé le chapeau et à vous et à moy, et nous eussions esté ses Cardinaux Bembo [2] et Sadolet. *Diis aliter visum, et submissi fata feramus* [3]. Le Valois qui n'est pas prince du sang n'a garde d'approcher ni de la versification ni de la latinité des Guyets [4], des Madelenet [5], des Ramus [6] et des Ferramus; et ne pas faire de solécismes ny des positions brèves n'est pas pour cela escrire purement en latin et savoir faire des vers, *sed de his alias*. Je vous en envoye

« qui est si pleine de raison et d'intelligence. » On connaît aussi la réponse de Descartes à Balzac, du 15 mai 1631, lettre où il le presse tant de venir le rejoindre en Hollande (p. 200 du tome VI des *OEuvres complètes* publiées par M. V. Cousin, 1824, in-8°). Pour d'autres lettres de l'auteur du *Discours de la Méthode*, voir ce même tome, pages 197, 198, etc. Rappelons qu'aux pages 189 à 197, on trouve le *Jugement de M. Descartes de quelques lettres de Balzac*, lettres où, dit-il, « les grâces se voient dans « toute leur pureté. »

[1] Gui Bentivoglio qui, né à Ferrare en 1579, mourut le 7 septembre 1644, au moment où il allait probablement être appelé par le conclave à succéder sur le trône pontifical à Urbain VIII, dont il avait été l'intime ami. Balzac avait déjà fait un grand éloge du cardinal Bentivoglio dans une lettre du 3 octobre 1631 (p. 208), vantant surtout ses *Relations*, son *style si sobre et si chaste*, etc.

[2] Le copiste a écrit : *Rembret*.

[3] La première moitié du vers est de Virgile (*Æn.* lib. II, v. 428). Balzac, en bon chrétien, l'aura complété par une leçon de résignation.

[4] Le copiste l'appelle : *Guyers*.

[5] Le copiste a lu : *Madelenes*. Gabriel Magdelenet, né en 1587 à Saint-Martin-du-Pui, mourut à Auxerre en 1661. Le recueil de ses poésies latines (*Gab. Madeleneti Carminum libellus*) parut en 1662 (Paris, in-12) par les soins de Louis-Henri de Loménie, comte de Brienne, et reparut en 1725. Voir son éloge par Pierre Petit en tête de ce recueil ainsi que dans le *Moréri* de 1759, qui rapporte son épitaphe et qui rappelle que le talent poétique de Magdelenet a été récompensé par les pensions de Louis XIII et du cardinal de Richelieu et par les suffrages de Nicolas Bourbon, d'Adrien Baillet, de René Rapin, etc. Voir encore Niceron (*Mémoires*, tome XXV) et Papillon (*Bibliothèque des auteurs de Bourgogne*, tome II).

[6] Ramus (Pierre), un des plus savants humanistes du xvi° siècle, massacré le 26 août 1572. On peut voir, sur Ramus, les récents travaux de MM. Franck, Waddington, Haag et Saisset.

que je fis avant hier et dont je demeure extremement satisfait, si vostre jugement ne désabuse le mien. Ce sera un secret, s'il vous plaist, entre vous et moy, et le monde les verra une autrefois. Mais je prétens, Monsieur, que vous disiez que je suis un galant homme et que je n'entens pas mal l'urbanité, quand vous aurez leu les responses que je vous envoye. Je ne voy plus en achevant cette ligne.

LXV.
Du 31 octobre 1644.

Monsieur, Vostre lettre m'a donné la vie, et j'avoue que vous estes le meilleur comme le plus sage de tous les hommes. Je ne mérite point les belles larmes que vostre bon naturel vous a fait venir jusqu'au bord des yeux; tout ce que je puis vous dire, c'est que je les trouve belles et que je les ayme beaucoup mieux que la rigide indolence de dame Philosophie qui les a si subitement resserrées. Cette tendresse, cette mollesse, cette lacheté, si Zénon le veut ainsy, me plaisent bien davantage que ce fer, ce marbre, ces diamans du redoutable[1] et de ses confrères. Mais, pour ne pas oublier ce grand personnage sur la fin de ma lettre, disons en un mot en cet endroit, puisqu'il nous est tombé entre les mains; et, en premier lieu, n'admirons ny vous ny moy l'épigramme qu'il a faite pour Mr Bourbon. Sa Muse, en effet, n'est pas une si belle vieille [2] que celle du bon père de Toulouze [3] et *molto sente ingiuria del tempo.* Elle s'affoiblit extremement avec l'âge, et *duxit in obscura qui tot quinquennia cella, etc.,* n'a garde d'estre de la force de ces

---

[1] Le *redoutable,* c'est François Guyet, que Balzac appelle ailleurs *hypercriticus.*

[2] Guyet étant né en 1575, sa muse était bien vieille en 1644. C'était presque une septuagénaire !

[3] Theron (Vital), dont il a été parlé dans la lettre LVII, et qui n'avait pas alors moins de 72 ans. Balzac, le 9 mars 1643, dans une lettre au P. Theron (p. 607), plaisantait très-agréablement sur la vieillesse du poëte : « Les hyvers de Naples me la représentent, ces hyvers tous pleins de lumière et tous couronnés de roses; celle de Massinissa a esté moins verte et moins vigoureuse, et l'enfant qu'il fit à quatre-vingts ans n'estoit point une production comparable au poëme que vous avez fait à soixante-quinze. »

autres vers, que je luy ay ouy chanter autrefois sur la carcasse d'un mot bien différent de cettuy-cy :

> Dic ubi nunc, Cosme, es; nam te nec Tartara civem
> Accipiant manes, qui nihil esse putas,
> Nec superis gratus venias qui gaudia Cœli
> Pro levibus nugis, vel moriturus, habes.
> Restabat misero tumulus, te legibus arcent,
> Eque sua trahitur putre cadaver humo.

La conclusion de l'Épigramme n'y est pas, et dès ce temps là qu'il estoit plus frais et plus vigoureux qu'aujourd'huy il ne peut aller d'un mesme pas jusqu'au dernier distique, dans lequel il tomba au lieu de finir. La pièce la plus achevée que j'aye veue de luy est celle qu'il a faite contre la bière [1], encore y a-t-il :

> ..... dignusque suillo
> Jure sit,

qui n'est pas digne du reste, et que le juge Tarpa [2] eust condamné à l'esponge. Ce demy poète ne laisse pas d'estre craint de ceux qui sont poètes tout entiers; et quoy-que son authorité soit plustot usurpation et tyrannie que légitime puissance, la longueur du temps y a accoustumé les espris; et après l'eucharistique que je luy ay fait ne faut-il pas tout souffrir d'un homme que nous avons reconnu pour lieutenant général d'Apollon au pays de son obéissance? Au reste, Monsieur, une de mes curiosités seroit de sçavoir son sentiment et celuy de Mr de Bautru sur le sujet de la guerre sainte des Jésuites et des Jansénistes; et ce qu'ilz disent de l'émotion des Docteurs, dans cette grande et inébranlable tranquilité où ils se sont mis en despit de tous les remords et de toutes les syndérèses dont l'esprit humain est travaillé. Je ne pense pas qu'il y eust jamais de plus pure ny de plus parfaite neutralité que la leur en toutes ces matières contestées, et quiconque les accusera d'interest ou de passion leur fera, à mon advis, un insigne tort.

---

[1] *Francisci Guieti in cervisiam.* Balzac a cité ce morceau dans une lettre à M. de Morin (p. 661).

[2] Le copiste a écrit *Taspa*. Tout le monde connaît ce vers d'Horace (*Satir.* l. I, x, v. 38):
Quæ neque in æde sonent certantia, judice Tarpa.

Vous pouvez voir à l'heure présente (si le courrier n'estoit mort par les chemins) que j'ay obéi à vostre désir et à vos pensées; et Mʳ le Coadjuteur a une responce à son compliment, qui ne sera pas la plus mauvaise des *Lettres choisies*. Les autres responses sont encore peut-estre meilleures, et il me semble que, pour un malade, je fus assez galand homme, le jour que je respondis à ces chers amys. Mais tous ceux qui m'escripvent ne sont pas mes chers amys, et souvent je donne au diable leur amitié. Je suis persécuté, je suis assassiné de civilités et de complimens. Il me vient des lettres et des escritures de toutes les parties du monde, et pour vous le dire avec un enthousiasme plus haut :

> Fiet toto stilus impius orbe :
> Hinc mihi Tectosages, illinc Normania chartas,
> Belgæ etiam mittunt, Scotique atque ultima Thule [1],
> Præsentemque Arctoa intentat epistola mortem.
> Hostibus ab nostris tales veniatis amici,
> Et tanti constet tibi fama, o bubo Genevæ,
> Qui vis esse aliquis placidamque relinquere noctem,
> Invideo tibi, bubo, nimis tua si bona nosti,
> Obscuræ, sed nota parum, bona summa quietis.

Ayant appris par *la Gazette* que Mʳ le Duc est de retour d'Allemagne, j'ay cru qu'il n'y avoit point de mal de vous envoyer quelques copies des vers que j'ay faits pour luy. Ils sont changés et augmentés d'un distique; et, sans avoir dessein de préoccuper vostre suprême judicatrice [2], je ne croy pas pouvoir jamais rien faire de meilleur ny de plus digne du *patriciat romain*, dont il vous a plu nouvellement de m'honorer. Les demis latins, estrangers dans la bonne antiquité, s'arresteront peut estre aux mots de *puer* et de *pueri*, mais non ceux qui sont véritablement poètes et romains et qui sçavent l'histoire d'Auguste.

Outre les copies de l'Épigramme, vous trouverez dans mon paquet mon ancien poëme chrestien, reveu et augmenté de plusieurs vers; et

---

[1] .... Tibi serviat ultima Thule.
(Virg. *Georg.* lib. I, v. 30.)

[2] Molière, en pareil cas, a employé le mot : *judiciaire*. Je ne trouve nulle part le mot *judicatrice*.

je vous suplie, Monsieur, de le faire rendre de ma part à Mʳ l'évesque de Grasse. Je l'ay mis dans ledit poëme, en la place de Damon, qui n'y estoit pas assez désigné, et que personne n'entendoit sans explication. Damon est assez loué ailleurs, et cette place estoit donc à nostre très cher Prélat à qui j'ay donné un nom le plus approchant du sien que j'ay pu, je dis du sien de Provence et non du sien de Paris ou de Dreux [1], qui à mes oreilles n'est pas fort beau, n'en desplaise à Monsieur son frère. Encore de bonne fortune le nom est Romain et a esté connu à la cour d'Auguste, et porté par un poëte de ce temps-là qui a escrit de la chasse, et duquel Ovide dit : *Aptaque venanti Gratius arma dedit* [2]. Je ne sçaurois finir ma lettre sans vous remercier de rechef des bontés....... [3] de la vostre. Vous estes en vérité un souverain médecin des ames malades, et vous sçavez esgalement parler et guérir ; c'est à dire qu'en vous seul on trouve du laureus et de la violette ; vous n'ignorez pas ce que disoit Henry le Grand de l'un et de l'autre. Tout de bon vous m'avez escrit les meilleures et les plus belles choses du monde. C'est, Monsieur, vostre, etc.

Qu'est-ce, Monsieur, que la Traduction françoise de l'histoire de Strada [4] ? et la nouvelle que les Jésuites m'ont dite de l'impression de

---

[1] Le copiste a écrit *Dieux*. Le nom de Provence de Godeau était celui de sa ville épiscopale, Grasse. Balzac parle de son nom de Paris ou de Dreux (Antonius Godellus), parce que, si le prélat-poëte naquit à Dreux, il passa presque toute sa jeunesse à Paris, où il logeait chez son parent Conrart, et il pouvait, par conséquent, être considéré comme Parisien.

[2] Ovide a dit en réalité (*Pont.* lib. IV, *Epistola* xvi, v. 34) :
Aptaque venanti Gratius arma daret.
Gratius, surnommé bien à tort Faliscus par le commentateur Barthius, vivait du temps d'Auguste et a laissé un poëme intitulé : *Cynegeticon liber*, en cinq cent quarante vers.

[3] Le copiste a écrit *hepenté*, ce qui ne signifie rien. Je suppose que Balzac, en cet endroit, s'était servi d'une épithète tirée du *Nepenthes* homérique. Déjà, dans une lettre à M. de Morin, il avait dit (p. 662), du muscat que lui avait envoyé ce magistrat : «C'est le véritable Nepenthe chanté par «Homère.»
Du Bartas avait employé le même mot (*Seconde Sepmaine*, 1ᵉʳ jour) :
Serois-tu le Nepenthe ennemi de tristesse?

[4] Le premier volume de la traduction française du *De bello belgico*, par Du Ryer

sa seconde Décade? Empeschez Mʳ de Grasse de me remercier de mon poëme, mais si à quelque heure de loysir il luy prenoit fantaisie de faire une Éclogue qui consolast Amynte de ses maladies, de ses chagrins et de ses autres disgraces, Amynte luy en seroit bien fort obligé. Ce Scævola Sammarthanus, *optimus latinitatis auctor* [1], parlant de la bataille de Cerisoles, met Anguianus et non pas Anguienus ny Enguienus.

Enquerez-vous, je vous prie, Monsieur, s'il est vray, ce qu'a escrit d'Aubigné dans son histoire, qu'un cardinal espagnol donna un soufflet, à Rome, au cardinal de Joyeuse [2]. La foy de l'historien m'est un peu suspecte. Que je voudrois avoir ma part des conversations que vous aurez bientost avec nostre brave Marquis, *cui maxima quæque voveo!*

LXVI.

Du 7 novembre 1644.

Monsieur, Je ne prétens pas avoir la peste. Ce n'est point mon dessein que mes maux aillent jusqu'à vous par contagion, et il vaut bien mieux les tenir secrets que de vous les faire sçavoir à ce prix là. Une autre fois, quand je ne pourray pas vous escrire, je seray tout autre chose

---

parut (in-f°, à Paris) en 1644. Le second volume vit le jour en 1649. La première décade du savant jésuite avait été publiée à Rome en 1632, in-f°. La seconde décade, dont Balzac s'informe ici, fut publiée en 1647.

[1] Scévole Iᵉʳ de Sainte-Marthe, né à Loudun le 2 février 1536, mort le 29 mars 1623, l'auteur des *Poemata* (1575, in-8°) et des *Gallorum doctrina illustrium... elogia* (1598, in-8°). Voir sur lui l'estimable *Étude* de M. Léon Feugère (Paris, 1854, in-12).

[2] *Histoire universelle*, première édition, 1616-20, in-f°, tome III, p. 308, chap. vi du livre III : «A Rome y avoit quelques «partisans pour le roi Henri III tant qu'il «vescut, mais si foibles, que le cardinal de «Joieuse ne put tirer aucune raison d'un «soufflet qu'il reçut dans le consistoire par «un cardinal espagnol, en maintenant «l'honneur de son roi.» Aucun autre historien, que je sache, n'a mentionné ce scandaleux soufflet, et le silence du président de Thou doit surtout être remarqué.

que malade dans les lettres de mon secrétaire. Me présentant devant vous, je me farderay, comme faisoit Solyman quand il donnoit audience aux Ambassadeurs [1]. Je joueray le mesme personnage que Tibère, qui rioit et faisoit desbauche, ayant la mort sur le bord des lèvres [2]. Que voulez-vous davantage ? La bonne mine, les couleurs et les masques ne me manqueront point pour vous desguiser mon infirmité. En un mot, il n'y aura rien dont je ne m'avise pour vous espargner de l'inquiétude et des allarmes. Cette inquiétude et ces allarmes m'obligent néanmoins sensiblement, et je vous avoue que les preuves continuelles que vous me donnez de vostre bon naturel me consolent trop des niches, n'osant pas dire des injures que je reçois de ma mauvaise fortune !

Je voudrois de très bon cœur que M^r le Card. Mazarin n'eust point ouy parler de moy ny devant, ny après sa maladie, et que les ressors qui ont joué pour remuer Mr de Lyonne et Mr Silhon fussent demeurés en repos durant ce temps là. Peut-estre qu'au mois de Janvier toute la République sera morte et qu'il n'y aura ny pensions ny pensionnaires. Voylà ce qui s'appeloit de l'argent comptant dans la bouche de son Éminence, et par les relations de Messieurs ses Secrétaires dont vous avez pris la peine de m'informer. N'en disons pas davantage et trouvez

---

[1] Balzac avait tiré cette particularité des *Lettres* de Busbecq, dont les œuvres complètes (*Omnia quæ exstant*) avaient paru à Leyde, chez les Elzeviers, en 1633. Voici le passage de la première lettre de l'ambassadeur à Constantinople, tel que l'a traduit l'abbé de Foy (1748, t. I, p. 192) : «Il «(Soliman) est dans la soixante-dixième «année de son âge, d'une santé assez bonne, «n'ayant cependant point de couleur, ce «qui dénote qu'il a quelques maux cachés, «mais il sait aussi bien que les femmes «réparer cette injure du temps ; il se met du «rouge ; il prend ce soin surtout les jours «qu'il congédie quelque ambassadeur, afin «qu'il rende compte de l'embonpoint et de «la bonne santé dont les couleurs de son «visage semblent annoncer qu'il jouit.» — On a raconté la même chose de Mazarin mourant. (Voir les *Mémoires inédits de Louis-Henri de Loménie, comte de Brienne,* publiés par F. Barrière, tome II, 1828, p. 124-127.)

[2] On lit dans Suétone (chap. LXXII) : «S'étant fait porter jusqu'à Misène, il ne «retrancha rien de son genre de vie ordi-«naire, pas même les festins ni ses autres «plaisirs, soit intempérance, soit dissimu-«lation.» (Conférez TACITE, *Annal.* lib. VI, cap. L.)

bon, s'il vous plaist, Monsieur, que je me loue extremement de vous et que je me plaigne extremement de l'Estat.

> Sed tuto tamen et tacito sub pectore solus
> Hæc nosti, Genius que meus; nec tertius alter
> Audiit effusos modo surdo in littore questus.

Je vous advertis que ce *modo* et ce *littore* ne sont pas deux chevilles de mon dernier vers, puisqu'en effet c'est au bord de la Charante, où j'ay fait arrester mon carosse, que je vous escris ma lettre. La vostre me promet quantité de belles choses, et j'attens particulièrement cette espée fatale qui sera bientost plus célèbre que Durandal et que toutes les autres armes de la fabrique de nostre Arioste. J'ay grand peur pourtant que l'armurier [1] ne gaignera pas son procès, et, s'il le gagnoit, j'aurois certes très mauvaise opinion du gouvernement et de la politique des Gotz. Il y a bien de la différence entre un jeune passevolant de Saumur et un vieux routier de Hollande, confirmé dans son mestier par une parfaite connoissance du monde passé et par une longue pratique des choses présentes. Il semble que Mr Ménage en soit desgouté depuis quelque temps et qu'il vous ayt fait part de son degoust. Mais *Hugues Groot* tant qu'il vous plaira, *mihi magnus Grotius et præcipuum sæculi sui ornamentum semper habebitur*, sans approuver néanmoins ses grimaces et son faste de légat. Je serois bien aise de pouvoir avoir par vostre moyen tous les vers de Mr Gombault qui sont imprimés [2], et principalement ceux qu'on m'a dit qu'il a faits pour le feu Roy de Suède.

J'admire toujours de plus en plus l'esprit et les livres de Mr Arnault, et les Jésuites, mes chers amys, commencent à m'en sçavoir mauvais

---

[1] Cerisantes, auteur de la pièce sur l'*épée* dont il sera parlé dans la lettre suivante.

[2] Les poésies de Jean Ogier de Gombauld furent réunies pour la première fois à Paris, en 1646, in-4°, chez Aug. Courbé. Jusqu'à ce moment, il n'avait été publié de lui que quelques pièces détachées, parmi lesquelles je citerai *Amarante*, pastorale, in-8°, 1631. Les *Épigrammes* ne parurent que beaucoup plus tard (1657, in-12). C'est, sans contredit, le meilleur ouvrage de Gombauld.

gré, parce que je continue à les mortifier sur ce sujet en toutes nos conférences. C'est estre mauvais courtisan,

> Sed mihi libertas malefida dulcior aula,
> Ipsaque non tanti est ut verum dicere nolim
> Purpura Romanusque favor.

Je vous baise très humblement les mains, et suis plus qu'homme du monde, Monsieur, vostre, etc.

LXVII.

Du 14 novembre 1644.

Ouy, Monsieur, vous m'avez persuadé, sans que j'aye rien à vous répliquer; je voy bien que vous aymez comme les Dieux et les pères aiment, comme Juppiter aimoit Hercule, fortement et vigoureusement. Je remarque vostre tendresse au travers de vostre sévérité. J'adore la main qui me chastie. Je confesse, avec le Juif qui fut plus sage que tous les Grecs, que *meliora sunt vulnera diligentis quam oscula adulantis*[1]. Ce texte a esté traité par vous à plein fonds et avec tant d'efficace, avec une si douce violence, qu'il faut se rendre pour jamais à cette souveraine rayson qui use si agréablement de son pouvoir absolu, qui sçait plaire à l'esprit en le convainquant, qui ne me combat que pour me sauver. Je vous demende souvent, Monsieur, de semblables amertumes, ainsy appelez-vous vos faveurs, et je vous dis dans le sens du poète : *mihi calices amariores*[2], puisque l'*amer* en ce vers est une louable qualité du vin que le poète trouvoit bon.

Le messager m'a apporté le paquet promis, et j'y ay trouvé tout ce que vostre lettre me marquoit. Que vous puis-je dire du discours de M. Silhon, si ce n'est que c'est une pièce à durer pleine d'artifice, de jugement et de beautés chastes, s'il en fut jamais[3] ? Ce seroit une

---

[1] *Prov.* cap. XXVII, v. 6.

[2] Inger mi calices amariores.
CATULL. *Carmen* XXVII, v. 2.

[3] Balzac veut sans doute parler de la seconde partie du *Ministre d'État*, qui avait paru quelques mois auparavant (Paris, in-4°, 1643). La première partie de ce recueil de discours avait été publiée en

belle chose, si par là nostre cher amy estoit fondateur d'un estat nouveau, et ce seroit l'enchérir sur celuy qui remua une infinité de pierres et bastit les murailles d'une ville au son de son lut [1]

Monsieur de Cerisantes est un grand et sublime poète, et je le remercie très-humblement de son Espée mille fois plus riche que celles que j'ay veues autrefois dont le pommeau estoit tout d'or et tout de diamans.

Madame Camusat [2] m'oblige de se souvenir de moy en la distribution de ses présens, et je vous prie de luy en tesmoigner mon ressentiment la première fois que vous la verrez.

Pour Monsieur Rigault, il faudra le remercier une autre fois, et cependant lire avec attention sa Diatribe *de Vultu Christi* [3]. J'escris à son confrère, nostre incomparable Mr Lhuilier, et vous trouverez ma lettre dans ce paquet. Mais je vous suplie de luy dire que je prétens bien d'estre courtisé de luy, voire de son confrère Tertullian [4], pour

1631. On sait qu'il y a eu d'autres éditions de cet important ouvrage. Nous en avons sous les yeux une en trois volumes in-12, d'Amsterdam (1661). Dans cette édition, la troisième partie est formée par le traité: *De la certitude des connaissances humaines*, qui avait paru pour la première fois en cette même année 1661 (1 vol. in-4°, Paris).

[1] Amphion.
Dictus et Amphion Thebanæ conditor arcis
Saxa movere sono testudinis, et prece blanda
Ducere quo vellet.
HORAT. *Ars poetica*, v. 394-396.

On connaît les beaux vers inspirés par Amphion à Lucrèce, à Virgile, à Ovide.

[2] Denyse de Courbe, veuve de Camusat, qui avait été nommé, en 1634, libraire de l'Académie. Après la mort de Camusat (1639), l'Académie, résistant noblement au cardinal de Richelieu, qui protégeait le libraire Cramoisy, garda pour libraire Denyse de Courbe. Voir là-dessus l'*Histoire de l'Académie française* de Pellisson (t. I, p. 126-129) et deux lettres de Chapelain à Boisrobert (t. II, p. 378-382). Chapelain fut un de ceux qui soutinrent le plus énergiquement la cause de la veuve, et cette bonne action doit lui être comptée.

[3] Rigault, dans cette dissertation, alors manuscrite et qui fut imprimée en 1649 au milieu de son commentaire de saint Cyprien (in-f°, p. 235-246), avait cru devoir soutenir que Jésus-Christ était dépourvu de toute beauté. Le P. Vavasseur, jésuite, lui répondit en un volume spécial (*De forma Christi*, Paris, 1649, in-8°). M. Feuillet de Conches, dans le tome I de ses *Causeries d'un curieux* (p. 87-91), a donné d'abondants détails sur la question traitée par Rigault et par Vavasseur.

[4] Rigault, que Balzac surnomme *Tertullian* à cause de tous ses travaux sur ce docteur.

leur faire voir deux nouveaux volumes d'Épistres *ad Atticum* outre les lettres choisies, qui paroistront les premières et le plus tost que je pourray. Aymons chèrement, Monsieur, ce Monsieur Lhuilier; il est certes très aymable, *nec patriæ lux parva tuæ sanctique Senatus;* lequel est pourtant *in partibus Infidelium*, et qui sent un peu trop la poudre à canon pour un esprit doux et pacifique comme le sien.

Quand je songe à l'ordonnance d'argent comptant commandée par son Éminence, et *vivæ vocis oraculo* recommandée et sollicitée puissamment par Messieurs ses Secrétaires, je vous avoue que j'admire le bon ménage de Monsieur Tubeuf, qui encore a voulu retrancher cinq cens livres sur deux mille, qui jusques icy ne sont qu'en papier, quoy que l'ordonnance s'appelle d'argent comptant en la langue de Mʳ le Cardinal. Je suis très-affligé de la peine que cette petite affaire donne à Mʳ Silhon, et à vous, Monsieur, dont je ne voudrois point prostituer les pensées à de si bas et si misérables soins. Il s'en faut bien que je ne sois ministre d'Estat, mais je fis hier un présent de *douze cens livres* qui n'a point esté mendié de la personne qui l'a receu, et que j'ay fait avec la mesme facilité d'esprit que j'aurois donné un bouquet d'œillets ou de fleur d'orange[1]. Je suis, Monsieur, tout de feu pour vous, et de toute mon âme, vostre, etc.

Je fis, il y a deux jours, une épigramme pour Monsieur le Cardinal convalescent, qui a esté trouvée aussy bonne que celle des victoires de M. le Duc. Vous voyez par là, Monsieur, que je paye comptant, et que les avant-coureurs de Cléophon ne sont pas fantosmes et chimères comme les parolles des financiers, puisque vous ne voulez pas que je die de Mʳ Tubeuf. Je vous demende la continuation des bonnes graces de nostre Marquis, que j'estime bien plus que celuy de Brandebourg.

---

[1] Orange se disait autrefois pour oranger; Olivier de Serres, Corneille (dans son *Menteur*), Mᵐᵉ de Sévigné, ont employé l'expression : fleurs d'orange, au lieu de fleurs d'oranger.

LXVIII.

Du 20 novembre 1644.

Monsieur, Je vous remercie en toute humilité, comme il se disoit jadis, des bons offices que vous avez rendus à mes derniers vers. Vous aurez, à mon advis, la mesme bonté pour ceux qui arrivent aujourd'hui à Paris, et je ne doute point qu'ils ne trouvent par vostre moyen un *Hac itur* à Mʳ le Cardinal, aussy bien que leurs frères à Mʳ le Duc. Puisque ce Cardinal très bon et très grand est si mal obéi dans un affaire de rien, il faut qu'il y ait ou haine ou aversion pour moi dans l'esprit du financier. Et en ce cas là ne voudrez [vous] point un jour me souffrir une douzaine de lignes de belle et généreuse vengeance en quelque endroit escarté, soit prose, soit vers? Et pourquoy auray-je plus de respect pour Mʳ Tubeuf que Catulle n'en a pour un favori de Jules César, nommé Monsieur Mamurra, duquel il a dit :

> Quis hoc potest videre, quis potest pati
> Mamurram habere, quod comata Gallia
> Habebat uncti¹?

J'ay rendu vostre lettre à Mʳ Girard : mais par celle qu'il vous avoit escrite le bon seigneur vous avoit desguisé la vérité, car je vous apprens que ses escritures² sont bien avancées. Je luy ay desja donné trois audiences, et de deux heures la moindre, qui ne m'ont pas duré trois momens. Ou je ne me connois point en histoires, ou celle-cy ira loin. Elle sera estimée de l'avenir comme du présent, et passera à la postérité avec l'approbation et les éloges de nostre siècle. Vous y

---

¹ Voici les vers de Catulle (*Carmen* XXIX, v. 1-4) :

> Quis hoc potest videre, quis potest pati,
> Nisi impudicus, et vorax, et aleo,
> Mamurram habere, quod comata Gallia
> Habebat uncti et ultima Britannia?

² L'*Histoire du duc d'Espernon*, qui ne parut que plusieurs années après (1655).

trouverez du bon et du beau, du fort et du délicat. Mais il ne faut pas préoccuper vostre jugement. Je suis asseuré que vous m'en direz tout ce que je vous en voulois dire, et que vous estimerez *mon parrain* le plus heureux maistre qui fut jamais, d'estre encore si bien servi, après sa mort, dans un monde où il n'est plus.

Mais vous, Monsieur, estes-vous fidèle historien, et dois-je croire l'article obligeant que vous m'escrivez sur le sujet de nostre Marquis? Tant d'estime, tant d'affection, tant de tendresse pour moy?

> Armipotens si me tanto dignatur honore
> Montosides voluitque meas laudare latebras,
> Dico tibi, non me vivit felicior alter:
> Non Phœbi consanguineus, sublimior astris,
> Persarum rex ipse Sapor.....

J'aurois grande envie de voir la vintaine de vers dont vous me parlez; mais mon réspect arreste ma curiosité, et il me suffit de sçavoir que je suis heureux; je ne cherche point le *quomodo;* à la bonne heure que je sois heureux *in œnigmate*, et que ma félicité soit un mistère tant qu'il plaira à *Montosides*, au brave et sage *Montosides*. Je vous envoye une copie de mes derniers vers que vous me ferez la faveur de luy donner. Il y a quelques changements dans *les Manes de Bourbon*, particulièrement au troisième vers de la première épigramme, où vous verrez que j'ay troqué une pensée Platonique pour une pensée plus populaire. Au reste, Monsieur, si j'ay pris l'un pour l'autre dans sa lettre, vous avez eu peu de charité de ne pas remédier d'abord à ce mot, les lettres vous ayant esté envoyées ouvertes.

Mais de quoy s'avisent ces Messieurs du païs Grec et Latin, je veux dire de l'Académie putéane, qui jusques à présent ne connoissoient point le françois et *in patria peregrinabantur?* Pour en parler plus favorablement, je les prenois pour des Gaulois et pour des Druides, et ils se meslent maintenant de corriger leur précepteur en langue vulgaire; celuy qui a donné de l'esprit à toute la France, *ut nuper dicebat quidam magni nominis Italus*[1]. En cela, Monsieur, et en tout

---

[1] N'est-ce point le cardinal Bentivoglio qui a parlé ainsi de Balzac?

le reste, je seray toujours de vostre opinion et ne sçaurois pas trouver mauvais que, pour justifier l'autheur, vous accusiez le copiste.

Mille, mille très humbles remerciemens à vostre très cher Mr Ménage et de ses soins pour moy et de ses mesmes présens au mesme moy. J'ay changé et ajousté quelques vers dans le poème où je parle de Mr de Grasse; je les vous envoye pour les luy faire tenir, s'il vous plaist. Je suis de toute mon ame, Monsieur, vostre, etc.

LXIX.

Du 27 novembre 1644.

Monsieur, Les esloignés font ce qu'ilz doivent, quand ilz font des équivoques, et qu'ilz jugent mal des choses et des personnes qu'ilz ne voyent pas bien. *Ego certe legatum illum, magnum virum putabam, et magnum etiam, ut Romæ dicitur, in agibilibus* [1]. Il y a près de trente ans qu'on m'en avoit parlé en son pays de cette façon, *nempe*, comme d'un oracle de leur Estat et du successeur désigné de Barnewelt [2]. Je sçavois d'ailleurs la familiarité intrinsèque qu'il avoit eue avecques luy; les éloges qui luy avoient esté donnés, en matière mesme de politique, par le président Jeannin et par tous nos autres ambassadeurs; l'élection que le grand Gustave avoit faite de luy pour son secrétaire. Tout cela, à vous dire le vray, me tenoit dans le respect, et je me figurois pour le moins un Ossat luthérien ou un Villeroy sçavant, soubs la figure de ce Batave. Je vous rends graces, Monsieur, de la vérité que vous m'avez fait voir à la confusion de toutes mes apparences. Vostre science de cour a dissipé mon ignorance municipale, et je voy bien qu'il faut s'arrester à la fidèle relation que j'ay receue, et au bon latin qui m'a appris autrefois que *magis magnos clericos non sunt magis magnos sapientes* [3]. Le portrait que vous m'avez fait du Résident est

---

[1] Grotius, ambassadeur de Suède en France.

[2] Grotius avait, en 1598, accompagné à Paris le grand pensionnaire Barneveld, qui se rendit à la cour de France en qualité d'ambassadeur.

[3] RABELAIS, *Gargantua*, t. I, ch. XXXIX. MM. Burgaud des Marets et Rathery, à la

encore une très belle chose, et je conclus de son carosse doré et escussoné, de son point de Gennes, de ses livrées chamarrées, voire de ses vers sur les cheveux de la Reine, qu'il pourroit bien en estre amoureux, et rouler en sa teste quelque roman, digne du beau nom de Cerisantes. Quant il n'y auroit que ce nom-là à luy objecter, et qu'il a esté luy-mesme son parrain[1], sa politique me seroit suspecte, et difficilement luy fierois-je la négociation de la paix, ou quelque autre affaire de ce mérite, de peur qu'il ne la voulust traitter par les maximes d'Amadis et d'un air trop haut et trop généreux pour un siècle si lasche et si intéressé que le nostre. *Cæterum, Illustrissime Domine, appello fidem memoriæ tuæ*, et vous advertis que c'est à un autre à qui vous envoyastes il y a plus d'un an le poëme de l'*Espée*, escrit à la main. Je ne l'ay veu que depuis un mois, et de l'impression de Stokolme.

Mr de la Thibaudière me parla dernièrement des *Danaïdes*, tragédie de Mr Gombault[2], et m'en dit mesme quelques vers qu'il sçavoit par cœur.

Le bon Mr Rigault est trop obligeant, et son remerciement m'a touché aussy bien que vous, qui sentez ce qui me touche encore plus vivement que moy.

Je vous demende, mais avec ardeur, les bonnes graces de M^r le Comte de Fiesque, et vous conjure de l'asseurer comme il faut de ma passion et de mes respects. Je les luy dois, et comme bon serviteur très obligé et comme personne assez raisonnable pour connoistre ce qu'il vaut.

Pour vostre héros de Catalogne[3], je suis bien glorieux de l'impa-

---

page 155 du tome Ier de leur excellente édition des *OEuvres* de Rabelais, rappellent que Regnier nous donne, dans sa troisième satire, la traduction de ce latin de cuisine :

N'en déplaise aux docteurs, cordeliers, jacobins,
Par Dieu, les plus grands clercs ne sont pas les
plus fins.

[1] Le vrai nom de Cerisantes était Duncan.

[2] Les *Danaïdes* ne parurent qu'en 1658 (in-12). L'abbé de Marolles, dans ses *Mémoires*, a singulièrement vanté ces «immor-«telles *Danaïdes*, où se lisent de si beaux «vers.»

[3] Le marquis de la Trousse, comme on le verra par les lettres suivantes.

tience qu'il a de lire mon livre. Il s'y verra dès l'entrée comme vous sçavez, et je vous prie de luy dire de ma part que, pour estre mon Romain, il ne luy manque rien que d'estre nay en un autre siècle. Je parle du siècle des grandes occasions et de la vertu libre et indépendante, ne le tenant pas moindre artisan que Fabrice ou Scipion, si son estoffe estoit pareille à la leur. Mais en cet endroit *matière* ne vaudrait-il pas mieux qu'*estoffe*? Il faut le sçavoir de Messieurs de l'une et de l'autre Académie[1]; n'y ayant rien si aisé, au lieu où je suis, que de prendre un mot pour un autre, et de faire des incongruités et des barbarismes :

> Dicere sæpe aliquid conor, sed turpe fateri est,
> Verba mihi desunt, dedidicique loqui.
> Et voces proprias non quæro aut nomina certa,
> Nullus adest a quo doctior esse queam.
> At veniam sperabo a te, vestigia ruris
> Inque meis chartis si peregrina legis.
> Æquus eris scripto cujus, Capelane, fuisse
> Scis febrim, tempus, barbariemque locum.

Ovide et moy avons fait cet épigramme, et ne vous semble-t-il pas que, pour avoir sujet de le faire, j'ay fait tout exprès l'impropriété dont il est question?

Le petit se remue donc de toute sa force et il ne tiendra pas à luy que ce Ligoure ne soit bon payeur. Mais sçavez-vous bien, Monsieur, que ce Ligoure est de ce pays et qu'il avoit espousé une sœur de feu Mr Favereau, nostre cher amy[2]? *Hoc ego illi nomine*, etc. Les publiquains

---

[1] L'Académie française et l'Académie *putéane*.

[2] On trouve dans le Recueil de 1665 une lettre de Balzac, non datée, à M. Favereau, «conseiller du roy en la cour des Aydes» (p. 343), et une autre lettre du 20 juillet 1638 (p. 363). Voir sur Favereau le *Patiniana* (édition de 1701, p. 77), qui le fait mourir en 1638, et qui lui attribue une satire très-violente contre le cardinal de Richelieu (1636). Ce M. Favereau, dit l'auteur du *Patiniana* (p. 78), «était un bon et «sçavant poëte et fort honnête homme, qui «haïssait horriblement le cardinal.» On ne croit guère aujourd'hui que Favereau ait composé *la Milliade* (voir une note de M. Édouard Fournier à la page 5 du tome IX des *Variétés historiques et littéraires*, 1859). L'abbé de Marolles a dit quelques mots de Jacques Favereau (p. 275 du t. III de ses *Mémoires*).

ne connoissent ny parenté, ny alliance, ny droit de nature, ny droit des gens. Quoy qu'il en arrive, je vous demeure tousjours infiniment obligé, et suis aussy plus que personne du monde, Monsieur, vostre, etc.

Je suis en peine du cher Président, qui devoit estre à Paris à la St Martin. Vous luy donnerez, s'il vous plaist, ou luy ferez tenir le paquet que vous trouverez cy enclos.

LXX.

Du 5 décembre 1644.

Monsieur, Je recevray tousjours vos advis avec respect, et, bien que je n'aspire point à la gloire du bon courtisan, bien que je sois impénitent dans tous les peschés que je fais contre tous les principes de la Cour, je ne laisse pas de trouver très bonnes les remonstrances que vous me faites sur ce chapitre. Je vous reconnois, et par conséquent je vous ayme et vous honnore, soubz quelque figure que vous apparoissiez à moy. Je tiens l'amertume et les médecines qui me sont présentées de vostre main en mesme degré de faveur et d'obligation que les douceurs et les parfums dont me fait présent Madame la Marquise de Rambouillet. Mais à ce que je voy, Monsieur, vous ne vous lassez point de me faire donner des parfums; et je vous avoue que ceux qui viennent de Tiliers ne sont pas moins bons en leur genre, ny n'envoyent de moins douces fumées au cerveau que ceux qu'on prépare en Italie.

Je suis certes trop obligé aux bontés de Monsieur le Comte de Fiesque, mais ce n'est pas d'aujourd'hui que je sçay qu'il est bon et qu'il est généreux pour moy. Il m'en a rendu des preuves il y a longtemps. Il a maintenant mes droits et mes avantages au lieu où l'on donne les rangs et les préséances. *Ante ora patrum, magnæque in mœnibus urbis*[1]. En un [mot], il m'a fait triompher jusques dans Rome, où

---

[1] Queis ante ora patrum, Trojæ sub mœnibus altis.
(Virg. Æneid. lib. 1, v. 99.)

encore, en mesme temps, il fit berner solennelement le livre du moyne, mon ennemy[1]. Vous ignoriez peut estre cela, c'est-à-dire vous ne sçaviez pas un des beaux endroits de mon histoire. Je le vous apprens, affin que vous preniez vos mesures la dessus dans le remerciement que je vous demande pour ce brave comte, *cujus antiquum me clientem, et cui omnia me debere sancte et ex animo profiteor.*

Mais ne vous ay-je rien dit pour le faiseur de choses prodigieuses? Si ma mémoire ne me trompe, il y en a un article dans ma dernière despesche, et je vous conjure de rechef, Monsieur, de me rendre office auprès de luy. Je vous conjure de bien asseurer vostre thaumaturge qu'il n'a point un plus dévot ny plus zélé serviteur que moy. Je sçay bon gré à mes muses de me fournir de quoy plaire aux vostres ; mais il faut que je vous dise de plus que je serois un ingrat, si je n'avouois que c'est vous seul qui m'avez fait poëte, ayant esté mon premier inspirateur, et celuy qui m'a soufflé dans l'ame l'entousiasme, si je laisse les autres derrière moy :

> Ausus ego Ausoniæ divina lacessere cantu
> Ingenia. . . .
> . . . . . Hoc totum muneris esse tui. . . . .
> Profiteor, Capelane.

Je n'ay point retouché les vers Mazarins, parce que je les ay trouvés achevés (à ma façon) et dans l'enfantement et après, à la mienne volonté (*sic loqui amabat Cappatellus*)[2]. Que le Dieu entende la langue du prestre, et que nostre petit sacrifice attire sur moy quelque petite bénédiction du ciel! Je n'ay garde de vous recommander mes affaires. Je suis honteux, confus, *et quid non?* de la peine qu'elles vous donnent et de la bassesse, si esloignée de vostre magnanimité

---

[1] Est-ce le livre du Père Goulu?

[2] Le copiste a écrit *Cappetellus*. Je suppose que Balzac a ici latinisé le nom de Coëffeteau (*Cappa,* Coiffe). Balzac avait beaucoup connu, dans sa jeunesse ce prédicateur. Il a rappelé (lettre du 20 août 1630, p. 387) qu'il avait fait «son cours «en langue française sous messire Nicolas «Coëffeteau.» Balzac écrivit à son ancien professeur le 15 août 1628 (p. 215).

et de vostre philosophie, dans laquelle elles vous font quelquefois descendre :

> Parce bone ac tantam noli demittere mentem
> In cœnum, sordesque meas.

Je ne seray point satisfait que je n'aye donné à nostre très cher Monsieur Ménage des marques choisies, esclatantes, immortelles, etc., de ma passion, de mon estime, de ma reconnoissance, etc. Je suis sans réserve, Monsieur, vostre, etc.

La profusion pour laquelle vous me voulez donner un tuteur[1] est véritablement une dette que j'ay payée pour un autre, et cet autre s'appelle Campagnol.

Je vous envoye une nouvelle copie de mon poëme pour Mr de Grasse, et vous suplie de la luy faire tenir par la voye de Mr Conrart.

Le poëme est, à mon advis, où il en doit demeurer.

LXXI.

Du 12 décembre 1644.

Monsieur, J'ay tout l'hiver et toute l'Æolie dans la teste. J'ay pourtant desjà appris les beaux vers que vous m'avez fait la faveur de m'envoyer, et je puis dire par conséquent que la muse de nostre Marquis a fait le mesme voyage que la Junon de Virgile, et qu'elle est venue aussy bien qu'elle :

> Nimborum in patriam, loca fœta furentibus Austris[2],
> Nempe meum, Capelane, caput...

Sans ces beaux vers vous n'auriez point de lettres aujourd'huy de moy. Le mal présent et pressant (*agnosce gallicam lipseitatem*[3]) seroit une trop juste excuse de mon silence et me dispenseroit d'escrire pour

---

[1] Allusion aux 1,200 livres données par Balzac, dont il a été question dans une précédente lettre.

[2] Virg. *Æneid.* lib. I, v. 55.

[3] Allusion à l'habitude qu'avait Juste Lipse de jouer sur les mots.

tout autre sujet que celuy cy. Mais il faut avouer que la joye est maistresse de la douleur. Il n'y a point de tempeste, d'inondation, voire de déluge de cerveau, qui puisse retarder les bons mouvemens du cœur, qui ne face place à la gratitude d'Amynte[1], comme le feu à la piété d'Enée; qui m'empesche, Monsieur, de vous dire que ce n'est pas une épigramme de vingt et deux vers, mais un collier de vingt et deux perles plus grosses que des olyves, que je pense avoir receu par le dernier ordinaire. Je vous en diray davantage une autre fois pour le magnanime *Montosides*, et cependant, pour me conserver le rang qu'il me donne au pays latin, je luy envoye le plus achevé de mes poëmes, le plus cher des enfants de mon esprit, celuy pour lequel j'abandonnerois tous les autres. Vous avez veu l'ébauchement de ce poëme, mais parce qu'à vostre advis c'est une marchandise de contrebande, vous pouvez la recevoir et la rendre les yeux fermés, et je n'ay garde de vouloir choquer tant soit peu la délicatesse de vostre prudence.

J'envoyeray à M. Girard l'extrait de l'article qui le regarde. Je luy ay donné le mesme conseil que vous, quoyque je ne me sois pas si bien expliqué que vous, et je hay mortellement, aussy bien que vous, toutes les histoires panégiriques. Le poète Maistre des Requestes est trop grand poète pour rendre office à un autre poète. Un abbé comique[2], à défaut du médecin Bourdelot[3], eust esté plus propre pour cela. Au reste j'ay reçeu une lettre d'un semblable abbé, que je vous envoye affin d'en considérer l'apostille. La fluxion m'arreste tout court en ce lieu cy et je demeure, Monsieur, vostre, etc.

---

[1] *Amyntas* est le nom pris par Balzac dans ses poésies latines, p. 1, 15, 16, 32, 34, 35, 37, etc.

[2] Boisrobert.

[3] Le copiste a écrit *Bourdelon*. Il s'agit ici de Bourdelot (Pierre-Michon), neveu d'Edme Bourdelot, médecin de Louis XIII, oncle de Pierre-Bonnet Bourdelot, médecin de Louis XIV, et lui-même médecin du comte de Noailles, pendant l'ambassade à Rome de ce dernier, puis médecin du prince de Condé et du duc d'Enghien, enfin médecin de la reine de Suède, mort le 9 février 1685. Voir une lettre de Balzac à M. Bourdelot, premier médecin de la reine de Suède, écrite d'Angoulême, le 10 septembre 1653 (p. 1029).

LXXII.

Du 15 décembre 1644.

Monsieur, Revoyant hier l'épigramme que j'ay faite pour Son Éminence, une subite inspiration me saisit, comme vous verrez par les nouvelles copies que je vous envoye. J'y ay changé deux distiques, et en ay adjousté un, qui fait ce me semble un bel effet : car ne vaut-il pas bien mieux que ce soit le monde malade, qui prie luy-mesme M^r le Cardinal de se vouloir bien porter pour l'amour de luy? Mais qui connoistra ce bel effet, si ce n'est vous et nostre Marquis? Et de vos Messieurs de la Cour, qui sçavent tout sans apprendre rien, n'y en aura-t-il pas plus de quatre qui ne connoistront point Mecenas sous le nom d'*Ethruscus Eques*, quoyque ce nom soit connu par les cuistres de Parnasse, et que l'histoire d'Auguste soit toute pleine de la politique et des bons conseils de ce chevalier? Ma fluxion n'est point arrestée et j'en souffre mesme beaucoup en dictant ces mauvaises lignes. Je ne sçaurois pourtant les finir, sans vous parler de mes amours, je veux dire de la très chère, comme très excellente épigramme qui m'a béatifié, et a mis ma colline au dessus de *Surrentinum collem*[1]? Mille très humbles remerciemens, s'il vous plaist, au sage et magnanime poète nostre amy. C'est, Monsieur, vostre, etc.

LXXIII.

Du 19 décembre 1644.

Monsieur, En despit de ma fluxion et de son opiniastreté je vous diray que, dans toutes les causes que vous connoissez, vous estes un

---

[1] C'est ainsi que je propose de lire un mot que le copiste a écrit *Pollii*, forme inacceptable, puisqu'on ne sauroit l'expliquer. Les collines de Sorrente (*Surrentini colles*) ont été trop célébrées dans l'antiquité par les poëtes (surtout par Ovide) et par les prosateurs (surtout par Pline l'Ancien) pour que j'aie besoin de justifier ma correction.

juge très rigoureux, mais aussy que vostre rigueur est très intelligente et très juste. Je n'appelle donc point de l'arrest que vous avez donné contre le Batave ¹. Je ne leus jamais rien de mieux sensé ny de plus judicieux; et, si vous aviez fait de cette manière les éloges des Illustres de ce temps, ce seroit un livre tout d'or, et que je préférerois aux *Charactères* de Theophraste.

Je vous envoye la lettre de Mr de Grasse, et vous demende pour luy un compliment aussy passionné que celuy qu'il vous demende pour Madame de Longueville, encore qu'il ne soit pas si beau qu'elle est belle². Vous m'aurez bien fait la faveur de luy faire tenir mon poème de la dernière revision, sans prendre la peine de lui escrire pour cela, car autrement j'aymerois mieux que le poème fut demeuré icy ou à Paris.

    Nec vexandus amor toties et sedula nostri
    Cura Capellani.

Vous avez obligation de ce second *l* à Mr Ménage, qui vous en a fait présent dans sa dernière élégie, et ainsy Messieurs les poètes se jouent de nous et de nos noms à leur fantaisie.

Puisque vous appellez épigramme ce que je vous ay escrit sur le *mot douteux*³, il faut vous faire dire vray et vous envoyer une véritable épigramme, voire une double épigramme, comme vous verrez par le septiesme distique, sans lequel les six premiers achèvent le poème,

    Si modo tanta licet parvis dare nomina rebus ⁴.

Mais, Monsieur, que l'Académie Putéane ne se glorifie point, s'il vous plaist, de mon épigramme. Je vous l'adresse à vous seul, et pré-

---

[1] Grotius.

[2] L'enthousiasme de M. V. Cousin n'a rien laissé à dire sur la beauté de Madame de Longueville. Je rappellerai, à propos de la malice de Balzac contre Godeau, que le futur évêque de Vence, ayant recherché une jeune fille en mariage, fut refusé par elle tant il était laid et rabougri, et que, découragé, dit-on, par cet échec, le *nain de Julie* ne tarda pas à prendre le petit collet.

[3] *De verbo parum proprio, quod illi scribenti exciderat ad Joan. Capelanum*, p. 37 de la seconde partie du tome II.

[4] Allusion au vers de Virgile :

  ...... Si parva licet componere magnis.
    (*Georg.* lib. IV, v. 176.)

tens estre le pédagogue de tous les autres, quelques Parisiens du Marais ou du faubourg S⁺ Germain qu'ils puissent estre, *et de his hactenus.*

En conscience, Monsieur, l'ordonnance de cinq cens escus vaut-elle la peine qu'elle vous donne et tant d'ordres réitérés par Son Éminence, pour ne pas les nommer commendemens, ne sont-ce point des actions de théâtre, et une simple représentation de sa bonne volonté? Je me contente là-dessus de vostre pensée, sans qu'il soit besoin que vous preniez la peine de me faire de nouvelles remonstrances, ny une nouvelle carte de la Cour, à laquelle je suis résolu de renoncer comme au diable et à ses pompes. Je reviens à mon Scipion et à mon Fabrice, et ne veux plus louer que les Romains du temps passé, puisque ceux de cettui-cy se moquent de moy et de mes louanges. Le rheume me tient à la gorge, et j'ay pris et quitté la plume cinquante fois pour venir à

C'est, Monsieur, vostre, etc.

Il y a quatre vers de l'épigramme qui sont tirés presque mot à mot d'une élégie des *Tristes* d'Ovide; c'est pourquoy, *et cæt.* Ma response aux civilités et aux louanges de M⁺ Rigault sera de vieille datte et du mois passé, bien qu'elle n'ayt pas esté encore envoyée, parce qu'elle n'a pas pu estre mise au net, *ægrotante tota familia.* Nostre très cher l'aura par le premier ordinaire.

LXXIV.

Du 25 décembre 1644.

Monsieur, La place n'est plus tenable, et affin que vous sçachiez les dernières attaques que j'ay souffertes, je vous diray que le suivant d'un petit seigneur m'a escrit une très grande lettre, et veut absolument que je luy responde, et qu'un lieutenant d'une compagnie de gens de pié, prisonnier je ne sçay où, me demende une aussy éloquente consolation que s'il estoit Cardinal de la Valette[1]. Voyla à quels termes je suis réduit, et en vérité j'aymerois beaucoup mieux donner au suivant un manteau d'escarlate tout neuf et payer la moitié de la rançon du prisonnier, que de faire ce que l'un et l'autre désirent de moy. Cette persécution qui ne finit point, et qui vient de tous costés[2], me chasse à la fin de mon village; et je viens présentement de me laisser persuader aux prières d'une personne qui m'est très chere, qui, compatissant à mes peines il y a longtemps, ne cesse de me conjurer depuis ce temps-là d'aller passer quelques mois de repos en sa mayson. Sa mayson *autem* ne se trouve point dans la carte, est esloignée des grands chemins, personne n'en sçayt le nom que ma sœur, et, quand j'y seray, j'espère d'y estre aussy enchanté que si j'estois dans un des palais que Messer Ludovico Ariosto [nous décrit]. Ce qui m'est dur et sensible à la veille de mon départ et dans l'imagination de mon absence, c'est que je ne pourray pas recevoir de vos nouvelles, ny vous faire sçavoir des miennes si souvent que je voudrois, et qu'il faudra que cette ordinaire consolation, que cette manne de tous les huict jours[3] manque à la tranquillité dont je vais jouir. Mais y a-t-il condition de vie qui n'ayt ses defaulx et ses incommodités avec ses avantages? Je ne [me] souleray pas de mon bonheur, mais je le gousteray, mais je le mesnageray avec art, et mon œconomie me donnera de quoy subsister en attendant que l'abondance revienne. Qu'elle est belle vostre abondance, Monsieur, et qu'il y a plaisir de vous escouter sur les sujets qui vous plaisent, et dans les articles que vous estendez un peu plus qu'à l'ordinaire! J'ay tousjours infiniment estimé Mon-

---

[1] *La Consolation à Monseigneur le cardinal de La Vallette, général des armées du Roy en Italie*, forme le *Discours troisiesme* dans les *OEuvres diverses*.

[2] Balzac se plaint amèrement de cette même persécution dans la 21° de ses *Dissertations* (p. 375 du tome II).

[3] Autrefois Chapelain n'écrivait pas aussi souvent à Balzac, si l'on en croit les doléances de son correspondant dans une lettre à Godeau, du 4 mai 1633, où se trouve (p. 263) un grand éloge de la conversation de leur ami commun, «de laquelle je ne «reçois qu'un petit rayon en quinze jours «par la voye de l'ordinaire. Ce n'est que «taster d'une chose dont vous faistes des «festins.»

sieur de la Trousse [1], mais vostre lettre vient de m'en rendre amoureux, et mon estime n'est plus que feu et que flamme. C'est donc luy que nos preux et nos paladins ont figuré :

> Ille decus nostrum, bello qui miscet amores,
> Qui vultus radios et dextra fulmina jungens
> Victor ubique animis dat jura volentibus, et me,
> Dum mihi tanta refers, castis sic ignibus urit
> Ut caros mihi Romulidas, jam gloria magni
> Trossiadi caros faciat minus.

Au reste, Monsieur, cessons d'admirer Jonin le Jésuite [2], et son compagnon le Polonnois [3]. L'ode que vous m'avez envoyée de Monsieur Ferramus doit estre l'objet présent de nostre transport, et pour moy je vous avoue que je n'ouis jamais de meilleure musique que celle-là. *Non ille ipse numerosus Horatius numeros habet suaviores, et qui majori cum voluptate pectora erudita descendant.* Je suis passionné et intéressé en cecy, je le vous confesse, mais c'est principalement de la passion des

---

[1] Pellisson (*Histoire de l'Académie*, t. I, p. 126) nous aprend que Chapelain, « au « sortir des classes, entra chez le marquis « de la Trousse, grand prévôt de France, « qui lui confia d'abord l'éducation de ses « enfants, et ensuite l'administration de ses « affaires, » et qu'il « y demeura dix-sept ans « entiers. » Les enfants de Sébastien le Hardy, sieur de la Trousse, furent François-le Hardy, sieur de la Trousse, qui épousa Henriette de Coulanges, tante de Madame de Sévigné; François le Hardy, seigneur de Fay, maréchal de camp et gouverneur de Roses. Il y avait aussi une fille, qui devint Madame de Flamarens. Voir, dans une note de M. Livet sur le passage de Pellisson (*ibid.*), un extrait d'une lettre de Chapelain à Balzac, du 17 juillet 1638, au sujet de la mort de l'aîné de ses élèves. Sur le grand prévôt et sur ses enfants, il faut consulter le Tallemant des Réaux de M. P. Paris (t III, IV et VII).

[2] Jonin (Gilbert), « jésuite célèbre par « ses poésies, » dit le Moréri de 1759. Le Père Jonin naquit en Auvergne (1596) et mourut à Tournon (Vivarais), le 9 mars 1638. Voir, sur lui, outre les ouvrages spéciaux sur les écrivains de la Compagnie de Jésus, et notamment le Recueil des Pères de Backer, Adrien Baillet (tome V) et Titon du Tillet.

[3] Mathias-Casimir Sarbiewski, né en 1595, mort le 2 avril 1690, à Varsovie. Coupé a traduit en français quelques-unes des poésies latines de *Sarbievius* dans le tome XIV des *Soirées littéraires*. On cite de G. Langbein : *Commentatio de M. C. Sarbievii vita* (Dresde, 1753, in-8°, 1754, in-4°).

belles choses et de l'interest de la vérité; et, quand je n'aurois point trouvé pour moy les trois incomparables couplets, je ne laisserois pas d'estre ravi des beautés de tout le reste. En attendant que je puisse paroistre reconnaissant, faites en sorte, Monsieur, que je ne paroisse pas ingrat, et pardonnez à la précipitation d'un homme qui vous escrit le jour de Noël. Il est plus que tous les autres hommes, Monsieur, vostre, etc.

Si vous me faites l'honneur de respondre à cette lettre, vous pourrez encore envoyer vos despesches au sieur Rocolet. Mais une autre fois il faudra les adresser tout droit à Madame de Campagnole à Saint-Cybardeau [1]; et, quand je vous escriray, je me serviray aussy d'une autre adresse que celle du diligent Rocolet. Mon rheume m'incommode tousjours, quoyqu'il ne soit plus dans sa violence.

LXXV.

Monsieur, je pars aujourd'huy pour le voyage dont je vous justifiay la nécessité par ma dernière despesche. Je ne vous parlay point de l'altération de ma santé, nouvellement esbranlée, que le changement d'air pourra peut estre racommoder. Je ne vous parlay pas non plus de quelques douleurs ou blessures domestiques, parce qu'en la langue des anciens jurisconsultes [ce] sont *causes de pudeur,* et qu'il n'y a point moyen de s'en expliquer qu'à l'oreille et en secret. Tant y a, Monsieur, que mon absence de mon village est fondée en plus d'une rayson, et il falloit le quitter nécessairement pour quelque temps. Mais, quoyque je veuille que le monde croye que j'en suis esloigné de cinquante lieues, toutes les fois que vous me ferez l'honneur de m'escrire, ma sœur me peut faire tenir vos lettres en un jour, par un homme exprès, que je luy puis renvoyer le lendemain avec mes responses. Je luy laisse cette charge en partant d'icy, avec ordre de mander à Rocolet de ne m'escrire plus, c'est-à-dire d'attendre à m'escrire

---

[1] Saint-Cybardeaux est aujourd'hui une commune du département de la Charente, dans le canton de Rouillac, à 20 kilomètres environ d'Angoulême.

que je sois de retour de mon voyage, et ainsy cette avenue sera pour le moins fermée aux complimens de Paris et de la Loyre; m'estant fortifié par d'autres moyens contre la persécution et les attaques des provinces d'Adiousias [1].

Vous envoyant la lettre de Mᵣ de Boisrobert, je n'ay point songé aux offres qu'il me faisoit dans ladite lettre, ny eu intention de changer le petit amy pour le grand, ou le pauvre pour le riche. Je voulois seulement estre esclairé par vous de la vérité d'un mot de l'apostille et sçavoir sur quel fondement *la mauvaise conscience* estoit reprochée à une personne en qui j'ay tousjours trouvé beaucoup de fidélité, sans parler de son industrie et de ses soins. Vous me confirmez, Monsieur, en mon ancienne opinion. Je vois bien que d'ordinaire les passions jugent mal, et que c'est un miracle quand nous sommes équitables à ceux à qui nous ne sommes pas affectionnés. Je ne vous diray rien pour Monsieur nostre Marquis, parce que j'aurois trop de choses à vous dire : d'ailleurs sa générosité est si pure et si désintéressée, que je sçay qu'elle n'attend autre prix des actions bienfaisantes que la satisfaction d'avoir bien fait. Quand il luy plaira, j'enfleray mon thrésor de ces autres précieuses marques de son souvenir, dont il m'a voulu obliger estant en prison, et vous diray à vous seul, sans avoir dessein de luy faire valoir ma passion, que je suis résolu de choisir quelque lieu bien remarquable, pour y placer le ressentiment qui me demeure de ses faveurs, ce qui s'appelle au pays latin, *in bono lumine collocare*.

Au reste, mon cher Monsieur, vous m'avez régalé de la plus jolie chose du monde, je dirois de la plus belle, si j'osois contredire *Messer Aristotile*, qui ne veut pas qu'on donne de la beauté à ce qui est de petite taille. Sans plus de préface, l'épitaphe de vostre belle est extremement à mon gré, et, en pareilles matières, les choses historiques

---

[1] Balzac avait dit dans une lettre de la fin de l'année 1638 (p. 462) : « Il est cer- « tain que la raison est de tous les pays, et « par conséquent aussy bien de celuy d'A- « diousias, que de celuy de *Dieu vous con-* « *duise.* » Tallemant des Réaux (t. I, p. 278) nous apprend que ce fut Malherbe qui le premier appela ceux de delà la rivière de Loire, habitants « du pays d'A-Diou-Sias. »

me plaisent bien fort quand elles sont exprimées avec grace et ornement. Mais seroit-il possible, Monsieur, que vos muses eussent fait un *vœu* pour vostre très-humble serviteur, et qu'une fois en ma vie je fusse célébré par le poète des Héros et des Héroïnes? Si cela est, que ma douleur est heureuse! et il y a bien plus de gloire à estre vostre malade à deux couplets une fois payés, que d'estre celuy de la Reyne à cinq cens escus de pension [1]. Je meurs d'impatience de voir cette gloire mienne (comme parlent nos voysins), et cet acte d'humilité de vos muses. Et cependant je vous prépare une silve qui ne parle point de Porphirion, et que je n'estime pas pourtant moins que l'Apologie d'Amynte [2]. Je l'ay faite pour un de mes chers amys, desespéré d'avoir perdu sa maistresse que la dévotion lui a ravie, et qui s'est allé jetter dans les Carmélites de Bordeaux, quoyque son amant et toute nostre province criast après elle: *Quis hic furor est? Ergo te vivam sepelias et antequam fata poscant, indemnatum spiritum effundas.*

Vous ne me dites rien de Mr Costar, et Mr Costar me parle de vous, dans une lettre qu'il m'escrit, avec tant d'amour et tant de respect, que, si vous estiez sa maistresse et son maistre tout ensemble, il ne vous pourroit pas traitter d'une autre façon. Y auroit-il pour luy quelque dureté dans vostre cœur, et seriez-vous de ceux qui ont un peu trop bonne mémoire [3]?

> Non ita sit, neque te quicquam Natura creavit
> Mitius, aut pectus finxit meliore metallo.

Je suis bien en peine de nostre cher Président, et n'ay point de

---

[1] Allusion à Scarron qui avait demandé à la reine Anne d'Autriche la permission d'être *son malade* en titre d'office, et qui obtint d'elle, à cette occasion, une gratification de cinq cents écus, convertie ensuite en pension. M. Guizot (*Corneille et son temps*, p. 433) dit: «Les différents biographes de «Scarron supposent que cette pension fut «accordée en 1643. On est porté à croire «qu'elle ne le fut qu'en 1645.» On voit par la lettre de Balzac que l'auteur du *Typhon* jouissait déjà de cette pension en 1644. Notons que Balzac composa des vers latins sur une maladie de Scarron: *De morbo Scarronis ad eruditissimum Costardum* (p. 18 de la seconde partie du tome II).

[2] *Amyntæ Apologia scripta anno 1643*, p. 15 de la seconde partie du tome II.

[3] Ce passage des *Historiettes* (t. V, p. 151) explique bien la phrase de Balzac: «En ce

nouvelles de trois ou quatre paquets que vous avez fait rendre à l'éternel biberon [1] son correspondant. Dans peu de jours je vous renvoyeray les originaux des lettres que vous appelez précieuses et qui ne le sont que par le prix que vous leur donnez. Mʳ de Campagnol vous les mettra entre les mains, et m'a promis qu'elles ne se perdront point, s'il ne se perd avec elles. Il faudra, s'il vous plaist, après cela, que vous m'envoyez les autres avec la Harangue della Casa, *ex recensione Capelani, nempe*, s'il y a quelque lieu corrompu, vous prendrez la peine de le restituer et de me le rendre en estat d'estre imprimé sans en faire une nouvelle copie.

Vous trouverez dans ce paquet une lettre pour Mʳ de Boisrobert, et vous me feriez plaisir de luy donner une copie de mes derniers vers. Je suis de toute mon ame, Monsieur, vostre, etc.

A Angoulesme, le 1ᵉʳ janvier 1645.

LXXVI.

Du 25 janvier 1645.

Monsieur, Je respons à vos deux dernières lettres que je viens de recevoir, et commence par l'incomparable sonnet; ce sonnet qui fait tant d'honneur et donne tant de réputation à ma cholique, ce sonnet qui adoucit toutes mes douleurs et enoblit tous mes maux, qui m'attache sur le Caucase avec des chaisnes de perles et des clous de diamant, en un mot, qui m'eslève dans le ciel et m'y asseure ma place,

«temps-là, les odes de M. Godeau et de «M. Chapelain à la louange du cardinal de «Richelieu parurent, et ensuite M. Chapelain «eut pension de M. de Longueville. Costar, «par une estrange demangeaison d'escrire, «et pensant se faire connoistre, en fit une «censure qui le fit connoistre en effect, mais «non pas pour tel qu'il se croyoit estre; il «n'y avoit que de la chicanerie, et, ce qui ne «se pouvoit excuser, sans avoir jamais veu «M. Chapelain, et sans avoir rien ouy dire «qu'à son avantage, il s'escrioit en un en-«droit: Jugez, après cela, si M. de Longue-«ville n'a pas bien de l'argent de reste, de «donner deux mille livres de pension à un «homme comme cela?» (Voir aussi p. 152, 153 du même tome, et p. 225 du tome I des *OEuvres complètes* de Balzac.)

[1] Comme je l'ai déjà fait remarquer, c'est M. *de Flotte* que Balzac désigne ainsi.

faisant semblant de m'accuser qu'autresfois j'y suis entré par surprise! Jamais fable ne fut mise en œuvre avec tant d'art ni plus d'ornement; non pas mesme celle des Géans dans le dernier poëme du père Malherbe[1]. Et, bien que ce soit fable sur fable, et que le second Prométée ne soit pas plus coupable que le premier, néanmoins il y a tant de beauté en cette double fiction, qu'il semble que l'une n'ait esté faite que pour l'autre, et il faut avouer que, depuis Orphée jusques à vous, les muses n'ont point menti de meilleure grace. Seulement un petit mot de vérité vous est eschappé en despit de vous; et, quoyque l'entente soit au diseur, je vous puis bien asseurer que personne ne lira *cette présentation de l'encens des dieux aux indignes mortels*, sans songer d'abord à Porphirion[2], quelques sermens et quelques protestations que vous puissiez faire là-dessus. Vous ne pouvez plus vous en desdire, mon bon Monsieur :

> Non vox missa sacro revocatur Apollinis ore.
> Æternum est quodcunque canit : Tuus ergo, meusque
> Ille olim, cui tot posuit Balzacius aras,
> Cui mundi, Jove posthabito, transcripsit habenas,
> *Indignus mortalis erit.* Culpam ipse fatebor,
> Erroresque meos; nec solus grandia fingit,
> Spesque ratas Bacchus jubet esse, et somnia vera,
> Res quoque amor fallax; multumque imponit Amyntæ,
> Multa mihi narrat miracula : credulus illis,
> Delusus rerum specie, simulachra sequutus,
> Atque favens caris affectibus, esse putavi
> Quem volui, et pulchros feci mihi semper amores.

Soit que je die vray de vostre héros, soit que je blasphème contre sa mémoire, n'admirez-vous point aussy bien que moy cette belle ex-

---

[1] Balzac veut parler de la pièce : *Pour le roi, allant chatier la rebellion des Rochelois, et chasser les Anglois qui en leur faveur étoient descendus à l'île de Ré.* C'est une des plus belles odes de Malherbe, qui avait près de soixante-treize ans quand il la composa. Voir les quatre admirables strophes qui regardent les Géants, à la page 230 du tome II des *OEuvres complètes* de Malherbe, publiées par M. Lud. Lalanne (*Grands écrivains de la France*).

[2] C'est-à-dire à Chapelain lui-même.

temporanéité[1] ? Raillerie à part, et je vous le dis dans toute la sériosité[2] de la prose, le sonnet est infiniment beau, et je vous suis infiniment obligé. Mais, pour retomber dans la raillerie (je parle en cet endroit de la vostre) tout ce que vous m'escrivez de Quadrigarius[3], de Giróstome[4] et des autres doctes fous est certes de la meilleure et de la plus délicate. Et vous m'avez fait rire encore de bon cœur des bonnes nouvelles de St Céré[5], qui ne m'eussent donné qu'un peu de repos d'esprit, ou, pour le plus, de joye languissante, sans vostre assaisonnement, et si vous ne les eussiez tirées, pour me les envoyer, ou de la gueule, ou du goufre, ou de l'abisme des sausses et des ragousts.

Jusques icy la matière n'est pas fascheuse, et vous voyez aussy que je ne suis pas de mauvaise humeur. Mais pourquoy m'affligez-vous, Monsieur, par vostre dernière lettre ? Et pourquoy voudroit-on que, n'estant point personne publique, n'ayant ny office, ny bénéfice, ny mayson, ny femme, ny enfans, je n'eusse pas la liberté de changer d'air, et de me promener quand il me plaist, en Auvergne, en Gascoigne, en Languedoc, voire en Italie et en Grèce, si je m'ennuyois en France ? Il me semble qu'un homme si peu engagé que moy dans la société civile, peut faire tous les voyages sans extravagance et sans estre obligé de publier de manifestes ny d'apologies. Je ne vous allègueray point sur ce sujet les courses continuelles du père d'alliance de

---

[1] D'*extemporaneus* (*ex tempore*), instantané. M. Littré n'a cité, sous le mot *extemporanéité*, que le seul nom de Diderot.

[2] Ce mot a été employé plusieurs fois par Balzac dans ses *Œuvres diverses*. Les auteurs du *Dictionnaire de Trévoux* assurent que Vaugelas avait bonne opinion de ce néologisme et qu'il disait : « Si l'on faisoit « l'horoscope des mots, on pourroit, ce me « semble, prédire de celui-ci qu'un jour il « s'établira, puisque nous n'en avons point « d'autre qui exprime ce que nous lui fai- « sons signifier. » Vaugelas a été mauvais prophète.

[3] Quadrigarius est un historien latin dont les ouvrages, souvent cités par Tite-Live et par les anciens grammairiens, sont depuis longtemps perdus. Nous ne savons auquel des contemporains de Balzac s'appliquait le nom du vieil historien.

[4] Peut-être faut-il lire *Chrysostome*! Chapelain se serait moqué en cet endroit d'un orateur, comme il s'était moqué d'un historien, à propos de Quadrigarius.

[5] Mainard était souvent à Saint-Céré.

la damoiselle[1], parce que peut estre vous me respondriez qu'il s'habilloit aussy quelquefois tout de blanc ou tout de vert. Je vous diray seulement que feu M^r l'Evesque d'Orleans l'Aubespine[2] (*quem honoris causa nomino*) a esté passer des années entières en Provence, quoyqu'il fust obligé de résider en son diocèse; et les macarites[3] Jansenius et Cyranius ne se renfermèrent-ils pas quatre ou cinq ans dans un chasteau de Biscaye, pour lire ensemble les anciens Pères[4]? Mais le public est un mauvais interprète et glose sur tout. A vous dire le vray, je ne pense pas qu'il songe à moy, et je suis trop caché et trop obscur pour estre veu ny remarqué de ce Monsieur le public. Au pis aller ce n'est point luy à qui je veux rendre mes actions agréables; c'est vous seul, Monsieur, que je désire qu'elles contentent, et je suis triste jusqu'à la mort et suis inconsolable et désespéré, si vous les trouvez mauvaises. Soulagez-moy donc l'esprit au plus tost par un aveu et une approbation de ce que j'ay fait; et je vous suplie que ce que j'ay fait ne s'appelle point retraitte (dans les compagnies où l'on peut s'enquérir de moy) puisqu'en effet ce n'est qu'un petit voyage, et une visite de quelques mois que j'avois promise il y a longtemps à un gentilhomme de mes amys. La mayson de ce gentilhomme est presque au milieu d'une forest qui nous fournit de quoy rendre les jours de janvier aussy clairs et aussy chauds que ceux du mois de juillet. Cette commodité me manquoit à Balzac, où nous avons bien assez de bois pour faire de belles ombres, mais non pas pour faire d'aussy grands

---

[1] Michel de Montaigne, dont Balzac s'est beaucoup occupé dans ses *Dissertations critiques* (t. II, p. 597, et surtout p. 658 à 661), a dit (*Essais,* livre I, chap. XXXVI): «Et puisque nous sommes sur le froid, et «François accoustumez à nous bigarrer «(non pas moy, car je ne m'habille guère «que de noir ou de blanc, à l'imitation «de mon père) adjoustons d'une aultre «pièce, etc.» Ce doit être, non Balzac, mais bien son copiste, qui a écrit le mot *vert* au lieu du mot *noir*.

[2] Gabriel de l'Aubépine, évêque d'Orléans du 28 mars 1604 au 28 août 1630.

[3] De μακαρίτης, défunt, trépassé, avec ce sens particulier de mort qui jouit de l'éternelle félicité, de bienheureux.

[4] Le futur évêque d'Ypres et le futur abbé de Saint-Cyran passèrent cinq années environ (1611-1616) dans une terre appartenant à la famille Duvergier de Hauranne, proche de la mer, et appelée Champré ou Campiprat (Sainte-Beuve, *Port-Royal,* dernière édition, t. I, p. 280).

feux que j'en ay besoin. Pour mon loisir, je le possède tout entier, et personne ne me le trouble, estant maistre du maistre de la mayson, dont la complaisance en est venue jusques là que d'avoir voulu faire tuer tous ses chiens et tous ses coqs, affin que le repos que je suis venu chercher chez luy fut plus parfait. Je ne l'employeray pas tout à dormir, et, pour vous faire voir de quelle façon j'en use desjà, *ecco*[1] ma composition de devant hier, que je vous ay fait copier par M^r mon scribe. Je pense que ce sera un chapitre de mon *Cleophon*, pourveu que vous le goustiez et qu'après l'avoir leu, Vostre Seigneurie Illustrissime me donne courage de continuer. Vous me mortifierez estrangement, si vous avez mauvaise opinion de cet essay et si vous me mandez que je suis un mauvais paraphraste de Tulle[2] et un misérable commentateur de Tacite. J'espère mieux de la réussite de mon papier, et veux croire que ma prose et mes vers seront receus de vous aussy favorablement qu'à l'accoustumée. Je vous promis ceux-ci il y a quinze jours, et vous en fis l'argument assez au long, si ma mémoire ne me trompe. La Carmélite est plus dévote et son amant plus enragé que jamais. Pour la sylve (que je ne changerois pas pour toutes les précédentes), elle peste un peu contre sainte Thérèse et le Mont Carmel; mais, outre que le désespoir des amoureux est assez connu, elle sera suyvie d'une épigramme qui luy servira de correctif, et nous avons de quoy appaiser les Pères de l'Oratoire et contenter tout ensemble la dévotion et l'amour[3].

Je ne suis pas moins obligé à Mr Silhon du succès de la petite affaire, que s'il m'avoit fait tout d'or, veu qu'en effet je voy bien qu'elle ne luy a pas moins donné de peine que la plus grande affaire du monde. Quoyque je l'aye remercié d'avance, il y a plus de trois mois, je ne laisseray pas de luy en escrire encore, et envoyeray ma lettre au petit amy. Mais, Monsieur, voicy encore un endroit fascheux et un de ces articles amers ainsy que vous les appelez. Puis-je lire ces termes

---

[1] Voici.
[2] Cicéron (Marcus Tullius).
[3] Voir ces pièces à la page 39 de la seconde partie du tome II des *OEuvres complètes*, *Celadon desperatus*, et *Euridice velata Celadoni desperato*.

douteux de la fin de vostre lettre, *s'il ne vous estoit pas aussy commode que je le croy de recevoir ces 357 livres de Mr Gombault, et cetera*, sans m'escrier quel tort est-ce faire à la noblesse de mon amitié? Mon très cher me traitera-t-il tousjours en marault ou pour le moins en marchant? Vous devez agir plus absolument en telles rencontres, et, puisque vous ne l'avez pas fait, me faisant mesme faveur, il suffit maintenant que vous mandiez à Mr Gombauld qu'il me garde la somme dont est question jusqu'à ce qu'il se présente commodité pour me la faire tenir à Angoulesme, où, si je ne suis, ma sœur la recevra en mon absence, après plein pouvoir et ample procuration que je luy ay laissée en partant.

Je cours la poste il y a une heure et suis si las que je n'en puis plus. Combien de solécismes, barbarismes, incongruités, me seront eschappées dans cette furieuse précipitation! Et combien faudroit-il d'épigrammes pour les expier! Si faut-il encore que je vous die (puisqu'il m'en souvient) que l'épithète d'*infortuné* doit estre mon épithète PERPÉTUEL, et que celuy de *viste de pié* n'appartient point si légitimement à Achille. Prenez garde néanmoins, Monsieur, si cet *infortuné* est bien en sa place dans le sonnet, estant si près du throsne d'or et de l'empire que vous me donnez, qui sont les deux plus grandes fortunes que la plus haute ambition sçauroit concevoir. Il faut aller jusqu'au cinquiesme vers pour s'esclaircir de la doute que les quatre premiers ont donnée, et, sauf vostre meilleur advis, ne seroit-il point à propos de changer ce premier demy vers, pour la plus grande perfection de l'ouvrage, qui en conscience est un chef-d'œuvre? Je suis plus qu'homme du monde, Monsieur, vostre, etc.

J'ai respondu, il y a quinze jours, aux aultres articles de vostre lettre, bien que je ne l'aye receue qu'aujourd'huy, et vous avez veu ce que je vous ay mandé du paquet des originaux, et de la promesse que Mr de Campagnol m'a faite de le vous mettre luy-mesme entre les mains. Je connois par les lettres que m'escrit ma sœur que cette despesche *faite il y a quinze jours* n'arrive qu'aujourd'huy à Paris, parce qu'elle fut envoyée trop tard au courrier. Elle estoit pleine de beaucoup de choses dont j'ay perdu tout à fait le souvenir, et, si par malheur elle ne vous avoit pas esté rendue, je vous prie de l'envoyer demender à Madame Barbot à l'enseigne du St-Esprit, rue des Maturins. Mon neveu l'a adressée à cette femme et recommandée *ardentissimis verbis*. Il y avoit dans le paquet une lettre pour M. de Boisrobert.

J'ay eu des nouvelles du Président par un homme exprès qu'il m'a envoyé le jour mesme, je pense, que je m'en plaignois à vous.

LXXVII.

Du 30 janvier 1645.

Monsieur, Vous me guerissez en me plaignant : vos bontés sont les remèdes de mes maux, et, sans entrer dans l'hipothèse de la chose, je pardonne journellement au genre humain; je luy ay mesme quelque obligation, puisque sa dureté me fait esprouver vostre tendresse. Vous me donnez tant de sujet de me louer de vous, que je ne me veux jamais plaindre de personne; et me tenant lieu, comme vous faites, de toutes choses, je compte pour rien toutes les pertes après lesquelles vous ne laissez pas de me demeurer. Si je vous possède, je suis riche; après cela il n'est plus en la puissance de ma mauvaise fortune ny de mon mauvais mesnage de m'appauvrir quoyque vous puissiez dire ou penser, Monsieur, de la conduite d'un homme qui fait gayement des présens de vingt cinq mille escus, et qui a toutes les peines du monde à tirer quinze cens livres de sa pension. Cette enigme finira là, s'il vous plaist, *nec ero ambitiosus in malis quæ per te haud amplius mala sunt.*

Je vous escrivis un livre il y a quinze jours; ma sœur me mande qu'elle adressa mon paquet à Rocolet; mais, puisque la voye du sieur Barbot est asseurée, je m'en serviray désormais, comme je fais aujourd'huy, et il suffira qu'un de vos gens porte vos responses à la poste, le mercredy ou le dimanche après disné, parce que ledit Barbot n'aura plus d'affaire à Angoulesme, lorsque mon neveu n'y sera plus; quand il n'y auroit qu'un billet à m'envoyer, il faut toujours faire une couverture et l'adresse ordinaire *à Madame de Campagnole à Angoulesme*, et *hoc ad majorem cautelam*, affin que les importuns ne puissent sçavoir que nostre commerce continue. En vérité vostre Comète vaut un soleil, et je ne vis jamais rien de mieux conceu, de mieux poursuivi, de mieux achevé. Le Promethée est pourtant incomparable, et je vous confirme icy de sens froid tout ce que je vous en ay dit dans la plus chaude esmotion de ma joye. Je vous rends encore de seconds très humbles remerciemens, et vous prie de croire que j'en fais ma plus haute vanité, *cum a te sic amari, etiam parvum meritum, magna virtus sit*. Je ne pensois pas avoir escrit une si belle lettre à Monsieur l'abbé : mais la mauvaise lettre que c'est si elle l'oblige à une réplique! Au pis aller je suis hors du monde, et il n'y a plus de Bellerophon ni d'Astolphe pour y porter les paquets de Mr de Boisr[obert].

Je vous envoye une copie de mon Céladon pour nostre magnanime *Montosides*, et je vous prie aussy de luy faire voir ma paraphrase du passage de Tacite. Que je sçache, s'il vous plaist, de quelle sorte la Cour le traite, et s'il y a quelque justice pour son extraordinaire vertu, pour ses grands services, pour ses pertes qui ne sont pas petites au jugement de tout autre que de luy.

J'attends icy mon neveu dans deux ou trois jours, par lequel je vous escriray et vous envoyeray les originaux des lettres. Je vous manderay à quel messager je désire que les autres soient confiées; et il fault que je les aye, mon cher Monsieur, et que j'en face part au public, quand ce ne seroit que pour luy faire voir l'estime que nous faisons de nos braves.

Si vous avez reveu la Harangue della Casa, obligez-moy de l'envoyer de ma part à Mr Costar, qui m'en fera faire une copie par son excellent Tyron[1].

J'ay receu *le Menteur*, qui m'a plu extremement[2], et je vous prie,

---

[1] Le *Tyron* de Costar était un certain Pauquet dont il sera parlé plus loin.

[2] La comédie du *Menteur*, représentée pour la première fois en 1642, ne fut publiée qu'en 1644 (Paris, chez A. de Sommaville, in-4°). L'*Achevé d'imprimer* est du dernier octobre.

si Mʳ Corneille vous va voir, de le bien remercier de ce plaisir extreme qu'il m'a donné.

Mʳ de Saumaise m'a escrit la plus obligeante lettre du monde, mais il ne me mande point qu'il parte de Leyden. Je suis, Monsieur, vostre, etc.

LXXVIII.

Du 6 février 1645.

Monsieur, Vous estes mon public, vous estes mon monde, et, pourveu que je vous plaise, il m'importe peu de desplaire à l'autre monde, qui n'est pas le mien :

> Ille vel heroum censor, nec regibus æquus
> Sceptriferis, Populus me sibilet, at mihi plaude[1].
> Hoc satis est, Capelane, mihi, sed et hactenus ista,
> Plusque satis.

Si ce n'est, Monsieur, qu'il vous fault dire un mot de l'historien Plassac[2]. Il fait le Tacite en cette occasion et ne débite pas sa science, ny la

---

[1] ... Populus me sibilat; at mihi plaudo.
HORAT. *Satirar.* lib. II, v. 67.

[2] Antoine Gombaud Plassac, chevalier de Meré, trop souvent confondu (notamment dans le *Dictionnaire de Moréri* et la *Nouvelle biographie générale*) avec Georges de Brossin, chevalier, puis marquis de Meré. Voir sur lui une bonne et piquante note de M. P. Paris (*Historiettes*, t. IV, p. 115). Seulement le savant éditeur, tout en relevant l'erreur de ceux qui ont pris Georges de Brossin pour Gombaud de Plassac, en a commis une autre en attribuant au chanoine Joly «une notice «bien faite des ouvrages du chevalier de «Meré.» Cette notice (*Éloge historique et critique de M. le chevalier de Meré*) est de Michault, de Dijon. L'abbé Joly s'est contenté d'y ajouter quelques notes (*Éloges de quelques auteurs françois*, 1742, in-8°). Sur les deux Meré je renverrai encore à une note de la dernière édition de *Port-Royal* (t. III, p. 611-61), note où sont cités l'annotateur des *Mémoires du Père Rapin* (M. L. Aubineau), Ménage, Vigneul-Marville, Mathieu Marais, Sorel, et M. Sainte-Beuve lui-même, auteur du *Chevalier de Meré ou de l'Honnête homme au XVIIᵉ siècle*, dans le tome III des *Portraits littéraires*. Indiquons de plus une note de M. D. L. Gilbert (p. 395 du tome I des Œuvres de LA ROCHEFOUCAULD, 1868), et surtout le curieux opuscule publié par M. le comte de Brémond d'Ars (*Le chevalier de Meré, son véritable nom patronymique, sa famille*, etc., in-8°, Niort, 1869). Balzac a écrit à *M. de Plassac-Meré*, le 1ᵉʳ janvier 1644 (p. 513);

vérité que je luy ay dite, mais ses divinations et les choses qu'il a imaginées. Je vous ay parlé comme à moy-mesme, et en effet il y a quelque blessure dans le cœur; mais toutes les apparences sont sauvées, et je ne me suis jamais plaint à personne. Je viens de trouver le sonnet encor plus beau que je ne fis la dernière fois que je le leus, et bény soit le chien de mal, je voulois dire le vautour, qui vous a fait faire quatorze si excellens vers! L'objection de l'épithète (au lieu où il est) a du fondement, si je ne me trompe; mais, si vous prenez la peine de le changer, j'aymerois beaucoup mieux un épithète d'amour que d'estime. Les poètes latins traitent si bien et si amoureusement les personnes qui leur sont chères : leur *animæ dimidium meæ* [1], leur *vita mihi charior illa, cæteraque de genere hoc*, me plaisent extremement, et ne sçauroit-on se servir de *mon autre ame Balzac* ou de quelque chose qui fut mieux, mais qui fust semblable? Je m'en rapporte à vostre souveraine judicatrice, et attens pour cet effet une seconde copie de l'incomparable Promethée, que je vous demende encore de vostre main. *Æqualis astris gradior*, et ce qui s'en suit. [Je me resjouis] de ce que mon Céladon est à vostre goust, et certes vous m'en dittes des choses qui sont parfaitement belles et plus belles cent fois qu'Euridice, devant mesme qu'elle fut tondue [2]. L'excellente chose que c'eust esté et le beau miracle de mes vers, s'ils luy eussent fait deschirer son voile et rompre la grille, pour se venir jetter comme vous dites, entre les bras de son serviteur. Mais le lambeau est tout de bon admirable. Est-il possible, Monsieur, et ma politique de village est-elle digne de ce grand éloge? Je me mets bien à cette heure au-dessus des astres auprès desquels je me contentois de me tenir pour la gloire que vous aviez donnée à Céladon, *quem jam te auctore non mediocriter, et cœtera*.

J'ay receu le beau présent de Monsieur d'Andilly, et luy en suis infiniment obligé, *quod velim, meo nomine carissimo capiti significes*.

le 1er octobre 1639 (p. 623), le 3 décembre 1642 (p. 624); à M. le chevalier de Meré, le 4 octobre 1646 (p. 529), le 24 août 1646 (p. 702), etc.

[1] Horatius, *Carminum* lib. I. *Carmen* III, v. 8.

[2] La religieuse dont il a été question dans les précédentes lettres.

L'apologie pour Monsieur Arnault n'est-elle pas de Mʳ Le Maistre ¹? et l'apologie pour Jansénius n'est-elle pas de Mʳ Arnault²? Ça esté mon opinion en les lisant toutes deux, et vous m'esclaircirez s'il vous plaist de la vérité. Quoy qu'il se peut faire que leur Sᵗ Paul soit orthodoxissime, difficilement, à mon avis, eschapera-t-il à la censure de là les Mons, ny peut estre à celle de Sorbonne. Je voudrois qu'ils n'eussent pas porté si avant cette dernière matière, et voudrois bien avecques plus de passion que cette guerre finit, affin que nous vissions cet homme admirable (je veux dire Mʳ Arnault) rendre ses oracles sur d'aultres sujets et traiter les autres belles parties de la théologie, dans lesquelles il seroit sans doute, ainsy que parlent les Grecs, un Aigle dans les nues ³.

Je commenceray demain à lire les vers, par lesquels j'eusse commencé ma lecture, comme vous pouvez penser, s'ils m'eussent esté nouveaux. Je les veux considérer avec soin et nous pourrons bien en examiner ou en commenter quelques stances dans [quelques] chapitres.

Sçavés-vous bien que le philosophe sceptique ⁴ m'a aussy envoyé un livre nouveau dans lequel il allègue Mademoiselle de Gournay, et peut estre pour vous faire dépit ⁵. Sans mentir ce philosophe est un grand fanfaron de philosophie, et a beaucoup plus de présomption au

---

¹ L'*Apologie pour M. Arnauld contre un libelle publié par les Jésuites*, intitulé : *Remarques judicieuses sur le livre de la Fréquente communion*, parut en 1644, in-4°, sans nom de ville. On l'attribue à Hermant. Mais indépendamment de cette réfutation du livre de l'abbé Renard, on publia en cette même année (in-4°), une *Réponse au livre de M. l'évêque de Lavaur, intitulé : Examen et jugement du livre de la Fréquente communion*, réponse que l'on donne soit à Le Maistre, soit à de La Barre.

² La première *Apologie de Jansénius* par Arnauld parut en juin 1644; la seconde en avril 1645. Ces deux pièces ont été réimprimées dans les tomes XVI et XVII des *OEuvres complètes* du grand docteur (in-4°, Lausanne).

³ Balzac a rappelé que la même métaphore a été employée par Juste Lipse en l'honneur de Joseph Scaliger, «l'illuminé «Scaliger, celuy que Lipse appeloit un aigle «dans les nuées, et un diable d'homme.» (*Dissertations politiques*, VIII, p. 485 du tome II des *OEuvres complètes*.)

⁴ La Mothe-le-Vayer.

⁵ Ce devait être dans les *Opuscules*, ou *Petits traités*, dont la première partie avait paru en 1643, et dont la seconde et la troisième parurent en 1644, in-4°.

fond de l'ame, qu'en apparence et sur le visage il ne veut quelquefois tesmoigner d'humilité. Je sçay très certainement qu'il ne changeroit point son style pour le mien, et le throsne d'or dont il vous a pleu me faire présent sera un nouveau sujet de haine et d'indignation pour luy contre Vostre Seigneurie Illustrissime.

Je ne sçay si le secrétariat de l'Ambassade me doit affliger ou resjouir [1]; mais je sçay que vous estes capable des plus grandes choses, et que *non tantum par negotiis, sed supra es, ut mortales loquebantur. Tiberianis temporibus.* Je suis en impatience de sçavoir le reste de la nouvelle dont vostre lettre ne m'apprend que le commencement, et vous conjure de m'en escrire au long par le premier ordinaire.

Il y a plus de dix jours que le paquet des originaux est fait, mais l'indisposition de mon neveu a retardé son voyage, et il ne peut encore partir de sept ou huict jours. Obligez-moy cependant de mettre par ordre toutes les lettres que vous me devez envoyer, affin de les mettre entre les mains de mondit neveu, lorsqu'il vous rendra les aultres. Il aura soin de me faire tenir le paquet très seurement, que je voudrois bien vous prier de vouloir grossir de quelques livres italiens, politiques et autres, *dont je vous rendrois très fidèle compte.* Vous m'obligerez aussy extremement de mettre avec les lettres *ad Atticum* quelques copies d'autres lettres qu'autrefois je vous ay envoyées, par exemple à Madame de Villesavin [2], à Madame des Loges, *et cæt.*, après lesquelles je cours à présent, sans en pouvoir attraper que quelques périodes estropiées.

---

[1] Il avait déjà été question, en 1643, de Chapelain, comme secrétaire des plénipotentiaires de Munster. (Voir Tallemant, t. III, p. 271.) Chapelain n'alla pas plus à Munster qu'il n'était allé à Rome, lors de l'ambassade du comte de Noailles.

[2] Tallemant (t. I, p. 331) parle de cette dame comme d'une grande complimenteuse, vulgairement appelée *la servante très-humble du genre humain.* M. P. Paris (*ibid.*, p. 340) dit que c'était sans doute la femme de Jean Phelippeaux, seigneur de Villesavin, secrétaire des commandements de la reine Marie de Médicis. Mme de Motteville (*Mémoires*, t. I, p. 248) l'appelle Madame de Vellesevin. M. P. Paris cite deux lettres écrites par Balzac, en 1640, à Madame de Villesavin (Isabelle Blondeaux). A mon tour, je citerai une lettre de Godeau à cette dame sur les devoirs des évêques (p. 186 du Recueil de 1713, Paris, in-8°).

Mʳ le Chantre ne se doit point presser pour l'argent que je dois recevoir de luy, et, s'il ne trouve la commodité d'un amy pour le faire tenir à Angoulesme, mandez-luy de le donner à Mʳ Dargence de Forgues, qui fera un voyage à Xaintes dans quelques mois. Je suis, Monsieur, vostre, etc.

Je vous escrivis, il y a huit jours, par la voye de Madame Barbot, et vous envoyay un gros paquet pour Mʳ Costar. Je m'asseure, Monsieur, que vous m'avez fait la faveur de le luy faire rendre seurement. Je vous demende la continuation de vos bons offices auprès de nostre Marquis Spartiate, ou Romain du siècle de Scipion.

Mille baisemains aussy, s'il vous plaist, à nostre très cher, très docte et très éloquent Mʳ Ménage.

Son amy [1] a-t-il presché cet Avent et ne verray-je jamais rien de sa façon? Je dors en achevant cette belle ligne d'Apelles.

LXXIX.

Du 20 febvrier 1645.

Monsieur, Je vous escris d'Angoulesme, où m'a fait venir la nouvelle que j'avois eue de l'indisposition de mon père. Graces à Dieu je l'ay trouvé en meilleur estat que je ne pensois, après une secousse très rude et très violente, qui eust pu porter par terre un corps de vingt cinq ans, et n'a fait que purger une vieillesse de quatre vingt douze.

Je ne suis arrivé que d'hier au soir et médite desjà mon retour, pour aller jouir, dans deux ou trois jours, de la bienheureuse oysiveté que j'ay laissé dans mon Utopie. Je croyois que le dernier courier me devoit apporter de vos nouvelles, mais depuis celle du secrétariat de l'Ambassade, c'est-à-dire depuis quinze jours, je n'ay rien receu de vous, et j'attens impatiemment la réussite de cette affaire, que j'espère et que je crains tout ensemble.

[1] Jean-François-Paul de Gondi, le futur cardinal de Retz.

Sçavés-vous bien, Monsieur, que le bon comte de Cremail s'est imaginé qu'il falloit que je fusse instituteur du Roy par escrit et que je fisse un livre admirable sur ce beau sujet? Pour cet effet il a voulu me fournir de matériaux et m'a envoyé presque tous ses lieux communs, soubz le nom de *Mémoires* et de *Recueils*. Un autre que moy les appelleroit procès-verbaux, et très longues et très ennuyeuses escritures. Je me serois aussy moqué de tout autre que de luy qui m'eust présenté telles paperaces; mais le présent a esté fait avec tant d'affection, voire tant de zèle et tant de respect, que je n'ay pas creu devoir sortir de cette affaire par une incivilité. J'ay donc fait à nostre commun correspondant la response que vous trouverez cy enclose [1] pour me desfaire de ses honnestes et obligeantes importunités; honnestes certes et obligeantes à si haut point, que, s'il estoit besoin, je vous ferois voir une de ses lettres dans laquelle non seulement il me souhaite crosses et mitres, mais de plus me juge digne d'un chapeau rouge. *Tanta est Monluciana erga Balzacium proclivitas!*

Mandez-moy, mon cher Monsieur, quelques nouvelles choisies du monde poli, des Jésuittes et des Jansénistes; de nos éloquens et doctes amys; mais que je sçache particulièrement:

> Ut Sophiam, Musasque superbam ducit in aulam
> Silo [2] meus, veterumne memor Romanus amorum,
> Cum Flacco sese oblectat, nostroque Marone [3] ?
> Mene etiam doctis adhibet post seria ludis,
> Balzaciosque jocos et amica volumina quærit,
> Ut mens læta parum ac rerum sub mole laborans
> Se sibi restituat fessam, dulcique quiete
> Interdum pascatur et horas captet amœnas.

En effet, autrefois il a pris goust à mes vers, jusqu'à en apprendre quelques uns par cœur, et maintenant le souvenir d'une si chère fa-

---

[1] On ne trouve aucune lettre de Balzac au *comte de Cremail* dans l'in-folio de 1665. Seulement Balzac parle de ce petit-fils de Monluc dans une lettre à M. de La Chétardie, du 6 mars 1645 (p. 579).

[2] Jean de Silhon.
[3] Horace (*Quintus Horatius Flaccus*) et Virgile (*Publius Virgilius Maro*).

veur, contre la saison de la desbauche, où nous entrons, *me quidvis audere jubet*. Je vous suplie donc de luy envoyer de ma part les derniers esclos; lesquels, tant je sçay bien prendre mon temps, se présenteront devant luy justement le jour de caresme prenant :

Bacchanalibus, optimo dierum[1].

J'escrirois à cet excellent amy, si je n'avois peur de luy faire peine et d'embarrasser de nouveau sa civilité. Dites-luy, s'il vous plaist, Monsieur, que je suis trop et trop asseuré de la constance de son amitié, mais que, pour bonnes considérations, je ne veux de ses lettres que l'année prochaine. Je luy demande cependant sa protection (en cas de besoin) pour nostre cher Mr de Bonair, *quem illi tu et ego de meliore nota commendamus.*

Je croy que Campagnole partira d'icy dans quatre ou cinq jours. Il vous portera les originaux empaquetés il y a plus d'un mois avec la Vie de fra Paolo, et le discours de Mr Rigault *De Vultu Christi*. Je vous prie de le mettre entre les mains de Mr Costar, après que vous l'aurez leu. Je n'eus jamais tant d'impatience de sçavoir de vos nouvelles. Je suis aujourd'huy, *si possible est*, encore plus passionément que je n'estois hier, Monsieur, vostre, etc.

C'est vostre incomparable sonnet sur la mort du duc de Weimar qui est le père de mon épigramme, et c'est bien un de mes plus chers et plus favoris épigrammes[2].

La dame de La Chétardie est une parente que j'ay, femme de celuy

---

[1] Saturnalibus, optimo dierum.
(CATULLE, *Carmen* xv, v. 15.)

[2] C'est la petite pièce de la page 19 de la seconde partie du tome II des *OEuvres complètes : De invictissimo heroe, Bernardo Weimario, post victorias morbo extincto*. On a vu que Balzac employait dans d'autres lettres et notamment dans la première, le mot épigramme au féminin. Cela ne doit pas nous surprendre, puisqu'il a dit (cité par le *Dictionnaire de Trévoux*): « Pour *une* «épigramme de haut goust, combien y en «a-t-il d'insipides et de *froids* ? Car je vous «apprends qu'épigramme est mâle et fe-«melle. »

à qui j'escris, qui me régale de certains fromages gras qui ne sont guères moins bons que ceux de Siene[1].

LXXX.

Du dernier février 1645.

Monsieur, Il se peut faire que l'employ qu'on vous a donné ne sera qu'un degré pour monter plus haut, et qu'ayant esté connu en cette occasion, on voudra se servir en plusieurs autres d'un homme de si grand service que vous estes. Il se peut faire que de secrétaire de l'Ambassade vous deviendrez négociateur en chef et qu'enfin vous aurez la fortune, comme vous avez le mérite, de Mr d'Ossat[2]. Tout cela se peut et se doit, Monsieur, mais je ne laisse pas d'entrer dans les justes sentimens de vos deux dernières lettres, et de croire que vous laissez beaucoup plus de biens dans vostre cabinet de Paris qu'il n'y en a dans ceux de tous les Rois de la terre, pour vous pouvoir désintéresser. La belle chose que ce repos, que cette liberté, que cette indépendance philosophique! Les grandes richesses que cette pure et entière possession de soy mesme; que cette douce et paisible jouissance de ses pensées! L'heureuse vie que la vie contemplative, et qu'elle approche de celle des Dieux, *quorum vivere est cogitare*[3]. Il y auroit là dessus de quoy faire un livre et je vous avoue que [j'espérais que vous]

---

[1] Balzac appelle M. de La Chétardie «Monsieur mon cousin» dans une lettre déjà citée du 6 mars 1645 (p. 579). Dans une lettre à Mme de La Chétardie, du 14 septembre 1639 (p. 660), il remerciait ainsi sa *chère cousine* des délicieux fromages qu'elle lui avait envoyés : «Ce n'est pas «simplement de la crème assaisonnée, c'est «une quintessence jusques icy inconnue, «c'est je ne sçay quoy de merveilleux.»

[2] Balzac a beaucoup loué en peu de mots le cardinal d'Ossat dans une lettre non datée, mais de l'année 1638, que l'on trouvera à la page 462 du tome I des *OEuvres complètes*. Déjà, le 1er août 1636, Balzac écrivait à Chapelain (p. 723) : «Je sçay «que le secrétariat de l'ambassade de Rome «a esté le premier degré de la fortune du «cardinal d'Ossat...»

[3] Montaigne (*Essais*, t. III, ch. III) et Charron (*De la sagesse*, liv. I, ch. 1) ont employé cette citation, qui est prise de Cicéron (*Tuscul. quæst.* lib. V, cap. XXXVIII) : «Loquor enim de docto homine, et erudito, «cui vivere est cogitare.»

m'auriez envoyé la substance de ce livre dans vos très sages et très éloquentes lettres. Mais tout bien considéré, Monsieur, et après avoir promené longtemps mon esprit par tous les raisonnemens et toutes les reflexions de vos lettres, je me fixe sur leurs dernières parolles, et conclus avec vous qu'il faut respecter la Providence, qu'il faut suivre Dieu et obéir au destin :

> Duc me parens, celsique dominator poli
> Quocumque placuit; nulla parendi mora est,
> Adsum impiger; fac nolle, comitabor gemens,
> Ducunt volentem fata, nolentem trahunt,
> Malusque patiar quod pati licuit bono.

Ces vers sont originaires de Grèce.[1] et ont esté faits latins par le plus sage homme de son temps.[2] Il ne tiendra qu'à vous que le plus sage du nostre ne les face venir en nostre langue; et il me semble certes qu'ils méritent bien que vous preniez cette peine pour l'amour d'eux, et pour la commune consolation des pauvres mortels. Au reste, Monsieur, je ne parle point icy de mon interest particulier. Dieu sçait si il souffre et si j'appréhende ; s'il me passe d'estranges fantaisies dans la teste ; si je n'ay pas souvent de violentes envies de vous suivre *incognito* en Alle-

---

[1] Ces vers sont du stoïcien Cléanthe, et ils nous ont été conservés par Stobée (*Éclogues*).

[2] Sénèque (lettre CVII) a traduit les «vers éloquents» de Cléanthe, après avoir rappelé que ces mêmes vers avaient été déjà traduits par Cicéron. Je n'ai pas retrouvé cette traduction dans les œuvres de Cicéron, qui, du reste, discute très-souvent (*De natura deorum*) les opinions du disciple et successeur de Zénon de Cittium. Un ingénieux critique, M. Édouard Fournier (*L'Esprit des autres*, 4ᵉ édition, 1861, p. 156) a cité plusieurs imitations du *Ducunt volentem fata*, notamment celle de Montaigne (*Essais*, liv. II, chap. XXXVII) : «Il meine ceulx qui «suyvent ; ceulx qui ne le suyvent pas, il les «entraisne,» et celle d'Amyot (*Vie de Camille*) : «Le destin mène celui qui le suit, «et tire celui qui recule.» Ajoutons à ces citations la traduction donnée par Rabelais : «Les destinées meinent cellui qui consent, «tirent cellui qui refuse.» M. Fournier a rapproché de l'énergique vers de Sénèque la belle phrase de Balzac (*Socrate chrestien*) : «Dieu est le poète, les hommes ne sont que «les acteurs ; ces grandes pièces qui se «jouent sur la terre ont été composées dans «le ciel,» et le célèbre mot de Fénelon (*Sermon pour la fête de l'Épiphanie*, 1685) : «L'homme s'agite, mais Dieu le mène.»

magne et de courir après ma bonne fortune qui s'en va; mais le destin m'arreste comme il vous emporte; outre que, quand je serois assez courageux et assez fort pour surmonter le destin, vous seriez assez cruel pour vous opposer à ma force et à mon courage, et pour vous refuser le congé que je vous demenderois. *Superanda omnis fortuna ferendo est.*

Je croy aussy bien que vous que l'examen des stances chrestiennes ne plairoit pas au poète qui les a faites. Nous en parlerons une aultre fois. On me presse de finir plus tost que je ne l'avois résolu, et de vous dire que je suis et seray tousjours sans réserve, Monsieur, vostre, etc.

Je vous escrivis, il y a huit jours, par la mesme voye de la mesme Madame Barbot.

LXXXI.

Du 7 mars 1645.

Monsieur, Ce n'est pas pour vous faire valoir mon affection que je vous mande mes inquiétudes; mais il est certain que depuis un mois j'ay bien Münster dans la fantaisie. Vous estes aujourd'huy la matière de mes vœux, et quelquefois aussy de mes plaintes, et encore ce matin je me suis escrié en me resveillant :

> Alpinas, ah! dure, nives et frigora Rheni
> Me sine.

Je ne manqueray pas d'escrire à Mʳ d'Avaux quand il sera temps, et pour cela il faudra prier mon bon ange de m'inspirer quelque belle et nouvelle manière de compliment :

> Auribus ignotum Graiis cœloque latino
> Pro te aliquid dixisse velim.

J'attends la divine Eclogue que vous me promettez par vostre dernière lettre, et suis bien glorieux d'avoir receu des recommandations *de tout le cœur du père Strada*[1], dans la lettre que le père Hercule m'a escrite. Cettui-cy sera-t-il encore longtemps à Rome, et où ma responce le pourra-t-elle trouver? Je ne sçay si M^r l'Huillier en a fait tenir une à Mr Rigault, que je luy envoiay, il y a desjà plus de deux mois, et dont je n'ay eu aucunes nouvelles. Mr de Campagnol[2] vous porte ce que vous avez appelé vostre thrésor, et je vous suplie, Monsieur, de luy donner *quatre vingt onze pistoles de l'argent que vous avez à moy pour pareille somme que j'ay receue de luy icy*. Je vous ay escrit par les deux derniers ordinaires et suis pressé de finir. Aymez tousjours, s'il vous plaist, Monsieur, vostre, etc.

Mr de Campagnol me fera tenir seurement tout ce que vous luy donnerez pour m'envoyer. Mais avec les papiers ne m'envoyez-vous point le *Virgile* d'Annibal Caro?

LXXXII.

Du 13 mars 1645.

Monsieur, Il y a longtemps que je suis de retour en mon isle, après avoir laissé le Patriarche[3] en bonne santé. Je vous puis asseurer que ce Patriarche vous honnore beaucoup plus qu'Abraham n'honnora autrefois Melchisedec, et qu'il sera ravi de sçavoir que vous prétendez de recevoir de ses lettres qui soient datées de son second siècle. Les vostres du [ ] de ce mois me donnent un peu de consolation. J'y ay trouvé quelque petit rayon d'espérance, fondé sur quelque petit mot,

---

[1] Famiano Strada, qui allait mourir peu de temps après (6 septembre 1649), avec la réputation d'un homme de grande valeur et de grand savoir. Son ouvrage: *De bello belgico Decades II*, dont le premier volume avait paru à Rome en 1632, in-folio, a été mentionné dans une précédente lettre (du 31 octobre 1644). Le second volume fut publié en 1647. La traduction française, par Du Ryer, parut en 1649 (Paris, 2 vol. in-fol.).

[2] Le copiste écrit tantôt *Campagnol*, tantôt *Campagnole*. La véritable orthographe, d'après les papiers de famille, serait *Campaignolles*.

[3] Guez le père.

interprété à ma mode, et le cœur me dit qu'il se pourra faire que vous n'irez pas en Allemagne :

> Di justas audite preces, carumque sodalem
> Reddite mi! Duret potius per sæcula bellum
> Et nunquam pax alma veni!

Quelque légère que soit l'indisposition de nostre amy le Politique[1], je ne laisse pas d'en estre en peine, et l'amitié, comme vous sçavez, est trop ingénieuse à tourmenter l'esprit de celuy qui aime. Je ne m'estonne point qu'il vous ait parlé avec desgoust de sa condition présente, et ce n'est pas pour manquer de fortune que je me plains souvent de la mienne. Je la préférerois au chapeau et à la faveur de Jules[2], voire aux trois couronnes et à la toute puissance de Pamphile[3], si j'avois la santé et le tempérament sanguin de tel de mes voisins, qui ne sçait pas faire de si belles lettres que moy. Je suis bien aise que celle qui parle du Comte de Cremail soit à vostre gré : en voicy deux autres faites depuis, qui peut estre vous agréront davantage, et dont je ne pense pas qu'il soit besoin de vous faire l'argument. Il faut seulement que je rechante ma vieille chanson et que je maudisse de nouveau le misérable mestier de faiseur de lettres, puisqu'il n'y a point moyen que je m'en desface, ma mauvaise honte et ma niaise civilité ayant plus de pouvoir sur moy que toute la religion de mes vœux et de mes sermens. Je sue sang et eau à faire ces sortes d'escritures et j'accouche autant de fois que j'escris des lettres aux Grands et aux Grandes. Pour le moins, Monsieur, puisqu'elles me coustent tant ces belles lettres, faites les valoir beaucoup par vostre estime, quand en effet elles vaudroient peu, et que vous devriez duper le monde pour l'amour de moy. Dans quelques jours j'en envoyeray le premier livre à Rocolet avec le tiltre de *Lettres choisies*, donné ou par mes amys ou par mon libraire, *nam a me absit tanta pompa verborum*, quoy que j'aye l'exemple de Putean[4], successeur de Lipse; duquel on m'a fait voir

---

[1] Jean de Silhon.
[2] Le cardinal Mazarin.
[3] Le pape Innocent X (Jean-Baptiste Panfili), élu le 15 septembre 1644, à l'âge de soixante et douze ans.
[4] Henri du Puy (Ericius Puteanus), né

nouvellement un volume d'Epitres dédié par luy mesme au Président Rose, *cum hoc titulo, Erici Puteani Epistolarum selectarum apparatus* [1].

Ne vous souvenez-vous plus du sonnet de Prometée, et ne voulez-vous point que j'en aye une seconde copie, escrite de vostre main? *Si recte calculum pono*, Mr de Campagnol arrive demain à Paris, vous porte le lendemain le gros paquet, et le jour mesme receoit de vous celuy que vous me devez envoyer. *Dove si trova* le seigneur L'Huilier, et est-il François ou Austrasien? Mandez-moy aussy quelque chose, s'il vous plaist, de nostre cher Mr de Saumaise, et de ses deux mille escus de pension. Je suis, Monsieur, vostre, etc.

Je vous envoye une copie de la grande lettre escrite à Mr Costar, changée en quelques endroits et telle que je désire qu'on la voye.

LXXXIII.

Du 20 mars 1645.

Monsieur, Vostre voyage d'Allemagne embarasse mon pauvre esprit de telle façon, que, si quelque bon ange n'a pitié de luy, j'ay peur de le perdre dans ce labirinthe. Jamais homme ne fut plus sçavant dans ses affaires, ny n'en parla mieux que vous. Je vous puis dire néanmoins que j'en ay pensé dès le commencement tout ce que vous m'en avez escrit depuis, et que je n'ay point remercié la fortune du mauvais don qu'elle vous a fait. La mauvaise chose en effet que la servitude, mesme la plus brillante et la mieux dorée, le fascheux honneur et la triste récompense que de la peine pour honneur et pour recompense! Qu'il

à Venloo, dans le duché de Gueldre, le 4 novembre 1574, mort à Louvain le 17 septembre 1646. L'archiduc Albert lui avait donné, dans cette dernière ville, la chaire de Juste Lipse, avec le gouvernement de la citadelle de cette ville et une place de conseiller d'État. (Voir Moréri, Niceron, Bayle, Paquot, etc.)

[1] Le *Manuel du libraire* indique ainsi ce livre : *Erici Puteani Epistolarum selectarum apparatus centuriæ IV* (Amstelodami, 1646, in-12). Balzac ayant vu le volume avant le mois de mars 1645, ou M. Brunet s'est trompé pour le millésime, ou bien il faut admettre une édition antérieure à celle qu'il mentionne.

est dur de faire son noviciat de fortune après quarante cinq ans; et de quitter les Héros de vostre poésie, desquels vous faites ce qui vous plaist, pour suivre les Plénipotentiaires de vostre Ambassade qui feront de vous ce qui leur plaira! Je n'ay garde de les appeler vos maistres, ce mot me fait trop de mal à la bouche en le prononçant. Mais au moins, Monsieur, ils seront vos supérieurs, et vous serez leur dépendant, sujet à tous leurs caprices et à toutes leurs mauvaises heures. Peut estre mesme qu'ils seront capables de jalousie et qu'ils prendront d'abord contre vous un esprit malin et envieux. Peut estre qu'ils voudront pointiller sur vos despesches et y changer une ligne qui sera très judicieuse, pour y en mettre une autre de leur façon, qui le sera très peu. Et tout cela pour faire les habiles à vos despens, affin d'estendre sur vostre esprit leur injuste supériorité, affin d'essayer de gaster par de mauvaises corrections la gloire qui vous sera deue d'avoir bien escrit. Ce ne sont que les petits desgousts de Münster, où, sans parler de mille autres fascheuses rencontres, vous serez encore tourmenté par l'espouvantable spectre d'Ogier le Danois [1], qui vous ensorcellera avec ses yeux tranchans et hagards, si vous ne vous munissez d'excellens préservatifs. Je reviens donc à mes premiers *Que*, et que je vous plains, mon cher Monsieur, et vostre admirable ouvrage que vous laisserez imparfait! Que je dis souvent avec douleur :

>....Pendent opera interrupta, minæque
> Librorum ingentes [2].

Et avec plus de douleur, m'adressant à ceux qui perdent le plus par vostre absence :

>.....Heu! mihi quantum
> Perdis virgo decus, qualesque, Henrice, triumphos.

---

[1] Charles Ogier, frère aîné du prieur François Ogier. Charles, qui mourut le 11 août 1654, était secrétaire de Claude de Mesmes, comte d'Avaux, et l'avait accompagné à Munster, comme il l'avait auparavant accompagné en Pologne, en Suède, en Danemark, d'où son surnom *le Danois*. (Voir, sur François Ogier, Tallemant des Réaux, Moréri, etc.)

[2] ...Pendent opera interrupta, minæque Murorum ingentes...
(VIRGIL. *Æneid.* lib. IV, v. 88, 89.)

> Tu vero infelix, sævoque relicte dolori
> Quid speras Balzaci? Et quæ tibi vota supersunt
> Si Capelanus abest longinqui ad flumina Rheni
> Vestrosque immensus modo dividet orbis amores?

Ces derniers vers, Monsieur, sont enfans de ma douleur et sortent bien plus des blessures de mon ame que de ma verve poétique. Ilz ne laissent pas pourtant de me plaire, tous sanglans qu'ilz sont sortis d'une mère demy-morte, et je vous prie de me les renvoyer avec cette mauvaise lettre, affin qu'ilz facent partie de nos deux volumes *ad Atticum*. Vous recevrez ces deux volumes à Münster, si vous y estes un peu plus d'un an; et ce seront mes volumes bien aymés :

> Queisque tuus sese multum jactabit Amyntas.

C'est-à-dire que j'en tireray de la gloire et non pas vous, qui estes un vray moqueur de me mander si souvent que vous me devrez vostre éternité, et que je vous donne ce que je pense plus tost recevoir de vous.

> Nempe meis, Capelane, decus, famamque libellis.

Je sçavois la nouvelle du Gouvernement quand j'ay receu vostre lettre, et vous pouvez croire que je m'en resjouirois extrêmement, si vous n'alliez point en Allemagne. Mais cette cruelle pensée, ne m'abandonnant jamais, intervient dans tous les sujets de joye qui me peuvent arriver d'ailleurs, et quelque régale, pour user de vos parolles, que vous présentiez à mon esprit, il n'est plus en estat d'user du bien que l'on luy présente. Les plus agréables, les plus douces, les plus délicieuses nouvelles sont corrompues par une si funeste imagination.

> Ac mihi concessas superum contingere mensas
> Plenipotens prohibet furia; et deformis imago
> Ogerii, tibi quem metuo de more furentem
> Jactantemque manus ambas, stigioque veneno
> Plenum intus, stigio...

Il ne fault pas pourtant que vostre mauvaise humeur vous empesche de faire vostre devoir, pour le moins mentalement, et de concevoir des vœux pour la prospérité du Marquis de Lacédémone, qui, comme vous sçavez, estoit mon héros, devant que d'estre nostre Gouverneur[1]. Vous l'asseurerez bien et ce qui s'ensuit, il ne vous en faut pas dire davantage, *juxta illud : Mitte sapientem et nihil ei dicas.*

Je croy bien que tout le monde ne demeure pas d'accord du mérite des vers Scarroniques[2], et ce n'est pas aussy mon jugement ce que j'en ay escrit dans ma lettre. Mr Costar m'avoit prié de donner cette petite consolation au pauvre malade, et je vous avoue que je sçay refuser peu de choses à mes amys. Je ne serois pas néanmoins satisfait d'eux s'ilz souffroient que la lettre s'imprimast au commencement du volume dont vous me parlez; non pas que j'aye dessein de la supprimer, *non hoc certe merita est*, mais c'est que je ne veux pas passer, s'il leur plaist, pour *Auratus poeta regius*[3]. Affin que tout le monde soit content, elle sera la quinziesme ou la seiziesme de celles que je dois envoyer dans huit ou dix jours à Rocolet, pour commencer son impression, et vous me ferez la faveur d'en advertir Mr Costar à vostre première veue, ou par un billet, si vous ne pouviez pas vous voir sitost.

J'ay receu la prose de Mr Rigault et les vers de Mr de Cerisantes, qui a eu remors en ce dernier poëme d'avoir quitté le nom de M[r] son père. Il est donc revenu *Marc Duncan;* mais l'importance est que son poëme est beaucoup plus beau que ses noms. Il m'a plu certes extremement et il me semble qu'il va du pair avec ceux de Madelenet. Je ne dis rien du Polonois Casimir[4], qui est bien eslevé, mais qui se perd bien aussy dans les nues, et qui a tout ensemble beaucoup d'esclat et d'obscurité. Nostre cher Mr Ferramus pourroit aller au delà de tous ces messieurs les Lyriques, s'il en avoit le loysir, et qu'il n'eust point de meilleures et de plus importantes affaires, mais je m'emporte bien loin, et il est temps de mettre fin à ces longues escritures.

J'attens des nouvelles de Campagnole, et je m'asseure que, sur ma

---

[1] Le marquis de Montausier traita, en 1645, pour deux cent mille livres, du gouvernement de Saintonge et d'Angoumois.

[2] Les vers déjà mentionnés : *De morbo Scarronis ad eruditissimum Costardum.*

[3] Dorat (Jean). Voir la lettre XVIII, du 27 octobre 1643.

[4] Le Jésuite Mathias-Casimir Sarbiewski, dont il a été parlé déjà.

lettre, vous luy aurez donné les quatre vingt onze pistoles de mon argent. S'il est encore à Paris, faites luy rendre, je vous prie, ma despesche cy-enclose; s'il en est party, je voudrois bien qu'elle fut donnée en mains propres au *Graveolent*. Je vous escris cette fois par la voye de Rocolet, et vous pourrez aussy luy envoyer vostre response. Je suis, Monsieur, vostre, etc.

Je vous envoyay, il y a huit jours, copie d'une lettre que j'ay escrite à M^r d'Espernon.

Depuis ma lettre escrite, ma sœur me vient de mander que Campagnole ne partira pas sitost de Paris; c'est pourquoy je luy adresse encore mon paquet, et vous luy donnerez, s'il vous plaist, vos lettres.

J'ay ajousté un distique à l'épigramme du cardinal Mazarin et y ay changé deux vers. Je ne pense pas avoir jamais rien fait de plus romain; et je croy que *tandem aliquando* il en faudra demeurer là, et l'imprimer de cette dernière façon.

J'ay trouvé parmi mes papiers une lettre que j'escrivis, il y a quelques années, à nostre brave Marquis. Je suis après à la mettre en estat d'estre imprimée avec les autres.

LXXXIV.

Du 3 avril 1645.

Monsieur, Je suis extremement aise, comme vous pouvez penser, de vostre demeure en France, mais je ne loue pas extremement ce que vous avez fait pour n'en point partir. Je vous eusse blasmé d'en faire moins et d'estre malheureux volontairement. Car en effet je ne demeure pas d'accord avec ceux qui appeloient vostre secretariat bonne fortune, je l'estime la plus mauvaise qui vous pouvoit jamais arriver. Et que vostre philosophie ne se glorifie point tant, s'il vous plaist, d'avoir refusé les misères de la galère et la chaisne d'un forçat. Puisque vous voulez sçavoir de mes nouvelles sur pareille matière, sçachez, Monsieur, que j'ay pu estre en la première place d'un homme que je traite aujourd'hui de Monseigneur, et il n'a tenu qu'à moy que je n'aye esté secrétaire de la feue Reyne Mère, et cela devant que j'eusse vingt cinq ans[1]. Il n'est rien de plus vray que cette histoire, mais je ne l'ay jamais osé publier, de peur de me faire lapider par mes parens et par mes amys; de peur qu'on ne criast après moy, comme après un lasche, un poltron, un déserteur de son propre bien, de son honneur, de celuy de sa famille, etc. *Quod vero me ab hoc negotioso vitæ genere præcipue avocavit, quietis studium fuit et amata mihi semper expers publicæ privatæque curæ tranquillitas.* Si on nous avoit offert l'abbaye de Corbie, ou cinquante mille louis de dix livres pièces, et que nous les eussions refusés comme Socrates a refusé les présens de plusieurs Roys de son temps[2], *tunc certe haberet philosophia nostra quo se jactaret,* et *hoc vere esset contemnere humana ac supra fortunam assurgere.* Mais de ne trouver pas bon le travail ingrat et commendé par aultruy, de haïr la sujettion et la servitude, d'appréhender une servitude très asseurée pour la perte de nostre repos, et très problématique pour l'aggrandissement de nostre fortune, je trouve bien que c'est une action raysonnable et judicieuse, mais non pas forte ny magnanime. Je me resjouis donc et de tout mon cœur, avecques mon amy garanti d'un naufrage ou eschappé d'un embrasement, mais je ne luy fais point pour cela de panégirique et réserve mes louanges pour ses autres actions véritablement louables.

Est-il possible que Mr Arnault ne s'espuise point? J'admire certes sa bienheureuse fécondité et cette perpétuité de livres, quoyque les matières commencent à m'ennuyer. Vous avez donc trouvé bonnes les

---

[1] Balzac, parlant de lui-même à la troisième personne, est revenu sur ce sujet (*seconde notice*, dans ses *Dissertations chrestiennes et morales*, t. II, p. 402): «Feu Monsieur le duc d'Espernon, avec lequel il fit «le voyage de Blois, qui tient plus du roman que de l'histoire, le proposa à la reine-mère du roi pour estre secrétaire de ses commandemens, et il est certain que, s'il eust voulu s'aider, il pouvoit d'abord remplir cette place, etc.»

[2] Je ne crois pas que Socrate ait jamais eu l'occasion de refuser les présents d'un seul roi. On ne trouve, du moins, rien de pareil dans la *Vie de Socrate*, par M. Ed. Chaignet, professeur de littérature ancienne à la Faculté des lettres de Poitiers (Paris, 1868, in-12).

deux lettres que je vous ay envoyées : *In hoc ego serio*[1] *triumpho, præstantissime Cappelane.* Mais, quand je vous prie de les faire valoir avecques les aultres que je prépare pour l'impression, ce n'est point tant un désir de gloire qu'un petit intérest pécuniaire qui m'oblige à vous faire cette prière. Il n'est point nécessaire de vous particulariser[2] la chose. Je demeure, Monsieur, vostre, etc.

Je vous escrivis, il y a trois jours, par l'ordinaire du vendredy, et vous donnay un advis qui me pesoit sur le cœur.

LXXXV.

Du 10 avril 1645.

Monsieur, Je n'ay receu par cet ordinaire ny de vos lettres ny de celles de Mr Campagnole, et je voy bien qu'il est temps que nous reprenions Rocolet pour la facilité et seureté de nostre commerce. Je commençay il y a huit jours, et luy adressay mon paquet, qu'il ne manquera pas de vous faire rendre. J'ay receu depuis, par la voye du messager, les originaux accompagnés de deux livres Jansénistes, mais je n'ay trouvé dans le paquet ny la harangue italienne ny le reste des choses que j'attendois. Pourveu qu'il n'y ait point de perte, nous nous consolerons du retardement.

J'ay veu, Monsieur, par un de vos billets au petit, que le cher président[3] s'est trouvé embarrassé de la commission, sur quoy j'ay à me justifier auprès de vous, *ut verecundiæ meæ et religionis etiam in hoc genere tibi ratio constet.* Vous verrez donc, par l'extrait de la lettre que je vous envoye, qu'un amy pouvoit bien estre employé en une chose, qui vouloit estre employé en tout, et que la discrétion elle mesme,

---

[1] Le copiste a écrit *sevio*.

[2] Balzac est un des premiers qui ait employé le mot *particulariser*. M. Littré n'a cité, dans son *Dictionnaire de la langue française*, au sujet de ce mot, que des écrivains postérieurs, Scarron, dont le *Roman comique* est de 1651, Pascal, dont les *Provinciales* sont de 1656, etc.

[3] Mainard.

voire la mauvaise honte, se fut hasardée sur des paroles si affirmatives et si ardentes. Je suis l'homme du monde qui appréhende le plus de faire des prières inciviles et qui désire le moins embarasser mes amys. Mais le cher Président me devoit advertir de son style et de la différence qu'il fait entre le tout de bon et les figures de rhétorique. Vous ne luy en direz rien, s'il vous plaist, parce que je n'ay point l'ame blessée de son procédé, et que je ne laisse pas de l'aymer chèrement avec ses figures de rhétorique ; *quas equidem non mihi proponam ad imitandum*, mais qui m'apprendront seulement qu'une aultre fois il ne faut pas embarasser les Rhétoriciens.

Je ne fais pas grand fondement sur l'affaire proposée par le petit ; je vous diray pourtant que Rocolet me mande merveilles de M^r le Chancelier, qui but à ma santé le jour de la présentation de ma lettre par le petit et en parla comme d'une excellente chose, quoyqu'elle me desplaise extremement. J'ay de l'inquiétude pour vostre depesche, ou retardée, ou esgarée, ou perdue. Je suis de toute mon ame, Monsieur, vostre, etc.

LXXXVI.

Du 17 avril 1645.

J'ay receu tout ce que vous m'avez fait la faveur de m'envoyer tant par le messager que par le courrier, et vous rends mille très humbles remerciemens de la continuation de vos soins et de vos offices. Je loue Dieu de ce que l'advis n'a pas esté nécessaire. Sans doute le bon ange du gentilhomme l'a rendu capable d'un meilleur conseil que celuy qu'il avoit pris ; car je suis très asseuré qu'il avoit eu cette première pensée, soit qu'elle luy eust esté suggérée par quelqu'un qui n'eust pas esté fasché de la noise, soit que son propre chagrin eust esté ce quelqu'un qui luy eust donné une si mauvaise tentation. Le premier quelqu'un (je l'entends à chaque mot) est un orateur extremement fabuleux, qui débite quantité de nouvelles de sa composition, pour ne rien dire de pis d'une personne, dont . . . .[1] connoist assez les autres dangereuses qualités. Je ne vous veux parler que de la plus innocente de ses nouvelles. Est-il vray, Monsieur, ce qu'il a débité en plusieurs lieux de cette province que le Marquis Spartiate se doit marier avec la princesse Julie, immédiatement après la campagne[2] ? Je croiois qu'il n'y eust de part et d'autre que pure estime et pure amitié et ne m'estois point imaginé d'amour, quoyque le sujet en put donner au grand Gustave[3], voire au grand Alexandre s'il ressuscitoit et qu'il voulût se marier en Alexandre. Vous m'esclaircirez, s'il vous plaist, de cette affaire, dans laquelle je prendrois, comme vous pouvez penser, un très notable interest; et, *ni molestum est*, vous m'expliquerez aussi l'article de la *Gazette*, qui parle de l'audience du congé du sieur Grotius[4]. Don Cerisantes auroit-il esté le plus fort dans le cabinet de Stockholm[5] ? et l'Agent auroit-il terrassé l'Ambassadeur ?

Je suis heureux de vous faire rire quelquefois, et de vous donner ce que je n'ay pas. Le spectre de Munster est bien le plus vilain de

---

[1] Le copiste a écrit *la veuve*, mot impossible. Peut-être faut-il ainsi rétablir la phrase : dont, *à la vérité*, on connoist assez, etc.

[2] Le mariage eut lieu le 13 juillet 1645. Voir, sur ce mariage et sur les circonstances qui le précédèrent, l'habile résumé fait par M. V. Cousin des récits contemporains. (*La Société française au XVIIe siècle*, tome II, p. 36-42.)

[3] «Du temps de Gustave-Adolphe,» dit M. V. Cousin *ibid.* (p. 39), «elle (Julie) «disait qu'elle n'agréait d'autre amant que ce «héros, dont elle avait le portrait dans sa «chambre.» (Voir les *Historiettes* de Tallemant des Réaux, les *OEuvres* de Voiture, etc.)

[4] Grotius, mécontent de Cerisantes, qui lui avait été adjoint l'année précédente, et voyant que la cour de Stockholm lui préférait cet aventurier, demanda son rappel au commencement de 1645. Voici l'article de la *Gazette* du 8 avril 1645, p. 279 : «Le «26 du passé, le sieur Grotius, ambassa- «deur de Suède en cette cour, eut son au- «dience de congé de Leurs Majestés, à «laquelle il fut conduit par le chevalier de «Guyse, grand chambellan de France, et «par le comte de Brullon, introducteur des «ambassadeurs. Il a eu aussi audience et pris «congé de Monseigneur le duc d'Orléans.» On lit encore dans la *Gazette* du 29 avril (p. 332) : «Cette semaine est parti de cette «ville le sieur Grotius, ambassadeur ordi- «naire de Suède en cette cour, après y avoir «esté regalé par la reine d'un fort beau «service de vaisselle d'argent, le sieur de «Cerisantes estant ici demeuré pour traiter «des affaires de Suède.»

[5] Le copiste a écrit *Stavola*.

tous les Incubes[1], mais il n'est pas le plus malfaisant de tous les Démons. Pour moy je n'ay peur que de ses yeux et de son visage, et pourveu que je ne le voye point, je ne le crains point. Il paroistra au reste dans les lettres *ad Atticum,* sans que luy mesme s'y recognoisse. Il n'y paroistra qu'à vous et à moy, comme plusieurs autres qui exerceront la curiosité des spéculatifs et donneront à deviner au lecteur, et cela, Monsieur, sans qu'il y ait un seul mot dont vous soyez responsable. Reposez-vous donc sur moy de toute cette besoigne, et asseurez-vous que je suis un *Mango*[2] d'importance, qui sçay desguiser, farder, masquer, métamorphoser les choses en mille façons. Je ne me sens point choqué de mes deux amys, quoyque trop subtils interprettes de mes pensées (car pour mes actions et pour mes parolles, elles ne leur ont point donné lieu de discourir), et il me semble seulement que la lettre que je vous escrivis dès le commencement de ma retraite, et celle que j'ay escrite depuis à M\^r Despernon devoient obliger ces deux amys et le troisiesme, que vous ne me nommez point, à croire un homme de bien sur sa parole, et à n'estre pas si ingénieux dans les intentions d'autruy. *Sed de his hactenus.*

En attendant que je remercie M\^r l'Évesque de Grasse du précieux gage qu'il m'a donné de son amitié, je vous supplie de luy tesmoigner le ressentiment et la joye avec laquelle je l'ay receu. Elle est telle, Monsieur, que je ne sçaurois bien vous l'exprimer dans le transport où je suis, et, quoyque ses beaux vers me ravissent, ses bontés et ses tendresses pour moy me touschent encore plus que l'excellence de sa poésie.

Je vous escris d'Angoulesme, où je suis depuis deux jours, et vous escris si à la haste, qu'à peine me donne-t-on le temps d'achever. O mes bois, o ma rivière, o mes autres confidens muets, que vous

---

[1] Ogier le Danois, de la laideur duquel Balzac s'était moqué dans une autre lettre.

[2] Est-ce une allusion à l'habileté dont fit preuve un favori du maréchal d'Ancre, Claude Mangot, seigneur de Villarceau, qui fut tour à tour maître des requêtes, ambassadeur en Suisse, premier président du parlement de Bordeaux, secrétaire d'État, garde des sceaux de France?

valez bien mieux que toute la conversation des petites villes! Je suis plus qu'homme du monde, Monsieur, vostre, etc.

LXXXVII.

Du 24 avril 1645.

Monsieur, Je suis obscur jusqu'à ne pouvoir souffrir la lumière; je suis chagrin jusqu'à vouloir mal à la joye; je sens de plus une si acre sécheresse dans mon pauvre corps, que, si elle dure :

> Tuus ibit in ignes
> Atque cinis fiet.
> Ibit et in cineres Balzacius. O bone rerum
> Arbiter, o longum sitiens cui supplicat herba,
> Quem pluvium dixere Jovem Nasoque Tibullusque,
> Imbre riga modico arentès in corpore venas;
> Ne revoca mundi fixas ab origine leges;
> Vernos adde pater nimbos, redde humida terris
> Solstitia, et solitis procedat mensibus annus.

En ce triste estat soit de l'esprit soit du corps, j'ay receu vostre dernière lettre et vous escris celle-cy. Mais, Monsieur, pourquoy avez-vous supprimé celle que vous dites m'avoir promise, et que vous ne m'avez promise que mentalement, ou il faut que la promesse escrite se soit perdue. Ce que vous appelez une longue page d'escritures, je me l'imagine une Apologie pleine de bon sens et d'éloquence, une justification excellente de nostre loisir philosophique, *quod omni negotio pulchrius reddidit olim Romanus consul, idemque eloquentissimus sæculi sui scriptor.* Y a-t-il homme sur la terre qui vous estime à l'esgal de moy? Et qu'on interroge là dessus la renommée et les assemblées civiles; les échos et les divinités du désert, qui ne sçait dedans et dehors le monde que vous estes mon sage, mon généreux et mon magnanime? Il est vray que ce n'est pas dans l'affaire du Secrétariat que j'admire principallement vostre magnanimité; et, si je n'ay perdu la mémoire, il me semble que, dans les termes de toutes vos lettres, cette affaire passoit plustost pour mauvaise que pour bonne. J'ay donc esté de vostre opinion, comme vous devez estre de la mienne aux choses qui me regardent, et ne pas louer si haut que vous faites la languissante paresse de vostre amy et l'appréhension qu'il a toujours eue de gémir sous le faix de la moindre charge. Mais, affin de ne me pas donner en cecy plus qu'en effect il ne m'appartient, je vous advertis, Monsieur, que mon refus de jadis n'a esté ny esclatant, ny public comme le vostre, et vous dis de plus que ce ne fust point mon mérite qui me fit désirer de la Reyne, mais la seule recommandation d'un homme qui pouvoit tout auprès d'elle en ce temps-là, et qui eust le pouvoir de mettre l'Évesque de Luçon en la place du pauvre Rucelai[1], et cæt.

Je suis bien ayse que ma lettre à Madame la Princesse n'ayt pas esté trouvée mauvaise à l'hostel de Longueville[2]. Mais ne croyez-vous point, Monsieur, qu'Alexandre estoit un peu plus sensible que Monsieur le Duc, s'il est vray ce qu'on a escrit de luy, qu'il ne combattoit aux Indes et en Asie que pour estre loué à Athènes? C'est un avantage que nostre prince a sur celuy-là. Il mesprise les louanges à cause qu'il est au dessus d'elles et trouve dans sa propre vertu la récompense qu'elle mérite. Sans mon indisposition, j'aurois desjà envoyé le premier livre des lettres choisies et vous les aurez au premier jour. Je ne désire point cependant que vous preniez la peine d'en parler à Rocolet, parce que j'ay desjà accepté le petit présent qu'il m'a offert. Je désire seule-

---

[1] Le copiste a écrit : *Lucelai*. L'abbé Rucellai, une des créatures du maréchal d'Ancre, mourut à Montpellier, le samedi 22 octobre 1622, non, comme on l'a dit, du chagrin que lui causa la promotion de l'évêque de Luçon au cardinalat, mais, selon le témoignage formel de Bassompierre (*Mémoires*, édition Petitot, tome XXI, p. 438), de cette maladie contagieuse que l'on appelait *le pourpre*. Tallemant des Réaux (t. II, p. 3) dit que ce fut à Angoulême, en 1619, que l'abbé de Rucellai et l'évêque de Luçon disputèrent dix ou douze jours de la faveur auprès de la reine mère, et que l'abbé allait l'emporter sur l'évêque, si le duc d'Épernon, tout-puissant en cette petite cour, n'eût combattu de toute sa force l'inclination de la reine. Voir encore là-dessus, outre les *Entretiens* de Balzac, Girard (*Histoire de la vie du duc d'Espernon*), Vigneul-Marville (*Mélanges*), etc.

[2] Voir cette lettre, qui est du 1er février 1645, à la page 591 du tome I des *OEuvres complètes*. Balzac y loue beaucoup les *victoires d'un prince de vingt-deux ans*, et il y appelle le duc d'Enghien «ce chef-d'œuvre «du sang de Bourbon et de Montmorency.»

ment que vous en parliez aux docteurs qui vous rendent leurs visites ordinaires, et qui sont les trompettes de la rue St Jacques et des galeries du palais.

Remerciez, s'il vous plaist, pour moy vostre cher Mr Mainard de l'Énéide italienne ; quoyque mes mauvais yeux ne s'accomodent guères bien avecques son mauvais charactère, et que telles impressions ne soient plus à mon usage. Je vous souhaite un meilleur et plus véritable printemps que le nostre, et demeure, Monsieur, vostre, etc.

LXXXVIII.

Du 1er may 1645.

Ne sævi, Musarum magne Sacerdos !

Le petit n'a point fait de faute, et je n'ay point eu de mal de cœur. Croyez moy philosophe une fois en vostre vie, s'il se peut, Monsieur ; je suis encore plus indulgent et plus endurant que vous. J'explique tousjours favorablement les actions douteuses de mes amys. Je les excuse, je les deffens, je les justifie contre les apparences qui les accusent et contre mes opinions, qui semblent se laisser aller aux apparences. Je suis pourtant bien ayse de sçavoir le particulier des choses, affin que ma bonté ayt un meilleur principe que ne seroit mon ignorance, *et ut volens ac sciens honeste agam atque amicos amem, et jam officii sui parum memores.* Obligez moy donc de n'estre pas plus degousté de luy que je suis de l'aultre, et soiez juste de tous costés. Ne sçachés point mauvais gré à un homme qui ne m'a rien escrit indirectement, et qui, de plus, m'a donné moyen d'estre patient, équitable, débonnaire, je n'oserois aller jusqu'à généreux et aux autres grands mots dont se servent Messieurs de l'Académie en d'aussy petites occasions que cette cy. Je vous demende, Monsieur, mais avec ardeur, l'effet de vostre promesse, et je vous conjure que j'aye au plustost les deux volumes de lettres, dont vous me rendez un si illustre et si authentique témoignage.

Le Macariste[1] m'a escrit autresfois une lettre véritablement admi-

[1] Duvergier de Hauranne.

rable, mais admirable en obscurité et en galimatias, et il faut que je la face chercher parmy mes papiers, affin de vous en faire part. Je ne doute point néanmoins que le volume imprimé ne soit admirable d'une aultre façon; et, quand je ne ferois pas fondement, comme je fais, sur vostre parolle, j'ay veu, depuis la lettre escrite, d'autres escritures du Macariste, où son esprit me semble bien esclaircy et son stile bien purifié. Mais qu'est-ce, Monsieur, que cette sépulture vivante du Port-réal, et que deviendra Pomponne et ses arbres, la serpe et l'agriculture de nostre amy[1]? Ce Port-réal n'est-il pas au fauxbourg St Jacques, et par conséquent ne pouvez-vous pas voir une fois la semaine les *Mortuivivi*? Mandez m'en, s'il vous plaist, quelques nouvelles, et particulièrement de nostre très vertueux et sage Abbé de St Nicolas, *quem sapere ad sobrietatem*[2] *et regia via incedere testantur etiam qui fratres minus probant*. Ne vous imaginez pas que je sois de ces improbateurs, ny que les Jésuites me puissent jamais corrompre; mais, à vous dire le vray, les longues guerres m'ennuyent, et le bon droit peut estre quelquefois opiniastre avec trop de violence,

Imponit finem Sapiens et rebus honestis[3].

Ne voulez-vous jamais me renvoier le sonnet de Prometée? Je croiray que vous vous repentez de l'avoir fait, si je ne l'ay par le premier ordinaire. J'ay mis l'Épigramme du Rossignol en l'estat où je la veux laisser; elle est de huit vers et n'estoit que de quatre quand vous la receustes, il y a deux ou trois ans. J'achève à la haste et en désordre. C'est, Monsieur, vostre, etc.

---

[1] Sur Pomponne, ses arbres, et Arnauld d'Andilly, le *Savant jardinier*, voir, avec le livre de M. Varin (*La vérité sur les Arnauld*, t. I, p. 37), le *Port-Royal* de M. Sainte-Beuve (t. II, p. 254-264). Balzac, le 4 février 1633, écrivait à M. Le Maistre (p. 249): «... Vous sçavez que j'ay mangé «des fruits de Pomponne jusqu'à offenser la «tempérance, et je vous ay advoué sur les «lieux qu'ils estoient excellens...»

[2] S. Paul, *Ép. aux Romains*, chap. xii, vers. 3.

[3] Juvénal, *Sat.* vi, v. 445.

LXXXIX.

Du 7 may 1645.

Monsieur, Le trouble où vous estes m'empesche d'estre en repos, et vous sçavez bien que je crains, que je souffre, que je perds tousjours conjointement avec vous. Je prie Dieu qu'il nous veuille [conserver] la jeune princesse qui est en danger; *sed si aliter Deo visum est*, je le prie de vouloir ajouster à la vie du Prince son père et de la Princesse sa mère toutes les années que la petite devoit vivre naturellement[1].

Pourquoy est-ce que vous ne me parlez que d'un volume de lettres, m'en ayant fait espérer deux par vos précédentes? et pourquoy est-ce que vous ne les appelez plus admirables, mais seulement pieuses et belles? Sans doute, Monsieur, *aut imposuerat auribus tuis recitatio Andillana, aut secunda lectio primæ impetus et admirationem temperavit.* J'attens l'un et l'aultre volume avec impatience, et vous advertis que je vous ay escrit par tous les ordinaires du Lundy depuis les festes de Pasques. C'est, Monsieur, vostre, etc.

Vostre pauvre amy est réduit au lait d'anesse, aussy bien que fra Paolo.

XC.

Du 15 mai 1645.

Monsieur, Vous n'aviez point besoin du mensonge charitable dont vous me parlez pour me rendre office auprès de M^r nostre Gouverneur. La vérité me justifioit assez, si vous eussiez eu entre vos mains la lettre que je vous renvoye, et que je croiois que vous luy eussiez fait voir en la recevant. Une autre lettre sur sa promotion au Gouvernement ne seroit plus, ce me semble, de saison, et il vaut mieux que vous luy

---

[1] Charlotte-Louise d'Orléans, née le 4 février 1644, morte depuis sept jours déjà (30 avril 1645), quand Balzac exprimait ces vœux.

disiez de vive voix : « que ma seule modestie m'a empesché de luy « tesmoigner ma joye, » et que « cette omission a plustost esté une action « de dessein que de négligence; que je m'intéresse de telle sorte dans « toutes les choses qui luy arrivent, que j'ay creu avoir esté fait « Gouverneur aussy bien que luy, et, par conséquent, que je n'ay pas « jugé à propos de me féliciter moy mesme en cette occasion ; que, si « je l'eusse fait, j'eusse appréhendé d'imiter la mauvaise humeur d'une « certaine Déesse nommée Nemesis, qui ne se contente pas de chastier « la présomption et les actions superbes, mais qui souvent mesme ne « laisse pas la joye impunie; qui ne veut pas qu'on ait trop de conten- « tement et qu'on en face trop paroistre au dehors, et qu'on le publie « trop par ses parolles, quoyque ces parolles soient très véritables et « très innocentes et qu'elles n'offensent personne qu'elle, je veux dire « la fascheuse Nemesis. » Ne voylà-t-il pas, Monsieur, pour me servir de vos termes, l'embrion d'une Épigramme? Mais ce n'est pas assez que cela, il faut l'achever de former, il faut la faire naistre et vous l'envoyer devant que ma lettre soit cachetée. Je ne sçay ce que veut dire le cher Président de la préface promise et il ne me souvient point de cette promesse. Si elle est véritable, sans doute elle a esté faite entre deux vins et la chaleur de la bonne chère ; et vous sçavez bien qu'on a blasmé de tout temps ceux qui, en cet estat là, avoient trop bonne mémoire.

Ce n'est pas que je ne voulusse faire pour le cher Président quelque chose de plus difficile qu'une préface, voire aussy longue que celles de Mr Arnault, et que les Prolégomènes[1] de Scaliger et de Casaubon[2].

Mais à l'heure que je vous parle, je suis si las et si accablé des

---

[1] Balzac est un des premiers qui aient employé le mot *prolégomènes*. Du moins, M. Littré n'a rencontré ce mot dans aucun ouvrage antérieur au *Barbon*.

[2] Balzac veut ici parler des prolégomènes du *De emendatione temporum* (1583, in-fol.), du *Thesaurus temporum* (1606, in-fol.), et des prolégomènes dont Casaubon a enrichi les éditions de Perse, de Théophraste, de Suétone, etc. Un critique a dit que Casaubon publia les vers inédits de Scaliger, «précédés «d'une de ces belles et longues préfaces, «telles qu'il excellait à les faire.» (Ch. Nisard, *le Triumvirat littéraire* au XVIe siècle, p. 308.)

travaux passés, que, si vous mesme m'en vouliez ordonner quelque nouveau, *non sine indignatione tibi dicerem : Quem das finem, Cappelane, laborum?* Vous n'ignorez pas la gratitude de mon cœur, ma passion, mon estime, mes respects pour M[r] l'Évesque de Grasse : faites les luy valoir jusqu'à l'infini, vous ne le tromperez point; car en effet je l'honore infiniment et suis amoureux de tous ses beaux vers, mais particulièrement de ses Églogues et de la dernière, sur le sujet de laquelle trouvez bon que je luy die,

> Et Aminta ti cede et Pan t'honora
> Et potresti et con Pane, et con le Muse
> Giostrar cantando ; et sfidar anco Apollo,
> La sua gratia saluando, et la tua pelle [1].

Devinez de qui sont ces quatre vers [2], *Et major mihi Pane, et eris mihi magnus Apollo* [3]. Ce que vous dites est vray, du combat de nostre amy contre nostre amy, et nous ne pouvions que perdre vous et moy, de quelque costé que Mars se fust déclaré. Mais est-il vray, ce qui d'ailleurs m'a esté dit de l'un de ces deux amys, que, depuis quelque temps, il a beaucoup perdu de sa bonne réputation, et que le progrès qu'il fait dans le monde n'est pas si beau et n'a pas tant d'applaudissement que l'entrée qu'il y a faite? Il y a du malheur fatal en cette mayson, et je ne suis pas de ceux qui en rient. Je vous jure que je n'y pense jamais sans douleur.

Vous estes cruel de me faire attendre si longtemps les lettres de M[r] de St Cyran; et je n'entens point vostre retenue de ne me plus parler que de celles là, après m'avoir promis avec elles celles de M[r] d'Andilly. J'envoyeray dans peu de jours le premier livre des miennes, affin que l'impression se commence, mais je prétens qu'on travaillera plus en une semaine qu'on ne faisoit l'année passée en deux mois.

---

[1] « Amyntas te cède et Pan t'honore; tu pourrais avec Pan et avec les Muses jouter en chantant, et défier même Apollon en sauvant à la fois sa faveur et ta peau. »

[2] Je ne sais si Chapelain devina de qui sont ces quatre vers, mais je n'ai pu le deviner. Peut-être sont-ce des vers de Balzac lui-même!

[3] *Et eris mihi magnus Apollo* est de Virgile, *Eclog.* III, v. 104. Le reste doit avoir été improvisé par Balzac.

La nouvelle de Mr Silhon me fasche plus pour son interest que pour le mien. J'ay peur qu'il sera blasmé, quelque raison qu'il puisse alléguer en cette rencontre, et que le blasme s'étendra sur tous Messieurs les faiseurs de livres, *quos parum aptos auliois ministeriis et in rebus gerendis, et cæt.*

L'abbé comique[1] me mande merveilles de ma faveur. Il m'escrit que la Reyne m'ayme et m'estime et qu'il le sçait d'une de ses confidentes, laquelle il me nomme. J'ay receu sa lettre il y a près d'un mois, et ne luy ay point fait encore response, tant je suis peu sensible aux belles nouvelles et à la faveur des grandes princesses. Obligez moy de lui faire sçavoir que je suis malade, et vous ne luy ferez rien sçavoir qui ne soit très vray. Je suis malade, en effet, Monsieur; mais, quand j'aurois la mort sur les lèvres, je ne laisserois pas de parler à vous : vostre nom seroit le dernier mot qui sortiroit de ma bouche : vostre vertu seroit mon Euridice :

> Euridicemque meam vox ipsa et frigida lingua
> Dilectumque sodalem anima
> Dilectamque animam vita fugiente vocaret[2].

Depuis un mois, je vous ay adressé deux paquets pour Mr Costar, et vous m'avez bien fait la faveur de les luy faire tenir.

> Si chartas tibi non mitto de more loquaces,
>   Montoside, in tacito gaudeo nempe sinu.
> Nempe pudor siluit, dubiæque modestia mentis.
>   Cautus opes volui dissimulare novas :
> Felix sorte tua factus, cœpi invida fata
>   Et nimium ultricis jura timere Deæ.
> Dic modo, Montoside, nostrum decus, inclita bello
>   Dextera, Phœbeæ nec minus apta lyræ,
> Credulus an fallar, tibi sint si sceptra, coronæque
>   Ipse meos populos et mea regna putem.

Vous voyez par là, Monsieur, la part que je prétends d'avoir aux

---

[1] Le copiste a écrit : *Comingue.* On sait que, pour Balzac et Chapelain, l'*abbé comique* est Boisrobert.

[2] ...... Eurydicen vox ipsa et frigida lingua,
Ah! miseram Eurydicen, anima fugiente vocabat.
(Virg. *Georg.* lib. IV, v. 525, 526.)

bonnes graces du marquis de Lacédémone. C'est à dire que je croirois estre Roy, s'il avoit une couronne. Mais c'est à sçavoir s'il m'avouera de cette belle pensée et s'il ne me dira point, luy qui a lu Suétone : *Nesciebam me esse tibi adeo familiarem* [1].

Quoyqu'il en soit, je m'asseure que ma liberté vous plaira et que vous ne trouverès pas mauvaise l'extemporanéité [2] de ma Muse.

Le petit ne m'escrit point et je m'en estonne. Je vous prie, Monsieur, de luy faire souvenir de temps en temps que vous attendez qu'il vienne payer la rançon de sa promesse que sans doute vous avez enfermé dans vostre cassette.

Je n'ay point receu par cet ordinaire de lettres de Mr Mainard : il aura envoyé trop tard à la poste.

XCI.

Du 17 may 1645.

Monsieur, Une heure après avoir fermé mon paquet, relisant l'épigramme extemporanée *Ad Nobilissimum Montosidem* [3], je crus la devoir fortifier d'un distique dont il me semble qu'elle avoit besoin. Vous la trouverez, à mon advis, plus pleine et plus achevée qu'elle n'estoit, et me ferez la faveur de la donner en cet estat là à celuy à qui elle s'adresse, avec l'ancien poëme que j'ay mis au point où je le désire laisser. Je vous advertis, Monsieur, que ce poëme et plusieurs autres, sans oublier le cher *Olor Gallicus*, seront insérés dans le volume des lettres choisies, le dessein du volumette ayant esté changé pour un autre plus

---

[1] Balzac ne s'est-il pas trompé en citant ici Suétone? Je n'ai pu trouver cette phrase dans ce qui nous reste de l'auteur des *Douze Césars*. C'est le cas de rappeler que Colomiès a reproché à Balzac, qu'il appelle *politissimus Balzacius*, deux fausses citations, dans le chapitre de ses *Opuscula* (1668, in-12) intitulé : *Balzacius duobus locis culpatus*, p. 18.

[2] Le copiste a écrit : *extemporacité*.

[3] Voir les vers latins de Balzac en l'honneur de Montausier, à la page 11 de la seconde partie du tome II des *OEuvres complètes*.

grand dessein au pays latin, de quoy je vous entretiendrai à loisir. *Absit verbo invidia,* je croy que la variété, voire que la beauté des choses vous surprendra dans le volume des lettres. Je vous envoye celle que j'ay receue du cher Président, qui se justifie sans que personne l'ait accusé. Nous n'oublierons pas dans les pièces latines l'*Illustrissimum* et le *Proregem meritissimum apud Inculismenses et Santonas.* Il y aura encore du françois dans le mesme livre pour le mesme marquis spartiate, qui peut estre ne luy desplaira pas. Tout cela, Monsieur, avec si peu d'interest particulier et de dessein temporel, que je ne croy pas faire ma résidence l'année prochaine dans les gouvernemens d'un seigneur qui me fait l'honneur de me vouloir tant de bien. Ah, mon cher Monsieur, que je suis las du monde et de moy-mesme (aussy bien que vos *mortui vivi*[1]), mais beaucoup plus sans comparaison de moy-mesme que du monde!

C'est, Monsieur, vostre, etc.

XCII.

Du 22 may 1645.

Monsieur, Je fais comme de coustume : je m'instruis avec vous, et tous vos dogmes me sont propositions d'éternelle vérité. Ce que vous dites du Magnanime n'a point trouvé de résistance dans mon esprit. N'en doutez jamais, s'il vous plaist, il sera tousjours dépendant et subalterne du vostre :

> Et partes sat erit nobis tractare secundas,
> Et tua signa sequi.

Je voudrois que vous eussiez donné au petit l'argent qu'il vous demendoit, quoyqu'à vous dire le vray, cette demende soit une circonstance un peu notable de l'affaire dont il a la direction, et

---

[1] Les solitaires de Port-Royal.

qu'elle me face souvenir de ces deux vers d'un poete[1] allégué par Cicéron[2] :

> Quibus divitias pollicentur, ab his ipsi drachmam petunt.
> De his divitiis sibi deducant drachmam, reddant cætera[3].

Je vous envoye la lettre qu'il m'a escrite, et, s'il a l'honneur de vous voir et que vous preniez la peine de l'entretenir la quatriesme partie d'un quart d'heure, vous verrez bien ce que je dois espérer des lettres scellées, et si ce sera en or ou en feuilles de chesne que je seray payé de mes mille escus.

J'ay rompu commerce avec le *Graveolent*, depuis quelque friponnerie qu'il me fit, en quelque petite somme qu'il escroqua en mon nom. C'estoit à la vérité peu de choses, mais la conséquence en estoit grande, et il me semble qu'il se devoit contenter de ce que je retranchois tous les ans à ma pauvreté pour aider la sienne sans estre importun à mes amys, *et hoc ut commodius indulgeret impuræ et volivagæ suæ veneri*. Je n'ay point pourtant de mauvaise volonté contre luy et l'ayme encore assez pour le tirer de l'hospital et de la conciergerie s'il y estoit pour une somme modique. Mais le galand homme veut plustost mon estime que mon amitié, et me demende des lettres et des éloges. J'ay satisfait en partie à sa vanité, et il a pu voir un article qui luy est très-favorable dans une lettre que j'escrivis dernièrement à M⁻ Campagnole :

> Sunt, si plura petit, sunt improba vota Britanni.

Obligez-moy de m'achever la nouvelle de nostre cher M⁻ Silhon, que je plains extremement, s'il n'a pas la satisfaction qu'il mérite. Que je sçache aussy, s'il vous plaist, si le père Hercule est encore à Rome et quand il sera à Paris. Mille très humbles remerciemens pour la nouvelle copie de l'admirable sonnet. Mon indisposition m'empesche

---

[1] Ce poëte est Ennius.
[2] Chapitre LVIII du livre I du *De divinatione*.
[3] Voici comment il faut rétablir, d'après le texte donné par M. J. V. Le Clerc (t. XXVI, p. 148), les deux vers maltraités par le copiste :

> Quibu' divitias pollicentur, ab iis drachmam ipsi petunt.
> De his divitiis sibi deducant drachmam, reddant cetera.

de passer outre. Je vous ai escrit par les deux ordinaires consécutifs de la semaine passée, et ma dernière despesche a esté adressée à Mʳ d'Argence. Je suis, Monsieur, vostre, etc.

En l'estat où je suis, il n'y a point moyen que je face response à Mʳ Bonair. Je vous supplie, Monsieur, de le vouloir asseurer de ma gratitude. S'il me procure du bien, il est très-raysonnable qu'il en ait sa part. Mais au nom de Dieu, Monsieur, en pareilles occasions, concluez sans attendre de mes nouvelles. Doutez-vous de mon aveu et de ma ratification ?

XCIII.

Du 5 juin 1645.

Monsieur, Mon indisposition m'empescha de vous escrire par le dernier ordinaire, et je la force en vous escrivant par cetuicy. C'est après avoir passé une très mauvaise nuit, et telle que les veilles accompagnées d'inquiétude et de douleur les sçavent faire chez les malheureux. Mais il faut quitter mes maux pour venir aux vostres. Je sçay, Monsieur, quelle est la tendresse d'un bon naturel. Je sçay que dans l'ame des plus sages la rayson fait quelquefois place à l'humanité. Je ne doute point, par conséquent, de l'affliction dont j'ay veu l'image dans vostre lettre. Une mère ne se peut perdre avec un esprit tranquille. Quelque naturelle que soit sa fin, elle est toujours violente, et ces sortes de séparations sont tousjours forcées. Mais après tout la rayson estant sortie de sa place par un mouvement de dehors qui l'a poussée, et contre lequel elle n'a pas trouvé honeste de tenir bon, il faut, ce me semble, qu'elle revienne incontinent d'où elle est partie, et qu'elle monstre par là qu'elle a plustost rendu une defference qu'elle n'a receu un affront, ayant cédé volontairement au plus ancien de tous les devoirs et à la plus vieille coustume du monde. *Sed hæc tibi, sapientissime Capelane, multaque meliora domi nascuntur.* Et il n'y a pas un seul mal dans la vie contre lequel vous n'ayez plusieurs remèdes. Je dis des remèdes efficaces et presens qui n'ont point besoing du secours du temps, qui sçavent guérir en vingt-quatre heures, qui ferment les plus larges et les plus profondes blessures de l'ame avec ces parolles innocentes : Je veux obéir à Dieu.

Au reste, Monsieur, vous m'avez extremement obligé de me faire part des vers funèbres qui consacrent la mémoire d'Amarante. Il faut avouer que Daphnis y a réussy admirablement. Je ne vis jamais une plus belle, ny plus agréable douleur, et ne pense pas que la femme d'Orphée et la maistresse de Pétrarque ayent esté mieux plaintes ny mieux louées. Il se peut qu'elles l'ont esté plus longtemps, car l'un des deux poètes fit l'amour toute sa vie à la dame qu'il avoit aymée, et Virgile a dit de l'autre :

> Septem illum totos perhibent ex ordine menses
> Rupe sub aeria, *et cæt.*[1]

Je voudrois que vostre Daphnis, qui chante pour le moins aussy bien qu'eux, voulust chanter aussy longuement, et je ne me lasserois point de lire un juste volume de chants funèbres de sa façon. Conseillez-lui donc de faire durer ses plaintes, tant pour nostre contentement que pour la gloire de sa chère morte. Mais, s'il faut luy demander des vers par des vers, de grace qu'il confirme un si digne et si honeste travail ; qu'il ne face plus autre chose que des temples et des autels, puisqu'il les sçait si bien faire :

> Manesque beatos
> Orco auferre pius pergat sic Daphnis, et ingens
> Certamen cum Dite gerat, sic fleverat ante
> Quam dolor infirmus, dolor immortalis adoret,
> Pacatus sapiensque et nulla turbidus ira
> Festus ovansque dolor, multo qui dives odore
> Thura rosasque ferens, consanguineosque amaranthos
> Soletur certo se posteritatis honore.

Cette boutade poétique ne me desplaist pas, et je suis trompé si elle n'est autant à vostre gré que celle de Juppiter pluvieux dernièrement.

---

[1] Virg. *Georg.* lib. IV, v. 507, 508.

Pour response à l'article amer, rendez-moi mon épithete, celuy que vous m'avez osté à ma très-humble supplication. Remettez l'infortuné Balzac à la teste de vostre sonnet. Je le suis véritablement puisque le marquis spartiate a si mal deviné mon intention, a douté si injustement de ma dévotion et de mon zèle, a esté susceptible de....., je n'ose achever le reste, et c'est tout ce que j'eusse du appréhender de Mr de Parabère[1], qui a l'honneur d'estre son oncle, ou de Mr de Jonsac qui a l'honneur d'estre son cousin[2]. J'aurois à vous faire là-dessus des escritures aussy longues qu'estoient les deux Anti-Catons[3] de Cæsar; mais je ne veux point me justifier en accusant une personne qui m'est très-chère, et il me suffit qu'en vostre ame vous ne soyez pas contre moy, quoyque vous ne vous en expliquiez qu'à demy, et que vous vous contentiez d'appeler *chagrin* et *humeur* [et manière d']estre *fascheuse, quod graviore vocabulo appellaret qui nesciret lenitate verbi rei justitiam mitigare*. C'est mon unique consolation dans ce déplaisir, qui m'est certes très sensible, et que je tiendray pourtant très secret, n'en doutez pas, s'il vous plaist. Je voudrois qu'il me fust aussy aisé d'en oublier la cause que de le cacher. Mais vous sçavez le mot de Messer Cornelio : *non tam esse in nostra potestate oblivisci quam tacere*[4]. Il est encore bien difficile, Monsieur, de conserver beaucoup de tendresse pour des amitiés qui sont devenus si hautes et si relevées que celles-

---

[1] Le copiste a écrit *Barobère*. M. de Parabère avait épousé une demoiselle de Sainte-Maure, et se trouvait ainsi beau-frère du comte de Brassac, qui avait épousé l'autre sœur.

[2] Léon de Sainte-Maure, comte de Jonzac, marquis d'Ozillac, etc. On peut citer sur lui les *Mémoires* de l'abbé de Marolles, l'*Histoire généalogique des grands officiers de la Couronne* (t. V, p. 16). Voir une lettre de Balzac, du 22 janvier 1645, à M. le comte de Jonzac, lieutenant du roy en Saintonge et Angoumois (p. 570), et une autre lettre du 3 juillet 1644 (p. 711).

[3] Le copiste a écrit *Antications*. On sait que Jules César avait composé un *Anti-Cato* en deux livres, en réponse au *Cato* que Cicéron avait publié en l'honneur de la mort de Caton. (Voir *Lettres de Cicéron à Atticus*, XII, 40, XIII, 50, et PLUTARQUE, *Vie de Caton, passim.*) Signalons un savant chapitre des *Opuscula academica* de Charles Guillaume Gœttling, intitulé : *De M. Tullii Ciceronis laudatione Catonis et de C. Julii anticatonibus.* (Leipsick, 1869, in-8°.)

[4] *Agricolæ vita*, cap. II.

là, pour ne pas dire si dominantes,et si tyranniques. Nos amis de l'antiquité ne se feussent point apperceus de l'omission de mon compliment, et je suis très asseuré que les termes de la lettre que je vous ay renvoyée eussent satisfait Agis et Cléomènes, voire Léonidas, Agesilaus, et tout ce qu'il y eust jamais de plus noble et de plus grand dans le Marquisat d'*Armipotens*. A l'avenir je me tiendray dans une très profonde humilité et le payeray de respects et genuflexions. Dans mes lettres *choisies*, il s'appellera Monseigneur en grosses lettres. Je lui donneray de l'Altesse, s'il en veut, et s'il luy arrive quelque nouvelle bonne fortune, non seulement je luy en feray un compliment, mais j'en feray un feu de joye, et en prendray acte et prieray Mr Renaudot de s'en souvenir dans sa Gazette [1]. Tout cela, Monsieur, entre vous et moy, qui vistes la peine que me donna mon affection, par l'advis inutile que je vous donnay. Et en conscience cette affection m'eust fait courir jusqu'à Rome, quoy que je ne puisse aller que le petit pas, s'il eust fallu faire ce voyage pour détourner le moindre péril de dessus la teste d'*Armipotens*.

Je pensois pouvoir escrire aujourdhuy à M. Mainard et à M. de Boisrobert, mais ce sera pour le premier ordinaire. Obligez moy de promettre cent escus sur les mille au petit amy, affin qu'il ait plus de courage d'achever l'affaire. Il peut bien s'adresser tout droit à Mr de Lyonne pour ma pension, si l'ancien amy [2] n'est plus auprès de son Eminence, et je luy envoyeray ma procuration, sitost qu'il me le demandera. J'ay receu tout ce que vous avez fait donner au Messager et vous en parleray une autre fois.

Je suis, Monsieur, vostre, etc.

---

[1] Renaudot (Théophraste), fondateur de la *Gazette de France* en 1631, mort le 25 octobre 1653. Voir le livre du docteur F. Roubaud : *Th. Renaudot,* Paris, 1856, in-8°.

[2] Silhon, qui remplissait peut-être en ce moment une de ces missions à l'étranger dont il fut chargé quelquefois.

XCIV.

Du 11 juin 1645.

Monsieur, je vous escrivis au long il y a aujourdhuy huict jours, mais le temps me manqua pour vous dire quelque chose du présent de M^r d'Andilly et pour vous suplier, comme je fais de tout mon cœur, de l'en remercier ou de l'en faire remercier de ma part, *amplissimis scilicet et exquisitissimis verbis.* Je n'ay encore receu que la première partie d'un si beau présent, du mérite de laquelle je demeure d'accord avec vous. Je conclus, Monsieur, qu'il y a de l'estrange, de l'admirable, du divin, en plusieurs endroits des lettres de ce saint homme[1]. Mais il ne se contente pas de donner de l'admiration, bien souvent il me fait peur, et je ne l'admire pas plus que je l'appréhende. Je sors presque toujours triste d'une lecture si agréable, et, quand je me considère auprès de cette perfection chrestienne, *cujus perfectissimam ideam hic videre est,* que j'ay pitié, que j'ai honte, que j'ay horreur de mon imperfection! Il parle une langue inconnue au monde, le Seigneur de la Scale l'ignoroit[2], M. de Saumaise ne l'entend point, et je voudrois bien sçavoir ce qu'en croit le docteur Mezentius, autrement le redoutable grammairien[3], et ce qu'en disent les autres genies[4] ou esclairs de ce siècle, comme ils se nomment eux (mesmes).

L'épitre de Mr Voiture à Mr Coligny[5] n'est pas *de genere hoc,* et l'es-

---

[1] Les *lettres* de Robert Arnauld d'Andilly parurent à Paris chez la veuve de Jean Camusat, en 1645, in-4°. Ces lettres ont été réimprimées plusieurs fois, notamment en 1662, en 1680, en 1689, en 1694, en 1696.

[2] Joseph Scaliger.

[3] Ce *redoutable grammairien* n'est autre que La Mothe Le Vayer. Mezentius était ce roi des Tyrrhéniens dont Virgile a dit:
Imperio et sævis tenuit Mezentius armis.

[4] Le copiste a écrit: *guéris.*

[5] Il n'y a dans les *OEuvres* de Voiture qu'une seule pièce de vers adressée à Gaspard de Coligny (plus tard duc de Chastillon); c'est celle qui est reproduite aux pages 547-555 de l'édition de M. Amédée Roux (Didot, 1858, in-8°), et qui, sous le titre d'*Epistre à M. de Colligny,* renferme de fort libres plaisanteries à l'occasion du mariage de ce gentilhomme avec Isabelle Angélique de Montmorency-Bouteville.

prit dont il faut avouer qu'elle est pleine n'a rien de commun avec l'esprit de dévotion et de pénitence, à laquelle il est temps qu'il songe aussy bien que moy, sans plus chercher des rimes en *lue* [1].

> Jam subrepet iners ætas; nec amare decebit,
> Dicere nec cano blanditias capite [2].

Le feu cardinal de la Valette luy a dit mille fois ces deux vers du poète qui est son favory. Ce poète mourut à l'aage de vingt-cinq ans [3], et Mr de Voiture et moy en avons plus de cinquante [4], desquels peut estre nous n'avons pas vescu un seul quart d'heure selon les reigles de Mr St-Cyran. *Tandem, tandem meliora sequamur.*

L'incomparable Mr Ménage m'a trop obligé de s'estre souvenu de moy et de m'avoir régalé de ses derniers vers. Ils sont très beaux, très latins, et très passionnés, mais plus passionnés que je ne voudrois, car, à vous dire le vray, sa passion me donne de la jalousie, et j'ay bien de la peine à souffrir auprès de luy une plus grande faveur que la mienne.

J'enrage si ce bien heureux Monsieur Sarrazin [5] est plus aymé que

---

[1] Le copiste a écrit: *tue*. L'abbé d'Olivet a cité (non pas littéralement) ce passage depuis *les rimes en lue* jusqu'à Mr de Saint-Cyran (*Histoire de l'Académie Française*, t. II, p. 63).

[2] Tibull. lib. I, *Elegia prima*, v. 71, 72. Le copiste a mis *subrepit* pour *subrepet* et *docebit* pour *decebit*.

[3] On croit que Tibulle naquit l'an 43 avant l'ère chrétienne, le même jour qu'Ovide, et qu'il mourut l'an 19, la même année que Virgile. Il n'avait donc pas même, au moment de sa mort, les vingt-cinq années que lui donne Balzac.

[4] Balzac se trompait tant pour lui que pour Voiture: il n'avait alors que quarante-huit ans et quelques jours ; Voiture, né en 1598, n'en avait que quarante-sept.

[5] Jean-François Sarrasin, né près de Caen en 1605, mort à Pézenas en 1654. M. V. Fournel, dans la *Nouvelle Biographie générale*, a cité, sur cet écrivain, Tallemant des Réaux, Pellisson et d'Olivet, Huet, Ménage, Baillet, Segrais, Daniel de Cosnac, Niceron, Vigneul-Marville. Il a oublié M. V. Cousin et M. Hippeau. Il a oublié aussi Loret et Balzac. Ce dernier a dit (lettre à Chapelain du 8 janvier 1640, p. 808): «M. Sarrasin est un docteur excellent, et qui débite beaucoup de choses d'une manière très-agréable.» Dans une lettre à Conrart du 7 octobre 1649 (p. 875), Balzac a fort loué «la raillerie» de *la Pompe funèbre de Voiture*, une des plus jolies pièces de Sarrasin.

moy, et il l'est sans doute, puisque mon amy se plaint si amoureusement de son absence, et qu'il ne peut vivre un seul jour sans luy non pas mesme dans un palais enchanté, où il est dans les délices jusques aux yeux [1]. Il verra dans peu de jours s'il a droit de me faire ce tort; et le premier livre des lettres choisies que je vous envoieray luy reprochera le mauvais traitement que je reçoy.

Le petit devoit estre mieux instruit des affaires de la Cour et du Palais : son ignorance me couste cher, et que pense-t-il que ce soit à un philosophe de ma gravité que d'avoir fait une prière par escrit à M^r le Chancelier et de luy faire encore un remerciement? *Et hoc* pour ses mille escus d'Alchimie, qui m'avoient esté proposés comme chose asseurée, prochaine, présente? J'ay eu la bonté, outre cela, de le recommander à mon dit seigneur le Chancelier, duquel il attend son salut, contre la persécution d'une personne qui le tourmente. Je vous envoye copie de mon remerciement et de ma recommandation, qui sont deux entousiasmes d'hier matin et pour lesquels, *absit verbo invidia*, je suis satisfait de nos Déesses. Le petit n'aura point pourtant de lettre de moy par cet ordinaire: mais vous voyez bien qu'il faut que ce soit luy qui présente le tout à Solon, affin que Solon voye au plustot la chaleur, l'excès, les hiperboles, voire les illusions de ma gratitude, qui s'imagine d'avoir eu le don d'une place pour faire bastir une rue, ou d'avoir receu pour le moins trente mille escus. Toutes fois, Monsieur, quoyque je vous parle si souvent d'escus, je ne pense point avoir besoin de vos exhortations pour le mespris de l'argent, et je puis dire sans vanité qu'il n'y a gueres d'ames moins avares que la mienne. Je ne cours point après mille escus, mais, s'ils me viennent trouver, je les recevray. Que le petit sollicite ma pension à Paris; qu'il agisse de ma part tant qu'il luy plaira, pourveu que je ne parte point d'icy, et que son inquiétude ne trouble point mon repos. Au reste Monsieur de Lyonne n'est pas barbare, et je luy escrivis l'année passée, comme vous pouvez vous

---

[1] Ménage fut toujours le meilleur ami de Sarrasin. Ce fut à lui que le rival de Voiture laissa, en mourant, tous ses papiers, d'où fut tirée l'édition de 1656 (in-4°, Paris).

en souvenir; et Monsieur son maistre [1] a dit depuis peu à Mr de Boisrobert qu'il seroit bien aise que je luy fisse naistre une occasion de me servir. Il entend par là apparemment quelque chose de plus que le payement d'une chétive pension, mais on peut néanmoins pour cette chétive chose se prévaloir de sa bonne volonté, sans gaster de meilleures espérances, si on les a; et, après tout, que le petit soit heureux ou malheureux en ses sollicitations, je ne me mets point en peine de l'événement des choses.

Ce Mr Esprit est admirable d'avoir peur qu'on luy reproche d'avoir esté autrefois grand prédicateur. Il faudra le contenter là dessus. La bonne nouvelle que celle de l'arrivée de nostre cher père Hercule! Il verra ma lettre dans mon livre, puisqu'il ne la [peut] plus recevoir à Rome. Dieu vous veuille consoler dans la maladie de Mademoiselle vostre mère. Je vous souhaite plus de satisfaction qu'à moy mesme et suis sans réserve et *medullitus*, Monsieur, vostre, etc.

Je n'ay nulle attache particulière à la mayson que vous sçavez, et l'affection que j'avois pour le prince ne passoit guères la civilité: mais j'estois inquiet, j'estois malade, je bruslois pour le spartiate, et sa mauvoise humeur ne m'a pas si offensé que je ne puisse dire encore tout cela au temps présent.

Je suis très mal, et ne laisse pas de vous escrire de très grandes lettres.

XCV.

Du 20 juin 1645.

Monsieur, Pourveu que le mal ne m'accable pas tout à fait, mon esprit est toujours auprès de vous : je parle toujours à Atticus, voire mesme quand je dors, et mes songes me pouroient souvent fournir la

---

[1] Mazarin, sous les ordres duquel Lyonne travaillait alors.

matiere de mes lettres. *Verbi gratia*, Monsieur, je me suis trouvé la nuit passée entre vous et la pucelle d'Orléans. J'ay esté tesmoing des privautés que vous avez avec elle. J'ay ouy les plaintes qu'elle vous a faites, qui ont fini par cette prière en latin, de laquelle il me souvient, et à laquelle j'ay donné pour titre en me resveillant :

VIRGO AD POETAM CUNCTATOREM.

Sum fortis sat dicta, parum hæc laus virgine digna est;
Da tandem ut per te pulchra decensque vocer.

Au premier vers la Pucelle n'est que femme; au second elle est femme et livre tout ensemble, et, si, en l'une et l'autre qualité, elle n'est pas satisfaite de l'épithète de belle et de celuy d'agréable, elle est plus glorieuse que Vénus, qui s'en est contentée dans Horace [1], sans parler des *Gratiæ decentes* du mesme poete [2], nostre cher amy. Le songe est historique, n'en doutez pas; les vers sont de la Pucelle et non pas de moy. Il n'y a que le tiltre de ma façon, dans lequel je n'ay point eu dessein de vous offenser, en vous appellant le temporiseur. Fabius Maximus a eu ce nom devant vous, et Rome l'a traité comme je vous traite [3].

J'ay receu les deux paquets envoyés par le messager : le troisiesme viendra quand il vous plaira. Je ne vous puis encore rien dire des lettres de M. d'Andilly, parce que je ne les ai pas encore leues [4]. Je vous diray seulement que l'ode de Madelenet me semble très bonne [5],

---

[1] Quis non te potius, Bacche pater, teque, decens Venus.
(*Carminum* lib. I, od. xviii, v. 6).

[2] Junctæque nymphis Gratiæ decentes.
(*Ibid.*, od. iv, v. 6).

[3] Quintus Maximus Fabius, né vers 275, mort en 203, surnommé *cunctator*, à cause de son excessive prudence, et dont Ennius a dit :

Unus homo nobis cunctando restituit rem.

Voir, sur l'habile adversaire d'Annibal, Polybe, Tite-Live, Plutarque, Cicéron, etc.

[4] Balzac oubliait donc qu'il avait rendu compte à son ami, le 12 juin précédent (lettre XCIV), des impressions que venait d'exciter en lui cette lecture. Du reste, dans la lettre suivante, Balzac va se plaindre des défaillances de sa mémoire.

[5] On a déjà vu que Balzac était un grand admirateur du talent poétique de Madelenet.

celle de St Amant très mauvaise [1], et le poème de Menarderius [2] très peu digne de sa grande et magistrale présomption [3].

Je me resjouis extremement de la bonne nouvelle dont il vous a plu me faire part [4], et prie Dieu de vous conserver la cadete de mon père, lequel se porte bien à l'aage de quatre vingt treize ans.

> Si cœlum mea vota audit, Capelane, serenas
> Semper ages luces, et fœdi nescia luctus
> Puro vita tibi fluet incorruptior auro.

Je vous ay escrit au long par la voye de M[r] d'Argence et par celle du sieur Rocolet. C'est, Monsieur, vostre, etc.

Voici le distique d'une autre façon, mais la première me plaist davantage.

> Bellatrix sum dicta satis; per te, inclyte vates,
> Ah patere ut tandem pulchra decensque vocer.

---

[1] Balzac paraît avoir peu goûté Saint-Amant ; je ne trouve dans toutes ses œuvres qu'une seule ligne qui se rapporte à ce poëte, c'est celle-ci, que je tire d'une lettre à Chapelain du 8 janvier 1690 (p. 808) : «J'ay appris du mesme autheur» (du duc de la Rochefoucauld, que Balzac avait vu la veille) «que *Moïse sauvé* estoit la passion «de M[r] et de Mme de Liancourt.» Le *Moyse sauvé*, qui circula longtemps manuscrit, ne parut qu'en 1653 (Paris, Courbé, in-4°).

[2] Hippolyte Jules Pilet de la Mesnardière, lecteur ordinaire de la chambre du Roi, reçu à l'Académie française en 1655, mort le 4 juin 1663. Les *Poésies* de La Mesnardière parurent à Paris (in-8°, 1656). On y trouve (p. 122) un sonnet composé à la louange de Balzac, et qui était destiné à servir de préface au recueil de vers funèbres que Conrart avait projeté de former en l'honneur de son ami. Voir, sur La Mesnardière, Chapelain (*Mémoire sur quelques gens de lettres*), Tallemant des Réaux (*passim*), les *Mémoires* de Bussy-Rabutin, Titon du Tillet, le P. Niceron, l'abbé d'Olivet, Dreux-du-Radier (*Bibliothèque historique du Poitou*), Viollet-le-Duc (*Catalogue de la bibliothèque poétique*), etc.

[3] L'abbé d'Olivet a remarqué, à la fin de sa notice (t. II, p. 99), que l'on voit dans les ouvrages de La Mesnardière «une con«tinuelle envie de se faire admirer plutôt «que d'instruire.»

[4] La guérison de la mère de Chapelain (Jeanne Corbière, fille d'un Michel Corbière, ami particulier de Ronsard). Voir ce que dit de la mère de Chapelain l'abbé d'Olivet, en tête de sa notice (t. II, p. 125).

XCVI.

Du 25 juin 1645.

Monsieur, A l'heure mesme que je receus vostre lettre pour Monsieur le Chantre, je l'envoyai au Père Recteur, son frère, qui promist de la luy faire tenir au plus tost. Je viens de retoucher l'*Extemporale* pour Mr le Chancelier; vous en trouverez deux copies dans ce paquet et me ferez la faveur d'en donner une au cher Président. Dans les vers qui ont besoin d'esclaircissement mon intention a esté de faire différence de deux sortes de douleurs, l'une populaire, lache et infirme, qui pleure, qui gémit, qui se tourmente, qui s'arrache les cheveux, qui ne songe qu'à la mort; l'autre sage, et honeste, et religieuse, qui loue, qui révère, qui adore, qui brusle de l'encens, qui bastit des temples, qui travaille pour l'éternité. Sur ce fondement j'ay cru pouvoir dire que la personne qui a esté pleurée par la première douleur doit estre adorée par la seconde *juxta illud etiam antiquioris me vatis*:

Et quod fleverat ante, nunc adoret.

Et, affin de faire mieux entendre cette noble et immortelle douleur, je l'ay voulu descrire par deux ou trois beaux effects dans les derniers vers, qui certes me plurent en les faisant, et que je vous suplie de relire. La première douleur avoit peut estre besoin d'autant de vers pour desmesler toute ma pensée et pour ne point travailler l'attention du lecteur. Mais je n'estudie point quand je vous escris, et en conscience les vers qui sont insérés dans mes lettres ne me donnent souvent guères plus de peine que la date de mes lettres et le très humble serviteur qui les finit. *Et hæc dicta sint* pour vous obeir, et pour vous faire sçavoir quelle a esté mon intention, et non pas pour disputer contre vous, ny pour soutenir que mon intention a esté expliquée assez clairement.

Mais, Monsieur, que dit nostre très cher de Daniel Heinsius et des autres poëtes Bataves? Quelle opinion a-t-il de nos lyriques modernes, tant françois que Polonnois, et trouve-t-il leurs vers plus clairs que les miens? *Ego vero hactenus credideram (et hoc mihi persuaserat M. Tullius), poetas ubique gentium aliena vel sua lingua locutos; et nobiles nostris Deis (ut profanum vulgus odere) ita abhorrere plerumque a plebeio et abjecto genere dicendi.* A propos de poetes et de lyriques, est-il vray que Cerisantes fit dernièrement appeller Mr de Candalle[1]? Un petit article, s'il vous plaist, sur cette extravagance poétique. Un autre encore sur le sujet de Mr d'Avaux, et, s'il quitte l'Allemagne, [que] je sçache ce qu'il viendra faire en France. Des cousins que j'ay ceans (ceans *autem* est *Balzac* où j'ay presque toujours esté depuis Pasques) m'empeschent de vous en dire davantage. Je suis, Monsieur, vostre, etc.

Sans avoir dessein de vous faire valoir mes escritures, je vous prie de croire que je n'ay songé qu'à vous seul dans ce que j'ay escrit de Daphnis à Amaranthe. Je n'attens donc point de remerciement de qui que ce soit; et en l'estat où je suis il n'y a point de nouvelles connaissances qui ne m'embarassent, pour belles et illustres qu'elles soient.

Le petit se conseillera avec mon bon ange pour ma pension et pour tout le reste.

XCVII.

Du 3 juillet 1645.

Monsieur, Je sçay bien que je vous ay escrit quelque chose de Mr de St Cyran, mais c'est tout ce que je sçay, et j'ay beau chercher dans ma mémoire, je n'y trouve pas un seul mot de l'éloquente tirade dont vous me parlez. Elle est donc morte ou malade à l'extrémité cette mé-

---

[1] C'était très-vrai. Voir Tallemant des Réaux (t. VII, p. 441 et p. 449); les *Mémoires* d'Arnauld d'Andilly (collection Petitot, t. XXXIV, p. 258). On lit dans le *Dictionnaire de Moréri*: «Ses rodomontades «et son insolence le firent haïr du marquis «du Vigean, du duc d'Épernon et de son «fils le duc de Candalle, qui sollicitèrent si «fort les puissances, que la cour en fit ses «plaintes en Suède, et que l'envoyé fut rap-«pelé de son emploi en 1646.» Voir aussi le *Dictionnaire de Bayle*, au mot: *Cérisantes*, remarque B.

moire, qui m'a donné autre fois réputation, et dont j'ay fait des efforts que mes maistres ont loué au Collége et qui m'ont fait envier par mes compagnons. *Omnia nostra cadunt, et nos quoque* [1]. Il faut se consoler avec nos restes : et, puisque nous périssons pièce à pièce, prions Dieu qu'il nous conserve la principale jusques à la fin du tout, et qu'elle ne se perde que la dernière; *ne in proverbium abeamus, et deliri senes bis pueri senes* [2], *de nobis etiam dicatur.* Vous n'avez point de part à ce *de nobis* et c'est moy seul qui crains de devenir cruche, si mon chagrin s'obstine à me tourmenter.

Je ne vous puis encore rien dire des lettres de M^r d'Andilly. Elles me furent prises dès le jour que je les receus, et je les attends pour les lire : mais j'ay desjà veu la préface salmasienne, et l'endroit obligeant où je suis nommé. Je vous supplie, Monsieur, que nostre très cher tesmoigne, comme il faut, à ce Trismegiste, le parfait ressentiment que j'ay de ses continuelles faveurs. Je luy escrivis, il y a quelques mois, et donnay ma lettre à un Flaman, habitué en ce pays, qui me promist de la luy faire tenir. J'ay peur néanmoins de ne m'estre pas servy d'une bonne adresse, et, en tout cas, je seray bien aise qu'il sçache par nostre amy que son très grand mérite m'est toujours en très grande vénération, et qu'il en verra bientost des marques publicques et imprimées.

S'il y a moyen, voyons les Épigrammes du Spartiate [3], et vous estes un mauvais homme de n'en avoir pas pris copie lorsqu'il vous les com-

---

[1] Est-ce là un souvenir de cette pensée d'Horace (*Ep. ad Pis.* v. 63):
Debemur morti nos nostraque,
pensée ainsi traduite par Ronsard (Élégie à Philippe Desportes, chartrain):
Nous devons à la mort et nous et nos ouvrages?
Du reste, Balzac a cité textuellement le vers de l'*Art poétique* dans ce passage d'une lettre à Chapelain, du 20 novembre 1639 (t. I, p. 803 des *OEuvres complètes*): «Je «regrette extremement nostre pauvre Camu-«sat... Il avoit de l'honneur et de la vertu, «et, s'il eust vieilli dans sa profession, il luy «pouvoit rendre sa première gloire. Mais «un jour les livres périront aussi bien que «les libraires. *Debemur morti nos nostraque.*»

[2] Le *bis pueri senes* a été cité par Charron, *De la sagesse,* l. I, ch. xxxvi, p. 231 du t. I de l'édition de 1820. Érasme (édition déjà citée de ses *Adages,* col. 157) nous apprend que ce mot a été dit pour la première fois par M. T. Varron dans une de ses *Satires Ménippées.*

[3] Montausier.

muniqua. Il y aura deux lettres pour luy dans le volume des Selectes; la première dattée de l'année ..... le traite seulement de Monsieur; mais l'autre, *servato ut par est temporum ordine*, luy donne du Monseigneur et donne par mesme moyen bon exemple aux glorieux de nos deux provinces, qui ne peuvent digérer la dureté de ce mot, et disent tout haut que, n'estant point officier de la Couronne, il n'est que Monsieur de Montausier. Ils disent bien davantage, *ut plerumque etiam non mali alienam felicitatem œgris oculis intuentur*. Mais je leur ferme tousjours la bouche : je demeure toujours le maistre de la dispute; et, si le Marquis avoit esté derrière la tapisserie de la salle où la question fust encore agitée, il y a peu de jours, il auroit veu qu'il n'a point un plus zélé ny plus violent serviteur que moy. Et tout cela, Monsieur, sans aucun dessein d'ambition ni d'avarice. *Sed quid hoc monstri est, amicissime Capelane?* Il se trouve donc des gens qui me croyent avide de finance, et qui ont l'effronterie de le vous dire. S'ils m'accusent d'estre avare, il faut qu'ils accusent d'estre prodigues l'*Eneclis* de Plaute ou le *Chremes* de Térence. Le bon Baudius[1], à qui on donna un tuteur, après avoir passé quarante-cinq ans, estoit avare de la mesme sorte que je le suis. Et luy et moy ne pouvons avoir ce nom là que dans les *Contrevérités*, publiées autrefois en rime par le Marquis de Rouillac[2].

Vous pouvez croire que je suis bien ayse que mes derniers vers soient à vostre gré, et vous sçavez, il y a longtemps, que vostre estime

---

[1] Le copiste a écrit *Bandius*. Voir, sur Dominique Baudius, de bien singuliers détails dans l'ample et curieux article que Bayle lui a consacré. Cet article, qui n'a pas moins de trente-sept colonnes dans l'édition de Beuchot, peut tenir lieu de tout ce qui a été écrit en France et en Hollande sur le poëte-professeur.

[2] Jacques de Goth, baron de Rouillac, qui avait épousé, en 1582, Hélène de Nogaret, sœur du duc d'Épernon, en eut, vers 1584, Louis de Goth, marquis de Rouillac, maréchal de camp général de la milice des armées navales, mort le 19 mai 1662. Voir l'*historiette* de Tallemant des Réaux (t. VI, p. 443-451) et l'*Histoire généalogique des pairs de France*, de M. de Courcelles (t. VI, p. 47). Ni Tallemant, ni M. P. Paris, ni l'auteur du *Manuel du libraire*, ni les autres biographes ou bibliographes qu'il m'a été possible d'interroger, n'ont attribué les *Contrevérités* au marquis de Rouillac. M. Édouard Fournier, qui a réimprimé cette satire dans le tome IV (p. 335-347) de ses *Variétés historiques et littéraires* (1856), n'a pas cherché à deviner le nom de l'auteur.

est l'object de mon travail : je vous les envoyay par le dernier ordinaire, changez en mieux, si je ne me trompe, et fortifiés de quelque distique. Je désirerois qu'ils feussent veus de cette dernière façon, *si tamen digni sunt qui omnino videantur*. Obligez-moy de faire rendre à Mʳ Mainard le papier cy enclos, que mon copiste avoit oublié. Ne sçavez-vous aucunes nouvelles de Mʳ l'Evesque de Lisieux, et n'est-il plus si apostre que nous l'avons cru au temps passé ? J'en ay appris un terrible et espouventable secret, que je vous diray un jour à l'oreille. Je suis, Monsieur, vostre, etc.

XCVIII.

Du 10 juillet 1645.

Monsieur, Je ne sçaurois que je n'estime mon songe, puisqu'il a resveillé vos belles pensées, puisqu'il vous a fourni la matière d'une très éloquente lettre, puisqu'il a donné occasion à la bonne nouvelle que vous m'avez fait sçavoir de vostre heureuse arrivée au neufviesme livre. Je ne pensois pas en vérité que vous en fussiez venu si avant, et je vous avoue que, si j'entreprenois un poème Epique, dans l'embarras de Paris (présupposé que je fusse capable de l'entreprendre), je demenderois un siècle entier pour l'achèvement de mon travail. Mais c'est, Monsieur, que vous estes nay plus heureusement que les autres hommes, et que, par une abstraction excellente, vous sçavez vous séparer du Monde où vous estes, et vous faire le loisir que vous n'avez pas. Vos momens vallent plus que nos journées, et, après vous avoir donné desmentis sur tout ce que vous me dites à votre désadvantage, je conclus que vostre poème donnera réputation à la France, humiliera la présomption de l'Italie, embellira nostre siècle, et estonnera la postérité. Mais est-il vray que nous verrons douze livres dans trois ans ?

> Sol propera, et senior fiam et jam *tertius annus*
> Accedat reliquis.

Je vous parlay, il y a huict jours, de ma seconde lettre au Marquis de Lacédémone, et je suis d'advis aujourd'huy de vous l'envoier ayant appris la consommation de son mariage, dont elle a esté la prédiction :

> Vinto havea l'mondo, et vinto havea stessa
> La gran Vittoria: ed incontr' Amor secreto
> Portava in suo pensier libero, e lieto,
> Querela eterna castitate oppressa ;
> Quando l'alato Dio, vinta ancor essa,
> Le si pose nel core umile, et queto :
> Et la congiunse à cui fatal decreto
> Tanta felicitate havea promessa.
> Rise il gran Giove..., etc. [1]

Il ne faut qu'ajouster une sillabe au premier *gran*, et changer *Vittoria* en *Julia;* ces beaux vers ne seront-ils pas, après cela, pour Madame nostre Gouvernante ?

Puisque Mʳ d'Andilly a fait une entière divorce [2] avec le monde, et qu'il n'escoute plus ce que luy est dit de la part du siècle, vous n'aurez rien icy de particulier pour luy. Vous sçavez seulement en général que j'ay trouvé ses lettres très belles et très françoises, et que je ne suis pas de l'opinion de celuy à qui je les avois prestées, qui m'a mandé qu'elles estoient de ces belles choses qui ont plus de beauté que d'ag-

---

[1] Voici la traduction de ce sonnet, qui n'est ni de Bembo, ni de Michel-Ange, ni de Molza, trois des plus fervents admirateurs de la *diva Vittoria Colonna de Pescara:*
« Elle avait vaincu le monde et elle-même, « la grande Vittoria : et contre amour secret, « dans sa pensée libre et joyeuse, chasteté « opprimée portait une éternelle plainte ; « quand le Dieu ailé, l'ayant vaincue elle « aussi, se posa dans son cœur, tout humble « et tout coi, et l'unit à celui à qui le décret « du destin avait promis un tel bonheur ; — « le grand Jupiter rit... » On peut rapprocher de cette citation ce fragment d'une lettre de Balzac à Montausier, du 25 avril 1645 (p. 628) : « Ce n'est pas sans quelque dessein du ciel, et sans quelque bon présage « que ce marquis (le marquis de Pescaire, « auquel Balzac vient de comparer Montausier) m'est venu en la mémoire. Puisque « vous n'estes pas moins brave que luy, il « faut que vous soyez aussi heureux : il faut « que la Vittoria Colonna de nostre siècle « achève vostre félicité.. »

[2] Ce doit être une faute du copiste. *Divorce* a toujours été du masculin, soit chez les contemporains de Balzac (Corneille, le Maître, etc.), soit chez les écrivains antérieurs à Balzac (Calvin, d'Aubigné, etc.).

gréement. Je croiois vous envoier le premier livre des miennes par le messager qui part ce matin, mais ce sera sans faute pour lundy prochain; et cependant préparez-vous à me bien flatter, et à me mander que je suis un admirable faiseur de lettres, quand je ne meriterois d'avoir rang que parmy les secretaires de St-Innocent.

Je remercie la bonne Madame Camusat de son sieur de Cerisiers[1], *qui quidem* ne se devoit jamais séparer du Père le Moine, affin qu'en ces deux pères les Jésuites eussent une paire de fous, pour opposer à tous les Malverri[2] et à tous les autres maistres fous de delà les Mons. *Male sit in felicibus illis bestiis, de quibus humanum illud mihi sœpius usurpandum est:*

> Simia quam similis turpissima bestia nobis!

Ou, pour changer cette vieille image, Que je veux mal à ces ridicules Oysons qui veullent faire les Cygnes[3]!

Je vous envoie la procuration pour le petit, qui me mande merveille de nostre Mr Silhon. Je voudrois bien que Mr de Priesac eust une copie de mes vers à M^r le Chancelier, de la dernière révision. J'attens les poèmes du poète Remmy[4] et demeure, Monsieur, vostre, etc.

---

[1] Le père René de Cerisiers, né à Nantes en 1609, mort en 1662. Voir, dans la *Biographie universelle* ou dans la *Nouvelle Biographie générale*, et mieux encore dans la *Bibliothèque des Écrivains de la Compagnie de Jésus* (in-f°, 1869, t. I, col. 1180-1191), une interminable liste de ses mauvais ouvrages.

[2] Je ne trouve ce nom nulle part. Faut-il lire Malvezzi? Alors il s'agirait du marquis de Malvezzi (Virgilio), mort en 1654, fécond et médiocre auteur d'ouvrages imprimés en 1622, 1624, 1632, 1634, 1635, 1640, etc.

[3] Souvenir des vers de Virgile (*Eclog.* IX, v. 36):

> ..Argutos inter strepere anser olores.

[4] Abraham Ravaud, plus connu sous le nom de Remy ou Remmy (en latin *Remmius*), du nom du village du Beauvoisis (Remi) où il naquit en 1600. On a de lui un poëme épique, en latin, sur les expéditions militaires de Louis XIII, et diverses poésies publiées en 1646, l'année de sa mort. Voir une lettre de Balzac du 4 janvier 1643 à «M. Remy, professeur en éloquence, et poète du Roy» (p. 605).

XCIX.

Du 15 juillet 1645.

Monsieur, Je peste sans cesse contre la nuict et luy donne plus de malédictions que les amans qui jouissent ne luy sçauroient faire de remerciemens. Je l'appelle la sœur de l'enfer et la fille du Chaos. Je change ses epithètes de sage et de conseillère[1] en celuy de conseillère de rage et de désespoir. Qu'elle me dure, qu'elle me travaille, mon cher Monsieur! Je ne connois ny son calme ny ses pavos : elle n'a pour moy que de l'agitation et des espines, et je vous fais ce mot après dix heures entières d'inquiétude et de douleur. C'est pour accuser la réception de vostre dernière lettre[2], et pour vous dire que, puisque mon *Extemporale*[3] a mérité vostre approbation, je l'estime digne de l'éternité. En conscience j'ayme beaucoup mieux qu'il vous plaise qu'à celuy pour lequel il a esté fait; et, quoy que vous ait voulu persuader un historien ypocrite, mes passions me touchent bien plus vivement que mes interests. Il faudra adjouster le vers nécessaire pour l'éclaircissement de ma pensée, et je demeure d'accord avec vous qu'elle en sera plus claire, plus juste et mieux remplie.

Il y a deux jours que je suis à Angoulesme où j'ay veu le R. Père Recteur. Il a envoyé vostre lettre à Saintes, mais il n'a point encore nouvelle que M^r son frère l'ayt receue. Je suis fasché de ne luy avoir despesché un homme exprès, qui m'eust apporté response que je vous aurois fait tenir il y a quinze jours; mais vous me proposiez la voye du Père Recteur, et, si j'ay failli, vous en estes cause. Le messager d'Angoulesme part aujourdhuy et vous porte un gros paquet qui vous est directement adressé, et dont le port a esté payé icy. Vous trouve-

---

[1] On sait que les poëtes grecs ont appelé la nuit εὐφρόνη, c'est-à-dire sage et prudente, celle qui porte conseil.

[2] M. Littré n'a cité, au sujet de la formule : *accuser la réception d'une lettre,* que trois écrivains postérieurs, Mme de Sévigné, Bossuet, Voltaire.

[3] Pièce adressée au Chancelier Seguier, p. 10 de la seconde partie du t. II des *OEuvres complètes*.

rez dedans le premier livre des lettres choisies, et le commencement du second; les derniers originaux que vous m'avez envoyés, et le petit Virgile d'Annibal Caro. Je suis, Monsieur, vostre, etc.

Je vous entretiendray plus au long par l'ordinaire de la semaine prochaine; j'ay encore dans la teste et dans les yeux les restes de la mauvaise nuit que j'ay passée.

C.

Du 24 juillet 1645.

Monsieur, Le cœur me dit que vous n'avez plus la cholique, et que la persécution dont me parle le billet que j'ay receu s'est arrestée au cinquiesme jour. Mais n'est-ce pas trop de l'avoir soufferte quatre tout entiers et d'estre plus mal traité avec vostre tempérance que les desbauchés ne le sont après leurs excès? Je vous plains certes extrêmement, et de telle sorte que mon amour ajouste votre douleur aux miennes :

> Utque ego felicem Tityrum atque Promethea clamem,
> Una quibus tantum viscera carpit avis.

En effet, Monsieur, je suis la proye de mille vautours, je suis condamné à plusieurs suplices; et si vous sçaviés quelles cruelles nuits je passe depuis quelque temps; mais je prens patience pourveu que les vostres soient plus douces et que je sçache, pour ma consolation, que la plus noble partie de moy mesme est en repos au lieu où vous estes, pendant que l'autre se tourmente icy.

Mon gros paquet qui partist d'Angoulesme il y a huict jours, arrive à Paris aujourdhuy 24 de ce mois, et je m'asseure que vous prendrez la peine de le faire retirer par un de vos gens. Il vous est adressé tout droit, et le port en a esté payé comme vous voiez par la suscription en parchemin. Je seray en allarme jusqu'à ce que j'apprenne qu'il est arrivé à bon port, et que toutes les lettres que je vous ay escrites par la voye de Rocolet vous ont esté seurement rendues. J'espère que les choisies vous divertiront, et que vous y trouverez des originaux et des nouveautés. A mon advis, Monsieur, elles mériteront une préface de la façon de quelqu'un de nos amys, *verbi gratia*, du cher Mr d'Ablancourt, à qui vous la demanderez de ma part. Je la désire, principalement affin qu'elle annonce les deux volumes *ad Atticum,* et qu'elle empesche Mr Lhuilier de plus songer à vostre mort et à l'inventaire de vos meubles. Elle pourra parler du charactère epistolaire, de la variété des humeurs, de l'urbanité, de la raillerie, du stile d'honneste homme opposé à celuy du déclamateur et de bel esprit. Elle pourra encore parler de mes vers latins, de ce que vous en a dit autrefois le père Bourbon, de la bonne opinion qu'en a Grotius, Vossius[1], *et cæt.* Mon dessein est de mettre en quelque lieu du volume vostre admirable sonnet et l'Eclogue de Mr de Grasse; mais je voudrois bien, pour l'amour de luy, qu'il en retouchast quelques endroits que j'ay marqués dans la copie que je vous ay envoyée, *ut dignius sit tanto vate cultissimum alias et suavissimum carmen.* Surtout je ne puis souffrir là un «conjoints l'agréable avec le nécessaire,» et je ne sçay si je l'ay marqué. Il ne luy faut pas une demy-heure pour rabiller toutes les choses marquées. Mais il faut, s'il vous plaist, que les avis viennent de vous, affin qu'ils soient mieux receus de luy. J'ay bonne espérance et attens de bonnes nouvelles de vostre santé. Je suis, Monsieur, vostre, etc.

Je n'ay point bien releu les papiers que vous recevrez aujourd'huy : mais vostre Seigneurie illustrissime supléera à mon défaut, et les fautes françoises, latines, grecques, seront aisément [corrigées] par elle, etc.

Je vous ay escrit trois fois par la voye de Rocolet, et veux croire qu'en son absence ses garsons auront eu le soin de vous faire tenir mes despesches.

---

[1] Gérard Jean Vossius, mort en mars 1649, «l'un des plus laborieux et des plus «doctes personnages du xviie siècle,» comme l'appelle le *Moréri* de 1759, qui énumère la plupart de ses 44 ouvrages réunis de 1695 à 1701 en six volumes in-f° (Amsterdam). Vossius mériterait mieux que les simples articles biographiques ou critiques qui lui ont été consacrés par Baillet, Colomiez, Niceron, Chaufepié, etc.

Monsieur de Forgues et Monsieur d'Argence ont conjointement un procès à la Chambre de l'Edit : obligez-moy, Monsieur, de conjurer en mon nom Mr de Voiture de recommender leur affaire à M[r] le Président de Maisons[1], mais que ce soit fortement et comme si j'estois le premier intéressé dans ladite affaire[2]; Mr Remy pourroit bien aussy nous y servir[3]; je vous demende deux petits billets pour l'un et pour l'autre, et vous les baillerés, s'il vous plaist, à M[r] d'Argence.

Il ne sera point besoin d'employer le sieur Remy, si vous jugez que la recommendation de Mr Voiture suffise.

CI.

Du 31 juillet 1645.

Je vous prie que personne ne voye cette lettre et qu'elle ne se perde pas aussy. Je seray bien aise un jour de la revoir.

Monsieur, Puisque vostre cholique n'est plus que foiblesse et que desgoust, mes grandes inquiétudes sont passées. Et, si je ne sacrifie un coq à Esculape (si je le fesois, je serois aussy payen que le docteur Heinsius), pour le moins estant poète aussy bien que luy, je veux faire un remerciement à Apollon, et crois luy devoir un *ex voto*.

Ob te jam incolumem ; et tam caræ dona salutis.

Vous estes tousjours très bon et très sage, et vos advis m'obligent tousjours : je m'abstiendray donc, à l'avenir, du nom qui desplaist à Mon-

---

[1] René de Longueil, marquis de Maisons, second président au parlement de Paris, mort le 1er septembre 1677.

[2] Voir diverses lettres de Voiture au président de Maisons, aux pages 296, 297, 309, de l'édition des OEuvres de Voiture donnée par M. A. Roux. La dernière de ces lettres, non datée, débute ainsi : «Madame «de Marsilly s'est imaginée que j'avois quel- «que crédit auprès de vous : et moy qui suis «vain, je ne luy ay pas voulu dire le con- «traire.»

[3] Remy devait être un des favoris du président de Maisons ; la plus remarquable de ses pièces de vers est celle qu'il fit, sous le titre de *Mesonium*, sur le château de Maisons, près de Saint-Germain-en-Laye, appartenant au président.

seigneur le ***[1]. Je vous prie seulement de vous souvenir que c'est vous qui avez esté son[2] parrain, et que j'ay pris le *nom* de vous, comme plusieurs autres nobles et galantes locutions. N'ayez pas peur que je m'émancipe davantage. Il ne me faut qu'un demy mot d'advertissement, et je ne sçay pourquoy je ne me suis adverti moy-mesme, connoissant la naturelle rudesse dont est question : c'est que je ne pensois pas qu'elle fust pour moy. Je pensois, Monsieur, estre personne privilégiée. Cæsar commença par là à estre tyran, et Suétone allègue ce mot pour la première marque de sa tyrannie : *Qu'il vouloit que le monde changeast de langage, et qu'on ne parlast plus à luy ny de luy comme auparavant. Tu vero quid censes de hoc nostro, qui, paucissimis post adeptam præfecturam diebus*, escrivist sur le sujet d'une affaire de néant, dans laquelle ny l'authorité du Roy n'estoit interessée ny la sienne de diminution, *que, comme il reconnoistroit les bons, il sçauroit bien aussy punir les meschans*. Feu Mr le duc d'Espernon n'escrivist jamais d'un si haut stile; et vous sçavés néanmoins que qui dit feu Mr le duc d'Espernon dit quelque chose de plus que le grand Turc, le grand Khan et le grand Mogol. Je ne blame pas toute sorte de fierté, et il y a un orgueil généreux; mais il n'est pas icy en sa place. C'est une belle chose de braver et de battre les Espagnols, et de se faire craindre aux Croates, mais de fouler aux pieds un pauvre peuple sousmis et d'entrer en lyon en sa patrie, *hoc certe parum dignum est magnanimo Aristotelis [alumno]. Noli ergo, disertissime Capelane, abuti eloquentia et ingenio ad purgandum. Nimium enim tu et ego credidimus hactenus spei nostræ et amori nostro blanditi sumus.* Presque tous les hommes sont comédiens; presque toutes les vertus sont fausses[3]; et qui est-ce qui ne m'a point trompé de ceux que j'ay estimés et que j'ay loués, depuis tant de temps que j'estime et que je

---

[1] Le duc de Montausier.

[2] Comment le copiste avait-il pu écrire : *sans?*

[3] C'est ce que le duc de La Rochefoucauld allait si ingénieusement soutenir quelques années après (*Maximes*, 1665); mais c'est seulement en tête de la 4ᵉ édition (1675) que l'on trouve cette épigraphe qui résume tout le livre : «Nos vertus ne sont le plus «souvent que des vices déguisés.» La phrase misanthropique de Balzac rappelle encore le livre d'Esprit : *La fausseté des vertus humaines* (1679).

loue ceux que j'ayme? Pour conclusion il me suffit d'avoir esté la dupe de cettuicy, et d'estre encore encomiaste dans mes escris? Je ne prétens point à davantage, ny ne veux pousser ma fortune plus avant; et, s'il ne part à la haste de Paris, et qu'il ne me surprenne en cette province, je vous puis asseurer qu'il ne m'y trouvera pas [1]. Mon amy doit croire ce que luy demendera de ma part mon autre amy, et ne pas examiner si curieusement toutes les circonstances des petits devoirs de l'amitié. Tout le monde aspireroit-il à la tyrannie? *Absit ut hoc de Salmasio suspicemur.*

Le messager d'Angoulesme est arrivé et ne m'a rien apporté. M. de la Thibaudière n'a point de pensions, quoy qu'il soit très digne d'en avoir. Vostre mémoire est diabolique ou angélique, si le premier mot vous blesse l'oreille, et si vous estes aussy délicat que les nouveaux gouverneurs. Il est vray qu'il y a quatre ou cinq lignes dans la lettre que vous avez receue tirées d'une autre lettre que j'ay supprimée. Je pensois escrire aujourd'huy au cher Président, mais *per cursorem non licet.* Il ne me parle point de mon mémoire. Je suis, Monsieur, vostre, etc.

Je vous escrivis il y a huict jours, par la voye de M. d'Argence de Forgues. J'envoieray demain un laquais à Saintes pour la seureté de vostre paquet; il n'y a que douze lieues d'icy, et le père Gombault en fait faire quarante à ses lettres, qu'il baille d'ordinaire au messager de Bordeaux.

CII.

Du 7 aoust 1645.

Monsieur, Vous ne m'aviez point envoié le jeu poétique; je le trouve très beau, et en suis très satisfait, quoyque je sois très degousté de celuy pour lequel vos Muses se sont jouées. M. Remy est un maistre

---

[1] Après avoir lu cette vive tirade contre *Alceste*, on ne s'étonnera pas de ce que dit le *Menagiana* (t. II, p. 4): «J'ay toujours été dans l'amitié de M. de Montausier. M. de Balzac n'étoit pas bien avec lui....»

juré en nostre mestier. Je ne vis jamais rien de plus romain, de plus pur, de plus harmonieux que sa Motte prise[1]. Le père Bourbon n'avoit garde d'estre si uniforme ny si égal. Il mesloit souvent Lucian et Claudian avec Virgile. Cette bigarrure ne se trouve point dans les vers de cettui cy. Il n'est point faiseur de contours; il n'est point des frippiers du pays latin, *et cum ubique virgilianus sit, ubique tamen suus est.*

Que le messager d'Angoulesme me fait de tort de me faire languir à son ordinaire, et de me retenir si longtemps ce que j'attens si impatiemment. Vous ne me mandez rien de Mʳ de Priesac; je vous avois prié de luy faire voir la copie que je vous ay envoyée, et il me semble qu'il est bien raysonnable que Mʳ le Chancelier sçache, par le rapport et l'origine de ce confident, le zèle et la passion que j'ay pour luy.

Tout ce que vous me sçauriez dire de la dureté et de l'avarice de la Cour, de la misère des pauvres Muses, du mespris que l'on fait de leurs saints misteres, de la ruine de leurs temples et de leurs autels, *et cæt.*, tout cela, Monsieur, je me le suis dit moy mesme, avant que nous nous connussions vous et moy, et asseurez-vous que je ne seray jamais trompé par ma trop grande crédulité. *Non tamen queri semper et lugere volumus, neque omnium dierum soles occidisse; et post Cannensem cladem etiam aliquis de Republica non desperavit. De Republica loquor, sapientissime Capelane, de privata enim nemo me vivit securior*, et je ne voudrois pas faire un pas pour toutes les espérances de la Cour, quoyque je ne sois pas fasché que pour beaucoup moins le petit coure de toute sa force, qu'il sue en esté, et qu'il se crotte en hyver, *ex eo si quidem est hominum genere quibus abuti oportere prudens censuit Antiquitas.*

Totyla, qui fist le mémoire, oublia Mʳ d'Ablancour, à qui je vous suplie de communiquer nostre copie, et je serois bien aise aussy, pour l'amour de mes vers latins, que Mʳ Remy eust le mesme divertissement. *Sed si hoc qualecumque est, beneficium appellandum est, tibi uni debeat, velim, et me veluti inscio res agatur.*

J'ay trouvé parmy mes papiers un billet que je luy ay escrit, qui

---

[1] La Mothe ou La Motte, place forte de la Champagne (arrondissement actuel de Chaumont), prise par le marquis de Villeroy, le 7 juillet 1645.

peut avoir sa place dans le volume. Vous m'avez obligé d'offrir à Mʳ Mainard l'argent que lui devoient couster les livres; mais, s'il ne les a pas encore payés, il m'obligera de ne les point acheter, parce que je pense les avoir d'ailleurs que de Paris, sans les faire venir de si loin. Je suis, Monsieur, vostre, etc.

Le messager est arrivé pour la seconde fois et je n'ay rien eu de Paris. Il y a de l'apparence que le paquet aura esté porté au logis de quelque autre messager. Mon homme continue à copier, et le volume sera beaucoup plus grand que celuy des *Œuvres diverses*. Ne sera-ce point *Magnus liber magnum malum* [1]?

CIII.

Du 12 aoust 1645.

Monsieur, Vous m'avez escrit des choses si estranges et si estonnantes de la part de Mʳ de Voiture, que j'en demeure aussy interdit que si j'avois esté frapé de la foudre. Ces choses ne m'ont pas seulement blessé le cœur, elles me l'ont osté avec la parolle, et, en l'estat ou je me trouve, je n'ay ny le courage ny la force de me plaindre. J'aymerois mieux une autre fois perdre cinquante procès que d'en solliciter un à ce prix là. Si je n'avois esté que battu, je serois un peu moins offensé que je ne suis, et des coups de cane me seroient beaucoup moins sensibles que certains mots que j'ay leus dans vostre lettre. Il faut tout souffrir d'un amy de ce grand mérite; mais c'est le grand mérite (je n'oserois y ajouter la grande amitié) qui me fait résoudre à la patience. Car, pour le grand crédit dont vous me parlez, je ne le considère du tout point en cette occasion. Mʳ de Voiture ne voudroit pas l'exercer contre un homme mort au monde, et je l'estime trop généreux pour estre jamais le violateur de mon tombeau. En effet que me reste-t-il à

---

[1] C'est le joli mot du grammairien Callimaque, mot si souvent cité, et dont Balzac lui-même s'est servi en une autre occasion : c'est quand il a écrit à Chapelain, au sujet de Ronsard (1ᵉʳ juillet 1641, p. 854) : «Pour «moy, je ne l'estime grand que dans le «sens de ce vieux proverbe: *magnus liber*, «*magnum malum.*»

faire que de m'enterrer après un si sensible desplaisir? Je suis accablé d'une infinité de maux, tant du corps que de l'esprit, et cettui cy (que je n'ay point mérité), est venu aujourd'huy pour m'achever. Il n'y a pas moyen de passer outre. C'est, Monsieur, vostre, etc.

CIV.

Du 14 aoust 1645.

Monsieur, Deux jours après vous avoir escrit, j'ay releu l'article injurieux. Bon Dieu, Monsieur, qu'il sent les reproches et les menaces! Et n'est-ce point une querelle d'Alleman qu'on me veut faire pour des plaintes douces, innocentes, amoureuses, que j'avois faites, et encore que j'avois faites pour mourir dans le sein d'un amy commun? Je ne me suis point plaint que M^r d'Avaux ne m'eust point escrit, car d'abord il fit response à ma lettre. Je n'ay point demandé de lettres à Mr Voiture. Au contraire je ne me plains le plus souvent que de ce qu'on m'escrit des lettres, et, dans l'ardeur de mes plus ferventes prières, je ne demende d'ordinaire à Dieu que le silence des hommes. Vous le sçavez, Monsieur, Mr Costar le sçait aussy, et, depuis sept mois et demy qu'il y a que je luy ouvris mon cœur dans le secret et la confidence de l'amitié, à deux diverses fois il m'a fait compliment de la part de mondit sieur de Voiture, comme je puis justifier par ses lettres. Que veut donc dire ce sentiment reschauffé, et tant de dureté, tant de rudesse, tant de raideur hors de saison? Lorsque je receus vostre lettre, je revoiois la fin de mon second livre dans lequel il y a un billet plein d'estime et de passion pour cet amy si cruel. Mais à l'heure mesme la plume me tomba des mains. Je maudis les escritures et l'impression, et je n'en puis plus ouyr parler. Je voudrois de bon cœur avoir bruslé tous mes livres, et estre aussy inconnu et aussy obscur que le plus caché des ermites de la Thebaïde. Je vous suplie donc, Monsieur, à cette heure que le malheureux manuscrit doit estre retourné chez vous, de ne l'en laisser sortir et de le mettre en quelque coin de vostre cabinet (*si tam nobili hospitio dignus est*) jusqu'à ce que vous ayez trouvé commodité seure pour me le renvoier, puisque celle du messager ne l'est pas tousjours, tesmoin le livre de Mr Remy.

Je ne puis oster la main de dessus ma playe, de laquelle je ne pense pas jamais guérir. En vérité ce Mr Voiture vous a dit d'estranges choses, et vous a prié encore de me les escrire; *hoc certe nimium est.* Il faut qu'il se soit eslevé de deux cent degrés depuis que je ne l'ay [vu] et que je sois descendu de deux fois autant, pour m'avoir envoié ce beau compliment. Tant y a, Monsieur, que, si vous me connoissiez aussy bien qu'il me connoist, vous auriez bien mauvaise opinion de moy; c'est-à-dire que cela est desjà fait, si vous ne me croyez plus homme de bien et plus véritable que luy, qui *tam splendide et magnifice de me mentitur.* Ce n'est pas un article amer, c'est du poison que j'ay beu dans cet article, et j'en crèverois, si aux lasches reproches qu'il me fait de m'avoir deffendu à la Cour, je ne respondois ce petit mot historique, qu'en ce mesme *pays de la Cour je l'ay souvent empesché d'estre mal traité, et une fois entre autres d'estre battu, jusqu'à m'estre mis à genoux devant un gentilhomme de mes amys qui alloit faire l'exécution*[1], *et cæt.*

La plainte faite il y a huit mois à Mr Costar n'est sans doute que le prétexte du ressentiment; la cause pouroit estre plus proche et de plus fraische datte. Et ne seroit-il point fasché de ce qu'ayant veu son Epistre à Mr de Coligny, je n'en ay pas fait l'éloge? *Hinc illæ forsan lachrymæ.*

Conferez, s'il vous plaist, l'article que je vous envoye avec celuy que j'ay receu. Je ne sçay comment j'ay gardé copie de cette lettre. Mr Costar me la donna sans que je la luy demandasse, estant très peu curieux de semblables escritures.

J'ay dit *des ames à l'épreuve des persuasions,* comme le cardinal Du Perron a dit devant moy, *des ames qui résistent aux persuasions des sens, aux persuasions de la volupté.* Est-il à remarquer qu'en français le mot n'a pas la mesme force qu'en latin? Il signifie seulement (et surtout

---

[1] Révélation dont les futurs biographes de Voiture auront à tenir compte, ainsi que de bien d'autres particularités consignées dans ces lettres.

au pluriel) des paroles puissantes et persuasives, et nous n'avons que nostre *persuader* pour le *suadere* et le *persuadere* de Messieurs nos maistres. Ce sont les peuples et l'usage qui en cecy nous doivent conduire, et non pas les philosophes ny la rayson.

Comme on a dit parler par des signes, *qui gestu manibusque loquax*, ne peut-on pas dire *figurati eodem dicendi modo*, faire signe par des parolles? L'un s'est dit des pantomimes et des danseurs de ballets, et l'autre se dira, s'il plaist à Mr Ménage, avec élégance et galanterie des *balbutientibus et indisertis. Tuum erit judicium.*

Je ne sçay pas si je n'ay parlé que d'un livre à Monsieur Dupuy. Mais je sçay bien qu'il m'envoya une pleine caisse de différens livres, et j'ay cru avoir parlé de plusieurs livres par ces mots de *folieta* et de son excellente compagnie. Et tout cecy, Monsieur, par manière de discours avec vous, sans aucun dessein de contention, ny de résistance à l'opinion de mes chers amys. J'y acquiesceray tousjours très volontiers. Et je ne doute point qu'il n'y ait plusieurs autres choses dans mes lettres, qui, estant prises à la rigueur, pourront estre condamnées par des juges moins sévères que Mr Costar. *Sed hoc quoque Epistolicum est non omnia ad normam exigere, et Marco Tullio teste, Epistolæ debent interdum hallucinari.*

Au nom de Dieu, Monsieur, ne parlez ny à Mr Conrart, ny à M^r le Révérendissime son cousin[1], de l'incomparable Eclogue. J'en admire tous les vers sans exception. Je suis, Monsieur, vostre, etc.

CV.

Du 21 aoust 1645.

Monsieur, Dieu soit loué de vostre bonne santé. Cette bonne nouvelle me console un peu, et je trouve en vous ce que je cherche inutilement en moy mesme. Il y a longtemps que je serois par terre, si je ne m'apuiois sur quelqu'un, et, dans la langueur où je suis, ma seule

---

[1] Godeau, l'évêque de Vence.

amitié est la seule marque de vie qui me reste. Mr Voiture n'en croit rien, et vous n'en croiriez rien non plus, si vous me connoissiez comme il me connoist. Ah le lache! (mon assoupissement est en cet endroit excité par ma douleur), a-t-il eu l'audace de vous parler de la sorte? Je ne dis pas, avez-vous eu la patience de l'escouter, car je sçay que vous ne l'avez fait que pour le mieux, et peut estre pour tirer de sa bouche la déposition d'une chose qu'il m'importoit de sçavoir au vray. Je ne suis pas si malheureux qu'il faille que je fasse tousjours mon noviciat auprès de vous et que vous ne puissiez jamais respondre de moy, et que, toutes les fois qu'on m'accuse, vous ayez besoin, pour me justifier, ou de ma présence ou de mon Apologie. Tout ce que vous a dit et tout ce que m'a escrit Mr Costar est digne de considération. Mais la résolution que j'ay prise de ne plus rien imprimer me met en estat de n'avoir plus besoin de ces sortes d'avertissemens, quoyque d'ailleurs très sages et très fidèles. Quiconque ne veut plus partir de terre ne doit plus craindre les escueils et les autres fortunes de mer, [et] n'a que faire de carte ny de pilote. *Ut tamen mei facti tibi aliqua reddatur ratio*, vous sçaurez, Monsieur, qu'outre que les deux lettres à Mr le Chancelier sont changées en beaucoup de lieux, c'estoit pour luy et non pas le public que je les fesois imprimer; affin qu'il vit tous mes vœux et tous mes sacrifices, sur un mesme autel, par l'entremise de Mr de Priesac, qui, à mon compte, devoit avoir le manuscrit le premier. Je prétendois aussy que la Préface expliqueroit favorablement les intentions de l'auteur, et iroit au devant des plaintes des beaux esprits leur donnant satisfaction avant qu'ils eussent songé à l'offense, et rejettant la mauvaise prose et les mauvais vers sur des personnes sans nom, estrangères, inconnues.

Le paquet est à la fin arrivé, après avoir demeuré un mois et demy à l'enseigne de l'Arbaleste, rue de la Harpe. Je lis les poèmes latins, et liray la tragédie françoise, quand elle sera revenue entre mes mains, estant passée d'abord en celles d'autruy. Il n'est permis qu'à Mr Voiture de louer son cœur, et d'en parler comme du cœur d'Alexandre. Je vous diray seulement que le mien n'est pas mauvais, et que je suis de toute son estendue et de toute mon ame, Monsieur, vostre, etc.

CVI.

Du 4 septembre 1645.

Monsieur, Je n'eus point de vos nouvelles par le courier de la semaine passée; mais le dernier m'a apporté deux paquets, l'un desquels se sentoit de la gresse de quelque pochete, et portoit des marques de la sale négligence de quelque valet; ce valet pourtant pouvoit faire pis : après avoir oublié les lettres, il pouvoit les jetter dans la rivière, et j'ayme bien mieux le remords de sa faute que sa continuation. Ce que vous m'escrivez, Monsieur, de la mort de vos deux amys, m'est entré plus avant dans l'ame que vous ne sçauriez vous imaginer; et vous me l'escrivez d'une manière si poétique et si obligeante pour eux et pour moy, que j'en ay versé des larmes de douleur et tout ensemble de consolation. Vous m'aymez trop, puisque vous m'aymez autant que vous avez aymé ces héros; et que je suis dans vostre esprit en pareil[1] degré de faveur qu'estoit l'Archimède de France (qui ne devoit rien à celuy de Syracuse)[2] et qu'estoit le fils de la divine

---

[1] Le copiste a écrit *pareille*, mais *degré* a toujours été du masculin pour tout le monde.

[2] Ce *nouvel Archimède* est Pierre de Magalotti, d'une famille qui a fourni à l'Italie plusieurs hommes distingués, notamment le comte Lorenzo Magalotti, né à Rome en 1637, auteur de lettres, de dissertations et de poëmes sur lesquels on peut consulter Fabroni, Tiraboschi, etc. Pierre de Magalotti commença à servir la France en 1641; il fut nommé, cette même année, maistre de camp d'un régiment de cavalerie de son nom. Il se fit remarquer au siége de Gravelines en 1644, devint successivement maréchal de camp et lieutenant général, et fut mortellement blessé, le 20 juin 1645, au siége de la Mothe, en Lorraine. Voir, sur son admirable conduite devant cette ville, la *Gazette de France* du 13 avril 1645 (p. 287, 288). Voir encore les *Mémoires* de Montglat (édition de 1728, t. II, p. 161-162), l'*Histoire militaire du règne de Louis le Grand* par le marquis de Quincy (t. I, p. 41), la *Chronologie historique militaire* par Pinard (t. IV, p. 27), etc. Ce qui me décide à croire que Magalotti est bien l'*Archimède de France*, c'est que, comme l'illustre mathématicien de Syracuse, il montra autant de talent que de valeur en un siége où il de-

Artenice[1], qui ne valoit pas moins que celuy de la Déesse Thétis. Je ne doute point que cette perte n'ait touché très sensiblement toute la très illustre mayson, et, sçachant bien que là dedans la haute vertu ne laisse point de place à l'interest et aux basses passions, je suis asseuré que la sœur est aujourd'huy trois ou quatre fois plus riche qu'elle ne voudroit. Je vous envoye des vers que je viens de faire pour la mère :

> Heu mater, non jam mater quæ nominis hujus
> Dimidium saltem amisit[2].

J'ay quelque opinion que les vers sont romains aussy bien qu'elle, et vous sçavez bien, Monsieur, que, si j'avois quelque autre remède meilleur pour le soulagement de son mal, je ne les espargnerois pas en cette occasion. A mon avis j'ay pris la chose par le bon biais, et sans doute le grand père eust voulu mourir comme est mort le petit-fils[3]. *Quis malit ignavam expectare senectutem, quæ terræ terram reddat, quam florenti ætate reponere patriæ spiritum quem ipsa dedit nobis.* Je parle latin à une Romaine; et, quand je la considérerois comme Françoise, Mr de Thou n'a-t-il pas bien parlé en la mesme langue à Madame de

vait trouver, lui aussi, une mort glorieuse. Si l'on m'objectait que le héros du siége de la Mothe n'a jamais eu une assez grande renommée pour pouvoir être comparé à l'homme de génie qui fut l'adversaire de Marcellus, je répondrais qu'il faut tenir compte ici des complaisances infinies de l'amitié. D'ailleurs, la date de la mort de Magalotti (derniers jours du mois de juin ou premiers jours du mois de juillet), concordant si bien avec la date probable de la lettre à laquelle répond Balzac, ne permet point de chercher un autre nom.

[1] Léon Pompée d'Angennes, marquis de Pisani, tué, âgé de trente ans, à la bataille de Nortlingen (3 août 1645). Voir Tallemant des Réaux (t. II, p. 495-496) et une note de M. P. Paris (p. 509).

[2] *De morte fortissimi juvenis, Marchionis Pisanii, ad illustrissimam matrem Catharinam Vivoniam,* à la page 9 de la seconde partie du tome II des *OEuvres complètes.* M. V. Cousin, qui a cité, sur la mort du jeune Pisani (p. 265 du tome II de la *Société française* au viie siècle), les vers de Scudéry, de Gombaut et de Tristan, a oublié ceux de Balzac, ceux de Chapelain et ceux de Cerisantes. (Voir les lettres qui suivent.)

[3] Soit Jean de Vivonne, seigneur de Saint-Gouard, marquis de Pisani, chevalier des ordres du roi et son ambassadeur à Rome, soit Nicolas d'Angennes, seigneur de Rambouillet, gouverneur de Metz, loué par de Thou et par Davila.

Nemours, et Mr de Sainte Marte à Madame la Mareschale de Retz dans un des plus beaux poëmes qu'il nous ait laissés? Mais parlerons-nous encore de ce beau Monsieur[1] qui parle d'un cœur fait comme le sien, qui mesprise Sénèque, qui ne peut souffrir Pline le jeune, qui admire les auteurs espagnols, qui voulust faire comdamner les *suppositi* de l'Arioste, qui se scandalisa une fois de ce que vous ne luy rendistes pas ponctuellement une visite? Vous voiez clairement qu'il a tort, et que tout ce qu'il a dit est très impertinent pour luy et très ingénieux pour moy; et néanmoins vous ne me donnez jamais tout à fait gaigné, tant vous avez peur que vostre entière approbation me rende insolent et que je me méconnoisse en [la] prospérité (j'appelle ainsy vos faveurs pures et sans meslange, si quelquefois vous me les vouliez départir). Il a certes bonne grace ce beau Monsieur de s'imaginer qu'il a esté mon intercesseur auprès de Mr d'Avaux! Il peut l'avoir remercié, la grace ayant esté accordée, mais il ne l'a prié de quoy que ce soit, et, sans vanité, je puis dire que mon seul nom proféré par le petit amy fust le solliciteur de mon payement. Le beau mot encore qu'il vous a dit que je suis cause moy mesme de ce qu'il ne m'a pas peu obliger auprès de Son Éminence, n'ayant pas voulu faire ce qu'il m'avoit conseillé. Nous ferons, Monsieur, en temps et lieu ce qu'il faudra faire (*si tamen aliquid facimus*), et cependant je m'asseure que vous ne comptez pas mes vingt vers pour rien, vous qui sçavez ce que six vers valurent à Sannazar, quoy qu'il les eust faits pour la ville du monde la plus mesnagère[2].

Je remercie très humblement Mr Domat, mais je vous prie que je

---

[1] Voiture.

[2] La ville de Venise donna six cens écus d'or à Sannazar pour l'épigramme que voici:

Viderat Hadriacis Venetam Neptunus in undis
   Stare urbem, et toto ponere jura mari.
Nunc mihi Tarpejas quantumvis, Jupiter, arces
   Objice, et illa tui mœnia Martis, ait.
Si Pelago Tibrim præfers, urbem aspice utramque,
   Illam homines dices, hanc posuisse Deos.

Voir, sur Sannazar, outre les très-nombreux auteurs cités par Teissier (*Éloges des savants*, t. I, p. 183-191), auteurs parmi lesquels se trouve Balzac (*Dissertation sur la tragédie de Daniel Heinsius*), de remarquables pages de M. Saint-Marc Girardin (*Tableau de la littérature française au XVIe siècle*, au chapitre: *De l'épopée chrétienne dans Sannazar et Vida*, p. 237-268).

sçache qui est la personne que je remercie, car je n'ay point l'honneur de connoistre Mr Domat[1].

Je me sens très obligé à nostre cher M^r d'Ablancourt; je l'honore et l'estime parfaitement; je suis tout à luy et vous conjure de l'en asseurer quand vous le verrez.

Obligez moy aussy de dire à Mr Conrart que je prens part à tous ses biens et à tous ses maux, et que mon affection est peu babillarde, que quelquefois elle est paresseuse, mais qu'elle est toujours très sincère et très véritable; sans sçavoir le mistère qu'il a voulu descouvrir, je suis déjà ravi d'effacer Rampalle de mes papiers[2]. C'est un de ces Messieurs les fascheux qui m'ont excroqué des lettres[3], qui m'ont donné pour avoir de moy, qui sont cause que j'ay si souvent maudit les escritures et les complimens.

Vous m'avez infiniment obligé, Monsieur, de bailler à Mr Mainard, de l'argent que vous me faites la faveur de me garder, la somme de trois cens quatre vints quinze livres trois solz, et je vous remercie de tout mon cœur de cette peine et de tant d'autres que vous avez la bonté

---

[1] Jean Domat, un des plus grands jurisconsultes de la France, né à Clermont le 30 novembre 1625, mort à Paris le 14 mars 1696, auteur du beau livre: *Les lois civiles dans leur ordre naturel.* (Voir, sur cet ami de Pascal, M. Victor Cousin, dans le *Journal des Savants* de 1843.) Boileau écrivait à Brossette, le 15 juin 1704: «C'estoit «un homme admirable... Vous me faictes «grand honneur de me comparer à lui, et «de mettre en parallèle un misérable fai-«seur de satires avec le restaurateur de la «Raison dans la jurisprudence. On m'a dit «qu'on le cite déjà tout haut dans les plai-«doieries comme Balde et Cujas, et on a «raison, car, à mon sens, il vaux mieux «qu'eux.» (*Correspondance entre Boileau Despréaux et Brossette,* publiée par Aug. Laverdet, 1858, p. 182.)

[2] Pauvre littérateur, mort vers 1660. On présume qu'il était originaire de la Provence. Tallemant des Réaux (t. VI, p. 249) l'appelle «un poète assez médiocre.» Boileau (vers 35 du chant IV de l'*Art poétique*) a dit:

On ne lit guère plus Rampale et Mesnardière.

Guillaume Colletet est sans doute le seul critique qui ait jamais vanté les idylles de Rampalle (*Discours du poème bucolique*). Voir la notice de l'abbé Goujet (t. XVII, p. 110-113).

[3] Voir une lettre de Balzac à M. de Rampalle (du 21 mai 1640), à la page 538 du t. I. des *OEuvres complètes.* C'est là que Balzac a raconté l'historiette de cette bonne vieille de Rome lisant les Nouvelles de Boccace et s'écriant: *Pleust à Dieu que cecy fust diré ses Heures!*

de prendre pour moy. Mais oserois-je vous prier de me faire acheter quelques estoffes dont j'ay besoin, comme vous verrez par le mémoire cy-enclos? Vous agréerez bien, je m'asseure, que je donne cette commission à vostre valet de chambre, ou à quelque femme de Mademoiselle vostre mère. Mais, parce que je suis pressé desdites estoffes, je désirerois que le messager qui partira de Paris le 17e de ce mois me les apportast; et pour cet effet je vous suplie qu'on les porte dès le samedy chez Mr Rocolet, empaquetées dans une toile cirée, affin que rien ne se gaste. Vous pourrez faire mettre dans le mesme paquet le manuscrit de mes lettres, non que je m'obstine pour cela à les supprimer, puisque vous ne le trouvez pas bon et que vous voulez qu'elles soient publiques, mais je ne seray pas fasché de leur donner encore quelques œillades, *nec ullum in mora est periculum*. Je n'en puis plus, la main et les yeux me manquent. C'est, Monsieur, vostre, etc.

CVII.

Du 10 septembre 1645.

Monsieur, Je vous escrivis au long, il y a aujourd'huy huict jours, et vous envoiay je ne sçay quoy pour Madame la marquise de Rambouillet, sur la perte qu'elle a fait de Monsieur son fils. Après cette perte et plusieurs autres, chanterons-nous des victoires si funestes, et qui nous coustent si cher? Traduirons-nous en langue vulgaire la vie d'Alexandre[1], affin que des exemples si dangereux poussent des gens qui se précipitent; affin qu'il [se?] face des équivoques qui achèveront de perdre la fleur de la noblesse françoise, s'ils s'imaginent que les Allemans ne sont pas plus mauvais garsons que les Perses?

O pax grata Deis! qua te orbis parte requiram?
Qua regione lates? O qui me in finibus Indi
Trans freta, trans Gangem, nostro procul axe remotum
Sistat!

[1] Allusion au chef-d'œuvre de Vaugelas, cette traduction de Quinte-Curce, qui coûta au célèbre académicien trente années de travail.

Vous pensez peut estre que ces vers soient miens : ils sont de nostre très cher Mʳ Remmy, qui en vérité est un très grant poète, et qui mérite bien qu'on ayt érigé cette qualité en tiltre d'office pour l'amour de luy[1]. J'ay leu tout son livre avec un goust merveilleux. Mais sans rien vous dire du superbe et magnifique *Mæsonium* et des autres pièces de longue haleine, n'estimez-vous pas infiniment, aussy bien que moy, l'*Icarus præceps? Mihi certe multum placet figuratum hoc scribendi genus Antiquis quoque familiare. Testis Poliphemus et Galatea temporibus Dionnisii Tyranni et sub imperatoribus Romanis alia fabularum nomina, quas apud Tranquillum videre est.* Vous pouvez croire que, quand je voudrois, je ne sçaurois haïr Mʳ de Voiture. Il faudroit que pour cela je me fisse une extreme violence, et ma douleur est grande à la vérité, mais elle agit plus contre moy que contre luy. Je ne responds point aux dernières lignes de vostre lettre. *Egone unquam dubitaverim de æquitate judicii de me tui? Et si Diis placet, amorem etiam desiderem in Capelano meo; qui erga me sic affectus est, ut qui faciat omnia temperate in uno diligendo Balzacio modum habere non videatur.* Si ce latin est bon, il est encor plus véritable, et j'en suis si persuadé, que je vous compte pour le plus grand, le plus asseuré, et le plus solide de tous mes biens. Ne doutez pas aussy, s'il vous plaist, Monsieur, que je ne sois sans réserve et jusqu'à mettre le feu au Capitole, Monsieur, vostre, etc.

J'attens mon manuscrit avec les estoffes que je vous ay prié de me faire acheter.

Si vous avez pris la peine de lire l'*Olor*[2], vous y aurez veu sur la fin une addition de quelques vers, que je ne trouve pas les plus mauvais.

CVIII.

Du 17 septembre 1645.

Monsieur, Je veux croire que Dieu aura exaucé les gens de bien, et que la mauvaise nouvelle n'aura pas esté suivie d'une plus mauvaise.

---

[1] J'ai rappelé que Balzac lui donnait, en lui écrivant, le titre de «poète du Roy.» — [2] L'*Olor gallicus*, déjà cité.

Mais, après tout, il faut se résoudre de bonne heure. Tous les fondemens qui se font en ce monde sont ruineux, et, puisque les estats mesmes doivent périr, ne mettons point les princes au nombre des choses immortelles. Caius et Lucius moururent jeunes[1]. Germanicus[2] et Drusus[3], son père, ne durèrent pas longtemps. Et, pour ne point sortir de la mesme maison principalle, Marcellus fut ravi à sa patrie dans la fleur de sa jeunesse, et vous vous souvenez bien qu'un de nos amys l'appelle « *breves et infaustos populi Romani amores*[4]. » *Sed parcemus male ominatis historiis, et speremus dum licet meliora.*

Ce que vous m'escrivez de l'audace de nostre homme[5] est très agréable, et m'a plu extremement. Mais je ne sçay si vous sçavés qu'estant envoié en Italie de la part du Roy, la première fois qu'il parla à la grande Duchesse, il luy parla familièrement d'amour, et luy fit offre de son service[6]. Sa vie est un roman composé de semblables avantures. Et combien de personnes, à vostre advis, ont esté blessées par sa seule mine? Combien son visage luy a-t-il fait d'ennemys? Je ne

[1] Caïus et Lucius étaient fils d'Agrippa et de Julie, fille d'Auguste. Lucius, en allant aux armées d'Espagne, Caïus en revenant blessé d'Arménie, furent enlevés par une mort que hâtèrent les destins ou le crime de leur marâtre Livie, comme s'exprime Tacite (*Ann.* lib. I, cap. III).

[2] Mort en 19 après Jésus-Christ, âgé de trente-cinq ans. C'est encore Tacite qu'il faut citer surtout (*Ann.* lib. I et II, *passim* et, en particulier, cap. LXXXII et LXXXIII).

[3] Claudius Drusus était fils de Tiberius Claudius et de Livia Drusilla, que Tiberius céda pour femme à Auguste, pendant qu'elle était enceinte de Drusus. Il mourut âgé de trente ans. M. Léo Joubert, dans un excellent article de la *Nouvelle biographie générale*, a recueilli tous les témoignages des anciens relatifs au père de Germanicus.

[4] C'est de Tacite (*Ann.* lib. II, cap. XLI) qu'est la phrase si expressive appliquée au fils d'Octavie, au neveu et gendre d'Auguste. Si l'on rapproche la phrase de Tacite des beaux vers de Virgile (*Æneid.* VI, 860-886), on peut dire que Marcellus a été en peu de mots bien délicatement loué, à la fois par le plus grand historien et par le plus grand poëte de l'antiquité romaine.

[5] Voiture.

[6] Cette anecdote, que nous ne trouvons nulle autre part, est bien une des plus curieuses de toutes celles que fournissent les présentes lettres. On sait que Voiture, en 1638, passa quelques jours à Turin, à Gênes, à Florence, à Rome. Voir, dans la *Vie de Voiture*, de M. Roux (en tête des *OEuvres*), le chapitre XIII intitulé : *Voiture en Italie*, et, dans ces mêmes *OEuvres*, les lettres à Madame ou Mademoiselle de Rambouillet du 30 septembre 1638 au 25 novembre de la même année (p. 244 à 247 et 248 à 250).

sçaurois pourtant le haïr, non pas mesme quand il auroit ajousté de très rudes coups à ses parolles très désobligeantes; et je suis ou bon ou foible à tel point, que le moindre de mes amys me peut battre impunément. Monsieur Costar me mande la pénitence de l'homme; mais, quand ce seroit une nouvelle forgée pour me plaire, ne retouchons plus, je vous prie, à cette matière, et, en toutes choses, faites de moy et de mes interests ce qu'il vous plaira.

Je vous envoie un mot pour M^r le Clerc[1], qui pouvoit bien s'appeler le sieur le Clerc à l'entrée de sa *Virginie* et dans le privilége du Roy. Mais sans doute l'orgueil du Graveolent luy a esté contagieux; car, comme vous sçavez, il est tout de son long Monsieur du Breton dans ses harangues traduites, et veut des préfaces de ses amys au-devant de ses livres, aussy bien que moy. J'ay, d'ailleurs, très bonne opinion de M^r le Clerc, et croy qu'il réussira, si vous en voulez prendre quelque soin[2].

Monsieur de la Chambre m'a envoié son dernier livre avec une lettre très civile[3]. Je luy ay fait la response que vous trouverez cy-enclose, et n'ay pas voulu l'obliger à demy, si c'est l'obliger que de luy donner les louanges qu'il mérite[4]. J'aimerois mieux faire un livre qu'une autre response de cette forme, et vous ne sçauriez croire l'aver-

---

[1] Michel Le Clerc, avocat au parlement, nommé membre de l'Académie française, le 26 juin 1662, mort le 8 décembre 1691. «A l'âge de vingt-trois ans, dit l'abbé d'Olivet «(t. II, p. 250), il vint d'Alby, sa patrie, «à Paris pour y faire jouer une tragédie de «sa façon, la *Virginie romaine*.» D'après une note de la page 251, la *Virginie* fut représentée en 1645 et ne fut imprimée qu'en 1649. On voit, par la phrase formelle de Balzac, que l'impression fut bien antérieure.

[2] Cette prophétie ne se réalisa pas, comme ne le prouvent que trop l'épigramme de Racine contre l'*Iphigénie*, de Leclerc et de Coras, et les plaisanteries de Boileau au sujet de la traduction du *Tasse*, publiée par l'ami de Coras en 1667 (Paris, in-4°).

[3] *Les caractères des Passions*, qui, je l'ai déjà dit, parurent en 5 vol. in-4°, de 1640 à 1662. Une des lettres de Ménage publiée par M. Matter, d'après les manuscrits de la Bibliothèque impériale de Vienne (*Lettres et pièces rares ou inédites*, 1846, in-8°), nous apprend (p. 223, à la date du 21 juillet 1645) que Cureau de la Chambre avait mis au jour depuis peu son second volume des *Passions*.

[4] Voir cette lettre, datée du 15 septembre 1845, à la page 538 du tome I des *OEuvres complètes*.

sion que j'ay pour toutes ces sortes d'escritures, quoyque j'estime celle-cy une des meilleures de mes *Selectes.* Vous pouvez la garder, puisque je viens d'apprendre que la Cour est à Fontainebleau; et par l'autre ordinaire vous en aurez une autre copie pour M^r le médecin, dans laquelle je changeray peut-estre quelque petit mot. J'ay augmenté de deux vers mon épigramme, et vous ay escrit amplement par les derniers ordinaires. Je suis de toute mon âme, Monsieur, vostre, etc.

CIX.

Du 25 septembre 1645.

Monsieur, J'ay tout ce que je désirois, puisque vous avez fait agréer mon zèle à Madame la Marquise. Mais je voy bien d'ailleurs que le scholiaste a aidé le poète et que vous avez embelli mes vers en les expliquant. Les vostres sont véritablement vostres; Annibal Caro diroit *vostrissimi;* et le seul *Allons forcer sa tombe* vaut une douzaine de bons sonnets. Vos Muses, Monsieur, sont tousjours filles de Juppiter, tousjours hautaines et braves, tousjours et partout pleines de cœur : elles ne sçauroient se desguiser : elles ne sçauroient se desfaire de leur noblesse, de leur propre et naturelle grandeur.

Sed iste homo[1] *importunissimus perget ne cum ratione insanire?* Il est de ceux dont les satisfactions sont de nouvelles offenses. Il n'y a point dans la dernière Gascoigne de rudesse pareille à la sienne : Mr Bautru le connoissoit mal, quand il disoit que, s'il eust esté de la profession de son père, le vinaigre fut devenu hipocras entre ses mains[2]. Il m'oblige à dire tout le contraire, et il ne luy reste pas un grain de sucre pour moy, pas une goute de sa première douceur. L'autre peut trouver des défaux en mon esprit, mais il n'a pas sujet d'avoir mauvaise opinion des qualités de mon ame, et il sçait bien qu'au second voiage qu'il fit icy, je luy voulus rendre une preuve effective d'amitié que ny son amy,

---

[1] Toujours Voiture.

[2] On sait que Voiture était le fils d'un marchand de vin, ce qui lui attira mille plaisanteries plus ou moins spirituelles. Voir, à ce sujèt, Tallemant (*passim*), Pellisson (t. I, p. 215), etc.

ny son hoste ne luy rendroient pas peut estre si noblement, s'il leur proposoit la mesme chose qu'il me proposa. Tout ce qu'il m'a juré depuis, tous ses sermens, toute sa passion, toute sa tendresse seroit elle ironique? Serois-je son héros de la mesme sorte que Margites[1] l'a esté d'Homère, et Mamurra de Licinius[2]? Je ne suis pas fort heureux, si cela est, mais je ne laisseray pas pourtant de lui rendre le tesmoignage que je luy dois, et de vous asseurer que je ne vis jamais homme avoir plus d'estime, ny plus de respect que luy pour vostre incomparable vertu; j'ajouste ny estre touché plus vivement du repentir d'une faute sans malice, ainsy qu'il m'a tousjours protesté.

Je vous envoye une copie de la dernière lettre qu'il m'a escrite : *Et hæc omnia (quæ tua est sententia, ut postremis tuis significasti mihi) inter nos peribunt, optime et sapientissime virorum. Habe et hic quas reddendas curabis camerario nostro;* et lui ordonnerez par mesme moyen de ne point respondre à ma response. Vous y trouverez quelque petit changement, sur lequel, *si tanti est,* vous pouvez corriger la copie que vous avez desjà receue. Mais est-il possible que ces deux chères sœurs ayent voulu prendre la peine que vous me mandez[3]? Il y a trop de bonté pour moy en vostre mayson : vous ne deviez pas leur permettre cet excès : mais, puisque vous en estes cause, je vous charge aussy des excuses et du remerciement que je leur dois.

On me mande d'Angoulesme qu'on y attend bientost M^r nostre Gouverneur. Je seray ravi de luy pouvoir rendre mes devoirs et mes très humbles services, et le plus heureux de tous les hommes, si je rentre en possession de l'honneur qu'il m'a fait de se communiquer quelquefois à moy. Je dis de luy ce qui a esté dit de nos plus grands Romains :

---

[1] Margitès était un sot vaniteux et qui savait beaucoup de choses, mais qui les savait toutes mal. Quoique le *Margitès* ait été placé par Aristote au nombre des œuvres authentiques d'Homère, on croit généralement que ce petit poëme, depuis longtemps perdu, fut composé par quelque rapsode homérique. L'opinion de Suidas, qui l'attribue à Pigrès, le frère d'Artémise, l'héroïne des guerres médiques, n'est pas soutenable.

[2] C'est-à-dire de Ménage.

[3] Les deux sœurs de Chapelain avaient acheté les étoffes réclamées par Balzac.

huic minimum contulit consulatus, tanto plus in ipso est. J'attens l'ode de M*r* de Cerisantes et demeure, Monsieur, vostre, etc.

CX.

Du 2 octobre 1645.

Monsieur, Il y a du plaisir à vous ouïr plaider la cause des Dieux, ainsi parle notre bon Sénèque : vous dites merveilles de leurs mauvaises libéralités, ainsy les poètes appellent la guerre *fera munera militiæ.* Vous justifiez d'une manière excellente les capitaines et les soldats, les ouvriers et les instrumens du siècle de fer, et après cela qui sera le drame qui ose plus dire :

Scilicet, ut Turno, etc.,
Nos animæ viles, inhumata infletaque turba, etc.[1]

J'entre tout à fait dans vos sentimens. Il est certain que les pièces qu'on joue sur la terre ont esté composées dans le ciel[2]. Les batailles qui se donnent icy bas sont les exécutions des arrests qui ont esté prononcés là haut, et nous ne faisons que prester nos colères et nos mains à la Providence. Les misères que nous soufrons sont fatales, sont prescrites et ordonnées, soufrons les avec le respect deu à la première cause, avec la soumission et le silence qu'exige de nous la grandeur et la majesté qui nous accablent. Quand Dieu tonne, il faut que les hommes se taisent ; ycy nostre gronderie seroit blaspheme et nostre impatience rébellion. Et, si Attila revenoit une autre fois saccager le monde, il faudroit luy dire une autre fois avec ce bon saint : vous soyez le bien venu, puisque vous venez de la part de Dieu[3]. Cependant, Mon-

---

[1] Scilicet, ut Turno contingat regia conjux,
Nos animæ viles, inhumata infletaque turba.
(Virg. Æn. lib. XI, v. 371, 372.)

[2] Balzac avait déjà écrit à Chapelain, le 1*er* juillet 1640 (t. I, p. 823) : «On se «mocque là haut de toutes les entreprises «d'icy bas, et nous ne sommes que les ma-«chines et les acteurs des pièces qui sont «composées dans le ciel : *homo histrio, Deus* «*vero poeta est.*» Balzac a reproduit cette pensée dans *Le Socrate chrétien*.

[3] Le Nain de Tillemont (*Histoire des empereurs*, t. VI, p. 143) rejette ainsi ce mot si souvent cité : «On prétend que, lors-«qu'il étoit dans les Gaules, un hermite «lui dit qu'il étoit le fléau (ou le fouet)

sieur, *calamitosis his temporibus*, s'il n'y a point moyen d'avoir de bonnes journées, attrapons par surprise quelques bonnes heures; jouissons de quelques agréables momens, consolons-nous, non seulement avec Socrate et messieurs les sages et les sévères, mais encore avec Aristophanes et autres semblables bons compagnons; contentons-nous des maux estrangers et nécessaires sans y ajouster des maux de nostre façon et de nostre choix. Jamais plus de soupçons, jamais plus de plaintes ny de fascheuses nouvelles, et qu'il ne se perde pas, s'il vous plaist, une seule occasion de rire ny de vous resjouir dans nos lettres. Si quelque Lanturlure vous refuse (en ma présence) les autels qui vous sont deus, il me sera pire qu'Ethnique et que Publicain; je le battray mesme si je suis plus fort que luy, et feray une punition exemplaire de sa profane témérité, comme aussi je ne doute point, Monsieur, que, si la rime de Lanturlure[1], *aut si quis alius*, me maltraite en mon absence, vous crierez d'abord : je m'y oppose; vous l'empescherez de passer outre; vous luy direz ce petit mot, et je n'en demende pas davantage : *meus, meus est, quem ita male habes*. Vous avez fait plus que cela, je le sçay bien, mais cela me suffit, et *hæc hactenus*. Quand verray-je *nobilem illam atque animosam quam promittis, Epigrammatum centuriam, et fortissimum illum, non centurionem dico, sed tribunum militum, brevique etiam ita auguror, exercitus non contemnendi ducem illustrissimum Montoserium*. Je vous ay parlé par le dernier ordinaire et vous ay envoyé ma lettre pour Monsieur le médecin de la chancellerie[2]. Je suis, Monsieur, vostre, etc.

Encore une fois mes très humbles remerciemens aux deux chères sœurs. Le messager m'a apporté les estoffes, et j'en suis extremement satisfait.

A la bonne heure, Monsieur, ou pour parler en langue Monmo-

«de Dieu....... mais cela ne se trouve «que dans des auteurs modernes.» (Voir encore, contre l'authenticité de ce mot, M. Amédée Thierry, *Histoire d'Attila et de ses successeurs*, 3ᵉ édition, 1865, tome II, page 238.)

[1] Voiture.
[2] Cureau de la Chambre.

rienne, *quod felix faustumque fiet*, je donne très volontiers mon amitié à un homme qui a desjà mon estime, et vous suplie aussy de me conserver le bien que sans doute vous m'avez acquis, c'est à dire qu'ayant fait venir à Mr Sarrazin l'envie de m'aymer, il faut maintenant que vous l'empeschiez de se desgouter de sa passion.

CXI.

Du 9 octobre 1645.

Monsieur, Je ne tiens au grand monde que par vous, je ne suis ny du Palais Royal ny de l'hostel de Condé. Je suis de l'hostel Chapelain et attens de là mes bonnes et mes mauvaises nouvelles. Ce ne sont donc point les intérets de l'estat, ce sont vos passions qui me touchent, et, puisque vous voulez travailler au triomphe germanique, je bats des mains par avance, je crie de cent lieues au prince qui triomphera : O bien heureux prince qui dois estre chanté si hautement, pour qui Dieu a fait naistre l'homme qu'Alexandre a souhaité! Vous m'avez obligé de me caractériser les deux amys, et je prendray mes mesures là dessus ; mais cependant vous devez estre asseuré que tout ce que vous m'avez confié des connoissances que vous avez et qu'il m'importe que j'aye, est plus caché et plus mort que la plus secrette et la plus vieille de toutes les confessions.

Le bruit de la cheute de Solon a couru cinq ou six jours en ce pays, et, quoyque le courrier nous ait appris qu'il est encore debout, s'il estoit véritablement Solon, il attendroit d'un visage guay et d'un esprit ferme le commandement de se retirer, et se feroit dire tous les matins à son lever par Mr Habert, disciple de feu Mr de Malherbe[1] :

> La Cour a cela de Neptune, etc.
> Ses infidelles flots ne sont point sans orages :
> Aux jours les plus serains on y fait des naufrages,
> Et mesme dans le port on est mal asseuré.

Il sera bon qu'il sçache que je l'ay remercié à faux, et qu'il a eu

[1] Germain Habert de Cérisy, dont il a été déjà parlé.

des vers qu'on imprimera, et que je n'ay point eu d'argent, quoyqu'il sera imprimé avec les vers. S'il m'en faisoit toucher par quelque autre voye que celle qui a manqué, il feroit une action digne de luy, et à tout hazard dites en un petit mot au petit Bonair, la première fois qu'il vous ira voir, sans prendre la peine de me respondre seulement sur cet article. J'exige de vous moins que cela, et ne désirant rien de la Cour avec chaleur et empressement, ne perdez plus vos remèdes à guérir un homme qui se porte bien et qui ne demenderoit jamais aux grands seigneurs, s'il n'avoit un petit amy sur qui se décharger des bassesses et des infamies de la sollicitation.

Le cher Président ne m'a point fait sçavoir de ses nouvelles, bien qu'il m'eust promis de m'envoyer les copies de quelques vers de ses compositions et des dernières lettres que je luy ay escrites. Pour vous, Monsieur, vous ne m'avez rien promis, je prétens néanmoins d'insérer dans mes *Selectes* deux pièces de vostre façon, *scilicet: la Couronne impérialle* et *la Métamorphose de la Lionne*, pour l'esclaircissement desquelles je vous en demende les arguments; et, comme vous pouvez penser, ce n'est pas moy ny la Cour, c'est le peuple et la *bassa gente*, qui a besoin de cet esclaircissement.

Je pensois pouvoir escrire aujourdhuy à Mr Costar, mais j'ay peur que je n'en auray pas le loisir. Il m'a fait une objection contre ce vers de ma dernière épigramme :

Jamque habitat superas nobilis umbra domos,

et l'attaque par la doctrine de l'antiquité, qui a cru que les *ombres* habitaient les champs Élisiens, et que les seules ames avoient places dans le ciel. Avant que d'avoir receu sa lettre, je sçavois bien cette différence qui a esté faite entre *les ames* et les ombres; et j'avois appris que l'homme estant composé de trois parties, son ame, qui est céleste, retournait au lieu de son origine, que son corps pesant et matériel demeuroit en partage à la terre, et que son ombre ou son simulacre alloit aux enfers, car ces *ombres* estoient autrement appelées simulacres, images, idoles, et cette doctrine est alleguée par Lucrèce, qui la confirme par le tesmoignage d'Ennius :

> Et si præterea tamen esse Acherusia templa
> Ennius æternis exponit versibus edens;
> Quo neque permanant animæ, neque corpora nostra,
> Sed quædam simulacra modis pallentia miris [1].

Icy il ne faut pas considérer Ennius et Lucrèce comme poètes, mais comme tesmoins de la religion et de la doctrine de leur temps. C'est donc ce que disent les théologiens et les philosophes, ausquels on peut ajouster les grammairiens. Mais les poètes se moquent des uns et des autres et pensent estre au dessus des lois. Ils confondent dans le langage des dieux toutes ces curieuses différences, et prennent presque partout les ombres pour les ames, et les ames pour les ombres. Et en effet, si ces ombres n'estoient que *certains corps formés d'une substance subtile comme l'air,* ainsi qu'asseure Mr Costar, et *si les ames n'estoient point receues aux champs Élisiens,* ainsy qu'il asseure encore, qui est-ce qui parleroit si bien, si longuement, si doctement à Énée, dans le sixiesme chant de l'*Énéide?* Seroit-ce une simple image de son père Anchise? Seroit-ce un marmouset, un corps artificiel et inanimé? Ne seroit-ce que de l'air un peu espessi et mis en couleur, qui luy feroit de si beaux discours, qui luy prophétiseroit toute la grandeur romaine; qui traiteroit avec tant de magnificence de la nature des choses et de la plus sublime philosophie ? On voit par là l'absurdité de la théologie payenne. Et en vérité cette théologie est composée de pièces si mal jointes et si mal cousues, est si incertaine et si inconstante dans ses dogmes, est pleine de tant de contradictions, qu'il ne se faudroit fier à rien de ce qu'elle dit. Puisqu'elle affirme souvent ce qu'elle vient de nier, et que presque jamais elle n'est d'accord avec elle-mesme, comment voudroit Mr Costar que je pusse m'attacher à une science qui a encore moins de prise et moins de tenue que les ombres et les fantosmes dont elle parle ? Sans sortir de la question présente, ne sçait-il pas la variété et la bizarrerie

---

[1] T. LVCRETII CARI *De rerum naturâ,* lib. I, v. 121-124.

des opinions des anciens, touchant les champs Élisiens? Tantost ils les ont mis dans les enfers, tantost dans les isles fortunées, quelquefois ils ont cru qu'ils faisoient partie de l'Espagne appelée Bœtique. Voire il y en a eu, tant a esté grande la licence de la Grèce, qui se sont imaginés qu'ils estoient dans une petite langue de terre proche la Grande Bretagne, et il y en a eu encore plusieurs qui les ont mis dans le globe de la lune, comme a remarqué Servius sur ces deux vers de Virgile :

> Largior hic campos æther, et lumine vestit
> Purpureo; solemque suum, sua sidera norunt [1].

Cela estant, Monsieur, et les ombres de M⸰ Costar devant habiter les champs Élisées, et les champs Élisées estans dans le cercle de la Lune, n'ay-je pas parlé selon la doctrine des anciens, quand j'ay dit :

> Jamque habitat superas nobilis umbra domos?

Mais voicy de quoy couper la gorge à l'objection, et ne laisser rien à répliquer au très cher amy. Voicy des vers qui ont esté faits tout exprès pour expliquer et pour défendre le mien, et dans lesquels non seulement l'ombre est prise pour l'ame, mais où l'ombre monte en haut, au lieu de descendre en bas. Ils sont de Lucain, au commencement du IX⁰ livre de sa *Pharsalie,* et il me semble que je ne suis pas obligé d'estre meilleur théologien que luy, ny plus sçavant en sa propre religion :

> At non in Pharia manes jacuere favilla,
> Nec cinis exiguus tantam compescuit umbram :
> Prosiluit busto, semiustaque membra relinquens,
> Degeneremque rogum, sequitur convexa Tonantis.
> Qua niger astriferis connectitur axibus aer,
> Quodque patet terras inter lunæque meatus,
> Semidei manes habitant, etc.[2]

De sorte, Monsieur, que c'est l'ombre de Pompée, et non pas son ame, qui sort du bucher qu'on luy avoit dressé au bord de la mer, et

---

[1] *Æneid.* lib. VI, v. 640, 641. — [2] V. 1-7.

qui va prendre sa place avec les demi-dieux dans la région supérieure. Que s'il estoit besoin de monstrer que je ne suis pas le seul des modernes qui ay escrit conformément à cette doctrine (que peut estre le nom de Lucain, qui a tant failli en d'autres choses, ne serait pas capable d'authoriser), je pourois alléguer cet homme qui est aujourd'huy si bon payen, et qui l'est mesme jusques en Judée et en Chrestienté, le grand et redoutable Heinsius. Dans l'apothéose qu'il a faite de Mr le Président de Thou, il s'adresse à luy en cette sorte :

> Te quoque lex eadem fati cœlestibus umbris
> Addidit heroasque inter vix cognita terris
> Veri immota fides.

Et encore dans une autre apothéose :

> Innocui manes et magni nominis umbra
> Et quicquid non servat humus nec subtrahit urna
> Sedibus æternis superum mundoque Deorum.

Est-il possible, Monsieur, que je sois venu si avant et que j'aye tant escrit sans conférence, sans livres, sans méditation, sans les mains d'autruy? Je n'avois dessein que de vous faire un petit article pour le communiquer à nostre amy :

> Dis aliter visum et doctis, Capelane, Deabus
> Libera quæ summo exercent commercia Cœlo,
> Quæ dominæ rerum verborumque anxia rident
> Ingenia et servos regali in sede timores
> Grammaticumque jugum, ac turpes odere catenas.

Je suis, Monsieur, vostre, etc.

CXII.

Du 12 octobre 1645.

J'ajousteray, s'il vous plaist, ce mot oublié à la longue lettre que je vous escrivis à la haste il y a trois jours. Je vous prie, Monsieur, de tout mon cœur, de ne la point mettre entre les mains de Mr Costar.

Bien m'obligerez-vous, si vous vous rencontrez en quelque lieu de conversation, de luy dire mes raysons et de les fortifier des vostres. Surtout il ne faut pas oublier les vers de Lucain et ceux du redoutable *Heinsius*. Pour les miens qui sont à la fin de la lettre, vous jugez bien qu'il n'est pas à propos que l'amy les voye, de peur que, par malheur, il ne prit pour luy ce que je dis en général de la tyrannie ou de la servitude des grammairiens. *Sed hoc quicquid est tumultuariæ[1] scriptionis,* dont les espèces me sont demeurées dans l'esprit, ne demeurera pas en cet estat informe et défectueux, et j'en pourray faire une lettre à Mr Costar qui méritera d'estre mise parmy mes *Selectes*. Je me glorifie infiniment de l'estime que vous faites de celle que j'ay escrite au Médecin; mais faites en sorte, mon cher Monsieur, que je n'escrive guères de belles lettres. Je veux mourir si un compliment de la part d'Alexandre ne m'incommoderoit (je voulois dire de M^r le Duc[2]), tant je hai mon ancien mestier, et tout ce commerce de complimens. C'est sans compliment et du fond du cœur que je suis, Monsieur, vostre, etc.

CXIII.

Du 16 octobre 1645.

Monsieur, Que j'ay l'ame pleine d'amertume! que j'aurois de choses à vous dire! que de plaintes! que de reproches à faire contre celuy que vous appelez le plastreux et le patelin[3], et qui mérite un plus mauvais nom. Faut-il donc s'escrier si souvent : *sancta fides, ubinam gentium habitas?* Faut-il que ma bonté me trompe tousjours? Que je face tousjours des avances pour des ingras et des infidèles? Que mon amitié

---

[1] Chapelain commençait ainsi une lettre à Balzac, du 7 août 1637, citée par M. Livet (*Hist. de l'Académie*, t. I, p. 498) : «Je «vous escrivis mercredi dernier tumultuai-«rement à mon ordinaire.»

[2] Le duc d'Enghien. On voit que Balzac a devancé Bossuet s'écriant : «Cet autre «Alexandre.»

[3] Voiture.

soit tousjours payée de lascheté et de perfidie? Vous m'avez infiniment obligé de m'esclaircir d'une vérité qui m'estoit si importante. Vous deviez, Monsieur, cet office charitable à une pauvre ame abusée, simple et crédule plus qu'il ne faut, qui juge par sa franchise de celle d'autruy, qui se met d'abord en la puissance de quiconque luy tesmoigne, ou fait semblant de luy tesmoigner de l'affection. Ce que vous me mandez est très véritable. La calomnie de l'un n'est que la copie de celle de l'autre; il a voulu le croire en se desmentant soy-mesme, au préjudice de sa propre connoissance, contre le tesmoignage de ses yeux, après mille preuves de la sincérité de mon cœur, qu'il a veues, qu'il a touchées, qui luy firent dire, dans l'extrémité d'une maladie, ces parolles que j'ay sçeues par le rapport de son médecin : « qu'il « mouroit content d'avoir vescu au siècle du grand Balzac et d'en avoir « esté aymé. » Il n'ayme plus rien néanmoins le grand Balzac, parce que l'audacieux le veut ainsy, et le patelin ne se souvient plus que son illustrissime héros, qui maintenant n'a plus de tendresse, a esté tendre pour luy jusqu'à ne pouvoir souffrir des sentimens et des opinions de ceux qui ne l'appelloient pas l'Admirable, le Divin, etc. ; jusqu'à quereller là dessus ses meilleurs amys, jusqu'à se mettre mal avec une cousine germaine et avec une dame de condition, qui ne luy pardonnera jamais la tendresse qu'il a eue pour le patelin. Je n'allègue que cela et compte pour rien l'argent que je hazardois, et que j'eusse perdu de bon cœur pour luy faciliter une affaire qui lui avoit esté proposée. Et c'est peut-estre dans cette affaire qu'il a tiré une conséquence si injurieuse à son honneur, et qu'il a jugé que je n'aymois rien, puisque je n'aymois pas l'argent, qui est la chose du monde la plus aimée. Je souffre, Monsieur, je souffre extremement, et vous escris tout cecy dans une agitation d'esprit qui n'est pas imaginable, et qui, ajoustée à un abattement extreme de corps, causé par quatre mauvaises nuits, me va terracer tout à fait, si Dieu n'a pitié de moy. Mais il faut encore, après cela, que je dissimule et que j'estouffe mes justes ressentimens, et que je vive avecques un traistre comme je vivois avec un amy. Il faut que je continue à luy donner des preuves de ma franchise, de ma confiance, de ma tendresse qu'il a si vilainement calumniée. Je le feray, Monsieur, puisque vous me l'ordonnez et que mon obéissance est aveugle partout où me paroist vostre volonté. Je suis plus qu'homme du monde, Monsieur, vostre, etc.

Je voudrois bien que vous fissiez voir à M. de Montausier l'article qui parle de luy, car je ne refais pas volontiers de pareils articles. N'y a-t-il point de liberté avec ce bon seigneur? Et, si je vous escrivois ma confession, seriez-vous obligé de la luy lire parce qu'elle seroit dans un papier qui parleroit de luy? J'use tousjours de *décréditer*[1] aussy bien que vous. Pour *seriosité*, je l'ay déjà imprimée, je ne sçay où[2], et ne la trouve pas laide, et vous prie de vous en servir pour l'amour de moi.

Mille très humbles remerciemens, s'il vous plaist, à Mr Cerisantes. Son ode est incomparable[3], principalement ce qu'il dit de la mère, de la fille et du gendre.

Je vous ay escrit par les deux derniers ordinaires, *nempe* celuy du lundy et celuy du jeudy. Encore une fois, je suis tout à vous.

CXIV.

Du 23 octobre 1645.

Monsieur, *Di gratia*, expliquez moy favorablement et ne prenez pas mes parolles à la lettre. A Dieu ne plaise que vostre amy veuille faire ses jeux et ses passe temps des calamités publiques, *nec mihi lætandi veniat tam dira cupido*[4]. Je parle de la joye, parceque c'est la chose du

---

[1] *Décréditer* fut employé par Saint-Évremond, par Bossuet, par le P. Bouhours, par Boileau, par Fléchier, etc. Ce mot, avant d'être adopté par Balzac et par Chapelain, avait été mis en circulation par d'Aubigné.

[2] Voir, sur ce mot, une note sous la lettre LXVI (25 janvier 1645).

[3] C'était une ode composée sur la mort du jeune fils de Mme de Rambouillet.

[4] Nec tibi regnandi veniat tam dira cupido. (Virg. *Georg.* lib. I, v. 87.)

monde dont j'ay le plus besoin et qui me manque le plus; je la désire parceque le désir est des choses absentes et esloignées; mais je ne veux point, non plus que vous, de la joye de Timon ny du rire de Démocrite. Mamurra y ajouteroit le rire Sardonien et celuy que cause la frénésie, et celuy des gladiateurs moúrans, qu'on avoit blessés soubs les aisselles, et cet autre que Platon appelle *et cæt*. Je suis bien (loin), Monsieur, de me resjouir, vous l'avez veu par ma despesche de la semaine passée, escrite de mes larmes et de mon sang, toute pleine d'amertume et d'aconit. Depuis que je suis au monde, je n'ay fait que souffrir et me plaindre; ma vie est un mal et un deuil continuel, *in pœna mihi datum est vivere*. Et néanmoins je ne laisse pas de vivre et de vouloir vivre, tant je suis accoustumé au mal et aux plaintes, tant je suis acoquiné à cette triste et fascheuse vie, comme parle le père d'alliance de la Damoiselle[1]. Tousjours du chaud et du froid, des estés et des hyvers, contre lesquels je murmure esgalement; tousjours de mauvaises nuits et de pires jours, un cercle de pénibles occupations, de travaux inutiles et ingrats, une persécution éternelle de complimens; des lettres de toutes les parties de la terre, sans compter la sciatique et la gravelle qui me viennent visiter de temps en temps, et la fièvre qui ne me quitte jamais; sans rien dire des amitiés infidèles ou intéressées qui sont cause que j'en ay tant dit. Et voylà trop de la moitié pour haïr la vie et pour désirer la mort. Et néanmoins (redisons le encore une fois) dans ce desgoust de la vie, nous ne laissons pas d'avoir horreur de la mort. Le séjour de la terre ne nous desplaist pas, nous prenons plaisir à passer ses hyvers et ses estés, à demeurer dans sa boue et dans sa poussière; nous trouvons nos suplices et nos peines agréables, nous croions que c'est une belle chose que d'estre quatrevingts ans malade, affligé, etc.

Je reviens de la promenade, *ad ripam amœnissimi Carentoni*[2], où ayant

---

[1] Mademoiselle de Gournay.

[2] Balzac a bien souvent célébré la Charente, que, dit-on, Henri IV appelait la plus claire rivière de son royaume. Voir surtout l'éloge de la Charente dans une lettre de Balzac à M. de la Motte-Aigron (t. I, p. 26), et dans le *Prince* (t. II, p. 3).

repassé ma lettre par mon esprit, et l'ayant communiquée à mes Muses, elles m'ont dicté ces vers en forme de paraphrase :

> Usque adeone ægrum et mortalem vivere dulce est!
> Sic pulvis cœnumque mihi formosa videntur!
> Pestiferosque æstus et diræ frigora brumæ
> Semper amem! Noctesne almi sine munere somni,
> Pejores ac nocte dies, lucemque timendam
> Artifici expectem semper fessoque jacentique
> Innumeræ placeant uno sub pectore curæ,
> Officia, omne genus, totoque ex orbe labores?
> An memorem assiduum qui sævit in ossibus ignem,
> Et cæcos febre internum grassante tumultus!
> Prætereo infidemque fidem, blandumque venenum
> Mendacis linguæ, ac socios plerumque sinones,
> Vitæ dura mala, et puppi vada naufraga nostræ.
> Assuesco tamen ipse malis, doceorque dolere :
> Mortem opto, rerum impatiens quandoque mearum,
> Horreo præsentem, incertus metuensque futuri.
> Infelix queror usque meas finire querelas
> Nec volo, nec notos jam possum odire dolores :
> Usque adeo et misero et morienti vivere dulce est?

Je vous renvoye l'extrait de la lettre de Hollande, que j'ay leu avec douleur. Le destin du pauvre Mr Grotius me fait grand pitié[1]. *Ignotoque dedi lachrymas*, moy qui n'ayme pas mesme mes meilleurs amys, si le patelin dit vray. Consolez-moy, mon cher Monsieur, de cette cruelle injustice, et ne branlez jamais en cette immobile vérité que je suis plus homme de bien que les deux docteurs de cour, et plus que personne du monde, Monsieur, vostre, etc.

CXV.

Du 30 octobre 1645.

Monsieur, je prétens d'avoir receu mes estreines de l'année pro-

---

[1] Grotius était mort à Rostock le 28 août précédent. Il y était arrivé deux jours auparavant, par un temps affreux, dans un chariot découvert, après avoir, déjà souffrant, subi, de Lubeck à la côte de Dantzick, toutes les fatigues de la tempête.

chaine, et croy estre obligé de vous remercier de vostre pourtrait. C'est un présent qui m'est extremement cher, comme il est parfaitement beau, et je ne me lasse point de regarder ce vertueux et admirable rebelle qui s'est cantonné dans une angiporte (?) de la ville Capitalle; qui ne sçait ny le logis du surintendant ny celuy du Controleur général, qui ne s'escarte jamais plus loin que chez la Marquise ou chez la Comtesse, qui fait de son cabinet son Acrocorinthe et cette haute forteresse, etc. Le reste du portrait vaut encore mieux que ce que je viens d'en copier. Et en vérité, Monsieur, puisque vous sçavez rire si sagement et si agréablement tout ensemble, vous ne devriez pas condamner la joye à qui vous avez cette obligation, *nec risum impostorum aversari et philosopho indecorum, et homini maxime proprium, quoque nulla re melius humanæ miseriæ condiuntur.* Le chicagneur [1] ne pouvoit pas gagner son procès, *jus dicente integerrimo Capelano.* Ce n'est pas pourtant que je veuille triompher; je me contente d'avoir vaincu. Icy comme ailleurs il faut sauver les apparences, puisque vous le désirez ainsy, et je défendray l'ombre du Marquis contre la chicane du faux ami, sans qu'il paroisse que ce soit le faux amy qui ayt chicané. Que je souffre cependant, mon cher Monsieur! Il n'y a point de moyen que j'oste ma main de dessus ma playe et il me semble que l'ombre de Juste Lipse me crie souvent des Champs Elisées ou du globe de la Lune : *simplicissime mortalium, incautissime Balzaci, hostium etiam tuorum amice, fovisti in sinu Sinonem. De Præside belli rumores ad nos veniunt. Audio illum nullam valetudinis rationem habere, quotidie se invitare liberalius et perpetuis poculis certare cum Helicone nobilissimo, si in illo stadio currere pergit, timeo equidem pro amicissimo mihi capite* : et vous sçavez bien que, pour ruiner des espérances de cinquante ans, il ne faut qu'un quart d'heure d'apoplexie dont il a eu desjà deux ou trois attaques. *Pro tua et authoritate et sapientia mone hominem,* etc.

Vos deux chefs d'œuvres en petit seront les grands ornemens de mon volume, et je les attens avec les argumens que je vous ay demendés. Je suis sans réserve, Monsieur, vostre, etc.

[1] Costar.

CXVI.

Du 6 novembre 1645.

Monsieur, je vous l'ay dit mille fois; vous estes le confident de mon cœur et le médecin de mes playes secrettes. D'ordinaire, quand je vous escris, je me confesse; je croy que c'est cacher un mistere que de le vous descouvrir. N'ayez donc pas peur que j'admette un tiers dans le commerce particulier qui s'exerce entre vous et moy, mais apprehendez beaucoup moins que je veuille estaler des injures dans la rue St Jacques[1], et publier moy-mesme mon propre malheur. J'estois résolu à faire ce que vous me faites l'honneur de me conseiller. Je suis bien aise d'estre confirmé dans ma résolution par vos conseils; et je n'auray plus de honte de dissimuler, puisque je le pourray honestement et du consentement de Mr Chapelain, et dans la rigueur de sa morale. Je ne pense pas néanmoins, Monsieur, que je puisse souvent escrire au Plastreux[2]. *Illud enim esset inimicum difficile et invito animo fieret.* Je ne laisseray pas de luy envoyer dans peu de jours du papier de nos moulins, parce que je le luy avois promis par mes dernières despeches. Mais qu'il employe, s'il veut, mon papier à des Philippiques et des Catilinaires, fust-ce mesme contre Cicéron; qu'il s'en serve à chicaner toute l'antiquité Grecque et Latine; à castelveter[3] et schiopiser[4] ses meilleurs amys. Quand je devrois estre de ce nombre, je me tiendray dans mon ancien poste; dans ce silence orgueilleux qui jusques à présent m'a vengé de tant de mauvaises paroles, de tant d'Iliades d'impertinences et de sottises. Je ne donne pas ce nom aux escritures des deux amys[5]: Je les estime ce qu'elles vallent, et peut estre davantage.

---

[1] C'était alors la rue par excellence des libraires.

[2] Voiture. C'est ainsi que Chapelain l'avait surnommé, comme on a pu le voir plus haut.

[3] Mot forgé par Balzac avec le nom du sévère critique Louis Castelvetro, dont il a été parlé dans la lettre II.

[4] Mot également forgé par Balzac avec le nom de Scioppius (Gaspard), le cynique adversaire de Joseph Scaliger.

[5] Voiture et Costar.

Je croy pourtant (*Libet enim hic merito gloriari; et quidni tueamur locum quem nobis dedit super hos nominatos satrapas consentiens fama et generis humani judicium*), je croy, dis-je, que quatre de mes vers, tels que vous les choisiriez; qu'une douzeine de lignes que je marquerois soit de mon Romain[1], soit de ses frères; qu'une seule lettre de nos *Selectes*, vaut plus sans comparaison que toutes les notes, tous les lieux communs, tous les Rondeaux, toutes les Épistres marotiques des deux amys; et cela

Te censente, o mi Capelane, et judice Tarpa.

Mais ce me seroit peu de choses d'avoir plus d'esprit et plus d'estime que ces Messieurs, si je n'avois aussy plus de foy et plus de bonté. *Conscientiæ, conscientiæ, sapientissime virorum, non famæ laboramus.* Au reste que me dites-vous de Mr de la Thibaudière et de la lettre qu'il m'a escrite? Je n'en avois point encore ouy parler, et la matière, de laquelle vous me touchez un mot, m'est suspecte avec rayson, comme vous verrez par l'apostille d'une vieille lettre du Plastreux, qui pourroit bien avoir eu dessein d'aller au devant de l'accusation de l'autre. Si cela est, faites encore difficulté d'appeler trahison et lascheté les jeux de ces beaux espris, et leur procédé avec leurs illustrissimes héros.

Je vous demende les bonnes graces de vostre excellent ami Mr Ferramus, et vous prie de m'envoyer l'ode qu'il m'a fait l'honneur de m'adresser, avec tout ce que vous pouvez trouver, soit prose, soit vers, de Mademoiselle de Schurman[2]. Il faudra mettre l'ode de l'excellent

---

[1] C'est-à-dire du discours dédié à madame la marquise de Rambouillet et intitulé *Le Romain*.

[2] Anne Marie de Schurmann, née en 1607 à Cologne, morte en 1678. Tous les dictionnaires biographiques ont un article pour cette femme célèbre. Voir surtout celui du Moréri de 1759, qui est très-ample et très-curieux. On l'y appelle «une « des plus illustres filles du xviie siècle, par le « grand nombre de connaissances où elle a « excellé, et par la modestie singulière qu'elle « a su conserver au milieu des acclamations « publiques qu'elle recevait de toutes parts, » et on y cite sur elle le P. Jacob, Vossius, Saumaise, Valère André, Le Laboureur, Frédéric Spanheim. La *Biographie universelle* ajoute à cette liste les noms de Niceron, de Burmann, de Paquot, de Chaufepié et de Coupé. Balzac écrivait à son ami Girard, le 15 mai 1646 (p. 589) : «Il faut « advouer que Mademoiselle de Schurmann

amy, parmy plusieurs autres compositions estrangères, à la fin de nos choisies; et *hoc* à l'imitation de mon Docteur de Hollande, qui a fait imprimer un livre, dont le tiltre est tel : *Danieli Heinsii liber adoptivus, in quo magnorum aliquot vivorum ad auctorem poemata*[1]. Le volume sera remarquable et divertissant par une estrange variété; presque tous mes vers y seront insérés, et plusieurs lettres latines, qu'à mon advis vous ne trouverez pas mauvaises. En voicy une que mon scribe m'a copiée ce matin, et que j'escrivis, il y a quelques années à nostre très cher, bien qu'elle ne luy ayt point esté rendue. Le sujet est nay dans la province, où un second paladin voulust encore se faire battre[2]. J'attens les deux petis poèmes et demeure, Monsieur, vostre, etc.

Beavit me Illustrissimus Montoserius humanissimis et ingeniosissimis litteris. Je viens d'y faire une response qui m'a plu, et je vous l'envoye avec la première lettre. Vous me les renvoierez, s'il est parti de Paris.

Et ne doutez jamais (je vous en conjure), que je ne sois le plus passionné et le plus reconnoissant de tous ceux que vous avez obligés. Je dors[3] en achevant cette ligne.

CXVII.

Du 13 novembre 1645.

Monsieur, Si l'un de nous deux s'est mal expliqué, il faut sans doute

«est une merveilleuse fille, et que ses vers
«ne sont pas les moindres de ses merveilles.
«Je ne pense pas que cette Sulpitia, que
«Martial a si hautement louée, en fist de
«plus beaux, ni de plus latins. Mais qu'il y
«a de pudeur et d'honnesteté parmi les
«graces et les beautés de ses vers!..»

[1] A la suite des *Poemata* dans l'édition de 1640 (Leyde, in 12). Ce recueil forme aussi la seconde partie de l'édition des *Poemata* de 1649 (Amsterdam, in-12).

[2] Allusion à la *Desfaitte du paladin Ja-versac, par les alliez et confédérez du prince des Feuilles* (1628), pièce réimprimée dans la seconde partie du tome II des *Œuvres complètes* de Balzac (p. 172-174). Sur Nicolas Bernard, sieur de Javersac, sur la bastonnade qu'il reçut par ordre de Balzac, et sur toutes les circonstances qui précédèrent ou suivirent cette exécution, voir Tallemant des Réaux (t. IV, p. 90 et 109), Bayle (*Dictionnaire critique*, verbo *Javersac*, etc.).

[3] Le copiste ne manque jamais de mettre «je dois,» partout où il faut «je dors.»

que ce soit moy. Ce sont mes lettres qui sont estourdies et qui extravaguent, qui se sentent du lieu de leur origine, et portent le charactère de leur naissance; qui ressemblent à leur mère infortunée, à cette ame toujours en désordre, toujours en mauvaise humeur, souvent triste jusques à la mort. En ce malheureux estat si voisin de la dissipation de tous les sens, et de l'entière ruine du composé, *Quid ni et loqui contraria, et delirare, et furere etiam nobis liceat? Sed hæc mihi propria, tibi haudquaquam conveniunt, sapientissime virorum, qui nihil unquam aut loqueris aut scribis nisi ad amussim illam*, etc. Mais certes, outre cette constante et perpétuelle sagesse qui est l'ame de toutes vos lettres, j'ay bien trouvé des douceurs et de la consolation dans les dernières que j'ay receues. Si mes maux n'estoient incurables, assurément vous me guéririez, pour le moins je vous avoue que vous me donnez beaucoup de soulagement. Vous endormez ma douleur, vous enchantez mes ennuys, vous me faites tout le bien dont je suis capable. Je vous en remercie de tout mon cœur, et vous conjure de continuer :

> Si curæ tibi nostra salus, quæ mellea poscit
> Pharmaca, et austeros sæpe aversata labores,
> Crantora, Crisippumque timet.

Il faut, au reste, que je vous die que Mʳ le Marquis de Montausier m'a absolument gagné à luy par la lettre qu'il m'a fait l'honneur de m'escrire, et qu'il ne m'a pas laissé le moindre reste de liberté, pour pouvoir porter jamais ailleurs mes inclinations. Je les luy donne donc tout à fait, sans partage, sans réserve, sans condition : et asseurez le, s'il vous plaist, Monsieur, que ces termes ne sont point figurés en cet endroit et que je ne parle point *oratorio more* : comme aussy je fais grand fondement sur la solidité de ses parolles; et de telle sorte que j'ay envie de l'ajouster à celuy de qui j'ay dit dans un de mes discours qui ne sont pas encore imprimés : *Et je me fusse fié davantage à un billet d'Épaminondas, quoy qu'il n'eust pas esté signé de sa main, qu'à tous les traités des Carthaginois, quoyqu'ils fussent gravés sur le cuivre.*

J'ay retouché le compliment que je vous envoiay il y a huict jours:

vous en trouverez une copie dans mon paquet, et je vous prie ou de me renvoyer la première ou de la jetter au feu. Mais voicy encore une troisiesme lettre, tant la matière me plaist : je la fis hier sur une nouvelle qu'on me dit que M^r nostre Marquis s'en alloit en Allemagne, et qu'il y estoit appellé par la nécessité des affaires et du service du Roy. Je seray bien aise que la nouvelle soit fausse, et la lettre ne laissera pas de trouver sa place dans nostre volume. Je vous dis encore une fois que je ne sçay ce que veut dire M. Ménage de cette belle [lettre] que m'a escrit Mr de la Thibaudière. Puisque les miennes vous plaisent tousjours, et que vous en aymez jusqu'à la bigarrure de mes vers et de mon latin, je veux croire que vous me les garderez pour grossir nos livres *ad Atticum*. Souvenez-vous en, Monsieur, et croyez que personne ne sçauroit estre plus que moy, Monsieur, vostre, etc.

Je vous envoye une nouvelle copie de deux compositions que vous avez desjà veues. Elles sont dans le genre médiocre que les clercs appellent *temperatum dicendi genus*, et, par conséquent, la clarté y est plus grande que dans le sublime. Vous m'obligerez de les montrer à M^r nostre Marquis.

M^r l'Official a escrit à Mr Pauquet[1], et luy envoye de ma part deux rames et demye de papier par la voye de Rocolet. Je suis malade en plusieurs façons, et si, à l'avenir, quelqu'un se plaignoit que je n'escris point, vous me ferez bien la faveur, Monsieur, d'excuser mon silence par mes maux. Aymez moy toujours bien, mon très cher Monsieur.

---

[1] Le copiste a écrit *Panquet*. Il s'agit de Louis Pauquet, chanoine et archidiacre du Mans, secrétaire et factotum de Costar, né à Bresles en Beauvoisis, mort le 14 novembre 1673, à 63 ans. M. P. Paris (*Historiettes*, t. V, p. 170) dit qu'il avait de l'instruction et de l'esprit, mais il ajoute que c'était un grand ivrogne. Il cite sur Pauquet un flatteur passage d'une lettre de Voiture à Costar, et renvoie, pour plus de détails, à une vie de ce personnage qui se trouve dans le tome VI de la première édition du livre de Tallemant des Réaux. On a une lettre de Balzac, du 1er février 1642, à M. le prieur Pauquet (p. 697).

CXVIII.

Du 20 novembre 1645.

Monsieur, Je demeure dans le plus bas estage de la dévotion et vous admire sans prétendre de vous imiter. Je jure sur vos dogmes, et ne laisse pas de suivre mes inclinations; je suis de vostre secte, comme les Cordeliers sont de l'ordre de St François. Ils en prennent et en laissent : ils mitigent la sévérité de sa règle, et l'accomodent à leur portée. Je vous prie de faire l'application de ce que dessus, et trouvez bon que je saute à un autre article.

Ce qui s'est passé entre vous et le patelin est le mieux du monde, et je suis d'advis, aussy bien que vous, qu'il n'est pas à propos d'enfoncer davantage la matière, ny de venir à un plus particulier esclaircissement. Il me suffit de sçavoir la vérité et de vivre comme si je l'ignorois. Ce ne sera point lascheté à moy, ce sera patience et sagesse. *Et te primum consulto, sapientissime Capelane, mihi Cornelianum illud in mentem venit, unicum insidiarum remedium ratus, si non intelligerentur.*

Les derniers sonnets que j'ay veus de nostre très cher[1] ne me semblent pas extremement bons : ils sont chevillés[2] en plusieurs endroits. Mais, pour esviter les mauvais présages, je n'en veux point accuser l'an climatérique[3] : j'ayme mieux croire que la cuisine Télamonique[4] ne contribue pas beaucoup aux méditations poétiques et qu'un air si espais[5] et une fumée si grosse n'est guères propre à purifier un esprit qui fait des sonnets. *Nosti antiquum proverbium : Obesus venter non generat tenuem sensum.* Et, quoyque ce ne soit pas en ce sens là : *Pingue ali-*

---

[1] Le président Mainard.

[2] Le *Dictionnaire* de M. Littré ne cite, pour l'expression *vers chevillés*, que J. B. Rousseau.

[3] Mainard, né en 1582, avait alors 63 ans. La 63e année était nommée la *Grande climatérique*, parce que 63 est le produit de 7 multiplié par 9.

[4] La cuisine de la petite ville de Saint-Céré.

[5] Saint-Céré est au pied d'une petite montagne, sur la Bâve. Voir une description de cette ville dans la *Chronique de Saint-Céré* par M. l'abbé Paramelle (Cahors, 1867, in-12, p. 7 et suivantes).

quid redolebant poetæ cordubentes M. Tullio teste[1]. Dites s'il vous plaist à cettuicy, que, sans prendre la peine de m'escrire, il me renvoye toutes les copies des lettres que je n'ay pas, puisqu'il veut que je grossisse nostre volume. Je suis aujourd'huy plus mal qu'hier, et incapable par conséquent d'un plus grand entretien avec vous, *cumque alias desinere nescio*. C'est, Monsieur, vostre, etc.

Vous verrez bientost des personnes à Paris qui me sont très proches : mais souvenez-vous, Monsieur, que rien ne m'est si proche que vous, et que personne ne doit estre admis où vous et moy devons estre seuls, *intimam illam admissionem intelligo*, etc. J'ay beaucoup de defaux, d'infirmités et de desplaisirs qui ne sont point de la connoissance des parens et amys, et qu'il n'est point nécessaire de leur descouvrir.

CXIX.

Du 27 novembre 1645.

Monsieur, Il est vray que ma dissimulation est innocente, et qu'elle ne fait tort à personne. Appellons la prudence, puisque vous le voulez ainsy, et que vous luy faites l'honneur d'estre son parrain. Je dis plus, Monsieur, vous estes son père. Je vous dois tout ce que je fais de bon. J'emprunte de vous toute ma vertu. Vos lettres, très sages et judicieuses lettres, sont mes conseillères et mes directrices, sont les aydes et les appuys qui soustiennent la foiblesse de mon ame. Je ne suis philosophe que par communication et participalement, comme parlent les philosophes barbares; et, s'il vous plaist que je le vous dise d'un ton plus haut et en la langue de nostre Virgile :

> Tu mihi quodcunque hoc sophiæ, tu Pallada solus
> Concilias, dubiamque regis per singula mentem,
> Tu vitæ, Capelane, autor melioris, et ipsum,
> Auspice te, forti jam provoco voce Cleantem.

---

[1] Allusion à ce passage du *Pro Archia poeta* (cap. x) : «Ut etiam Cordubæ natis «poetis, pingue quiddam sonantibus atque «peregrinum, tamen aures suas dederet.»

L'audacieux vous avoit encor dit que je ne pouvois point avoir d'affection pour les docteurs en langue vulgaire. Je ne sçay sur quel fondement il a dit cela : je sçay bien, Monsieur, que j'ay esté accusé plus d'une fois d'aymer et d'estimer avec excès, je ne dis pas les amis du premier ordre, les du Perron, les Chapelain, les Malherbe (il n'y a point assez d'encens en Arabie pour de pareilles divinités), je dis le menu peuple du Parnasse et la canaille du Pinde, ceux qui sont au-dessous des Colletet et des Boisrobert. Qui fut jamais plus libéral d'epithètes magnifiques, de superlatifs illustres, etc., que vostre très humble serviteur? Sans parler des autres bons offices et autres marques d'affection qu'il a rendues au moindre de ces petits Messieurs, quand l'occasion s'en est présentée. J'ay quelque opinion que l'audacieux vous a voulu figurer mon contraire dans la description qu'il vous a faite de moy. Apparemment c'est l'anti-Balzac qui a esté son objet dans toute sa belle relation.

Je suis, *ut semper*, de vostre advis. Il vaut beaucoup mieux que ce soit un autre que moy qui débite les diverses pièces qui m'ont esté adressées, et cette adoption de louanges et de paranimphes doit estre laissée au Tyran de Leyde [1], comme digne de sa seule majesté. Le livre donc ne portera point le tiltre d'*adoptivus*, mais il sera pourtant à la fin des autres, et donné au public par le mesme qui publie les lettres, et qui fera une préface au devant. Je suis, au reste, obligé à cette publication par les plaintes de quelques uns qui se faschent d'estre de ces gens, *quæ in vanum laboraverunt gentes*. Et ne pensez vous pas, sans vous en alléguer d'autres, que le bon père Théron [2], qui a près de quatre vingts ans, et qui ne veut pas perdre un seul de ses vers (puisqu'il les fait imprimer dès le lendemain qu'ils ont esté faits), ne pensez-vous pas, Monsieur, qu'il me sçache mauvais gré de ce que j'en tiens en prison deux cent cinquante de sa façon, *impatientissimos captivitatis, et exire continuo gestientes?* Ainsy ce ne sera pas vanité, si je fais ce que désirent mes chers amys; ce seroit dureté et ingratitude, si je ne le faisois pas;

---

[1] Heinsius. — [2] Le copiste a écrit *Téron*. Le père Théron n'avait, en 1645, que 73 ans.

ce seroit la plus grande de toutes les vanités, si je me prenois pour ce grand Prince, monté à un tel degré de gloire, et *teste historico magni nominis, triumphos posset etiam contemnere.*

Obligez-moy de donner de ma part à Madame la Marquise de Rambouillet les trois copies que je vous envoye, dans lesquelles je la supplie de ne vouloir considérer que mon zèle, qui est certes très véritable et très pur. Si vous prenez la peine de relire les lettres, vous retrouverez la seconde retouchée encore un coup, et peut estre assez heureusement. Mon frère[1] partira bientost pour Paris, et j'espère qu'il sera le porteur du manuscrit de nostre volume. Je vous rends très humbles graces des deux chefs d'œuvres, accompagnés de leurs argumens. Je suis tousjours plus qu'homme du monde, Monsieur, vostre, etc.

Il me vint voir, il y a huit jours, un poète latin originaire du Périgord, qui doit estre aujourd'huy bien près de Paris. Il me récita plusieurs Épigrammes, et quelques unes entre autres, sur le sujet desquelles il m'allègue de grands tesmoignages, *et te imprimis laudatore gloriabatur.* Il m'a parlé d'environ quatre ou cinq mille corrections sur Horace, Stace, etc., et m'en a dit quelques unes que véritablement j'ay admirées. Le nom du poète critique est Peyrarede[2]. Mandez m'en

---

[1] François Guez, sieur de Roussines, non pas frère *aîné* de Balzac, comme le dit Tallemant (t. IV, p. 100, note 2), mais son frère *cadet*. Il était né en septembre 1598. Balzac écrivait de Paris, le 25 janvier 1628, à M' de Roussines (p. 384) : «Si la chaleur «des esprits ne se rallentit, il se pourra «faire une petite bibliothèque des sottises «qui s'escrivent contre moy.»

[2] Jean de Peyrarède, gentilhomme protestant, mort vers 1660. Voir sur lui Moréri, Bayle, Leclerc et Joly, et les auteurs cités par ces critiques, tels que Grotius, La Mothe-le-Vayer, Costar, l'abbé de Marolles, Huet, Baillet, La Monnoie. Bayle a reproduit deux passages du tome I des *OEuvres complètes* de Balzac relatifs à Peyrarède, l'un emprunté à une lettre à l'avocat Moricet, du 4 décembre 1646 (p. 703), l'autre emprunté à une lettre à Conrart, du 2 janvier 1648 (p. 867). Voici un autre extrait d'une lettre à M. de la Thibaudière, du 16 octobre 1643, (p. 553) : «Le sçavant «Peyrarède y doit estre (à Paris) en ce «temps là, s'il est homme de parole. Il «nous apportera ses conjectures sur Plaute «et sur Martial, pour mesler avec nos «truffes et nos champignons. De tout cela, «et de beaucoup de sel et de poivre, il ne «se fera pas de mauvais ragousts...» L'abbé

ce que vous en sçavez, et, s'il vous va voir, je vous prie de luy demander de ma part les Hendecasillabes qu'il me récita et que je trouvay incomparables sortant de sa bouche, quoyqu'il ne récite pas avec tant de graces que Mondory[1]. Je dors d'assoupissement et de faiblesse *post longas heu et crudeles vigilias!*

CXX.

Du 12 décembre 1645.

Monsieur, Je fus si mal le jour que partit le courier de la semaine passée, qu'il me fut impossible de vous escrire. Sans cette *vis major* à laquelle il fallust obéyr, et qui estouffa mes parolles jusques dans mon estomac, je ne me fusse pas privé du seul contentement que me laisse vostre absence, et peut estre de la seule action de liberté que je fais dans un monde qui me gesne et m'incommode de tous costés; dans la ruine, j'ose dire universelle, de la sincérité, de la franchise et des autres vertus sociables. En effet, Monsieur, ce monde me semble

---

Audierne (*Le Périgord illustré*, 1851, p. 173) fait naître Jean de Peyrarède à Bergerac, et il est d'accord, en cela, avec une des lettres qui vont suivre.

[1] Pseudonyme sous lequel se rendit célèbre comme acteur Guillaume Gilbert, que l'on croit né vers 1580 et qui mourut en 1651. C'est M. Jal (*Dictionnaire critique de biographie et d'histoire*) qui le premier a fait connaître le nom patronymique. Voir, sur Mondory, outre les dix auteurs indiqués dans la *Nouvelle biographie générale*, Tallemant des Réaux (t. VII, p. 170), les auteurs du *Menagiana*, qui le proclament «un des plus habiles comédiens de son «temps,» et qui ajoutent qu'il réussissait à faire pleurer le cardinal de Richelieu; M. Soulié, le conservateur de la bibliothèque de l'Arsenal (*Revue de Paris* du 30 décembre 1838). La *Nouvelle Biographie générale* fait naître Mondory à Orléans. Tallemant prétend qu'il «estoit filz d'un «juge ou d'un procureur fiscal de Thiers, en «Auvergne.» Enfin Marguerite Perrier, la nièce de Pascal, assure, dans ses *Mémoires de famille* (voir *Bibliothèque de l'École des Chartes*, t. V, p. 317), que Mondory était de Clermont. M. Soulié a publié deux lettres de Mondory, dont une, du 18 janvier 1637, et où il est parlé des premières représentations du *Cid*, est adressée à Balzac. M. P. Paris a publié une autre lettre de l'excellent comédien à Pierre d'Hozier (*Historiettes*, t. VII, p. 186). Voir une lettre de Balzac à M. de Mondory du 15 décembre 1636 (page 419 du tome I des *OEuvres complètes*).

bien gasté, et je ne trouve presque plus de confident qui soit seur, plus d'yeux ny d'oreilles qui soient fidèles. Quand je parle des hommes je ne parle pas des demi-dieux; je les excepte de mes termes généraux, et, quoyque le mal les environne, considérons les dans un état de pureté inaltérable à toute la corruption du dehors, à toutes sortes de mauvais exemples. Parmy ces ames privilégiées et ce petit nombre de choisis, vous sçavez bien qui nous mettons à part et qui est nostre généreux par excellence[1]. Je vous suplie, Monsieur, de luy reconfirmer ces asseurances solides, réelles, essentielles, que je luy ay confirmées solennellement, cet abandonnement de cœur, dont vous me parlez : cette passion plaine de respect et de révérence, que je conserveray toute ma vie pour son incomparable vertu. Je serois bien fasché qu'il prist la peine de m'escrire encore une fois, et vous m'obligerez de luy dire que les marques de souvenir qu'il a eu la bonté de me donner me sont si chères et si glorieuses, qu'elles doivent entretenir mon esprit, chatouiller ma vanité, nourrir mon ambition dix ans tout entiers; qu'elles me doivent consoler de tous les desplaisirs qui me peuvent arriver durant ce temps là. S'il veut aller plus avant et me faire de nouvelles faveurs, il suffit que je les receoive dans vos lettres; et soyez, s'il vous plaist, le milieu qui joigne les deux extrémités, et qui approche la Cour du Désert.

J'ay veu depuis peu le Président d'Angoulesme qui a espousé une nièce de Mr de la Thibaudière[2]; il m'a dit que toute sa domesticité

---

[1] S'agit-il du chancelier Séguier?

[2] Voir une lettre de Balzac, du 3 janvier 1645 (p. 679) à son *cousin* M. Gandillaud, président au siége présidial d'Angoulême. Ce fut à ce neveu par alliance de M. de la Thibaudière que Balzac dédia sa 19e dissertation critique intitulée: *De Montaigne et de ses escrits* (t. II, p. 658-661). Des vers latins furent aussi adressés par Balzac (seconde partie du tome II, p. 53): *Gabrieli Gandillaldo apud Engolismenses præsidi*. Une fille du président Gandillaud, nommée Marguerite, composa, le jour même de la mort de Balzac, et étant alors âgée de douze ans, six vers latins que l'on trouvera à la suite de la *Relation de la mort de M. de Balzac, escrite par feu M. Moriscet, advocat en parlement*, à la dernière page du tome II des *OEuvres complètes*. J'ai vu, à la Bibliothèque nationale (Fonds Français, vol. 17403), plusieurs lettres écrites au chancelier Séguier par le président Gandillaud.

crie contre luy, et qu'une femme et cinq ou six petis enfants sont presìs de l'aller quérir à Paris, pour venir mettre ordre à des affaires pressantes qui ont besoin de luy à la mayson. Il s'amuse, disent-ils, à rien ou à peu de chose, et néglige l'essentiel et le principal; il perd le nom de bon père de famille, pour acquérir celuy de mauvais commentateur de Tacite. Je ne suis en tout cecy que l'interprète de la Domesticité : mais vous estes certes merveilleux de me conseiller de luy escrire pour avoir sa lettre, vous qui n'ignorez pas que, quand je l'aurois receue par homme exprès, ou je n'y respondrois point, ou je me ferois une violence si j'y respondois. Toutes les lettres et tous les complimens de cette nature me sont des corvées insupportables. A vous seul, Monsieur, j'escris avec plaisir et gayeté; mais c'est aussy sans soin et sans préparation, et il est très vray que je ne garde point copie de ces lettres. Si je le faisois, quel mauvais fin serois-je? Quelle ridicule chose seroit-ce, si je vous priois de m'envoyer de Paris des escritures que j'ay, et que je voudrois avoir deux fois.

Il ne se peut rien de mieux que ce que vous m'escrivez de cette nouvelle espèce mestive entre le Sonnet et l'Épigramme. J'ay receu les derniers ou Sonnets ou Épigrammes, avec les lettres de nostre cher poète[1], et mon advis est entièrement conforme au vostre, touchant le mérite de sa poésie. Je suis ravi de cette belle et noble facilité. Les choses et les parolles m'en plaisent également; et quelle vieillesse, Bon Dieu, sera celle-là, si elle réussit en Cour, en Amour et en Poésie? Je désire de tout mon cœur la première réussite, et il me semble qu'avecques le charactère de prestre de la déesse Thémis, qu'il a il y a longtemps, il pouroit bien exercer quelque intendance ou demy intendance, si Solon avoit de la bonne volonté pour luy ; je ne luy escris point dans le chagrin où je suis, mais vous, Monsieur, et trois ou quatre parens que j'ay maintenant à Paris, supléerez aisément à mon défaut et l'asseurerez efficacement, je vous en conjure, de mon amour et de mon estime. Au reste, si je suis urbain, vous estes urbanissime et l'encherissez tousjours de beaucoup sur mes plus urbaines urbanités.

[1] François de Mainard.

Ou j'ay perdu la mémoire ou le Patelin a *mentito per la gola*, et *de his hactenus*. Mille très humbles baisemains à nos deux très excellens amys les sénateurs d'Austrasie [1]. Pour vous, Monsieur, les termes me manquent, et je ne trouve point de superlatif qui n'exprime imparfaitement la tendresse, le respect, la vénération, etc., Monsieur, de vostre, etc.

CXXI.

Du 17 décembre 1645.

Monsieur, Pourquoy est-ce que je suis tousjours sur la pente du désespoir, et que je ne tombe point, que je meurs sans cesse et ne suis pas mort? C'est, Monsieur, que, dans ce perpétuel voisinage du désespoir, vous ne me perdez jamais de veue, c'est que, quand le précipice est devant moy, vous estes derrière; c'est que vous arrestez mon ame, quand elle s'enfuit; c'est que vous me retenez en cette vie par la force de vostre amitié, par vos bons conseils et par vos douces consolations :

> Perge modo nostrosque leves, Capelane, dolores
> Pharmacaque asperso semper mihi nectare dextra
> Misceat, et solita infirmum dulcedine curet;
> Scilicet illa potens revocare e faucibus oris
> Caros dextra tuos, mortalesque addere Divis.

Vous voyez bien que les derniers mots de ce dernier vers vous demendent le panégirique que me promet vostre lettre, et que j'attens desjà avec mon ordinaire impatience. Comme vostre panégirisé est sans comparaison plus brave et meilleur que Stilicon, je ne doute point que vostre panégirique ne vaille plus que tous ceux de Claudian, quoy que le bonhomme Malherbe les admirast, quoyque celuy qui les a faits fust et grand courtisan et grand poète, quoyqu'on voye encore

---

[1] Lhuillier et Rigault, conseillers au parlement de Metz.

une statue, je ne sçay où, érigée à sa mémoire avec cette inscription : *Cl. Claudiano prægloriosissimo poetarum*, etc.[1]

Le seigneur Peyrarède eschappa à mon souvenir il y a huict jours; et je ne vous en diray point encore ce que j'en pense, parce que je ne l'ay pas assez considéré pour le bien cognoistre. La première veue des choses et mes premières pensées m'ont souvent trompé, outre qu'il est aisé à la bonté feinte ou véritable de corrompre mon jugement par le moyen de ma passion. Cettui cy s'est détourné de son chemin d'une journée et demye pour me rendre une visite. Il m'a fait d'abord mille protestations d'amitié. Il s'est avoué de vous. Il a commencé ses complimens par les chers noms de Ménage et de Mainard[2]. Il m'a récité quantité de ses Épigrammes. Il m'a communiqué quelques unes de ses corrections sur les poètes. Il m'a dit qu'elles avoient été admirées par Grotius, et que Heinsius s'estoit récrié dans une conférence qu'ils eurent ensemble : *Per Deum immortalem, tu es summus criticorum*. Il m'a dit aussy que le brave Cerisantes n'entendoit pas le latin et que sa dernière ode imprimée estoit très mauvaise. Il m'a dit encore que nostre très aymé M⁰ d'Ablancour avoit fait quatre cent fautes notables dans sa traduction de Tacite. Il m'a dit plusieurs autres choses que je n'ay pas le loisir de vous escrire, estant pressé de finir par le laquais de ma nièce qui me demende ma lettre. C'est, Monsieur, vostre, etc.

Je voudrois bien, avec les vers du Père Théron[3], ceux de Mademoi-

---

[1] On lit dans l'article *Claudien* fourni par le savant Jos. Vict. Le Clerc à l'*Encyclopédie des gens du monde*, et reproduit dans la *Notice sur la vie et les ouvrages de Claudien* (collection Nisard) : «Ces divers «ouvrages de Claudien méritaient-ils la statue «de bronze que Stilicon lui fit élever dans «le forum de Trajan, avec une inscription «latine, que Pomponius Letus, qui en in-«venta bien d'autres, prétendit avoir retrou-«vée à Rome en 1493, inscription où l'on «imagine pour Claudien l'épithète barbare «de *prægloriosissimus*, et qu'on fait suivre «d'un distique grec qui lui accorde à la fois «le goût de Virgile et le génie d'Homère?»

[2] Il n'y a rien sur Peyrarède dans le *Menagiana*, mais, en tête des *OEuvres de Maynard* (Paris, 1646, in-4°), on trouve douze vers latins signés *I. Peyraredus*, et dans un desquels le poëte est appelé :

Alter gallico in orbe Martialis.

[3] Le copiste a écrit : *Thiron*.

selle de Schurmann et quelques unes de ses lettres; faites en souvenir nostre très cher.

CXXII.

Du 24 décembre 1645.

Monsieur, Je vous escris en grand désordre, et en assez mauvais estat. Ce sera seulement afin que vous ne pensiez pas que je sois plus mal que je ne suis, et que vous ne preniez pas à la lettre *hominem degentem silentium* pour un homme mort. Les vers du Batave [1], s'ils sont obligeans en toutes façons, ils m'obligent en effet à beaucoup de choses qui m'incommodent. Ils me lient les mains contre le père [2]; ils rompent mes mesures pour l'impression du volume, ils m'ont desjà fait quitter ma besoigne, et avec quelque sorte de despit. Que deviendra tout ce que j'ay escrit à Mʳ Saumaise, et plusieurs autres endrois du livre, où il est parlé librement du superbe Heinsius? De quoy ne me mandant rien par vostre dernière, j'aurois quelque sujet de croire d'un autre que de vous qu'il n'auroit pas pris la peine de lire la copie qui m'a esté renvoyée. Je ne plains point néanmoins les endrois qui se perdront, et, quand tout le livre périroit, je me consolerois aisément de sa perdition, pourveu que je ne fusse point obligé d'en faire un autre. C'est donc la peine de refaire et de changer que je crains comme la mort; et, à vous parler franchement, j'eusse encore mieux aymé des Iambes satyriques que des Hendecasillabes amoureux, parce qu'il m'eust esté permis de ne respondre point aux premiers et que mon silence eust passé pour modestie, au lieu qu'en cette rencontre il seroit appellé incivilité. Je ne puis néanmoins rien dire que vous ne m'ayez premièrement fait sçavoir en quels termes est Heinsius avecques Saumaise, sur quoy il faudra que je règle mon compliment; et cela, Monsieur, après avoir maudit une infinité de fois ma réputation et mon mestier de faiseur de lettres.

Mille très humbles remerciemens, s'il vous plaist, à nostre très cher

[1] Nicolas Heinsius. — [2] Daniel Heinsius.

Mʳ Ménage, pour la très belle lettre qu'il m'a escrite. Vous ne doutez point, je m'asseure, que je n'ay receu avec toute la gratitude dont je suis capable l'honneur que m'a fait Mʳ le Coadjuteur, *quem virum aut heroa*[1], et ce qui s'ensuit. Vous acheverez le reste et il vaudra beaucoup mieux de vostre façon que de la mienne. Je suis, Monsieur, vostre, etc.

Je vous suplie, Monsieur, de tesmoigner au petit amy que je suis très satisfait de ses soins quoyqu'il ne receoive point de mes lettres. Asseurément je quitteray la France, et m'yray confiner dans la Thébaïde, s'il me faut plus escrire à d'autre qu'à vous. J'attends impatiemment et avidement le panégirique, moy qui n'ay plus de gout pour quoy que ce soit, non pas mesme pour le nectar et pour l'ambrosie. Pardonnez à ma précipitation, je ne sçay ce que je vous escris depuis le commencement jusques à la fin.

Je sçauray par vostre moyen quel homme est ce Nicolas, fils de Daniel, du corps, de l'esprit[2], etc.

CXXIII.

Du 31 décembre 1645.

Monsieur, Le courrier qui devoit venir hier n'est pas encore arrivé. C'est le Dieu perruqué de glaçons[3] qui l'a arresté par les chemins. Ce

---

[1] Horat. *Carminum liber primus*, ode xii, v. 1.

[2] Nicolas Heinsius était venu à Paris en 1645, âgé de vingt-cinq ans, pour y étudier les manuscrits d'Ovide et de Claudien. Il avait été très-bien accueilli par le duc de Montausier, auquel il dédia, par reconnaissance, un recueil de poésies latines (*Elegiarum liber*, Paris, 1646, in-4°). Chapelain, qui avait pu le voir beaucoup à l'hôtel de Rambouillet, donna sans doute à Balzac tous les renseignements qu'il lui demandait sur le jeune philologue hollandais. Je ne sais en quels termes était alors Heinsius avec Saumaise, mais ce que je puis dire, c'est qu'en 1650, quand Nicolas publia sa remarquable édition de Claudien (Leyde, in-12), Saumaise laissa trop voir la jalousie et la haine dont il était animé. Voir la *vie de Nicolas Heinsius* si bien racontée par Burmann en tête des *Adversaria* du premier (1742).

[3] J'avais pensé d'abord que le *Dieu perruqué de glaçons* était une de ces métaphores

sont les enfans frénétiques du septentrion qui tiennent à présent l'empire de l'air et de la terre. Ce sont les postillons d'Æolle[1] qui empeschent les nostres de courir. Je ne respons donc point à des lettres que je n'ay point receues : mais, en les attendant, je vous diray de rechef, Monsieur, que les injures de Daniel m'eussent beaucoup moins fasché que les cajolleries de Nicolas, et que je suis incommodé de tous les complimens qui demendent d'autres complimens[2]. Ce n'est pas que je ne prise infiniment l'acquisition d'un amy: mais me voudriez-vous faire accroire que ce soit amitié que tout ce commerce de vent, de fumée et d'autres choses encore plus légères et plus vaines? On loue pour estre loué, et je suis si las de l'un et de l'autre que je ne souspire plus qu'après le silence et l'obscurité, j'ay pensé dire la surdité. Je voudrois souvent estre enchanté dans quelque palais d'une isle inconnue, sans action, parolle ny mouvement, ne vivant que par le seul dormir, pourveu que mes songes me représentassent perpétuellement vostre image, et me parlassent tousjours de vous. Presque tous les autres objets m'importunent et m'affligent; et, pour passer de la thèse à l'hipothèse, je ne craindray point de vous dire que deux Révérends Pères et un Cavalier sont venus aujourd'huy céans, sans que j'aye voulu me laisser voir. Peu s'en faut que je ne leur aye crié moy-mesme : Je n'y suis pas. Ainsi, quoyque quelquefois on me traite d'enfant de Jupiter, je suis plus fa-

---

que le cardinal Du Perron reprochait à Du Bartas, mais je n'ai rien trouvé de pareil dans *la Semaine*. Peut-être Balzac a-t-il simplement voulu faire allusion à un vers de Ronsard et opposer l'hiver «perruqué de «glaçons» au soleil «perruqué de lumière!»

[1] ..... Et de qui la parole
Serre et lasche la bride aux postillons d'Éole.
DU BARTAS, v. 3 et 4 du premier jour de *la Semaine*.

[2] Ces compliments, Balzac ne les fit pas trop attendre à Nicolas Heinsius. Voici ce qu'il lui écrivait, le 15 janvier 1646 (p. 670): «Si la Serene de la France, ainsi vous plaist «il de me nommer, n'est pas tout à fait «muette, outre que la pluspart du temps «elle est enrumée, il ne luy reste qu'un pe-«tit filet de voix, qui ne seroit pas capable «d'endormir le plus assoupi matelot de «vostre pays. C'est vous, Monsieur, qui «estes en age et en estat de charmer, et «non seulement les compagnons de Ulysse, «mais Ulysse mesme... Vous avez, à vingt-«quatre ans, tout ce qu'une exquise nourri-«ture peut adjouster à une heureuse nais-«sance, etc.»

rouche que les enfants de Neptune, que le Ciclope mesme le plus farouche de tous, et duquel nostre amy a dit :

> Nec visu facilis, nec dictu affabilis ulli[1].

Un homme de cette humeur ne désire point, Monsieur, que Heinsius se raproche de luy. Au contraire de n'estre qu'à Leyden, il trouve que ce n'est pas estre assez esloigné de Balzac. Il n'est pas pour moy assez avant dans le Nort. Pleust à Dieu que tous les faiseurs de complimens fussent à Stokolm et au delà, qu'ils s'en aillent au diable chez les Lapons, tous ceux qui me voudront importuner chez les Hollandois! Mais le panégirique ne viendra-t-il pas par le premier ordinaire? Je vous jure, Monsieur, que, dans ma verte jeunesse, je n'attendis jamais l'heure d'une assignation avec plus d'impatience, ou plus de fureur, car, en matière d'amour, ma passion va quelquefois jusque là. O que je verrai d'admirables choses! Que je seray glorieux de vostre gloire! Que je diray de fois : « L'excellent amy que j'ay! Que c'est un excellent « ouvrier de couronnes! Qu'il est nécessaire pour les triomphes! Que « les demy dieux ont besoin de luy! » Le vostre m'a fait souvenir de mon discours à la Reyne, dans lequel il a bonne part, comme vous sçavez. Et, parce que nouvellement j'ay retouché, changé et corrigé le discours pour le mettre en estat d'estre imprimé avec quelques autres à la suite des *Choisies*, je vous l'envoye de cette dernière révision par le messager qui part demain d'Angoulesme. J'en ay osté tous les endroits odieux et quelques uns qui me desplaisoient. Vous n'y trouverez plus le grand Pan mort, quoy qu'au jugement des justes il ne pouvoit jamais mieux estre qu'en ce lieu là. Mais il faut que vous sçachiez, Monsieur, que M^r le Mareschal de Grammont[2], passant l'année passée

---

[1] Virg. *Æneid*. III, 621.

[2] Antoine III, d'abord comte de Guiche, puis duc de Gramont, né en 1604, mort en 1678. Voir une lettre de Balzac, du 14 janvier 1645, « à Monseigneur le duc de « Grammont, maréchal de France (p. 616). »

Dans une lettre à Conrart du 20 novembre 1652 (p. 957), nous lisons : « Je vous « eusse écrit il y a trois jours, si j'eusse eu « une heure de loisir pour cela. Mais Mon-« sieur le Maréchal de Grammont estant icy, « il falut luy donner le jour du courrier. »

en ce pays, me fit faire tant de civilités par mon neveu, pour m'obliger à ne luy pas refuser une douzaine de lignes, que je lui eusse bien donné davantage, me le demendant si honnestement et d'une manière si obligeante. Reprenez donc, s'il vous plaist, la douceur de vostre visage, pour une composition à qui vous fistes un peu mauvaise mine la première fois que vous la vistes; elle est purgée à mon advis de tout ce qui vous pouvoit choquer, et rien n'empeschera maintenant que vous ne luy donniez vostre bénédiction, pour luy porter bonheur, et la faire réussir dans le monde. Je vous suplie de la faire voir de ma part à M. nostre Gouverneur, et de la luy laisser quatre ou cinq jours, après lesquels vous me ferez la faveur de la retirer, et de la rendre à Mr de Forgues, qui me la renvoiera ou me l'apportera luy-mesme, parce que c'est la seule copie bien correcte que j'en aye.

Vous trouverez dans ce paquet un petit poème que j'ay fait contre un Tiran de collége, terrible et impitoyable foueteur [1], tel qu'estoit autrefois *Orbilius quem plagosum dixere olim magnanimi Remi nepotes* [2]. Il y a ensuite une de mes vieilles Épigrammes que j'ay ajustée et augmentée de six vers, pour commencer à me revancher de tant de faveurs que j'ay receues de nostre très cher Mr Ferramus : Si vous la jugez digne de luy, vous luy en donnerez une copie. Je vous demende tousjours les bonnes graces de M^r l'Evesque de Grasse, et vous conjure de l'asseurer tousjours comme il faut, de l'amour et des respects que j'ay pour son incomparable mérite.

Je vous prie aussy de sçavoir de Madame la Comtesse de More si elle a le testament que M^r le Mareschal de Marillac [3], son oncle [4], fit à Ruel [5], et qu'on m'a dit avoir esté supprimé par le Cardinal. Un homme

---

[1] C'est la petite pièce intitulée: *Orbilius* (p. 21 du tome II de la seconde partie des *OEuvres complètes*).

[2] Voir Horace (lib. II, ép. 1, v. 70, 71). Cf. Suétone, *De illustribus Grammaticis*, cap. II.

[3] Louis de Marillac, maréchal de France en 1629, décapité comme concussionnaire le 10 mai 1632.

[4] Une sœur du maréchal, Valence de Marillac, épousa Octavien Doni, seigneur d'Attichy, et de ce mariage naquit la comtesse de Maure.

[5] Le P. Griffet, qui a donné tant d'exacts

de condition m'en a fait présent d'une copie comme d'une chose extremement rare, et je luy ay fait là dessus un remerciement qui, à mon advis, ne desplaira pas à Madame la Comtesse. Le testament finit par ces mots : *Fait au chasteau de Ruel, et clos montant en carosse pour aller où il plaist au Roy de m'envoyer.*

Mon frère ne manquera pas de vous rendre ses devoirs : je m'imagine que vous ne le trouverez pas trop provincial. Je suis tout à vous. Balzac.

Le courrier est arrivé et m'a apporté vostre lettre, mais vos vers, qui pouvoient arriver demain par le messager, sont demeurés à Paris par la faute du stupide Rocolet, *cui culpæ expiandæ quantum flagrorum opus esset.* Il mande à ma sœur qu'on luy a apporté un paquet de chez Madame Camusat, mais qu'il le trouve trop gros pour la poste et trop petit pour le messager, et par conséquent qu'il ne l'envoye point : le messager, *autem* ne luy en desplaise, porte des lettres de deux sols de port. Vous ne sçauriez croire l'indignation, voire la colère, voire la haine, que j'ay contre ce maraut, qui devroit estre crocheteur ou palefrenier et non pas libraire ou imprimeur. Je ne puis luy pardonner cette dernière dureté de crane, et une omission qui m'afflige au dernier point, qui me rend malade, qui tire de mon cœur et de ma bouche plus de malédictions et d'imprécations contre luy qu'il n'y a de sillabes dans vostre Ode. En vérité il n'y a plus moyen de le souffrir. Il m'a fait mille niches, mais cette dernière faute comble le boisseau, et vous me ferez plaisir de rompre tout à fait avec luy et de ne le point escouter en ses justifications, comme je suis résolu à la mesme chose. Il y a peu de gens de sa profession qui ne vaillent mieux que luy, et, si vous l'avez pris quelquefois pour un bon homme, croyez sur ma parolle qu'il n'en a que le dehors, et que c'est un Asne qui fait tout ce qu'il peut pour estre Renard. N'en parlons jamais, je vous en prie ; nous ne manquerons point de libraires qui nous servent.

détails sur le procès du maréchal de Marillac (*Histoire de Louis XIII*, t. II, p. 223-250) dit que le lundi matin, 10 mai, jour de l'exécution, lorsque le sieur des Ruaux entra (à Ruel) dans la chambre de Marillac, «il le trouva qui écrivoit son testament.»

J'enrage de n'avoir pas vostre Ode, et vous veux presque mal d'avoir eu si peu de soin de l'envoy d'un si riche présent. J'espère, j'espère au lieu que je devrois jouir.

CXXIV.

Du janvier 1646.

Monsieur, C'est sans doute mon mauvais Démon qui vous conseilla d'envoyer à Rocolet ce que vous deviez avoir envoyé à Mr de Forgues. Vous pensez que j'aye receu vostre Ode il y a huit jours, et je vous apprens qu'elle ne sçauroit estre icy de quinze. Voicy de quoy vous le prouver par les propres termes de la lettre que ma sœur a receue aujourd'huy de cet honneste homme : « J'ay ceans un gros paquet que « j'envoyeray au messager par le premier ordinaire avec quelque autre « chose que j'y joindray, *etc*. De Paris ce dernier jour de l'année 1645. » Après cela je vous demande si le maraut n'est pas le dernier de tous les maraus? S'il n'est pas *bipedum stultissimus, stolidissimus, etc.*? Si son esprit ne doit pas estre envoyé aux Incurables? S'il ne peut pas disputer à Margites la couronne du royaume de la Morie? S'il n'a pas du fer dans la teste? S'il n'est pas tout corps et tout matière? Si ce n'est pas un asne sous la figure d'un homme? Je souffre cependant cette dureté asinine; et vous excuserez encore *Capo di ferro* s'il a recours à vostre bonté. Je vous prie, Monsieur, mais je vous en prie tout de bon, de ne le voir jamais pour l'amour de moy, et de luy faire dire par quelqu'un de vos gens, en luy fermant la porte de vostre logis, que je vous ay fait cette prière :

> Dii tibi pro ferro hoc capitis pro pectoris hujus
> Innecta silice, ac rigidis, o bestia, fibris
> Reddant formam Asini : certe nec fœmina nec vir
> Tam durum fecere caput; tu vera rudentis,
> Vera patris soboles, omnem gravitate paterna,
> Perge modo, Arcadiam vinces : tu tardior omni,
> Fustibus æternis et dignior, ibis asello.

Ma cholère ne s'exhale pas par là et j'en garde bien plus dans le cœur que je n'en verse sur le papier après avoir leu les vers que je viens d'escrire, et que l'indignation m'a inspirés tout d'un coup; il me semble, monsieur, qu'ils ne sont pas trop mauvais et que mon extemporaneité est assez heureuse. Si cela est, il seroit dommage qu'elle se perdist, et je vous suplie de nouveau de mettre à part toutes les lettres (sans en excepter une seule) que je vous ay escrites, depuis celles que vous m'avez renvoyées, afin que je les receoive par le retour de Mr de Forgues, vous promettant foy d'homme de bien et *per quicquid inter homines sanctum*, etc., que je n'abuseray point de vostre nom, et que ma liberté ne vous sera jamais reprochée, non pas mesme par le scrupule et par la superstition.

Je suis bien ayse que vous ne soyez pas mal satisfait de la personne de mon frère. Il sçait que je suis tout à vous, et que vous estes le plus cher objet de mon amour et de mes respects; mais il sçait de plus que toute la Cour est ma rivalle dans une si noble passion; il sçait qu'il faudroit venir de la Chine et du siècle Mille Cinq Cens, pour ignorer que vous estes un des ornemens de la France et une des lumières de nostre siècle.

Je vous avois parlé par l'autre ordinaire de Madame la comtesse de Maure; mais je me ravise, et vous prie de ne luy rien dire du testament dont est question, que vous n'ayez eu là dessus de mes nouvelles. Au reste, Monsieur, ne vous souvient-il point que je vous menassay, il y a plus de cinq ou six ans, d'une silve à M^r l'abbé de Boisrobert, et que je vous priay de luy porter de ma part cette parolle de guerre? Le poème fut commencé dès ce temps là, mais je ne l'achevay que dernièrement, et encore la chose s'est faite plus tost par hazard que par dessein[1]. Ce courrier vous en porte une copie que je recommande à vostre bonté, affin que l'abbé me sçache gré de ma dédicace, et qu'il voye que j'ay autant d'affection pour mes amys que j'ay de mespris pour la fortune. La pièce est une chaisne d'interrogations. Elle demende des nouvelles et les dit presque toujours en les demendant. On y pourra remar-

---

[1] *Ad clarissimum et amicissimum antistitem, Metellum de Bosco Roberto epistola* (p. 22 de la seconde partie du tome II des OEuvres complètes.)

quer de l'antidate et quelque chose qui, pour l'ordre du temps et la rigueur de la vérité, n'est pas entièrement historique : comme par exemple j'ayme mieux parler de la Reyne mère que du cardinal, et l'*antistes* n'estoit alors abbé que de son nom, et on ne faisoit point guerre ouverte à Mamurra, et on ne parloit point du cher Ferramus, *etc*. Mais tout cela est de fort peu d'importance, et d'icy à dix ans personne ne le sçauroit reconnoistre; maintenant mesme peu de gens s'en appercevront. Je finis en pestant de rechef contre la teste de fer, qui me fait mourir de langueur et d'impatience. C'est, Monsieur, vostre, etc.

Que les nouvelles de Cataloigne me plaisent, et que nostre mareschal de camp[1] s'érige luy mesme en général d'une admirable manière! C'est véritablement estre artisan de sa fortune, mais artisan comme Polyclete et Phidias, artisan de chef-d'œuvres et de miracles, comme ces autres desquels on a dit qu'ils ne travailloient que pour l'éternité et pour les Dieux, les Roys de leur temps estant trop pauvres pour achepter leurs ouvrages. La gloire de cettuy cy me touche plus vivement qu'il ne seroit de la bienséance philosophique. Mon insensibilité en est chatouillée et vous sçavez bien pourquoy, et pour combien de raysons. Le petit rayon que j'ay veu dans la Gazette a desjà esclaircy les nuages de mon visage; a pénétré jusques dans les Ténèbres et dans le Tartare de mon chagrin *jusques à faire luire le jour entre les morts*.

CXXV.

Le 15 janvier 1646.

Monsieur, Je quitte toute autre matière pour venir à celle qui m'est la plus chère, et qui me remplit aujourd'huy l'esprit. Je parle de vostre sublime, pompeux, magnifique, en un mot incomparable poème[2]. Je

---

[1] Le marquis de la Trousse.

[2] Saint-Marc, dans le tome I de son édition des *OEuvres de Boileau* (p. LIII), au sujet de l'éloge donné par le satirique à l'Ode de Chapelain en honneur du cardinal de Richelieu («je n'ay pas prétendu que Chapelain, «par exemple, quoyqu'assez méchant poète, «n'ayt pas fait autrefois, je ne sais comment.

j'ay receu par une voye extraordinaire et par les soins d'un autre que de mon asne de fer; je l'appelle ainsy à la différence de celuy d'Apulée, qu'on appelle d'or. J'ay donc receu de vostre grace ce riche présent; mais je n'ay garde de vous obéir, après vous avoir remercié. Je serois un fort honneste homme, si je voulois prononcer *ex cathedra* (comme vous dites par galanterie) sur un oracle qui me vient *ex tripode* (comme je dis sérieusement). Je dis plus, Monsieur, je n'avoue pas seulement votre inspiration, je la voy, je la sens et j'en ay ma part. Vous faites de moy ce que vostre muse a fait de vous : vous me mettez hors de moy-mesme; vous me transportez l'ame et les sens. La lyre d'airain rehaussée de plus de trois tons, quoique vous n'en confessiez qu'un, m'a agité d'une estrange sorte : elle a presque fait un poète d'un orateur, et à l'heure que je vous parle, je serois capable de vous faire une Ode, pourveu que vous ne la voulussiez pas extremement longue; tant la vostre m'a laissé de semence dans l'esprit, et a sceu vaincre ma stérilité; tant elle a remué puissamment cette partie harmonique, qui se trouve dans les ames les plus dures et les plus terrestres, dans celle mesme de Rocolet.

Les fredons et les affeteries de la Musique corrompue ne vont pas si loin : sa douceur molle et efféminée qui s'arreste toute dans les oreilles, et n'a pour fin que leur volupté, ne produiroit point un tel effect, n'iroit point chercher, jusques au fonds de l'ame, un petit principe de chaleur, une bluette à demy esteinte, pour faire un grand feu et de belles flammes. Il faut une force extraordinaire pour ces effets merveilleux, et c'est à vous à qui je diray dans l'ode que je médite :

Toy, dont la force est le partage.

Ce n'est pas que vos vers manquent de douceur, mais c'est que la

---

« une assez belle ode »), Saint-Marc, dis-je, s'exprime ainsi : « Je connois une autre ode « de Chapelain pour monseigneur le duc « d'Anghien, imprimée à Paris, in-4°, chez « la veuve de Jean Camusat et Pierre le Petit « en 1646. Cette pièce n'est en rien infé- « rieure à celle dont il vient d'être parlé. J'y « trouve même en quelques endroits plus de « grand et de sublime. » Ces dernières expressions sont aussi dans la *Bibliothèque française* de Goujet (t. XVII, p. 372).

force domine, comme de rayson. Vos vers ont des graces et de la beauté, mais ils ont du courage et de la valeur encore plus. Il me semble qu'ils font plus tot la guerre qu'ils ne la descrivent; qu'ils combattent eux mesmes et qu'ils tuent eux mesmes les généraux; qu'ils entrent en société de victoires et de gloire avec les actions qu'ils ont célébrées. Voulez-vous croire un homme qu'ils ont inspiré? Ils seront un jour les amours et les favoris des Princes, leurs conseillers et leurs directeurs. Ç'a esté la fortune de ceux qu'Alexandre aymait si fort; qu'il avoit logés dans une cassete garnie de pierreries, qu'il faisoit coucher avecques luy. Il vaut mieux, Monsieur, ressembler à Homère qu'à Hésiode, c'est à dire au poète des Lacédémoniens qu'à celuy de leurs valets; à Pindare qu'à Anacréon, c'est à dire à un qui va dans le ciel et qui trouve le soleil, qu'à un qui ne vole que dans les parterres et qui ne bouge de dessus les fleurs. Pour conclusion, vous avez trop grand sujet de vous contenter de *vostre partage*. Souffrez sans envie que la voix des autres endorme et chatouille les courtisanes, pourveu que la vostre resveille et anime les capitaines; ne soyez point fasché qu'entre vos ouvrages et ceux qui sont les plus estimés on face la différence que j'ay veu faire en Italie, entre deux portraits d'Achille, dont l'un estoit plus hardy et l'autre plus délicat: *Celuy la* (ce sont les parolles d'un grand personnage) *a mangé de la moelle des lyons, celuy ci a esté nourry de confitures.*

Je rendray le compliment que je dois, parce que je ne veux pas estre incivil; mais je ne m'engageray point dans un autre compliment, parce que je ne suis point affamé d'approbation, d'estime ni de louanges.

Grammaticas ambire tribus nec pulpita curo [1].

Je n'ay point dessein de former de party dans la République pédantesque; de cabaler, de brouiller en ce pays là; et pleust à Dieu estre aussi caché et aussy oublié du monde que ce bonhomme dans la

---

[1] Horat. *Epistol.* liber I, Ep. xix, v. 40. Le véritable texte est celui-ci:
Grammaticas ambire tribus et pulpita dignor.

cabane duquel se retira l'Herminie[1] de nostre Tasse. Pour le docteur dont vous me parlez[2], on m'a asseuré qu'il ne désennyvre plus, *nec jam amplius hominem esse sed amphoram*[3], *quid ergo siccis et sobriis intercedere potest cum hujus modi infundibulo commercii, societatis, amicitiæ,* etc. Au reste, il n'est point nécessaire de me prescher la belle maxime des inimitiés qui doivent mourir. Je vais plus avant, Monsieur, je ne croy pas seulement qu'elles doivent naistre, et Dieu m'est tesmoin, s'il y a un seul homme au monde que je haïsse. *Tanti non sunt nec homines nec res humanæ, et propterea de statu si non optimo saltem pacato satis moveamur.*

Mr Lhuilier est extremement injuste, s'il ne m'ayme extremement; je l'estime et l'honore de tout mon cœur; et dites luy, s'il vous plaist, que mes [plus] jolies de mes *Selectes* sont quatre ou cinq que je luy ay autrefois escrites, et que j'ay rabillées depuis quelque temps. Je suis sans réserve, Monsieur, vostre, etc.

CXXVI.

Du 15 janvier 1646.

Monsieur, Ce n'est pas assez d'une lettre, vous me fournissez matière pour plusieurs discours. L'exemplaire m'a esté enlevé, mais je ne me suis pas pourtant dessaisy de l'Ode. J'ay leu et relu et ça esté avec succès. Ma mémoire fugitive depuis si longtemps s'est venu rendre à moy pour l'amour de vous, et il me souvient de tant de choses, que j'ay de quoy en entretenir plus de huit jours le Dieu et les Nymphes de la Charente. Je leur parle sans cesse du petit fils de celuy qu'ils veirent mourir sur leur rivage[4], et leur fais avouer qu'il est plus grand

---

[1] *Jérusalem délivrée,* chant VII. Le copiste a écrit : l'*enire*.

[2] Daniel Heinsius, je le crains bien.

[3] C'est le mot qui fut dit par un mauvais plaisant devant le corps de l'empereur Bonose qui, vaincu par Probus, s'était pendu de désespoir: *amphoram pendere, non hominem* (FLAV. VOPISCUS, *Historiæ Augustæ scriptores*).

[4] Louis Ier de Bourbon, prince de Condé, tué à la bataille de Jarnac, sur la rive droite de la Charente, le 13 mars 1569. (Voir le beau récit de l'auteur de l'*Histoire des princes de Condé,* tom. II, p. 70, 71.)

que n'ont esté tous ses pères. Je leur dis qu'il s'appelle le prince affamé des combats, l'émulateur du grand Gustave; le modeste vaillant, le sage ambitieux qui commence au siége d'Arras à dresser son robuste bras aux futures grandeurs de tant d'actes illustres; qui force et chasse devant soy les tremblans escadrons de Lamboy[1], de Buquoy[2],

De son fer premieres victimes;

qui est en mesme temps général et soldat, *etc.*; qui semble seul toute l'armée, *juxta illud : Cocles tota acies pontis; et illud quoque : Respublica nostra tota Camillus erat;* qui

Désaltère de sang son fer impitoyable,

quod paulo minus quam illud est : Inebriabo gladium meum de sanguine inimicorum meorum[3]. Je conte des nouvelles à nostre fleuve de quelque fleuve de sa connaissance, du Rhin, du Nicère[4], etc., avec lesquels il fit autrefois amitié aux Estats Généraux tenus chez le père Océan il y a je ne sais combien de siècles. Tout cecy est historique, Monsieur, quoyque d'une manière poétique, et sur un sujet qui l'est aussy; et quand je vous diray que j'employay toute l'après disnée d'hier, qui fut assez belle, à vous réciter et à vous chanter au bord de nostre rivière, je ne vous diray que la vérité. La stance de Pithon, comme vous pouvez penser, ne fut pas oubliée dans ce récit; cette stance qui me semble admirable, et que j'estime plus que deux Odes grecques ou latines. Je n'oubliay pas aussy ce divin endroit :

Tu cherches son enfance et ne la peux trouver,

qui va si loin au delà de *Et sese virtute relinquens;* et de *In cunis jam Jove dignus erat,* et de *Parcite natales timidi numerare Deorum.* Si le cou-

---

[1] Guillaume de Lamboy, un des généraux espagnols vaincus à la bataille de Lens, mort vers 1670.

[2] Charles Albert de Longueval, comte de Bucquoi, général de la cavalerie espagnole aux Pays-Bas, mort en 1663.

[3] Le texte qui, dans toute la Bible, se rapproche le plus de celui-là, est ce verset du *Deutéronome* (XXXII, 42) : *Inebriabo sagittas meas sanguine,* etc.

[4] *Nicer,* nom latin de la rivière d'Allemagne appelée Necker, qui se jette dans le Rhin, près de Manheim.

rier ne me pressoit, que ne vous dirois-je point de ce bras libérateur? De

> L'effroyable Mercy[1], d'armes tout hérissé,
> Qui cède, qui s'escarte, et, sans se laisser voir,
> De mons et de fleuves se couvre?

Que ne vous dirois-je point de tout le reste? Il me suffit de vous dire pour cette fois, et je le vous dis en poste et dans une extreme précipitation, qu'il n'y a pas seulement des richesses et de l'abondance dans vostre poème, mais aussy de l'économie et de l'ordre; que la fin se rapporte au commencement; que la proportion et la bienséance sont gardées partout. *Alibi denique membra plerumque esse et numerum, hic vere corpus et aciem.* C'est, Monsieur, vostre, etc.

CXXVII.

Du 22 janvier 1646.

Monsieur, Dieu soit loué de la bonne et grande nouvelle! Je vous laisse à penser si je suis ayse que vostre héros en ayt un autre qui serve également l'Estat par ses combats et par ses négociations, par ses travaux et par ses plaisirs[2]. Pour achever la félicité de ce brave Prince et la nostre aussy, après ce fils il faut une fille qui naisse à Munster, et à laquelle Madame de Longueville n'ayt point de part. Nous l'appellerons la princesse Irène[3]; l'attendue et la désirée des peuples; celle dont la France a besoin et de laquelle l'Espagne ne se peut passer, *juxta illud antiquum: Pacem habere Victori expedit, victo necesse est.* Pour moy j'estimeray bien davantage cette fille que les deux filles d'Épaminondas; que sa Leuctres et que sa Mantinée. Et qu'est ce que la

---

[1] Le baron François de Mercy, le plus redoutable des adversaires de Condé et de Turenne, mort le 4 août 1645 des blessures reçues, la veille, à la bataille de Nortlinghen.

[2] Jean-Louis-Charles d'Orléans, duc de Longueville et d'Estouteville, naquit le 12 janvier 1646. Il ne fut rien moins qu'un héros et mourut le 4 février 1694, après avoir reçu l'ordre de prêtrise en 1669.

[3] C'est-à-dire la paix.

gloire stérile de deux victoires infructueuses, au prix de la gloire qui doit produire le repos, la seureté, l'abondance et ce qui s'ensuit? Il faut que vous soyez tousjours obéy, et que ma faiblesse face tousjours effort pour faire vostre volonté. Vous devriez pourtant m'espargner un peu davantage et avoir un peu plus de pitié de mon infirmité, que vostre rigueur appelle paresse. Mais il se faudra plaindre une autre fois de cette rigueur.

Vous me continuerez cependant vos bons offices auprès de Mr de Heinsius, et, quand vous luy ferez valoir ma lettre infiniment plus qu'elle ne vaut, vous ne ferez que ce que vous avez coustume de faire.

> Nugis quippe meis tuus est mos addere pondus
> Magnificaque ornare manu plerumque sodalem
> Immeritum, ut stimulis eadem me pungit acutis
> Cunctantem, censumque aliquis cum scribere Belga
> Me cogit, blandoque expugnat carmine mentem
> Pertæsam calamorum et chartas quæ timet omnes
> Tristia seu decreta patrum, sævique Draconis
> Immites tabulas et scriptas sanguine leges.

Je vous ay fait sçavoir par l'autre ordinaire une partie de mes sentimens sur vostre incomparable poème. Le cher Président m'avoit desjà envoyé les quatorze vers qu'il a faits pour le célébrer; il me les appelle ainsy et non pas sonnet. Vous pouvez croire si le sujet m'en a esté agréable, et si Ménandre me plaist quand il est très humble adorateur de Socrate, et qu'il porte autant de respect à cette sainte vertu que son rival Aristophane la traitoit indignement. Mon dessein estoit de luy escrire aujourd'huy; mais je voy bien que je n'en auray pas le loysir, et il faut mesme que je me haste pour envoyer cette lettre à temps. Je luy fis hier au soir une épigramme que vous trouverez cy enclose et que vous me ferez la faveur de luy donner. Elle sera ou présage de la bonne fortune que je luy souhaite ou consolation de la mauvaise dont il se plaint; et j'ai pris ma matière dans sa lettre où il me dit en termes exprès que quelques uns veulent qu'il espère, mais que pour luy il ne veut point espérer. Je prétens donc de le réconcilier avec cette bonne Déesse, la pieuse et charitable espérance, qui tient toujours bon contre le malheur, et n'abandonne jamais les malheureux, non pas mesme après le naufrage, non pas mesme dans les chaisnes, non pas mesme sur l'eschaffaut, etc.

Un autre que moy ne sçauroit que penser du petit Bonair. Il y a plus de six semaines qu'il m'escrivist qu'il attendoit une ordonnance pour moy de M⁺ de Brienne, et que M. le Cardinal la donneroit luy mesme à MM⁺ˢ des finances. Depuis ce temps là je n'ay eu nouvelle ny du petit ny des grands. Je dirois, si je me portois bien :

<blockquote>Is mihi nec labor est, ea me nec cura quietum
Sollicitat...</blockquote>

Je suis plus à vous. *Son vostrissimo. Sic loqui amabat noster carus.*

Il me semble que ce que vous voulez faire est desjà fait et que le Prince vivant doit estre héritier de l'Ode du mort, si ce n'est, Monsieur, que vous craigniez les mauvais présages, comme aussy j'ay quelque appréhension que la manuscrite que j'ay veue ne soit pas du mérite des deux précédentes. J'attends par le retour de M⁺ de Forgues, c'est à dire au commencement du Caresme, les copies que je vous ay demendées : la dernière que j'ay est du 20 de mars de l'année passée, et dit quelque chose de la promotion de M. de Montausier au gouvernement de ces provinces. Envoyez moy tout, Monsieur, et asseurez vous que je n'abuseray de rien.

Vous ne croyez qu'à demy que je suis malade. Et néanmoins je le suis de telle sorte, que je vous ferois grand pitié, si vous estiez tesmoin de mes maux; vous ne sçauriez croire la peine que j'ay à aller d'un jour à l'autre. Il n'y a rien de si vrai que ce que je vous ay dit plusieurs fois. *Misero mihi in pœnam vita data est.* Vous me consolés pourtant, s'il n'est pas en vostre pouvoir de me resjouir.

CXXVIII.

Du 29 janvier 1646.

Monsieur, je ferois bien le sage si je voulois, et il me semble que je vous ay souvent dit que mes passions estoient plus en ma puissance que je n'étois en la leur. Elles vont quelquefois assez loin, mais ce n'est pas sans congé. On pense que le cheval m'emporte, rien moins que cela, Monsieur, c'est que je le pousse et que je veux courir. J'ay des brides et des esperons dont je me sers selon l'occasion, et le faquin [1] m'ayant fait un sensible desplaisir, trouvez-vous mauvais que j'aye voulu m'en consoler par l'agréable vengeance que j'en ay prise, que j'aye tiré quelque remède de mon mal et quelque plaisir de ma douleur? Vous dites merveille pour sa justification. Il me seroit néanmoins aisé de réfuter tout ce que vous dites, et de prouver [2] que mesme en qualité d'asne, de figure ursine, d'idée de marrucinite [3], et agissant selon sa nature, il devoit estre moins massif, et avoir un peu plus d'instinct qu'il n'en a montré en cette occasion. *Et hæc hactenus, ne toties de hoc stipite verba faciam.*

Je vous ay escrit deux lettres par un mesme ordinaire sur le sujet de vostre Ode, et j'en aurois encore deux autres à vous escrire, si je voulois m'arrester sur toutes les beautés que j'y ay trouvées. Ma critique n'est pas moins sévère que celle du Patelin, et peut estre mesme qu'elle va plus droit au but; mais elle ne voit rien icy qui ne soit digne d'estime, de louange, d'admiration. *Et væ illis inepte ingeniosis, misere delicatis, quibus non sapiunt Deorum dapes.* J'ay de la peine à croire cette seconde lascheté; et ne se pouroit-il point faire que le petit poète de Cour auroit voulu donner de l'autorité à ses notes par un plus grand nom que le sien et ce *amplius deliberandum.* Cependant je loue vostre magnanimité et tout ensemble vostre prudence; et c'est ainsy que mon petit sens commun m'a fait agir autrefois contre mes plus violens ennemys, je veux dire en n'agissant point et en ne poursuivant point une guerre dont la victoire m'eust fait une douzaine de guerres.

Le cher Ménage ne se souvient point de la Demoiselle de Schurman. *Aurem, quæso, velle amicissimo capiti,* et que je sçache aussy par

---

[1] Rocolet.
[2] Le copiste a écrit *procurer.*
[3] De *Marruci*, nom donné à ces Maures qui s'établirent, sous l'empereur Léon le philosophe, dans les Alpes. Voir Du Cange, *Glossarium,* au mot *Marrones.*

son moyen si Holstenius [1] est encore en la nature des choses, parce qu'il m'importe de le sçavoir, et, de plus, si on n'a point de nouvelles de Gronovius, lequel me devoit envoyer son Tite Live, et duquel je n'ay pas ouy parler depuis le temps de cette promesse [2], ne sçachant point s'il a receu mon dernier ouvrage qu'on donna pour luy à [M. de] Sarrau. L'épigramme au Président fut oubliée par le dernier ordinaire. Je la trouve aussy bonne et aussy Romaine que la plus Romaine que j'aye faite. Advertissez de rechef l'abbé autrefois comique (car il a souvent besoin d'estre adverti plus d'une fois) que l'Epistre nouvellement envoyée a esté escrite il y a longtemps et qu'elle n'est pas de l'empire de *Anna Augusta* [3], mais de celuy de *Maria Augusta* [4]. Je suis tout à vous, voire mesme *ad ruinas, ad incendia*, si vous estiez Catilina comme vous estes Caton.

CXXIX.

Du 5 février 1646.

Vous devriez estre persuadé aussy bien que moy de tout ce que je vous ay escrit sur le sujet de vostre Ode. Je vous en ay escrit non seulement de l'abondance du cœur, mais encore de la teste, avec amour véritablement, mais amour qui a des yeux et qui n'agit pas sans connoissance; amour qui discerne, qui examine, qui juge du mérite de la chose aymée. Laissez pateliner les Patelins tant qu'il leur plaira; s'ils veulent mordre vos ouvrages, ils se casseront les dents, au lieu de les

---

[1] Luc Holstenius (Lukas Holste), né à Hambourg en 1596, ne mourut que le 2 février 1661. Balzac disait de l'habile érudit, qui était alors bibliothécaire du Vatican (Lettre à l'abbé Bouchard, du 19 mars 1640, p. 534): «Je ne doute point des grandes «richesses de M. Holstenius; je me plains «seulement de son bon mesnage. Que sert l'a-«bondance sans la libéralité? J'ay receu ce «que vous m'avez fait la faveur de m'envoyer «de sa part. C'est de la pourpre et du bro-«catel, mais ce n'est qu'un eschantillon.» (Voir sur Holstenius d'excellentes pages de M. Raoul Rochette, rendant compte, dans le *Journal des Savants* de 1817, du recueil de M. Boissonade: *L. Holstenii epistolæ ad diversos;* Paris, in-8°, 1817.)

[2] Le *Tite-Live* de Fr. Gronovius parut à Leyde, chez les Elzeviers, en 4 vol. pet. in-12, de 1644 à 1645.

[3] Anne d'Autriche.

[4] Marie de Médicis.

deschirer. Mais, Monsieur, y a-t-il plus d'un Patelin à Paris? Ou parlez vous figurément comme quand vous dites les Demosthenes et les Cicerons? Vous me ferez plaisir de m'instruire là-dessus, et vous ne sçauriez croire combien je suis ignorant des choses de vostre monde. Par exemple, vous me parlez de Mon *Croius;* et c'est un nom qui n'estoit point venu encore jusques à moy[1]; vostre lettre m'en a donné la première connoissance, *et an albus an ater homo sit adhuc equidèm nescio.* Vostre autre lettre (si je sais bien lire) met Cominges au nombre des poètes de Cour, et le joint au petit Benserade[2]. Seroit-ce Cominges enseigne des Gardes de la Reine[3] et neveu de Mr de Guitaut[4]? J'ay de la peine à le croire, et il me fascheroit qu'il fut poète, parce qu'il ne le seroit que très médiocre[5]; et qu'il vous eust aussy desplu, parce que je luy dois quelque bon office qu'il m'a voulu rendre.

Je ne sçay si je vous ay parlé de l'Orayson de nostre très cher Mr Gassendy[6]. En vérité je l'ay admirée. *Et mihi summus ille vir (ut le-*

---

[1] Si ce n'était pas là un nom défiguré par le copiste, je pourrais dire qu'il n'est pas davantage venu jusqu'à nous.

[2] Le *petit Benserade,* né en 1612, avait alors 34 ans. Balzac paraît avoir eu très-peu de relations avec Isaac de Benserade, beaucoup plus jeune que lui. Il ne s'en est occupé, ce me semble, que dans ses *Remarques sur les deux sonnets d'Uranie et de Job,* qui forment la sixième des dissertations critiques (en treize chapitres, p. 580 à 594 du tome II des *Œuvres complètes*). Voir, sur Benserade, Tallemant des Réaux, Ménage, Charles Sorel, Perrault, Baillet, Niceron, Bayle, Leclerc, Joly, Chaufepié, l'abbé Tallemant, l'abbé d'Olivet, Titon du Tillet, l'abbé Goujet, Viollet-le-Duc, M. Jules Sandeau (*Dictionnaire de la conversation*), M. C. Hippeau (*Nouvelle Biographie générale*), M. Victor Fournel (*Les Contemporains de Molière,* 1866), le *Bulletin du Bouquiniste* du 1er août 1866, etc.

[3] Gaston-Jean-Baptiste, comte de Cominges, qui fut plus tard capitaine des gardes de la reine, gouverneur de Saumur, ambassadeur en Angleterre, et qui mourut en 1670. Voir, sur ce personnage, ainsi que sur le suivant, presque tous les mémoires du temps, surtout ceux de Madame de Motteville, et une notice, mise par celui qui trace ces lignes en tête de la *Relation inédite de l'arrestation des princes* (18 janvier 1650), *écrite par le comte de Cominges* (Paris, 1871, Victor Palmé).

[4] François de Pechpeyroux-Cominges, sieur de Guitaut, mort en 1663 plus qu'octogénaire.

[5] Tallemant des Réaux (t. IV, p. 247) cite un quatrain épigrammatique que l'on attribuait à Cominges.

[6] Probablement quelque discours prononcé par Gassendi comme professeur de mathématiques au collège de France, où il avait été appelé l'année précédente.

nissime dicam) *ingeniosissima dixisse visus est disertissimis verbis.* Je vous demende ses bonnes graces et vous prie de l'asseurer de la continuation de mon très humble service.

Au reste, Monsieur, je sens très vivement et comme je dois les nouvelles obligations que j'ay à Mr de Silhon : faites en sorte, s'il vous plaist, qu'il ne doute point de ma parfaite reconnoissance. Il en verra mille marques dans mes papiers. Je luy en donneray en françois et en latin, *modo vita supersit*, et c'est tout ce qu'il peut attendre d'un pauvre inutile, à qui il ne reste que le cœur et la langue pour payer ses debtes.

Que diable veut faire ce docteur extravagant du faubourg St-Michel[1], avec ces montagnes de lieux communs, et cette éternité de farrages[2] qui ne finissent jamais? Je vous en demende rayson, et à nos autres chers amis qui sçavent escrire et composer, au lieu que celuy cy ne sçait que descrire et copier.

> Ergone, Menagi, Camerari, tu que Godelle[3],
> Ingenuo in chartis et vestro fonte fluentes
> Autorem hunc spurium peregrina hæc furta feretis?
> Finis nullus erit scribendi aliena, locosque
> Communes nunquam et collectum exhauriet imbrem,
> Plurima quem cisterna tenet.

Vous voyez comme les vers naissent tousjours dans ma prose. Je ne suis pas d'advis de les en tirer pour les mettre ailleurs, et, quand je n'aurois pas l'exemple de Fracastor dans quelques lettres italiennes que j'ay veues de luy, trouveriez-vous mauvais que je fusse fondateur de cette galanterie *de regione pedana?* Mon chagrin, mes veilles et mes autres infirmités continuent. *Quem das finem, bone Christe, dolorum?* Je suis tousjours de toute mon ame, Monsieur, vostre, etc.

---

[1] La Motte-Le-Vayer, comme je l'ai déjà noté.

[2] Traduction métaphorique du *Farrago* des Latins. M. Littré a trouvé le mot *Farrage* employé, dans le sens primitif (le mélange de grains des anciens), par Olivier de Serres.

[3] Ménage, La Chambre et Godeau.

CXXX.

Du 12 février 1646.

Monsieur, J'ay oublié mes lettres quand je receoy vos responses; et par conséquent j'ay beau courir après les parolles du mois passé, je n'attrape point ce que vous y avez trouvé de bon. Les vers mesmes qui tiennent plus fortement à la mémoire, parce qu'ils s'y attachent par les mesures comme par de certaines agraphes, eschappent incontinent à la mienne, et, en conscience, il ne me souvient pas d'une seule sillabe de ceux que vous me loués. Ce qui mérite peut-estre d'estre loué, c'est la facilité avec laquelle je les fais, et encore plus celle avec laquelle je les oublie. Cette oubliance si subite, et qui suit de si près l'escriture, est une marque visible de l'inspiration, est un effet de cet esprit estranger qui vient de plus haut, et qui ne me possède qu'un petit instant. *A cœlo, a cœlo est, diceret felicissimæ memoriæ Mamurra et debet intra divina numerari.*

Je ne suis point obligé à deffendre la cause du Patelin[1], ains au contraire, comme vous sçavez. Néanmoins la justification dont me parle vostre lettre, et la connoissance que j'ay, si non de sa prudhomie et de sa bonne ame, pour le moins de son bon esprit et de sa prudence mondaine, me font un peu suspendre mon jugement, et douter de la vérité du rapport qui vous a esté fait. Ne croyons point si viste, mon cher Monsieur; et ne se pourroit-il point que le cher Ménage, qui n'ayme pas fort le Patelin, vous auroit débité pour histoire un de ses soupçons, auroit cru fait ce qu'il a jugé faisable, se seroit imaginé que toutes les apostilles ne peuvent venir que du premier apostilleur? Il a l'ame naturellement chicaneuse, je le vous avoue; il ayme à gloser, à barbouiller, à castelvetrer; mais c'est généralement toutes sortes d'escritures et plus pour satisfaire à son inclination et se contenter en

---

[1] *Le Patelin* serait ici Costar, Balzac invoquant plus bas, en latin, le témoignage du secrétaire dudit Costar, Pauquet. Du reste, Balzac a parlé, dans une lettre précédente, de deux *patelins*.

particulier (*etiam uno Pauqueto teste*) que pour faire du bruit au dehors, et chercher l'approbation du public. D'ailleurs, Monsieur, quand il n'auroit point de révérence pour vostre [génie][1], il a quelque esgard à l'opinion du monde. Il ne mesprise pas les suites et les conséquences des choses; il se souvient de ce qu'il m'a protesté, de ce qu'il m'a juré sur vostre sujet. Et quand mesme il seroit vray qu'il vous eust apostillé, comme il est certain qu'il apostilleroit Pindare et Horace, s'ils revenoient dans le monde y faire des odes, il n'y auroit point d'apparence qu'il eust envoyé ses apostilles au petit Benserade, et cette seconde action me fait fort douter de la première.

Je vous envoye un mot pour M. Bonair et vous prie de luy dire affirmativement de ma part que je ne veux pas toucher un teston de l'argent promis au mois de Juillet qu'il n'en ayt pris quinze ou vingt pistolles qu'il donnera à son vallet, s'il luy plaist, pour les messages chez le seigneur Catclan.

M. de Forgues a eu la fièvre continue quinze jours entiers. Je voudrois bien que vous luy eussiez rendu une visite durant ce temps là, *ne parum amari aut negligi se a meis, ut prona est in pejus suspicio, officium hoc oblitum interpretetur*. J'attens par luy les papiers lesquels je vous renvoyeray très fidellement et avec l'exacteté[2] de M. Arnauld, ou l'exactitude d'un autre Monsieur qui m'escrivit il y a quelques jours[3]. Je suis sans réserve, Monsieur, vostre, etc.

Exterminatum est ex rerum natura nomen Rampalii[4], *ut jussit amicissimus Conrardus*. Mais, s'il vous plaist, que j'en sçache la rayson, après luy avoir rendu une obéissance aveugle; vous me promistes il y a plus

---

[1] Je comble hardiment par le mot *génie* le vide laissé par le copiste, parce que Balzac ne marchandait pas les hyperboliques éloges à son ami, et que, ses habitudes étant connues, l'emploi du mot *génie* est beaucoup plus vraisemblable que tout autre.

[2] C'est dans la *Fréquente communion* que le grand Arnauld avait risqué le mot d'*exacteté*. Voir Sainte-Beuve : *Vaugelas*, dans les *Nouveaux lundis*, t. VI, p. 312.

[3] Vaugelas, dans ses *Remarques* (1647), dit : « C'est un mot que j'ai vu naître comme « un monstre et auquel on s'est accoutumé; « On lui a en vain opposé *exacteté*. »

[4] Le mauvais poëte (Rampalle) dont il a été déjà question.

de six mois de me la faire sçavoir. Je vous prie de vous en vouloir souvenir.

Mr de la Thibaudière m'oblige sensiblement de se souvenir de moy de la façon que vous me mandez. Je vous prie, Monsieur, de l'asseurer de la continuation de mon service très humble, et de luy dire que nostre Barbarie est plus Barbare de la moitié, qu'elle n'estoit, depuis qu'il nous a abandonnés. Il est certes un peu trop cruel.

CXXXI.

Du 19 février 1646.

Je n'ay que deux momens pour ce petit mot, et il ne sera que pour accuser la réception de vostre dernière lettre. Un très honneste fascheux vient de me ravir le temps que je vous allois donner. Une autre fois, je ne me laisserai pas surprendre par les fascheux, ni opprimer par le garçon de la poste. Je demeure fixe dans la haute estime que j'ay faite de vostre Ode et suis toujours plus que personne du monde, Monsieur, vostre, etc.

CXXXII.

Du 26 février 1646.

Monsieur, Dans une société pareille à la nostre il ne faut plus qu'il y ayt de tien et de mien, et, par conséquent, soit que je vous doive Patelin, soit que vous me le deviez, ce n'est qu'une mesme chose. Il n'importe pas beaucoup de prendre icy l'un pour l'autre ; l'importance est de sçavoir si le docteur a esté chef de la bande révoltée et s'il est coupable du crime dont il est accusé, car, en ce cas là, il mérite un plus mauvais nom que celuy de Patelin.

Est-il possible que Mr de Cominges se soit porté aux extravagances que vous me mandez, et qu'il ayt perdu le jugement dans le ridicule *aymer mieux perdre sa charge*, que je n'ay pu lire sans indignation. Je l'ay connu à Angoulesme lorsqu'il y passa quelques jours avec Mr le

Marquis de Montausier; il eust dessein pour ma nièce bientost après[1] et m'en fit parler par un gentilhomme de ses amys. Il m'a depuis obligé, à ce qu'on m'a dit, en quelques rencontres; et de fraische datte il a tesmoigné chaleur pour Campagnole, qui me pria de luy en faire six lignes de remerciement, ce que je luy refusay. Vous voyez par là qu'il n'y a point de commerce particulier entre luy et moy, et par conséquent qu'il me sera bien aisé *de vivre à l'ordinaire avecques luy*, puisque nostre vie a esté jusques icy sans parolle et sans action, *quod salustianis verbis dicere possumus vitam silentio transigere : et hoc tamen in posterum non erit si placet illustri dominationi vestræ.* Je me déclareray hautement quand il vous plaira, et il ne tiendra qu'à vous que je ne publie par un manifeste nostre ligue offensive et défensive.

Pour le chevalier[2], qui juge des coups sous la galerie, il m'a tousjours mis au dessus de tous les autres mortels, et me traite tousjours avec des respects extraordinaires. Devant qu'il partist pour Paris l'esté dernier, il vint disner icy avec moy, et nous eusmes ensemble cinq ou six heures de conversation, dans lesquelles je vis véritablement qu'il avoit estudié depuis que nous ne nous estions veus; qu'il parloit teste à teste à Aristote, qu'il connoissoit les autres honnestes gens du mesme pays. Mais ny ses respects, ny ses visites, ny son Grec, ny son Latin, ne me le sçauroient plus faire gouster, et je ne veux pas qu'il ignore que mes interests ne peuvent estre séparés des vostres; il m'a offensé sensiblement par l'intempérance de sa langue.

Je ne vous dis rien de son prevost de salle, de cet homme qui joue en cette pièce deux personnages si différens. C'est un gros Thibaut dont les passions sont toutes tièdes et languissantes; qui ne cherche dans l'amitié que le seul plaisir de la conversation, ou, pour mieux dire, qui n'ayme que le babil et qui ne hait rien que le silence. Com-

---

[1] Mademoiselle de Campagnol était fort jolie, si l'on en croit une lettre de son oncle du 3 mai 1635 (à Madame de Campagnol, P. 316). Le comte de Cominges épousa, le 22 mai 1643, étant âgé d'un peu moins de trente ans, Sibylle-Angélique-Émilie d'Amalbi, fille unique d'André d'Amalbi, conseiller au parlement de Bordeaux, et de Sibylle des Aigues.

[2] Le chevalier de Méré.

ment se souviendroit-il de l'affection qu'il vous a promise, puisqu'il a oublié celle qu'il doit à sa femme et à ses enfans! Sa femme, qui est preste à se remarier, s'il ne vient bien tost; ses enfans, qui vont présenter requeste à la Cour, pour r'avoir leur père, ou pour avoir en sa place un curateur[1].

Je suis très ayse de l'honneste curiosité de son Éminence; mais je ne sçais point la gratitude et les ressentimens de Son Altesse. Peut-elle trouver bon qu'on barbouille son image, voire que l'on renverse ses autels? Peut-elle tenir pour ses serviteurs ceux qui ne sont pas vos amys? et n'ay-je pas leu, je ne sçais où, que *qui bona fide Deos colit, amat et sacerdotes?* Sans doute M^r nostre Gouverneur est un de vos propugnateurs; mais non pas de ces foibles et de ces impuissans dont vous me parlez, et je me représente son amour de feu, ses généreuses esmotions, son ton de commendement, et toutes les autres pièces de sa naturelle autorité qui foudroient la malice et l'ignorance des petits docteurs. Contentez ma passion sur ces articles : elle est aussy violente qu'elle est juste; elle me tourmente jour et nuit et ne me donnera point de patience que je n'aye fait imprimer mes lettres *ad Atticum;* ce que je feray au plustost quand ce ne seroit que pour faire voir à toute la Terre qui sçait lire, que, dans la cause présente, je suis l'Anti-Cominges et l'Anti-Méré! J'attens donc le reste des lettres, affin de travailler à ce dessein.

Vous ne me mandez rien de Holstenius ny de l'autre Allemand, mon cher amy[2]. Je suis sans réserve, Monsieur, vostre, etc.

On me vient de dire que ce Mr Catelan, sur lequel je suis assigné[3], est gendre de Mr de la Milletière[4]. Mr de la Milletière *autem* me promit

[1] Le président Gandillaud.

[2] Frédéric Gronovius.

[3] François Catelan, financier, sur lequel on peut voir, outre Tallemant des Réaux, le *Catalogue des partisans,* pamphlet de 1649, réimprimé par M. C. Moreau dans son *Choix de Mazarinades,* publié pour la Société de l'histoire de France (t. I, p. 113-139).

[4] Théophile Brachet, sieur de la Milletière, conseiller d'État, mort en mai 1665. Ce fut sa fille aînée, Suzanne, qui devint la femme de Catelan.

amitié à mon dernier voyage de Paris, et me rendist mesme une visite. Si, à sa recommandation, son beau père me vouloit faire grace de trois mois, et payer en Mars ce qu'il promet en Juillet, je serois obligé à M^r son gendre et vous sçavès bien, Monsieur, que je ne manquerois pas de gratitude. Je vous prie d'en toucher un mot à nostre très cher Mr Lhuilier, et voyez si on pouroit faire quelque chose par son entremise et par son adresse.

CXXXIII.

Du 12 mars 1646.

Monsieur, A mon grand regret il faut que je vous rejoue mes vieilles pièces. Vous auriez trop pitié de moy, si vous estiez tesmoin de ma triste vie et particulièrement si vous pouviez voir de quelle sorte je passe les nuits. Asseurez-vous pourtant que ce n'est point le désir de faire fortune qui cause mes inquiétudes et que je ne suis pas plus resveillé par les Prélatures qui se donnent en mon absence que par les trophées de Miltiades, *quorum curas procul habeo*. Tous mes maux ont leur principe et leur siége dans mon mauvais corps. Ce n'est point mon esprit qui me donne la jaunisse (*hoc amico olim meo baroni de Saint Surin[1] exprobratum est*), et cette fumée de mon visage ne vient point du feu de mon ambition. Je lis donc sans y prendre aucune part les belles choses que vous m'escrivez de temps en temps, du mespris du monde et de la folie de ceux qui se fient en luy. C'est pour moy l'histoire de l'Amérique ou quelque matière encore plus esloignée de moy,

---

[1] N. de la Motte, baron de Saint-Surin, dont Tallemant des Réaux (t. II, p. 11) parle ainsi: « Gentilhomme de Xaintonge, « homme adroit et intelligent et qui sçavoit « fort bien la Cour. » Voici l'explication de la phrase latine de Balzac : Tallemant, à propos de l'amour de Saint-Surin pour Mlle de Beringhen, dit (t. III, p. 363) : « On a remarqué que, quand il en tenoit « bien, il estoit jaune comme soucy. » On a une lettre de Balzac à Saint-Surin, écrite de Rome le 11 mars 1621, et dans laquelle il cherche à le détourner du protestantisme (p. 27), et une autre lettre du 7 septembre 1632 (p. 158), dans laquelle il lui adresse des compliments de condoléance au sujet d'une blessure reçue devant Maëstricht.

et, par conséquent, j'y gouste le plaisir tout pur de la vérité, et ne sens point la douleur qu'il y a de se l'appliquer à soy-mesme, quand on fait le contraire de ce qu'elle ordonne.

Mais, Monsieur, je ne puis m'imaginer de quelle sorte d'ambition est malade nostre Président, et vous pouviez bien me la faire entendre, en me faisant sçavoir les offices que vous luy rendez en cette rencontre. Voudroit-il estre suivant en l'aage où il est, et mourir sur les coffres d'une antichambre[1]? Je n'ay pas si mauvaise opinion de son courage. Il y a de l'apparence que c'est pour son fils que vous travaillez, et force gens me disent qu'il est très bien fait et de très belle espérance[2].

Le Minotaure dont vous me parlez par vos deux dernières lettres[3] est une beste qui n'est plus à mon service. Après le desplaisir qu'il me fit de retenir vostre paquet en suitte de plusieurs autres qu'il m'avoit faits, ma sœur luy manda de ma part que j'estois irrité contre luy au dernier point et que je ne voulois plus recevoir de ses nouvelles. Elle n'a pas laissé d'entretenir commerce avecques luy pour ses affaires particulières, mais elles n'ont rien de commun avecques les miennes, et de moy il n'y a ny attache ny engagement qui m'oblige à rien : il m'a fasché au contraire et desobligé plusieurs fois de belle façon. Présup-

---

[1] Mainard mourut peu de mois après, le 25 décembre.

[2] Mainard avait épousé Françoise Galharde de Boyer, d'une maison noble de Toulouse, dont il eut au moins deux enfants; un, l'aîné, qui mourut avant son père (voir *Lettres* de Mainard, pages 102, 120, 362, etc.); l'autre, nommé Charles, qui fut gentilhomme ordinaire du roi et épousa Louise ou Élisabeth d'André de la Ronade et de Salers, en Auvergne. M. Pr. Blanchemain (*Notice* déjà citée sur le président François de Maynard) a eu le tort de prétendre (p. 285 du *Bulletin du Bouquiniste* du 15 mai 1867) que le poëte toulousain n'avait eu qu'un seul enfant. Pellisson (*Histoire de l'Académie*, t. I, 199) dit formellement : «Il a laissé, entre autres enfants, un fils «nommé Charles, dont il est souvent parlé «dans ses vers, et de qui j'ai reçu quelques «mémoires sur sa vie, écrits fort nettement «et en beaux termes. Il en avoit un autre qui «étoit son aîné, et qui donnoit de grandes «espérances.» Voir, en tête des *OEuvres de Maynard* (1646), neuf vers latins en l'honneur de l'auteur, signés : *Carolus Maynardus, Francisci filius*.

[3] Ai-je besoin de dire que cette injure s'adresse encore à Rocolet?

posant donc, s'il vous plaist, ce qui ne se peut dire que de vive voix, vous verrez bien, je m'assure, que je ne suis point homme à rien faire contre mon honneur, et que, rompant avecques ce maraut, je fais seulement ce que je devois avoir fait il y a dix ans. Pour le petit négoce de l'impression, je m'en suis tout à fait deschargé sur M. l'official, et ne veux m'en mesler en façon du monde, ny en avoir la teste rompue par qui que ce soit, et *de his hactenus.*

Vous ne m'aviez rien mandé du desmeslé de M. Menage. Mais ce n'est pas tout que de m'avoir fait sçavoir la querelle : il faut m'envoyer la satyre, car, à vous dire le vray, quoyque j'ayme l'Abbé Comique[1], j'ayme aussy à lire quand je le puis, et de tout temps cette belle Académie m'a semblé une chose ridicule, jusqu'à avoir eu l'audace de le tesmoigner à M. le Chancelier, qui m'en parloit sérieusement.

Vous pouvez sçavoir du petit le véritable destin de Rampalle. Ils estoient tous deux camarades chez M. de Gordes[2], et je seray bien ayse de ne sçavoir pas l'histoire douteusement. Si le mesme petit n'a receu ma lettre (dans laquelle je pense que je ne luy particularise rien), il aura le sujet de me demander ou de se demander a soy mesme, qu'est devenue la civilité Balzacienne. Je vous prie, Monsieur, d'ouvrir la lettre et de la luy faire rendre après cela.

Le Patelin m'avoit escrit un livre, et je luy en ay respondu un autre à l'heure mesme que j'ay receu le sien, et dans une chaleur d'esprit dont je me suis moy mesme estonné. Ce feu du ciel, mon très cher Monsieur, me donne la vanité de croire que, dans mes maux, il y a je ne sçais quoy de divin dont parle la Médecine. Ma boutade me dura un

---

[1] La querelle de Ménage et de Boisrobert fut causée par la satire du premier contre l'Académie française, la *Requeste des Dictionnaires*, satire composée vers 1638, imprimée pour la première fois en 1649, mais qui circula manuscrite bien avant cette époque. Boisrobert y était fort mal traité. Voir Tallemant des Réaux, le *Menagiana*, l'*Histoire de l'Académie française* (édition Livet), etc. Dans ces deux derniers ouvrages a été reproduite la *Requeste présentée par les Dictionnaires à Messieurs de l'Académie pour la réformation de la langue françoise.* Voir aussi une lettre de Ménage à Nublé (dans le recueil de M. Matter, p. 228).

[2] Est-ce Guillaume de Simiane, marquis de Gordes, capitaine des gardes du corps sous Louis XIII?

jour tout entier. Ce fut avant hier que j'eus cet admirable intervalle, et mon homme copie tant qu'il peut les choses que j'ay escrites afin de vous en faire part, aussy bien que de l'article qui vous regarde dans la lettre du Patelin, qui est desjà copié.

Je ne m'imagine point que Gronovius m'a promis son Tite Live, mais je seray extremement aise qu'il ne me donne point ce qu'il m'a promis, et j'ay beaucoup plus de chagrin quand je fais deux lignes de compliment, que je n'aurois de joye si je recevois toute la librairie des Elzeviers en pur don.

Est-il possible que vous ayez fait deux lieues à pied pour l'amour de moy ou de mon amy? J'en crie mercy à vostre bonté, mais j'aprens de là que l'usage des chaises est aboly à Paris [1].

Je suis.... mais que ne suis-je point à la personne du monde que j'estime et que je révère le plus? Aymez-moy toujours bien, mon très cher Monsieur.

CXXXIV.

Du 19 mars 1646.

Monsieur, Je vous escrivis au long il y a huit jours, et vous adressay un paquet pour nostre amy le Président et une lettre pour Mr de Gomberville. Leur négociation ne me donne point de peine, parce que je ne m'en mesle point et que M^r l'Official me doit descharger de tout ce tracas, dont je ne veux plus ouir parler. Je vous diray seulement que je ne trouve pas que la proposition du libraire soit si grande pour ne pouvoir pas estre aisement exécutée, et que, si j'eusse voulu mettre à prix mes autres ouvrages, j'en eusse eu à proportion une fois autant pour le moins que ce que ce libraire promet. Mais je vous supplie, laissons là les libraires et les imprimeurs, et ne faisons point descendre

---

[1] Induction illégitime. Chapelain, par économie, ne se servait jamais de véhicule, et ce fut, dit-on, pour être allé à pied un jour de grande pluie qu'il mourut d'une sorte de fluxion de poitrine. (*Segraisiana;* Auger, article *Chapelain,* de la *Biographie universelle;* Guizot, *Corneille et son temps,* etc.)

nostre esprit (non pas mesme dans nos lettres) à ce commerce indigne de sa noblesse. Si je n'avois un rang qui me soulage de cela et un solliciteur qui agit pour moy de l'autre costé, je ne songerois de ma vie ny à Catelan ny à Courbé, et faites moy la faveur de croire que je suis l'homme du monde le moins affairé d'argent et le plus ennemy de toutes sortes d'affaires.

On me fit voir hier une *Requeste des Dictionnaires à l'Académie*. J'en ay d'abord deviné l'autheur, qui ne peut estre que le cher Ménage. Mais je trouve que le cher Metel a esté mal conseillé de tirer esclaircissement là dessus et de remuer les ordures des choses passées. Il est toujours homme à corriger une faute par une autre faute, et son patelinage, dont il est parlé dans la Requeste [1], n'a garde d'estre si fin que celuy de vostre Notaire [2]. Cellui cy néanmoins, à dire le vray, est souvent impertinent pour vouloir estre trop fin, et, quoyque je ne face point comme luy profession de Sophiste et de Grammairien, quoyque je n'aye point de pleins magazins d'observations et de lieux communs, je puis vous asseurer qu'il ne m'a jamais fait d'objection que je n'aye toujours battue en ruine. Le peu d'émotion que vous avez tesmoigné en cette dernière rencontre ne m'a point surpris, et je ne m'attendois pas à moins que cela. Puisque, sans philosophie, j'ay mesprisé vingt ans durant et de bien plus grandes forces et de bien plus cruels ennemis, que seroit-ce si une légère atteinte avoit esbranlé [quelque] peu Socrate, et si un sage ne pouvoit faire par principe de vertu ce qu'un paresseux a fait par principe de poltronnerie et par pur désir de ne faire rien?

Je vous suis doublement obligé de vostre admirable prophétie, car, outre qu'une si charmante lecture a rempli mon esprit de mille belles

---

[1] Sans que l'abbé de Bois-Robert,
Nommé Grand-Chansonnier de France,
Favori de son Éminence,
Cet admirable Patelin...

Suit une grossière allusion que je n'ose pas citer.

[2] Costar, comme on n'en peut douter à la lecture de la phrase qui suit. Mais pourquoi Balzac l'appelleroit-il *le notaire* de Chapelain? Je propose de lire, *l'annotateur*, car on a vu que Costar avait fait des observations sur la pièce de Chapelain.

images, la promptitude de l'envoy a prévenu mon impatience, *quo morbo in primis laborat sodalis tuus, cum hic expectantur res longe pulcherrimæ.* Si vous n'avez, sur ce sujet, d'aussy longues lettres que celle que je vous escrivis quand je receus le premier poëme, ce n'est pas faute de matière, c'est que je manque de loysir. Il me suffira donc de vous dire que je me desdis et que les deux aisnées n'ont aucun avantage sur leur jeune sœur. Celle cy a celuy de la nouveauté, et en plus d'une façon, *ne aliquid dicam amplius.*

Il y a dix ou douze jours que, lisant les Eclogues de Mʳ de Grasse et songeant à vous aussy bien qu'à luy, je fis des vers sur le champ qui, depuis, m'ont semblé beaucoup meilleurs que beaucoup d'autres qui m'ont cousté davantage. Cette bonne fortune m'arriva au bord de nostre canal, un de ces beaux jours qui précédèrent ce second hyver de l'année présente, et vous ne serez pas peut-estre fasché que je vous en face part. La dernière pensée de la Sylve n'est pas une pure invention de mon esprit. C'est une pensée d'un ancien profane qui a esté expiée et consacrée en un vray culte, comme les Temples des Idoles dont on a fait des Églises. J'ay leu autres fois dans je ne sçay quel scholiaste que le poète Pindare avoit composé un Hymne pour le dieu Pan, qui plust si fort à ce Dieu, qu'il le chantoit luy-mesme dans les forests et sur les montaignes d'Arcadie[1]. J'attendois par cet ordinaire vos remarques sur mon discours à la Reyne. Je suis, Monsieur, vostre, etc.

CXXXV.

Du 22 mars 1646.

Monsieur, Je vous prie de jetter dans le feu l'*Extemporale* que je vous envoyai avant hier et de donner à nostre Mʳ le Prélat une des deux copies que vous trouverez cy encloses. Il importe aussy, à mon advis, qu'il voye ce que j'ay escrit au Patelin, et je pense qu'il n'y au-

---

[1] Voir M. Villemain, *Essais sur le génie de Pindare et sur la poésie lyrique* (1859, in-8°), chapitre II, intitulé : *Quelques traditions sur Pindare*, p. 39-40.

roit point de mal non plus que vous en fissiez part à M^r nostre Marquis. Ce Patelin est un grand docteur, mais avouez moy que je sçay donner le fouet aux grands Docteurs. Sa chicane est faible contre ma justice : ses plus rudes coups ne m'effleurent pas seulement la peau. Je brise comme du verre des machines qu'il croioit estre de fer. Et tout cela soit dit, Monsieur mon cher maistre, sans tirer vanité de mes prouesses, ny avoir dessein de me signaler en cette occasion. *Hoc unum addere liceat Patelinum plerumque cum ratione insanire ingeniosum esse in nugis denique, ut olim dictum est, Arcem facere solitum ex Cloaca*[1]. Je suis, Monsieur, vostre, etc.

CXXXVI.

Du 26 mars 1646.

Monsieur, J'auray, Dieu aidant, dans peu de jours, ce que me doit apporter Mr de Forgues, et je vous en remercie d'avance dès l'entrée de cette lettre. J'avois desjà veu et admiré la harangue funèbre de Bazas[2]. Ou je ne m'entens point en pareilles choses, ou elle est digne du meilleur temps de l'Église Greque. Je parle de la Greque, parce qu'à vous dire le vray, je ne suis pas grand admirateur de l'éloquence de la Latine, et il me semble aussy bien qu'au docteur de Rotterdam[3], que les Anges fouettèrent St-Hierosme très injustement[4]. Une chose

---

[1] Cicéron (*Oratio pro Cn. Plancio*, CXLI), a dit: «*Nunc venio ad illud extremum, quod dixisti, dum Plancii in me meritum verbis extollerem, me arcem facere ex cloaca,*» ce que l'on a traduit bien librement ainsi: changer une chaumière en palais (*OEuvres complètes de Cicéron*, édition de Jos. Vict. Le Clerc, tom XI, in-8°, p. 539). Voir, sur l'adage *Arcem ex cloaca facere*, Érasme, édition de 1579, col. 871.

[2] Le 24 novembre 1645, Antoine Godeau, évêque de Grasse, avait prononcé à Paris, dans l'église du grand couvent des Augustins, l'oraison funèbre de Henri Litolphi Maroni, évêque de Bazas, mort le 18 mai 1645. Cette oraison funèbre fut imprimée en 1646 (in-4°) chez Vitré, par l'ordre de l'assemblée générale du clergé de France, à qui elle est dédiée.

[3] Érasme, né à Rotterdam le 28 octobre 1467. De la sévère sentence d'Érasme, Balzac aurait pu rapprocher la sentence plus sévère encore de Joseph Scaliger (*Scaligerana*; verbo: *Hieronymus*).

[4] Le récit que nous a laissé saint Jérôme du rêve dans lequel il se crut flagellé

qui m'a deplu et que j'ay trouvée ridicule dans la Harangue, c'est la parenté de Virgile alléguée sérieusement, et comme une pièce de bon alloy[1]. Mais St Hierosme, dont nous venons de parler, en fait bien d'autres. *Pacem tanti viri dixerim.* C'est un grand débiteur de fausse monnoye, et, en pareille matière que cette cy, ne fait-il pas descendre sa Ste-Paule d'Agamemnon[2]? *Hoc certe ferendum non est,* et ces endrois fabuleux font douter de la vérité du reste.

Je voudrois bien que mes vers fussent plus intelligibles qu'ils ne sont et je ne dispute jamais contre vous. Je vous diray seulement que je ne demeure pas d'accord avecque le Patelin sur le sujet de ses dernières objections, et j'ay trop de raison de luy dire : *Si vous ne m'entendez pas, ce n'est pas ma faute.* Je vous envoyay, il y a trois jours, copie de la lettre que je luy ay escrite, et vous aurez veu si ce n'est pas très impertinemment et très ridiculement qu'il a vouleu faire le Grammairien. Mais ce n'a pas esté la principalle fin de ma lettre que de vous faire voir son impertinence. Qu'il explique, au reste, mon intention comme il luy plaira, je suis consolé de la perte de son amitié, et il est fascheux, pour me servir de vos termes, d'estre tousjours la dupe volontaire d'un faux amy.

La copie qui vous a esté envoyée n'est pas de la dernière révision,

---

pour avoir lu avec trop de plaisir et d'assiduité Plaute et Cicéron, a été très-bien traduit par M. Amédée Thierry (*Revue des Deux-Mondes* du 1er septembre 1864, p. 37).

[1] Le *Moréri* de 1759 reproche à Godeau d'avoir, à ce sujet, avancé «ce qui serait «sans doute fort difficile à prouver.» Pierre de Marcassus, dans ses *Commentaires sur les élégies de Ronsard,* dédiés au futur évêque de Bazas (p. 877-948 du tome II des *OEuvres complètes* de Ronsard, édition de 1609, in-8°), avait soutenu la même thèse, mais il est triste que Godeau ait osé redire du haut de la chaire de vérité ce qui avait déjà paru excessif dans l'épître dédicatoire d'un famélique gascon.

[2] Saint Jérôme s'exprime ainsi dans le chapitre Ier de la *Vie de sainte Paula :* «Que «d'autres, reprenant les choses de plus haut «et comme dès le berceau de sa race, disent «s'ils veulent qu'elle eut pour mère Blésilla «et pour père Rogat, dont l'une est des-«cendue des Scipions et des Gracques, et «l'autre, par les statues de ses ancêtres, «par l'illustre suite de sa race et par ses «grandes richesses, est encore aujourd'hui «cru presque par toute la Grèce être des-«cendu du roi Agamemnon, qui ruina Troie «en suite d'un siége de dix ans; quant à «moi, je ne louerai que ce qui lui est «propre....»

mais elle ne laissera pas d'estre assez bonne entre vos mains pour persuader tout animal qui sera raisonnable, et, comme je ne désire point qu'elle soit publique, je pense qu'il vous importe et à moy qu'elle soit veue de quelques personnes.

Je vous ay escrit par les deux ordinaires de la semaine passée, et mes depesches ont esté recommandées à Mr de Campagnole. Je suis tousjours mal et ne sçay plus que faire de mon mauvais corps.

Monsieur, J'ay appris depuis peu d'un Intendant de Justice, Police et Finances, Maistre des Requestes de l'hostel du Roy, neveu de feu M^r le Président......¹, voilà bien des qualités sans venir encore à son nom, que le Seigneur Catelan est le plus menteur et le plus infidelle des Publicains, et que, pour avoir de luy un escu, il faut faire marcher le canon. Tout ce que je désire de vous, Monsieur, c'est que vous me faciez la faveur d'en donner avis à Mr Silhon par le moyen du petit Bonair, afin qu'il sçache que, n'ayant point d'artillerie, je ne prétens point d'avoir de l'argent, etc.

Je désirerois bien que Mr de Grasse eust retouché les endrois de son Eclogue que j'ay marqués; c'est son honneur que je cherche et non pas le mien, etc.

CXXXVII.

Du 9 avril 1646.

Monsieur, Nos gens de Paris ne sont arrivés icy qu'après la feste, et je n'ay eu vostre première despesche que quand le courier a esté parti : si, dans la dernière, le mot de rheume, quoyque passé, ne m'avoit fait de la peine, j'aurois receu égale satisfaction de l'une et de l'autre. Vous me faites tousjours plus de bien que je ne vous en demende. Vos bontés préviennent tousjours mes désirs et vont mesme souvent au delà, tesmoin l'office que vous m'avez rendu nouvellement auprès de Mr de la Milletière. Je vous prie de l'asseurer, Monsieur, ou de le faire

---

¹ Le copiste n'a lu qu'une partie du nom de ce président, laissant deux points à la place des deux premières lettres de ce nom : ..runel. Peut-être Brunel?

asseurer par nostre très cher qu'il n'obligera jamais personne qui sente plus vivement que moy, ny qui reconnoisse avec plus de gratitude les faveurs receues. Et, quand il ne m'obligeroit point en cette rencontre, je ne laisserois pas de l'honnorer par obligation et de rendre justice à une vertu qui n'est pas commune, en l'estimant extraordinairement.

Le Président doit avoir sa lettre, il y a huit jours. Je vous en envoye une seconde copie changée et fortifiée en plusieurs endrois, et vous me ferez plaisir de jetter la première dans le feu. Il a fallu que j'aye parlé de moy dans ladite lettre *ad Patelinum*, parce qu'il fallait respondre à la sienne. Mais vous feriez tort à mon affection, si vous vous imaginiez que vostre interest tout seul ne fust pas assez fort pour me remuer, et qu'il eust besoin de ce meslange et de ce véhicule, dont vous me parlez, à mon advis sans nécessité : car, comme je ne veux point vous faire valoir mes prouesses et que j'avoue vous devoir beaucoup plus que tout ce que je vous sçaurois jamais rendre, il me semble aussy qu'il est de vostre générosité d'agréer mon zèle, sans le croire intéressé, ny l'interpréter si subtilement. N'estant résolu, en cas qu'il en faille venir là, de faire imprimer de la lettre que les seules choses qui vous regardent, vous verrez par cette publication la véritable cause de mon ressentiment; et vous pouvez encore vous souvenir que je vous avois offert de le publier par un manifeste avant que le Patelin m'eust escrit et que cette cause ou cette occasion d'escrire fust née. Mon escrit, au reste, n'est point un arrest de condamnation que je luy prononce. C'est une remonstrance que je luy fais, pleine de douceur et de charité, et de laquelle il fera son profit, s'il croit le conseil de son bon ange. En tout cas il ne sera pas difficile de se consoller de la perte d'une amitié si fragile et si fausse que la sienne; ce ne sera pas un amy perdu, ce sera une vérité descouverte, et une erreur dont nous nous serons détrompés. Si ce faux amy ne vous avoit dit faussement et laschement que je n'aymois rien, je n'eusse eu garde de rappeler sa mémoire, par la conclusion de ma lettre. Mais, estant obligé au secret par la loy que vous m'imposastes quand vous me descouvristes la trahison, et, depuis, m'ayant souvent adverty, dans plusieurs de vos lettres, que les injures faites aux mœurs estoient insupportables aux gens de bien, je n'ay pu m'empescher de reprocher à sa conscience, par un petit mot, qu'il devoit dire de moy tout le contraire de ce qu'il avoit dit.

Mon frère est revenu de Paris, très édifié de vous, *e con grandissimo concetto* de vostre très grand mérite. Il m'a expliqué quelques articles de vos lettres, auxquelles vous luy avez dit que je n'avois pas respondu, et là dessus j'ay trouvé bon que ma sœur entreprist de rajuster Rocolet avecque moy, *sed de hac, illustrissime Capelane, altum, si placet, silentium.*

Vous trouverez avec la grande lettre françoise un petit compliment latin escrit de l'année passée, après la réception du poème de Saint-Blancat; M^r l'Official m'accuse de l'avoir desrobé à quelque Romain et m'oblige de vous l'envoyer.

J'ay donné à un des mes amys, qui a commerce en Saintonge, vostre paquet pour M^r le Chantre, et il m'a promis de le luy faire tenir seurement, car, sans cela, je l'eusse envoyé par homme exprès. Ce que je devois recevoir par Mr de Forgues n'est pas encore arrivé, et le messager à qui il laissa ses malles luy a manqué de parolle. Mille très humbles remercimens de vos remarques sur mon discours à la Reyne. Je suis plus qu'homme du monde, Monsieur, vostre, etc.

CXXXVIII.

Du 13 avril 1646.

Monsieur, Je ne vous escrivis point le lendemain de Pasques, parceque ce jour là ma sœur n'escrivit point à son filz, et que nos gens qui m'ont apporté vos lettres n'estoient pas encore arrivés. Je vous ay fait, depuis, deux despesches et assez amples, s'il m'en souvient bien : vous y aurez veu que j'entre tout à fait dans vos sentimens et que je suis le plus doux et le plus pacifique animal de la nature. Je dis d'ordinaire mon avis avecque liberté : je me déclare sur telle et sur telle chose; mais, après cela, choque mon opinion qui voudra, il me suffit d'avoir opiné, et je n'aspire point à la tyrannie. S'il y a des esprits incurables, je ne m'opiniastre point à les guérir, et, s'ils disent des injures à leur médecin, n'ayez pas peur que leur médecin rende injures pour injures, et que la pétulance d'autruy me face perdre ma gravité.

Mais, Monsieur, pourquoy me recommender si souvent une mesme chose? Je suis muet toutes les fois que je le veux estre, et personne ne sçauroit dire, sans dire un mensonge, que je luy aye descouvert le moindre mot que vous m'ayez confié. Reposez-vous là dessus, je vous en supplie, et sur ce fondement vous pouvez respondre à toutes les questions que les interessés vous pourroient faire dans les doutes qu'ils pourroient avoir, *et de his plus satis, amicissime Capelane.*

Que veut dire le filz de Daniel, et de quoy s'avise-t-il de faire responce à une lettre de l'année passée, et encore à une lettre qui estoit une response? Je me suis veu dans son livre auprès de M^r nostre Gouverneur [1], et pas loin de nostre amy, *qua societate mirum in modum gloriamur ut præclaris illis laudibus.* Mais ma vanité a esté un peu mortifiée quand j'ay veu la demoiselle de Gournay aussy bien ou mieux traittée que moy [2], et, à vous dire le vray, je ne tire pas beaucoup d'avantage de cette seconde société. Je ne laisse pas d'estre obligé à l'autheur Batave; et vous me ferez bien la faveur de le remercier pour moy de son livre, de la plus belle façon que vous sçachiez remercier les faiseurs de livres.

Mille très humbles baisemains, s'il vous plaist, et deux mille asseurances de gratitude pour notre très cher, qui ne se lasse point de me faire des faveurs et des courtoisies, tesmoin l'Épigramme qui est à la fin de la belle Élégie que j'ay receue. On me presse de finir. Je suis, Monsieur, vostre, etc.

---

[1] Le *Liber Elegiarum* de Nicolas Heinsius, dédié à Montausier, venait de paraître (Paris, in-4°).

[2] M. Léon Feugère a cité (*Les femmes poëtes au XVIe siècle,* p. 166) cette parole de Heinsius, que mademoiselle de Gournay était entrée en lice avec les hommes, et qu'elle les avait vaincus, *Ausa virgo concurrere viris scandit supra viros.*

J'escrivis à l'homme, il y a huit jours, et du style que vous m'aviez ordonné; l'une et l'autre lettre luy serviront peut estre de quelque chose.

CXXXIX.

Du 15 avril 1646.

J'ay receu par un mesme ordinaire vostre dernier paquet et la lettre de M. Conrart. Il ne me sera pas difficile de suivre le conseil que vous me donnez, puisqu'il est conforme à mon sentiment et que je n'ay point combatu pour la victoire, mais seulement pour la vérité. Si, après ma lettre, je m'embarquois dans un procès, j'agirois contre les principes que j'ay posés par ma lettre et ne serois pas d'accord avecques moy mesme. Condamnons la chicane par nostre exemple, après l'avoir condamnée par nos raisons. Sauvons, comme vous dites, les apparences. Mais faisons, Monsieur, quelque chose de plus. Conservons, s'il y a moyen, le solide, et ne désespérons pas du salut d'un homme qui a tant d'esprit, qui a tant de lumière pour faire différence des choses, pour juger *de finibus bonorum et malorum.* Essayons de changer et de convertir le Patelin; rendons le meilleur, si faire se peut, par vos inductions socratiques, par vostre sage et sainte dissimulation, par vos fines et ingénieuses remonstrances : employez-y mesme, s'il est besoin, le secours des fables et des parabolles et tout ce qui a esté pratiqué de plus subtil en pareilles occasions par les habiles medecins des ames. Mais, au reste, dormez en asseurance, et reposez-vous sur moy de tous les secrets que vous m'avez confiés. *In me habebis Harpocratem,* et, pour descendre de la plus haute antiquité jusqu'à nostre temps et à vostre lettre, je dis que ma langue n'est pas moins en vostre puissance que celle de nostre excellent M. Conrart. Je suis très aise qu'il n'y ait que luy qui voye la lettre qui doit estre supprimée. Mais, avant la suppression, je voudrois bien qu'il vist la dernière copie que vous eustes par le courier de la semaine passée, et *de utraque, ut jam dictum est, dormi in dextram aurem.*

Qui est ce saint dont vous m'avez envoyé les vers avecques la lettre du père Hercule? *Per Dio santo,* c'est un galant homme et un grand poète, et c'est de luy qu'il faut dire, *famam meretur, alii habent*[1]. Mais le mal est que la réputation ne vient jamais sans amener la médisance avecques elle. Celui cy sera repris quand il sera connu, et l'envie rend tesmoignage au mérite des choses en les attaquant :

Tanti ergo sit invideri quod plus quam in laudari est.

Laudis egent quæ sunt mediocria; livor iniquus
Commendat chartas, o Capelane, tuas.

Si je suis payé de Catelan, je tiendray cette grace de vous, et ne laisseray pas, en cas de besoin, de remercier de nouveau Mr de la Milletière. L'Eclogue de Mr de Grasse est trop belle et trop parfaite pour moy. Mais il y a deux ou trois endrois (en ce qui regarde la versification, si bien m'en souvient) qui ne sont pas dignes de luy et qu'il peut retoucher sans faire tort à sa Seigneurie illustrissime. Je m'asseure que son bon parent, nostre cher amy [2], en demeurera d'accord avecques vous.

Le messager n'est point encore arrivé, et par conséquent je n'ay point encore le gros paquet. Je suis sans réserve, Monsieur, vostre, etc.

Je vous demende, Monsieur, un billet d'une ligne au petit Bonair, et, si vous voulez, qui ne contienne que ces quatre mots : « Qu'est de-« venu le Seigneur Rampalle? » afin que je sçache au vray s'il est en la nature des choses [3]. Mandez moi si M^r nostre gouverneur vous a

---

[1] Allusion à cette phrase de Juste Lipse : *Quidam merentur famam, quidam habent.* (*Epist. cent.* I, Ep. I.) Joseph de Maistre s'est trompé, à cette occasion, dans les *Soirées de Saint-Pétersbourg* (t. 1, p. 423 de la 7e édition, 1854). Voici ses paroles : « La fortune des livres serait le sujet d'un « bon livre. Ce que Sénèque a dit des hommes « est encore plus vrai peut-être des monu-« ments de leur esprit. *Les uns ont la re-*« *nommée et les autres la méritent.* » L'éditeur a mis en note : « Sénèque est assez riche en « maximes pour qu'il ne soit pas nécessaire « que ses amis lui en prêtent. Celle dont il « s'agit ici appartient à Juste-Lipse... etc. »

[2] Conrart.

[3] Rampalle était encore si bien *en la nature des choses,* qu'il publia, deux ans plus tard (Paris, in-4° et in-12), ses *Idylles,* qu'il dédia à la duchesse de Chaulnes.

montré l'Imprimé de son advocat, qui a présenté ses lettres de provision au Présidial d'Angoulesme, mais ne luy en parlez point, s'il ne vous en a rien dit. Ma langueur dure, et je cherche une nourrice afin de m'asinifier[1] comme l'année passée. Vivez sain et heureux, mon très cher Monsieur.

CXL.

Du 30 avril 1646.

Monsieur, Je n'ay rien à répliquer à vostre dernière lettre, de tous les points de laquelle je demeure persuadé, avec une entière satisfaction de ces fortes et généreuses bontés que vous continuez d'avoir pour moy; soyez moy tousjours bon, je vous en conjure; ne vous lassez point d'aymer un malheureux, une personne si peu aymable, si lasche et si inutile, si pesante mesme et si incommode à quiconque s'est résolu de l'aymer. Mon humeur noire s'espaississt de jour en jour : je ne sçais plus que faire de mon mauvais corps. Tout ce que je mange m'est poison; et, si l'esté et l'asnesse ma nourrice ne font un petit miracle, *actum, actum est de Balzacio.*

J'ay receu la lettre de Mr Heinsius et l'ay trouvée très avisée et en quelque sorte très obligeante. Je ne me laisseray pas vaincre de courtoisie; mais en l'estat où je suis, je ne suis pas capable de rien. On me vient d'interdire le papier et l'encre, toute sorte de lecture et d'escriture; et je seray mesme contraint de me priver pour quelques moys du seul contentement que j'aye en ce monde. Je prens donc congé de vous les larmes aux yeux et le cœur serré de douleur; je vous supplie, mon très cher Monsieur, de me faire l'honneur de bien croire que je suis et seray toute ma vie de toute mon ame, Monsieur, vostre, etc.

Je vous envoyay il y a huit jours une lettre pour le père Hercule; vous m'aurez bien fait la faveur de la luy faire rendre par quelqu'un des vostres.

---

[1] Prendre du lait d'ânesse.

CXLI.

Du 21 may 1646.

Monsieur, J'ay receu toutes les lettres que vous m'avez fait l'honneur de m'escrire et je n'y ay pas respondu; c'est mon malheur et non pas ma faute. Je le vous dis tout de bon. Je souffre plus de cette interruption de commerce que de la perte de ma[1] santé. Je trouve ce remède si cruel, qu'il m'auroit desjà tué, si je ne vivois de l'espérance que j'ay de recouvrer la liberté que l'on m'a ostée. Le convive dont vous me parlez est, à ce que je voy, plus que faiseur d'Épigrammes. On peut espérer un Poème Épique de sa façon, si pour cela il ne faut que bien mentir sur un petit fondement de vérité. Je ne suis pas fasché de la complaisance que je luy ay rendue. Il est vrai pourtant que, s'il fust arrivé en ce pais un jour plus tard qu'il ne fist, il en seroit parti aussy mal satisfait de moy qu'il tesmoigne d'en estre content. Ses relations me seroient beaucoup moins avantageuses qu'elles ne sont, parce qu'en effet il n'auroit pas esté mon convive et que j'aurois esté Cyclope pour luy, aussy bien que pour quelques autres qui sont venus icy depuis luy,

Nec visu facilis, nec dictu affabilis ulli[2].

Il m'attrapa à Angoulesme à la veille de ma retraitte de Balzac; et, m'ayant dit d'abord qu'il venoit passer quatre jours avecques moy, je me résolus sur le champ à la constance et fis de nécessité vertu. La brièveté du terme me consola et j'eus mesme asssez de pouvoir sur les mouvemens de mon visage pour luy faire voir de la joye d'une courtoisie qui m'affligeoit. J'ay joué mon personnage jusques au bout le mieux qu'il m'a esté possible. Je luy ay fourny des Docteurs le matin et l'après disnée; je luy ay trouvé un Allemand pour luy tenir compagnie

---

[1] Le copiste a écrit *vostre* au lieu de *ma*, méprise qui s'expliquerait difficilement, si l'on ne savait qu'on peut tout attendre de son étourderie. — [2] Virg. *Æneid.* lib. III, v. 621.

à table et pour boire à la mode de Bitias[1], me contentant de mouiller mes lèvres dans le verre, à la mode de Didon[2]. Enfin, Monsieur, je n'ay pas voulu estre incivil, puisque ma civilité ne devoit durer que quatre jours, et, me ressouvenant de ce vieux mot qu'il faut faire des pons d'argent aux ennemis qui s'enfuient[3], je n'ay pas seulement donné de bon cœur à cettuy cy les quatre repas qu'il fait tant valoir, mais j'eusse payé encore plus volontiers son voyage au messager de Paris, s'il m'eust voulu quitter dès le premier jour. J'oubliois à vous dire que je l'ay loué, que je l'ay admiré tant qu'il luy a plu, que j'ay crié mille fois *Vivat* et *Sophos*; que je l'ay appelé Magicien et luy ay dit que sans doute il avoit évoqué l'ame d'Horace et celle de Juvénal, afin d'apprendre tous leurs secrets. Mais néanmoins, avec tout cela, que de contraintes, que de gesnes, que de maledictions dans le cœur, que de murmure entre les dents, que de vœux faits *Deo liberatori!*

Et quam difficile est imitari gaudia falsa!

Je suis en peine de la maladie de Heinsius, et vous envoye sa lettre avecques la dernière que j'ay receue de M`r` Costar. Je vous demende, mon très cher Monsieur, la continuation de vostre amitié, qui, en conscience, est la seule attache que j'ay en ce monde. C'est, Monsieur, vostre, etc.[4]

---

[1] Tum Bitiæ dedit increpitans: ille impiger hausit Spumantem pateram, et pleno se proluit auro.
(Virg. *Æneid.* lib. I, v. 738, 739.)

[2] Primaque, libato, summo tenus attigit ore.
(*Id. ibid.* v. 737.)

[3] Rabelais a fait dire à son Gargantua (livre I, chap. XLIII): «Ouvrez toujours à «vos ennemis toutes les portes et chemins, «et plus tost leur faites un pont d'argent, «afin de les renvoyer.»

[4] Ici manque une lettre dont l'abbé d'Olivet parle ainsi dans une note de la page 51 du tome I de l'*Histoire de l'Académie française* (édition Livet): «Une lettre non im-«primée de Balzac, du 4 juin 1646, m'ap-«prend que de tous les Académiciens nom-«més dans cette *Requête burlesque* (de Mé-«nage), il n'y eut que l'abbé de Boisrobert «qui s'en fâchât sérieusement.»

CXLII.

Du 25 juin 1646.

Monsieur, Quoyque ma diette et mon invisibilité[1] continuent, je n'ay pas voulu faire fermer la porte à Mr le chevalier de Méré. Il eust pourtant esté traité comme les autres faiseurs de visites, si je ne me fusse souvenu que j'avois affaire à luy, et si vous n'eussiez esté le sujet de nostre affaire. Je l'ay confessé curieusement sur les choses qui se sont passées à Paris. Il m'a presque tout nié et ne m'a avoué que fort [peu de choses]. Mais je vous puis dire qu'après une longue conférence et un examen assez rigoureux, je ne suis pas demeuré mal satisfait de ses justifications. Il s'en faut bien que l'Enseigne des Gardes de la Reyne ne soit de sa force[2]. Le Chevalier a de l'esprit et du jugement. Il est beaucoup plus sage, et, par conséquent, il vous estime beaucoup plus qu'on ne vous avoit rapporté. Nostre bon homme de Saint-Céré prend l'un pour l'autre et s'équivoque la pluspart du temps. Outre que je le trouve tout assoupy, et qu'il me semble (hors de son *Alcipe* et de *Cloris*) que l'esprit luy baisse au déclin de son aage, depuis que nous nous connoissons, il m'a tant débité de relations apocryphes, que la vérité m'est aujourd'hui suspecte en sa bouche. En certaines choses il est encore plus simple que le Patelin n'est double, et ils ne me persuadent pas facilement ny l'un ni l'autre, parce que l'un trompe et l'autre peut estre trompé. Je feray pourtant ce que vous m'ordonnez par vostre lettre, et nous ne désespérerons point les pécheurs, afin de leur donner lieu de se repentir.

Pour faire le plus beau caractère du monde du Grammairien de Bergerac[3], il ne faut que copier l'Article de vostre lettre qui me le descrit.

---

[1] Si l'on en croyait les citations réunies dans le *Dictionnaire* de M. Littré, ce mot serait seulement du xviiie siècle. Mais, avant Bonnet et Mercier, ce n'était pas seulement Balzac qui l'avait employé, c'était aussi Vaugelas cité par le *Dictionnaire de Trévoux*.

[2] Le comte de Cominges.

[3] Peyrarède.

Mais je ne suis pas mesme en estat de copier, et vous n'auriez pas un seul mot de vostre pauvre amy, s'il n'avoit d'autres mains que les siennes à son service. Vous trouverez dans mon paquet quelques copies de vieilles dattes desquelles vous pouvez faire part à M⁰ Silhon, en attendant qu'il les voye en leur place parmy les choisies que M⁰ l'Official envoyera bientost à Paris et dont il prend soin à mon défaut. Le Latin a esté admiré par nos Docteurs, mais nos Docteurs ne sont pas les vostres : et la lettre pour le bien aisé passe icy pour l'idée des lettres de recommandation, mais ce n'est pas icy où sont les Hermogènes et les Longins [1]. Vous me feriez très grand tort, si vous n'estiez très persuadé de mon respect et de ma tendresse pour vous. Je vous jure, Monsieur, par tout ce qu'il y a de saint dedans et dehors le monde, que je suis plus que personne du monde, Monsieur, vostre, etc.

Au premier voyage que M⁰ le Chevalier de Méré fera à Paris il ira chez vous, vous asseurer de son service et vous demender votre amitié, etc. M⁰ de la Motte [2] m'oblige trop de se souvenir de moy et de me le tesmoigner par de si excellentes marques de souvenir. Je vous supplie, Monsieur, qu'il sçache le parfait ressentiment que j'ay de ses courtoisies et de ses faveurs.

CXLIII.

Du 31 juillet 1646.

Monsieur, Les festes d'Angoulesme ne sont pas muettes, et l'artillerie de son chasteau se fait entendre jusques icy. Elle vient de m'apprendre une nouvelle de laquelle je me resjouirois extremement, si

---

[1] De ces deux rhéteurs, le second est trop connu pour qu'il soit nécessaire d'en dire un seul mot. Je rappellerai que le premier vivait sous le règne de Marc-Aurèle, et qu'il était si exigeant, si raffiné pour tout ce qui regardait l'élégance du style, qu'on l'avait surnommé le *Polisseur*. (Voir la thèse de M. D. Rebitté : *De Hermogene*, 1845.)

[2] Le baron de Saint-Surin, dont il été question dans la lettre CXXXIII.

l'extreme joie pouvoit compatir avec le chagrin qui me dévore[1]. Tout ce que je puis, c'est de louer Dieu de tout mon cœur du contentement de Mr le Marquis de Montausier et de luy en souhaitter de plus purs encore et de plus sensibles pour l'année prochaine. Vous m'entendez bien, Monsieur, je parle de la naissance d'un filz qui luy ressemblera, et qui sera digne du Héros et de l'Héroïne que nous révérons[2]. Ils ne sçauroient rien faire que de parfait, et, après une Julie, il faut avoir un César de leur façon. Peut estre qu'en ce temps là mon esprit sera mieux disposé qu'il n'est à recevoir les inspirations du Ciel, et je pourray peut estre chanter sur le ton de *Sicelides Musæ* :

>   Jam fatis promissus Olympo mittitur alto
>   Montosidesque alter terris datur : O tibi quantum
>   Præsidium, Engolea, et quales sperare triumphos, etc.
>   Dis genite et geniture Deos, tu gloria nostra,
>   Montoside, sic semper eris; sic postera sæcla
>   Extremosque tua recreabis luce nepotes, etc.

Celuy qui implora ma faveur auprès de l'Intendant de Justice m'escrivit que son amy pauvre et malaisé avoit esté mis au nombre des riches et bien aisés. Ce fut sur sa lettre que je fis la mienne, estant par la grace de Dieu très ignorant des termes et de la chose dont il s'agissoit. Cette langue m'est entièrement inconnue, et je ferois bien d'autres barbarismes et d'autres incongruités, si je me hazardois de la parler. *Sed hæc æternum ignoremus, pereatque utinam inter nos feralis illa doctrina, et emissæ Erebo artes, quibus sæculum suum illustravit Eminentissimus mortalium. Sequemur interea, te monente, receptum, usum, et commendatus a me homuncio etiam una sillaba fiat brevior.* Au reste, Monsieur,

---

[1] La nouvelle de la naissance de la première fille du duc de Montausier, Marie Julie; mariée le 16 mars 1664 à Emmanuel de Crussol, duc d'Uzès, morte le 19 avril 1675.

[2] Ce fils, né en 1647, ne tarda pas à mourir, et Marie Julie resta la fille unique du duc de Montausier, ce qui n'a pas empêché M. Paul Louisy (article *Montausier* de la *Nouvelle Biographie générale*) de lui donner quatre enfants, notamment la marquise de Grignan, laquelle, au lieu d'être sa fille, était sa belle-sœur (Angélique-Claire d'Angennes).

si j'ay failli dans la conférence que j'ay eue avec le Chevalier, ça esté à bonne intention, et ma faute a procédé de mon zèle. Les moindres de vos interests me touchent de telle sorte, que je ne puis souffrir qu'il y ait un seul mortel sur la Terre qui ne vous rende pas des honneurs divins. Si ceux qui m'ayment ne vous adorent, je n'ay que faire de leur amitié : je leur déclare la guerre; je jure leur ruine quand je me conseille à mon humeur; mais, me conformant à vos maximes, je cherche leur conversion plus tost que leur mort. J'ayme mieux vous les gagner que les perdre. Faites moy l'honneur de croire que j'ay toute la reconnoissance dont est capable un homme de bien, obligé par une infinité de bienfaits, et que je suis plus que personne du monde, Monsieur, vostre, etc.

Je ne sçay si Mr Maynard est de Fontainebleau ou de Saint-Ceré, ny si son livre a veu le jour sous les auspices de son Éminence [1]. Mais je sçay bien que les meilleurs livres ne sont pas aujourd'huy les meilleurs moyens de faire fortune. On m'a dit que vous faisiez cas de ceux d'un autheur de Périgort, qui compose des Romans [2] : si cela est, il faudra que je me les face lire, etc.

CXLIV.

JOANNES LUDOVICUS BALZACIUS JOANNI CAPELANO [3].

S. P. D.

Magalottum [4] ex vulneribus obiisse moleste equidem fero. Sum enim

---

[1] Le recueil des poésies de Mainard (OEuvres, 1646, in-4°) ne parut pas sous les auspices de Mazarin.

[2] Il s'agit là de Gautier de Costes de la Calprenède, né près de Sarlat vers 1612, mort en 1663, qui avait déjà publié les premiers volumes de son roman de Cassandre (1642-1650, 10 vol. in-8), et qui allait publier les premiers volumes de sa Cléopâtre (1647-1658, 12 vol. in-8).

[3] Cette lettre a été imprimée dans les Epistolæ Selectæ (p. 59 de la seconde partie du tom. II des OEuvres complètes).

[4] Pierre de Magalotti, dont il a été question plus haut (sous la date du 4 septembre 1645). Placée à tort parmi les

et Romani nominis, etiam cum aliqua religione studiosus, et majorem in modum [favebam] huic æternæ urbis civi, qui ad famam, ad gloriam, ad summa quæque, agnosce verba tua, magnis passibus properabat. Sed de magnanimo Romuli Nepote forsan alias [1]. De Roma vero, hodierna inquam Roma, imbellis et decrepitæ senectutis, aliquid amplius addendum est in hoc otio provinciali. Atque, si placet, communicabo ego tecum, sapientissime Capelane, quæ olim accepi cum in Italia agerem, ab ingeniosissimo eodemque disertissimo viro.

Aiebat ille mihi, et una tunc in Quirinali spatiabamur [2], Romam quidem præsenti rerum statu, Christi virtute felicem, et diuturno silentio bellorum desuetam Majorum triumphis, per multos jam annos composuisse se in ea, qua fruebamur, tranquillitate, quæ sopori ac somno simillima sit. Cæterum quod in Dorienses a Polycrate olim jocose dictum, idem in Romanos homines non absurde conferri posse : ut enim [3] dicere solebat Polycrates, Dorios omnes nasci musicos, nisi quid eorum obstrepat auribus, ut Natura vocem ac se potissimum ipsi exaudire non possint, itidem affirmandum esse Romanum propagatione generis bonum militia gigni, nisi suapte sponte sic futurus occupetur protinus alienis artibus et naturam expellat disciplina. Vel quod is est [4] latini Cœli tractus et plaga Mundi, ea Romæ positio atque sedes, cæteraque necessitudo naturalium causarum, unde genitalis ducitur origo vitæ, ut ex iis vitalem spiritum haurientibus, indita simul semina præstantis animi, flammam laudis avidi corripiant, facillimeque excitentur ad æmulationem operum pulcherrimorum : vel quod ab urbis incunabulis, satus atque ortus gentis, ex parte Martius est paternus, ex parte durum a stirpe Lacedæmoniorum ac Sabinorum, maternum genus. Huc accedere temporum testem et nunciam vetus-

---

Lettres de l'année 1646, cette lettre a dû être écrite dans l'été de 1645, peu de temps après la mort de Magalotti.

[1] On lit dans le texte imprimé : *Sed de magnanimo Romuli nepote Bellorum nostrorum historia.*

[2] On lit dans ce même texte : *et una inclinato in Vesperam die, ad ripam Tiberis spatiabamur.*

[3] Le copiste a mis *ei* pour *enim.*

[4] On trouve dans le texte cette phrase incidente : *addebat ingeniosissimus vir.*

tatis historiam; tum carmina nobilium Poetarum, de Quirini populi triumphis decantata vulgo; tum cætera litterarum immortalia monumenta Majorum inscripta rebus pace et bello Terra et Mari gestis. Illud quoque pristinæ gloriæ bustum, illum aspectum vetustatis nondum evanescentis, illam in disjectis sibi male superstitis antiquæ famæ reliquiis velut sepulchralem imaginem, insignitam passim magnis nominibus ac trophæis nonnullum [credebat] ad imitationem generis in bene notis ingeniis monumentum habere : nec esse parum quicquid illud est, quod e parietinis illis, atque ex illo semisepulto Romæ cadavere generosum quiddam et quasi bellicum spirat. Quamvis enim jam, in alto pulvere consederit late olim resonans flamma Victoriarum, Victorum tamen memoriam, suorum triumphorum funere contectam necdum extinctam, si paululum agitetur, intermicare subito et quodam quasi vapore recalescere cinerem gloriæ fugientis. Adeo ut quo se cumque vertat homo Romanus, inter tot sacra urbis patriæ monumenta, præclara rerum memorabilium species objecta oculis obversetur animo, quæ illum quotidie Camillorum, Fabriciorum, Scipionumque prope modum vocibus appellet; quæ velut ardentibus tædis et dormientem excitet, nec patiatur vigilantem consistere.

Hæc magnifica certe quæque non parum faciat ad togatæ gentis gloriam, plenam animorum et spiritus pene tragici orationem nolui te nescire, præstantissime Capelane, qui Romanos animos et Romana ingenia, principem locum quem per tot annos tenuere tueri adhuc posse cum dormire desinent mecum ingenue fateris. Vale [1].

Audio Clarissimum Silonium de scribenda sui temporis historia serio cogitare. Bonum factum; vel quod fœlix, faustum, etc. Enim vero gratulor hanc mentem tanto viro, posterorum negotium agere meditanti. Imo posteritati ipsi gratulor, quæ arcana Imperiorum, rerum causas et consilia, quare, quomodo, quo fine gesta sint, qua stupet etiamnum Terrarum orbis, ab eloquentissimo scriptore summa cum voluptate docebitur. Amicum non unum ex multis, et quem scis a

---

[1] Le *post-scriptum* qui suit, si flatteur pour l'historien Jean de Silhon, n'est pas dans le texte imprimé.

me unice diligi ac coli, ex me si salvere jusseris, mihi gratissimum feceris; idque ut faciat te etiam atque etiam rogo. Iterum vale.

CXLV.

Du 20 aoust 1646.

Monsieur, J'ay receu les livres que vous m'avez fait la faveur de m'envoyer : mais je voudrois bien que celuy de nostre Cher fust encore dans son Cabinet. J'ay grand peur que l'imprimé ne conservera pas la gloire que nous avions donnée au manuscrit, et qu'on dira de luy comme de l'Empereur Galba : *Major privato visus, dum privatus erat,* etc[1]. En cecy il est des Docteurs comme des Princes : on espère beaucoup de leur avenir ; mais, quand on y est arrivé, les espérances se trouvent trompeuses et le présent gaste tout. L'approbation des Ruelles n'est pas tousjours suivie des acclamations du Théatre, et plusieurs ont perdu en public la réputation qu'ils avoient gaignée en particulier. Combien de fois ay-je esté pipé par le fard, par le faux or, par les diamans d'Alençon, par les perles de Venize ! Ces belles choses font leur effet dans l'obscurité de la nuit et veulent être veües aux flambeaux. Le jour juge de la vérité ; la grande lumière descouvre l'erreur que la petite favorisoit, et n'ay-je pas ouy dire à un galand homme qu'entre chien et loup, les chevaliers de Saint Lazare estoient chevaliers du St Esprit? Mais je me retiens et ne veux pas aller jusqu'à l'application de ces images peu avantageuses à nostre Cher. Dieu veuille que le peuple soit aussy sot que l'Acteur a esté hardy, et qu'il se trouve assez de dupes pour maintenir que la mauvaise raillerie est bonne, et pour s'opposer au party de ceux qui se connoissent en Épigrammes ! Nous ferons cependant vous et moy ce que nous conseille la Sainte Escriture, et nostre Charité couvrira la multitude des péchés de nostre amy.

De bonne fortune, Mr de la Thibaudière s'estant trouvé icy lorsque le paquet du Messager fust ouvert, il a pris luy mesme le livre qui

---

[1] Tacite, *Hist.* lib. I, cap. XLIX.

luy estoit addressé. Nous avons leu ensemble des endrois miraculeux de cet admirable livre. Il ne se peut rien de plus fort ny de plus pressant que ses raisons; et, s'il estoit aussy aisé à l'Abbé Thaumaturgue[1] de persuader les Hérétiques que de les vaincre, on verroit bientost tous les ministres rendus et tous leurs temples abandonnés. Je ne le remercie point de la faveur qu'il m'a faite : M. de la Thibaudière s'est chargé de mon compliment, et le doit faire avec le sien, et vous sçavez combien «Monsieur est grand maistre en matière de complimens; «vous n'ignorez pas qu'il règne dans le genre Épistolaire, et qu'il va «disputer le rang aux Bembes, aux Manuces, etc. »

J'ay à Angoulesme une cousine Religieuse, que l'on croit estre ma gouvernante, et qui en effet a beaucoup de pouvoir sur moy. Elle et Monsieur l'Official m'ont arraché des mains quatre livres de mes choisies, pour les envoyer au père Hercule. C'estoit jadis le directeur de la Religieuse, auquel elle promist les quatre livres il y a quelque temps. J'ay souffert cette violence à la charge que j'aurois mon manuscrit dans un mois, et qu'il ne seroit communiqué qu'à vous, à M. le Marquis de Montausier et à M. Conrart (M. l'Official peut y avoir ajousté quelque autre). Vous trouverez une fois autant de lettres que l'an passé, et celles là mesmes que vous avez desjà veües, changées et réformées en plusieurs endrois. Mais il faudra les copier de nouveau pour ce que j'ay changé de dessein à la prière d'une personne qui m'est très chère, et qui veut absolument qu'elles soient imprimées en petit. On en ostera quelques-unes comme celles à M. le Chancelier, pour les mettre ailleurs. Le latin aussy sera mis à part, et il se pourra faire du françois deux ou trois volumettes séparés qui se débiteront l'un après l'autre. M. l'Official a escrit de ma part à M. Conrart pour un privilége que je désire, et je vous avertis que j'ay tout à fait rompu avec Rocolet. C'est un maraut qui nous a désobligés (j'entens par *nous*,

---

[1] Le copiste a-t-il bien lu ce mot? Je ne trouve partout ailleurs que la forme thaumaturge. M. Littré, du reste, dans les citations du *Dictionnaire de la langue française*, au mot *Thaumaturge*, ne remonte pas plus haut qu'à l'époque où Fléchier prononçait son *panégyrique de saint François de Paule* (1681).

moy et les miens) en des rencontres qui n'ont rien de commun avec les livres ny l'impression des livres. Autrefois il n'en eust pas esté quitte à si bon marché, et peut-estre qu'il auroit esprouvé en ce temps là les misères et les calamités du siècle de bois[1], mais mes cheveux gris, mes maladies, etc.

Je meurs toutes les nuits et ressuscite tous les matins : non pas glorieusement, Monsieur; car, en vérité, mon visage vous feroit peur et vous auriez pitié du meilleur estat où je me trouve. En voulez-vous davantage? Je suis plus asne que ne le fut jamais Apulée, et je n'espère pas comme luy de revenir homme en mangeant des roses[2]. On m'a condamné à tetter ma nourrice toute ma vie, et mon remède doit estre désormais ma nourriture :

> Sic rudere incipio, constans et alumnus asellæ,
> Dedidici, Capelane, loqui.

Qu'on demande après cela des lettres dorées et des complimens estudiés à qui a perdu l'usage de la parolle. Je ne me plains point du Politique mon ancien amy; je ne peste point contre le Publicain[3], gendre de Mr de la Milletière. Je me loue infiniment de vous, Monsieur, de vos soins, de vostre tendresse, de vostre chaleur et suis de toute mon ame, Monsieur, vostre, etc.

J'ay leu deux fois la harangue de Mr le Coadjuteur, et il n'y a qu'une heure que je l'ay receue. Pensez-vous, Monsieur, que l'Églize

---

[1] C'est-à-dire la bastonnade. On sait que Balzac, dans sa jeunesse (11 août 1628), fit bâtonner Javerzac par un ami trop complaisant. Lui-même, s'il faut en croire la terrible lettre de Théophile, aurait été bâtonné en Hollande. (*OEuvres complètes de Théophile*, édition de M. Alleaume, t. II, p. 287). Voir, sur toutes ces aventures, le spirituel petit livre de M. Victor Fournel : *Du rôle des coups de bâton dans les relations sociales, et, en particulier, dans l'histoire littéraire* (Paris, 1858, in-32, p. 50, 89-91, etc.).

[2] «Tunc ego trepidans, assiduo pulsu «micanti corde; coronam, quæ rosis amœnis «intenta fulgurabat, avido ore susceptam, «cupidus cupidissime devoravi,» etc. (Apuleii *Metamorphoseon* lib. XI.)

[3] Catelan.

ait jamais parlé par une plus éloquente bouche? Pour moy, ce n'est pas mon opinion, sans excepter mesme le siècle des Basiles et des Chrisostomes : mais j'avoüe de plus que je ne vis jamais tant de sagesse avec tant de liberté, ny un si beau tempérament de zèle et de discrétion. M⁺ Ménage m'a extremement obligé de me régaler de ce nouveau présent, et de l'ajouster à son Épistre Latine, que j'avois admirée dès l'année passée. Je le remercie de tout mon cœur, et M⁺ Sarrau aussy, de la bonté qu'il à a eüe de se souvenir de moy en la distribution de ses bienfaits. Asseurez le, je vous prie, Monsieur, de la passion et de l'estime que j'ay pour luy. Je luy en rens un tesmoignage autentique dans le manuscrit que le Père Hercule vous doit mettre entre les mains.

CXLVI.

Du 5 septembre 1646.

Monsieur, Mes maux ne sont pas petits, et ils durent certes depuis longtemps. Vous dites vray néanmoins. Je les considère avec tróp d'attention et en fais une estude trop particulière. Je devrois esloigner de mon esprit ces fabuleux objets et me fuyr moi-mesme, s'il estoit possible. Vos conseils sont très sages et seroient très salutaires à qui pourroit en user. J'y acquiesce et les veux suivre. Mais que sert une volonté impuissante? Mon tempérament force et emporte ma résolution. Il faudroit me refaire pour me faire heureux; et je serois triste avec des couronnes ou dans les palais, comme il y en a qui rient en chemise et à l'Hospital. C'est icy, Monsieur, où le quolibet latin est un oracle et où se vérifie : *Gaudeant bene nati et a contrario doleant male nati*. Je suis de ces derniers, à mon grand regret, et n'ay point sujet de me plaindre de l'injustice du Monde, puisqu'il ne m'a rien donné qui me pust rendre content. En quelque place que la fortune me mist, il n'y en a point sur la terre de bonne pour moi; point de charge qui ne m'incommodast; point d'honneurs, de dignités, de faveur de cour, dont je ne me trouvasse embarrassé. Dans nostre petit commerce mesme j'appréhende plus un remerciment à faire que je n'estime une bibliothèque donnée.

Que veut le Batave que j'escrive de ses vers? et n'est-ce pas trop de la moitié de la lettre que j'ai déjà escrit? A vous parler franchement, je n'admire point les vers du Batave, et quoy qu'il allègue dans l'épistre, pour justifier la simplicité, il me semble qu'on peut estre excellent dans le genre médiocre, mais qu'il est au dessous du genre qu'il a choisi et très-médiocre dans la médiocrité. *Quid agit Balzacius tuus?* ne laisse pas de m'obliger. Mais, en l'estat que je suis, on ne peut respondre à cette interrogation obligeante que ces quatre mots : *Nec agit, nec loquitur, infelix! sed patitur et tacet.*

Ne condamnons pas le Président tout entier, il en faut sauver quelque partie :

Sunt bona, sunt quædam mediocria, sunt mala multa [1].

Je ne dis pas la mesme chose de la raillerie de l'abbé comique. O bienheureuses personnes qui riez si facilement et qui avez une si grande disposition à la joye! J'espère, et mon cœur me le présage, que Dieu nous a conservé nostre cher M. Silhon. Si nous l'avions perdu, je ne serois pas capable de consolation. Je suis, Monsieur, vostre, etc.

J'ay fait reflexion sur ce que vous m'avez escrit autresfois que les lettres estoient beaucoup plus lettres, quand elles ne traittoient que d'un seul sujet. Cela est cause que, pour la future impression, je mettray en pièce quantité des miennes, de celles mesmes qui sont à Paris et que j'attens, et j'espère que, les ayant toutes veues en cet estat là, vous les estimerez un peu plus que les Épistres de Sidonius Apollinaris, et gousterez un peu moins la raillerie de l'abbé comique que celle de vostre très humble, etc.

---

[1] Martial, *Epigramm.* lib. I, ep. 17. *Ad Avitum.* Il y a, dans le vers si connu de Martial, *plura* au lieu de *multa.*

CXLVII.

Du 24 septembre 1646.

Monsieur, Les belles et bonnes choses que vous m'avez escrit de l'Amitié m'ont extrèmement instruit, mais l'application que vous en faittes à vous et à moy m'oblige parfaitement. Et si, à l'heure que je vous parle, je ne sentois de la douleur qui me rend incapable d'un long discours, je prendrois plaisir à vous faire voir, par mes reflexions sur vos maximes, que j'ay profité de vostre doctrine et que je ne suis pas indigne de vostre bonté. Cela se fera une autre fois, et je vous diray cependant, Monsieur, qu'il faut que je me sois très mal expliqué sur le sujet du nouveau livre de l'abbé comique [1]. Je le trouve absolument mauvais, et si mauvais, que je penserois luy faire faveur et mentir de la moitié si je disois :

Sunt mala, sunt quædam mediocria, sunt bona nulla.

O frigidissimum et insulsissimum Scurram! O togatum mancipium! O natum ad servitutem pecus! En effet, comme son esprit est d'un poëte vulgaire de la vieille Cour, son ame est d'un esclave confirmé de cette cy. Et quel moyen de souffrir, à un homme qui ne manque pas de pain, ces bassesses, ces laschetés, cette passion aussy violente pour entrer dans la maison de Mgr le Coadjuteur que celle de David pour aller en Paradis, lorsqu'il disoit : *Melior est unus dies in atriis tuis* [2], et ce qui s'ensuit. Vous voyez, Monsieur, que je suis imprenable par la flatterie, et que la divinité que me donne le prélat comique [3] n'a point corrompu mon jugement en sa faveur. Qu'il s'en prenne (pour

---

[1] Les *Épistres* du sieur de Bois-Robert-Metel, abbé de Chastillon, ne parurent qu'en 1647 (Paris, in-4°), mais sans doute, comme il arrivait souvent, quelques exemplaires en furent distribués d'avance aux amis de l'auteur.

[2] Nous avons déjà rencontré cette citation dans la lettre du 9 novembre 1643.

[3] C'est à la page 27 (Épître VI) que Bois-Robert s'écrie :

Divin Balzac, prince de l'éloquence,
Tu veux qu'enfin je rompe mon silence! etc.

ne point parler d'une plus haute antiquité) aux Nouvelles de Boccace, aux Comédies d'Arioste et de Machiavel, à quelques chapitres de Berni, etc. Après de tels ragousts et de telles sausses, je ne puis gouster leurs citrouilles insipides et mal apprestées, etc. Je suis, Monsieur, etc.

Cicéron ne fait point de lettres de raillerie, mais il y a de la raillerie presque dans toutes ses lettres. *Ridet sapiens, sed non profitetur ridiculum atque in hoc præcipue urbanus distinguitur a Scurra.* Je pense que le cher [1] feroit mieux d'aller faire vendanges en Gascogne que de s'amuser inutilement à Fontainebleau [2]. La bonne nouvelle de la guérison de nostre excellent amy [3] me donne la vie :

> Di, tantum servate caput, nec lugeat orbis
> Extinctam virtutem Aula !...

CXLVIII.

Du 22 octobre 1646.

Monsieur, Il est vrai que je mesprise trop le moderne imitateur de Marot [4]; il est encore plus vray que je ne sçaurois assez estimer le dernier historien d'Alexandre [5]. Les autres traducteurs suivent leur auteur et sont ses valets. Celui-cy mène et conduit le sien, il se sert hardiment de la raison, parce qu'il s'en sert en maistre. Son jugement va viste mais il va droit, et, quand il change ou remue le texte, il ne gaste pas, il améliore la chose. Il est plus tost œconome que dissipateur du bien d'autruy. L'Épistre à Mʳ le duc d'Anguien me plaist si fort, que je voudrois l'avoir faitte, moy qui suis grand Épistolier de France, et vous ne sçauriès croire combien j'ayme ce courage et cette noblesse

---

[1] Mainard.
[2] Le vieux poëte n'était donc pas
> Las d'espérer et de se plaindre
> Des muses, des grands et du sort!
[3] Silhon.
[4] Bois-Robert.
[5] Perrot d'Ablancourt. Sa traduction des *Guerres d'Alexandre* par Arrien parut à Paris (in-8°, 1646).

de stile, voire cette audace et cette bravoure, pourveu que le bon sens en ayt la direction.

Je serois trompé, je vous l'avoue franchement, si mes choisies n'estoient à vostre gré, et si vous n'estiez de l'opinion de celuy qui dit que ce sera un livre d'originaux. Il faudra se servir du sieur Courbé, et je lui feray sçavoir le tesmoignage que vous me rendez de son mérite.

Qui est ce Monsieur Mascaron[1] dont il vous a porté le livre? J'attendray impatiemment ceux de M^r l'Évesque de Grasse, et je vous conjure de ne pas me faire languir. Je pensois vous envoyer aujourd'hui une montre que je vous ay fait faire du plus bel or que le soleil ayt jamais produit, et de la main du meilleur ouvrier de l'Europe; mais, appréhendant le peu de soin du messager d'Angoulesme, j'ayme mieux la fier à un amy qui doit partir de ce pays à la Saint-Martin.

M^r le Marquis de Montausier m'a escrit la plus obligeante lettre du monde : je luy en tesmoygneray mon ressentiment à son retour de l'armée. Je suis, Monsieur, vostre, etc.

Que je sçache, s'il vous plaist, Monsieur, les nouvelles qui se peuvent sçavoir de Mr de Saumaise. A quel travail il est présentement occupé, quels sont ses appointemens et sa qualité au lieu où il est; si luy et Heinsius vivent bien ensemble; si ses amis de Paris espèrent de le revoir bientost, etc. Une conférence d'un quart d'heure que vous aurez avec Mr Ménage me peut esclaircir de tout cela.

Le cher Président est encore mieux dans sa cabane qu'à la porte du palais. Pour moy, je ne voudrois pas faire un seul jour ce que l'abbé comique voudroit faire toute sa vie[2], quand je serois asseuré que, le lendemain de ce jour, la Fortune changeroit ma Seigneurie en Émi-

---

[1] C'était Pierre-Antoine de Mascaron, père du célèbre orateur Jules de Mascaron. Pierre-Antoine était avocat au parlement de Provence. Voir, sur cet avocat, les *Notes pour servir à la Biographie de Mascaron, évêque d'Agen, écrites par lui-même et publiées pour la première fois* (1863, in-8°, p. 8 et 9). On trouvera, dans une des lettres suivantes (n° CL), des détails sur le livre dont il est ici question.

[2] C'est-à-dire des bassesses.

nence. Si je n'estois malade que d'ambition, *Ah! letice et pancratice valerem;* mais mon mauvais corps m'oste l'usage de tous les biens que je recevrois, si je ne vivois que de l'Esprit.

CXLIX.

Du 12 novembre 1646.

Monsieur, A vous dire le vray, je n'ay leu des deux livres que les remarques qui sont à la fin et l'épistre qui est au commencement. D'ailleurs je ne juge pas tousjours si sévèrement que si j'étois Aréopagite ou Inquisiteur. Je veux quelquefois obliger et faire grace. Et que m'importe que mon amy ne révère pas les auteurs comme il devroit, pourveu qu'il m'ayme comme il faut et qu'il me soit plus fidelle qu'il n'a esté à Tacite ou à Arrian [1]? Rendons luy le tesmoignage que nous lui devons. Il a l'esprit haut et courageux, et, quoy que vous puissiez dire, c'est bien un autre homme que l'adorateur de Coeffeteau [2], traducteur de Quinte Curse, qui travaille après cette benoiste traduction dès le règne de Charles Neuviesme. Il faudroit avoir traduit toute une bibliothèque depuis ce temps là.

L'or dont je vous ay parlé n'est point en figure, et il n'y a point de sens allégorique sous mes parolles. Ce n'est ny Philon Juif, ni Origène qui vous envoye la montre, de la main du plus habile ouvrier de l'Europe. C'est le véritable Balzac qui vous veut faire ce petit présent; et l'ouvrier qu'il a tant loué est résident à Angoulesme, mais il est plus estimé que ceux de Bloys, et ses ouvrages sont admirés à Paris. Quelques uns mesmes ont passé les Alpes et l'Océan, et Mr de Chasteauneuf [3] en a régalé des princes et des princesses. Mais, je vous prie, à qui sont mieux deües qu'à vous pareilles machines; et qui use des heures plus utilement et plus dignement que celuy qui, dans l'embarras de Paris, a presque achevé un poëme héroïque? Puisque ces

---

[1] Perrot d'Ablancourt.
[2] Vaugelas.
[3] On sait que M. de Chateauneuf, disgracié, fut, sous le ministère de Richelieu, interné à Angoulême pendant dix années (1633-1643).

heures sont des déesses dans les fables Grecques et guères moins belles que les Graces ; puisqu'elles font garde à l'entrée du Ciel et qu'elles réveillent l'Aurore, et qu'elles ont soin de l'équipage du Soleil, et qu'elles ne manient là haut que des roses et des pierreries, il est bien raisonnable que, venant en terre, elles soient logées agréablement : et il me semble qu'une maison faitte de la mesme estoffe que le chariot qu'elles attèlent tous les matins, n'est point trop magnifique pour elles. Après tout, Monsieur, ce n'est pas vingt pistolles que je vous donne ; et encore, afin que vous sçachiez que je trafique plus que je ne donne, je vous demende (à votre commodité) deux paires de gans d'Espagne, soit que vous les receviez d'une dame, soit que vous les achetiez d'un marchand, ou que ce soit vostre part du butin de vostre amy, après la prise de Madrit. Mais souvenez-vous, s'il vous plaist, en ce temps là, que mes mains sont un peu plus [grandes] que les vostres, afin que la conqueste de Mr de la Trousse [1] soit à mon usage, et que je me puisse servir commodément de ce que je recepvray.

J'ay la teste si dure que je ne puis comprendre pourquoy vous ne voulez pas de *son Aisé*. L'amy qui me prie d'escrire à l'Intendant de Justice me pria pour un autre et non pas pour luy, et, par conséquent, ce n'est pas sa taxe, mais celle de l'autre ; et j'appelle l'autre *son Aisé*, c'est-à-dire l'Aisé qu'il me recommande, comme, par exemple, je dirois que j'ay demendé au général des Gallères vostre forçat et qu'il m'a donné vostre forçat, au lieu de dire le forçat que vous m'aviez recommandé.

Je vous supplie de bien asseurer Mr Silhon de la continuation de mon très-humble service. Je ne désire point qu'il s'incommode pour l'amour de moy, et j'ayme beaucoup mieux que mes interests demeurent à terre que s'il faisoit un effort pour les relever. Dieu me garde d'estre mis au nombre de ses importuns et de vouloir prendre les graces par force ! Sans me plaindre de l'avarice de l'Estat, je me loüe de la bonne volonté de mes amys. Et ne parlons plus de cette af-

[1] J'ai eu déjà l'occasion de rappeler que Chapelain avait été le précepteur de M. de la Trousse.

faire, qui ne vaut pas le moindre article de ce que vous m'avez escrit. Je suis, Monsieur, vostre, etc.

J'escrivis il y a quelques jours à Mʳ le marquis de Montausier, et baillay ma lettre à ma sœur, qui l'a recommandée à mon neveu. Je croy qu'il doit estre de retour à Paris.

CL.
Du 1ᵉʳ décembre 1646.

Monsieur, Est-ce assez de dire du livre de Mʳ Mascaron qu'il n'a pas esté mesprisé à la Cour? Nous ne sommes pas si dédaigneux au village, où il a esté extremement estimé, et je vous déclare que, si cet homme n'avoit que vingt-cinq ans, j'en espérerois plus que d'homme de France. J'ay jetté les yeux sur toutes les pièces [1], mais je me suis particulièrement arresté sur l'Apologie pour Coriolan, qui m'a semblé très ingénieuse et très éloquente. Elle a de la force et de la beauté; elle m'a piqué en certains endrois; elle m'a chatouillé en d'autres. L'apologiste pense bien et parle agréablement. Souvent il porte les choses jusqu'où elles peuvent aller; et, si quelquefois sa raison et son discours vont trop loin, encore aymé-je mieux le desbordement que la sécheresse. Ce qui me fasche, c'est que je voy qu'il ayme et qu'il cherche les éloges, voire mesme les impertinens et ridicules; et qu'avoit-il que faire d'une mauvaise Épigramme pour la recommandation d'un bon livre?

Si Charles, filz de François [2], continue comme il a commencé, ce sera un mauvais faiseur d'Épigrammes. Il ne pouvoit pas débuter plus

---

[1] Les bibliographes n'ont pas signalé le recueil dont parle ici Balzac. La *Bibliothèque historique de la France* indique seulement plusieurs pièces détachées (harangues, relations, discours funèbres) qui parurent de 1637 à 1647. Le Père Bordes, auteur de la *Vie de Messire Jules Mascaron* (en tête des *Oraisons funèbres*, 1704) regrettait déjà la perte de la plupart des ouvrages de celui qu'il appelle «le plus fameux avocat du par-«lement d'Aix.»

[2] Charles Mainard.

mal, et en tout ce que j'ay veu de luy, je n'ay pas trouvé un seul grain de sel.

> Huncque malos inter numerabit Roma poetas,
> Mævius et fiet, magne Garumna, tuus.

J'ay presque envie d'en dire autant du poète de la Dordogne [1]; les bouquets dont il a couronné les princesses sont trop bien payés, s'il en a eu une chaisne de cuivre doré, et le comte de la Garde [2] est plus que Got et Visigot, s'il a fayt grand cas de ces bouquets.

Je suis trop obligé aux bontés de M[r] l'évesque de Grasse et de M[r] l'abbé de Cerisy, qui m'ont fait l'honneur de me régaler de leurs beaux ouvrages [3]. Je vous supplie, Monsieur, de les asseurer de ma parfaite reconnoissance. Comme je souffre toujours, je me plains aussy tousjours, mais je suis las de vous importuner de mes plaintes.

On vient de me rendre vostre lettre du 25 du passé, mais, n'ayant pas le temps d'y respondre, je me contenteray de vous dire qu'elle m'a ravi et que je la trouve toute pleine d'amour, de galanterie, de bon esprit, de bons mots, etc. Je révoque ma sentence contre le poète de la Dordogne; les vers que vous m'avez envoyés de sa part sont excellens, et le seroient encore davantage, s'il n'avoit point parlé de M[r] d'Utique. Les lettres de Mr de Grasse ne sont point perdues, mais il me faudroit plus d'un an pour les trouver dans la confusion de mes papiers, et je ne voy pas d'ailleurs qu'il en puisse avoir aucun besoin, *quod inter nos dictum sit, amicissime Capelane*. Le paquet de ma sœur s'est perdu, mais M[r] l'Official a grand tort, s'il a oublié dans le sien la copie que luy fit mon homme de la lettre de M[r] le marquis de Montausier.

Je vous prie de me mander si Mr Mascaron est à Paris [4]; il mérite

---

[1] Peyrarède, né sur les bords de la Dordogne, à Bergerac.

[2] Le comte Magnus de La Gardie, petit-fils du célèbre Pontus de La Gardie, et alors ambassadeur de Suède en France.

[3] *Oraison funèbre de M. l'évêque de Bazas*, par Godeau (1646). — *Vie de Bérule*, par Germain Habert (Paris, in-4°, 1646).

[4] Jules de Mascaron dit de son père (*Notes* déjà citées, p. 9) : «Il mourut à Paris l'an «1647, où il étoit allé pour présenter à la «reyne régente, Anne d'Autriche, deux ha-«rangues qu'il avoit faites au Parlement et à «la Chambre des comptes de Provence par «un très-honorable ordre de cette princesse, «lorsque les provisions de la charge d'Ad-

bien une douzeine de lignes de remerciment [1]. Je suis pourtant en un si mauvais estat, qu'il n'y a point de ligne qui ne me soit une corvée et un nouveau mal, etc.

CLI.

Du 10 décembre 1646.

Monsieur, A l'avenir, parlons en termes plus propres et moins obligeans. Je ne suis pas magnanime pour ne vouloir pas estre coyon[2], ny libéral pour faire présent d'une bagatelle. Au premier concile grammatical qui se tiendra chez les Frères Puteans [3], il sera conclu (ou je n'y auray point de voix) que vous n'abuserez plus des grands mots si licentieusement, et que ceux de magnanimité et de magnificence seront employés autres fois en de plus dignes occasions que celles que mes lettres vous font naistre. Vous ayant (comme vous dites) donné tout mon cœur, tout le reste doit estre compté pour rien, n'est que l'accessoire du principal, n'est qu'une petite marque de vostre souveraine possession, et partant ne vous faittes plus de tort en me faisant de l'honneur.

Agréez les hommages et les sacrifices qui vous sont deus, mais espargnez la pudeur de vos dévots. Il me suffit que vous receviez le paquet que je vous envoye par le messager, sans prendre la peine de me mander seulement que vous ayez receu le paquet que je vous envoye. Ce seroit trop d'une seconde confusion dans laquelle me jetteroit vostre honnesteté. *Et æternum sit, mi Capelane, litterarum nostrarum silentium de his me felicioribus horis, quæ brevi tecum habitabunt.*

«miral, chef de la navigation et commerce «de France, que le Roy avoit données à la «Reyne-mère, furent enregistrées en ces «deux cours.»

[1] Balzac paya sa dette en vers latins. Voir, à la page 18 de la seconde partie du tome II des *OEuvres complètes*, la pièce portant ce titre : *Ad Petrum Antonium Mascaronem, disertissimum in Aquensi curia pa-*
tronum, candidatum stoicæ sectæ, declamatorem eximium. Balzac débute ainsi :

Massiliæ decus, et patrii spes magna senatus,
Mascaro,...

[2] On ne connaissait aucun exemple de l'emploi, par un bon auteur, de ce mot s bas et si libre. Voir (au mot *coïon*) le *Dictionnaire de Trévoux* et celui de M. Littré.

[3] Du Puy (*Puteani*).

Au reste, je vous félicite de vostre concile grammatical et de tant d'autres endrois urbanissimes de vostre dernière lettre. Il n'y a que vous qui soyez capable de forcer mon opiniastre chagrin, et de faire luire des rayons de joye dans une humeur beaucoup plus noire que ne fut jamais celle du bonhomme *Heautontimorumenos* [1].

Je vous prie, que je sçache si Mr de Saumaise est arrivé de Hollande, et si ses amys espèrent de le garder longtemps à Paris. Je suis, Monsieur, vostre, etc.

CLII.

Du 8 janvier 1647.

Monsieur, Pour un peu d'or vous me rendez quantité de diamans, et vos parolles sont bien plus riches et plus esclatantes que mon présent. Mais ce n'est pas en dire assez. Je trouve Archimède dans Démosthène; j'admire l'intelligence de l'artisan dans la rhétorique de l'orateur; et, si j'eusse envoyé une montre au feu Empereur Rodolphe [2], il ne m'en eust pas escrit une lettre avec des termes si proches et si choisis; il en eust parlé moins agréablement sans doute, mais encore moins doctement que vous n'avez fait. Je conclus de là que vous estes le vray sage de Chrysippe et de Zénon; que vous estes cet homme qui se mesle généralement de tout; qui sçait tous les ars et tous les mestiers; qui feroit des cadrans et des horloges, des arquebuses et des canons, aussy bien que des dilemmes et des syllogismes, *etc*. Cet *etc*. est une bride qui arreste ma fougue oratoire, et qui m'empeschera de m'aller précipiter dans les espaces imaginaires de la philosophie stoïque. Pour le reste je n'ay pas plus de courage qu'à l'ordinaire. Vous avez beau là dessus me gronder éloquemment, et me reprocher ma pusilanimité en brave et en Philosophe; il n'y a point moyen que j'aspire à vos grandes choses, ny que je m'eslève de ma terre. Je renonce de

---

[1] Tout le monde connaît le héros grondeur d'une des plus jolies comédies de Térence.

[2] Rodolphe II, empereur d'Allemagne, mort le 20 janvier 1612.

nouveau à la gloire, si ce n'est à la gloire de bien aymer; car pour celle là, à la vérité, j'ay quelque droit d'y prétendre; et il est certain que je sens pour vous, mon cher Monsieur, les joyes, les tristesses, les mouvemens doux, les mouvemens violens, les contractions et les espanouissemens de cœur, en un mot toutes les peines et tous les plaisirs des ames véritablement amoureuses.

Avant que j'eusse receu vos lettres, l'endroit ambigu de la Gazette m'avoit esté suspect; je m'estois douté, en le lisant, de la malignité du x. x. x. et des mauvaises excuses qu'il cherche, et, dans une compaignie assez célèbre où je me trouvay immédiatement après, je blasmay l'obscurité du Gazetier et défendis la bonne conduite du Marquis[1]. Si, de mon propre mouvement et sans avoir esté instruit, j'ay esté capable d'agir de la sorte, que ne feray-je point à cette heure que vous avez pris le soin de m'esclaircir du particulier de la chose et que j'ay entre mes mains de quoy refuter les relations apocrifes? Mais c'est principallement à la Cour, où la malice et l'envie attaquent et blessent les gens de bien. En ce pays là la plus haute vertu est la plus exposée aux atteintes des plus [mauvaises] langues. Ceux-mesmes qui sont bien persuadés des choses en parlent mal; quoy qu'ils ne croient point les fables qui se débitent au désadvantage de l'histoire, ils font semblant de les croire et profitent de l'erreur d'autruy. Il faut détromper la simplicité du peuple, et s'opposer aux artifices des Grands.

Nous ne manquerons ny de party ny de chef; et, si le véritable Héros (je dis le héros de vostre ode et de vostre dernier sonnet[2]) est informé, comme il le doit estre, de la vérité, une seule parolle de sa bouche fera taire les calomniateurs, et les cent bouches mesmes de la Renommée, si elle avoit esté gaignée par le faux Héros. Ce Prince est aujourd'huy le Dieu de la Guerre, le successeur de la réputation de Gustave, l'arbitre et le juge des vaillans. Il a tous les rieurs, tous les

---

[1] Le marquis de La Trousse, gouverneur de Roses, qui était alors dans l'armée de Catalogne en qualité de maréchal de camp.

[2] L'ex-duc d'Enghien devenu prince de Condé par la mort de son père (26 décembre 1646). Condé, dès les premiers jours de l'année 1647, fut mis à la tête de l'armée de Catalogne.

approbateurs, tous les admirateurs de son costé, et, s'il est pour nous, qui sera le téméraire qui soit contre nous, si ce n'est à sa confusion et à son malheur? De vostre grace j'ay leu la lettre qui luy a esté escrite et celle qu'on a escrite de luy. Dans la première il me semble que, quand l'auteur fœminin n'eust pas dit les Manes de ses soldats, il se pouvoit mieux expliquer par un autre mot. Le stile Attique de la seconde lettre ne me desplaist pas. J'y ay remarqué un certain air de coqueterie, qui m'a fait penser que le Plénipotentiaire pouroit bien estre piqué[1]. N'auroit-il point autant d'inclination pour la Fille que le Cardinal Bentivoglio en tesmoigne pour la mère, dans la Relation qu'il fit de la fuite de son mary[2]? Je receoy une infinité de faveurs de nostre très cher Mr Conrart; je vous supplie, Monsieur, de luy tesmoigner la part que vous y prenez. Remerciez le particulièrement des civilités de sa dernière lettre, très belle et très obligeante, et de la vie de Fra Paolo qu'il m'a envoyée pour mes estrennes. Je n'ay point encore receu les autres livres; et je l'advertis que le messager d'Angoulesme est la moins régulière de toutes les personnes publiques. Je suis sans réserve, Monsieur, vostre, etc.

Je ne désire de gans d'Espagne que sur la fin du mois de Septembre, mais j'en auray besoin d'une paire en ce temps-là, etc. Je vous prie, Monsieur, de demender à Mr Ferramus un exemplaire de l'ode qu'il m'a fait l'honneur de m'addresser, et généralement tout ce qui est

---

[1] D'Avaux, un des plus habiles des plénipotentiaires du Congrès de Munster. On sait que la belle duchesse de Longueville, qui était alors dans tout le rayonnement de ses vingt-huit ans, était allée rejoindre, l'année précédente, son mari à Munster. M. Cousin a publié, d'après les papiers de Conrart, la lettre de d'Avaux à la princesse de Condé (au sujet de la prise de Dunkerque par le duc d'Enghien), à la page 285 de la Jeunesse de Madame de Longueville (4e édition, 1859). — Balzac avait bien deviné. Voir la Jeunesse de Madame de Longueville, p. 279, 280, etc.

[2] Relatione della fuga di Francia d'Henrico di Borbon, principe di Conde, etc. Il faut rapprocher de la phrase de Balzac un passage des Mémoires de Mme de Motteville cité par M. P. Paris (à la suite de l'historiette de Madame la Princesse, p. 186 du t. I). Voir encore M. V. Cousin, la Jeunesse de Madame de Longueville, p. 61.

imprimé de luy. Vous me l'envoyerez, s'il vous plaist, avec les œuvres de l'Eschassier, qui m'ont esté promises il y a si long temps.

Nos vales nos opero unquam, Capelane, valere.

CLIII.

Du 3 février 1647.

Monsieur, Vous dittes des merveilles de mon mariage avecques la gloire. Il ne faudroit que rimer cette excellente tirade pour en faire naistre un sonnet, une epigramme, un tout ce qui vous plairoit. Mais j'ay peur que vous parliez sans charge : estes-vous bien advoué de la Dame de la part de qui vous me parlez; il y a apparence que non (je ne diray pas de l'apparence, quand ce ne seroit que pour faire despit au grammairien Vaugelas); vous faites des avances de vostre chef : sans doute la gloire vous desdira de plus des trois quarts de l'excellente tirade ; et ne seroit-ce point d'elle comme d'Hélène, qui estoit en Égypte, pendant que Paris croyoit coucher avecques elle à Troye? Quoy qu'il en soit, Monsieur, soit que je possède ce corps et la vérité, soit que je ne jouisse que du simulacre et de l'apparence, je vous suis obligé de vostre consentement à mon mariage, et vous remercie de l'opinion que vous avez que je mérite d'estre le mari, etc.

Je me presse tant que je puis pour venir au second article, et j'ay haste de me descharger de ce qui me pèse sur le cœur depuis la réception de vostre despesche. Ne doutez point, je vous prie, que je ne vous aye gardé le secret avec toute la religion que vous pouviez attendre d'un Confesseur Jésuite et plus que Jésuite. Ny Plassac, ny son frère[1], ny qui que ce soit n'a eu communication de vos lettres, et quand vous n'auriez exigé de moy, je n'aurois pas laissé pour cela d'estre maistre de ma langue. Je ne descouvre jamais les blessures de mon ame qu'à ceux qui me les peuvent guérir, et je cache tousjours ce qu'il est inutile de publier. Le Patelin ne peut donc avoir appris de

---

[1] MM. de Méré.

mes nouvelles, ny directement ny indirectement, comme on dit, et de cela vous en devez faire un fondement asseuré. Il faut qu'il ait raisonné sur la connoissance qu'il a de sa faute, et que ce soit cette conscience coupable que l'Antiquité a nommée *Mille tesmoins*, qui lui ait donné ou du remors ou de la honte ou du despit; après quoy je ne m'estonne pas qu'il haïsse les personnes qu'il sçait avoir offensées. Mais n'y a-t-il que la discontinuation des visites qui vous ait fait entrer en soupçon, et n'avez-vous rien senti de Mr Voiture, qui est si libre, et qui se soucie si peu de fascher le monde, ou de Mr Ménage, qui est si franc et à qui les interests de ses amis sont si chers?

Ce dernier mot me fait passer au troisiesme article. Pourquoy ce très officieux et très obligeant laisse-t-il gronder contre moy à Rome? Ne pouvoit-il pas prévenir toutes ces plaintes romaines par un petit apostille[1], et faisant sçavoir en ce pays là que je suis plus qu'à demy mort, qu'on ne reçoit plus de mes nouvelles à Paris, que je n'escris plus de lettres, et que j'ay pourtant admiré celle que m'a escrite celuy qui se plaint. Mais ce seroit Rome elle-mesme qui se plaindroit, ne pouvoit-il pas luy dire de la part de son pauvre amy:

> Jam parce fesso, Roma, gratulari,
> Parce clienti.

En effet, Monsieur, je fais beaucoup plus que je ne puis, et on me fait injustice de ne me pas dispenser de tous les devoirs de la vie civile. En l'estat où je me trouve je devrois ou me moquer ou me scandaliser de toutes les plaintes que l'on fait de moy. Je vous advoüe néanmoins que la tendresse de mon front, que ma sotte honte, que l'appréhension que j'ay de desplaire, me donne de grandes peines en pareilles occasions que celle-cy; et, en conscience, je voudrois avoir acheté bien cher deux douzeines de lignes latines pour Nicolas, fils de Daniel. N'y a-t-il point de Latin à vendre dans l'Université de Paris? Ne sçau-

---

[1] Jean Marot, cité par M. Littré, faisait *apostille* du masculin. M. Littré n'a signalé que cet exemple.

roit-on employer quelque tiercelet[1] de Tarin[2] ou de Granger[3] pour respondre à la lettre que je vous envoyay à mesme temps que je la receus? Il me souvient que je la trouvay honneste et judicieuse; et, si en ce temps là l'inspiration fust venue du Ciel (vous sçavés bien que ce n'est que l'humeur et le hazard qui me font parler la langue de Romulus), le Batave seroit aujourd'hui entièrement satisfait et se loueroit encore plus de mes civilités qu'il ne s'offense de mes desdains. Pour l'amour de luy, je supprimeray tout ce que j'avois dit de plaisant contre son père, quand Mr de Saumaise, mon protecteur, m'en devroit sçavoir mauvais gré; et je feray bien davantage une autre fois, mais il faut que ce soit par fantaisie et non par obligation ny par contrainte. Cependant, de grace, mon cher Monsieur, trouvez quelque docteur, puisque vous estes au pays de la doctrine, qui traduise en Latin ce que vous luy direz en François pour me justifier de mon silence et en rejetter la faute sur ma mauvaise santé, qui me rend incapable de toutes les belles sociétés. Je ne manqueray jamais à ce que je dois: estant très persuadé de la haute valeur et du mérite extraordinaire de vostre Marquis[4], je l'estimeray tousjours extraordinairement, jusqu'à haïr et mespriser le prince son calomniateur[5], et de telle

[1] Tiercelet, d'après le *Dictionnaire de Trévoux*, se dit figurément et par mépris: un *tiercelet* de gentilhomme, un *tiercelet* de docteur. Un tiercelet de Tarin ou de Granger était donc un latiniste bien au-dessous de ces deux personnages.

[2] Jean Tarin, d'abord professeur de rhétorique au collége d'Harcourt, puis professeur d'éloquence au collége royal, enfin recteur de l'université de Paris. Il mourut en 1661 (et non en 1666, comme l'a avancé le P. Lelong et comme l'ont répété la *Biographie Universelle* et la *Nouvelle Biographie générale*). Il laissa quelques traductions du grec (1624, in-4°), une oraison funèbre (en latin) du cardinal Pierre de Gondi (1624, in-4°). Voir, sur lui, l'abbé de Marolles, qui, dans ses *Mémoires* (t. III, p. 367), l'appelle «l'un des plus savants hommes de «nos jours,» et l'abbé Goujet (*Mémoire sur le collége royal*).

[3] Granger ou plutôt Grangier (Jean), professeur d'éloquence au collége royal, puis principal du collége de Beauvais. On a de lui plusieurs discours de circonstance, en latin, imprimés de 1619 à 1628, et une dissertation, également en latin, sur le lieu où Attila fut vaincu (1641). Voir Niceron et Goujet.

[4] Marquis de la Trousse.

[5] Le prince d'Harcourt (Charles de Lorraine), qui, vice-roi de Catalogne, avait échoué devant Lérida (novembre 1646), et qui, dans sa mauvaise humeur, avait in-

sorte, que de ce pas je m'en vais effacer je ne sçay quoy d'assez beau, qui estoit à son advantage (je dis du faux Heros) dans une de mes choisies, et qu'il eust leu peut estre avec plaisir.

J'ay beaucoup de regret de la mort de nostre pauvre Mr Mainard et vous envoye une Epigramme qui le vous tesmoignera, car il est certain que j'ay senti de la douleur en la faisant, quoyqu'après l'avoir faitte elle m'ait tenu lieu de quelque consolation. *Nunquam enim expertus mihi visus sum faciliores nostras Deas.*

Vostre Sonnet à Olympe est beau en perfection, et vous faittes le desgousté du Nectar et de l'Ambrosie. Je suis plus *vostrissimo* qu'Annibal Caro ne le fut de celuy pour lequel il inventa ce nouveau superlatif.

Quand le Patelin auroit à l'entour du cœur *robur et œs triplex Horatianum*[1], il verra dans mes choisies des choses qui l'obligeront de nous aymer et de se repentir de ses petites malices pour ne pas dire de ses grandes.

Le seigneur Flotte m'a escrit, et vous luy direz ou luy ferez dire, s'il vous plaist, qu'il se verra bientost imprimé dans nostre nouveau volume.

CLIV.

Du 13 février 1647.

Monsieur, D'abord je rendis mes devoirs à la mémoire de nostre amy. Mais je ne me contente pas d'un seul acte de piété; mes Muses viennent de faire un second effort, et je vous envoye des vers un peu plus historiques que les premiers[2]. La mort de ce pauvre amy m'afflige, mais la dernière partie de sa vie m'a desplu, et je n'ay pas moins eu de despit de le voir demender l'ausmone, que j'ay regret de ne le

---

[1] *Carminum* lib. I, od. III, v. 9.

[2] *Francisci Mainardi, viri clarissimi, poetæ elegantissimi, memoriæ*, p. 15 de la seconde partie du tome II des *OEuvres complètes*. On y trouve ces vers:

Et tu Palladiæ decus immortale Tholosæ,
Quo pater exultans vate Garumna tumet.

justement accusé le disciple de Chapelain de ne l'avoir pas assez bien secondé.

voir plus. Que sçay-je mesme si sa gueuzerie n'est point cause de sa mort? Il y a de l'apparence; et on nous a dit que le chagrin qu'il rapporta du Palais Royal le prit à la gorge si tost qu'il fust arrivé en sa maison. S'il n'en fust point parti ou qu'il fust revenu icy, comme c'estoit son premier dessein, il vivroit peut estre encore, et, au lieu d'un assez mauvais livre que vous luy avez laissé publier à Paris, nous vous envoierions de sa part quelques bonnes feuilles qui seroient dattées ou du bois de Balzac, ou du rivage de la Charente. Plus d'une Cloris et plus d'un Alcipe eussent veu le jour, et tout ce peuple d'Épigrammes auroit esté ou exterminé, ou condamné à prison perpétuelle. *Dis aliter visum est* : vous pouvez faire part de mes vers à nostre très cher Mr Ménage, mais je ne désire pas que le monde les voye que dans la foule de mes autres vers. S'il se pouvoit rien ajouster au comble, je suis encore plus ce soir que je n'estois ce matin, Monsieur, vostre, etc.

CLV.

Du 3 mars 1647.

Monsieur, Sans mon indisposition vous auriez receu mes remercimens et j'aurois fait l'éloge de vostre boëtte. Je n'y aurois pas oublié, comme vous pouvez penser, le mérite du pourvoyeur, la jalousie de Martial, et les autres belles circonstances qui accompagnent le beau présent. Mais, en l'estat où je me trouve encore aujourd'hui, ne pouvant vous remercier que du cœur, agréez, je vous prie, mon intention, et contentez-vous du bon ou du mauvais mot de Catulle, pour toutes les excellentes choses que j'ai trouvées dans la boëtte; à l'ouverture de laquelle (afin que je n'oublie pas le bon ou le mauvais mot) :

Deos rogavi
Totum ut me facerent, amice, nasum[1].

Je prens très grande part à la glorieuse justification de nostre brave

---

[1] Quod tu quum olfacies, deos rogabis,
Totum ut te faciant, Fabulle, nasum.
Catull. *Carmen* XVIII, v. 13, 14.

calomnié. Mais un jour peut estre je feray davantage, quoyque dans l'approbation universelle la mienne luy doive estre peu considérable, et qu'après un arrest du Conseil de Guerre il n'y ait point de parolles qui ne soient faibles ny de Rhétorique qui ne bégaye. Le Comte[1] est en abomination à tous les gens de bien, et j'ay vu plus d'un Officier de son armée pester publiquement contre luy, et rendre tesmoignage à la bravoure et à l'innocence du Marquis. Ce que j'appréhende en suitte du procès, c'est un combat; et il y a de l'apparence que le désespoir donnera ce dernier conseil au calomniateur deshonnoré. Sur quoy resvant quelquefois dans ma solitude, je vous avoüe que la bizarrerie de Mars donne de l'inquiétude à ma passion, et que je crains beaucoup parce que je n'ayme pas peu. Je crains mesme pour la valeur et la justice en pareilles occasions. Je sçay que la Fortune et la Victoire ne font pas tousjours ce qu'elles doivent, etc.

> Di carum servate caput : sit victor ubique
> Trossius[2], et meritas det iniqua calumnia pœnas.

Vostre dernier sonnet me semble heureusement retouché. Mais est-il possible que, dans la vie de Paris, vous trouviez du temps à faire et à retoucher des sonnets? Je vous admire, mais je vous plains encore plus dans l'accablement de tant de différentes occupations. Et comment est-ce, Monsieur, que vous vous estes imaginé que je vous voulois donner de nouveaux employs? Ce n'a point esté mon intention, et mes parolles m'ont mal expliqué. Vous n'estes pas homme que je mette à tous les jours. Travaillez au nécessaire, et n'ayez pas peur que je vous charge du superflu; vostre repos, mon cher Monsieur, ne m'est pas moins cher que le mien propre. Je suis de toute mon ame, Monsieur, vostre, etc.

---

[1] Le comte d'Harcourt, appelé tantôt *comte*, tantôt *prince* d'Harcourt.

[2] La *chère tête* ne fut pas conservée. François le Hardy, marquis de la Trousse, mourut en Catalogne (devant Tortose) en juillet 1648. Mme de Motteville (édition Riaux, t. II, p. 115) dit, à cette occasion, qu'«il était estimé brave, honnête homme, «et si civil, que, même quand il se battoit «en duel (ce qui lui arrivoit souvent), il fai-«soit des compliments à celui contre qui il «avoit affaire...»

CLVI.

Du 14 avril 1647.

Monsieur, Vous me faites donc de ces supercheries! Vous composez des odes de quatre cens soixante vers, qui sont imprimées chez la veufve Camusat, qui sont admirées à la cour, qui sont payées par Son Éminence, sans que je sçache que vous ayez eu dessein de les composer[1]. Je me resjouis extremement de ces heureuses nouvelles, bien que j'aye sujet d'estre un peu estonné de vostre secret, et que je croye que Virgile ne traittoit pas ainsi Varius. Mais c'est que Virgile n'estoit pas homme du monde, et que les escholiers comme luy et moy ne sçavent point faire de réserves, ny rien garder pour le lendemain. Tout de bon, Monsieur, je ne pouvois pas estre surpris par un plus excellent *inopinatum*, et je vous avoüe qu'il n'appartient qu'à vous de chanter les Dieux et les Demy Dieux, les Princes et les Ministres. Vous estes en possession de dire les grandes choses, vous estes maistre, vous régnez partout; mais il me semble que c'est dans les comparaisons que vous régnez principallement; c'est là le siége de vostre empire, où réside vostre majesté, où vostre force paroist toute entière. Qu'ainsy ne soit, je ne pense pas qu'au jugement de MM^{rs} les trois C.[2] il se puisse rien imaginer de plus beau que vostre soleil, qui, au travers de vos espaces immenses, fait ici-bas tout ce que nous y voyons,

> Seulement par le feu qu'il preste à ses rayons.

Je suis infiniment obligé aux bontés de M^r le comte et M^e la comtesse de Maure; je vous conjure, Monsieur, de les asseurer comme il faut de ma parfaite reconnoissance; vous pouvez croire qu'elle ne mourra pas dans mon cœur. Je garde tout exprès pour cela le billet

---

[1] *Ode pour Monsieur le cardinal Mazarin* (Paris, in-4°, 1647). Chapelain était l'homme aux longues odes. Son ode à Richelieu était de trois cents vers, son ode au duc d'Enghien de trois cent soixante vers.

[2] C'est-à-dire, comme on le voit dans la lettre suivante, Cominges, Costar et le Chevalier de Méré.

que vous m'avez envoyé. Je le considère cent fois le jour. Je le cultive des yeux et de la pensée afin qu'il en germe quelque chose de meilleur qu'un compliment et de plus grand qu'une lettre. Mais je me plains encore de vos réserves. Vous ne m'aviez point descouvert le trésor que ma bonne fortune m'a apporté jusques à mon chevet du lit. Tout malade que j'estois je ne fus jamais si satisfait que de l'audience que je donnois en cet estat là à Mr le comte de Maure. Qu'il dît de bonnes choses et qu'il les dit bien! Qu'il me plust et qu'il m'instruisist! Et tout cela sans faire le docteur ny le charlatan, et avec une modestie que je n'estime guères moins que ses bonnes choses et que son bien dire. Mr le marquis de Montausier m'a fait l'honneur de respondre à une lettre que je luy avois escrite, et me comble de nouveau de ses faveurs. Il n'a point, vous le sçavez bien, un plus fidèle ny plus passionné serviteur que moy. J'ay l'ame toute pleine de ses louanges; et, si elles n'en sortent à toutes les heures, mon silence mesme a quelque mérite. Dans cette pause je n'oublie pas ce que je luy dois, je médite ce que je luy veux rendre :

Et meminisse juvat, sed me ad majora reservo.

Je suis, Monsieur, vostre, etc.

Je voy par la lettre du jeune Mainard qu'il n'a pas receu la mienne. Faittes en reproche à celuy que vous appelez Helluon[1], et que j'appelleray Père goulu (après avoir effacé son nom de mon livre), s'il a eu si peu de soin d'une chose qui luy avoit esté recommandée de ma part. Je trouve froid et mauvais le bon mot de ceux qui disent que le cher Président est mort de faim. Dans les provinces on a du pain et du vin de reste, et c'est à la cour où *pretiosa fames*[2]...

---

[1] De *helluo*, gourmand. Il s'agit là de Flotte, qui n'était pas moins grand mangeur que grand buveur.

[2] C'est un mot de Martial, selon M. L. Quicherat (*Thesaurus poeticus linguæ latinæ*), mais j'ai vainement cherché la citation à l'endroit indiqué par le savant auteur (*Epigr.* lib. X, xcii).

CLVII.

Ce 6 mai 1647.

Monsieur, Les plaintes qui naissent de l'amour ont plus de douceur que d'amertume, et doivent plus tost plaire que fascher. Mais, en conscience, je ne pensois pas m'estre plaint. J'ay accoustumé de rire avecques vous dans les lettres que je vous escris, et n'ay pas cru, la dernière fois que je vous ay escrit, qu'il me fallust changer de manière. Me trouvant bien de cette liberté que vous me donnez, parce qu'elle me fait faire quelque treve avecques mes maux, j'en use comme d'une grace qui m'a esté accordée, et suis résolu d'en user jusques à ce qu'elle m'ait esté interdite par une défense expresse de vostre part. Comme c'est tousjours tout de bon que je vous ayme, que je vous honnore, que je vous estime infiniment, ce n'est jamais tout de bon, Monsieur, que je vous contredis, que je vous demende raison de ce que vous faites, que je vous fais des plaintes et des reproches. Tout est innocent, tout est pur et sincère dans mon cœur, pour tout ce qui vous regarde, et je n'avois nul besoin, pour ma satisfaction, du manifeste de Virgile et de Varius. Je suis bien aise néanmoins de l'avoir leu pour la gloire de vostre esprit, et je vous avoüe que j'ay admiré en le lisant cette estendue et cette force d'esprit qui poursuit les choses jusques à l'extrémité, voire mesme les images et les fantosmes des choses :

Umbras sic fugat Æneas Acheronte sub imo
Ut victor sit ubique, et pugnam exercet inanem.

Cominges, Costar et le chevalier de Méré sont les trois que vous n'avez pas pris la peine de déchiffrer, *neque hic desideramus acumen ingenii tui, laudamus potius cæsarianam animi magnitudinem!* Mais c'est encore l'enchérir sur Jules César, car il se contentoit de ne se souvenir pas des injures, et vous oubliez le nom de ceux qui les font.

Guyet est un vieux fou confirmé, qui, dans ses meilleures heures, n'agit que par caprice et par occasion. Il excommunie le soir les personnes qu'il a canonisées le matin. Je l'ay veu disputer jusqu'à la fureur contre son bon maistre, le cardinal de la Vallette, et contre son bon amy, le Père Bourbon. Je luy ay ouy dire mille biens et mille maux de l'un et de l'autre, selon l'humeur où il estoit et le parti qu'avoit celuy qui luy en parloit :

Velle tuum nolo, Dyndime, nolle volo.

Si je voulois le traiter comme il mérite, quelle fertile et ample matière! Je ferois un second *Barbon* qui seroit tout pour luy.

Vous m'obligez extremement d'approuver ce que j'ay déjà fait et d'aymer mon bien aymé. Il me semble qu'il vaut bien un chapitre du seigneur Caporale[1], et qu'il n'est pas indigne de coucher une nuit ou deux dans le cabinet de M. le marquis de Montausier, à qui je vous prie de le faire voir. Je suis plus qu'homme du monde, Monsieur, vostre, etc.

CLVIII.

Ce 3 juin 1647.

Monsieur, Je vous escrivis, il y a un mois, et je n'ay point eu de vos nouvelles depuis ce temps là. Je ne vous en demende que de vostre santé; *et si vales, bene est*, quoy que je ne puisse pas achever le reste, ny dire : *ego quidem valeo*. Je vous envoye un oracle qui fust rendu, il y a quelque temps, par un des Apollons de Virgile. Dieu veuille qu'il ne soit pas menteur, et que ce qu'on nous conte de Cataloigne ne soit pas vray! Je suis, Monsieur, vostre, etc.

CLIX.

Ce 20 juin 1647.

Monsieur, Vous ne m'avez pas seulement tiré de peines; vous m'avez

---

[1] César Caporali, poëte né à Pérouse en 1531, mort en 1601. La première édition de ses poésies est de 1770 (Pérouse). Voir, sur lui, outre Tiraboschi (t. VII) et Giuguené (t. IX), l'*Anti-Baillet* de Ménage (t. I, p. 226, ch. LXXI).

donné du plaisir, et je vous avoue que je ne suis jamais si languissant que vos parolles ne me mettent en meilleur estat. J'ayme pourtant mieux ma langueur que vostre incommodité, et je vous ordonne de ne venir à moy que quand vous avez fait avecques les Muses et avec les Princesses. Il faut ajouster avec les Princes, et ne pensez pas, Monsieur, que je sois si indiscret que de vouloir troubler vos méditations ny vos lectures. Je me contente de porter envie dans mon cœur aux bien heureuses personnes qui vous donnent audiance et de dire :

> Felices quibus ista et quos tu nectare pascis !
> Detur saltem optare, potiri quando negatum est.

Le malheur du pauvre Bonair me touche, et, si vous luy pouvez rendre quelque office charitable, je vous conjure de le faire pour l'amour de moy. Le nom est un bon mot, mais ce seroit une très mauvaise chose, et réservons nos bons mots pour les Guiets insolens, puisque nostre Quintilian nous défend de rire des Bonairs affligés. C'estoit ce vieux loup [1] que tous les honnestes savants devoient attaquer de toutes leurs forces et non pas le misérable Monmor, qui ne vaut pas la peine qu'il a donnée. Je voy bien que vous estes d'advis que je face cette célèbre justice et que je vange la raison et l'humanité, qui sont violées il y a si longtemps par les brutales extravagances du plus insupportable pédant de l'Europe. Je vous obéiray, Monsieur, et au plus tost, et ce sera dans un discours qu'il faudra ajouster au *Barbon* et qui pourra luy servir de commentaire.

J'attens le dialogue que me promet vostre lettre et vous en envoye une latine adressée à Mr Ménage; mais vous la garderez, s'il vous plaist, sans la luy donner, parce qu'elle a peut-estre encore besoin de lunettes de mon Priscian. Je présuppose que le *Barbon* luy a pleu, aussy bien qu'à vous, et prétens, de plus, que le compliment en prose et en vers (quoy qu'adressé à un tiers) m'acquitte de tous les complimens que je pourray jamais devoir au jeune Heinsius. Je suis de toute mon ame, Monsieur, vostre, etc.

---

[1] Ce vieux loup avait alors soixante et douze ans. Il devoit vivre encore huit années.

CLX.

Ce 30 juin 1647.

Monsieur, J'ay releu la lettre latine, mais je ne me suis point servy de ma lime pour la retoucher. Au contraire, pour m'espargner de la peine, j'ai esté bien aise de m'imaginer que la négligence est quelques fois plus agréable que l'ajustement. Que veut dire le philosophe Pyrrhonien[1] de dire que vous nous avez mis mal ensemble? C'est un visionnaire qui songe en veillant, ou peut-estre un artificieux, qui cherche querelle afin de se faire accorder. Il voudroit faire avantage d'un accomodement qui luy peut donner réputation et ne nous peut donner que de l'importunité. N'est-il pas vray, Monsieur, que nous sommes et voulons estre toute nostre vie ses très humbles et très obéissants serviteurs, que nous le considérons comme une des grandes lumières, un des grands ornemens de l'Académie françoise, comme le restaurateur de la philosophie sceptique, comme le successeur de Montaigne et de Charron, voire mesme, s'il luy plaist, de Cardan[2] et de Vanini, la mémoire duquel est en bénédiction à Tholose[3]? Ajoustez à cela ce qu'il vous plaira, je vous avoueray de tout, et, si j'estois à Paris aussy bien que vous, j'aurois desjà fait les avances avecques plaisir, et luy aurois rendu une célèbre visite, pour arrester ses plaintes et ses prétextes.

J'ay commencé à donner la chasse au vieux loup et à le traiter comme il mérite. Quatre vers ajoustés à ses louanges dans l'*Eucharisticon ad Menagium* feront voir que tout le bien que je dis de luy est ironique et descouvriront la feinte en la finissant, *non sine exemplo*

---

[1] La Mothe-le-Vayer.

[2] Sur Jérôme Cardan je citerai la curieuse notice de M. Victorien Sardou (*Nouvelle Biographie générale*), notice qui résume tous les travaux anglais, français et italiens, dont le médecin-philosophe a été l'objet jusqu'en 1854.

[3] Cruelle allusion au supplice de Lucilio Vanini (9 février 1619), supplice si éloquemment décrit par M. Victor Cousin (*Vanini, ses écrits, sa vie et sa mort*, dans la *Revue des Deux-Mondes* du 1er décembre 1843, et, depuis, dans les *Fragments philosophiques*). Il y a contre Vanini, et au sujet de ses derniers moments, une page terrible dans le *Socrate chrestien* (p. 260).

bonæ antiquitatis, quæ aliquando etiam usurpavit figuratum hoc scribendi genus.

Le Patelin a de la légèreté, mais il n'est pas incorrigible, et il n'y a rien de noir dans son ame. *Minus in bono constans quam gnavum in malitia ingenium.* Celuy cy au contraire est incurable, indisciplinable, etc. Je vous escris après une nuit qui m'a bien fait de la peine, etc.

Ma lettre à nostre très cher est une response, et, par conséquent, je ne luy demende rien que la continuation de ses bonnes graces, etc.

CLXI.

Ce 22 juillet 1647.

Monsieur, L'Épistre qui vous est venue de la Gaule Narbonnoise est belle et Horatienne, et vous m'avez obligé de m'en faire part. Mais je peste contre l'homme qui est cause que je n'ay pas encore veu la traduction de Tholose. Cet homme, qui part tousjours de Paris et n'en part jamais, me fait sécher de langueur par ses longueurs et par ses remises importunes. Je voudrois avoir payé le port une douzaine de fois et qu'on eust chargé le messager de ce qu'on a baillé à cet homme. Mais la faute est faite : il se faut munir de patience icy comme ailleurs, puisque

Levius fit patientia
Quicquid corrigere est nefas [1].

Je suis bien aise que mon dernier latin vous ait pleu, et que nostre cher ne l'ait pas trouvé mauvais. Vous estes la fidélité mesme; qui ne le sçait? Vous estes la prudence incarnée, comme parloit autrefois le bon Monsieur de Lisieux [2]. Mais ce n'est pas dans mes petits interests et dans la confidence d'un particulier qu'il faudroit vous louer de prudence et de ponctualité. Ce devroit estre dans une négotiation impor-

---

[1] Horat. *Carminum* lib. I, od. XXIV, v. 19 et 20.

[2] Philippe Cospéan, mort à l'âge de soixante et dix-huit ans, le 8 mai 1646.

tante à la République chrestienne, dans une charge de secrétaire d'Estat, si la fortune faisoit justice à vostre vertu.

Il y a longtemps que j'ay descouvert la cruche que couvre le bonnet du philosophe Suburbain[1], et vostre lettre ne m'apprend rien de nouveau. Je trouve pourtant estrange qu'on ait pris de son argent chez Monsieur le chancelier, ayant leu des loix grecques et romaines *de doctorum et philosophorum immunitate*. Mais il y a veu aussy d'autres loix qui ont chassé de Rome les philosophes, et les isles ont esté autres fois remplies de Docteurs. Celui cy n'est pas meilleur amy de Jesus Christ que celuy que nous voulons chastier [2]. A la vérité son athéisme a un peu plus de discrétion, et il se contente de siffler à l'oreille de ses disciples ce que l'autre voudroit faire sçavoir à son de trompe dans les places et sur les theatres. L'un et l'autre méritent l'indignation des fidèles. Mais le Capanée Grammairien doit estre publiquement foudroyé. Il faut de nécessité en faire un exemple :

> Ne se jus commune hominum, ne quicquid ubique
> Augusti sanctique colunt, lætetur ineptus
> Grammaticus violasse, et spreto insultet Olympo.

Je vous envoye l'*Eucharisticon* avec la queue, mais c'est par le messager qui part dimanche prochain, et avec mes autres vers, dont j'ay fait faire un recueil. Ne vous estes vous point souvenu de ceux de Tasse, quand vous avez leu l'article de la *Gazette* où il est parlé des larmes de Picolomini ? *Tu piangi, Soliman*, etc. L'audacieux auroit besoin que de temps en temps un impromtu le fit souvenir de sa naissance[3], ou plus-

---

[1] Toujours La Mothe-le-Vayer.

[2] Guyet, qui, quoique prieur de Saint-Andrade, négligeait non-seulement la messe du jour de Pâques et ne savait pas quel était son confesseur (*Menagiana*, t. II, p. 303), mais qui était encore franchement incrédule, au témoignage de Tallemant des Réaux (t. IV, p. 193) et de Luillier (*ibid.* Appendice, p. 502).

[3] Voiture, comme le montrent, dans les vers qui vont suivre, les plaisanteries sur le vin que vendait son père et sur le cabaret où il le vendait.

tost qu'un page l'en advertist tous les matins, comme celuy qui disoit au roy de Perse : N'oubliez pas que vous estes homme :

> O qui Costardi es magni vel Numinis instar
> Fortunam reverenter habe [1], vinique paterni
> Cauponæque memor, veteres ne despice amicos
> Principibus quamvis dominæ permixtus et aulæ.

Cet impromtu ne vaut-il pas bien celuy de Belot [2]? Je vous supplie de dire à M. Conrart que je l'ayme et l'honnore de tout mon cœur, voire mesme que je ne croy pas vous aymer ny vous honnorer davantage, quoyque je sois plus qu'homme du monde, Monsieur, vostre, etc.

CLXII.

Ce 28 juillet 1647.

Monsieur, Le livre de vers que je vous promis il y a huit jours part ce matin, par le messager d'Angoulesme, et est adressé à M. Conrart. Vous y trouverez des pièces que vous n'avez point veues, et il n'y en a guères que je n'aye retouchées pour l'amour de vous, afin que le tout vous parust nouveau. J'espère que M. le marquis de Montausier ne se desdira point du jugement avantageux qu'il en fit, lorsque les choses ne faisoient que naistre, et si, en ce temps là, il me mit au dessus du grand Scévole [3], je veux croire maintenant qu'il ne m'ostera pas la place

---

[1] Balzac, suivant son habitude, mêle ici à ses propres vers un hémistiche antique (Auson. *Epigrammata*, VIII, v. 7). Cet hémistiche est devenu célèbre depuis que Binet (*Vie de Ronsard*) a raconté que le poëte, pour se venger de l'impolitesse de Philibert de l'Orme, l'inscrivit en l'abrégeant (*Fort. reverent.* habe), sur la porte du palais des Tuileries. On a contesté l'anecdote, mais M. Adolphe Berty (*Les grands architectes français de la Renaissance*, Paris, 1860, in-8°) veut, pour de bonnes raisons,

qu'elle soit maintenue dans la double biographie de l'artiste et du poëte.

[2] Le talent de Belot pour l'impromptu était proverbial. Scarron, cité par M. P. Paris (*Historiettes*, t. VI, p. 119), a dit de lui :

> Belot, dont la féconde veine
> Enfante mille vers sans peine,
> Homme sage, à l'esprit pointu,
> Inimitable en l'impromptu...

[3] Scévole Ier de Sainte-Marthe, dont il a déjà été question dans la lettre LXV. Un fils de Scévole, Albert Ier de Sainte-Marthe,

qu'il me donna. Je sceus hier son contentement et en fus ravi; mais mon transport ne fut pas muet. A l'heure mesme l'enthousiasme me prit et voicy un impromtu que je dictay à mon homme, *mirantibus amicis aliquot qui aderant :*

> Hunc tibi, Montoside, dat Julia natum[1]
> Plurimus in tenero cui micat ore pater,
> Et cui virtutesque tuas nec fata minora
> Promittit summi stella benigna Jovis.
> Fortunate nimis, casto quem Julia amore
> Quem tanta castus prole beavit amor.

J'ay fait des épigrammes plus fortes et plus pointües, mais non pas plus... ny plus romaines que celle là, et il y a de l'apparence que le juge Tarpa lui eut donné son approbation. Une personne à qui je ne puis rien refuser veut absolument que le *Barbon* soit imprimé, et que je n'hésite pas davantage à luy faire voir du beau caractère de M. Courbé[2]. Pour donner corps au livret, j'ay dessein d'y joindre quelque autre pièce, et particulièrement la métamorphose du perroquet de nostre amy. Priez-le donc de ma part que je l'aye au plustost de sa dernière révision. C'est à mon gré un excellent poëme, mais ce sera un poëme achevé, s'il veut prendre la peine d'en fortifier trois ou quatre endrois. Amynte est très asseuré de l'innocence et de la vertu de son cher Daphnis, mais il est en grande peine de sa santé dans un voyage si dangereux en cette saison, et vous l'obligerez extremement de luy en faire sçavoir des nouvelles. Je n'ay point receu vos paquets, et l'homme qui s'en est chargé se moque de nous. Je suis, Monsieur, vostre, etc.

---

cultiva aussi la poésie, et ce fut à lui que Balzac écrivit, le 2 septembre 1630 (p. 354) pour le remercier de ses *beaux vers*. Voir les poésies du fils réunies à celles du père dans les *Opera latina et gallica* du dernier (édition de Paris, 1633, in-4°).

[1] Par la faute du copiste certainement, ce vers est faux et n'a que cinq pieds au lieu de six. Je n'ose essayer de le restituer.

[2] Le célèbre imprimeur a été oublié dans la *Biographie universelle* et dans la *Biographie générale*. En revanche, on trouvera une bonne notice sur lui dans l'*Histoire de l'imprimerie* de La Caille (p. 240-242). Le *Barbon* parut chez Aug. Courbé en 1648 (in-8°), la même année que l'*Aristippe*.

CLXIII.

Ce 17 aoust 1647.

Monsieur, Il est enfin arrivé cet homme qui s'est tant fait attendre. Je luy fais des caresses après luy avoir donné des malédictions, et la jouissance du bien présent m'empesche de me souvenir des inquiétudes passées et des désirs qui m'ont tourmenté. Cet homme m'a apporté quantité d'excellentes choses, mais je ne vous sçaurois parler que du Dialogue, parce qu'il m'occupe tout l'esprit, et que, depuis six jours, je ne pense ny ne resve qu'à Lancelot[1]. Ce ne sont pas icy des louanges que j'accorde volontiers à quiconque m'en demande, c'est un tesmoignage que je rens à la vérité qui m'a convaincu. Je ne vis jamais rien de mieux en ce genre là. Mais que ce genre me plaist et que je voudrois voir de semblables dialogues sur de semblables sujets! La critique est la plus belle chose du monde, quand elle agit de cette manière, et qu'elle employe la raison aussy bien que l'authorité. Vous vous sçavez servir admirablement de l'une et de l'autre. Vous faites semblant de plaider et vous prononcez; vous estes Président quoyque vous vous desguisiez en Advocat; vous jugez, Monsieur, vous jugez, et le suburbain ne fait que redire et que rapporter, n'est qu'orateur et philosophe perroquet, n'est pour le plus que messager de l'Antiquité et conteur de vieilles nouvelles. Ce docteur ne sçauroit rien, s'il n'avoit point estudié, et les livres des autres ont fait les siens[2]. Ne voyez-vous

---

[1] Ce dialogue, qui parut pour la première fois, en 1728, dans la *Continuation des mémoires de littérature et d'histoire de Mr de Salengre* par Desmolets et Goujet (tome VI, 2e partie, p. 281-342), a été publié de nouveau (Paris, A. Aubry, 1870, in-8°) par M. Alph. Feillet, d'après les *Papiers de Conrart*, de la Bibliothèque de l'Arsenal, sous ce titre : *De la lecture des vieux romans*. L'éloge donné ici par Balzac au travail si nouveau, si ingénieux, de son ami, a été confirmé par tous les lecteurs de l'opuscule qu'a si bien annoté l'auteur de *La misère au temps de la Fronde*. En ce qui regarde l'appréciation des romans du moyen âge, Chapelain (et cette gloire ne peut être revendiquée pour nul autre critique) a devancé les meilleurs juges de notre temps.

[2] Par une piquante coïncidence, c'est précisément le même reproche que Théo-

pas mesme qu'il ne peut me reprendre sans alléguer, et qu'il n'a pas le courage de dire de son chef : Balzac ne fait rien qui vaille? Il luy faut pour cela des Auteurs, tant il est accoustumé à citer quelqu'un et à ne parler pas de luy-mesme; tant il se plaist au stile de nostre bon amy, quand il disoit en preschant : Ce n'est pas l'Evesque de Lizieux, c'est S. Paul, c'est S. Augustin qui disent cela. Que sert-il pourtant de vous le dissimuler? Vous estes un peu à blasmer en cette affaire, et je vous apprens, si vous ne le sçavez pas, que sa mauvaise humeur ne vient que de vos rigueurs. Pour moy, je ne serois pas si cruel que vous, je l'aurois recherché, je l'aurois flatté, j'aurois employé tout le miel du vieux Nestor pour adoucir son ame irritée. Quoy davantage? Bien qu'il ne me veuille pas traitter d'*Unico Eloquente*, et qu'il ne demeure pas d'accord avec vostre Seigneurie de la divinité de mes lettres, j'aurois de bon cœur receu de sa main des compagnons et des esgaux en Éloquence, voire des supérieurs et des maistres. Le Dieu mesprisé auroit esté au devant du desdaigneux et téméraire mortel et de *his hactenus*.

Je vous suis infiniment obligé, Monsieur, des bons offices que vous avez rendu au porteur du Dialogue, et vous en remercie de tout mon cœur. Je fais le mesme remerciement à Mʳ Conrart, à qui j'en ay tant d'autres à faire, et qui me comble de ses bienfaits. J'ay receu nouvellement de luy une bourse parfumée, et dont la peau ne cède guères en bonté à celle de vos gans d'Espagne. Il faut que je luy envoye pour cela quelques fruis de nostre village; mais il faut qu'ils soient plus portatifs, et qu'ils souffrent mieux la voiture que les melons, les figues et les muscats. Vous vous doutez desjà de quelque Épigramme : je ne m'explique point plus particulièrement là dessus, et vous sçaurez bientost ce que je veux dire. Mais, Monsieur, que je suis glorieux de l'Épigramme de M. le Marquis de Montausier, et du compliment de

---

phile avait adressé à Balzac : « Les sçavans « disent que vous pillez aux particuliers ce « que vous avez leu. S'il y a de bonnes « choses dans vos escrits, ceux qui les cognoissent sçavent qu'elles ne sont pas à « vous. » (*Lettre à Balzac*, p. 286 du t. II des *OEuvres complètes de Théophile*, édition de 1855.)

Madame sa Femme : Ce sont des faveurs qui me donneroient grand crédit dans la province, si j'en voulois faire le vain, et si j'estois homme à publier mes bonnes fortunes. Je me suis contenté de monstrer à ma nièce la prose de Madame la Marquise et d'apprendre à l'Écho de Balzac les vers de Monsieur son mary : entre le génie et les graces qui les animent, ils ont beaucoup d'élégance et de netteté ; et, n'en desplaise à la superbe Italie, je soutien que son Conte Baltazar Castiglione (qui faisoit aussi des Élegiaques) n'estoit point si heureusement inspiré que nostre Marquis :

> Ille meæ lumen patriæ, sed principe dignus
> Urbe Remi, cum Scipiadas Fabiosque ferebat,
> Montosides Athesi[1] factis et cognitus...

Je le vous dis encore une fois et je le publieray hautement dans mes lettres *ad Atticum*, c'est vous qui m'avez fait poète, et qui m'avez donné le courage qui me manquoit, pour monter sur ce lieu si eslevé et de si difficile accès, d'où le pauvre Monmor a esté chassé à coups de fourche par les Muses de Mr Menage :

> Tu Phœbum mihi concilias et te duce primum
> Musarum pulsare fores, sanctisque Dearum
> Ausus me miscere choris.

et ce qui s'ensuit.

Recevez donc, Monsieur, les prémices qui vous sont deües, *et Cereri et Baccho pia turba quotannis*. Faittes de plus ce que vous me promettés et que je n'ay garde de refuser. Si vous me faittes la faveur d'entreprendre la correction de mes vers *nec Stephanos nec Patissonos*[2], *imo nec Lipsios et Scaligeros desiderabunt*. La pièce sera imprimée après les vers

---

[1] *Athesis* était le nom que portait autrefois l'Adige, et l'on se souvient du vers de Virgile :

Sive Padi ripis, Athesim seu propter amœnum.

Montausier, à peine âgé de vingt ans, s'était distingué, non loin de l'Adige, en prenant part, à côté de son frère Hector, à l'héroïque défense de Casal (1630).

[2] Mamert Patisson, né à Orléans, mort en 1601, épousa en 1580 la veuve de Robert Estienne II : il avait, dès 1568, établi à Paris son imprimerie, qui devint justement célèbre. Voir ce qu'en dit Adrien Baillet dans ses *Jugements des savants* (édition de 1722, t. I, p. 365), et, mieux encore, Isaac Casaubon (*Epistolæ*, édition de 1709, in-f°, p. 156).

et de meme caractère, et j'ay des exemples de tout cela dans les impressions de Florence et de Venise, et auxquelles présidoit l'hypercritique Victorius[1].

Pour le *Barbon* ma parolle est donnée, mon cher Monsieur, et je vous prie de ne pas trouver mauvais que je rende quelque chose à une personne à qui je dois tout. Mais, avant qu'il soit achevé d'imprimer avec certaines pièces estrangères de mesme genre que je feray mettre en suitte, le Capanée Grammairien[2] pourra bien estre en estat de faire l'arrière garde de ce petit corps. Au reste ne vous ay-je jamais dit l'obligation que m'a Capanée? Sans moy il seroit mort à l'hospital, ou il gueuseroit encore dans le collége. En un temps où il avoit besoin de pain, je le remis auprès de M^r le Cardinal la Vallette qui luy avoit donné son congé à la prière de M^r le duc d'Espernon son père, et qui commençoit à l'oublier. Ce fut un coup de ma faveur auprès du Duc et je l'employay toute entière en cette occasion :

> Sic nocui mundo, communemque omnibus hostem
> Servavit pietas incauta, feramque cruentam
> Immisi populis, nec nescia corda futuri
> Balzacio debet Respublica læsa Guietum,
> Qui lacerat sine fine bonos, qui bella profanus
> Æternoque Jovi et superis, etc.

---

[1] Puisque je retrouve ici le nom de Victorius, déjà rencontré dans la lettre XIX, j'indiquerai sur lui un curieux passage des *Mémoires de la vie de J. A. de Thou* (livre I, sous l'année 1573). De Thou, qui, tout jeune alors, accompagnait Paul de Foix en Italie, vit beaucoup à Florence Pierre Vettori où Vittori, « vieillard vénérable, » et il résume ses longues conversations avec ce savant homme, conversations qui roulaient principalement sur les éditions d'auteurs anciens déjà données par lui et sur celles qu'il aurait voulu donner encore.

[2] Guyet. Ai-je besoin d'appeler l'attention du lecteur sur l'intérêt des renseignements que Balzac nous fournit au sujet de la biographie de ce personnage si original et si peu connu?

CLXIV.

A Neuillac, ce 19 aoust à cinq heures du soir.

Monsieur, Je vous fais ces lignes dans les pleurs et gémissements d'une famille extremement affligée et dans un des plus sensibles desplaisirs que je pouvois jamais recevoir. Nous venons d'apprendre la nouvelle de la blessure mortelle de mon pauvre neveu de Campaignole[1]. Ayez pitié de nostre douleur, mon très cher et très parfait amy, et, s'il y a quelque chose à faire après une telle perte, soyez tout ensemble nostre Solliciteur et nostre Conseil. Ma sœur doit encore l'argent de la charge de mon neveu et en paye la rente à Paris, comme vous pourra dire Mr d'Argence. Il seroit bien, ce me semble, raisonnable qu'elle fust désintéressée en cela par celuy qui obtiendra ladicte charge, en cas que ce ne soit pas Mr de Forgues[2], pour lequel on nous mande que Mr le Tellier la devoit demander à la prière de Mr le Président de Nesmond[3] et de Mr de la Nauve[4]. Le désordre dans lequel je vous escris ne me permet pas d'aller plus avant; et vous sçavez trop bien aymer pour avoir besoin de plus de parolles de ma part, et

---

[1] Bernard Patras de Campaignol, lieutenant au régiment des gardes, tué à l'âge de 27 ans, non «à la bataille de Lens, en 1649,» comme l'a dit M. F. Castaigne, cité par M. P. Paris (p. 115 du t. IV des *Historiettes*), mais au siége mis devant la ville de Lens par le maréchal de Gassion (juillet 1647), siége qui précéda *d'un an* la bataille du même nom (20 août 1648). Le jeune lieutenant s'était distingué, en 1646, au combat de Bozolo (voir *Histoire militaire du règne de Louis le Grand*, par le marquis de Quincy, t. I, p. 71).

[2] Le beau-frère du défunt.

[3] Le président de Nesmond était un cousin de Balzac, dont la mère était une Nesmond, d'une famille qui appartenait, dans les premières années du XVIe siècle, à la petite bourgeoisie commerçante de la ville d'Angoulême, comme l'a parfaitement établi M. G. Babinet de Rencogne (*Les origines de la maison de Nesmond, rectification au dictionnaire de la noblesse de la Chesnaye des Bois*, brochure in-8°, Angoulême, 1869).

[4] On a plusieurs lettres de Balzac à Mr de la Nauve, conseiller du Roy au Parlement de Paris (pages 166, 174, 218, 634). Balzac écrivait aussi à un autre M. de la Nauve, qui, en 1634, commandait une compagnie en Piémont (p. 238, 297, etc.).

pour n'employer pas tout vostre crédit et tout celuy de vos amys dans une occasion qui nous est si importante que celle cy. Ma sœur n'espère plus de joye en ce monde, mais la justice du Roy la peut guarantir de la pauvreté. Je suis de toute mon ame, Monsieur, vostre, etc.

CLXV.

Ce 26 aoust 1647.

Monsieur, J'avois le cœur blessé il y a huit jours; je l'ay maintenant tout déchiré, et ma douleur est bien près du désespoir. L'image de ce pauvre garçon que j'ay perdu me tourmente jour et nuit. Je ne pensois pas l'aymer au point que je fais. Hélas! mon très cher [Monsieur], si vous m'aviez veu au misérable estat où je suis, que vous auriez pitié de mes larmes continuelles et de mon affliction inconsolable! Ne fera-t-on rien pour cette mère désolée et triste véritablement jusques à la mort? Perdra-t-elle tout avec son filz? Luy refusera-t-on :

Solatia luctus
Exigua ingentis, miseræ sed debita matri[1].

L'amitié de M[r] le Marquis de Montausier et de Madame sa femme nous sera-t-elle inutile en cette occasion? L'Estat sera-t-il insensible à leurs prières et à vos sollicitations? S'il y a si peu de justice en pays Chrestien, je suis résolu d'aller achever ma vie en Turquie et de faire ce qu'avoit médité Fra Paolo. Je trouveray peut estre des Barbares plus humains que ceux que je laisseray en France. Je n'en puis plus, Monsieur.

Le Latin de Mr de Saint-Blancat n'est pas indigne de vostre François. Le poème commencé de M[r] de St Geniés[2] peut estre beau, peut estre

---

[1] Balzac s'est servi, sans variante cette fois, de la citation de Virgile (*Æneid.* l. XI, v. 62, 63), dans sa dissertation sur Malherbe adressée à M. de Plassac-Méré (p. 683 du tome II des *OEuvres complètes*) :

Solatia luctus
Exigua ingentis, misero sed debita patri.

[2] Jean de Saint-Geniez, né à Avignon le 12 septembre 1607, mort le 25 juin 1663, «mérite un rang distingué parmi les poëtes «latins qui ont écrit dans le xviie siècle,» dit le *Moréri* de 1759, qui cite sur lui Guillaume Colletet (*Discours du poëme bucolique*), de Saint-Didier (*Voyage du Par-*

admirable, mais il n'est pas à mon goust. J'ay peur que mondit Sieur de Saint Blancat n'ait pas receu un remerciment latin que je luy ay fait il y a plus d'un an et demy et que j'avois envoyé à Mʳ Mainard pour le luy faire tenir. Plusieurs personnes en ont des copies, et ce seroit un grand malheur si celuy à qui il s'adresse ne l'avoit pas veu. Sçachez le s'il y a moyen, mais ne sçachez que cela car je suis accablé de complimens.

Je voudrois bien avoir la Métamorphose[1] retouchée, dans laquelle je trouve partout le poète, mais où je cherche le versificateur en quelques endroits. Touchez en un mot à nostre très cher, mais ne m'alléguez pas s'il vous plaist, et je vous deffens absolument de luy monstrer cet article. Que direz-vous de l'audace de mes termes et de l'insolence de l'amitié? Mon copiste est malade, et je n'en puis plus. Je suis sans réserve, Monsieur, vostre, etc.

CLXVI.

Ce 2 septembre 1647.

Monsieur, Je receois de vous tout le soulagement que je suis capable de recevoir. Mais les remèdes n'agissent point sur des parties si malades que mon cœur. Vostre bonté m'oblige sans cesse, mais ma perte m'afflige tousjours. Je n'ay pas eu un supportable moment, pas un moment de relasche depuis la nouvelle de cette cruelle perte. *Ne sim tam ambitiosus in malis, et æternis questibus obtundatur amicissimum caput,* quittons ce fascheux discours et respondons à vostre lettre comme

---

nasse), Des Forges Maillard (lettre au président Bouhier, insérée au tome IX des *Amusements du cœur et de l'esprit*, lettre de laquelle il résulterait que Boileau aurait beaucoup profité, sans en rien dire, des poésies de cet auteur). Le *Moréri* renvoie encore à une lettre pleine d'éloges que Costar adressa au poëte provençal (p. 375 du tome II de ses *Lettres*, in-4°). Le recueil des poésies de Saint-Geniez parut à Paris, en 1654, sous ce titre : *Joannis Sangenesii Poemata* (Aug. Courbé, in-4°). Dans ce volume on trouve diverses mentions de Peiresc, de Ménage, de Balzac et surtout de Chapelain, pour qui Saint-Geniez paraît avoir eu grande affection et grande admiration.

[1] La métamorphose du pédant en perroquet.

nous pourrons. Si je me portois bien et que je n'eusse que vingt cinq ans, je serois peut estre tenté par les propositions qui me sont faittes; mais en l'aage et en l'estat où je suis, je ne les puys ny ne les veux accepter. Il ne faudroit que trois jours de Cour pour achever vostre pauvre amy, et la sujettion qu'il m'est force de rendre à mon mauvais corps, lors mesme que je me porte le mieux, ne laisse point de lieu à une autre sujettion. Ne sçavez-vous pas bien d'ailleurs que je suis l'antipode de Mr de Boisrobert et qu'encore que je n'aye pas le mérite de Mr de Saumaise, mon courage n'est pas moindre que le sien? Sçachant cela et me connoissant au point que vous faittes, je m'estonne, Monsieur, que vous ayez attendu ma response pour asseurer Monsieur Silhon de ma constance dans le genre de vie que j'ay choisi. En effet je ne changerois pas mon hermitage pour un Evesché. Je parle tout de bon et sans faire le Rhétoricien, dix mille escus de pension ne me feroient pas aller à Paris; et celuy qui, à la sortie de son enfance, ne voulut pas estre Secrétaire de la feue Reyne mère, et qui, depuis, s'est confirmé dans l'esprit de la solitude par une persévérance de plusieurs années, seroit sans doute tombé en sens réprouvé, si, sur ses vieux jours, il vouloit jetter des fondemens de fortune et bastir des espérances à la Cour. Je ne laisse pas, Monsieur, d'estre infiniment obligé aux soins de Monsieur Silhon et aux bontés de Son Éminence, qui m'a fait l'honneur de penser à moy, et qui, jugeant de la disposition de mon esprit et de mes désirs par ceux des autres, a cru que c'estoit me présenter le souverain bien que de m'offrir quatre ou cinq mille livres par an pour subsister à la Cour. Si je puis me remettre un peu et si vous le jugez à propos, je luy tesmoigneray à elle mesme ma reconnoissance et prendray sujet et la hardiesse de luy escrire sur ce que Mr Silhon m'a fait sçavoir de sa part [1].

Cependant, Monsieur, outre l'extreme douleur de ma pauvre ame

---

[1] Voir la longue lettre de Balzac à Mazarin, du 7 novembre 1647, p. 994 à 1002. En voici le début : «Monseigneur, j'ay eu de la «peine à croire mes propres yeux, et d'a- «bord j'ay pris pour un songe ce que «Mr Silhon m'a escrit par le commande- «ment de V. E...» Balzac y parle beaucoup de sa malheureuse sœur.

affligée, mon corps souffre encore de nouveaux maux à l'heure présente, et je suis arresté au lit depuis quelques jours. L'une et l'autre infirmité, si vous les appuyez de vos charitables offices, m'excuseront de tous les devoirs que je ne suis pas en estat de rendre. Mais particulièrement je vous demende auprès de Mr le Marquis de Montausier tout ce que vos propres sentimens vous peuvent inspirer de plus pratique et de plus ardent afin de pouvoir aller jusqu'où vont les respects, la reconnoissance, la dévotion que j'ay pour luy et pour les deux divines personnes qui ont esté touchées de nostre affliction et ont eu pitié d'une mère désolée. Ce dernier honneur qu'il m'a fait et que je receus hier au soir m'oblige certes au dernier point; et parce que la moindre de mes passions m'est plus chère que le plus grand de mes interests, je fais bien plus de cas de la lettre qu'il m'a escrit, que de celle que le Toutpuissant[1] me voudroit escrire, si j'estois en estat de luy obéir. Je voy aussy bien que vous, Monsieur, qu'il falloit aller tout droit à luy, et que le Président[2] n'eust pas esté refusé, s'il eust agy sans interprète et de la bonne façon. Il sçait aussy bien que moy que la charge couste neuf mille escus, dont ma sœur paye la rente partie icy, partie à Paris, et il me semble que Mr Silhon pouvoit croire que je n'estois pas menteur, puis que je vous l'avois escrit. Mais je voy bien qu'on n'ose pas tousjours répliquer au Maistre, et que les Présidens cousins parlent plus tost pour dire qu'ils ont parlé, que pour obtenir ce qu'ils demendent, quand ils ne demendent pas pour eux. O le dur et impitoyable monde!

    Et pur son vivo et gli huomini non fuggo,
    Et non fuggo la luce.

Je suis, Monsieur, vostre, etc.

Vostre lettre [est] du 25 et nous venons d'apprendre par une du 28, que la charge n'est point encore donnée, et qu'on ne désespère point de la récompense. Si cela est, Monsieur, je vous conjure de nous

---

[1] Mazarin. — [2] Le président de Nesmond.

continuer vostre assistance en cette occasion, et de reparler à M. le Marquis de Montausier, qui ne se lassera point, je m'asseure, de nous obliger. Je luy escriray si tost que ma santé me le permettra, et cependant vous luy direz, s'il vous plaist, que je suis plus à luy qu'homme du monde. Je n'ay montré vostre lettre à qui que ce soit, et, quand M. de Forgues sera à Paris je vous prie de ne luy point parler des conditions qui m'ont esté proposées.

Toutes mes lectures sont funèbres, et je cherche dans Virgile toutes les morts de ses Braves. Celle de Lausus[1] m'a fait faire des vers sur le pauvre garçon que je pleure. Je vous les envoye en deux façons et vous choisirez. Je ne douteray jamais de l'amour et de la tendresse de Mr Conrart. Aussy n'a-t-il point un plus fidelle ny plus passionné serviteur que moy. Je le plains extremement de sa goutte, et luy souhaite une fortune contraire à la mienne. Je vous demande pardon, Monsieur, de tant de peine que je vous donne.

CLXVII.

Du 7 septembre 1647.

Monsieur, Je pars d'icy pour aller je ne sçais où :

> Nec satis est fugisse homines : jam nobilis exul
> Quid nisi me fugiam et dilectæ prosequar umbræ,
> Vel per inane Chaos, vestigia : quis mihi Thirsin
> Exsanguem gelidumque.

Après avoir vagué quelque temps je pourray m'arrester en quelque lieu, et de là je ne manqueray pas de vous faire sçavoir de mes nouvelles. Je laisse un laquais à ma sœur pour m'apporter des vostres, si vous me faittes l'honneur de m'escrire. Aymez-moy tousjours, car je vous honnoreray toute ma vie très parfaitement et seray de toute mon ame, Monsieur, vostre, etc. Mille baisemains, s'il vous plaist, à nostre très cher Mr Conrart. Je le porte dans le cœur.

---

[1] *Æneid.* lib. X, v. 790-908.

CLXVIII.

Du 5 novembre 1647.

Opaca linquens Ditis inferni loca
Adsum profundo Tartari emissus specu [1].

Ou si vous voulez d'une autre façon :

Je sors de l'Achéron, d'où les ombres des morts
Ne retournent jamais couvertes de leurs corps.

En effet, Monsieur, je viens de bien loin, et le malheur veut que je ne pense pas en estre encore bien revenu. La cholique a succédé à la fièvre. Je suis enflé après avoir esté sec, et ne sors d'un mal que pour entrer dans un autre. Au milieu des flammes qui me brusloient, je receus vos chères et amoureuses lettres, qui me donnèrent tout le soulagement dont j'estois capable en ce temps là. Mr de Forgues m'a de plus asseuré de vos bontés pour moy et de vostre compassion pour mes maux. Vous n'estes point trompé si vous me voulez du bien, car je vous jure qu'il ne se peut rien adjouster à l'amour, à la tendresse, au respect, à la vénération que je vous conserve au fonds de mon ame. Vous pouviez faire, Monsieur, de plus grandes pertes que celle de ma pauvre vie, mais non pas d'une chose qui fust plus à vous. J'escris à Monsieur le cardinal une lettre qui m'a desjà épuisé plus d'esprit que je n'en ay perdu dans les neuf saignées de ma maladie. J'y employe toute ma force, puisque vous le désirez ainsy. Je n'oublie pas cette manière qui, à vostre dire, n'est approchée de personne, et il faut bien faire quelque chose d'extraordinaire pour obéir à l'amitié et pour plaire à la grandeur; la lettre partira bientost d'icy, et par avance je la recommande à vos soins et à vostre protection. Je suis plus qu'homme du monde, Monsieur, vostre, etc.

[1] Souvenir de ce vers de Virgile (*Æneid.* lib. VII, v. 568) :
Hic specus horrendum, sævi spiracula Ditis.

Vous voulez bien que cette lettre soit aussy pour Mr Conrart, le très véritable et le très cher amy de mon cœur, etc.

CLXIX.

Ce 18 novembre 1647.

Monsieur, A mon advis j'ay fait ce que vous avez désiré que je fisse, mais beaucoup plus que je n'espérois et que je n'avois résolu de faire. Dans le progrès de mon discours, j'ay connu que l'estomach fournissoit à la bouche de quoy parler et que véritablement *pectus erat quod faciebat disertos* [1]. Je sçauray de vous l'opinion que je dois avoir de moy en cette rencontre et si je suis mauvais ou bon orateur. *Grandis enim adeo et verbosa epistola inter orationes habenda est.* Ceux qui l'ont veue icy ont crié *Sophos* et *vivat* jusqu'à m'estourdir de leurs continuelles acclamations. Mais le mal est que ce sont esprits provinciaux, qui d'ordinaire ont les yeux mauvais et qui se laissent tromper aux diamans d'Alençon et aux perles de Venise. Au pis aller l'impression adjoustera ce qui manque au manuscrit, et vous sçavez il y a longtemps que mes premières pensées ne sont pas si sages que les secondes. Je n'ay point de fièvre, mais il ne passe jour que la cholique ne me tourmente cruellement, et l'enfleure de mon ventre commence à me faire peur. Je suis, Monsieur, vostre, etc.

CLXX.

A Neuillac, ce 25 novembre 1647.

Monsieur, N'avez-vous point ouy parler de cet artisan, *qui semper calumniator sui, nec finem habens diligentiæ, ob id Cacizotechnos appellatus*

---

[1] Allusion au mot célèbre de Quintilien (*Oratoriæ institutionis* lib. X, cap. VII) : *Pectus est enim quod disertos facit, et vis mentis.*

est [1] ? Mon chagrin n'est pas moindre que le sien. Je ne puis achever les choses faites :

Diruo et ædifico, muto quadrata rotundis [2].

J'en veux mal à mes oreilles, qui sont si difficiles à contenter, et porte quelquesfois envie à l'heureuse facilité de mon cher Muret. (C'est celuy des derniers Illustres pour lequel j'ay le plus d'inclination.) S'il faut en croire l'auteur de sa harangue funèbre [3], il ne se trouva pas une seule rature dans les originaux de ses oraisons. *Bene, bene illis sit sine labore, sine anxietate disertis.*

J'oubliais à vous parler par mes dernières lettres de Mr de Cerizantes et de ses vers de dévotion. A vous dire le vray, ces sortes de conversions me sont suspectes, et j'ay peur qu'il sera mauvais Huguenot plus tost que bon Catholique. Ceux qui changent si facilement, et avec si peu de connoissance de cause, après avoir esté à Nostre Dame de Lorette feroient volontiers un pèlerinage à la Mecque, si le bien de leurs affaires les y obligeoit et qu'on y payast mieux les convertis qu'en pays de chrestienté.

Il me semble que vous (me) promistes, il y a quelques mois, la vie d'Épicure, qui s'imprimoit à Lion; souvenez-vous, s'il vous plaist, de vos promesses [4]. Je suis, Monsieur, vostre, etc.

La lettre est changée en beaucoup d'endrois, et plusieurs choses es-

---

[1] C'est du statuaire Callimaque que Pline l'Ancien parle ainsi (*Naturalis Historiæ* lib. XXIV, cap. XLI).

[2] Diruit, ædificat, mutat quadrata rotundis. HORAT. *Epistol.* lib. I, ep. I, v. 100.

[3] L'auteur de l'oraison funèbre de Marc-Antoine Muret est le jésuite François Benci, qui avait été un de ses meilleurs élèves, et que Bayle (*Dictionnaire critique,* au mot *Bencius*) appelle « l'un des plus excellents orateurs de ce temps-là. » L'oraison funèbre de Muret se trouve dans le volume des Harangues de Benci (1590, in-8° — 1592, in-12). Elle avait paru séparément dès 1582 : *Oratio in funere Marci Antonii Mureti* (Rome, 1585, in-4°; Paris, 1585, in-8°; Ingolstadt, 1587, in-8°). On la retrouve en tête des *OEuvres* de Muret (édition de Vérone, 1727).

[4] *De vita et moribus Epicuri,* par Pierre Gassendi (Lyon, 1647).

sentielles y ont esté adjoustées. Si, par malheur, la première copie qui partit d'icy il y a huit jours avoit esté rendue, je vous conjure de faire en sorte qu'elle soit supprimée et qu'on substitue en sa place l'une des deux autres que j'envoye par le courrier d'aujourd'huy. Je vous en supplie de tout mon cœur. Je ne serois pas fasché que la lettre fust imprimée, mais il faudroit que ce fust par commandement et en faire venir l'envie à celuy qui a désiré, il y a plus de six ans, que je parlasse de l'affaire de Cazal [1].

Si cela se faisoit, je vous en envoyerois une dernière copie encore plus courte que les autres, *sed hæc omnia, sapientissime et amicissime Capelane, sub sigillo confessionis civilis : et tu unus optime es dicenda tacendaque doctus*, etc.

Si la lettre ne s'imprime séparée, je la mettray à la teste du huitiesme livre des *Choisies* qu'on veut icy que je face imprimer avec le *Barbon* [2].

CLXXI.

A Neuillac, ce 2 décembre 1647.

Monsieur, La grand'pitié que c'est de souffrir icy et là, d'escrire de mauvaises nouvelles et d'en lire qui ne sont guères meilleures, de ne vous pouvoir parler de ma cholique, que vous ne me respondiez de vostre rhume :

> Florentem servate; dies date, Fata, beatas
> Dilecto vati, miseri si nulla sodalis
> Vos tangit cura, et morbis placet addere morbos
> Damnatumque caput repetitis perdere telis.

Gomès [3] n'est plus Gomès, si on ne le traitte plus de ridicule, et

---

[1] Le cardinal Mazarin.

[2] Les *Lettres choisies* parurent chez Courbé un an avant le *Barbon* (1647, deux vol. in-8°).

[3] Gomès n'a d'article ni dans le *Moréri*, ni dans le *Bayle*, ni dans la *Biographie universelle*, ni dans la *Nouvelle Biographie générale*. Tallemant des Réaux n'en dit abso-

Mr Ménage n'est plus luy mesme, s'il entre en raison avec le ridicule Gomès. De mon temps, quand ce galand homme prétendoit d'estre offensé, il ne demandoit point de satisfaction. Il ne demandoit que du vin et de la soupe, et ses grands esclaircissemens ne se faisoient qu'à la table, mais c'estoit les plats qu'il esclaircissoit, *et quæ sequuntur ex antiqua comœdia apud Athenæum.*

Je ne sçay ce que veut dire Mr de la Hoguette de son désaveu[1], ny de ses Messieurs Dupuy. Mais je sçay bien que je l'ay extremement obligé dans la lettre à M^r le chantre de Saintes, et que toute sa philosophie et toute sa politique ne méritoient pas les six lignes que j'ay escrites de luy. C'est à mon compte le quatriesme ou cinquiesme Méloncholique qui m'a donné de la peine et que j'ay exorcisé inutilement. Dieu nous garde de ces bestes qui ne peuvent estre apprivoisées, et qui nous mordent quand nous les pensons caresser!

Les gens de plus haute estoffe qui appliquent à feu Monsieur le cardinal l'endroit où il est parlé des tirans qui font mal les vers sont un peu trop ingénieux dans les intentions de l'auteur, et une si subtile pénétration des pensées d'autruy me fait souvenir du palatin Polonnois qui

---

lument rien. Le *Menagiana* nous apprend (t. I, p. 50) que Ménage fit pour ce poëte cette épitaphe, parodie de celle du grand capitaine Jean-Jacques Trivulce :

    Ici repose Gomais
    Qui ne reposa jamais.

Guéret (*Guerre des auteurs*) attribue à Gomès un quatrain qui a été quelquefois donné à Clément Marot, et Ménage, dans ses *Observations sur Malherbe*, cite une épigramme de ce mauvais poëte contre un autre mauvais poëte, Marc de Maillet. Le *Menagiana* rapporte (t. III, p. 55) un mot cruel de Bautru contre la pauvreté de Gomès. J'ai recueilli quelques autres citations sur Gomès dans une note des *Vies des poëtes bordelais et périgourdins,* par Guillaume Colletet (1873, in-8°, p. 85, 86).

[1] Pierre Fortin, sieur de la Hoguette, auteur du *Testament, ou Conseils d'un père à ses enfants* (1655, in-12), ouvrage plusieurs fois réimprimé. Voir, sur ce beau-frère de l'archevêque de Paris, Hardouin de Péréfixe, Tallemant des Réaux (t. IV, p. 246) et la lettre de Luillier à Boulliau, du 19 septembre 1643 (*ibid.* p. 494). Voir encore, sur ses derniers moments, une bonne anecdote dans le *Menagiana* (t. III, p. 284). Ménage, dans des lettres inédites que je publierai bientôt, et qui sont datées d'avril 1648, fait un grand éloge des qualités littéraires du sieur de la Hoguette.

dit à Mʳ le président de Pibrac un jour dans une diette de Varsovie : *An pernoctasti in meo [corde]* [1] ?

[1] Je n'ai retrouvé cette particularité dans aucune des nombreuses notices biographiques publiées sur Guy du Faur de Pibrac, pas même dans la plus ample de toutes, *Vidi Fabricii vita, scriptore Carolo Paschalio* (Paris, 1584, in-12). M. le marquis de Noailles, qui, dans son ouvrage intitulé : *Henri de Valois et la Pologne en 1572* (Paris, 1867, 3 vol. in-8°), s'est tant étendu sur le séjour de Pibrac en Pologne, n'a pas connu cet hommage si naïvement rendu à la finesse de l'ambassadeur de Henri III.

APPENDICE.

UNE PAGE INÉDITE DE BALZAC.

M. G. Babinet de Rencogne, archiviste du département de la Charente, a publié, sous ce titre, dans le journal *le Charentais* du 12 février 1870, un document trop intéressant pour que je ne le reproduise pas ici avec les excellentes observations dont cet érudit l'a fait précéder [1] :

A M. LE DIRECTEUR DU *CHARENTAIS*.

Monsieur, En mettant en ordre les archives de l'hospice d'Angoulême, j'ay eu la bonne fortune de découvrir hier une page inédite de Balzac entièrement autographe, datée et signée de sa main un peu moins de quatre mois avant sa mort. J'ay pensé que vos lecteurs auraient, comme moi, grand plaisir à la lire, et je m'empresse de leur en offrir la primeur. Le grand *épistolier* vivait alors dans une profonde retraite, dans la modeste cellule qu'il s'était fait bâtir au couvent des RR. PP. Capucins de notre ville, et où, méditant avec passion les saintes Écritures, il apprenait et se préparait à bien mourir. Il nous semble qu'il a rarement rencontré des accents plus touchants, des pensées plus délicates. La reconnaissance qu'il témoigne à Mme de

---

[1] Ces observations, quelque peu modifiées, et le document qu'elles annoncent, ont été réimprimés, la même année, dans le *Bulletin de la Société archéologique et historique de la Charente*. Il en a été fait un tirage à part, qui a paru, en 1871, sous ce titre : *Le Testament de Balzac, publié pour la première fois avec un fac-simile* (Angoulême, Goumard, in-8').

Campaignolles[1], sa sœur, pour les soins attentifs qu'elle lui avait prodigués pendant sa maladie, et l'expression des sentiments chrétiens qui l'animent, sortent avec effusion d'un cœur sincèrement ému, et rappellent sans désavantage les passages les plus heureux du *Socrate Chrestien* :

« Ayant cédé, du gré de mon père et de ma mère, une partie de
« ce qui me devoit eschoir par leur succession en faveur de Monsieur
« de Roussines, mon frère, et cette partie n'estant guères moins de la
« moitié, j'ay cru avoir suffisamment satisfait à tout ce qu'exige de moy
« de ce costé là le sang et la parenté, et pouvoir disposer sans scru-
« pule du reste de mon petit bien. J'en ay desjà asseuré quelque chose
« à Madame de Forgues, ma nièce; mais les obligations que j'ay à ma
« sœur, Madame de Campagnol, sont telles, elle m'a rendu des soins
« si assidus et si passionnés, dans la continuité de mes maux, que, si je
« n'avouois qu'après Dieu je luy dois la vie, je serois aussi ingrat que
« je luy suis obligé. Je voudrois bien pouvoir reconnoistre cette fidèle
« et constante passion : et voicy la première tentation d'avarice qui
« m'est venue depuis que je suis au monde. Je voudrois estre riche
« pour avoir de quoy luy donner. Mais n'aiant jamais eu l'inclination
« portée à l'espargne, et ne me restant pas un teston de plus de vint
« cinq mille escus que j'ay receus à diverses fois des bienfais du Roy
« et de Monsieur le Cardinal de la Valette, je conjure cette bonne
« sœur de me pardonner mon mauvais mesnage et de continuer jusques
« à la fin à m'aymer sans interest. Je n'ay rien qui ne soit à elle; mais
« ce que j'ay est si peu de chose, et le nombre de mes péchés est si
« grand, que, quand j'aurois cent fois davantage, je n'aurois pas assez
« pour les racheter. Qu'elle agrée donc (je l'en prie de tout mon cœur),
« les aumosnes et autres œuvres de piété que je désire faire à ses des-
« pens, et faisons elle et moy ce sacrifice à nostre Seigneur. Il le bé-
« nira, s'il luy plaist, par sa sainte grace, et le recevant pour l'expiation

---

[1] M. de Rencogne nous apprend que la famille de Campaignolles est encore représentée de nos jours, notamment par M. le marquis Jean de Campaigno, ancien maire de la ville de Toulouse, ancien député de la Haute-Garonne au Corps législatif.

« de mes fautes, comme je l'en supplie les larmes aux yeux, cette bonne
« et chère sœur pourra dire qu'en quelque façon elle a sauvé son frère
« deux fois, puisque, en cette rencontre, elle n'aura pas moins contribué
« aux moyens de mon salut qu'elle a eu de part jusques icy à la con-
« servation de ma vie.

JEAN LOUYS DE GUEZ.

« Fait au monastère des Pères Capucins d'Angulesme et escrit de ma
« main, ce dixiesme septembre mil six cens cinquante trois [1]. »

---

[1] Près de deux cents ans plus tard, le 8 février 1851, Mgr Cousseau, évêque d'Angoulême, prononçait un éloquent éloge de Balzac à l'occasion de la translation des restes de cet écrivain dans la chapelle de l'hôpital actuel d'Angoulême. Ce discours (extrait de la *Gazette de l'Angoumois*) forme une plaquette qui n'a pas été mise dans le commerce, mais que l'on trouvera à la Bibliothèque nationale (Ln, 27, 954).

CORRECTIONS ET ADDITIONS.

Page 35, note 3, ligne 6, au lieu de : avec *les sœurs* de Louis XIII, lisez : avec *la sœur*.

Page 66, note 3, ligne 3, au lieu de : *lettre vi*, lisez : *lettre v*.

Page 116, note 1, ligne 2, au lieu de : *Claude Girard*, lisez : *Gombauld*, frère du jésuite du même nom.

Page 123, ligne 4, au lieu de : j'ai pitié du pauvre *monsieur*, lisez : du pauvre *Montmaur*.

Page 155, note 2, ligne 2, au lieu de : baron de *Montrabe*, lisez : de *Montrave*.

Page 175, ligne 9, ajoutez : La lettre doit être du 8 septembre, la précédente étant du lundi 5.

Page 188, note 1, ajoutez : En une occasion toutefois (voir plus loin, page 359), le mot *minotaure* s'applique à Rocolet.

Page 238, lignes 3 et 4, au lieu de : M⁽ʳ⁾ *Dargence de Forgues*, lisez : M⁽ʳ⁾ *d'Argence ou à* M⁽ʳ⁾ *de Forgues*.

Page 249, note 3, ligne 2, au lieu de : *octobre*, lisez : *décembre*.

Page 289, lignes 18 et 19, au lieu de : M⁽ʳ⁾ *d'Argence de Forgues*, lisez : *Messieurs d'Argence et de Forgues*.

Page 339, ligne 4, au lieu de : *Du janvier 1696*, lisez : *Du 7 janvier 1696*.

Page 366, note 1, au lieu de : *runel*, lisez : *unel*.

Page 373, sous la ligne 7, ajoutez en note : *le convive dont Balzac parle avec tant de verve est le poète Peyrarède*.

Page 376, ligne 15, au lieu de : *Clovis*, lisez : *Cloris*.

Page 417, ligne 1, Ajoutez en note : Le millésime n'est pas indiqué, mais c'est bien là la place de cette 164ᵉ lettre, la suivante ayant été écrite *précisément huit jours après* (19-26 août).

N. B. Si l'on s'étonnait de trouver, dans ces *Lettres*, les mêmes mots imprimés d'une manière différente, je rappellerais que, dans les éditions les plus soignées des Œuvres de Balzac, et, par exemple, dans l'édition des *Œuvres diverses*, publiées, de son vivant, par les Elzeviers (Leyde, 1651), on rencontre également *adjouster* et *ajouster*, *advis* et *avis*, *avec*, *avecque* et *avecques*, *dechirer* et *deschirer*, *deguiser* et *desguiser*, *extreme* et *extrême*, etc. Que, devant de telles variations, on n'accuse donc ni le copiste, ni le prote, ni même l'éditeur!

TABLE
DES NOMS DE LIEUX ET DE PERSONNES

CONTENUS

DANS LES LETTRES DE JEAN-LOUIS GUEZ DE BALZAC

ET DANS LES NOTES DE L'ÉDITEUR.

A

ABBEVILLE, p. 169.
ABLANCOURT, voy. FRÉMONT et PERROT.
ABRAHAM, p. 161, 244.
ADIGE, p. 415.
AGEN, p. 99.
—— (Évêque d'), voy. MASCARON.
AGENAIS, p. 62, 82, 99.
AGÉSILAS, p. 270.
AGIS, p. 270.
AGRIPPA, p. 302.
AIGUES (Sibylle des), voy. AMALBI (Mme D').
AIGUILLON (Marie-Magdelaine de Vignerot, dame de Combalet, puis duchesse D'), p. 113.
AIRE (Évêque d'), voy. COSPÉAN.
ALBERT (Archiduc), p. 246.
ALBY, p. 303.
ALEXANDRE LE GRAND, p. 257, 295, 300, 308, 313, 343, 387.
ALIGRE (Étienne D'), p. 68.
—— (Étienne D'), fils du précédent, p. 68.
ALLEAUME, p. 67, 383.

ALLEMAGNE, p. 52, 64, 67, 93, 201, 245, 246, 248, 278, 323, 394.
ALMELOVEEN (Jansen d'), p. 111.
ALPES, p. 349.
AMALBI (André D'), p. 356.
—— (Sibylle des Aigues, Mme D'), p. 356.
AMELOT DE LA HOUSSAYE, p. 120.
AMIENS, p. 94.
AMPÈRE (J. J.), p. 7, 54.
AMSTERDAM, p. 6, 14, 15, 68, 82, 98, 102, 110, 120, 141, 160, 197, 207, 246.
AMYOT (Jacques), 55, 242.
ANACRÉON, p. 343.
ANCILLON (Charles), p. 15, 189.
ANCRE (Maréchal D'), p. 255, 257.
ANDILLY (D'), voy. ARNAULD (Robert).
ANDRÉ (le P.), p. 83.
—— (Valère), p. 320.
ANDRÉ DE LA ROÑADE ET DE SALERS (Louise ou Élisabeth D'), femme de Charles de Mainard, p. 359.

ANGENNES (Nicolas d'), seigneur de Rambouillet, p. 297.
—— (Léon-Pompée d'), marquis de Pisani, p. 297.
—— (Julie-Lucie d'), voy. MONTAUSIER (duchesse DE).
—— (Angélique-Claire d'), voy. GRIGNAN (marquise DE).
ANGERS, p. 29, 46.
—— (Évêque d'), voy. ARNAULD (Henri).
ANGHIEN (duc d'), voy. CONDÉ (Henri DE).
ANGLETERRE, p. 63, 189, 196, 311, 351.
ANGOULÊME, p. 3, 16, 17, 26, 33, 37, 45, 50, 68, 70, 92, 97, 109, 114, 128, 133, 134, 145, 147, 151, 153, 179, 183, 217, 223, 226, 231, 232, 238, 255, 257, 262, 284, 285, 289, 290, 305, 329, 336, 355, 372, 373, 376, 382, 389, 396, 411, 429, 431.
—— (Évêque d'), voy. COUSSEAU; DU PERRON (Jacques).
ANGOUMOIS, p. 67, 249.
ANNE D'AUTRICHE, p. 14, 22, 34, 43, 53, 54, 57, 64, 73, 107, 108, 110, 128, 130, 225, 263, 350, 392.
ANNIBAL, p. 275.
ANTOINE, p. 139.
ANVERS, p. 141.
APELLES, p. 238.
APOLLONIUS DE TYANE, p. 104.
APULÉE, p. 342, 383.
AQUITAINE, p. 99.
ARASSE (Château d'), près d'Agen, p. 99.
ARBAUD (François d'), sieur de Porchères, p. 155.
ARC (Jeanne D'), p. 275.
ARCADIE, p. 363.
ARCHILOQUE, p. 36.
ARCHIMÈDE, p. 296, 394.
ARGENCE (D'), p. 21, 25, 88, 238, 267, 276, 287, 289, 417.

ARIOSTE (Louis), p. 205, 221, 298, 387.
ARISTIDE, p. 159.
ARISTOPHANE, p. 307, 346.
ARISTOTE, p. 14, 53, 74, 188, 224, 288, 305, 356.
ARMENGAUD, p. 82.
ARMÉNIE, p. 302.
ARNAULD (famille), p. 49.
—— (Antoine), p. 7, 37, 48, 55, 56, 91, 93, 94, 98, 102, 107, 110, 111, 122, 123, 131, 132, 177, 183, 205, 236, 251, 261, 354.
—— (Robert), sieur d'Andilly, p. 56, 84, 92, 95, 121, 122, 177, 183, 235, 259, 271, 275, 278, 279, 282.
—— (Henri), abbé de Saint-Nicolas, évêque d'Angers, p. 125, 138, 139, 143, 145, 148, 177, 259.
—— (Antoine), abbé de Chaumes, frère des trois précédents, p. 41.
ARRAS, p. 345.
ARRIEN, p. 387, 389.
ARTÉMISE, p. 305.
ARTENICE, voy. RAMBOUILLET (marquise DE).
ARTIGNY (D'), p. 78.
ASIE, p. 257.
ASNIÈRES (près d'Angoulême), p. 16.
ATHÈNES, p. 257.
ATHESIS, voy. ADIGE.
ATTICHY (Anne), voy. MAURE (comtesse DE).
ATTICUS, p. 36.
ATTILA, p. 306, 399.
AUBÉ (B.), p. 163.
AUBÉPINE (Gabriel DE L'), évêque d'Orléans, p. 229.
—— (Charles DE L'), marquis de Châteauneuf, p. 187, 389.
AUBERY (Benjamin), sieur du Maurier, p. 189, 197.
—— (Louis), sieur du Maurier, p. 189, 197.
AUBESPINE, voy. AUBÉPINE.

AUBIGNÉ (Agrippa D'), p. 25, 31, 96, 203, 282, 315.
AUBINEAU (Léon), p. 234.
AUBRET? p. 60.
AUDIERNE (l'abbé), p. 328.
AUDIFFRET (Le P. Hercule), p. 53, 72, 244, 266, 27, 371, 372, 382, 384.
AUDOUIN (Martial), p. 73.
AUGER (Louis-Simon), p. 361.
AUGUSTE, p. 37, 62, 96, 141, 142, 201, 202, 218, 302.
AUGUSTIN (Saint), p. 183, 414.
AUMALE (Duc D'), p. 344.

AUNIS, p. 97, 100.
AURATUS, voy. DORAT (Jean).
AURILLAC, p. 39.
AUSONE, p. 14, 411.
AUTUN, p. 54.
AUVERGNE, p. 146, 222, 228, 359.
AUXERRE, p. 198.
AVAUX (Claude de Mesmes, comte D'), 5, 15, 19, 23, 25, 29, 47, 50, 52, 56, 81, 243, 247, 277, 292, 298, 396.
AVENEL, p. 50, 63, 125.
AVRANCHES (Évêque d'), voy. VIALART (Charles).

B

BABINET DE RENCOGNE, voy. RENCOGNE.
BACHAUMONT, p. 83.
BACKER (Alois et Augustin DE), p. 171, 222, 280.
BAÏF (Antoine DE), p. 87.
BAILLET (Adrien), p. 8, 30, 39, 41, 68, 104, 119, 153, 180, 198, 222, 272, 286, 327, 351.
BAILLEUL, voy. LE BAILLEUL (Nicolas).
BALDE, p. 299.
BÂLE, p. 54.
BALUZE (Étienne), p. 5.
BALZAC (Château de), p. 28, 100, 278, 373, 401, 414.
BAPAUME, p. 115.
BARBERINI (Maffeo), voy. URBAIN VIII.
BARBIER, libraire, p. 14.
BARBOT, 232.
—— (Mme), p. 232, 238, 243.
BARNEVELD, p. 211.
BARREAUX, voy. DES BARREAUX.
BARRIÈRE (F.), p. 204.
BARTAS, voy. DU BARTAS.
BARTHIUS (Gaspard), p. 164, 202.
BASILE (Saint), p. 384.

BASSOMPIERRE (François, baron DE), marquis d'Harouel, p. 126, 257.
BAUBOLA (autrefois Bilbilis), p. 129.
BAUDIUS, p. 280.
BAUTRU (Guillaume), comte de Serrant, p. 154, 186, 200, 304, 427.
BAYLE (Pierre), p. 7, 14, 15, 22, 24, 41, 46, 58, 68, 82, 87, 93, 105, 114, 121, 164, 171, 187, 278, 280, 321, 327, 351, 425.
BAYONNE, p. 94, 184.
BAZAS (Évêque de), voy. GRILLET (Nicolas DE).
BAZIN (A.), p. 7, 35, 37, 63, 90, 92.
BÉARN, p. 101.
BEAUFORT (Duc DE), p. 35, 54.
BEAUVAIS (Évêque de), voy. BLANCMÉNIL.
BELLARMIN (Cardinal), p. 105.
BELOT, p. 411.
BEMBO (Pierre), p. 40, 41, 53, 87, 196, 198, 282, 382.
BENCI (François), p. 425.
BÉNÉVENT, p. 15.
BENSERADE (Isaac DE), p. 349, 351, 354.
BENTIVOGLIO (Cardinal), p. 29, 125, 198, 210, 396.

Béon (Bernard de), seigneur du Massès, p. 97.
—— (Louise de), voy. Loménie (Mme de).
Bergerac, p. 328, 375, 392.
Beringhen (De), p. 15.
—— (Mlle de), p. 358.
Berni (François), p. 387.
Berthier (Pierre de), évêque de Montauban, p. 130.
—— (Jean de), baron de Montrave et de Launaguet, p. 92, 155, 156.
Berty (Adolphe), p. 411.
Bérulle (Cardinal de), p. 22.
Berville (Charles de), p. 158, 166.
Béthune (De), p. 35.
Beuchot, p. 280.
Béziers, p. 162.
Biaggio, p. 82.
Bilbilis (aujourd'hui Baubola), p. 129.
Binet (Le P. Étienne), p. 150.
—— (Claude), p. 411.
Biron (Maréchal de), p. 99.
Blainville (Jean de Varignez, seigneur de), p. 63.
Blanchemain (Prosper), p. 39, 44, 359.
Blancménil (Augustin Potier de), évêque de Beauvais, p. 22, 35, 48, 54, 65.
Blésilla, p. 365.
Blois, p. 87, 251, 389.
Boccace, p. 299, 387.
Boetique, p. 311.
Boëtie (Étienne de la), p. 140.
Boileau (Nicolas), p. 4, 7, 23, 78, 153, 299, 303, 419.
—— (L'abbé), p. 62.
Boisrobert (François Metel de), p. 18, 119, 154, 207, 217, 226, 232, 233, 263, 270, 274, 326, 340, 350, 360, 362, 374, 385, 386, 387, 388.
Boissonade (Jean-François), p. 742.
Bologne, p. 30, 87.
Bonair (De), p. 12, 17, 59, 73, 95, 109, 127, 128, 130, 160, 166, 181, 193, 240, 267, 273, 309, 348, 354, 360, 366, 371, 407.
Bonnet (Charles), p. 375.
Bonose, p. 344.
Bordeaux, p. 5, 15, 27, 46, 57, 58, 99, 121, 134, 136, 188, 143, 145, 225, 255, 289.
Bordes (Le P.), p. 391.
Bosquillon (L'abbé), p. 170.
Bossuet, p. 7, 63, 284, 313, 315.
Botru, voy. Bautru.
Bouchard (L'abbé), p. 350.
Bouhours (Le P.), p. 7, 315.
Bouillerot, p. 14.
Bouilliau (Ismaël), p. 67, 103.
Boulogne, p. 58.
Bourbon, voy. Condé.
—— (Nicolas), p. 21.
—— (Nicolas), petit-neveu du précédent, p. 21, 22, 25, 56, 164, 191, 194, 198, 199, 286, 290, 406.
Bourdelot (Edme), p. 217.
—— (Pierre Michon), p. 217.
—— (Pierre Bonnet), p. 217.
Bourgogne, p. 34, 99.
Boyer (Françoise Galharde de), femme de François de Mainard), p. 359.
Boynet (près de Montflanquin), p. 99.
Bozolo, p. 417.
Brachet (Théophile), sieur de la Milletière, p. 357, 358, 366, 371, 383, 420.
—— (Suzanne), voy. Catelan (Mme).
Brandebourg, p. 164, 208.
Brassac (Comte de), p. 269.
—— (Comtesse de), p. 269.
Bremond d'Ars (Comte), p. 234.
Bresles (en Beauvoisis), p. 323.
Bresse, p. 34.
Bretagne (Marie de), duchesse de Montbazon, p. 31.
Brienne, voy. Loménie.

Brissac (François de Cossé, comte de), p. 62.
Brossette, p. 299.
Brossin, voy. Méré.
Brouage, p. 109, 114.
Brullon (Comte de), p. 254.
Bruneau (Marie de), voy. Des Loges.
Brunel? (Président), p. 366.
Brunet (Jacques-Charles), p. 246, 280.
—— (Gustave), p. 32.

Buchanam (Georges), p. 87.
Bucquoy (Comte de), voy. Longueval.
Bullart (Isaac), p. 68, 73.
Bullion (Claude de), sieur de Bonelles, p. 50.
Burgaud des Marets, p. 211.
Burmann (Pierre), p. 320, 344.
Busançois (Comte de), voy. Le Bouthillier.
Busbecq (Augier Ghislain de), p. 204.
Bussy-Rabutin (Roger, comte de), p. 276.

C

Caen, p. 272.
Caius, p. 302.
Calais, p. 184.
Callimaque, p. 53, 291.
—— (Le statuaire), p. 425.
Calprenède, voy. La Calprenède.
Calvin (Jean), p. 81, 282.
Camille, p. 345.
Campagnol, ou Campagnole, ou Campaignolles (François Patras de), p. 16.
—— (Anne Guez, Mme de), p. 16, 223, 231, 233, 250, 356, 368, 391, 392, 418, 420, 422, 430.
—— (Bernard Patras de), p. 69, 95, 126, 141, 181, 216, 226, 231, 232, 233, 240, 244, 246, 249, 250, 252, 266, 337, 356, 366, 368, 417, 418.
—— (Marie de), voy. Forgues (Mme de).
—— (Marquis Jean de), p. 430.
Campiprat, p. 229.
Camus (Jean-Pierre), évêque de Belley, p. 176.
Camusat (Jean), p. 48, 279.
—— (Denyse de Courbe, Mme), p. 48, 271, 283, 338, 342, 403.
Candalle (Duc de), p. 277.
Canet, p. 63.
Cange (Du), voy. Du Cange.
Caporali (César), p. 406.
Capponi, p. 87.

Cardan (Jérôme), p. 408.
Carentonus, voy. Charente.
Carmain, voy. Monluc (Adrien de).
Caro (Annibal), p. 41, 161, 244, 285, 309, 400.
Carpentras, p. 53.
Casa (Jean della), p. 15, 16, 17, 41, 136, 145, 186, 226, 233.
Casal, p. 82, 415, 426.
Casaubon (Isaac), p. 111, 147, 261, 415.
Cassagnes (Jacques), p. 7, 26.
Castaigne (Eugène), p. 3, 20, 417.
Castelnau (Michel de), p. 19, 156.
—— (Alexandre de), marquis de Sessac, puis comte de Clermont de Lodève, p. 156.
Castelvetro (Louis), p. 14, 319.
Castiglione (Balthazar), p. 195, 196, 415.
Castro, p. 30.
Catalogne, p. 212, 341, 395, 402, 406.
Catelan (François), p. 354, 357, 358, 362, 366, 371, 383.
Catilina, p. 350.
Caton, p. 269, 350.
Catulle, p. 34, 77, 178, 209, 240, 401.
Caucase (Le), p. 226.
Cavalerice? p. 178.
Cerisantes (Marc Duncan de), p. 41, 148, 149, 150, 172, 179, 184, 187, 194, 205, 207, 211, 212, 249, 254, 277, 297, 306, 315, 425.

CERISIERS (René DE), p. 283.
CERISOLES, p. 203.
CERISY (Abbé DE), voy. HABERT (Germain).
CERTAIN (Eugène DE), p. 26.
CÉSAR (Jules), p. 34, 93, 181, 209, 269, 288, 405.
CHAIGNET (Ed.), p. 251.
CHÂLONS-SUR-MARNE, p. 37.
CHAMBRE, voy. LA CHAMBRE.
CHAMPAGNE (La), p. 34, 290.
CHAMPOLLION-FIGEAC, p. 3.
CHAMPRÉ, p. 229.
CHAMPTERCIER (Basses-Alpes), p. 163.
CHAPELAIN (Jean), voy. toutes les pages.
—— (Jeanne Corbière, mère de Jean), p. 276, 313, 315, 320, 324.
—— (Mesdemoiselles, sœurs de Jean), p. 305, 307.
CHAPELLE, p. 67, 83.
CHAPUIS (Gabriel), p. 196.
CHARENTE, p. 120, 205, 244, 316, 401.
CHARLES IX, p. 68, 389.
CHARRON, p. 241, 279, 408.
CHASLES (Philarète), p. 195.
CHASTELET (Paul Hay, sieur DU), p. 80.
CHATEAUBRIAND (Vicomte Auguste DE), p. 91, 153.
CHÂTEAUNEUF-SUR-LOIRE, p. 148.
—— (Marquis DE), voy. AUBÉPINE.
CHÂTELLERAULT, p. 121.
CHAUDON (Dom), p. 26, 78.
CHAUFFEPIÉ, p. 286, 320, 351.
CHAULIEU (Abbé DE), p. 28.
CHAULNES (Duchesse DE), p. 371.
CHAUMONT, p. 153, 290.
CHAVIGNY (Comte DE), voy. LE BOUTHILLIER.
CHVEREUSE (Duchesse DE), p. 54.
CHINE, p. 340.
CHOISY (Jean DE), p. 35.
—— (Jeanne-Olympe Hurault de l'Hospital, Mme DE), p. 35.

CHRISTINE, reine de Suède, p. 4, 35, 170, 173, 181, 184, 186, 194, 217.
—— de France, Mme Royale de Savoie, p. 35.
CHRYSIPPE, p. 175, 394.
CHRYSOSTOME, voy. JEAN (Saint).
CICÉRON, p. 16, 36, 54, 77, 139, 160, 230, 241, 242, 266, 269, 275, 277, 294, 319, 325, 387.
CINQ-MARS, p. 125.
CLAUDE (L'empereur), p. 74.
CLAUDIEN, p. 142, 164, 290, 331, 332, 334.
CLAUDIUS (Drusus), p. 302.
CLÉANTHE, p. 175, 242.
CLÉMENT (Jacques), p. 111, 139.
—— (David), p. 172.
CLÉOMÈNES, p. 270.
CLERC (LE), voy. LE CLERC.
CLERMONT, p. 299, 328.
—— -LODÈVE (Comte DE), voy. CASTELNAU (Alex. DE).
CLÈVES (Henriette DE), p. 19.
COCLÈS (Horatius), p. 117, 345.
COCONNAS (Comte DE), p. 19.
COËFFETEAU (Nicolas), p. 215, 389.
COISLIN (Mme DE), p. 118.
COLIGNY (Amiral DE), p. 189.
—— (Gaspard DE), duc de Châtillon, p. 31, 66, 271, 293.
—— (Isabelle-Angélique de Montmorency-Bouteville, Mme DE), p. 271.
COLIN D'AUXERRE (Jacques), p. 196.
COLLETET (Guillaume), p. 39, 51, 68, 73, 83, 88, 164, 185, 186, 299, 326, 418, 427.
COLOGNE, p. 320.
COLOMIEZ (Paul), p. 93, 105, 187, 264, 286.
COMINGES (François de Pechpeyroux, seigneur de), voy. GUITAUT.
—— (Gaston-Jean-Baptiste, comte DE), p. 351, 355, 356, 375, 403, 405.

Cominges (Sibylle-Angélique-Émilie d'Amalbi, comtesse de), p. 356.
Condé (Louis Ier de Bourbon, prince de), p. 344.
—— (Henri II de Bourbon, prince de), p. 34, 42, 79, 80, 93, 104, 113, 183, 217, 396.
—— (Charlotte de Montmorency, princesse de), p, 34, 396.
—— (Louis II de Bourbon, d'abord duc d'Enghien, puis prince de), p. 31, 34, p. 35, 54, 113, 208, 209, 217, 313, 342, 344, 345, 346, 395.
—— (Anne-Geneviève de Bourbon, sœur de Louis, prince de), voy. Longueville (Duchesse de).
Condorcet, p. 168.
Conrart (Valentin), p. 5, 13, 15, 16, 17, 20, 23, 28, 43, 48, 53, 72, 83, 106, 114, 122, 126, 135, 142, 161, 163, 170, 202, 216, 272, 276, 294, 299, 336, 354, 370, 371, 382, 396, 411, 414, 422, 424.
Conserans, p. 27.
Constantin Porphyrogénète, p. 103.
Constantinople, p. 103, 204.
Conti (Princesse de), p. 155.
Copenhague, p. 173.
Coras (Jacques de), p. 303.
Corbie (Abbaye de), p. 251.
Corbière (Michel), p. 276.
—— (Jeanne), voy. Chapelain (Mme).
Cordoue, p. 325.
Corinthe, p. 91.
Corneille (Pierre), p. 11, 27, 46, 66, 172, 208, 233, 234, 282.
Cornelius, voy. Tacite.
Cornuel (Mme), p. 35.
Cosnac (Daniel de), p. 272.
Cospéan (Philippe), successivement évêque d'Aire, de Nantes et de Lisieux, p. 38, 48, 49, 65, 73, 171, 281, 409, 414.

Cossé (François de), voy. Brissac (Comte de).
Costar (Pierre), p. 7, 44, 67, 120, 153, 187, 225, 226, 233, 238, 240, 246, 249, 292, 293, 294, 295, 303, 309, 310, 312, 313, 318, 319, 323, 327, 353, 360, 362, 374, 403, 405, 419.
Coste (Olivier de), dit le Père Hilarion, p. 15.
—— (Pierre), p. 140.
Coste, voy. La Calprenède.
Coulanges (Henriette de), femme de François Le Hardy, sieur de la Trousse, p. 22.
Coulommiers, p. 71, 85.
Coupé (L.), p. 167, 320.
Coupeauville (De), abbé de la Victoire, p. 158.
Courbé (Aug.), p. 6, 15, 29, 66, 174, 187, 205, 276, 362, 388, 412, 419, 426.
Courcelles (De), p. 280.
Cousin (Victor), p. 15, 19, 31, 35, 48, 52, 62, 63, 72, 82, 126, 170, 198, 219, 254, 272, 299, 396, 408.
Cousseau (Mgr), évêque d'Angoulême. p. 431.
Couture, voy. La Couture (Abbé de).
—— (Léonce), p. 6.
Couvrelles (De), p. 46.
Cramail, voy. Monluc (Adrien de).
Cramoisy, p. 207.
Crassot (Jean), p. 98.
Critton (Georges), p. 104, 105, 171.
Croisilles (Jean-Baptiste), abbé de la Couture, p. 162, 163.
Crussol (Emmanuel de), duc d'Uzès, p. 377.
—— (Marie-Julie de Montausier, Mme de) p. 377.
Cujas (Jacques), p. 62, 299.
Custrin, p. 169.
Cyprien (Saint), p. 207.
Cyrannius, voy. Saint-Cyran.

D

Daguesseau, p. 7.
Daillé (Jean), p. 121, 122.
Daligre, voy. Aligre (Étienne d').
Danemark, p. 247.
Dantzick, p. 317.
Dargence, voy. Argence (D').
David, p. 48, 386.
Davila, p. 297.
Delacroix (L'abbé), p. 53.
Démocrite, p. 316.
Demogeot, p. 7, 20.
Démosthène, p. 394.
Denys le Tyran, p. 18.
Desbarreaux (Jacques Vallée, sieur), p. 67, 148.
Descartes (René), p. 7, 46, 197, 198.
Des Forges-Maillard, p. 419.
Des Loges (Charles de Rechignevoisin, sieur), p. 15.
—— (Marie de Bruneau, dame), p. 15, 16, 17, 122, 194, 237.
Desmarets (Roland), p. 58.
—— de Saint-Sorlin, p. 49, 58.
Desmolets (L'abbé), p. 5, 412.
Despernon, voy. Épernon.
Des Portes (Philippe), p. 57, 279.
Deventer, p. 110.
Diderot, p. 228.
Dijon, p. 28, 234.
Diogène le Cynique, p. 124.
—— de Laerte, p. 124, 147, 154, 163.
Domat (Jean), p. 298, 299.
Doni (Octavio), seigneur d'Attichy, p. 337.
—— (Valence de Marillac, Mme), p. 337.
Dorat (Jean), p. 68, 112, 249.
Dordogne, p. 156.
Douza (Jean), seigneur de Norwick, p. 62, 72.

Dreloncourt (Charles), p. 4, 135.
Dresde, p. 39.
Dreux, p. 202.
—— du Radier, p. 121, 276.
Drouet, p. 30.
Drusilla (Livia), p. 302.
Drusus (Claudius), p. 302.
Du Bartas (Guillaume de Saluste, sieur), p. 202.
Du Cange (Charles du Fresne, sieur), p. 349.
Duchesne (Julien), p. 8.
Du Guerrois (Charles), p. 112.
Du Maurier, voy. Aubery.
Du Moulin (Charles), p. 5.
Duncan, voy. Cerisantes.
Dunkerque, p. 396.
Dunois (Comte de), p. 18, 71.
Du Perron (Cardinal), p. 29, 55, 64, 122, 183, 293, 326, 335.
—— (Jacques), évêque d'Angoulême, p. 64, 116, 173, 179.
Dupin (Ellies), p. 104.
Du Pleix (Scipion), p. 22, 25.
Du Plessis (Philippe), voy. Mornay.
—— (Roger), voy. Liancourt.
Dupuis (La), p. 57.
—— (Ve Mat.), p. 98.
Du Puy (Frères), p. 5, 22, 102, 183, 393.
—— (Pierre), p. 58, 103, 294.
—— (Jacques), p. 103.
Durance (La), p. 48.
Du Ryer (Pierre), p. 202, 244.
Duvergier de Hauranne (Famille), p. 220.
—— (Jean), abbé de Saint-Cyran, p. 26, 27, 37, 120, 258, 259, 262, 272, 278.

E

Échassier (L'), voy. Leschassier.
Effen (Just Van), p. 13.
Égypte, p. 397.
Elzeviers (Les), p. 6, 14, 15, 68, 77, 82, 126, 141, 204, 350, 361.
Émery (D'), voy. Particelli.
Enghien, voy. Condé (Louis de).
Ennius, p. 160, 266, 275.
Épaminondas, p. 322, 346.
Épernon (Louis de la Valette, duc d'), p. 17, 137, 209, 250, 251, 255, 257, 278, 280, 288.
Épicure, p. 163, 425.
Érasme (Didier), p. 24, 59, 279.
Espagne, p. 129, 302, 311, 346, 396.
Espeisses, voy. Faye.

Espernon, voy. Épernon.
Espinac (Pierre d'), archevêque de Lyon, p. 39.
Esprit (Jacques), p. 28, 117, 118, 178, 274, 288.
Estienne (Henri), p. 103.
—— (Robert), p. 415.
Estoile (Pierre de L'), p. 18, 42, 105, 112.
—— (Claude de L'), sieur du Saussay, p. 185.
Estouteville (Duc d'), voy. Longueville.
Étienne (Louis), p. 20.
Eumène, p. 54.
Eustathe, archevêque de Thessalonique, p. 60.

F

Fabius (Quintus Maximus), p. 275.
Fabricius, p. 16, 213, 220.
Fabroni, p. 296.
Falaise, p. 44.
Faret (Nicolas), p. 25, 198.
Favereau (Jacques), p. 213.
Faye (Jacques), seigneur d'Espesses ou d'Espeisses, p. 49.
—— (Charles), seigneur d'Espesses ou d'Espeisses, p. 49.
Feillet (Alphonse), p. 413.
Fénelon, p. 242.
Feramus (Charles), p. 57, 60, 62, 72, 198, 222, 249, 320, 337, 341, 396.
Feret, p. 122, 135.
Ferramus, voy. Feramus.
Ferrare, p. 143, 198.
Feugère (Léon), p. 160, 203, 369.
Feuillet de Conches, p. 207.

Fiesque (Charles-Léon, comte de), p. 35, 126, 212, 214.
—— (Paul de), p. 137.
Figeac, p. 39.
Flamarens (Mme de), fille de Sébastien Le Hardy, marquis de la Trousse, p. 222.
Flaminio (Marc-Antoine), p. 87.
Flaminius, voy. Flaminio.
Flandre, p. 115, 117.
Fléchier (Esprit), p. 48, 53, 113, 315, 382.
Florence, p. 15, 73, 302, 416.
Florus, p. 117, 141.
Flotte (De) p. 39, 43, 50, 116, 119, 123, 134, 156, 158, 195, 226, 400.
Foglieta (Hubert), p. 87.
Foix (Pays de), p. 36, 146.
—— (Paul de), p. 416.
Folieta, voy. Foglieta.

FONTAINEBLEAU, p. 37, 304, 378, 387.
FONTANETTE, p. 36.
FORGUES (Bernard DE), p. 16, 101, 287, 289, 337, 339, 340, 348, 354, 364, 368, 417, 422, 423.
—— (Marie de Campagnol, Mme DE), p. 16, 101, 356, 430.
FORTIN, voy. HOGUETTE.
FOUQUET (Le surintendant), p. 11.
—— (Guillaume), marquis de la Varenne, p. 31.
—— (Catherine), p. 31.
FOURNEL (Victor), p. 187, 272, 351, 383.

FOURNIER (Édouard), p. 213, 242, 296.
FOY (Abbé DE), p. 204.
FRACASTOR (Jérôme), p. 87.
FRANCE, p. 280, 281, 296, 299, 334, 340, 346.
FRANCFORT, p. 119, 164.
FRANCK (Adolphe), p. 198.
FRANÇOIS Ier, duc de Modène, p. 143.
FRANGIPANI (Pompeo), p. 162.
FRÉMONT D'ABLANCOURT, p. 120.
FULGENCE (Le P.), p. 68, 104.
FULGENTIO (Fra), voy. FULGENCE.

G

GAILLON (Marquis DE), p. 68.
GALBA, p. 381.
GAN (près de Pau), p. 101.
GANDILLAUD (Gabriel), p. 329, 356, 357.
—— (Marguerite), p. 329.
GARASSE (Le P.), p. 83.
GARONNE, p. 392, 400.
GASCOGNE, p. 228, 304, 387.
GASSENDI (Pierre), p. 67, 163, 351, 425.
GASSION (Maréchal DE), p. 115, 417.
GAUTIER, marchand d'Angoulême, p. 128, 135.
GÊNES, p. 87, 302.
GENÈVE, p. 164, 201.
GERMANICUS, p. 302.
GERUZEZ (Eugène), p. 7, 39.
GEVAERTS (Jean-Gaspard), p. 141, 142, 156.
GEVARTIUS, voy. GEVAERTS.
GILBERT (Guillaume), p. 328.
—— (D., L.), p. 234.
GINGUENÉ, p. 14, 195, 406.
GIRARD (Guillaume), p. 17, 26, 28, 137, 209, 217, 257.
—— (Claude), p. 26, 116, 120, 130, 134, 146, 162, 320, 323, 360, 361, 368, 376, 382, 392.

GNATHON, p. 59.
GODEAU (Antoine), évêque de Grasse et de Vence, p. 13, 48, 49, 69, 70, 84, 86, 95, 142, 161, 165, 202, 203, 211, 216, 219, 221, 226, 237, 255, 262, 286, 294, 337, 352, 363, 365, 366, 371, 388, 392.
GODELLUS, voy. GODEAU.
GOETTLING (Charles-Guillaume), p. 269.
GOMBAULD (Jean-Ogier DE), p. 114, 205, 212, 297.
—— frère du précédent, chantre de l'église de Saintes, p. 114, 116, 128, 131, 133, 143, 169, 231, 238, 277, 368.
—— frère des précédents, jésuite, p. 131, 140, 144, 169, 277, 284, 289.
GOMBERVILLE (Marin Le Roy DE), p. 43, 158, 361.
GOMÈS, p. 426, 427.
GONDI (Cardinal Pierre DE), p. 399.
—— Voy. RETZ (Cardinal DE).
GONZAGUE (Catherine DE), p. 19.
—— (Marie DE), reine de Pologne, p. 35.
GORDES (DE), p. 360.
GOTH (Jacques DE). Voy. ROUILLAC (Baron DE).

GOUJET (Abbé), p. 5, 8, 13, 44, 68, 92, 104, 105, 112, 119, 153, 162, 163, 200, 342, 351.
GOULART (Simon), p. 140.
GOULU (Le P. Jean), p. 26, 31.
GOURNAY (Marie de Jars DE), p. 160, 161, 167, 169, 171, 236, 316, 369.
GRAMOND (Gabriel de Barthellemi, sieur DE), p. 92, 93.
GRAMONT (Maréchal duc DE), p. 336.
GRANGER, voy. GRANGIER.
GRANGIER (Jean), p. 399.
GRASSE, p. 202.
—— (Évêque de), voy. GODEAU.
GRATIUS (à tort surnommé FALISCUS), p. 202.
GRAVELINES, p. 115, 296.
GRAVEROL (François DE), p. 68.
GRÈCE, p. 53, 228, 242, 311.
GRÉGOIRE (Ernest), p. 46, 67.
GRENTEMESNIL (Jacques Le Paulmier DE), p. 99.
GRIFFET (Le P.), p. 90, 337.
GRIGNAN (Angélique-Claire d'Angennes, marquise DE), p. 377.
GRILLET (Nicolas DE), évêque de Bazas, puis d'Uzès, p. 78.
GRONOVIUS (Jean-Frédéric), p. 67, 72, 77, 84, 100, 110, 350, 357, 361.

GRONOVIUS (Jacques), p. 110.
GROOT, voy. GROTIUS.
GROSLEY, p. 195.
GROTIUS (Hugo), p. 149, 150, 205, 211, 219, 254, 286, 317, 327, 332.
GUÉBRIANT (Maréchal DE), p. 69.
GUERCHEVILLE (Marquis de), voy. LIANCOURT.
GUÉRET, p. 427.
GUEZ (Guillaume), père de Balzac, p. 20, 28, 114, 146, 238, 244, 430.
—— (Mlle de Nesmond, Mme), mère de Balzac, p. 417, 430.
—— (François), sieur de Roussines, frère de Balzac, p. 327, 338, 368, 430.
—— (Anne), Mme de Campagnole, sœur de Balzac, voy. CAMPAGNOLE.
GUISE (Henri de Lorraine, duc DE), p. 31, 66, 254.
GUITAUT (François de Pechpeyroux-Cominges, sieur DE), p. 351.
GUIZOT (François), p. 8, 18, 225, 361.
GUSTAVE-ADOLPHE, p. 31, 181, 205, 211, 254, 345.
GUYENNE, p. 99.
GUYET (François), p. 46, 47, 53, 77, 199, 200, 405, 406, 407, 410, 416.

H

HAAG (Eug. et Em.), p. 108, 121, 198.
HABERT (Germain), abbé de Saint-Vigor de Cerisy, p. 49, 146, 308, 392.
—— (Philippe), p. 146.
HALLUIN (Duc D'), voy. SCHOMBERG (Charles DE).
HAMBOURG, p. 67, 350.
HARCOURT (Charles de Lorraine, prince D'), p. 399, 400, 402.
HAURÉAU (B.), p. 3, 4, 8, 9, 80, 168.
HAVRE (Le), p. 170.

HAY (Paul), sieur du Chastelet, p. 80.
HAYE (La), p. 5, 189.
HEINSIUS (Daniel), p. 11, 46, 59, 98, 108, 157, 167, 277, 287, 298, 312, 313, 321, 326, 332, 333, 334, 335, 336, 344, 347, 369, 388, 398.
—— (Nicolas), p. 333, 334, 335, 369, 371, 385, 398, 407.
HELMSTADT, p. 186.
HENAULT, libraire de Paris, p. 93.
HENRI III, p. 69, 188, 203, 428.

HENRI IV, p. 31, 32, 42, 111, 202, 316.
HERCULE (Le P.), voy. AUDIFFRET.
HERMANT (Godefroi), p. 236.
HERMOGÈNE, p. 376.
HÉROARD (Jean), p. 42.
HÉSIODE, p. 343.
HÉSYCHIUS, p. 24.
HIPPEAU (Charles), p. 119, 272, 351.
HOGUETTE (Pierre Fortin, sieur DE LA), p. 427.
HOLLANDE, p. 52, 93, 101, 131, 151, 189, 198, 205, 280, 394.
HOLSTE (Lucas), voy. HOLSTENIUS.
HOLSTENIUS (Luc), p. 350, 357.
HOMÈRE, p. 13, 14, 60, 188, 202, 305, 332, 343.

HORACE, p. 29, 36, 37, 53, 69, 74, 87, 96, 125, 132, 136, 191, 200, 207, 222, 234, 235, 239, 275, 279, 327, 334, 337, 343, 354, 374, 400, 409, 425.
HORATIUS, voy. COCLÈS.
HOSPITAL (Chancelier DE L'), p. 35.
—— (Jeanne-Olympe Hurault DE L'), voy. CHOISY (Mme DE).
HOZIER (Pierre D'), p. 15, 328.
HUET (Daniel), évêque d'Avranches, p. 8, 44, 45, 46, 73, 119, 141, 154, 170, 272, 327.
HUILIER, voy. LUILLIER.
HUYGENS (Constantin), p. 46, 100.

I

ILHES (dép^t de l'Aude), p. 63.
INDES, p. 196.
INNOCENT X (Jean-Baptiste Panfili), p. 245.

ISSY, p. 63.
ITALIE, p. 42, 53, 167, 195, 214, 228, 281, 302, 343.

J

JACOB (le P.), p. 320.
JACQUINET (P.), p. 7, 66.
JAL (Aug.), p. 5, 68, 169, 328.
JANNET (Pierre), p. 93.
JANSENIUS, évêque d'Ypres, p. 229, 236.
JANSON, voy. ALMELOVEEN.
JARNAC, p. 344.
JARS (Marie DE). Voy. GOURNAY.
JAVERSAC (Nicolas-Bernard, sieur DE), p. 321, 383.
JEAN-CHRYSOSTOME (Saint), p. 60, 183, 384.
JEANNIN (Le président), p. 211.
JÉRÉMIE, p. 24.
JÉRÔME (Saint), p. 364, 365.

JOB, p. 24.
JOLY (Le chanoine), p. 7, 68, 105, 234, 327, 351.
JOLLY (Thomas), p. 4.
JONIN (Le P. Gilbert), p. 222.
JONSAC ou JONZAC. Voy. PARABÈRE, SAINTE-MAURE.
JOSEPH (Le P.), p. 22.
JOUBERT (Joseph), p. 7.
—— (Leo), p. 87, 142, 302.
JOURDAIN (Le), p. 48.
JOYEUSE (Cardinal DE), p. 203.
JUDÉE, p. 312.
JULIE, fille d'Auguste, p. 302.
JUVÉNAL, p. 111, 160, 169, 259, 374.

DE LIEUX ET DE PERSONNES. 445

K

Kohler, p. 147. Kromayer, p. 165.

L

La Barre (De), p. 236.
Labitte (Charles), p. 57, 119.
Labouisse-Rochefort (De), p. 39.
La Bruyère (Jean de), p. 7.
Lacaille (Jean de), p. 11, 159, 412.
La Calprenède (Gautier de Costes de), p. 378.
La Chambre (Marin Cureau de), p. 11, 303, 304, 307, 313, 352.
La Châtre (Edme de), comte de Nançay, p. 31.
La Chétardie (De), p. 239, 241.
—— (Mme de), 240, 241.
Lacour (Louis), p. 112.
La Fontaine (Jean de), p. 11.
La Forêt (De), voy. Saint-Bonnet (Simon de).
La Fresnaye (Château de), p. 44.
La Garde. Voy. Notre-Dame-de-la-Garde.
—— Voy. La Gardie.
La Gardie (Pontus de), p. 392.
—— (Magnus de), p. 392.
Lage (De), p. 164.
Lagger (De), p. 4.
La Harpe, p. 7.
Lalanne (Ludovic), p. 163, 227.
Lamboy (Guillaume de), p. 345.
La Meilleraye (Maréchal de), p. 117.
La Mesnardière (Hippolyte-Jules Pilet de), p. 276, 299.
La Milletière.
La Monnoye (Bernard de), p. 327.
La Mothe ou La Motte (Haute-Marne), p. 290, 296, 297.
—— Aigron (De), p. 316.
—— le Vayer, p. 20, 24, 58, 67, 119,

128, 168, 178, 183, 236, 271, 327, 352, 408, 410.
—— (N. de). Voy. Saint-Surin.
La Nauve (De), p. 71.
Langbein (G.), p. 222.
Langres, p. 98.
Languedoc, p. 58, 228.
Languet (Hubert), p. 105.
La Porte (Charles de), voy. La Meilleraye.
La Rochefoucauld (Duc de), p. 31, 35, 276, 288.
La Thibaudière (De), p. 116, 120, 138, 212, 320, 323, 327, 329, 355, 381, 382.
Latour (Tenant de), p. 83.
La Trousse (Sébastien le Hardy, sieur de), p. 222.
—— (François le Hardy, marquis de), p. 212, 222, 341, 390, 395, 399, 400, 402.
—— (François le Hardy, sieur de Fay), frère cadet du précédent, p. 222.
Laugier (Honorat), sieur de Porchères, p. 155, 164.
Lausanne, p. 7, 14, 37, 236.
Laussou, près Monflanquin, p. 99.
Laval (Guy de), p. 118.
La Vallette (Cardinal de), p. 5, 37, 46, 65, 195, 221, 272, 430.
La Varenne (Marquis de), voy. Fouquet (Guillaume).
Lavaur (Évêque de), voy. Raconis (Abra de).
—— (Th. de), p. 39.
Laverdet (Aug.), p. 299.

Le Bailleul (Nicolas), p. 56, 81, 130, 166.
Le Bouthillier (Léon), comte de Chevigny et de Busançois, p. 38.
Le Clerc (Laurent-Josse), p. 35, 105, 327, 351.
—— (Joseph-Victor), p. 266, 332, 364.
Lefebvre (Nicolas), p. 42.
Legendre (Gilbert-Charles), marquis de Saint-Aubin, p. 64.
Leiden, voy. Leyde.
Leipsick, p. 141, 147, 172.
Le Laboureur (Claude), p. 19, 156, 162, 320.
Le Long (Le P.), p. 43.
Le Maistre (Antoine), p. 236, 259, 282.
Le Moine (Le P.), p. 152, 153, 160, 283.
—— (Collége du cardinal), p. 104.
Lens, p. 345, 417.
Léon X, p. 86.
—— le Philosophe, p. 349.
Léonidas, p. 270.
Le Paulmier (Jacques). Voy. Grentemesnil (De).
Le Petit (Pierre), p. 342.
Leschassier (Philippe), p. 105, 397.
—— (Jacques), p. 105, 140.
Le Tellier (Michel), p. 417.
Letus (Pomponius), p. 332.
Leucate, p. 62, 63.
Leuctres, p. 346.
Le Vassor (Michel), p. 63.
Leyde, p. 6, 14, 15, 28, 62, 67, 68, 77, 81, 82, 98, 110, 111, 137, 141, 157, 167, 204, 234, 336, 350.
Lhuilier, voy. Luillier.
Liancourt (Roger du Plessis, duc de la Rocheguyon, puis de), p. 62, 121, 126, 166, 276.
—— (Jeanne de Schomberg, Mme de), p. 166, 276.

Licinius (Marcus), pseudonyme de Ménage, voy. Ménage.
Limousin, p. 15, 73.
Lionne (Hugues de), marquis de Berny, p. 166, 174, 184, 190, 204, 251, 270.
Lipse (Juste), p. 51, 62, 161, 216, 236, 246, 318, 371, 415.
Liron (Dom), p. 78.
Lisieux (Évêque de), voy. Cospéan.
Litolphi-Maroni (Henri), évêque de Bazas, p. 364.
Littré (E.), p. 21, 27, 38, 55, 81, 96, 109, 162, 228, 252, 261, 284, 324, 352, 375, 382, 393, 398.
Livet (Ch. L.), p. 4, 8, 13, 18, 20, 21, 22, 38, 48, 51, 72, 119, 160, 222, 313, 360, 374.
Livie, p. 302.
Logeri (Seigneur de), voy. Laugier.
Loges, voy. Des Loges.
Loire (La), p. 224.
Lombard (Le P. Nicolas), p. 93.
Loménie (Henri-Auguste de), comte de Brienne, seigneur de la Ville-aux-Clercs, p. 97, 98, 146, 152, 156.
—— (Louise de Béon, Mme de), p. 97, 98, 115, 122, 127, 130, 131, 137, 138, 146, 152, 156.
—— (Henri-Louis de), p. 98, 198, 204.
Londres, p. 140, 147.
Longin, p. 376.
Longueval (Charles-Albert de), comte de Bucquoi, p. 345.
Longueville (Hôtel de), p. 257.
—— (Henri d'Orléans, duc de), p. 18, 19, 31, 58, 59, 71, 146, 181, 191, 201, 226, 260, 346, 396.
—— (Anne Geneviève de Bourbon, duchesse de), p. 31, 146, 219, 260, 346, 396.
—— Jean-Louis-Charles d'Orléans, duc d'Estouteville et de), p. 346.

DE LIEUX ET DE PERSONNES. 447

Longueil (René de), voy. Maisons (Marquis de).
Loret (Jean), p. 63, 146, 155, 272.
Lorette (Notre-Dame de), p. 425.
Lorraine, p. 296.
—— (Duc de), p. 34.
Loudun, p. 189, 203.
Louis IX, p. 66.
Louis XIII, p. 6, 22, 32, 35, 41, 42, 57, 63, 75, 76, 78, 80, 90, 117, 189, 198, 217, 283.
Louis XIV, p. 6, 217.
Louisy (Paul), p. 377.
Louvain, p. 246.

Lubeck, p. 317.
Luc (Saint), p. 19, 24.
Lucain, p. 174, 290, 311, 312, 313.
Lucien, p. 24.
Lucius, p. 302.
Luçon (Évêque de), voy. Richelieu (Cardinal de).
Lucrèce, p. 207, 310.
Luillier (François), p. 67, 76, 92, 97, 100, 103, 163, 165, 207, 208, 244, 246, 286, 331, 358, 410, 427.
Lyon (Archevêque de), voy. Espinac (Pierre d').
Lyonne, voy. Lionne.

M

Machiavel, p. 387.
Madelenet ou Magdelenet (Gabriel), p. 198, 249, 275.
Madrid, p. 390.
Maëstricht, p. 358.
Mævius, p. 132, 392.
Magalotti (Pierre de), p. 296, 297, 378, 379, 380.
—— (Comte Lorenzo), p. 296.
Maigne, p. 193.
Maillet (Marc de), p. 427.
Mainard (François de), p. 4, 35, 39, 50, 51, 54, 55, 59, 100, 116, 118, 119, 123, 126, 129, 144, 146, 150, 153, 154, 155, 157, 158, 162, 164, 168, 171, 174, 178, 181, 191, 193, 195, 214, 225, 228, 232, 252, 253, 258, 265, 270, 281, 289, 291, 299, 309, 324, 330, 332, 347, 350, 359, 361, 367, 375, 378, 381, 385, 387, 388, 391, 401, 404, 419.
—— (Françoise Galharde de Boyer, Mme de), p. 359.
—— (Charles de) p. 359, 404.
—— Louise ou Élisabeth d'André de la Ronade et de Salers, Mme de), femme de Charles, p. 359.
Maisons (Château de), p. 287.
—— (René de Longueil, marquis de), p. 287.
Maistre (Joseph de), p. 371.
Malherbe (François de), p. 7, 15, 85, 155, 162, 163, 224, 227, 308, 326, 331.
Malines, p. 7.
Malitourne (Armand), p. 7.
Mallius (Theodorus), p. 142.
Malvezzi? p. 283.
Malvezzi (Marquis Virgilio de), p. 283.
Mamurra, chevalier romain, p. 209.
—— Surnom de Montmaur, voy. Montmaur.
Mancurtius (Franç.), p. 87.
Mangot (Claude), seigneur de Villarceau, p. 255.
Manilius, p. 24, 141, 142, 156.
Manne (Ed. de), p. 45.
Mans (Le), p. 168, 323.
Mantinée, p. 346.
Mantoue, p. 161.
Manuce (Paul), p. 73, 382.
Marais (Mathieu), p. 234.

MARC-ANTONIN, voy. MARC-AURÈLE.
MARC-AURÈLE, p. 147, 376.
MARCA (Pierre DE), p. 4, 27, 30, 32, 93, 101.
MARCASSUS (Pierre DE), p. 365.
MARCELLUS, p. 297, 302.
MARENNES, p. 109.
MARGUERITE DE FRANCE, reine de Navarre, p. 188.
MARIETTE, p. 169.
MARILLAC (Maréchal Louis DE), p. 337, 338.
—— (Valence DE), voy. DONI.
MARMONTEL, p. 7.
MAROLLES (Michel de), abbé de Villeloin, p. 58, 71, 99, 154, 162, 163, 212, 269, 327, 399.
MAROT (Jean), p. 398.
—— (Clément), p. 55, 387, 427.
MARSEILLE, p. 393.
MARSILLY (Mme DE), p. 287.
MARTIAL, p. 151.
MARTY-LAVEAUX (Charles), p. 62, 328, 332, 385.
MASCARON (Pierre-Antoine DE), p. 388, 391, 392, 393.
—— (Jules DE), évêque d'Agen, p. 388, 392.
MASSÈS (Mme DE ou DU), p. 131.
MASSINISSA, p. 199.
MASSON (Papire), p. 68.
MATTER, p. 303, 360.
MAURE (Louis de Rochechouart, comte DE), p. 403, 404.
—— (Anne Doni, comtesse DE), p. 126, 337, 338, 340, 403.
MAURRY (Laurens), p. 66.
MAURY (Jean), p. 96.
—— Docteur en théologie, p. 96.
—— (De), p. 96.
MAYNARD, voy. MAINARD.
—— (L'abbé), p. 57, 78.
MAZARIN (Cardinal), p. 22, 35, 36, 38, 54, 68, 76, 80, 81, 82, 83, 94, 96, 107, 118, 128, 138, 158, 167, 168, 170, 174, 175, 176, 178, 184, 185, 186, 187, 192, 204, 208, 209, 218, 220, 245, 250, 270, 274, 298, 323, 348, 357, 378, 403, 420, 421, 423, 426.
MAZURES (Louis DE), p. 105.
MÉCÈNE, p. 37, 218.
MECQUE (La), p. 425.
MÉDICIS (Marie DE), p. 90, 155, 237, 251, 257, 341, 350, 420.
MELAN ou MELLAN (Claude), p. 168.
MELCHISEDECH, p. 244.
MÉNAGE (Gilles), p. 7, 8, 16, 17, 20, 28, 29, 40, 46, 53, 55, 58, 60, 62, 74, 83, 89, 91, 98, 106, 110, 130, 131, 136, 138, 140, 141, 147, 151, 152, 157, 158, 161, 164, 165, 168, 170, 172, 174, 179, 181, 186, 187, 195, 205, 211, 216, 219, 234, 238, 272, 273, 294, 303, 305, 331, 332, 334, 349, 351, 352, 353, 359, 360, 361, 362, 374, 375, 378, 381, 384, 388, 391, 398, 400, 401, 406, 407, 415, 419, 437.
MÉNANDRE, surnom donné par Balzac à Mainard, voy. MAINARD.
MENARDERIUS, voy. LA MESNARDIÈRE.
MERCIER (Louis-Sébastien), p. 375.
MERCOEUR (Duc de), p. 31.
MERCY (Baron François DE), p. 346.
MERÉ (Antoine Gombauld-Plassac, chevalier DE), p. 234, 235, 256, 375, 376, 378, 397, 403, 405, 418.
—— (Georges de Brossin, chevalier puis marquis DE), p. 234.
MÉRIMÉE (Prosper), p. 25.
MESLES? p. 116.
MESMES (Claude DE), voy. AVAUX (Comte D').
MESONIUM, voy. MAISONS.
METZ, p. 67, 76, 297, 331.

MÉZERAY (François-Eudes DE), p. 193.
MICHAULT (de Dijon), p. 234.
MICHEL-ANGE, p. 37, 80, 082.
MICHELET (Jules), p. 37, 90, 115.
MICHIELS (Alfred), p. 57.
MIGNET, p. 166.
MILAN, p. 40, 41.
MINET, p. 176.
MINUTIUS (Félix), p. 31.
MISÈNE, p. 204.
MODÈNE (Duc DE), voy. FRANÇOIS Iᵉʳ.
MOLIÈRE, p. 201.
MOLZA, p. 282.
MONDORY, pseudonyme de GILBERT, voy. GILBERT.
MONET, p. 96.
MONFLANQUIN, p. 99.
MONLUC (Maréchal Blaise DE), p. 146, 239.
—— (Fabien DE), p. 146.
—— (Adrien DE), comte de Carmaing ou de Cramail ou de Cremail, p. 146, 163, 239, 245.
MONMERQUÉ (DE), p. 15.
MONTAFIER (Anne DE), voy. SOISSONS.
MONTAIGLON (Anat. DE), p. 169.
MONTAIGNE (Michel DE), p. 140, 159, 160, 161, 193, 229, 241, 242, 316, 408.
MONTAUBAN (Évêque de), voy. BERTIER, MURVIEL.
MONTAUSIER (Marquis, puis duc DE), p. 48, 64, 71, 74, 142, 190, 203, 208, 210, 216, 217, 218, 224, 233, 248, 249, 250, 254, 260, 261, 263, 264, 265, 269, 279, 280, 282, 288, 289, 305, 307, 315, 321, 322, 323, 334, 337, 348, 356, 357, 364, 369, 371, 372, 377, 382, 388, 391, 392, 399, 404, 406, 411, 414, 418, 421, 422.
—— (Hector DE), frère du précédent, p. 415.
—— (Julie-Lucie d'Angennes, duchesse DE), p. 48, 254, 282, 377.

MONTAUSIER (Marie-Julie DE), p. 377.
MONTBAZON (Hercule de Rohan, duc DE), p. 31.
—— (Marie de Bretagne, duchesse DE), p. 31.
MONTCHAL (Charles DE), archevêque de Toulouse, p. 37, 49.
MONTESQUIOU, voy. MONLUC (Adrien DE).
MONTGLAT (François de Paule de Clermont, marquis DE), p. 56, 115, 296.
MONTOSIDES, voy. MONTAUSIER.
MONTMAUR (Pierre DE), p. 24, 29, 42, 58, 62, 123, 190, 191, 316, 341, 353, 407, 415.
MONTMORENCY-BOUTEVILLE (Isabelle-Angélique DE), femme de Gaspard de Coligny, voy. COLIGNY.
MONTPELLIER, p. 40.
MONTPENSIER (Mˡˡᵉ DE), p. 31, 35, 126.
MONTRAVE (DE), voy. BERTHIER (Jean DE).
MONTRÉSOR (Claude de Bourdeille, comte DE), p. 35.
MORE (Comtesse DE), voy. MAURE.
MOREAU (Louis), p. 7.
—— (Charles), p. 357.
MORÉRI (Louis), p. 26, 46, 48, 68, 78, 87, 104, 105, 114, 119, 140, 141, 164, 168, 171, 180, 187, 198, 222, 234, 246, 247, 278, 286, 320, 327, 365, 418, 419.
MORGUES (Mathieu DE), sieur de Saint-Germain, p. 22, 35, 36, 38.
MORHOF (Georges), p. 172.
MORICET, p. 327, 329.
MORIN (Jean DE), p. 99.
—— (François DE), sieur de Tourtoulon, p. 99, 112, 113, 200, 202.
—— (Catherine de Reyla, Mᵐᵉ DE), femme de Jean de Morin, p. 99.
—— (Marie de Sarrau, Mᵐᵉ DE), femme de François de Morin, p. 99.
MORNAY (Philippe DE), sieur du Plessis p. 105.

Motin, p. 40.
Motteville (Mme de), p. 31, 35, 56, 113, 115, 126, 147, 237, 351, 396, 402.
Münster, p. 19, 243, 247, 248, 254, 346.
Muratori, p. 14.
Muret (Haute-Vienne), p. 73.
—— (Marc-Antoine), p. 62, 73, 425.
Murviel (Anne de), p. 130.
Mynde, p. 40.

N

Nantes, p. 283.
—— (Évêque de), voy. Cospéan.
Naples, p. 41, 127, 199.
Naso, voy. Ovide.
Naudé (Gabriel), p. 164, 186.
Naugerius, voy.
Navagero (André), p. 87.
Navarre (Collége de), p. 97, 100.
Necker (Le), p. 345.
Nemours (Mme de), p. 298.
Néron, p. 60, 74, 143.
Nesmond (Président de), p. 417, 421.
—— (Mlle de), mère de Balzac, voy. Guez (Mme).
Neuillac (Château de), p. 16, 417, 426.
Nevers (Duc de), p. 19, 43.
—— (Duchesse de), voy. Clèves (Henriette de).
Nicer, Nicère, voy. Necker.
Niceron (P.), p. 14, 48, 68, 91, 104, 105, 119, 121, 141, 164, 168, 170, 172, 195, 198, 246, 272, 276, 286, 320.
Nicolas (Michel), p. 108.
Nicole (Pierre), p. 153.
Nicot (Jean), p. 96.
Nisard (Désiré), p. 7.
—— (Charles), p. 261.
Noailles (François, comte d'Ayen, baron de Chambres, de Malemort, de Noailhac et de), p. 146, 152, 217, 237.
—— (Marquis de), p. 428.
Nodier (Charles), p. 46.
Nogaret (Hélène de), voy. Rouillac (Baronne de).
Normandie, p. 58, 114.
Nortlinghen, p. 74, 346.
Norwick, voy. Douza (Jean).
Notre-Dame-de-la-Garde (Château de), p. 83, 88.
Noyers (François Sublet de), p. 37.
Nublé (Louis), p. 360.
Numa, p. 144.

O

Octavie, p. 302.
Ogier (Charles), p. 25, 247, 255.
—— (François), p. 83, 162, 247.
Olivarès (Comte), p. 70, 79.
Olivet (Abbé d'), p. 4, 7, 8, 18, 22, 26, 105, 114, 146, 172, 272, 276, 303, 351, 374.
Orasius Tubero, pseudonyme de La Mothe-le-Vayer, p. 119.
Orbilius, p. 337.
Origène, p. 389.
Orléans, p. 328, 415.
—— (Évêque d'), voy. Aubépine.
—— (Gaston, duc d'), p. 15, 35, 79, 115, 117, 186, 254, 260.
—— (Henri d'), voy. Longueville (duc de).
—— (Charlotte-Louise d'), p. 260.
Orme (Philibert de l'), p. 411.

DE LIEUX ET DE PERSONNES. 451

Ormesson (Olivier le Fèvre d'), p. 31, 113, 147.
Ossat (Cardinal d'), p. 211, 241.
Oudin (Le P.), p. 91.
Ouvré, p. 189.

Ovide, p. 53, 73, 102, 176, 202, 207, 213, 218, 220, 256, 272, 334.
Oxford, p. 30.
Ozillac (marquis d'), voy. Parabère.

P

Padoue, p. 87, 196.
Palissot (Charles), p. 7, 8.
Pamphile, voy. Innocent X.
Panfili, voy. Innocent X.
Paolo (Fra), voy. Sarpi.
Papillon (L'abbé Philibert), p. 198.
Paquot (Jean-Noël), p. 246, 320.
Parabère (De), p. 269.
—— (Mme de), p. 269.
Paramelle (L'abbé), p. 324.
Paris, p. 3, 5, 8, 11, 13, 14, 16, 17, 25, 27, 28, 30, 31, 37, 39, 42, 43, 45, 52, 53, 56, 57, 58, 63, 66, 73, 75, 76, 80, 82, 87, 89, 91, 92, 98, 100, 101, 102, 104, 105, 107, 111, 113, 120, 121, 128, 133, 141, 142, 145, 146, 147, 151, 153, 154, 157, 163, 167, 168, 169, 172, 173, 174, 183, 185, 198, 202, 203, 206, 207, 209, 211, 214, 219, 224, 232, 241, 246, 250, 266, 273, 281, 285, 289, 291, 299, 300, 321, 327, 330, 334, 338, 339, 342, 356, 358, 359, 361, 364, 366, 368, 375, 376, 389, 391, 392, 394, 398, 399, 401, 408, 409, 415, 417, 420, 422, 427.
—— (Paulin), 4, 6, 7, 15, 44, 62, 67, 83, 101, 148, 162, 176, 222, 234, 237, 280, 297, 304, 323, 328, 396, 411, 417.
Parme, p. 30.
Parthénope, p. 41.
Particelli, sieur d'Émery (Michel), p. 158, 166, 181.

Pascal (Blaise), p. 55, 153, 252, 299, 328.
Paschal (Charles), p. 428.
Pas de Suze, p. 63.
Passerat (Jean), p. 112.
Patin (Guy), p. 49, 74, 82, 93, 113, 119.
—— (Henri), p. 52.
Patisson (Mamert), p. 415.
Patru (Olivier), p. 105.
Pau, p. 27, 101.
Paul (Saint), p. 259, 414.
Paul V, p. 55.
Paule (Sainte), p. 365.
Pauquet (Louis), p. 233, 323, 353, 354.
Payen (Dr J. F.), p. 140.
Pearson (J.), p. 147.
Peiresc (Nicolas-Claude Fabri de), p. 67, 163, 189, 419.
Pelisson (Paul), p. 4, 22, 28, 39, 43, 44, 72, 80, 82, 114, 118, 119, 146, 168, 185, 207, 222, 272.
Péréfixe (Hardouin de), p. 427.
Périgord, p. 196, 327, 378.
Pérouse, p. 406.
Perpignan, p. 63.
Perrault (Charles), p. 169, 351.
Perrier (Marguerite), p. 328.
Perron (Du), voy. Du Perron.
Perrot (François), sieur de Mézières, p. 105.
—— (Nicolas), sieur d'Ablancourt, p. 105, 120, 128, 142, 286, 290, 299, 332, 387, 388, 389.

57.

Perse (Le satirique), p. 261.
Pescaire (Marquis de), p. 282.
—— Vittoria Colonna, marquise de), p. 282.
Petau (Le P.), p. 91, 93, 102, 107, 131.
Petit (Pierre), p. 198.
Pétrarque, p. 41, 47, 268.
Pétrone, p. 134.
Petrus Aurelius, pseudonyme de Jean Duvergier de Haurânne, p. 120.
Peyrarède (Jean de), p. 327, 328, 332, 373, 375, 392.
Pezenas, p. 272.
Phidias, p. 341.
Philon, p. 389.
Philostrate, p. 104.
Photius, p. 103.
Pibrac (Guy du Faur de), p. 428.
Picardie, p. 117.
Piccolomini, p. 410.
Pichon (Baron Jérôme), p. 44.
Picot, p. 148.
Pierre (Saint), p. 185.
Pignerol, p. 41.
Pigrès, p. 305.
Pinard, p. 115, 296.
Pindare, p. 343, 352, 363.
Pinthereau (Le P.), p. 93.
Pisani (Marquis de), voy. Angennes et Vivonne.
—— (Marquise de), voy. Montausier (Duchesse de).
Plaisance, p. 30.
Plantins (Les), p. 126.
Platon, p. 316.

Plassac, voy. Meré.
Plaute, p. 164, 280, 327.
Pline l'Ancien, p. 218, 425.
—— le Jeune, p. 167, 196, 298.
Plutarque, p. 16, 59, 269, 275.
Poitiers, p. 57.
Poitou, p. 33, 75, 100.
Pologne, p. 247, 428.
Polybe, p. 275.
Polyclète, p. 341.
Pomello, p. 105.
Pompée, p. 93, 311.
Pomponne, p. 177, 259.
Porchères, voy. Laugier.
Portner, p. 46.
Port-Royal, p. 259, 265.
Portugal, p. 196.
Potier, voy. Blancménil.
Poussin (Nicolas), p. 162.
Precipiano (Humbert de), p. 7.
Pressac (De), p. 24.
Priesac ou Priezac (Daniel de), p. 27, 28, 168, 283, 290, 295.
Priscien, p. 104, 111, 407.
Privas, p. 63.
Probus, p. 344.
Properce, p. 53, 122.
Provence, p. 202, 299.
Pyrrhus, p. 16.
Publius Syrus, p. 144.
Pure (L'abbé de), p. 115.
Puteanus (Ericius). Voy. Puy (Henri du).
Puy (Du), voy. Dupuy.
—— (Henri du), p. 245, 246.

Q

Quadrigarius, p. 228.
Quérard (Joseph-Marie), p. 93.
Quesnel (le P.), p. 7, 56, 103, 113.
Quicherat (Louis), p. 404.
Quincy (Marquis de), p. 115, 296, 417.

Quinet (Toussaint), p. 39.
Quinte-Curce, p. 25, 106, 300, 389.
Quintilien, p. 171, 407, 424.
Quintus Januarius Frontonus, pseudonyme d'Adrien de Valois, p. 191.

R

Rabelais, p. 55, 211, 212, 274.
Racan, p. 85.
Racine (Jean), p. 51, 303.
Raconis (Charles-François d'Abra de), évêque de Lavaur, p. 78, 101.
Rambouillet (Hôtel de), p. 142, 170, 334.
—— (Seigneur de). Voy. Angennes.
—— (Catherine de Vivonne, marquise de), p. 17, 44, 161, 178, 183, 185, 191, 194, 214, 297, 300, 302, 304.
Rampalle, p. 299, 354, 360, 371.
Ramus (Pierre), p. 198.
Rantzau (Josias, marquis de), p. 64, 117.
Raoul (Jacques), évêque de Saintes, p. 116, 120.
Raphaël d'Urbin, p. 160.
Rapin (le P.), p. 93, 153, 198.
Rathery (E. J. B.), p. 44, 170, 211.
Ravaud (Abraham), p. 283, 284, 289, 290, 293, 301.
Ravenel (Jules), p. 3, 6.
Read (Charles), p. 5.
Rebitté (D.), p. 376.
Regnard (Jean-François), p. 21.
Regnier (Mathurin), p. 73, 212.
—— (Adolphe), p. 6.
Remy, village du Beauvoisis, p. 283.
Remmy, Remy. Voy. Ravaud.
Renard (L'abbé), p. 276.
Renaudot (Théophraste), 115, 270.
Rencogne (Babinet de), p. 81, 417, 429, 430.
Retz (Paul de Gondi, cardinal de), p. 35, 56, 30, 66, 74, 91, 126, 147, 150, 201, 238, 334, 363, 383, 386.
—— (La maréchale de), 298.
Reyla (Catherine de). Voy. Morin (Mme de).
Rhenanus (Beatus), p. 54.

Rhin (Le), p. 345.
Riaux (F.), p. 402.
Richelieu (Cardinal de), p. 4, 7, 18, 22, 30, 32, 36, 37, 38, 49, 50, 63, 70, 78, 79, 80, 83, 90, 93, 94, 104, 117, 119, 140, 176, 185, 198, 207, 213, 257, 332, 341, 389.
Richer (Edmond, p. 104.
Rigault (Nicolas), p. 67, 76, 103, 109, 113, 165, 207, 212, 220, 240, 244, 249, 331.
Rivet (André), p. 108.
—— (Guillaume), sieur de Champvernon, p. 108.
Rivière, p. 166, 170, 178, 193.
Rochambeau (Achille de), p. 87.
Rochette (Raoul), p. 350.
Rocolet (Pierre), p. 11, 17, 23, 42, 43, 45, 50, 51, 53, 59, 68, 72, 77, 84, 89, 91, 92, 95, 96, 100, 109, 112, 115, 120, 122, 126, 127, 128, 130, 131, 132, 134, 135, 136, 137, 140, 141, 145, 147, 151, 152, 153, 154, 155, 158, 159, 164, 165, 167, 170, 171, 173, 179, 181, 186, 223, 232, 245, 249, 250, 252, 253, 257, 276, 285, 286, 300, 302, 323, 338, 339, 342.
Rocroy, p. 31.
Rodolphe II, empereur d'Allemagne, p. 394.
Roederer, p. 48.
Roese, p. 75.
Rogat, père de sainte Paule, 365.
Rohan (Hercule de), voy. Montbazon (Duc de).
—— (Chevalier de), p. 99.
Rome, p. 15, 21, 27, 29, 30, 60, 87, 94, 102, 105, 107, 111, 125, 128, 143, 146, 184, 203, 211, 214, 244, 266,

454 TABLE DES NOMS

275, 297, 299, 379, 380, 392, 398, 410.
Ronsard (Pierre de), p. 27, 39, 53, 73, 87, 88, 105, 276, 279, 291, 335, 365.
Rose (Président), p. 246.
Roses, p. 395.
Rostock, p. 317.
Rotterdam, p. 24, 37, 111, 364.
Rothweil, p. 64.
Rou (Jean), p. 29.
Roubaud (Félix), p. 270.
Rouen, p. 66, 103, 119.
Rouergue, p. 146, 196.
Rouillac (Dép^t de la Charente), p. 223.
Rouillac (Jacques de Goth, baron de), p. 280.
—— (Hélène de Nogaret, baronne de), p. 280.
Rousseau (J. B.), p. 324.
Roussillon, p. 62.
Roussines, voy. Guez.
Roux (Amédée), p. 5, 15, 19, 48, 64, 271, 287, 302.
Rouvroi, voy. Saint-Simon.
Ruaux (Des), p. 338.
Ruccelaï (De), p. 15, 257.
Ruel, p. 338.
Rufus, surnom de Croisilles, p. 171.
Rutilius Numatianus, p. 125.
Ryer (Du). Voy. Du Ryer.

S

Saas (L'abbé), p. 119.
Sablé (Madeleine de Souvré, marquise de), p. 126.
Sacy (Le Maître de), p. 153.
—— (Silvestre de), p. 140.
Sadolet (Cardinal), p. 53, 198.
Saint-Amand-de-Boisse (Abbaye de), p. 37.
—— (De), voy. Tristan.
Saint-Amant (Marc-Antoine Gérard, sieur de), p. 39, 161, 276.
Saint-Andrade (Prieuré de), p. 46, 410.
Saint-Bonnet (De), voy. Toiras (Maréchal de).
—— (Simon de), p. 36.
Saint-Blancat (Jean de), p. 179, 180, 181, 368, 418, 419.
Saint-Céré (Lot), p. 39, 43, 228, 327, 375, 378.
Saint-Cybardeaux, p. 223.
Saint-Cyran, voy. Duvergier de Hauranne.
Saint-Didier (De), p. 418.
Saint-Évremond, p. 45, 155, 315.
Saint-Geniès (Jean de), p. 418, 419.
Saint-Germain (Château de), p. 42.
Saint-Germain. Voy. Morgues (Matthieu de).
Saint-Gouard (Seigneur de), voy. Vivonne (Jean de).
Saint-Hilaire d'Hiers, p. 97.
—— (Barthélemy), p. 6, 74.
Saint-Just de Lussac, p. 114.
Saint-Marc (Le Febvre de), p. 341, 342.
Saint-Marc Girardin, p. 8, 298.
Saint-Malo (Évêque de), voy. Villemontée.
Saint-Martin (Prieuré de), à Paris, p. 128.
—— du Puy, p. 198.
Saint-Mesmin (Abbaye de), p. 26.
Saint-Nicolas (Abbé de), voy. Arnauld (Henri).
Saint-Paul (Charles de), voy. Vialart (Charles).
Saint-Simon (Claude de Rouvroy, duc de), p. 63, 117.
—— (Louis de Rouvroy, duc de), p. 21, 117.
Saint-Surin (N. de la Motte, baron de), p. 358, 376.
Sainte-Barbe (Collége de), p. 98.
Sainte-Beuve (Charles), p. 4, 7, 9, 20, 37,

39, 56, 78, 91, 92, 93, 112, 123, 125, 234, 354.
SAINTE-MARTHE (Scévole DE), p. 51, 68, 87, 203, 298, 411, 412.
—— (Abel Ier et non Albert Ier DE), p. 411, 412.
SAINTE-MAURE (Léon DE), comte de Jonsac, marquis d'Ozillac, p. 269.
—— (Mesdemoiselles DE), voy. BRASSAC (Mme DE) et PARABÈRE (Mme DE).
SAINTES, p. 106, 109, 114, 127, 131, 133, 134, 238, 284, 289.
—— (Évêque de), voy. RAOUL (Jacques).
SAINTONGE, p. 89, 97, 100, 108, 114, 145, 358.
SAINTOT (DE), p. 139.
SALENGRE (DE), p. 5, 24, 29, 42, 55, 58, 190, 191.
SALOMON, p. 206.
SALON, p. 63.
SANDEAU (Jules), p. 351.
SANNAZAR (Jacques), p. 298.
SAPHO, p. 19.
SARASIN (Jean-François), p. 7, 272, 273, 308.
SARBIEVIUS, voy. SARBIEWSKI.
SARBIEWSKI (Mathias-Casimir), p. 222, 249.
SARDOU (Victorien), p. 408.
SARLAT, p. 378.
SARPI (Paul), p. 260, 396, 418.
SARRASIN, voy. SARASIN.
SARRAU (Jean DE), p. 99.
—— (Claude DE), p. 99, 113, 350, 384.
—— (Marie DE), voy. MORIN (Mme DE).
—— (Louise-Anne DE), marquise de Villars, p. 99.
SAUMAISE (Claude DE), p. 23, 28, 29, 47, 52, 58, 61, 91, 98, 99, 100, 102, 105, 108, 109, 110, 111, 128, 131, 134, 141, 151, 157, 158, 164, 183, 185, 234, 246, 271, 289, 320, 333, 334, 388, 394, 399, 420.

SAUMUR, p. 205, 351.
SAVOIE, p. 35, 56.
SAXE-WEYMAR (Bernard, duc DE), p. 75.
SCALA. Voy. SCALIGER.
SCALIGER (Jules-César), p. 41, 52, 87.
—— (Joseph), p. 28, 41, 46, 111, 141, 161, 236, 271, 319, 364, 415.
SCARRON (Paul), p. 39, 225, 249, 411.
SCHOMBERG (Henri, comte de Nanteuil et DE), p. 58.
—— (Charles), duc d'Halluin, maréchal DE), p. 4, 58, 62, 63.
—— (Jeanne DE), comtesse de Brissac, puis marquise de Liancourt, p. 62.
SCHMIDT (Jean-André), p. 186.
SCHURMANN (Anne-Marie DE), p. 320, 333, 349.
SCHWEINFURT, p. 64.
SCIOPPIUS (Gaspard), p. 319.
SCIPION, p. 212, 220.
SCUDÉRY (Georges DE), p. 23, 72, 83, 88, 96, 149, 297.
—— (Madeleine DE), 96, 170.
SEGRAIS, p. 272.
SÉGUIER (Pierre), p. 17, 24, 25, 27, 28, 30, 32, 38, 81, 89, 101, 118, 139, 141, 159, 167, 168, 182, 253, 273, 277, 283, 284, 290, 295, 308, 329, 330, 360, 410.
SÉJAN, p. 63.
SENAULT (Le P.), p. 153.
SÉNECÉ (Antoine-Bauderon DE), p. 129.
SÉNÈQUE, p. 176, 242, 298, 306, 371.
SERASSI, p. 196.
SERRES (Olivier DE), p. 208, 352.
SERVIENT (Comte DE), p. 4, 19.
SERVIUS, p. 311.
SERVOIS (Gustave), p. 6, 103.
SÉVIGNÉ (Mme DE), p. 208, 284.
SIDNEY (Philippe), p. 105.
SIDOINE-APOLLINAIRE, p. 385.
SIENNE, p. 241.

TABLE DES NOMS

Silhon (Jean de), p. 11, 82, 118, 119, 152, 176, 177, 178, 182, 184, 188, 190, 192, 196, 197, 204, 206, 208, 230, 239, 240, 245, 263, 266, 270, 283, 352, 366, 376, 380, 383, 385, 387, 390, 420, 421.
Simiane (Guillaume de), marquis de Gordes, p. 360.
Simon (Richard).
Socrate, p. 145, 251, 307.
Sodome, p. 189.
Soissons (Anne de Montafier, veuve de Charles de Bourbon, comte de), p. 146, 147.
Solon, surnom donné par Balzac au chancelier Séguier. Voy. Séguier.
Solyman, p. 204.
Somaize (Antoine Baudeau de), p. 170.
Sommaville (A. de), p. 233.
Sommière, p. 63.
Sorel (Charles), p. 234, 351.

Sorrente, p. 218.
Sos, p. 82.
Souchotte.
Soulié (Eudore), p. 328.
Spanheim, p. 142, 320.
Sparte, p. 42.
Stace, p. 129, 141, 164, 327.
Stenai, p. 34.
Stilicon, p. 18, 32, 38, 331, 332.
Stobée, p. 242.
Stockholm, p. 173, 212, 336.
Strabon, p. 29.
Strada (Le P.), p. 29, 202, 244.
Sublet, voy. Noyers (De).
Suède, p. 15, 35, 211, 247, 254, 278, 392.
Suétone, p. 37, 96, 204, 261, 264, 288.
Suidas, p. 305.
Sulpitia, p. 321.
Syracuse, p. 296.

T

Tacite, p. 150, 106, 12, 143, 204, 230, 233, 234, 302, 324, 330, 332, 381, 389.
Taillebourg, p. 108.
Taisand, p. 105.
Talon (Omer), p. 147.
—— (Jacques), prieur de Saint-Paul-en-Bois, p. 195,
Tallemant (L'abbé), p. 351.
—— des Réaux, p. 4, 6, 8, 15, 18, 20, 26, 35, 39, 31, 44, 46, 48, 49, 50, 56, 57, 62, 63, 67, 72, 78, 83, 35, 97, 101, 105, 113, 114, 118, 119, 140, 146, 147, 148, 154, 155, 156, 162, 170, 176, 185, 187, 222, 224, 237, 247, 254, 257, 272, 276, 278, 280, 297, 299, 304, 321, 323, 324, 328, 351, 357, 358, 360, 410, 427.
Tarin, p. 399.

Tasse (Le), p. 344, 410.
Tectosages, p. 201.
Teissier (Antoine), p. 14, 41, 68, 73, 87, 298.
Tenant de Latour. Voy. Latour.
Térence, p. 53, 280, 394.
Teron, voy. Theron.
Tertullien, p. 76, 102.
Testi (Fulvio), p. 143, 157.
Thébaïde (La), p. 334.
Théophile, voy. Viau (De).
Théophraste, p. 219, 261.
Thérèse (Sainte), p. 230.
Théron (Vital), p. 171, 199, 326, 332.
Thibaudière, voy. La Thibaudière.
Thiers, en Auvergne, p. 328.
Thierry (Amédée), p. 364.
Tholose, voy. Toulouse.
Thomassen (Alexandre), p. 160.

DE LIEUX ET DE PERSONNES.

THOU (Jacques-Auguste DE), p. 14, 41, 76, 87, 93, 103, 297, 312, 416.
THULE, p. 201.
TIBÈRE, p. 18, 32, 38, 143, 204, 302.
TIBULLE, p. 45, 256, 272.
TILIERS, p. 214.
TILLEMONT (Le Nain DE), p. 306.
TIMON, p. 316.
TIRABOSCHI, p. 143, 406.
TISSERAND (L'abbé), p. 48.
TITE-LIVE, p. 4, 117, 228, 275.
TITON DU TILLET, p. 8, 39, 41, 44, 119, 153, 170, 222, 276, 351.
TOIRAS (Jean de Saint-Bonnet, maréchal DE), p. 35, 36, 38.
TOLÈDE, p. 95, 97.
TORTOSE, p. 63, 402.
TOTILA ou TOTYLA, p. 43, 44, 176, 290.
TOULOUSE, p. 24, 37, 39, 92, 93, 100, 104, 129, 155, 180, 189, 359, 400, 408, 409.
TOURNON (en Vivarais), p. 222.
TRAVERS (Julien), p. 44.
TRISTAN (Jean), sieur de Saint-Amant, p. 173, 297.
TRIVULCE (Jean-Jacques), p. 427.
TROSSIUS, voy. LA TROUSSE.
TROYE, p. 397.
TROUSSE, voy. LA TROUSSE.
TUBERO, voy. ORASIUS.
TUBEUF (Président), p. 176, 180, 188, 189, 193, 208, 209.
TULLE, voy. CICÉRON.
TURENNE (Maréchal DE), p. 346.
TURIN, p. 302.
TURNÈBE (Adrien), p. 62.
TURQUIE, p. 418.
TUTLINGEN, p. 64.

U

UBICINI, p. 19.
URBAIN VIII, p. 29, 30, 36, 198.
UTRECHT, p. 99.
UZÈS (Duc et duchesse D'), voy. CRUSSOL.
—— (Évêque D'), voy. GRILLET (Nicolas de).

V

VAISSÈTE (Dom), p. 63.
VALÈRE-MAXIME, p. 117.
VALÉRY, p. 195.
VALOIS (Adrien DE), p. 190, 191, 192.
—— (Henri DE), p. 190.
—— (Charles DE), p. 191.
VANINI (Lucilio), p. 408.
VARIGNIEZ (Jean DE), voy. BLAINVILLE.
VARIN (Pierre-Joseph), p. 259.
VARIUS, p. 403, 405.
VARRON (Terent.), p. 16, 279.
VARSOVIE, p. 222, 428.
VAUGELAS (Claude-Favre, sieur DE), p. 25, 55, 96, 108, 189, 194, 228, 300, 354, 375, 389, 397.
VAUTORTE, p. 98.
VAUQUELIN DES YVETEAUX (Nicolas), p. 39, 44, 45, 57.
VAVASSEUR (Le P.), p. 172, 207.
VENCE (Évêque de), voy. GODEAU.
VENDÔME (Duc DE), p. 54.
VENISE, p. 16, 40, 87, 102, 143, 161, 195, 298, 416.
VENLOO, p. 246.
VÉRONE, p. 87.
VERTU (Comte DE), p. 31.
VETTORI (Pierre), p. 73, 416.
VIALART (Charles) ou Charles de Saint-Paul, évêque d'Avranches, p. 30.
VIAU (Théophile DE), p. 156, 383, 413, 414.

458   TABLE DES NOMS DE LIEUX ET DE PERSONNES.

VICTOIRE (Abbé DE LA), voy. COUPEAUVILLE.
VICTORIUS, voy. VETTORI (Pierre).
VIDA (Jérôme), p. 298.
VIGEAN (Marquis DU), p. 278.
VIGNEUL-MARVILLE, p. 44, 45, 234, 257, 272.
VILLARCEAU, voy. MANGOT.
VILLARS (Marquise DE), voy. SABRAU (Louise-Anne DE).
VILLE-AUX-CLERCS, voy. LOMÉNIE.
VILLEMAIN (Abel), p. 363.
VILLEMONTÉE (François DE), sieur de Villenauxe et de Montaiguillon, p. 100, 101.
VILLEROY (Marquis DE), p. 211, 290.
VILLESAVIN (Jean-Phelippeaux, sieur DE), p. 237.
——— (Isabelle Blondeaux, Mme DE), p. 237.
VILLETRY (DE), p. 30.
VINCENNES, p. 54.
VINCENT DE PAUL (Saint), p. 57, 84, 94.
VIRGILE, p. 13, 19, 21, 29, 34, 40, 47, 53, 61, 66, 73, 94, 123, 124, 130, 132, 143, 156, 165, 175, 198, 207, 214, 216, 219, 239, 247, 262, 263, 268, 271, 272, 290, 306, 311, 315, 332, 365, 373, 374, 403, 405, 406, 415, 422, 423.
VIOLLET-LE-DUC, p. 44, 153, 276, 351.
VITRÉ (Antoine), p. 37, 123, 364.
VITRY (Maréchal DE), p. 38.
VIVONNE (Jean DE), seigneur de Saint-Gouard, p. 297.
VOITURE (Vincent), p. 5, 15, 19, 29, 41, 48, 50, 52, 64, 96, 108, 148, 162, 254, 271, 272, 273, 287, 291, 292, 293, 295, 298, 301, 302, 313, 314, 319, 323, 325, 331, 349, 360, 361, 363, 364, 365, 367, 368, 375, 397, 398, 400, 406, 409, 410, 411, 415, 418.
VOLTAIRE, p. 7, 35, 284.
VOPISCUS (Flavius), p. 344.
VOSSIUS (Gérard-Jean), p. 141, 286, 320.

W

WADDINGTON (Francis), p. 198.
WALCKENAER (Baron), p. 48.
WEINHOLD, p. 164.
WETSEIN, p. 58.
WEYMAR (Duc DE), voy. SAXE.
WICQUEFORT, p. 15.

X

XAINTES, voy. SAINTES.
XAINTONGE, voy. SAINTONGE.

Y

YPRES (Évêque d'), voy. JANSENIUS.
YVETEAUX (Vauquelin DES), voy. VAUQUELIN DES YVETEAUX.

Z

ZÉNON, p. 199, 242, 394.
ZUYLICHEN (Huygens DE), voy. HUYGENS.

www.ingramcontent.com/pod-product-compliance
Lightning Source LLC
Chambersburg PA
CBHW070208240426
43671CB00007B/581